承德市志·承德高新技术产业开发区志

（1992—2015）

承德高新技术产业开发区志编纂委员会　编

方志出版社
Publishing House of Local Records

图书在版编目（CIP）数据

承德市志·承德高新技术产业开发区志 ：1992—2015 / 承德高新技术产业开发区志编纂委员会编．—北京 ：方志出版社，2022.12

ISBN 978-7-5144-5642-4

Ⅰ．①承… Ⅱ．①承… Ⅲ．①承德－地方志②高技术开发区－概况－承德－1992-2015 Ⅳ．①K292.23 ②F127.223

中国版本图书馆CIP数据核字(2022)第257219号

责任编辑：齐笑
责任校对：刘玉霞
责任印制：梅中英
出 版 者：方志出版社
地　　址：北京市朝阳区潘家园东里9号（国家方志馆4层）
邮　　编：100021
网　　址：http://www.zgfzcb.cn
发　　行：方志出版社图书营销中心（010-67110500）
印　　刷：承德金鼎源彩色印刷有限公司
开　　本：889毫米×1194毫米　1/16
印　　张：30.25
字　　数：675千字
版　　次：2022年12月第1版
印　　次：2022年12月第1次印刷
定　　价：180.00元

承德市开发区用地布局规划图（2008—2020）

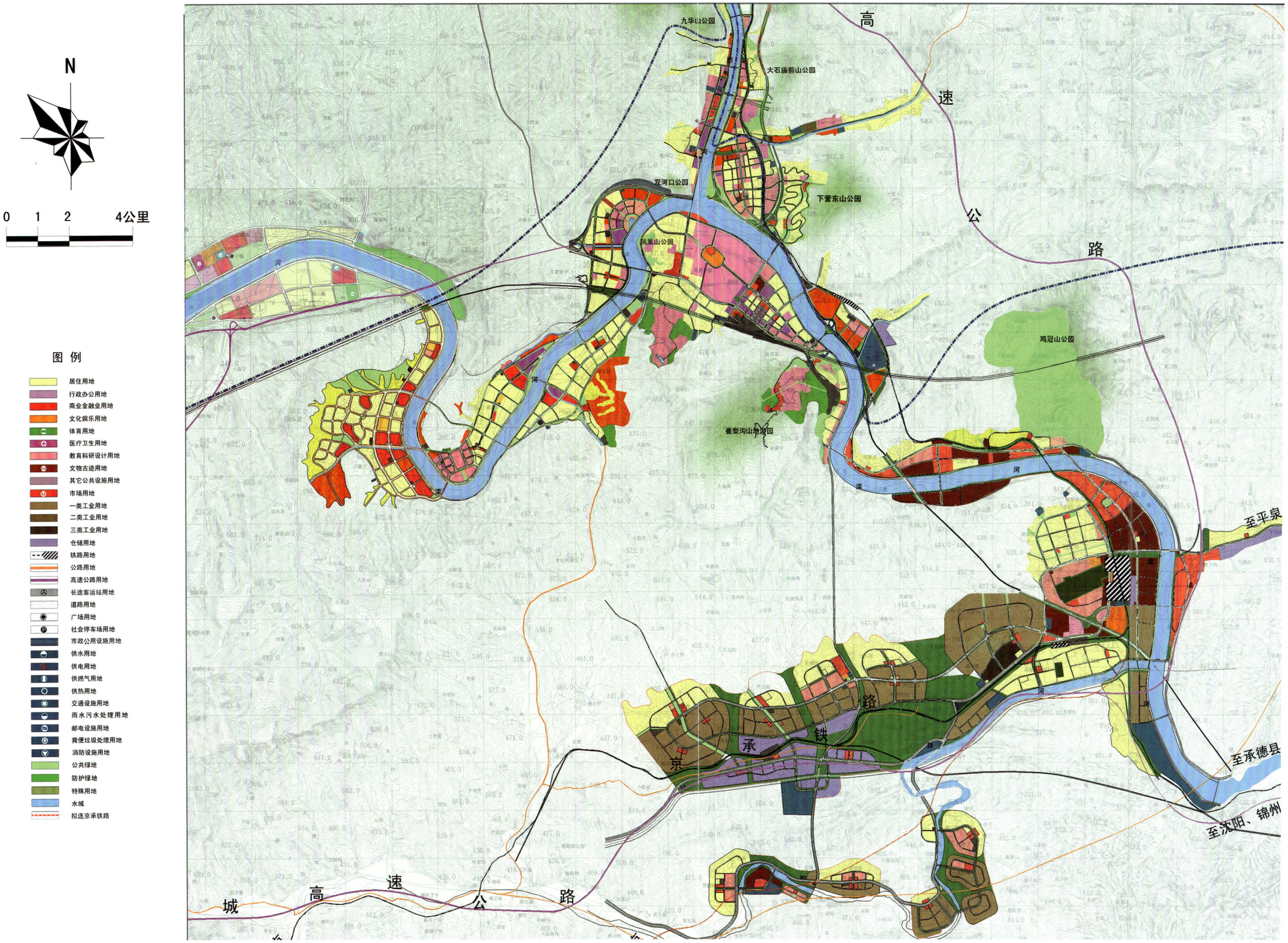

承德市总规：河北省政府第十一次常务会审议通过

待建设的承德市高新技术产业开发区西区原址（1992年6月摄）

开发区西区全景图，丙戌年仲秋拍摄（2006 年 9 月 30 日）

1992 年 6 月至 1994 年 7 月，承德市高新技术产业开发区管委会借用承德市统一建设办公室的办公楼办公

1994 年 7 月建成的承德市高新技术产业开发区管委会办公楼（1997 年 3 月迁出）

1997 年 3 月，承德市高新技术产业开发区创业服务中心（国家科技企业孵化器）竣工，开发区工管委机关入驻办公（2001 年 12 月迁出）

2001 年 12 月改建成的承德高新技术产业开发区办公楼（2010 年 11 月迁出）

2010 年 11 月 13 日，承德高新区科技大厦正式投入使用

2009 年 4 月 28 日，驻承德某部官兵到高新区中央湿地公园参加义务植树活动

2010 年 10 月 1 日，高新区中央湿地公园——圆型广场正式开园

京承高速公路、承秦高速公路、承唐高速公路、承赤高速公路高新区段（2021 年 3 月 9 日摄）

承栗公路跨滦河至高新区南区东南山大桥夜景（2021 年 3 月 9 日摄）

跨滦河鸡冠山大桥（2021 年 5 月 25 日摄）

武烈河承德高新区滨河公园区域水自然环境（2022 年 5 月 25 日摄）

滦河承德高新区滨河公园区域水自然环境（2022 年 5 月 25 日摄）

1992 年 10 月 31 日，中共承德市委书记李月辉（左三）、市长宋淑文（左二）、中共承德市委常委、常务副市长、中共承德市开发区工委书记、管委会主任孙建群（左四）考察开发区基础设施建设大会战工地现场

1998 年 3 月 13 日，中共承德市委书记柳宝全（右七）、中共承德市委常委、常务副市长常幸（右三）及市直有关部门负责人到开发区考察并指导工作

2000年12月7日，市长赵文鹤（左一）在中共承德市委常委、中共承德高新区工委书记郭群（右一）、高新区管委会主任齐金华（左二）陪同下考察施工工地

2001年7月15日，中共河北省委书记王旭东（左二）在中共承德市委书记傅贵武（左四）、市长赵文鹤（左七）陪同下到承德高新区四海科技实业集团有限公司调研

2005年7月13日，中共河北省委副书记赵金铎（前左二）在中共承德市委书记赵文鹤（前右一）陪同下到承德高新区四海科技实业集团有限公司调研

2005年9月7日，中共河北省委书记白克明（前中）在中共承德市委书记赵文鹤（前右一）陪同下到颈复康药业集团有限公司考察

2007 年 9 月 14 日，中共河北省委书记张云川（右一）在中共承德市委书记赵文鹤（左二）陪同下到河北承德露露股份有限公司考察

2010 年 9 月 26 日，河北省副省长宋恩华（前右）在承德高新区管委会主任姜雅山（前左）陪同下考察正在建设中的中央湿地公园

2012年2月3日，国家发展改革委员会外资司司长孔令龙（前左二）在承德市副市长贾玉英（前右二）陪同下到承德热河克罗尼仪表公司考察

2012年3月30日，副省长龙庄伟（前左三）在承德市市长赵风楼（前左二）、市科技局局长郑立志（右二）、承德高新区管委会主任姜雅山（右三）陪同下到承德高新区创业服务中心考察

2013年10月30日，中共承德市委常委、副市长、中共承德高新区工委书记、管委会主任刘文勤（左一）与企业负责人共同考察项目选址

2014年3月，承德市副市长、中共高新区工委书记刘新宇（右一）实地考察闫营子规划地块

2015年3月29日，中共承德市委书记周仲明（右一）到承德苏垦银河连杆股份有限公司考察

2015年5月19日，中共承德市委书记周仲明（前左二）到高新区华富玻璃器皿有限公司考察

2015年7月21日，中共承德市委常委、常务副市长李晋宇（左三）在中共高新区工委书记柴山（左一）陪同下到中电网际项目现场考察

2015年9月19日，承德市副市长刘新宇（前左二）陪同市级离退休老干部考察参观区内企业

2015 年 12 月 20 日，市长常丽虹（左二）到承德高新区天大钒业有限责任公司考察

2010 年 9 月 9 日，高新区领导到厦门三铁集团考察招商项目

2013年7月6日，河北省科技厅、承德市人民政府共同组织在承德高新区科技大厦召开“承德国家高新技术产业开发区建设推进大会”，科技部、省政府、省科技厅、中共承德市委、市政府领导参加大会

2013年7月6日，科技部、河北省政府、河北省科技厅、中共承德市委、市政府及承德高新区工管委负责人参加河北省科技厅、承德市人民政府共同组织在承德高新区科技大厦召开的“承德国家高新技术产业开发区建设推进大会”会后合影

1996年8月，中共承德市委常委、常务副市长、高新区工委书记常幸（左排前左三）、管委会主任胡兴印（左排前左五）与德国商务考察团一行会谈

2000年7月12日，开发区工管委召开社会治安综合治理工作会议

2001 年 1 月 19 日，开发区工管委召开全区 2000 年度工作总结暨表彰会

2001 年 6 月 29 日， 开发区工委召开全区纪念中国共产党成立 80 周年暨“七一”总结表彰大会

2002 年 1 月 4 日，开发区工管委召开全区 2001 年度总结暨表彰大会

2002 年 8 月 23 日，开发区管委会召开全区建设与发展座谈会

2002年8月28日，开发区管委会举办全区建设与发展论坛会

2002年8月30日，开发区工管委召开庆祝开发区成立10周年大会

2003年2月21日，承德市高新技术产业开发区和日本友好商社代表团经济合作项目洽谈会

2004年2月5日，承德市开发区工管委召开全区2004年工作会议

2004年4月，开发区工管委召开全区综合治理工作会议

2005年5月，高新区工管委召开全区加强机关效能建设表彰会

2005年11月10日，中共高新区工委书记高嵩（左四）主持高新区第一批新经济组织党支部成立大会

2007年10月13日，开发区征地工作受到中共承德市委、市政府表彰，中共承德市委书记赵文鹤（中排右二）、中共承德市委副书记郭群（中排右三）出席表彰会

2008 年 9 月 5 日，承德市高新技术产业开发区（昆山）投资环境说明会

2010 年 6 月 18 日，承德高新区举办承德高新技术产业开发区专题招商会

2011年12月23日，高新区总工会第一次代表大会代表

2012 年 10 月，创业服务中心召开企业技术创新研讨会

2014 年 2 月 13 日，承德市副市长、中共高新区工委书记刘新宇（主席台中）主持召开全区党的群众路线教育实践活动动员大会

2014年5月16日，高新区管委会主任柴山（前中）主持召开高新区进一步推进党风廉政建设和反腐败工作暨警示教育大会

2015年9月17日，承德高新区召开《承德市志·承德高新技术产业开发区志（1992—2015）》编纂工作启动大会暨培训工作会

1992年7月7日，省人大常委会副主任岳宗泰（右九）、副省长顾二熊（左九）、中共承德市委书记李月辉（左八）、市长宋淑艾（右八）、省科学技术委员会副主任张妥（右七）、中共承德市委副书记王绍魁、市委常委常务副市长孙建群、副市长谢应开及有关领导参加承德市高新技术产业开发区奠基典礼

1992年10月28日，中共承德市委常委、常务副市长、中共承德市开发区工委书记、管委会主任孙建群（左五）在开发区基础设施建设大会战工地

2004 年 8 月 28 日，承德市副市长韩志远（中）、中共高新区工委书记高嵩（左二）、管委会主任姜雅山（右三）参加承德开发区特聘日本国际贸易促进协会理事长中田庆雄（左三）为经济顾问证书颁赠仪式

2005 年 11 月 17 日，中共承德高新区工委书记高嵩（右五）、中共承德县委书记韩福才（右六）参加承德高新区扶贫村甲山镇东梁村通达公路竣工典礼

2007年9月24日，中共承德市委副书记郭群（后右五）、市人大常委会副主任丁建东（后左五）、副市长李维（后左四）参加河北四海集团与德国合资建设的30万吨麦芽项目签约仪式

2008年3月23日，中共承德市市委常委、副市长、中共承德高新区工委第一书记王克（右一）及高新区工管委领导参加承德科技研发中心大厦奠基仪式

2008年5月13日，市长张古江（左三）、常务副市长宋立民（左四）、市人大常委会副主任丁建东（左二）、市政协副主席陈树峰（左五）及有关部门负责人参加滦河防洪与水环境整治工程开工仪式

2008年9月28日，承德市市长张古江（右五）、中共承德市委副书记郭群（右四）、常务副市长宋立民（左四）、中共承德市委常委、副市长、中共承德高新区工委第一书记王克（左三）、副市长贾玉英（左二）参加滦河防洪与水环境整治主体工程竣工蓄水仪式

2010年3月16日，上板城镇区划调整暨托管移交签字仪式

2010年5月10日，中共承德市委书记杨汭（后左四）、市长张古江（后左二）、中共承德市委副书记郭群（后右二）、中共承德市委常委、政法委书记阮树平（后右一）、常务副市长宋立民（后左一）参加承德高新区中国太平洋建设集团上板城工业区基础设施建设项目签约仪式

2010 年 5 月 12 日，承德高新区与中国太平洋建设集团举行上板城工业区基础设施建设项目开工仪式

2011 年 8 月 11 日，高新区与北京方恒置业股份有限公司举行闫营子地块合作开发项目签约仪式

2011 年 12 月 21 日，中共承德高新区工委书记高嵩（左五）、管委会主任姜雅山（右六）参加高新区管委会与中国航空国际建设有限公司举行上板城工业聚集区白河南污水处理厂 BOT 项目特许经营协议签约仪式

2012 年 9 月 15 日，承德市人大常委会主任郭群（左四）、中共承德市委常委、副市长王克（左三）、常务副市长宋立民（前一）、市政协副主席陈庆武（左二）参加承德高新区新建设项目集体开工仪式

2013 年 1 月 8 日，承德苏垦银河连杆股份有限公司新厂落成投产仪式

2013 年 12 月 12 日，中共承德市委常委、副市长、中共承德高新区工委书记、管委会主任刘文勤（左四）参加承德高新区管委会与国建集团战略合作框架协议签约仪式

2015 年 8 月 11 日，中共高新区工委书记、管委会主任柴山（前左一）与中国二十二冶集团有限公司总经理刘玉山（前左二）共同签署全面战略协议仪式

2015 年 2 月 10 日，中共高新区工委书记、管委会主任柴山（左一）到上板城镇东营村慰问贫困户

2011年6月24日，中共高新区工委举办全区"学党史·知党情·跟党走"中共党史知识竞赛活动，图为决赛现场

2015年11月10日，承德高新区在滨河公园举行抗日民族英雄孙永勤铜像落成典礼

1999 年 5 月 1 日，开发区管委会机关工会组织职工开展“五一”长跑活动

2001 年 6 月 25 日，全区职工篮球赛，管委会机关篮球队女队荣获第一名

2011 年 1 月 25 日，高新区举办新春联欢会。图为高新区财政局正在演出歌伴舞《二十年后再相会》

2011 年 6 月 18 日，承德高新区举办 2011 年第二十五届奥林匹克日长跑活动

2013 年 5 月 11 日，承德高新区第一届职工运动会。图为开幕式

2014 年 3 月，承德高新区举办廉政书画展

2014 年 5 月 12 日，承德高新区为“唱响高新区 弘扬主旋律”大合唱比赛中获奖的优秀单位颁奖

2014 年 10 月，承德高新区男子篮球队荣获市职工运动会第三名

2015 年 4 月 18 日，承德市第三医院（承德市肿瘤医院）到承德高新区上板城镇狮子沟村进行“走出癌症误区 实现早诊早治”肿瘤宣传周义诊活动

2015 年 7 月 11 日，承德高新区进行宣传防治艾滋病活动

河北民族师范学院新校区（2021年3月9日摄）

河北旅游职业学院新校区（2021年3月9日摄）

河北石油职业技术大学（承德石油高等专科学校）新校区（2021 年 3 月 9 日摄）

承德一中新校区（2021 年 3 月 9 日摄）

承德司达石油装备开发公司（1994 年 10 月建成）

承德隆兴包装制品有限公司（1995 年 8 月建成）

承德热河克罗尼仪表有限公司（1995 年 9 月建成）

四海科技实业集团有限公司产业园（1996 年建成）

北光·友升仪表有限公司（1996 年 7 月建成）

承德热河减振器有限责任公司（1998 年 10 月建成）

河北承德露露股份有限公司（1999 年 7 月建成）

白楼宾馆（景园大酒店）（1999 年 7 月建成）

承德新新电子有限公司（2001 年 3 月建成）

承德华一集团（2002 年 6 月 11 日摄）

中国联通承德分公司综合楼（2004 年 12 月建成）

承德光大输送机有限公司（2008年建成）

正在建设的白河南污水处理厂（2015年7月28日摄）

承德颈复康药业集团（2004 年建成）

承德苏垦银河连杆有限公司（2013 年 1 月 8 日建成）

复方石韦片
清热利尿方便!

苏垦银河

正在建设中的比亚迪汽车工业有限公司承德分公司（2015年5月摄）

2004年9月2日，德国KROHNE集团高层领导参观承德热河克罗尼仪表有限公司生产现场

2006年5月20日，金建检测仪表有限公司总经理任雨峰（前排左二）在公司会议室与美国同行进行交流

2007年12月3日，澳大利亚客户到联创计控设备有限公司参观考察

2000 年，河北承德露露股份有限公司包装自动化生产线投入使用

2004 年 2 月，颈复康药业集团有限公司颈复康颗粒德国自动包装生产线投入使用

2005 年 1 月，承德通润汽车零配件有限公司的汽车专用千斤顶生产车间投入使用

2010 年 9 月，承德华远自动化设备有限公司汽车底盘智能装备系统投入使用

2013 年 1 月，苏垦银河连杆股份有限公司连杆生产线投入使用

苏垦银河连杆有限公司生产的连杆产品

承德绍淇科技发展有限公司生产的高档凹版印刷机械装备

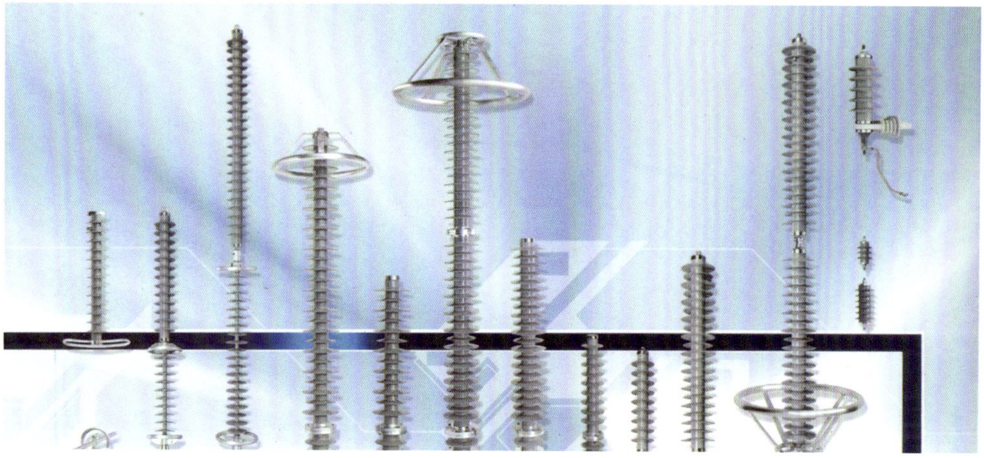

承德中能瑞斯特电力设备科技有限公司生产的10～220千伏避雷器

承德伏安电工有限公司生产的氧化锌电阻片

承德热河克罗尼仪表有限公司生产的
雷达液位计 BM700

承德热河克罗尼仪表有限公司生产的
涡街流量计 VFM 1091G

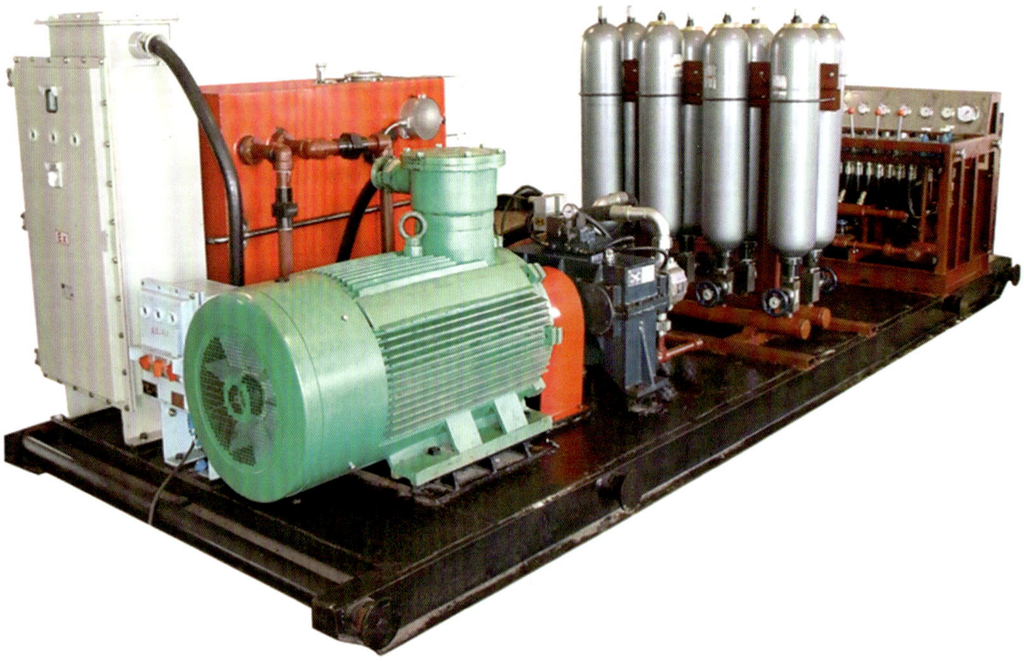

承德富泉石油机械有限公司生产的带压作业装置电液控制系统

颈复康药业集团有限公司生产的
颈复康颗粒

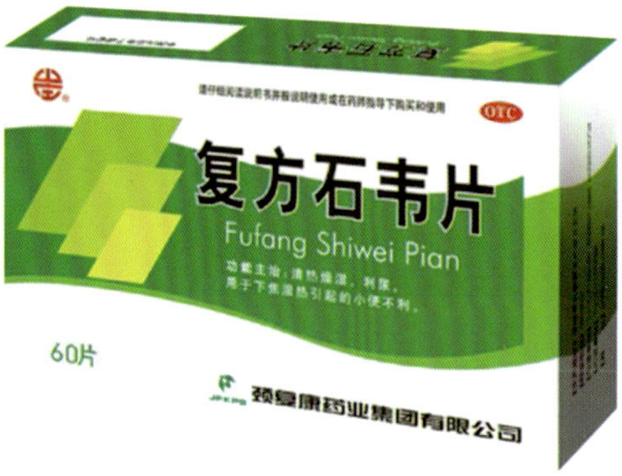

颈复康药业集团有限公司生产的
复方石韦片

河北承德露露股份有限公司生产的
露露牌杏仁露

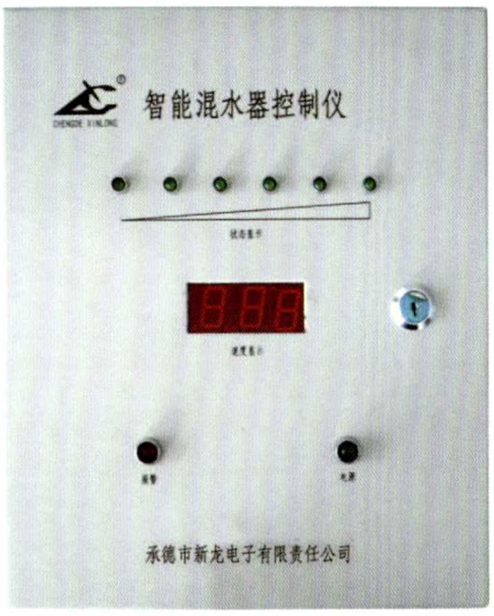

承德市新龙电子有限责任公司生产的
智能混水器控制仪

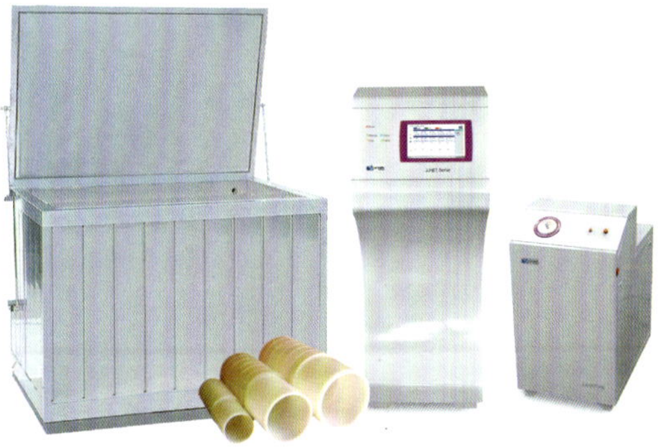

承德金建检测公司生产的
热变形、维卡软化点温度测定仪
获第十七届全国发明博览会金奖

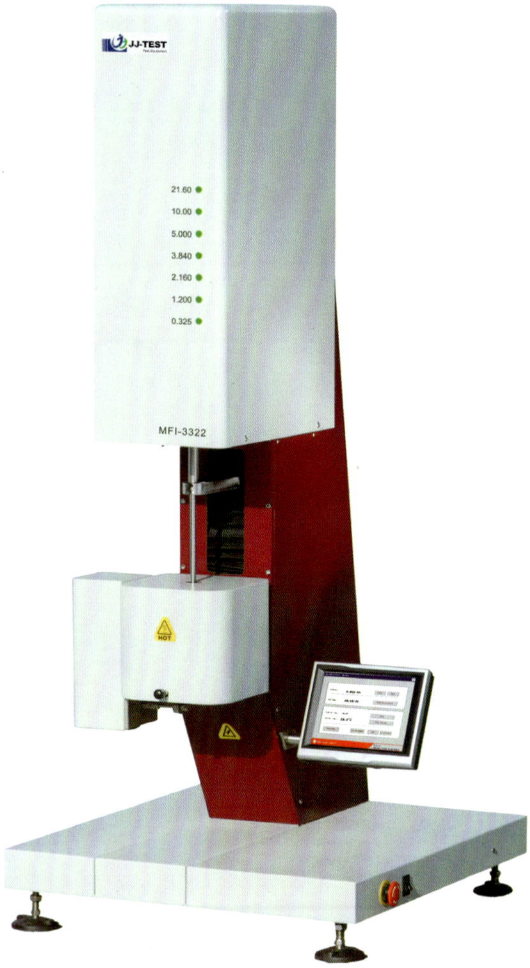

承德金建检测公司生产的
熔体流动速率仪

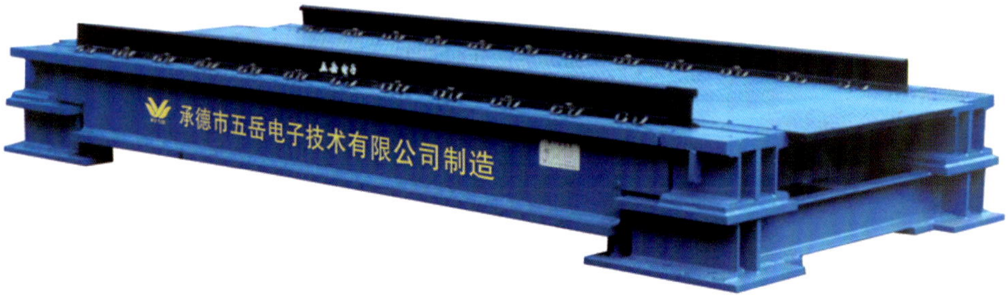

承德市五岳电子技术有限公司生产的
机械秤量台面

2022 年 7 月 13 日，承德高新区志第四届编纂委员会在科技大厦三楼中型会议室召开《承德市志·承德高新技术产业开发区志（1992—2015）》评审会，承德市地方志办公室主任奚晓红（右六）、中共承德高新区工委副书记孙喜明（右七）、承德高新区管委会副主任杨文东（左四）、中共承德高新区纪工委书记王双清（右四）、中共承德高新区工委委员景联华（左三）、党政办主任白春龙（左一）及评审人员参加评审

2022 年 7 月 13 日，中共承德高新区工委书记、管委会主任、第四届编委会主任孙萧（前排左九）、承德市地方志办公室主任裴晓红（前排右八）及《承德市志·承德高新技术产业开发区志（1992—2015）》编委会成员、评审人员

序　言

全区上下，通力协作，历时6年，数易其稿，《承德市志·承德高新技术产业开发区志（1992—2015）》终于付梓问世。这是承德高新区社会经济文化生活中的一件大事，也是社会主义精神文明建设的一项丰硕成果，更是一项功在当代、惠及后人的文化工程。

自1992年开发区西区奠基至2015年，弹指间24年风雨兼程，承德高新区始终肩负着“发展高科技、实现产业化”的历史重任，在历届中共承德市委、市政府的正确领导下，解放思想，奋发进取，抢抓机遇，开拓创新，坚持以经济建设为中心，建设一座城市，发展一批产业，造福一方人民。按照“产城共建、以产为主、产城互动、产城互促”的“产城融合”发展思路，外引内育发展产业，大力推进招商引资、项目建设和科技创新，构建起“南部新城核心区、大数据电子信息产业园、生命医学大健康产业园、智能环保和装备产业园”的“一区三园”的发展格局；推动产业结构由“饮料制造、医药制造、智能化仪器仪表、汽车零部件、装备制造”五大传统产业向“电子信息大数据、生命医学大健康、智能环保装备制造、文化旅游、现代金融服务”五大现代新兴产业转型。昔日的荒丘瘠田上，一座现代化新城区初具规模。今天的高新区产业蓬勃发展，创新活力涌动，基础设施齐全，城市功能日臻完善，民生福祉持续提高，已经发展成为承德市高质量发展主战场、项目建设最前沿、承接京津桥头堡、改革创新试验田。24年的发展历程中，高新区人用实际行动诠释了责任与担当，用勤劳和智慧走出了一条白手起家、创新发展的开拓之路，谱写了创业者新时代改革开放、拼搏奋进的新篇章。

治天下者以史为鉴，治郡国者以志为鉴。《承德市志·承德高新技术产业开发区志（1992—2015）》客观真实、全面系统地记述和总结了高新区建设发展的历史与现状、曲折与进步，翔实地反映了管理体制、产业经济、社会人文、民生事业发展的过程。宏微之观，是非曲直，差距成败，皆不讳言。溯本探源，尽彰地方特色；略远详今，突显时代新风。既为昔日创业者树立丰碑，又为当今建设者提供借鉴，也为后来者留下珍贵馆藏。

修志其工程之浩繁，工作之艰辛，而编纂诸同志严谨治学，各级各部门密切配合，乃成本志。在此，谨向为本志编写付出心血的全体编撰人员表示深深的感谢和敬意，向关心支持、悉心指导修志的市地方志领导和专家表示真挚的谢意。

雄关漫道真如铁，而今迈步从头越。24年来，高新区的发展取得了瞩目的成就，但与市委、市政府的要求，与全市人民的期盼，与先进地区相比，还有很大差距。站在新的历史方位，重任在肩，时不我待。愿全区人民在党的领导下，承先辈之壮志，尚拼搏之精神，穷集体之智慧，尽民众之力量，团结奋斗，再接再厉，聚精会神搞建设，一心一意谋发展，继续谱写更加壮丽篇章。承德高新区的明天一定更美好！

谨付简言，是以为序。

中共承德高新技术产业开发区工作委员会书记
承德高新技术产业开发区管理委员会主任

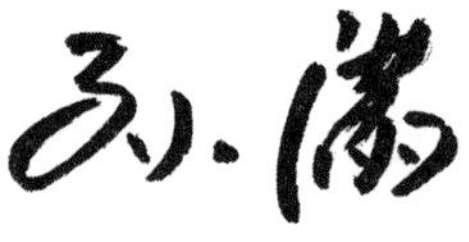

二〇二二年六月十七日

凡　例

一、志书性质　本志为承德市第一部有关承德高新技术产业开发区建设及发展的志书，志书名《承德市志·承德高新技术产业开发区志（1992—2015）》。

二、指导思想　本志以马克思列宁主义、毛泽东思想、邓小平理论、“三个代表”重要思想、科学发展观、习近平新时代中国特色社会主义思想为指导，坚持辩证唯物主义和历史唯物主义的立场、观点和方法，客观真实地记述高新技术产业开发区24年间的发展历程，以发挥地方志书“存史、资政、育人”的作用。

三、编纂原则　遵循《地方志工作条例》《地方志书质量规定》等法规规章，坚持横分竖写、述而不论等编纂原则，突出高新技术产业开发区特色及亮点。

四、记述范围　时间范围，上限一般启于1992年，下限断于2015年末，个别内容根据记述需要适当上延。空间范围，以2015年12月31日承德高新技术产业开发区所辖境域为准，不越境而书。

五、体裁运用　采用述、记、志、传、图、表、录7种体裁，以志为主，彩色照片置于卷首，图、表随文插附。

六、篇目结构　遵循事以类聚、类为一志的原则，采用章节体，分章、节、目3个层次，个别目下设子目，共设十二章55节。

七、语言表述　采用规范的现代语体文，运用客观的记叙文体，简洁流畅。以第三人称行文记事，不议论、不评说，直书其事，寓褒贬于叙事之中。

八、数字用法　数字书写以中华人民共和国国家标准《出版物上数字用法》(GB/T 15835—2011）为准。

九、计量单位　志书中使用的各种计量单位名称和符号，一般遵循国家1993年发布、1994年7月1日起实施的中华人民共和国国家标准《量和单位》。

十、标点符号 行文记事使用标点符号，执行最新颁布的中华人民共和国国家标准《标点符号用法》（GB/T 15834—2011）。

十一、纪年方法 一律采用公元纪年。需要使用“年代”的，一律以世纪加年代标示，例如“20 世纪 80 年代”“20 世纪 90 年代”。不使用诸如“1980 年代”“1990 年代”之类不规范的写法。个别内容涉及中华人民共和国成立前时间标识时，则采用历史纪年。

十二、称谓使用 一律使用第三人称，人物直书其名，必要时姓名前加职务，姓名后不用“同志、先生、老师、同学”等称谓，不用“书记、×长”等职务名称。地名以 2015 年年底地名为准。机构、会议、时政事物、社会事物等名称在行文中首次出现时使用全称，并括注规范简称。少数民族自治县称谓第一次出现时用全称，其后使用规范简称。个别古地名括注今地名。

十三、货币单位使用 如无特别注明，均为人民币元。

十四、人物入志 本志设人物表收录 1992 年至 2015 年各机关企事业单位获市级以上荣誉的先进集体及先进个人，排序以获得时间先后为序；历任承德高新区主要领导人简介；获得副高级以上职称的高级知识分子，排序按评定时间为序。个别对高新技术产业园区发展有影响的人物采用以事系人的方式入志。

十五、资料来源 入志资料遴选于区内各机关企事业单位所呈报资料，其他资料来源于书籍、报刊及个人提供，经甄别后使用。一律不注明出处。

十六、保密原则 有关志书保密事宜，由区内各机关企事业单位负责审定。

承德市地方志编纂委员会

名誉主任：柴宝良　市委书记
主　　任：王亚军　市委副书记、市政府市长
副 主 任：卢　健　市委常委、市政府常务副市长
傅海旺　市委常委、市委秘书长
董正国　市人大常委会副主任
王利华　市政协副主席
委　　员：杨玉甫　市政府秘书长
李　勇　市委副秘书长、市委办公室主任
薛莲蒂　市政府副秘书长、地方金融监管局局长
房宝占　市委组织部常务副部长
王亚君　市委宣传部常务副部长
孙　立　市委保密机要局局长
林国华　市财政局局长
杨海涛　市委党史研究室主任
何元武　市发改委主任
王成军　市教育局局长
苏艳华　市科技局局长
刘树华　市民政局局长
王泽辉　市人社局局长
唐秋华　市旅游和文化广电局局长
王东利　市国资委主任
马广春　市市场监管局局长
遇建军　市统计局局长
任溧馨　市档案馆馆长
杨　振　承德军分区政治工作处主任
奚晓红　市地方志办公室主任

承德市志部门志专业志编辑部

总　　编：奚晓红

副 总 编：迟卫国

编　　审：兰　岚

责任编辑：蔡国栋　路海红　袁　芳

摄　　影：曹　静

承德高新技术产业开发区志
第一届编纂委员会

（2015 年 7 月—2016 年 6 月）

主　　任：柴　山
副 主 任：景联华　魏　民
委　　员：（排名不分先后）
王正军　王旭东　王丽丽　白春龙　冯瑞树
成世前　刘　峰　刘志永　刘志华　孙天民
孙金红　吴晓光　张　磊　孟凡平　姜小博
魏　华

承德高新技术产业开发区志
第二届编纂委员会

（2016 年 6 月—2019 年 5 月）

主　　任：傅海旺
副 主 任：刁　志　魏　民
委　　员：（排名不分先后）
王正军　王旭东　王丽丽　白春龙　成世前
刘　峰　刘志永　孙天民　孙金红　吴晓光
张成华　孟凡平　姜小博　温瑞东　魏　华

承德高新技术产业开发区志
第三届编纂委员会

（2019 年 5 月—2020 年 3 月）

主　　任：王国辉
副 主 任：郭建平
委　　员：（排名不分先后）
王　钧　王天一　王双清　王志一　白春龙
李晓松　杨文东　杨玉兴　高武元　董智慧
景联华　薛文忠

承德高新技术产业开发区志
第四届编纂委员会

（2020 年 3 月—2022 年 5 月）

主　　任：孙　潇
副 主 任：孙喜明
委　　员：（排名不分先后）
王中明　王双清　王志一　白春龙　李晓松
杨文东　徐树星　高武元　郭德启　景联华
薛文忠

承德高新技术产业开发区志
编辑人员

主　　编：白春龙　叶金华
执行主编：叶金华
副 主 编：成世前　程　军　孙家春
编　　辑：（排名不分先后）
丁海涛　王鑫磊　丛　文　刘驰宇　安　冉
李明浩　金子琦　崔鹏鹤
图片提供：孙　亮　程　军　范功升

承德高新技术产业开发区志
评审人员

（排名不分先后）

丁振奇　王天一　王双清　王正军　王旭东　王丽丽　白春龙
兰　岚　刘　杰　孙　威　孙　亮　孙喜明　李志红　李志超
杨文东　辛大勇　张　健　张克范　张建锋　张洪生　张瑞辉
赵德辉　徐　刚　奚晓红　高武元　景联华　温瑞东　温德志

承德高新技术产业开发区志
供稿人员

（排名不分先后）

马　超　王　冲　王立斌　王宇飞　王洪波　王鹏宇　亢大伟
任大力　刘　洋　刘苗苗　刘素平　刘海军　孙　畅　孙永生
孙艳君　李星旭　杨志强　何亚丽　张　磊（人社局）　张　磊（科技局）
张菁菁　张博伟　张瑞斌　陈　颖　范文彬　庞家琦　孟　仲
孟　晗　孟祥楠　孟繁学　罗广华　赵　岩　赵丽萍　姜　楠
姜海楠　姚美然　袁小丽　袁凌波　陶媛媛　蒋龙柳　韩　坤
谢　琳　薛　岩

目 录

第一章 机构人员

第二章　规划与建设

第三章　经济发展

第四章　园区和工业企业

第五章　农业农村工作

第六章　招商引资

第七章　科技科研

第八章 综合管理

第九章 人事·劳动·社会保障

第十章　社会事业

第十一章　党群工作

第十二章　集体和个人荣誉及主要领导人简介

附　录

概　述

（一）

承德古称“热河”，清雍正帝取“承先祖德泽”之意而得名。民国3年（1914年）设热河特别行政区，民国17年（1928年）撤区建热河省，为热河省省会，设于今承德市区，民国34年（1945年）抗战胜利，10月建承德市，为热河省省会。1955年12月撤热河省，隶属河北省。承德市位于北纬40° 11′6″～42° 36′58″，东经115° 54′8″～119° 14′42″，地处河北省东北部，属于华北和东北两个地区的连接过渡地带，辖8个县、3个区和国家级高新技术产业开发区及御道口牧场管理委员会。承德历史悠久绵长，境内有7000年前的赵宝沟文化、5000年前的红山文化、3000年前的山戎文化。承德曾开少数民族历史活动的先河，创造了灿烂的文化，书写了多民族发展的辉煌历史。清康熙四十二年（1703年），康熙帝在此肇建避暑山庄，经89年建成，自此承德成为清王朝的第二个政治中心。避暑山庄享有“中国地理形貌之缩影”和“中国古典园林之最高范例”的盛誉，是世界上现存最大的皇家园林，“一座山庄，半部清史”。“塞外清凉世界，皇家避暑山庄”，是中外著名的旅游避暑圣地，其文化价值、建筑价值和历史价值在世界上独一无二。世界上现存的皇家寺庙群——外八庙、最大的皇家猎苑——木兰围场、万里长城精粹——金山岭长城独步天下。中华人民共和国成立后，承德避暑山庄及外八庙列入国务院国家级重点文物保护单位，1994年12月列入联合国教科文组织世界文化遗产。

承德有中国北方最大的佛教圣地普宁寺，有中国历史文化名城、中国优秀旅游城市、国家园林城市、中国十大休闲旅游城市、中国十佳避暑旅游城、中国十大风景名胜、中国优秀旅游城市、首批国家生态文明示范区、中国摄影之乡等十余项桂冠，是一座集皇家文化、宗教文化、民俗文化和红色文化于一体的城市。其地理位置优越，自然环境得天独厚。多元的地形地貌，造就了优美的奇山胜水，丰富的自然资源，形成了优越的生态环境，山川秀丽、景色宜人、资源丰富、交通畅达。境内土地面积大、森林覆盖率高、草原草场广阔、水资源丰沛，是京津生态保护屏障和水资源供应地，空气质量、水环境质量始终保持京津冀领先。

承德旅游资源得天独厚，名胜古迹、古树、奇石、幽谷、溶洞处处精彩，景色迷人，令人流连忘返。拥有对外开放的景区、景点50余处，国家A级旅游景区24处，历史文化游、自然风光游、民俗风情游可满足各层次人士需要。承德市南临京、津，北倚辽、蒙，与河北省内的秦皇岛和唐山两个沿海城市及张家口市相接，具有一市连五省市（北京市、天津市、河北省、辽宁省、内蒙古自治区）的独特区位，距离北京202千米、天津220千米、唐山240千米、秦皇岛200千米、辽宁朝阳200千米、内蒙古赤峰190千米，是连结京津冀都市圈、辽宁沿海经济带和晋蒙能源基地的重要节点。伴随着交通条件的不断改善，承德即将融入与京津“同城”的发展时代，成为直通天津、秦皇岛、曹妃甸三大港口的重要腹地。“环京津、环渤海”两大优势并存。

承德是北方最大的钒钛资源基地和钒钛磁铁矿冶炼技术发祥地。主要传统工业门类有煤炭采掘、矿山机械、输送机械、石油机械、曲轴连杆、钒钛磁铁矿采选冶炼与压延、化工、纺织、电气设备、制药、食品加工、服装鞋帽等。其中，钒钛磁铁矿采掘与冶炼、矿山机械、输送机械、石油机械、曲轴连杆、制药在国内颇有名气，成为全市经济的重点支柱产业。

到20世纪90年代初，随着市场经济竞争日趋激烈，承德市工业结构亟需调整，技术设备亟需更新以及市场基础亟需强化等问题，日益突显出来。受承德市山城区位格局所限，相对集中在老市城区的传统工业和新兴工业必会带来令人忧心的环境隐患，影响现代旅游业的发展和世界文化遗产——避暑山庄及外八庙寺庙群的保护。于是，一个以发展高新技术产业为主导、以相对集中在同一封闭地域为平台的高新技术产业开发区于90年代初期应运而生。

（二）

1992年初，中共承德市委、市政府根据邓小平南方谈话和中共河北省委、省政府《关于扩大对外开放的十二条措施》，开始谋划开发区建设。是年2月，成立承德市高新技术领导小组。3月，由市级领导带领市直有关部门领导分别考察了辽宁、山东、广东、福建等地建立开发区的做法和经验，向中共承德市委、市政府提交可行性报告。是年4月21日，市政府向省政府报送《关于申请兴办省级经济技术开发区的请示》，4月25日，中共承德市委、市政府决定建立承德市高新技术产业开发区（以下简称开发区），7月6日，经河北省人民政府批准为省级高新技术开发区产业开发区。是月7日，在开发区西区举行了奠基典礼，从此拉开了开发区建设的帷幕。2000年9月，河北省人民政府批准设立承德市省级经济技术开发区，与市高新技术产业开发区合署办公。2005年，经国家发改委审核批准承德市高新技术产业开发区为河北承德高新技术产业园区。2009年5月，市委、市政府决定，托管新的扩大区域大石庙镇的东营村、西营村。是月，市委、市政府决定将京沈高铁承德站落位高新区南区。7月，根据省政府关于具备条件的开发区可以申请扩区的文件精神，承德高新技术产业开发区申请扩区，经省政府批准承德高新技术产业开发区规划区域范围，扩区面积18.5平方千米，分为闫营子、凤凰山、东西营、上板城4个区片，扩区后总面积24.7平方千米。2010年3月，经市委第十二届93次常委会会议决定，将双桥区上板城镇交开发区托管。2012年8月19日经国务院批准承德高新技术产业园区升级为国家级高新技术产业开发区，定名为承德高新技术产业开发区，实行现行的国家高新技术产业开发区的政策。

承德高新区从功能和开发时序上形成了核心区、上板城工业聚集区、唐山曹妃甸·承德临港工业园三大板块。其核心区（由西区、东区、南区组成）位于承德市中心区南部，位于京承高速、承唐高速、承赤高速、承秦高速、承朝高速公路、101国道交会处出入口两侧，滦河、武烈河穿区而过。2012年12月，经市政府决定将双桥区所辖郭营子村，冯营子村、崔梨沟村交开发区行政托管，2013年5月，市委、市政府决定，将双桥区所辖的冯营子镇及其所属行政村划归高新技术产业开发区托管。将原大石庙镇管辖的鹫窝村和原高新区托管的雹神庙、闫营子、东营、西营、冯营子、郭营子、崔梨沟村划归冯营子镇管理。截至2015年底，行政托管区域总控制面积320平方千米，规划建设用地面积81.2平方千米，托管冯营子镇、上板城镇共2个镇，行政村38个，居民委员会4个；区内企事业单位2000家，区内人口达11.5万人。

建区初期，开发区开发建设分为西区和东区，为第一期开发建设区域，东起庄头营村、西至雹神庙村两山分水岭、北至二道沟和大石庙村、南濒滦河，面积1.2平方千米，其中西区为起步区，面积0.62平方千米，规划面积6.2平方千米，远期规划面积20平方千米。中共承德市委、市政府提出“老城中疏”战略，决定将老城区的工业企业全部“退市进郊”入驻开发区，并赋予市一级经济管理职能，独立运行、封闭管理。从1992年7月破土动工到1995年，起步区实现“七通一平”，1998年东区开发建设也全面展开。截至2005年，西区、东区已有31家企业和国税培训中心、邮电培训中心、中国联通承德分公司等62个项目在园区落户，完成西区、东区开发建设。由于新兴工业和民营经济的迅速发展，东西区规划面积日益局促，已不能适应经济发展的需要。2005年，中共承德市委、市政府将近邻开发区的冯营子村、郭营子村、闫营子村所有土地划归开发区开发（谓称南区）。是年初，市委、市政府为加快国际旅游城市建设，打造国际知名、国内一流的山水生态的现代化城市，确定“疏减老城区、加快建设新城区”的重大战略决策，以商住开发为重点，按照“高起点谋划、高标准设计、高质量建设”的要求，全力推进承德新城建设，启动承德市滨河新城5平方千米“起步区”建设项目，成立市滨河新城5平方千米“起步区”工程建设领导小组，双桥区正式承担滨河新城5平方千米“起步区”项目建设工作。2010年底经市委、市政府批准，成立承德新城开发建设指挥部及办公室，承担承德新城的开发建设工作。

承德新城的地域范围是：承德新城覆盖滦河两岸，包括滨河新城5平方千米起步区（砖瓦窑村、三道湾村和鹫窝村地域）、闫营子村、石门子村、陈栅子村、偏桥子村以及上下栅子村等地域，并沿滦河向西拓延与双滦区老沟门村衔接。区域范围东起凤凰山大桥，西至滦河大桥，北起闫营子村，南至下栅子村，规划建设用地面积约25平方千米。

承德新城开发建设指挥部已收储双桥区大石庙镇和冯营子镇5个村土地505.09公顷，并基本完成砖瓦窑村、三道湾村和鹫窝村被征地人员养老保险补贴金的发放工作。承德新城自启动以来，先后取得土地指标182.2公顷，其中：市政府分配指标75.53公顷，利用土地有偿置换指标100公顷。在现有指标中，划拨给三甲医院、新城学校共计20.47公顷；已出让土地73.6公顷；用于省开行9亿元贷款抵押40.13公顷；用于吉祥之帆大桥建设——移交方式（BT）抵押16公顷；根据市政府的安排计划出让给北京保利集团25.33公顷。2011年至2013年确定重点建设项目19个，总投资198亿元。2011年，在完成防洪和水环境工程、景观绿化工程的基础上，路网管网、三纬路跨滦河特大桥、新城中小学校全部竣工。百万平方米商住小区、新城供水厂、新城供热站、市级干部周转房和职工住宅、四馆一中心、三甲医院等项工程全面开工。2011年房地产开发面积100万平方米。截至2015年，已有北京保利集团、天津城建集团、廊坊宏泰实业集团、廊坊荣盛房地产开发有限公司投资参与新城建设。

2013年5月13日，中共承德市委市政府决定撤销新城开发建设指挥部办公室（简称新城办），将5平方千米新城区域及开发和建设职能并入承德高新区，高新区管委会对南部新城统筹开发建设和管理运营。是月，将上板城镇所有土地归属高新区开发，为中远期发展创造足够发展空间，使高新区进入快速发展期。

建区初期至2015年底，承德高新区在国家及市财政几乎没有投入的情况下，按照“总体规划、分期实施、自我加压、滚动发展”的思想，大力实施“环境立区、开放兴区、科技强区”的三项战略，紧紧抓住高新技术、基础设施建设、招商引资三大重点工作，开拓进取，顽强拼搏。在促进经济增长、发挥高新技术优势、推动高新技术产业化、加强市场体系和新型社区建设等方面取得了瞩目的成绩。技工贸总收入由1993年的1559万元，增长到2015年的1990521万元，增长1276倍；地区生产总值由1993年的754万元增长到2015年的482469万元，增长640倍；工业总产值由1993年1443万元，增长到2015年的1351253万元，增长936倍；全社会固定资产投资由1993年6861万元，增长到2015年的365090万元，增长53倍；地方财政收入由1993年32万元，增长到2015年的85321万元，增长2666倍。已成为全市高新技术企业和高新技术产品最多、投资环境和创业环境最优、投资回报率最高、最具经济活力和发展潜力的新型城区。

基础设施建设和城市建设 承德高新区把建立现代化的基础设施建设体系放在突出位置，强化城市综合服务功能，努力为经济发展和对外开放创造良好的硬环境。围绕为园区经济发展搞好配套，扩大城市发展框架、改善投资环境、按照《高新区总体规划》，遵循基础设施先行的原则，坚持经济效益、社会效益和生态效益的统一。截至2012年底，承德高新区投资兴建的京承公路至南区跨滦河凤凰山大桥、承栗公路至南区跨滦河东南山大桥、东营村至上板城工业聚集区跨滦河鸡冠山大桥、吉祥之帆大桥4座桥梁相继建成通车，贯通和方便了老城区与高新区南区的交通。高新区投资建设的武烈河第一道橡胶坝、武烈河第二道橡胶坝、滦河第一道橡胶坝、滦河第二道橡胶坝4道橡胶坝相继建成蓄水，武烈河、滦河流经高新区区域的水环境得到明显改善。截至2015年底，核心区全部实现“九通一平”标准，累计构筑城市主次干道39条，达52.97千米；实现核心区与老城区的交通贯通，开通了公交线路10条。敷设供水、供电、供气、供暖、排污、雨排水等各类管网，排污、雨排水管道101.64千米，完善区内基础公用设施建设。累计完成基础设施建设投资110亿元。建设企业用房588026.38平方米，投资10.74亿元；住宅小区4823868.3平方米，投资59.06亿元；教育建筑656421.86平方米，投资9亿元；非工业建筑面积426931.46平方米，投资7.39亿元，累计建设面积6495148.3平方米，总投资86.19亿元。围绕提升城市形象，提高绿化、美化、亮化水平，建成29万平方米的滨河景观公园和29.7万平方米的中央湿地公园，成为高新区一道亮丽的风景线。和润新城、凤凰御景、御龙瀚府、文轩茗园、阳光四季城、滦阳御园、铂悦山、休闲商务区（RBD）等一批住宅小区拔地而起，北京师范大学承德附属学校、承德医学院附属医院新院相继建成投入使用。承德民族师范学院、承德石油高等专科学校、承德旅游职业学院、承德一中和奥林匹克体育中心组成的教育园区，科技大厦、冀北电力大厦、中广信集团承德分公司、商品检疫检验中心、承德海关、消防站、高新区国税局和高新区地税局、中国工商银行承德高新区支行、中国银行承德高新区支行、中国农业银行承德高新区支行、承德银行高新区支行等机构的建立，核心区已成为教育、体育、文化、金融、商业、公用事业、休闲、娱乐等各类配套设施完备，功能齐全的适宜居住、生活、创业、发展的新城区，充分满足了驻区企业和居民的生产生活需要。

招商引资 承德高新区建区以后，始终把招商引资作为各项工作的重中之重，实施全方位多层次的招商引资战略。初始就提出“人人是投资环境，事事是信誉形象”的口号，积极改善软硬环境，瞄准高科技，主攻大项目，内外并举，充分利用旅游优势，采取行政全员招商、专业招商、委托招商、代理招商、会展招商、网上招商等多种形式招商。并在土地、财税、人才引进等方面制定一系列配套优惠政策和奖励政策。2007年7月成立承德开发区北京招商中心，2008年7月在昆山设立招商办事处（2009年7月撤回），加大了招商力度。先后与德国、美国、日本、韩国及中国香港、澳门和台湾地区知名公司、财团合作。截至2015年底，引进外国和中国香港、台湾地区项目10家，引进国内项目109个，主要有浙江万向集团，江苏通润集团，北京燕京啤酒集团等项目。涉及到医药、饮料、啤酒、汽车零部件等。据不完全统计，实际利用13393.9万美元，引进内资1609168万元。

发展高科技　承德高新区遵照“全区抓经济，重点抓工业，高新技术产业为先导”的发展思路，积极主动创造条件，优化发展环境，全力支持发展高新技术企业和高新技术产品，于1998年5月成立创业服务中心，建立以创业服务中心为孵化器、以市场为服务支撑、以企业为技术创新主体的科技创新体系。截至2015年底，区内有市级以上工程技术中心16家，大部分企业已设立自己的技术研发部门。先后有22家企业在创业服务中心培育孵化成型，建立起自己的生产基地。截至2015年底，区内共有省级高新技术企业42家，科技型中小企业60家，科技小巨型企业3家，高新技术产品92个，获得国家授权专利3652项，其中发明专利278项。申报国家、省、市各级各类项目300个，其中国家星火计划项目1项，国家级火炬计划重点项目5项。基本形成以智能化仪器仪表，食品饮料、医药、汽车及汽车零部件、装备制造为支柱的五大产业群。

发展民营经济　承德高新区十分重视民营经济的发展，引导民间投资方向，放宽民营资本准入范围，降低门槛，强化为民营经济服务。在土地征用、工商、税务、财政支持及人才引进等方向制定优惠政策。截至2015年底，高新区累计注册工商企业966家，其中工业企业204家，民营经济中含私营经济企业占总数的67%，实现技工贸总收入1037.8亿元，工业总产值701.1万元，实现税收225990万元，固定资产投资2330229万元。民营经济在加速科技成果转化，促进就业，扩大出口方面发挥出越来越重要的作用，为高新区注入新的活力。国有、股份制包括国有控股企业和民营企业和等多种经济成分并存的经济发展结构框架业已形成。

社会事业　承德自高新区托管上板城镇、冯营子镇以后开始对区内的教育、卫生、文化、体育、民政事务、社会保障、民族宗教、人口和计划生育、农牧、林业、水务、扶贫、新农村建设等经济、行政和社会事务实行统一领导、统一管理，并将社会事业的发展纳入区内发展规划范畴。加大文化教育的投入，行政村的文化娱乐、健身休闲、图书室等设施基本配套齐全，为所管辖的小学、中学配备体育设施，改造维修危房校舍、厕所等，让学生处于安全舒适的教学环境之中。义务教育适龄儿童入学率达100%。到2015年底，区内有幼儿园9所，小学18所，初中4所，普通高中2所，普通高等院校2所，高等职业教育1所。承德高新区建立起学前教育、义务教育、高等教育、职业教育等较为完善的教育体系。医疗卫生防疫体系健全。养老保险、医疗保险等保险体系健全、区内党政事业单位参加养老保险、医疗保险人数达100%，企业参加养老保险人数达95%，参加医疗保险人数达80%、参加工伤保险人数达96%。参加农村合作医疗的人数达100%，参加城乡居民养老保险人数达96%。

农村面貌改造提升　2010年、2013年分别托管上板城镇和冯营子镇后，高新区对农业、农村、农民问题非常重视，摆到重要议事日程，加强基层组织建设，抓好村“两委”班子换届选举工作，38个行政村党支部、村委会换届，按照“两推一选”的选举方式，依法产生了村两委班子及村务监督委员会。2012年起，按照省委的部署，开展以打造“看得见山水，记得住乡愁”的美丽乡村（基层建设年）建设活动、先后投入大量资金修建水泥路面的乡村公路，实现村村通。截至2015年底，共为12个村安装路灯1200盏，改造厕所100处，实施饮水安全工程改善农村的饮用水条件，为1617户村民安装自来水，解决25843人饮用水不安全问题，改造农民危房150户，投资2亿元治理滦河干流河道堤防长达15.787千米，新建防洪堤5.1千米。农村的水、电、路、环卫等生活条件得到极大的改善和提升，

“农村面貌改造提升”建设活动成效显著，50%以上行政村达到建设标准，其中8个行政村列入省级重点村，显现出一派新农村建设的文明和谐新气象。

发展农业经济 加强对农村工作的组织领导，确保地方经济持续健康发展和社会稳定。将地方经济纳入经济发展规划，统筹安排，合理布局，发挥各自优势，发展富裕农民的特色农业，“承秦绿保”牌秦家沟红薯，“承月”牌陈家沟大枣已在京、津、冀、内蒙古、黑龙江乃至广州市场有较高的知名度，成立规范化的农村专业合作社38家，带动农民致富，尚亚休闲文化农业产业园区等一批农业开发项目和中红三融集团有限公司等一批农业龙头产业建成得到发展。

支撑服务体系 高新区随着建设与发展的需要，按照市场经济体系的要求，逐步建立和完善中介服务市场，通信、互联网、检测中心、物流、快递、金融服务等支撑服务体系，在优化资源配置和结构调整中基础作用日益发挥。以工商银行、中国银行、农业银行、交通银行、承德银行等商业银行为主体，部分保险公司，风险投资公司，投资委托公司、租赁公司和信用合作社等共同参与的金融服务体系基本形成。信息技术服务、工程咨询、科技咨询、法律咨询等中介服务机构基本齐全，为高新区和承德市的经济发展提供信息、技术和人才，促进经济发展，发挥其应有的作用。

（三）

高新区初始建立时，中共承德市委、市政府明确提出开发区作为改革示范区、开放实验区，中共开发区工委为中共承德市委派出机构，管委会为市政府派出机构，代表市委、市政府行使市一级管理职能。工委、管委、发展公司合署办公，实行工委、管委、发展公司党、政、企三位一体领导管理体制，在开发建设、经济发展初期起到重要作用。1996年5月政企分开，发展公司不再参与领导与管理，成为具有独立法人资格的经济实体。2013年6月，实行党政合一的领导体制，下设一级办事机构，共10个局、室、部；二级工作办事机构5部2室和总工会。承德市公安局、承德市国家税务局、承德市地方税务局、承德市工商行政管理局、承德市环境保护局、承德市国土资源局、承德市规划局、承德市房地产管理局、承德市建筑质量安全管理办公室等部门在区内设置派出机构。按照“小政府，大服务”的原则，转变政府职能，继而深化内部管理运行机制改革和人事制度改革，机关工作人员实行竞争上岗、全员聘任制和末位淘汰制，更深层次地调动工作人员的积极性，增强干工作、服好务的责任感和紧迫感。设立行政服务大厅，进区项目全程“一站式”服务。2015年7月，根据省政府《关于推进全省开发区体制改革》要求，组建高新区城市管理和综合行政执法局。是年10月，根据市政府要求，成立行政审批局，为企业发展创造更优的发展环境。在企业产权制度、劳动人事制度、社会保障制度和人才引进等方面进行探索和创新。一个有利于创业、发展的氛围已基本形成。

提高干部队伍素质 建区以后，中共高新区工委始终坚持党要管党，从严治党的方针，时刻不放松抓党的建设，推动经济和社会各项事业的健康发展。以加强各级干部作风建设为重点，推进机关思想作风建设。按照市委的部署，组织广大党员干部深入学习邓小平理论，“三个代表”重要思想、科学发展观和习近平系列重要讲话精神，先后开展“什么是社会主义”“怎样建设社会主义”学习大讨论；基本路线、基本纲领、基本国策的教育；以“三讲”为主要内容的党性党风教育；保持共产党员先进性教育活动；社会主义荣辱观教育实践活动；机关作风建设年，优化发展环境年活动；“三严三实”专题教育活动等。加强市场经济理论及行政管理、经济、法律知识和质量认证体系、环境认证体系的学习，提高政治素质、思想素质和业务能力。注重年轻干部培养、考察、选拔和任用，严格执行《党政干部选拔任用条例》的规定，先后有24人次（其中7人由副处提正处）提拔到县处级领导岗位。加强党风廉政建设和反腐败工作，坚持标本兼治，纠建并举，落实党风廉政建设责任制，推行政务公开和收费公开制度，加大社会监督力度，各级领导干部抓党风廉政建设自觉性不断提高，廉洁自律、勤政为民的意识不断增强，形成团结协作、奋发向上、勇于进取、开拓创新良好局面。加强规章制度建设，建立健全一系列管理制度、会议制度及议事决策程序，做到办事有程序、决策有规范。在历次活动中，5人被评为市级优秀共产党员，25人被评为高新区优秀共产党员，25人被评为高新区优秀党务工作者；25个党支部获高新区先进党支部称号。

基层党组织建设　历届中共高新区工委在中共承德市委的领导下，始终坚持以马克思列宁主义、毛泽东思想、邓小平理论、“三个代表”重要思想、科学发展观、习近平新时代中国特色社会主义思想为指导，坚持以经济建设为中心，服务大局，开拓进取，狠抓落实；坚持以加强党的执政能力建设和党的先进性建设为重点；坚持围绕高新区不同发展阶段出现的新特点，有针对性、创造性地抓好机关党建、企业党建、社区党建、农村党建和非公有制经济组织党建工作，发挥党员的模范带头作用。依照机关党建、企业党建、农村党建的不同特点，分类指导，加强管理，做到党建工作制度化、规范化。在抓好机关党建和党员教育与管理的同时，积极抓好非公有制经济组织的党组织建设和发展党员工作。先后成立机关党支部、机关党工委、企业党工委，教育党工委。制定《高新区非公有制经济组织建立党组织和发展党员的实施意见》，对非公有制经济组织逐一帮助指导，培训党支部书记，组织入党积极分子集体上党课，加强教育培养，按党章规定发展党员。到2015年，辖区内非公有制经济组织具备条件的普遍建立党支部，企业党员人数不足以建立支部的，可与相邻企业成立联合支部，还在区工商分局内的个体私人营业协会中成立党支部。通过发挥非公有制经济组织党员模范带头作用，促进企业党组织发展和职工队伍素质提高。1994年以来，共培养入党积极分子920人次，发展党员368名，到2015年底，共有党员3576名，党支部155个，党总支2个，党委9个。

精神文明建设　高新区工委十分重视社会主义精神文明建设，坚持以马克思列宁主义、毛泽东思想、邓小平理论、“三个代表”重要思想、科学发展观、习近平新时代中国特色社会主义思想为指导，坚持“两手抓，两手都要硬”的方针，把精神文明建设放在党委工作的议事日程。紧紧围绕招商引资、项目建设等中心工作，积极抓好辖区内的社会主义精神文明建设。在中共承德市委“承传文明、德行天下、做文明市民”的号召下，在管委会机关和驻区单位开展创建“文明单位”，在进区企业中开展了创建“文明企业、做文明职工”的活动，机关工作人员和企业职工的文明程度进一步提高。截至2015年底，全区先后有3个单位荣获国家级精神文明单位称号，5个单位荣获省级精神文明单位称号，6个单位荣获市级精神文明单位称号。工委十分重视法治宣传教育，司法民调、维稳、综合治理等项工作，保证和促进高新区的稳定，先后开展创建“平安高新区”活动和实施矫正、安置帮教“育新工程”，组织390名人员组织成“红袖章”义务巡逻队。巡逻守护、秩序维护，群众安全防范能力明显增强，人民群众安全感，满意度显著上升。

（四）

24年间，高新区坚持在发展中创新，在创新中发展，从未停止改革的步伐，在艰苦创业的历程中积累丰富经验。历届中共承德市委、市政府的决策是高新区发展的前提，一直关心和支持高新区的发展，省、市领导多次到高新区视察指导工作，调查研究，协调解决高新区在建设和发展中遇到的许多困难和问题。国家的继续改革开放的方针政策和良好的经济体制环境是高新区发展的保障。高新区工委、管委会认真贯彻执行上级的各项方针政策，科学决策，依法行政，服务到位，是高新区发展的关键。高新区人勇于创新、甘为奉献的精神是高新区发展的不竭动力，全区人民默默奉献，夜以继日的艰苦创业，换来高新区生机勃勃的今天。

24年间，高新区走过了一条艰苦创业的历程，取得显著成绩，在促进城市功能布局调整、加快产业结构优化升级、最大限度地集约利用土地、增强本级财政实力和推动城市统筹发展等方面，发挥重要作用。但也存在不足：总体实力不强，发展不快；缺少兴市、立区的大项目，产业基础薄弱，集聚、集群效应还没有显现出来；国际国内知名大公司、大财团、大企业来承德落户项目偏少；基础设施投入不足；高新技术产业和高附加值产品不上档次等，还存在一些亟待解决的问题；人们的思想有待进一步解放，对经济发展的紧迫感、危机感有待进一步增强；招商引资步伐有待进一步加快。在世界经济全球化、信息化的今天，高新区将面临着巨大的挑战，前面的道路更远，任务更艰巨。《高新区“十三五”国民经济与社会发展规划》到2020年高新区国内生产总值突破100亿元，力争完成180亿元，地方财政收入25亿元，力争达到150亿元。

展望未来，新的目标，新的征途，任重道远，前景灿烂。全区人民决心将继续以习近平新时代中国特色社会主义思想为指导，坚持创新、协调、绿色、开放、共享发展理念，抢抓机遇，乘势而上。坚持以经济建设为中心，建设一座城市，发展一批产业，造福一方人民。把发展基点放在创新上，以“四个创新”为动力，以提高人民生活水平为根本出发点，如期实现全面建成小康社会。以高新技术产业发展为核心，进一步扩大招商引资、项目建设和科技创新，构建“南部新城核心区、大数据电子信息产业园、生命医学大健康产业园、智能环保和装备产业园”的“一区三园”的发展格局，推动产业结构由“饮料制造、医药制造、智能化仪器仪表、汽车零部件、装备制造”五大传统产业向“电子信息大数据、生命医学大健康、智能环保装备制造、文化旅游、现代金融服务”五大现代新兴产业转型。着力培育新材料制造业，实现高新技术新的突破，全面增强经济社会发展的动力和活力，努力实现新跨越，使高新区成为全市重点经济增长极、市本级财政的顶梁柱。为承德市在全省经济发展位置前移、为承德市经济和社会事业的健康和谐发展，再创佳绩。

大事记

1992年

2月29日，承德市高新技术领导小组成立，副市长谢应开任组长。

3月18日，市级领导带领承德市计划委员会、承德市建设委员会、承德市城建局、承德市土地局、承德市供电局、承德市邮电局、承德市交通局、承德市水利局、中国人民银行承德支行、承德市政府经济研究室等14个部门负责人分2队到辽宁、山东、广东、福建等地考察开发区。

4月21日，市政府向省政府请示兴办省级经济技术开发区。

4月25日，中共承德市委、市政府作出建立承德市高新技术产业开发区的决定。起步区选址确定在市区南郊的雹神庙村、庄头营村和阎营子村，占地面积2.7平方千米，一期开发面积1.2平方千米。

6月1日，成立承德市高新技术产业开发区筹备组。由中共承德市委常委、常务副市长孙建群任组长；市人大常委会副主任穆一，中共承德市委常委、市委秘书长关本善任顾问；承德市计划委员会副主任丁建东、市建设委员会副主任王庆宁、市委办副处级督查员许建华、市科学技术委员会副主任张克范任副组长。筹备组工作人员暂定12～15人。

是日，市政府决定成立承德市高新技术开发区发展公司。公司具有法人资格，全民所有制经济实体。

6月15日，市政府向省科委报送《关于建立省级高新技术产业开发区的请示》。

6月16日，市政府批准开发区总体规划。

6月17日，市政府印发《关于界定承德市高新技术产业开发区区域范围的有关问题的通知》。

是日，市政府印发《关于承德市高新技术产业开发区若干政策的规定》。

6月26日，市政府办公室决定丁建东任承德市高新技术产业开发区发展公司总经理。

7月6日，省政府批准承德市高新技术产业开发区为省级高新技术产业开发区，规划面积6.2平方千米，分为东区、西区、南区和阎营子区四个区域，远期规划20平方千米。

是日，中共承德市委决定成立中共承德市高新技术产业开发区工作委员会，为市委派出机构，有委员7名，中共承德市委常委、常务副市长孙建群任工委书记。

是日，中共承德市委决定设立承德市高新技术产业开发区管理委员会。管委会为处级机构，直属市政府领导，中共承德市委常委、常务副市长孙建群任管委会主任（兼）。

7月7日，西区起步区破土动工举行奠基典礼仪式，省人大常委会副主任岳宗泰、副省长顾二熊和省有关部门负责人、中共承德市委书记李月辉、市长宋淑艾、省科学技术委员会副主任张妥、中共承德市委副书记王绍魁、市委常委常务副市长孙建群、副市长谢应开及有关领导参加承德市高新技术产业开发区奠基典礼仪式，顾二熊代表省政府讲话。

7月9日，承德市经济工作领导小组举行第一次会议，中共承德市委书记、经济工作领导小组组长李月辉主持，听取和研究开发区建设有关事宜，并形成会议纪要。

7月15日，承德市高新技术产业开发区管理委员会面向社会公开招录工作人员。

7月25日，开发区管理委员会出台《承德市高新技术产业开发区若干政策的暂行规定》。

8月10日，开发区发展公司与中国农业银行承德支行信托投资公司联合成立"金发实业有限公司"。

8月24日，市政府进一步明确开发区规划范围及管理权限。

8月27日，市政府成立开发区建设指挥部，中共承德市委常委、常务副市长、中共承德市开发区工委书记、管委会主任孙建群任总指挥、副市长谢应开任副总指挥。

8月，隆兴包装制品有限公司、美术包装彩印厂、司达石油装备有限公司、万起食品有限公司陆续开工建设。

9月20日，省土地管理局批复同意开发区西区预征用土地65.55公顷。其中，耕地46.96公顷，非耕地18.57公顷。

10月3日，市政府向国家申请建立国家级高新技术产业开发区。

10月12日，市政府批复开发区管委会机构设置，管委会下设8个副处级直属机构：管委会办公室、经济研究中心、经济发展局、建设局、劳动人事局、工商行政管理局、财政局、税务分局。

10月14日，市政府印发《承德市高新技术产业开发区管理委员会职权范围》，包括总体规划、经济和社会发展规划；土地规划、征用、开发和管理；劳动人事管理；财政和税收；固定资产投资；利用外资项目；监督、管理、指导区内各类企事业单位；确定开发区机构设置、人事制度、用工制度和分配形式；兴办和管理区内文化、教育、体育、卫生等公共事业；管理进出口业务、处理开发区涉外事务等。

10月22日，中共承德市委批复开发区工委《关于开发区干部管理权限》。

10月26日至11月21日，开发区建设指挥部组织基础设施建设大会战，会战近一个月。会战期间，中共承德市委书记李月辉、市长宋淑艾到会战现场指导，五大机关领导参加，驻市各部队、各单位、在校大学生、各界人士等参加义务劳动11300人次，出动各种作业车辆和机械1845台次，运土23250车次，完成路网回填土7万立方米。

11月15日，组建开发区劳动人事局，规格为副处级。

12月14日，市政府出台《承德市高新技术产业开发区优惠政策》。

1993年

1月8日，副市长谢应开主持召开市长办公会，供电局、邮电局、管委会参加会议，协调解决开发区供电、通信事宜。

1月16日，组建开发区税务分局，与市税务局涉外分局合署办公，"一套人马，两块牌子"。

2月5日，中共承德市委常委、常务副市长孙建群在市邮电局二楼会议室主持召开市长办公会，专题研究开发区通讯建设事宜。

2月11日，中共承德市委书记李月辉、市长宋淑艾到开发区临时办公地点（市统建办二楼）听取开发区建设工作汇报，并对开发区建设提出希望和要求。

2月25日，市第一律师事务所在开发区设立办事处。

2月26日，中共承德市委常委、常务副市长孙建群主持召开市长办公会，研究组建开发区工商行政管理局事宜。

3月20日，中共承德市委常委、常务副市长孙建群代表市政府主持召开开发区新闻发布会，向全市介绍开发区建设进展情况和未来发展规划。

3 月 25 日，成立开发区工委管委会机关党支部。

4 月 3 日，市公证处在开发区设立办事处。

4 月 11 日，管委会成立开发区劳务交流中心。

4 月 13 日，开发区财政局成立，规格为副处级。

7 月 19 日，市财政局批准建立开发区金库。

8 月，普兰德电子公司、通达计量设备有限公司、热河友升仪表有限公司陆续开工建设。

10 月 10 日，中共承德市委常委、常务副市长孙建群主持召开市长办公会，议定由承德钢铁公司与市公用事业局所属的液化气石油公司联合组建“承德液化煤气股份有限公司”，煤气输配工程筹建处设在开发区。

10 月 13 日，承德液化煤气股份有限公司正式成立，煤气输配工程筹建处开始组建。

是日，开发区建设局成立，规格为副处级。

10 月 25 日，中共承德市委决定中共承德市委常委、常务副市长孙建群任工委书记（兼），丁建东任中共承德市高新技术产业开发区工委副书记；许建华、张克范、赵义峰任中共承德市高新技术产业开发区工委委员。

11 月 15 日，市政府决定中共承德市委常委、常务副市长孙建群任开发区管委会主任（兼）。

1994年

3 月 21 日，承德市天正律师事务所在开发区成立。

5 月 8 日，开发区土地管理局成立，与建设局合署办公。

5 月，承德市高新技术产业开发区管委会机关搬入新办公楼（西区）。

8 月 18 日，开发区国有资产管理局成立，与财政局合署办公。

8 月，承德市高新技术产业开发区荣获省政府授予的“省级高新技术产业园区”称号。

8 月，中德合资企业承德热河克罗尼仪表有限公司进区开工建设。

8 月 29 日，根据市政府《关于调整三区工商行政管理体制的通知》，开发区工商局整建制移交市工商行政管理局，改为承德市工商行政管理局高新技术产业工商分局，为市工商局派出机构。

9 月 15 日，河北省副省长李锋、省政府副秘书长李曙光、省科委主任安炳奇等到开发区考察。

10 月，开发区地税局成立，为市地税局派驻机构，原开发区税务分局撤销。

11 月 15 日，中共承德市委书记、市长柳宝全、市委副书记傅贵武、市委常委常务副市长孙建群、市政府秘书长以及市直有关部门和双桥区政府、开发区管委会等主要负责人到开发区召开现场办公会，会议着重研究和解决开发区建设和发展过程中出现的问题。

1995年

3 月，制定《承德开发区党组织建设的意见》，具体指导帮助无隶属关系的“三资”企业和民营、私营企业建立党组织。

6 月，承德开发区荣登中央电视台《与你同行》栏目。

是月，省政府顾问宋叔华、副省长郭世昌先后到承德开发区视察，宋叔华为开发区题词。

8 月 24 日，市政府印发《关于承德市高新技术产业开发区区划范围及管理权限的通知》。

9 月，中德合资企业承德热河克罗尼仪表有限公司举行开业典礼。

10 月，法国卢瓦尔省访华团到承德开发区考察，达成在开发区建立法国工业园的意向。

1996年

2 月 20 日，中共承德市委调整开发区领导班子，决定中共承德市委常委、常务副市长常幸兼任开发区工委书记、管委会主任。

2 月 29 日，经市编办批准，开发区社会保险办事处成立，编制 3 人，为自收自支的科级事业单位，归属劳动人事局管理。

5月10日，中共承德市委决定任命胡兴印为开发区管委会主任。

6月19日，经市编办批准，开发区公用事业综合管理处成立，编制10人，为科级差补事业单位。

7月30日，开发区管委会制定出台《承德市高新技术产业开发区管理委员会招商引资办法》。

8月29日，开发区管委会讨论并通过承德高新技术产业开发区“九五”期间发展计划和2010年远景规划。

9月1日，开发区管委会承办′96中国高新技术产业开发区导报宣传工作会议，各国家级、省级高新区60多位代表参加。

是月，开发区管委会派员分二批先后到北京、天津、辽宁、山东等10个开发区参观考察。

12月16日，编写完成承德市开发区组织史。

1997年

1月9日，中共承德市开发区工委成立工委办公室，规格为副处级。

2月25日，中共开发区工委决定管委会副主任李玉栋兼任发展公司总经理。

3月23日，创业服务中心建成正式投入使用。

3月27日，开发区项目咨询服务中心成立，归属经济发展局。

是月，中共承德市委决定建立中共承德高新区纪律检查工作委员会（简称纪工委），为市纪委派出机构。

6月14日，省长叶连松到承德开发区承德热河克罗尼仪表有限公司考察。

6月17日，开发区工委决定管委会副主任王仰仁兼任发展公司总经理。

7月5日，市政府第五十次常务会研究决定，同意管委会关于完善雹神庙村劳动力安置办法，增加村民生活补助费发放标准的具体意见。

8月25日，中共承德市委决定郭群任中共承德高新区工委书记。

8月27日，中共承德市委决定高嵩任承德高新区管委会主任。

8月，承德消防指挥中心开工建设。

12月1日，省科委批复认定承德高新技术产业园区内企业自动化计量仪器厂、承德中港药业有限公司、河北承德露露股份有限公司、承德北光友升仪表有限公司、承德华富玻璃器皿有限公司为河北省高新技术企业。注射用降纤酶、金属管子流量计、露露牌杏仁露、彩块杯、ZES耐高温树脂覆膜砂为河北省高新技术产品。

是月，承德邮电局邮电培训中心竣工验收。

是月，承德热河减震器有限责任公司的滑柱摇臂式微型汽车减震器列入国家火炬计划项目。

1998年

3月13日，中共承德市委书记柳宝全到开发区调研。

3月17日，管委会机关工会成立。

4月21日，开发区工委制定《关于加强开发区党风廉政建设的规定》。

是月，河北富立玻璃器皿有限公司进区开工建设。

5月4日，市编办批复开发区管委会科技局成立，与招商局合署办公。

是日，开发区创业服务中心成立，为开发区所属事业机构。

是月，河北承德露露股份有限公司进区开工建设，占地6.67公顷。

6月16日，中共承德市委书记柳宝全主持召开市委十届第五十七次会议，专题听取开发区工作汇报，对6年的工作给予充分肯定。

7月5日，国家对外经济贸易合作部副部长张祥陪同美国、丹麦、加拿大、西班牙、意大利、葡萄牙等国家驻华使馆商务参赞到承德高新区考察。

9月15日，全国人大常委会副委员长邹家华到承德开发区视察，并为进区企业中芬环保有限公司题写公司名。

12月7日，管委会制定出台《承德市高新技术产业开发区行政管理体制和机构改革方案》。

同年，开发区创业服务中心入驻48家企业，其中科技型企业21家。

1999年

1月19日，副市长常幸听取开发区工作汇报，提出同步开发东区的意见。

3月6日，副省长才利民到承德开发区考察。

3月12日，开发区国税局正式成立，为市国税局派驻机构。

3月，管委会编制《东区开发可行性研究报告》。

5月13日，中共河北省委副书记赵金铎到承德开发区考察。

7月，《承德高新技术产业开发区东区开发方案》通过专家评审。

8月3日，副省长刘建生到承德开发区考察。

是月，承德麦芽有限公司原料仓、制麦车间施工建设。

9月，市计委批准《承德高新技术产业开发区东区开发方案》并立项。

是月，管委会成立东区开发领导小组。

10月28日，副市长常幸听取东区开发建设工作汇报。

11月11日，中国农业大学与承德开发区项目洽谈会在承德开发区举行，工委书记郭群、管委会主任高嵩参加洽谈会。

12月2日，市政府决定齐金华任开发区管委会主任。

2000年

1月10日，省长钮茂生、副省长何少存到承德开发区考察。

2月14日，管委会成立新东开发中心，为全民所有制企业，直属管委会。

2月18日，承德市规划审批委员会批准《承德高新技术产业开发区东区规划设计方案》。

3月1日至5月10日，按照中共承德市委统一部署，开发区工委开展县处级干部“讲学习、讲政治、讲正气”的“三讲”党性党风教育活动。

6月，北京博士后承德区基地正式进区落户。

9月29日，河北省政府批准设立省级承德经济技术开发区，与承德开发区合署办公。

9月，承德华一集团入驻开发区东区，并开工建设。

10月，中共承德市委常委、开发区工委书记郭群带领开发区管委会、双桥区委负责人参加深圳全国高新技术产品交流会，重点考察贵阳、重庆、西安等市高新区。

11月28日，四海集团二期工程投入生产。

是年，本特公司通过ISO 9001质量体系认证。

是年，天星药业公司、四海集团、热河克罗尼仪表有限公司、华一集团4家企业进入河北省百强科技企业行列。

2001年

1月9日，开发区管委会财政集中支付中心成立。

是日，承德市经济技术开发区管委会获授外商投资项目审批管理权限。

7月15日，中共河北省委书记王旭东在市委书记赵文鹤、市长傅贵武陪同下到高新区调研。

10月23日，市长、副市长等带领市直有关部门负责人到开发区现场办公，研究协调解决有关事宜。

2002年

1月30日，管委会召开表彰大会，授予承德热河克罗尼仪表有限公司、承德司达石油装备有限公司、承德麦芽有限公司优秀企业称号；授予承德市金建检测仪器有限公司2001年度技术进步企业称号。

3月26日，市长、副市长带领有关部门负责人先后到华一集团、热河克罗尼仪表有限公司、四海实业有限公司现场办公和调研，协调解决企业用电、通信线路、企业体制、占用土地手续等事宜。

6月，中共承德市委决定齐金华任中共承德高新区工委书记。

7月1日，市政府决定姜雅山任开发区管委会主任。

7月16日，全国人大常委会委员长李鹏到承德开发区视察河北承德露露股份有限公司。

7月23日，省长钮茂生、副省长才利民到承德开发区考察承德四海燕京啤酒有限公司。

8月30日，常务副市长袁福听取开发区《关于承德阪禾纺针织物有限公司项目建设》情况工作汇报。

9月2日，市政府在高新区管委会三楼会议室召开市长办公会，市政府主要领导及市直有关部门领导参加会议，听取开发区关于加快建设与发展和请求帮助解决问题的汇报，并研讨确定了在新的形势下实现开发区快速发展的思路、方向，并就开发区提出的有关问题制定了解决措施。

9月3日，由承德帝贤针织股份公司与日本山下商事株式会社共同出资的承德阪禾纺织有限公司在东区正式开工。

10月29日，管委会出台《承德市高新技术产业开发区鼓励外来投资的优惠政策》。

是日，管委会出台《承德市高新技术产业开发区招商引资奖励办法》。

2003年

2月18日，高新区土地储备中心成立，为正科级事业单位。

2月15—22日，由日本山下株式会社等10家日本商社组成的商务考察团到承德开发区考察。

2月20日，高新区管委会成立启动南区征地工作领导小组。

2月21日，日本商务代表团访问高新区。

同月，承德中药集团（颈复康药业集团有限公司）入驻东区开工建设。建筑面积25549平方米。

同月，中共承德市委决定高嵩任中共高新区工委书记。

3月31日，《承德市人民政府办公室关于成立高新技术产业开发区和大学园区建设征地工作领导小组的通知》决定对双桥区冯营子村、郭营子村、崔梨沟村进行征地，转征69.21公顷。

4月，高新区启动南区4平方千米土地收储工作，涉及冯营子村、郭营子村、崔梨沟村。

5月，承德市大石庙医院医疗综合楼、住宅楼开工建设。

6月6日，经市编办批准成立承德市规划局高新区规划分局，规格为副处级，为市规划局的派出机构。

7月15日，高新区安全生产监督管理局成立，正科级单位。

8月，承德华富玻璃器皿有限公司玻璃艺术馆开工建设。

9月6日，避暑山庄肇建300周年，高新区举办中小企业论坛，国家发改委中小企业对外交流指导中心主任黄殿文在论坛上发言。

9月10日，高新区劳动保障事务站成立，隶属开发区劳动人事局，为正科级事业单位。

10月，经市编办批准，承德高新技术产业高新区国土资源分局成立，为市国土局的派出机构，规格为副处级。

11月12日，省长季允石到高新区承德热河克罗尼仪表有限公司、颈复康药业集团有限公司、河北承德露露股份有限公司、承德金建检测仪器有限公司等4家企业考察。

是年，高新区富泉石油机械有限公司获ISO 9001质量认证、2000质量认证。

2004年

1月18日，中共承德市委、市政府印发《关于进一步加快承德高新技术产业开发区建设与发展的决定》。

3月5日，中共承德市委书记赵文鹤参观颈

复康药业集团有限公司生产车间。

3月20日至7月，根据中共承德市委安排，管委会派出3人宣讲组到承德县刘杖子乡刘杖子村宣讲中共中央、国务院关于《促进农民增加收入若干政策的意见》。受到中共河北省委表彰，授予“先进宣讲组”称号。

是月，河北承德露露股份有限公司董事长王宝林荣获中共中央、国务院授予的全国劳动模范称号。

是月，河北承德露露股份有限公司副总经理王秋敏荣获全国总工会授予的五一劳动奖章。

4月至7月，中国电信承德通讯枢纽楼、新新电子公司扩能、盐业公司精盐加工配送中心、舜达工业园、通润汽车零部件公司等项目在东区开工建设。

7月9日，中国经济技术开发区协会会长刘培强受邀到高新区作《新形势下如何加快开发区发展》专题报告。

7月16日，中国联通承德分公司在开发区举行公司成立4周年及通讯枢纽楼落成典礼。

7月，高新区机构设置和部门职能进行重新调整和界定，经济发展局更名为经济科技发展局（下设正科级安全生产监督管理局）、招商科技局更名为招商局、建设局更名为建设房产环保局。内设机构7个：工委办公室、管委办公室、财政局、劳动人事局、招商局、经济科技发展局、建设房产环保局。管委会下辖直属科级事业单位4个:社会事业保障办事处、公用事业综合管理处、创业服务中心、土地储备中心。

8月20日，为推进“两标一体”认证工作，聘请中国质量认证中心河北评审中心认证部主任孟增群为全体员工进行国际认证知识培训。

8月28日，第五届中国（承德）国际旅游文化投资贸易洽谈会期间，聘请日本国际贸易促进协会理事长中田庆雄为经济顾问，并举行聘书颁赠仪式。

12月，四海集团20万吨塔式制麦、20万吨啤酒生产线竣工投产，总投资3.8亿元。

是月,中药集团新型颗粒剂和GMP改造投产，总投资1.2亿元。

是年，富泉石油机械有限公司防喷器及防喷控制装置首次取得全国产品生产许可证。

是年，按照中共承德市委部署，管委会开展“树正气、讲团结、求发展”活动。

是年，第五届中国（承德）国际旅游文化投资贸易洽谈会期间，日本国际贸易促进协会理事长中田庆雄在副市长韩志远陪同下到河北承德露露股份有限公司参观生产线。

是年，承德高新区争取省支持全年共获批119.89公顷建设用地。

2005年

2月28日，市长、副市长和有关部门负责人在市网通公司12楼电教室主持召开市区南扩战略发展规划会议。

5月18日，高新区智能化仪器仪表产业基地项目在廊坊经贸洽谈会上正式签约，总投资7.4亿元。

6月22日，市环境保护局批复承德高新技术产业开发区南区及东区北片区域开发（规划）环境评价影响报告书。

7月13日，中共河北省委副书记赵金铎在市委书记赵文鹤陪同下到高新区调研。

8月，入驻开发区教育园区（大学城）的河北旅游职业学院、河北民族师范学院、承德石油高等专科学校和承德一中相继开工建设。

9月7日，中共河北省委书记白克明到颈复康药业集团有限公司考察。

是年，承德开发区经国家发改委审核批准为河北承德高新技术产业园区。

是年，按照中共承德市委部署，开发区委开展保持共产党员先进性教育活动。

2006年

2月9日，市长主持会议专题研究开发区内华源众生药业有限公司有关事宜。

3月11日，法国巴黎士多集团有限公司总裁、法籍华侨郑辉到承德开发区考察。

3月20日，开发区生产力促进中心成立，为正科级事业单位，挂靠经济科技发展局。

3月30日，副省长龙庄伟到承德开发区考察。

5月16日，承德开发区与北京新中经通投资咨询有限公司签订战略咨询合作协议书。

5月25日，《承德市高新技术产业开发区“十一五”发展规划》通过。

6月14日，副市长韩志远召开会议研究冯营子大桥建设及有关问题。

6月18日，河北承德露露股份有限公司国有股权转让协议正式签定。

7月5—7日，承德开发区ISO 9001质量管理体系、ISO 14001环境管理体系两项国际标准通过北京方圆标志认证公司审核。

9月15—17日，北京台胞投资贸易总公司组织26名客商到承德开发区考察。

9月26日，中国投资环境专家组组长黄静到承德开发区为投资环境诊脉。

10月8日，京承旅游公路至开发区南区大学园区跨滦河大桥（凤凰山大桥）开工建设。

10月23日，开发区富泉石油机械有限公司通过美国石油协会API的6A、16A、16C、16D4项产品认证，拥有4PJ会标使用权。

10月24日，开发区3个自主研发的科技项目列入国家火炬计划。

10月30日，开发区南区工业园依法施工。

10月30—31日，日本日中投资开发株式会社社长、日本驻华企业商会会长阪下重信到开发区考察，并签订建设“日资工业园”意向书。

11月20日，承德高新区与中视枫叶广告有限公司、北京典艺影视制作中心共同制作的承德开发区广告宣传片在央视国际频道播出。

11月30日，市领导主持召开审议汇强大厦、凤凰御景小区和双桥区内银都·海棠花园3个规划方案。

12月14日，开发区南区概念性城市设计方案由天津大学编制，通过市规划审批委员会审批。

12月24日，承德开发区与南京大唐瑞迪信息电子公司达成建设大唐瑞迪信息产业园合作协议。

是年，按照中央、省、市委的部署，开发区管委会机关全体人员深入开展社会主义荣辱观教育实践活动。

是年，承栗公路至南区跨滦河东南山大桥开工建设。

是年，开发区投资兴建的武烈河第一道橡胶坝建成蓄水。

2007年

1月28日，在“2006中国经济女性年度人物”评选活动中，承德峰达石英砂公司董事长纪春燕获得2006中国经济女性成就奖。

3月14日，经市编办批准，承德市环保局开发区分局成立，为市环保局的派出机构，规格为正科级事业单位，编制6名。

3月28日，经市编办批准，承德市高新技术产业开发区成立城管综合执法大队。

是日，市人民政府印发《关于调整承德高新技术产业开发区部分用地性质》文件。

4月7—8日，广东喜之郎集团发展与外联部总经理周震一行2人到开发区考察。

5月20日，香港大诚集团公司董事长刘士凯、时富金融服务集团有限公司总裁赵珊到开发区考察。

5月23日，开发区与日中开发咨询株式会社签订日资工业园合作协议。

5月28—29日，省长郭庚茂到承德开发区调研指导工作，并到颈复康药业集团有限公司考察。

6月10日，副省长付双建到开发区调研指导工作。

6月14日，市领导主持召开市长办公会，研究开发区科技园规划与科技大厦建筑方案。

7月10日，承栗公路至南区跨滦河大桥——

东南山大桥竣工通车。

9月14日，中共河北省委书记张云川到开发区颈复康药业集团有限公司、河北承德露露股份有限公司调研考察。

9月24日，河北四海科技实业集团有限公司与德国投资与开发有限公司、美国MIDDLELEND公司合资建设“年产30万吨麦芽项目”正式签约。

9月24—27日，金建检测仪器有限公司“热变形、维卡软化点温度测定仪”项目在第十七届全国发明博览会上获金奖。

10月15日，京承旅游公路至南区跨滦河大桥——凤凰山大桥竣工通车。

10月24日，河北省商务厅批复同意以认购增资方式设立中外合资经营企业河北四海发展有限责任公司。

11月13日，中国富通集团董事长王建沂就发展光纤生产项目生产基地到开发区参加考察。

是年，开发区投资兴建的武烈河第二道橡胶坝建成蓄水。

2008年

3月8日，中共河北省委常委、副省长杨嵩勇到开发区考察指导工作。

3月23日，科技研发中心大厦举行奠基典礼仪式。

3月28日，在2008河北（香港）投资贸易洽谈会上，开发区与香港中星集团就投资建设年产1000吨Φ8″～Φ12″单晶硅生产线项目签约。

4月28日，河北省人民政府下发《关于促进开发区（园区）又好又快发展的指导意见（试行）》。

5月7日，中共承德市委十二届七十五次会议通过《关于加快承德高新技术产业开发区发展的意见》。

7月25日，河北省开发区（园区）办公室主任交流会在承德盛华大酒店圆满结束。

8月18日，工委管委印发《关于进一步优化经济发展环境促进开发区经济又好又快发展的若干规定》。

8月25日，在第八届中国（承德）国际文化旅游投资贸易洽谈会上，颈复康药业集团有限公司与上海复星医药集团合作建设中药生产基地项目、江苏农垦集团有限公司建设年产800万件汽车连杆生产线项目正式签约。

是月，中共承德市委决定，承德市委常委、副市长王克兼任中共承德高新技术产业开发区工委第一书记。

9月28日，位于开发区内滦河与水环境整治主体工程竣工蓄水。

12月11日，中共承德市委书记杨汭到开发区调研指导工作。

是年，按照中共承德市委统一部署，全区开展“解放思想”大讨论活动。

是年，开发区投资兴建的滦河第一道橡胶坝建成蓄水。

2009年

1月16日，工委管委对2008年度为高新区经济发展与技术创新做出重要贡献的先进企业进行表彰，共有13家企业获奖。

2月，高新区创业服务中心由省科技厅评为省级科技企业孵化器。

3月2日，经中共承德市委、市政府批准，高新区上板城工业聚集区正式成立，直接隶属管委会。

3月11日，制定下发《2009年全员招商任务及考核办法》。

3月14日，中共河北省委常委、常务副省长付志方，承德市市长张古江为曹妃甸承德临港工业园正式揭牌。

是日，唐山曹妃甸承德临港工业园正式挂牌。

4月2日，中共承德市委常委、副市长王克、市人大常委会副主任丁建东组织召开会议，解决推进唐山曹妃甸承德临港工业园的融资工作。

4月8日，承德市高新区新城投资有限责任

公司成立。

4月10日，经中共承德市委常委会批准，“唐山曹妃甸承德临港工业园管理委员会”成立，规格为正处级，为市政府管理的事业单位。

4月17日，参加中国·天津第十六届投资贸易洽谈会，与天津新华投资集团协商投资建设科技产业园项目。

4月20日，上板城工业聚集区管理办公室筹备组正式入区办公。

4月28日，驻承官兵到高新区中央湿地公园参加义务植树活动。

5月7日，高新区对双桥区的大石庙镇的东营、西营、雹神庙和闫营子4个村实行行政托管。

5月27日，在第九届中国（承德）国际旅游文化投资贸易洽谈会暨京承区域合作推介会上，惠州市红墙化学建材有限公司高性能混凝土外加剂项目和河北宏大专用汽车制造有限责任公司专用车生产基地项目正式签约。

5月31日，中共唐山市委常委、常务副市长周仲明与唐山市委常委、曹妃甸新区党工委书记姚自敏到承德临港工业园进行现场办公，唐山市有关部门参加。

5月，高新区出资修建滦河第二道橡胶坝，年底完成主坝建设、坝袋安装、水泵房建设的50%工程量。

6月9日，增设党群工作部、社会事业管理局，经济科技发展局恢复经济发展局、建设环保房产局恢复建设局名称，劳动人事局更名为人力资源和社会保障局，均为副处级规格。恢复设立科技局、安全生产监督管理局，均为正科级规格。

6月15日，原中共承德市委常委、副市长王克到唐山曹妃甸承德临港工业园检查指导工作。

是日，《关于京沈高铁客运专线建设调整高新区产业布局解决建设用地指标的请示》通过市政府批准。

7月6日，承德高新区曹妃甸临港投资有限公司成立。

7月14日，高新区管委会机关工作人员住宅项目滦阳御园一期工程举行开工奠基仪式。

7月17日，河北省政府下发《关于同意承德高新技术产业园区扩大规划区域》的批复。扩区面积18.5平方千米，扩区后总面积24.7平方千米。

7月22日，市人大常委会副主任丁建东等到唐山曹妃甸承德临港工业园检查指导工作。

7月23日，中共承德市委常委、市委秘书长带领市委办、市水务局、市规划局、市交通局、双桥区有关负责人和管委会领导在管委会三楼会议室主持召开专题研究加快南区建设有关事宜。

7月23日，高新区年产1000吨Φ8″～Φ12″单晶硅生产线、承德信息产业创业园、全自动凹版印刷机械制造、北方石油机械研发制造检测基地、苏垦银河连杆扩能等5个项目正式列入第二批省重点项目。

7月28日，承德凯星科晶电子技术有限公司1000吨Φ8″～Φ12″单晶硅生产线项目举行开工奠基仪式（因区域规划调整此项目撤销）。

8月14—22日，在2009年中西部地区承接沿海（国际）产业链转移项目对洽会上，高新区5个项目达成初步投资意向。

8月24日，高新区管委会启动闫营子村260公顷土地收储工作。

9月4日，高新区管委会荣获“市级园林单位”称号。

9月8日，唐山曹妃甸承德临港工业园首批入园项目举行集体开工奠基仪式。

10月12日，北京中国食品发酵工业研究院张院长等到唐山曹妃甸临港工业园考察水酥糖项目。

10月19日，韩国韩华都市开发公司考察团到唐山曹妃甸临港工业园就投资环境和基础设施建设实地考察。

11月16—21日，在第十一届中国国际高新技术成果交易会上，承德高新区2个项目列入省重点推介项目，3个项目达成合作意向。

12月3日，《关于行政托管城中村改造有关问题》获市政府批复，完成托管雹神庙村、东营村、西营村的接收工作。

12月17日，承德市人民政府印发《关于对上板城工业聚集区范围实行规划建设审批控制》的通知。

同年，高新区为托管西营村金象希望小学进行校舍翻修、安装水源热泵、配备电脑、更新桌椅、硬化操场等。

同年，为西营3个自然村铺设自来水管道，解决村民吃水难问题。

2010年

1月18日，高新区人才交流中心成立，为正科级事业单位，隶属开发区劳动人事局。

是日，“曹妃甸承德临港工业园揭牌开工、内陆腹地承德市有了自己出海口”大事，被评选为2009年度振兴承德十大新闻事件之一。

2月4日，高新区中小企业信用担保中心成立，为正科级事业单位，隶属开发区财政局。

2月16日，高新区荣获“河北省招商引资进步奖”。

2月16日，高新区司法信访维稳局成立，下设职能部门5个：社会治安综合治理办公室、司法局、信访办公室、防范和处理邪教问题办公室、铁路护路预防办公室，负责高新区综治、信访、司法、维稳、护路工作。

3月8日，承德市政府代表团赴韩国韩华都市开发公司考察访问，双方签署了合作备忘录。

3月10日，市长张古江在北京浙江大厦2107会议室主持召开市长办公会，研究加快河北承德露露股份有限公司发展、深化承德市与万向集团合作事宜，及在上板城建立以承德露露为主的食品工业园区事宜。

3月16日，开发区行政托管双桥区上板城镇。

3月17日，市长张古江及副市长和市直有关部门主要负责人到开发区现场办公，听取开发区建设总体工作汇报。

3月18日，浙江三棱塑胶有限公司北京销售分公司董事长王井洋到唐山曹妃甸承德临港工业园考察投资环境，双方就管道系列产品项目进行洽谈。

3月25日，美国摩森康胜国际有限公司与四海啤酒股份有限公司合资建设高档（出口）酒及易拉罐生产线项目正式签约。

3月28日，颈复康药业集团有限公司与上海复星医药集团股份有限公司签署投资合作协议。

4月8日，韩国韩华都市开发公司赴唐山曹妃甸承德临港工业园考察访问。

4月10日，唐海绿色照明机电有限公司到唐山曹妃甸承德临港工业园考察，就环保、节能配套设备制造项目深入研究。

4月15日，中共承德市委书记杨汭，副市长贾玉英，中共承德市委常委、市政法委书记阮树平和市直有关部门主要负责人听取开发区经济运行及发展建设工作汇报会。

4月19日，根据中共承德市委办公室、市政府办公室印发的《关于承德县上板城镇行政区划调整和行政托管有关事项的通知》，明确高新区工委、管委代表市委、市政府对上板城镇行政区划范围的土地、山地、河流按市总体规划和产业发展进行开发建设，对经济和社会各项事业实行统一管理。

5月10日，中国太平洋建设集团以BT方式投资高新区基础设施项目正式签约，项目总投资15亿元。

5月18—20日，由中共承德高新区工委书记高嵩带队，包括5名工管委领导及19个单位31人组成考察团赴广东省中山火炬高技术产业开发区进行考察学习。其间，参观中山高技术产业开发区健康基地、电子产业基地和临海工业园，参加第五届中国（中山）装备制造业博览会。承德高新区在中山国际会议中心召开承德高新区推介会。

5月31日，廊坊新奥集团到承德临港工业园考察洽谈

6月3日，秦皇岛稚清船舶有限公司和秦皇岛牧野船舶代理有限公司就仓储物流项目合作到访承德临港工业园考察。

6月18日，在“第十届中国（承德）国际旅游文化投资贸易洽谈会”上，高新区国泰家具装饰材料博览中心项目和荣森海姆（承德）机械有限公司项目正式签约。

是日，承德高新技术产业开发区在科技大厦报告厅举行专题招商会。

9月1日，中国太平洋建设集团考察唐山曹妃甸承德临港工业园，表示在条件成熟时对园区的基础设施建设采用BT模式进行合作。

9月15日，唐山曹妃甸承德临港工业园与陕西渭南德苑印刷机械有限公司正式签订包装机械装备制造项目投资协议。

9月20日，美国摩森康胜啤酒有限公司与高新区河北四海啤酒有限公司成功签约，摩森康胜四海啤酒（中国）有限公司正式成立。

9月26日，河北省副省长宋恩华在管委会主任姜雅山陪同下考察正在建设中的中央湿地公园。

10月27日，张古江市长率领市直有关部门部主要负责人听取关于上板城工业聚集区开发建设工作汇报，重点项目建设工作汇报，协助解决问题。

11月29日，市公安局高新区公安分局筹备组成立，正式入驻科技大厦。

12月19日，北京中力天集团到唐山曹妃甸承德临港工业园实地考察区位基础设施以及周边环境。

12月30日，曹妃甸承德临港工业园参加在唐山举行的承唐两市合作共赢活动。

2011年

1月9日，太阳能风光热系列产品生产、研发基地建设项目正式签约。

2月16日，承德高新技术产业园区在全省对外开放大会上荣获“河北省先进开发区奖”。

3月27日，富泉石油机械有限公司公共展示平台项目通过省机电办验收。

3月28日，中资汇通（北京）信息科技有限公司协同上海气门厂有限公司、浙江东阳大东电器有限公司、浙江金华圣瑞德活塞制造有限公司、横峰超凡柴油机制造有限公司、横峰海瑞晶结铜管有限公司、重庆雅特力柴油机制造有限责任公司、江西贵溪凡尔顿机械制造有限公司、杭州蓝海瑞德贸易有限公司等共11家单位到园区考察。

3月31日，全国最大的低压电器生产商之一的正泰集团到承德高新区进行考察。

4月13日，中共河北省委副书记付志方到承德高新区调研。

4月24日，唐山曹妃甸承德临港工业园路神专用汽车制造有限公司年产15000辆专用汽车项目举行开工仪式。

5月7日，廊坊宏泰集团到曹妃甸承德临港工业园就园区合作共建项目考察洽谈

5月16日，承德苏垦银河连杆有限公司荣获韩国现代起亚集团“质量五星企业”荣誉称号。

5月17日，承德热河克罗尼仪表有限公司举行成立20周年庆典。

6月18日，承德高新技术产业开发区举办“2011年25届奥林匹克日长跑”活动。

6月24日，中共承德高新技术产业开发区工委举办“学党史·知党情·跟党走”中共党史知识竞赛决赛。

7月24日，管委会与天津大学签订《战略合作框架协议》。

7月28日，科技信息网络服务平台正式开通试运行。

8月5日，河北承德露露股份有限公司50万吨技改扩能项目举行启动仪式。

8月11日，高新区管委会与北京方恒置业股份有限公司正式签订《闫营子区域合作开发框架协议》。

9月5日，市人大常委会主任郭群带领人大考察组到曹妃甸承德临港工业园进行实地考察。

9月26日，承德天普鸿宸温泉旅游度假村项目和力海源工程塑料大模板生产基地项目正式签约。

10月21日，经承德市政府常务会议审议通过承德高新区城市休闲商务开发东区（休闲商务区）规划设计方案。

同日，经承德市政府常务会议审议通过承德高新区闫营子（品牌文化区）规划设计方案。

11月2日，省科技厅厅长贾红星到承德高新区调研。

11月13日，高新区科技大厦正式投入使用，高新区工管委及各部门乔迁入驻办公。

12月21日，高新区管委会与中国航空国际建设有限公司正式签订《上板城工业区白河南污水处理厂BOT项目合作协议》。

12月23日，高新区总工会成立，召开工会第一次代表大会，全区工会会员单位代表、市总工会副主席于雅芬、市委组织部副部长段向东等到会，中共高新区工委书记高嵩、管委会主任姜雅山、工委副书记景联华等参加会议。

是年，四海集团的“四海”商标由国家工商总局认定为中国驰名商标，颈复康胶囊、金属管浮子流量计等9个产品获河北省名牌、优质和经济效益型产品称号。

2012年

2月3日，国家发改委外资司司长孔令龙到承德热河克罗尼仪表有限公司考察。

3月27日，副省长龙庄伟视察高新区创业服务中心。

4月6日，在全省2012年专利提升工作会议上，承德高新区荣获“全省专利提升工作先进集体”称号。

8月6日，常务副市长宋立民到唐山曹妃甸承德临港工业园实地考察，听取曹妃甸承德临港工业园主任杨文东有关园区现阶段发展情况的汇报。

8月19日，经国务院批复，承德高新区晋升为国家级高新技术产业开发区。

8月27日，津承合作恳谈会暨项目签约仪式上，高新区与天津新华投资集团有限公司就共同建河北大学国家大学科技园承德园区签署合作协议。

9月10日，经省发展和改革委员会批复，承德苏垦银河连杆有限公司高端连杆工程实验室建设项目列入2012年河北省工程实验室建设项目。

9月20日，高新区管委会机关工作人员住宅项目滦阳御园建成投入使用，正式办理入住手续。

11月11日，经过国家工程建设质量奖审定委员会办公室评审，高新区科技研发中心大厦荣获国家银质工程。

11月14日，经承德市规划委员会主任会议审议通过承德高新区上板城（工业聚集区）规划设计方案。

12月14日，韩国浦项集团就园区合作开发事宜到曹妃甸承德临港工业园实地考察。

2013年

1月18日，承德苏垦银河连杆有限公司新厂建成投产。

4月18日，承德高新区行政审批服务大厅正式启动使用。

4月，中共承德市委决定中共承德市委常委、中共承德市委金融工委书记刘文勤兼任中共承德高新技术产业开发区工委书记、管委会主任。

5月11日，中共承德市委市政府决定撤销新城开发建设指挥部办公室（简称新城办），将5平方千米新城区域及开发和建设职能并入高新区，高新区管委会对南部新城统筹开发建设和管理运营。

是日，承德高新技术产业开发区举办“承德高新技术产业开发区第一届职工运动会”。

5月13日，市政府决定，将双桥区管辖的冯营子镇及其所属行政村划归高新技术产业开发区（以下简称高新区）托管。

5月30日，中共承德市委常委、市委金融工委书记、市产业聚集区推进委员会主任、中共承德高新区工委书记、管委会主任刘文勤主持召开高新区工委第二次会议。研究《关于组建企业化招商中心实施市场的实施方案》《承德高新技术产业开发区城乡规划委员会工作规则》《承德高新区土地储备交易委员会工作规则》《高新区2013年度开放工作考核目标及考核办法》《高新区招商引资优惠政策》《高新区招商奖励政策》，确定成立《高新区督查考核委员会及其办事机构的意见》。

6月17日，中共承德高新区工委承德高新区管委印发关于《承德（国家）高新技术产业开发区引荐外来投资奖励办法》。

6月19日，六星（承德）国际汽车生态文化产业园项目正式签约。

6月20日，中共承德高新区工委承德高新区管委印发《关于承德（国家）高新技术产业开发区鼓励支持外来投资的若干优惠政策》的通知。

7月，中共承德市委决定中共承德市委常委、副市长刘文勤兼任中共承德高新技术产业开发区工委书记、管委会主任。

7月6日，科技部、省政府、省科技厅、中共承德市委、市政府有关领导参加在承德高新技术产业开发区科技大厦由省科学技术厅、承德市人民政府共同组织的承德国家高新技术产业开发区建设推进大会。

7月10日，经承德市政府常务会议审议通过承德高新区现代服务区（高铁周边）、冯营子村（高铁周边）规划设计方案。

7月13日，承德高新区召开工委第六次会议，研究成立政法委及内设机构的意见。

7月23日，承德高新区土地储备中心成功通过国土资源部审核，被列入“国家土地储备机构名录”。

10月2—3日，中国传媒大学文化发展研究院院长范周教授带领专家组到承德高新区进行项目对接。中共承德市委常委、副市长、中共高新区工委书记、管委会主任刘文勤，市委宣传部、市科技局相关领导及高新区工、管委主要领导、相关部门负责人参加了座谈会。

10月9日，承德高新区召开第九次工委（扩大）会议，会议研究并通过《关于改进工作作风密切联系群众的实施办法》《机关公务接待管理办法（试行）》《高新区关于农村面貌改造提升推进行动实施方案》《高新区关于各部门职能配置、内设机构和人员编制的方案》。

10月12日，承德高新区与北京师范大学合作建设承德附属学校项目正式签约。

11月3日，承德高新区召开第十次工委会议，会议研究并通过关于成立高新区政务服务中心和高新区传媒网络信息中心（互联网信息管理办公室、党员干部现代远程教育管理中心）的意见、通过《高新区保障性住房统筹建设并轨运行实施细则》《高新区住房保障补贴家庭资格认证办法》。

11月6日，高新区荣获全国火炬统计工作先进单位称号。

11月13日，苏垦银河连杆有限公司高端连杆公共试验检测平台建设项目通过省商务厅验收。

11月15日，中共承德市委常委、副市长、中共高新区工委书记、管委会主任刘文勤主持高新技术产业项目发布平台启动仪式暨节能环保研究院项目签约与说明会。省直有关部门相关领导，中国航天空气动力技术研究院领导、市委、市政府主要领导及市直有关部门负责人，高新区工管委及相关部门负责人共260人参加此次活动。

是日，承德高新区与中国航天空气动力技

术研究院签署战略合作框架协议。

11月25日，中共承德市委常委、副市长，中共高新区工委书记、管委会主任刘文勤召集社会事务局、安监局、财政局、消防大队的主要负责人会议，传达学习习总书记11月24日在青岛黄岛经济开发区考察输油管线泄漏引发爆燃事故抢险工作时的重要指示精神，并对高新区的安全生产、森林防火及消防安全工作进行安排部署。

12月6日，承德高新区召开第二次工管委联席会议，研究成立承德市住建局高新区建筑质量安全监督稽查办公室（简称质安办），研究《区直各部门职能配置、岗位设置和配用人员数量的方案》的修改意见。

12月12日，承德高新区与国建集团正式签订以BT方式建设高新区基础设施项目战略合作框架协议。

是日，承德市依托承德国家高新技术产业开发区被科技部、中央宣传部、文化部、新闻出版广电总局认定为国家级文化和科技融合示范基地。

12月29日，承德高新区管委会召开主任办公会，研究关于加快推进国建集团以BT方式实施高新区基础设施建设工程和合作进行土地一级开发、关于成立区项目投资审查委员会、关于拟签约的五个项目、关于阳光四季城梧桐苑、银杏苑幼儿园对外合作等事宜。

2014年

1月6日，按照推进企业管理改革要求，经高新区工委审议通过《承德高新技术产业开发区区属部门设置职能配置人员聘用方案》，共设一室九部，并确定聘用人员及部门负责人。

1月8日，河北讯成投资有限公司电子商务产业园项目落户承德高新区。项目总投资6.5亿元，将建成包括B2B/B2C等多种电子商务方式，形成集物流、管理、营销、教育培训为一体的新型园区。

1月17日，中共承德市委决定副市长刘新宇兼任中共高新区工委书记，柴山任高新区管委会主任。

2月13日，承德市副市长、中共高新区工委书记刘新宇主持召开全区党的群众路线教育实践活动动员大会。

2月19日，承德市住建局与高新区会商，在高新区成立高新区工程质量安全监督稽查办公室（简称高新区质安办）为市住建局派驻高新区实施建设工程质量安全监督稽查的专职机构。

2月，全区开展第二批党的群众路线教育实践活动。

3月18日，承德高新区有承德市金建检测仪器有限公司任雨峰、承德颈复康药业集团有限公司苏国林、承德华远自动化设备有限公司高长利、承德市五岳电子技术有限公司却力挥、承德华富玻璃器皿有限公司张玉成以及承德市开发区富泉石油机械有限公司张庆福共6名企业家当选为河北省科技型中小企业创新技术人才和创业管理人、“双百人才”。

4月8日，承德高新区有承德博冠实业集团有限公司家用膜式燃气表、高低压成套开关保护设备，承德苏垦银河连杆股份有限公司发动机连杆，承德华富玻璃器皿有限公司玻璃器皿，承德热河克罗克尼仪表有限公司金属管浮子流量计5项产品获“河北省名牌产品”荣誉称号。

4月16日，安云公司承德大数据中心项目完成在高新区工商注册办理工作，项目总投资100亿元，为集大数据处理与服务专业性园区。

4月21日，承德高新区与中国传媒大学文化发展研究院及10家企业签订战略合作协议。

4月24日，承德高新区与北京林业大学全面开展科技合作。

4月29日，承德海关综合楼项目顺利竣工。

5月12日，承德高新技术产业开发区举办“唱响高新区，弘扬主旋律”大合唱比赛。

5月15日，鸡冠山文化主题园区项目签约。项目计划投资20亿元，将依托鸡冠山优美的自然环境及独特的地质地貌、融入人文历史，体现独特的承德元素，建设鸡冠山文化旅游主题园区。

5月16日，承德高新区管委会主任柴山主持召开高新区进一步推进党风廉政建设和反腐败工作暨警示教育大会。

5月18—21日，在廊坊“5·18”经贸洽谈会上成功签约3个项目：香港清华同方科技园项目（项目总投资8亿元，项目全部建成可入驻企业150家以上，实现产值60亿元，利税9.6亿元），河北讯成电子商务产业园项目（总投资6.5亿元，建成后年可实现电子商务销售总额200亿元，利税4亿元），力海科技园项目（总投资9亿元，项目建成后预计引进企业40～50家，实现年产值20亿元，利税总额1.8亿元）。

6月18日，承德鹰眼电子科技有限公司在承德高新区正式揭牌成立。项目总投资2400万元，主要生产警用无人机及车载地面指挥控制系统。

6月19日，承德高新区与中力海集团就力海企业港项目举行签约仪式。项目总投资7.3亿元，预计3年完成所有投资，年产值16亿元，利税总额1.5亿元。

6月30日，上板城南郊热电厂启动锅炉热源保障项目正式开工建设。

8月20日，市政协主席韩福才率市政协“1+3”产业平台调研组一行15人到承德高新区苏垦银河连杆迁建扩能、本特生态生物质直燃锅炉、天大钒业扩能等新建和技改重点项目进行实地调研并举行座谈会。

8月21日，大数据产业园首家入驻企业取得备案手续。

8月28日，“2014年中国产业地产精英大会”在承德高新区召开。江苏中业慧谷集团、湖北现代城建投资集团、天津信为科技有限公司等来自全国各地30多家产业园区投资集团和地产企业参加会议。

9月11日，北京中关村管委会到高新区调研。

9月15日，在秦皇岛市北戴河召开的全国56个高新区工会会议上，中共承德高新区工委副书记、高新区总工会主席景联华作《创造环境发挥优势在促进经济社会发展中彰显工会作为》典型发言。

9月19日，北师大承德附属学校正式开学。

10月9日，东区RBD区域建设项目全部正式开工建设。

10月16日，在第十三届中国（承德）国际经济贸易洽谈会上签约2个项目：力海企业港项目总投资1.18亿美元，高新区基础设施建设和合作实施土地一级开发项目总投资61.3亿元人民币。

10月24日，高新区“土地储备机构融资规模控制卡”通过省财政厅和国土资源厅批准。

10月30日，北师大承德附属学校举行揭牌仪式。

10月31日，承德高新区与张家口商业银行签订战略合作框架协议。

11月5日，台湾工业区厂商联合总会大陆考察团到承德高新区考察。

11月11日，高新区12家企业通过省企业技术中心评价认定。

11月21日，承德高新区联合接访中心和法律援助中心正式启用。

11月24日，由国家体育总局配发国家级健身路径器材入驻承德高新区。

12月16日，承德苏垦银河连杆有限公司高端连杆公共试验检测平台建设项目通过省商务厅验收。

2015年

1月30日，承德博琳包装制品股份有限公司在全国“新三板”市场挂牌成功。

2月27日，承德长发绿保薯业种植农民专业合作社种植的红薯获得中国绿色食品发展中心颁发的绿色食品证书，为绿色食品A级产品。

3月3日，承德鹰眼电子科技有限公司实行

改制。

3月29日，中共承德市委书记周仲明视察承德苏垦银河连杆有限公司。

3月31日，承德高新区与中信银行承德分行签署银政战略合作协议。

3月29—4月3日，承德高新区代表团一行赴马来西亚和新加坡参观访问，并与马来西亚马六甲州政府就马六甲—承德清真食品特色国别园项目签署合作备忘录。

4月6日，比亚迪电动汽车生产基地项目开工。

4月22日，颈复康药业集团有限公司与美国艾莎医药科技（中国）有限公司就研究、生产、开发工业大麻提取制药技术达成合作意向。

4月28日，隆升电力器材有限公司与北京国电电力工程有限公司签订《太阳能光伏发电及电力设备生产线项目合作协议》。

是月，伏安电工有限公司与西安交通大学签订《氧化锌压敏陶瓷工艺技术工业化项目合作协议》，项目总投资1.9亿元，建成后可实现产值2.6亿元。

5月1日，承德高新区与西藏自治区工商业联合会签订战略合作框架协议。双方将共同探索建立人才培训、信息交流、创新联动和产业互动、技术成果交流的长效机制，实现优势互补、合作共赢。

5月5日，比亚迪汽车工业有限公司承德分公司与市公交集团举行纯电动公交车采购签约仪式。

5月7日，上板城热电厂项目正式开工建设，总投资32亿元。

5月19日，中共承德市委书记周仲明视察高新区华富玻璃器皿有限公司。

5月23日，中共中央政治局委员、北京市市委书记郭金龙带领北京市党政代表团就京津冀一体化发展到承德高新区参观考察。

是月，由中国航空国际建设有限公司以建设—经营—转让（BOT）方式投资建设的白河南污水处理厂开工建设。

6月18日，河北承德农产品冷链物流产业园（先行起步区）开工建设，总投资20亿元。

7月21日，中共承德市委常委、常务副市长李晋宇在承德高新区工委书记柴山陪同下考察中电网际项目。

7月29日，承德高新区行政审批服务局、城市管理和综合行政执法局、经济与科技发展服务局正式成立。

8月7日，承德高新区与北京厨无忧科技有限公司签订合作框架协议书。双方拟于高新区建设油烟系统生产线，该项目总投资1.3亿元。

是日，承德石油高等专科学校同天津大学精密仪器与光电子工程学院就共建承德环保仪器科研与产业化基地签订框架协议书。

8月11日，承德高新区与中国二十二冶集团有限公司签订合作框架协议。初步确定双方采用PPP等模式在城市基础设施投资建设等领域开展合作，项目总额约120亿元。

9月17日，承德高新区召开承德高新技术产业开发区志编纂启动大会暨培训工作会。

9月19日，由承德高新区投资2.6亿元合作建设的北京师范大学附属学校建成并正式开学。

10月17日，承德高新区与北京盛世光明软件股份有限公司就网络信息安全开发及大数据增值项目签订合作框架协议。

是日，承德高新区与北京中关村互联网文创产业园管理有限公司签订战略合作框架协议。成立中关村互联网文化创意产业园（承德园），并使用“中关村”商号。引进30～50家中关村互联网文化创意产业园的优质入园企业到承德园投资开设分公司或子公司，

是日，在第十四届中国（承德）国际经济贸易洽谈会上，承德高新区分别与中国二十二冶集团就园区开发及基础设施建设项目、与北京盛

世光明软件股份有限公司就承德眺望者软件园项目、与北京艺皓元互联网文化创意产业管理有限公司就建设中关村互联网创意产业园承德分园3个项目签订了合作协议，总投资125亿元。

10月30日，承德高新区与中国建筑第八工程局签订投资发展建设合作框架协议。双方拟采取PPP合作模式合作。

11月20日，承德CEC生态科技城项目落户承德高新区。重点聚焦软件开发、信息服务、大数据产业、物联网及互联网等领域，总投资150亿元。

11月，抗日民族英雄孙永勤铜像雕塑在滨河湿地公园落成，滨河湿地公园成为承德市爱国主义教育基地。

12月1日，为建设承德高铁站做准备，郭营子村整体拆迁350户，涉及人口1736人。历时一个月，管委会机关工作人员全员参与。

12月20日，承德市市长常丽虹考察承德天大钒业有限责任公司。

12月21日，中共承德市委书记周仲明、市长常丽虹、副市长刘新宇出席中关村互联网文创产业园承德园首批企业入园暨中国微电影基地揭牌仪式。

12月25日，占地11.87公顷，建筑面积130000平方米的承德医学院附属医院南院区建成投入使用。

12月31日，中共承德高新区工委、管委领导及机关全体人员积极努力，于当日23时完成郭营子村整体拆迁，正式向中共承德市委、市政府报捷。郭营子村民积极配合，做出了贡献。

是年，按照省、市部署，全区机关单位认真开展“严以修身、严以用权、严以律己、谋事要实、创业要实、做人要实”的“三严三实”活动。

第一章 机构人员

随着高新区建设与发展的实际需要，经过几次调整、撤并、充实，中共高新区工委、管委的职能部门设置逐步健全，功能逐步完善，职能部门具有市直相应部门同等的各项经济、行政、社会事业管理与服务的职能。2014年1月，高新区机关实行企业化管理，机关工作人员实行企业化聘用制，对区属各部门设置进行改革。管理服务水平与办事效率显著提高，促进了区域经济和各项社会事业的发展，维护了社会的稳定。截至2015年底，管委会内设10个直属局、室、部，二级工作办事机构5部2室和总工会，10个市直部门在区内设置派出机构，5个专业银行在区内设置分行，17个省属及市直及企事业单位入驻高新区，全区人口达11.5万人。

第一节 中共承德高新区工作委员会及管理委员会

一、中共承德高新区工委、管委会机构设置

1992年7月6日，中共承德市委决定成立中共承德市高新技术产业开发区工作委员会，确定工委是市委的派出机构。是日，市政府批准成立承德市高新技术产业开发区管理委员会，为市政府派出机构，正处级单位，代表市政府对开发区实行统一领导和管理，原开发区筹备组随之撤销。

建区初期，管委会暂设综合办公室、开发办公室、建设办公室、条例法规办公室。管委会成立之初，管委会办公室、经济发展局、经济研究中心随之建立。1992年10月12日，市政府批复开发区管委会内设8个副处级机构，即：管委会办公室、经济研究中心、经济发展局、建设局、劳动人事局、财政局、工商行政管理局、税务分局（为市税务局派出机构）。是年11月，劳动人事局组建。1993年1月16日，开发区税务分局成立，与市税务局涉外分局合署办公，“一套人马、两块牌子”。是年2月16日，组建开发区工商行政管理局，业务上接受市工商局领导。4月11日，组建开发区财政局。10月13日，组建开发区建设局。

1994年5月28日，经市编办批准成立开发区土地管理局，与建设局合署办公。是年8月29日，根据市政府《关于调整三区工商行政管理体制的通知》，开发区工商局整建制移交市工商行政管理局，并更名为承德市工商行政管理局高新技术产业开发区分局，为市工商局的派驻机构。是月，根据国务院关于国税、地税分设的要求，开发区税务分局撤销，成立了承德市国税局直属征收分局，是年10月成立开发区地税局。

1996年经济研究中心撤销并入经济发展局，成立开发区招商局。

1998年5月4日，经市编办批复成立开发区科技局，与招商局合署办公，名称为招商科技局。是年，7月14日，管委会报请省公安厅批准成立承德市公安局双桥公安分局开发区公安派出所，为双桥公安分局派驻机构。2000年9月，

省政府批准设立省级承德经济技术开发区，与高新区合署办公，“一套人马、两块牌子”。

2001年7月，管委会设置直属机构6个：管委办公室、劳动人事局、经济发展局、财政局、建设土地局、招商科技局。

2003年6月6日，市编办批准成立承德市规划局开发区规划分局，规格为副处级，为市规划局派驻机构。是年7月15日，经市编办批准在经济发展局内设开发区安全生产监督管理局，规格为正科级。是年10月，经市编办批准开发区国土资源分局成立，规格为副处级单位，为市国土资源局派驻机构。

2004年7月，根据中共承德市委、市政府《关于进一步加快高新技术产业开发建设与发展的决定》，对开发区机构设置和部门职能进行重新调整和界定，保留开发区财政局、劳动人事局，开发区经济发展局更名为开发区经济科技发展局、下设正科级安全生产监督管理局、开发区招商科技局更名为招商局、开发区建设局更名为建设房产环保局。机构调整后，管委会设置副处级机构6个：管委会办公室、经济科技发展局、招商局、建设房产环保局、劳动人事局、财政局。下辖直属科级事业单位5个：创业服务中心、公用事业综合管理处、社会保障办事处、劳动保障事务站、土地储备中心。驻区单位6个：开发区国税局、开发区地税局、开发区工商管理分局、开发区国土资源分局、开发区规划分局、开发区公安派出所。

2007年3月14日，经市编办批准，设立承德市环保局开发区分局，规格为正科级事业单位，为市环保局派驻机构。

2008年3月4日，经市编办批准，开发区正式成立城管综合执法大队，为全额拨款正科级事业单位。是年4月，经市编办批准，设立承德市新城房地产交易中心（国办）及开发区房产管理处，规格正科级，为市房产管理局派出机构。9月，根据中共承德市委办公室，市政府办公室转发市纪委等四部门《关于对市纪委监察局派驻机构实行统一管理的实施意见》，在开发区管委会派驻纪工委、监察局。

2009年4月10日，中共承德市委、市政府正式批准唐山曹妃甸承德临港工业园管理委员会成立，为市政府直属正处级事业单位，由高新区代管。是月20日，上板城工业聚集区管理办公室筹备组入驻该区正式办公。是年8月，为健全高新区社会管理职能、完善行政管理体制，管委会增设党群工作部、社会事业管理局，恢复设立科技局、经济科技发展局恢复为经济发展局、建设房产环保局恢复为建设局、劳动人事局更名为人力资源和社会保障局。

2010年11月29日，开发区公安分局筹备小组成立。2012年9月，经市编办批准高新区公安分局正式成立，编制60人，下设上板城镇、冯营子镇、滨河、桃李4个公安派出所，分局内设刑警、治安、法制、环境安全保卫4个大队以及政工监察室、指挥中心。2013年9月，市委决定成立中共承德高新区公安分局委员会，隶属高新区工委。

2013年6月9日，中共承德市委十三届56次常委会批准的市编委《关于组建承德高新技术产业开发区管理机构的通知》中明确：组建中共承德高新区工作委员会和高新区管理委员会，分别为中共承德市委、市政府的派出机构，规格为副厅级，根据市委、市政府授权，对辖区行使管理、监督、协调、服务功能。

根据工作职责，中共高新区工委，管委会设置8个局室，规格均为副处级，党政综合办公室（社会管理综合治理办公室）、党群工作部、经济与科技发展局（安全生产监督管理局）、住房和城乡建设局、财政局、人力资源和社会保障局、招商局（商务局）、社会事务管理局（农林水务局）。党工委管委会机关行政编制45名，纪检组、监察室行政编制3名。内设机构领导职数16名（副处级8名、正科级8名），机关工勤人员编制5名。市直有关部门在高新区派出机构共有8个：高新区国税局、高新区地税局、高新区工商管理分局、高新区规划分局、高新区国土资源分局、高新区环保分局、高新区公安分局、高新区房产管理处。

2014 年 1 月 6 日，按照推进企业化管理改革的要求，管委会将区属部门、职能配置、岗位设置和聘用人员数量确定为一室九部，即：党政综合办公室、党群工作部、法治维稳部、经济发展部、住房建设部、资金财务部、人力资源部、招商促进部、社会事务部、纪检监察部。党政综合办公室，为中级管理一级机构，内设综合处（党务政务信息中心）、秘书处（办公自动化中心、保密办、档案室）、法制应急处（法制办、应急办、值班室、热线办）、行政服务处（接待办、外事办、港澳台办、节能办）4 个处，为初级管理一级机构；党群工作部，为中级管理一级机构，内设综合处、干部处（编制管理办公室、人才工作处）、基层组织处（企业党工委）、宣传处（外宣处、新闻办、文明办、文产办）、传媒网络信息中心（互联网信息管理办公室、党员干部现代远程教育管理中心）5 个处，为初级管理一级机构；总工会（机关工委、团工委、妇联、工商联、统战部）挂靠党群工作部，为中级管理二级机构，职工服务中心，为初级管理二级机构；法治维稳部，为中级管理一级机构，内设综治处（护路办）、信访办、司法办、法治处（防范办）4 个处，为初级管理一级机构；经济发展部，为中级管理一级机构，内设综合处、发改处（项目建设办公室）、工信处、统计处（普查中心 4 个处，为初级管理一级机构；安全监管部（挂靠经济发展部）为中级管理二级机构，内设综合科（应急办、政策宣教办），工矿与职业健康监管科（职业安全管理科）、危险化学品安全监督管理科、安全生产执法监察大队 4 个科，为初级管理二级机构；科技创新部（挂靠经济发展部），为中级管理二级机构，内设科技管理科、产业发展科（生产力促进中心）、创业服务中心（科技孵化中心）3 个科，为初级管理二级机构；住房建设部，为中级管理一级机构，内设综合处、建筑市场监管稽查处、工程技术处、建筑工程交易中心、市政工程管理处、园林绿化处、交通运输管理办公室 7 个处，为初级管理一级机构；城市管理部（挂靠住房建设部），为中级管理二级机构，内设综合科（法制督查科）、城市管理科（数字城管指挥中心）、城管综合执法大队、环境卫生管理所 4 个科、为初级管理二级机构；土地房屋征收管理办公室（挂靠住房建设部），参照中级管理二级机构；资金财务部，为中级管理一级机构，内设监督稽查处（非税收入管理处）、综合处、经社保障处、预算国库处，集中支付中心（中介机构聘管办）5 个处，为初级管理一级机构；金融服务办公室（挂靠资金财务部），为中级管理二级机构；人力资源部，为中级管理一级机构，内设综合处、人事处、社会保险办事处（医保中心）、就业服务处（人才交流服务中心）、城乡居民社会养老保险中心、劳动保障监察大队（劳动人事争议仲裁处）6 个处，为初级管理一级机构；招商促进部，为中级管理一级机构，内设招商一处、招商二处、商务旅游综合处（贸促会）、北京招商中心 4 个处，为初级管理一级机构；社会事务部，为中级管理一级机构，内设综合处、社会事务处（民政处、民宗处、城乡低保核查中心、社区管理中心、残联）、卫生计生管理处（计划生育协会、新型农村合作医疗管理中心、卫生疾控中心），教育文体处 4 个处，为初级管理一级机构；农林水务部（农委、农经办、扶贫办）挂靠社会事务部），为中级管理二级机构，内设综合科、农牧农工科、林水科、动物检疫所 4 个科，为初级管理二级机构；纪检监察部，为中级管理一级机构，内设综合处、案件检查室（信访室）、监督检查室（党风政风室）3 个处室，为初级管理一级机构，政务服务中心（挂靠纪检监察部），为中级管理二级机构；另设：督查考核部，为中级管理二级机构，内设督查科、考核科 2 个科，为初级管理二级机构；土地储备中心（挂靠高新区国土分局），参照中级管理二级机构，内设综合科，财务管理科2个科。

2014年2月19日，市住建局与高新区会商成立高新区工程与质量监督稽查办公室，为市住建局派驻机构。

2015年7月29日，经市编办批准成立高新区行政审批服务局。是月，高新区组建城市管理和综合行政执法局。

二、中共承德高新区纪律检查工作委员会（纪检组）

1992年至1997年3月，开发区未设专职纪检部门，由一名工委委员负责纪检工作。1997年3月，中共承德市委决定设立中共开发区纪律检查工作委员会（简称纪工委），为中共承德市纪律检查委员会派出机构，规格为副处级。负责监督检查开发区领导班子和领导干部的廉洁自律；负责开发区管委会机关和驻区单位的党风廉政建设、政风行风建设，履行检查监督职能；负责违纪案件调查处理等。2008年9月，中共承德市纪律检查委员会在开发区管委会派驻纪工委、监察局，暂定编制4名。2013年6月，组建高新区纪检组、监察室，分别为中共承德市纪律检查委员会、市监察局的派出机构，实行合署办公，规格为副处级，在市纪委、市监察局领导下开展工作。2014年1月6日，纪检监察室区内名称为纪检监察部，对外为纪检监察室。聘用工作人员11名，聘用部门负责人3名。

三、区工委内设机构及其职责

工委办公室　1997年5月，中共承德市委批准开发区设立工委办公室，规格为副处级。职责是：负责党工委文件的收发、行文的起草、修改和审核工作，负责党工委的日常文书处理、会务工作和日常公务活动的组织安排；协助领导组织处理重要突发事件、重大灾情和重大事故。2013年6月撤销与管委会办公室合并。

党政综合办公室（社会管理综合治理办公室）　2013年6月9日，工委办公室、管委办公室合并，成立党政综合办公室（社会管理综合治理办公室）。职责是负责党工委、管委会文件和党政综合办公室代党工委、管委会行文的起草、修改和审核工作；负责党工委、管委会日常文书处理，会务工作和日常公务活动的组织安排；协助领导组织处理重要突发事件、重大灾情和重大事故；负责外事侨事工作和港澳台事务工作；负责指导全区电子政务建设和保密、档案、史志工作；组织或参与对行政处罚、行政复议、行政赔偿等综合性法律、法规、规章实施情况的监督检查等法制工作；负责机关事务管理工作；负责全区信访、维稳、行政司法、邪教防范和社会治安综合治理工作。聘用工作人员18名，聘用部门负责人5名。

党群工作部　2009年8月24日，经高新区工委批准增设党群工作部，2013年6月9日中共承德市委十三届56次常委会批准的市编委《关于组建中共承德高新技术产业开发区管理机构的通知》中明确：设立党群工作部，规格为副处级，职责是：负责全区基层党组织建设及管理工作，指导工会、共青团、妇联等群团组织开展工作；负责部门及托管镇领导班子考核工作；根据干部管理权限，负责干部管理工作；负责机构编制管理工作；负责全区宣传思想教育工作；负责全区统一战线工作；负责全区老干部管理工作；负责全区文化、文物保护、旅游发展工作。聘用工作人员23名，聘用部门负责人4名。

社会管理综合治理办公室　2000年3月，开发区社会治安综合治理委员会成立，其办事机构综合治理办公室设在工委办公室，由工委办公室人员兼做此项工作，为临时机构。直至2013年6月，综治办挂靠党政综合办公室。是年7月15日，管委会内设立高新区政法委，下设信访办（信访局）、司法办（司法局）、综治处（综治办）、政法处（防范办）。2014年1月6日，政法委区内名称确定为法治维稳部，为独立运行的内设机构。职责是：负责组织协调、维护社会稳定工作、组织协调社会管理综合治理、防范和处理邪教工作、推动各项措施的落实；检查政法各部门执行法律、法规和党的方针、政策的情况；指导政法队伍建设和政法各部门领导班子建设的各项措施的落实，协助党群工作部和上级政法部门考核政法部门的干部。聘用工作人员14名，聘用部门负责人6名。2015年5月27日，法治维稳部为社会治安综合治理办公室（挂靠党政综合办公室）。

高新区总工会 1998年3月，成立高新区管委会机关工会。2004年，中共高新区工委发出《关于高新区工会组织建设的实施意见》，并请示市总工会同意，区内中外合资企业、民营、私营企业和新建企业的工会组织的建立由管委会机关工会负责组织指导帮助实施。

2011年12月23日，经市总工会批准，成立承德高新技术产业开发区总工会。为高新区内设机构，总工会挂靠于党群工作部，且独立运行，总工会同时承担团工委、妇联、工商联、统战部、机关工会工作。

总工会工作职能：负责区内行政、事业单位的工会组织的建立、依法参会、指导基层工会开展工作，依法维护企业和职工合法权益，开展民主监督、民主管理和职工生活救助工作，参与协调劳动关系和调节劳动争议，组织职工开展劳动竞赛、技术革新活动，组织劳动模范的评选、推荐和管理工作，组织指导全区职工开展健康的文化教育体育活动，参与职工重大伤亡事故的调查处理等，负责管委会机关工会工作，全区的共青团、妇女儿童工作和统一战线、工商联工作。区内企业建会率达95%以上，相继建立了创业服务中心工会、工商联合工会（挂靠高新区工商局私人企业协会），已建工会组织的企业职工参与率达100%。截至2015年底，共建工会组织254个，共有会员17227人。

四、管委会内设机构及其职责

管委会办公室 管委会办公室于1992年10月12日成立，规格为副处级。职责是负责管委会文件和行文的起草、修改和审核工作；负责管委会日常文书处理，会务工作和日常公务活动的组织安排；协助领导组织处理重要突发事件、重大灾情和重大事故。2013年6月，工委办公室与管委办公室合并，成立党政综合办公室。

经济与科技发展局 1992年10月，经济发展局成立，规格为副处级，未设内部科室，人员编制未定。2004年7月，更名为经济科技发展局，2009年8月，经济科技发展局恢复为经济发展局。2013年6月为经济与科技发展局（安全生产监督管理局），职责为负责全区经济发展改革管理工作；负责全区工业和信息化管理工作；负责全区科技、地震工作；负责安全生产监督管理工作；负责全区统计工作。2014年1月6日，经济科技发展局区内名称确定为经济发展部。聘用工作人员25名，聘用部门负责人4名。2015年8月，市编办批复整合招商局（商务局）、经济与科技发展局（安全生产监督管理局），设立经济与科技发展局，挂安全生产监督管理局、商务局牌子。区内称为经济与科技发展服务部。

人力资源和社会保障局 1992年11月劳动人事局成立，规格为副处级，未设内部科室，人员编制未定。负责管委会内部科级以下人员的选配、招聘、配合考核办公室（临时机构，每年一定），进行年终考核、奖惩工作；负责区内企业的招工、职工调配、人才引进、失业保险、职业介绍和就业培训工作。1993年10月13日，管委会批准成立开发区劳务交流中心，隶属开发区劳动人事局。1996年2月29日，市编办批准成立开发区社会事业保险处，为自收自支科级事业单位，编制3人，隶属开发区劳动人事局。2003年5月，经市编办批准成立开发区劳动保障事务站，为正科级事业单位，隶属开发区劳动人事局。2009年8月，开发区劳动人事局更名为开发区人力资源和社会保障局，负责宣传、贯彻、执行国家人力资源和社会保障部门有关政策、法律、法规；负责全区企业劳动用工管理和劳动合同签订备案、劳动行政监察、劳动争议调解、仲裁工作；负责全区人才与劳动力市场建设与管理及人事档案管理工作；负责公务员管理工作；负责机关、事业单位工作人员日常管理工作；负责驻区企事业单位的专业技术职称申报，初审及技术人员的管理工作；负责社会保障事务站的管理和社会保障基金的征缴及管理工作。2010年1月8日，管委会批准成立人才交流中心，隶属开发区人力资源社会保障局。2014年1月6日，高新区人力资源和社会保障局区内名称确定为人力资源部，对外为人力资源和社会保障局。聘用工作人员27名，聘用部门负责人4名。

住房和城乡建设局　1993年10月13日，成立开发区建设局，规格为副处级，未设内部科室。1994年5月8日，市编办批准成立开发区土地管理局，与建设局合署办公。1996年6月19日，市编办批准成立开发区公用事业综合管理处，编制10人，为科级差补事业单位。挂靠建设局。2004年7月，建设局更名为建设房产环保局。2012年承担高新区有关住房保障工作。2013年6月9日，市编办批准建设房产环保局更名为住房和城乡建设局，主要职责：负责宣传、贯彻落实国家、省、市有关城市建设等方面的方针、政策，并组织落实过程中的各项监督与管理工作；负责制订年度城建计划，并组织实施；负责全区建筑市场管理、稽查、施工质量安全管理，各类建设项目招投标的管理工作和进区企业开工前的建设审批及管理工作；负责全区镇、村建设管理工作；负责物业及住房保障等方面工作；负责全区基础设施建设，市政设施维护及公用事业管理。2014年1月6日，住房和城乡建设局区内名称确定为住房建设部。聘用工作人员24名，聘用部门负责人4名。2015年按照市住建局物业管理行政职权的要求，负责辖区范围内住宅小区物业管理工作。

财政局　1993年4月11日成立开发区财政局，规格为副处级，未设内部科室。是年7月19日，市政府同意并经市财政局批准，开发区设立独立金库，为一级财政。1994年8月18日，开发区地方资产管理局成立，与财政局合署办公。2010年1月9日，成立开发区财政集中支付中心，隶属财政局。是年2月4日，成立开发区中小企业担保中心，隶属财政局。2014年1月6日，财政局区内名称确定为资金财务部，对外为财政局，职责为：贯彻执行国家财政、税收的发展战略、方针、政策；负责编制财政收支预算并组织实施；组织制定国库管理制度、国库集中收支制度并组织实施；负责制定行政事业单位国有资产管理规章制度，并负责监督管理；会同有关部门管理财政社会保障和就业及医疗卫生支出；负责管理政府的债权、债务；负责管理会计工作，监督和规范会计行为；负责管理机关财务及政府采购工作；负责政府非税收入和政府性基金管理；监督检查财税法规、政策的执行情况。聘用工作人员19名，聘用部门负责人4名。是年成立金融服务办公室，挂靠资金财务部，聘用工作人员3名，部门负责人1名。

招商局（商务局）　1996年5月，经济研究中心并入经济发展局，同年成立招商局，规格为副处级，未设内部科室，人员编制未定。1998年5月4日，市编办批复成立开发区科技局与招商局合署办公，名称为招商科技局。2004年7月，招商科技局恢复为招商局。2007年4月管委会在北京设立招商中心。2008年7月设立苏州昆山招商中心，2009年7月撤回。2013年6月9日，市编办批准确定为招商局（商务局），职责是：贯彻落实国家、省、市有关发展内外贸易、国际经济合作、扩大开放和招商引资的发展战略、方针、政策；拟定全区相应的发展规划、规定和措施；拟定并实施全区外商投资政策，负责全区外商投资管理工作；依法核准外商投资项目的合同章程及法律规定的重大变更事项；负责全区招商引资、投资促进及外商投资企业上报审批工作，规范对外招商引资活动；负责全区外商投诉处理工作；负责全区对外经济合作工作；拟定并执行对外经济合作政策，负责全区外派劳务企业和项目的申报；指导、协调全区进出口工作，贯彻执行国家划定的进出口商品，加工贸易管理办法；贯彻执行国家对外技术贸易、进出口管制以及机关外贸政策；负责全区国内经济技术合作政策制定、活动组织和各项管理工作；负责全区有关国内外贸易和重大外经贸活动的信息发布、宣传及提供信息咨询服务；负责全区招商引资优惠政策，奖励政策的拟定并组织实施、执行和落实。2014 年 1 月 6 日，招商局（商务局）区内名称确定为招商促进部，对外为招商促进部。聘用工作人员 21 名，聘用部门负责人 5 名。

社会事务管理局（农林水务局） 2009 年 5 月 8 日，管理委员会成立了高新区社会事业组。负责辖区内教育、文化、卫生、计划生育、体育、农业、林业、畜牧业、水利以及民政、民宗、动植物疫病防治等方面的托管交接和以后的日常管理工作。是年，5 月 19 日，中共承德市委、承德市人民政府印发的《关于加快承德高新技术产业开发区发展的意见》中，进一步明确了托管区范围。考虑闫营子村的特殊情况，先托管具备条件的雹神庙、东营和西营 3 个村。条件成熟后，再托管闫营子村。实行托管后，原行政区划和名称不变。对托管区域的民政、文教卫生、社会事业等实行统一管理。婚姻登记和征兵工作仍由原行政区主管部门负责。是年，8 月 24 日，经中共高新区工委、管委批准增设社会事业管理局。原社会事业组撤销。负责辖区内有关民政、司法、民族宗教、计划生育、教育、卫生、文化、体育、广播电视、扶贫、农业、林业、水利、畜牧、防汛和动植物疫病防治等各项社会事业的日常行政管理工作。2010 年 3 月 16 日，市委十二届 93 次常委会议决定，将双桥区上板城镇交开发区行政托管。2012 年 12 月 1 日，市政府决定将郭营子村、冯营子村、崔梨沟村交开发区行政托管。2013 年 5 月 11 日，市委、市政府决定，将双桥区管辖的冯营子镇及其所属行政村划归高新区托管；将原大石庙镇管辖的鹫窝村和原高新区托管的雹神庙、闫营子、东营、西营、冯营子、郭营子、崔梨沟村划归冯营子镇管理。2013 年 6 月 9 日，市编办批准设立社会事务管理局（农林水务局），规格为副处级，职责是：负责托管区域内教育、卫生、体育、社会保障、民政事务、民族宗教、人口和计划生育、农牧、林业、水务、扶贫、新农村建设等工作；贯彻执行上级相关工作的方针、政策和法律法规、制定各项发展规划并协调组织落实；拟定基层工作的规定及管理办法，并监督落实。2014 年 1 月 6 日，社会事务管理局区内名称确定为社会事务部，对外为社会事务管理局。聘用工作人员 34 名，聘用部门负责人 4 名。

行政审批局 2015 年 7 月 29 日，按照中共承德市委、市政府统一要求，经市编委批准，高新区行政审批局成立。政务服务中心合并到该局。内设机构 5 个：协调管理处、社会类审批处、农林水审批处、经济类审批处、建设类审批处。主要负责高新区多项行政审批业务。全区 9 个部门 123 项行政审批职能转至该局。

科学技术局 1998 年 5 月经市编办批准成立开发区科技局，2014 年 1 月机构改革，成立科技创新部（挂靠经济发展部），对外为科学技术局，为内设独立运行机构。负责研究制定全区科技发展规划和年度计划工作；负责推动科技政策体系、孵化创新体系和企业研发机构建设；负责企业科技计划项目及中小企业技术创新基金的组织申报及管理工作；负责知识产权和技术市场工作，并协调全区科技成果和科技奖励工作；负责高新技术企业的认定工作；组织、指导全区技术交流与合作；负责市校合作工作；负责地震知识宣传工作，管理建设项目地震设防工作；负责入孵企业的创业服务和人才培训；负责开展科技成果引进、吸收、转化和产业化工作。聘用工作人员 9 名，聘用部门负责人 3 名。

安全生产监督管理局 2003 年 7 月 15 日，经市编办批准成立承德市高新技术产业开发区安全生产监督管理局，正科级规格，是年，成立高新区安全生产委员会，安委会办公室设在高新区生产监督管理局。2004年7月，经济发展局更名为经济科技发展局，下设正科级安全生产监督管理局为独立运行机构。2014年1月6日，安全生产监督管理局区内名称确定为安全监管部（挂靠经济发展部），对外为安全生产监督管理局。职责是：负责依法对全区安全生产实行监督检查；指导、协调和监督行业、部门承担的专项安全生产监督管理；组织、协调、参与生产性事故，重特大安全事故的调查和处理，依法承担安全生产事故的审查报批结案工作。聘用工作人员14名，聘用部门负责人3名。

农林水务局 2013年6月9日，市编办《关于组建承德高新技术产业开发区管理机构的通知》中确定的8个内设机构其中有社会事务管理局（农林水务局）。2014年1月6日，区内名称确定为农林水务部（农委、农经办、扶贫办），挂靠社会事业部，为独立运行机构。职责是：负责托管区域内农牧、林业、水务、扶贫、农村经济、农村政策研究、农业产业化等工作。聘用工作人员15名，聘用部门负责人3名。

城市管理和综合执法局 2013年1月31日，高新区第一次工委会研究决定，在原城管综合执法大队的基础上组建城市管理局。2014年1月6日，城市管理局区内名称确定为城市管理部，内设独立运行机构。职责为：负责贯彻国家和省市关于城市管理工作的法律、法规和相关政策，相对集中行使规划管理、市容环境卫生、市政管理、工商行政管理、公安交通管理等相关法规规定的全部或部分行政处罚权；负责环境卫生清扫、保洁、监察工作。是年2月将原区环境卫生管理所职能和相关人员一并划转区城市管理局。聘用工作人员31名，聘用部门负责人员4名。内设综合科、城市管理科、环境卫生管理所、执法大队。2015年7月29日，根据中共河北省委、省政府《关于推进全省开发区体制改革的指导意见》，高新区工委会议研究决定，组建城市管理和综合执法局，下设：综合办公室、政策法规科、综合管理科、数字城管指挥中心、公用事业管理所、市容环境管理所、综合执法大队、大队下设两个中队、高新区畅洁环卫有限责任公司。聘用工作人员74名，聘用部门负责人6名。2015年12月，按照进一步理顺城市管理体制的要求，将区园林绿化工作职能和人员移交区住建局。

督考部 2014年1月6日，管委会内部设立督考部，为督查考核委员会（议事协调机构）的独立运行办事机构，职责是：负责对上级党委、政府制定的方针、政策和重要工作部署以及工、管委重要会议决议、决定和重大决策、重要工作部署以及阶段性中心工作在全区各地各部门的贯彻落实情况的督促检查；负责对全区重点、难点和群众反映的热点问题的解决及落实情况的督促检查；负责对上级党委、政府领导重要批示以及工、管委领导批办，交办事项落实情况的督促检查工作；负责各部门和托管镇年度目标完成情况进行考核。聘用工作人员7名，部门负责人3名。

五、中共承德高新区工委领导名录

1992—2015年中共承德高新区工委书记一览表

表1-1-1

姓名	职务	性别	级别	任职时间	备注
孙建群	工委书记（兼）	男	副厅级	1992年7月—1996年2月	市委常委、常务副市长
常　幸	工委书记（兼）	男	副厅级	1996年2月—1997年8月	市委常委、常务副市长

续表 1-1-1

姓名	职务	性别	级别	任职时间	备注
郭　群	工委书记	男	正处级、副厅级	1997 年 8 月—2002 年 6 月	市委常委
齐金华	工委书记	男	正处级	2002 年 6 月—2003 年 3 月	
高　嵩	工委书记	男	正处级	2003 年 3 月—2013 年 4 月	
王　克	工委第一书记（兼）	男	副厅级	2008 年 3 月—2009 年 12 月	副市长
刘文勤	工委书记（兼）	男	副厅级	2013 年 4 月—2014 年 2 月	副市长
刘新宇	工委书记（兼）	男	副厅级	2014 年 2 月—2015 年 2 月	副市长
柴　山	工委书记	男	副厅级	2015 年 1 月—2016 年 2 月	

1992—2015 年中共承德高新区工委副书记一览表

表 1-1-2

姓名	职务	性别	级别	任职时间	备注
谢应开	工委副书记（兼）	男	副厅级	1992 年 7 月—1993 年 10 月	副市长
丁建东	工委副书记	男	正处级	1992 年 7 月—1996 年 5 月	主持日常工作
胡兴印	工委副书记	男	正处级	1996 年 5 月—1997 年 8 月	
赵德辉	工委副书记	男	正处级	1996 年 5 月—2002 年 4 月	
高　嵩	工委副书记	男	正处级	1997 年 8 月—1999 年 12 月	
周占贵	工委副书记	男	正处级	1997 年 11 月—2003 年 5 月	提前离岗
齐金华	工委副书记	男	正处级	1999 年 12 月—2002 年 6 月	
姜雅山	工委副书记	男	正处级	2002 年 7 月—2014 年 2 月	
刘继先	工委副书记	男	正处级	2003 年 10 月—2011 年 9 月	
景联华	工委副书记	女	副处级、正处级	2003 年 9 月—2013 年 6 月	
	专职工委副书记	女	正处级	2013 年 6 月—2015 年 9 月	

续表 1-1-2

姓名	职务	性别	级别	任职时间	备注
柴　山	工委副书记	男	副厅级	2014 年 1 月—2015 年 1 月	
刁　志	专职工委副书记	男	正处级	2015 年 9 月—2019 年 12 月	
徐　民	工委副书记	男	正处级	2015 年 11 月—2017 年 7 月	挂职、市政府党组成员
于　山	工委副书记	男	正处级	2015 年 12 月—2016 年 12 月	

1992—2015 年中共承德高新区工委委员一览表

表 1-1-3

姓名	职务	性别	级别	任职时间	备注
张克范	委员	男	副处级	1992 年 7 月—1999 年 8 月	
王庆宁	委员	男	副处级	1992 年 7 月—1993 年 5 月	
许建华	委员	男	副处级	1992 年 10 月—1996 年 5 月	
叶金华	委员	男	正科级、副处级	1993 年 2 月—2006 年 11 月	
赵义峰	委员	男	副处级	1993 年 5 月—1996 年 9 月	
李玉栋	委员	男	副处级	1996 年 8 月—1997 年 8 月	
王天一	委员	男	副处级	1998 年 1 月—2013 年 6 月	
付润丰	委员	男	副处级	1999 年 9 月—2002 年 1 月	
刘继先	委员	男	副处级	1999 年 9 月—2003 年 9 月	
王洪新	委员	男	副处级	1999 年 9 月—2011 年 3 月	
邵秉礼	委员	男	副处级	2002 年 8 月—2003 年 9 月	
王凤珍	委员	女	副处级	2003 年 9 月—2006 年 5 月	
杨文东	委员	男	副处级、正处级	2003 年 9 月—2022 年	
赵跃江	委员	男	副处级、正处级	2006 年 11 月—2013 年 6 月	
王　均	委员	男	副处级、正处级	2004 年 11 月—2013 年 6 月	
张官庆	委员	男	副处级	2008 年 11 月—2011 年 9 月	市委组织部考录
王凤祥	委员	男	副处级、正处级	2010 年 11 月—2015 年 2 月	
罗士学	委员	男	副处级、正处级	2011 年 9 月—2016 年 11 月	

续表 1-1-3

姓名	职务	性别	级别	任职时间	备注
林旭东	委员	男	副处级	2013 年 1 月—2016 年 12 月	
崔利民	委员	男	正处级	2013 年 6 月—2015 年 12 月	
白晓峰	委员	男	正处级	2013 年 6 月—2015 年 12 月	
徐立新	委员	女	正处级	2013 年 6 月—2015 年 12 月	
魏　民	委员	男	副处级	2013 年 6 月—2019 年 2 月	
董智慧	委员	男	副处级	2014 年 1 月—2019 年 10 月	
许卫岳	委员	男	副处级	2014 年 2 月—2015 年 2 月	
王天一	委员	男	正处级	2015 年 9 月—2021 年 12 月	
赵跃江	委员	男	正处级	2015 年 9 月—2016 年 7 月	

六、中共承德高新区纪工委（纪检组）领导名录

1997—2015 年中共承德高新区纪工委（纪检组）书记（组长）一览表

表 1-1-4

姓名	职务	性别	级别	任职时间
叶金华	纪工委书记	男	副处级	1997 年 3 月—2006 年 11 月
赵跃江	纪工委书记	男	副处级、正处级	2006 年 11 月—2013 年 6 月
徐立新	纪检组组长	女	正处级	2013 年 6 月—2015 年 12 月

七、承德高新区管委会领导名录

1992—2015 年承德高新区管委会主任一览表

表 1-1-5

姓名	职务	性别	级别	任职时间	备注
孙建群	管委会主任（兼）	男	副厅级	1992 年 7 月—1996 年 2 月	市委常委、常务副市长
胡兴印	管委会主任	男	正处级	1996 年 5 月—1997 年 8 月	
高　嵩	管委会主任	男	正处级	1997 年 8 月—1999 年 12 月	
齐金华	管委会主任	男	正处级	1999 年 12 月—2002 年 6 月	
姜雅山	管委会主任	男	正处级	2002 年 7 月—2013 年 4 月	

续表 1-1-5

姓名	职务	性别	级别	任职时间	备注
刘文勤	管委会主任（兼）	男	副厅级	2013 年 4 月—2014 年 2 月	市委常委、副市长
柴　山	管委会主任	男	副厅级	2014 年 1 月—2015 年 1 月	

1992—2015 年承德高新区管委会副主任一览表

表 1-1-6

姓名	职务	性别	级别	任职时间	备注
谢应开	第一副主任	男	副厅级	1992 年 7 月—1993 年 10 月	副市长（兼）
丁建东	副主任	男	正处级	1992 年 7 月—1996 年 5 月	主持日常工作
王庆宁	副主任	男	副处级	1992 年 7 月—1993 年 5 月	
许建华	副主任	男	副处级	1992 年 7 月—1996 年 5 月	
张克范	副主任	男	副处级	1992 年 7 月—1999 年 9 月	
赵义峰	副主任	男	副处级	1993 年 5 月—1996 年 10 月	
李玉栋	副主任	男	副处级	1996 年 8 月—1997 年 8 月	
赵德辉	副主任	男	正处级	1996 年 5 月—2002 年 4 月	
付润丰	副主任	男	正处级	1999 年 9 月—2002 年 1 月	
刘继先	副主任	男	副处级	1999 年 9 月—2004 年 12 月	
王洪新	副主任	男	副处级	1999 年 9 月—2011 年 3 月	
邵秉礼	副主任	男	副处级	2002 年 8 月—2003 年 9 月	
王凤珍	副主任	女	副处级	2003 年 9 月—2006 年 5 月	
杨文东	副主任	男	副处级、正处级	2003 年 9 月—2022 年	2016 年 11 月至 2022 年管委会副主任（挂职）
王天一	副主任	男	副处级	2003 年 9 月—2013 年 9 月	
王仰仁	副主任	男	副处级	1997 年 6 月—1999 年 9 月	
张官庆	副主任	男	副处级	2002 年 3 月—2003 年 11 月	
罗士学	副主任	男	副处级、正处级	2011 年 5 月—2015 年 12 月	
白晓峰	副主任	男	正处级	2013 年 6 月—2015 年 12 月	

续表 1-1-6

姓名	职务	性别	级别	任职时间	备注
王凤祥	副主任	男	副处级、正处级	2010 年 10 月—2015 年 2 月	
姜雅山	常务副主任	男	正处级	2013 年 4 月—2014 年 2 月	
崔利民	副主任	男	正处级	2013 年 6 月—2015 年 12 月	
许卫岳	副主任	男	正处级	2015 年 2 月—2016 年 2 月	
徐　民	副主任	男	正处级	2015 年 11 月—2015 年 12 月	

八、唐山曹妃甸承德临港工业园管委会领导名录

2009—2015 年唐山曹妃甸成承德临港工业园管委会主任、副主任一览表

表 1-1-7

姓名	职务	性别	级别	任职时间
杨文东	主任	男	正处级	2009 年 6 月—2021 年 3 月
白春龙	副主任	男	副处级	2014 年 2 月—

说明:2017 年 5 月 24 日经承德市机构编制委员会研究决定撤销唐山曹妃甸承德临港工业园管委会。

九、承德高新区调研员、副调研员名录

1996—2015 年承德高新区调研员、副调研员一览表

表 1-1-8

姓名	职务	性别	级别	任职时间
许建华	副调研员	男	副处级	1996 年 5 月—1996 年 12 月
章嘉珍	副调研员	女	副处级	1997 年 6 月—2004 年 6 月
邵秉礼	副调研员	男	副处级	2003 年 11 月—2010 年 5 月
王文义	副调研员	男	副处级	2004 年 7 月—2012 年 6 月
王志一	副调研员	男	副处级	2004 年 7 月—2016 年 12 月
关小东	副调研员	男	副处级	2005 年 11 月—2015 年 12 月
王洪新	调研员	男	正处级	2011 年 4 月—2015 年 12 月
王玉柱	调研员	男	正处级	2011 年 11 月—2015 年 12 月
柏向阳	副调研员	男	副处级	2011 年 11 月—2015 年 12 月
王天一	调研员	男	正处级	2013 年 9 月—2021 年 12 月
王　钧	调研员	男	正处级	2013 年 6 月—2020 年 3 月
赵跃江	调研员	男	正处级	2013 年 6 月—2016 年 9 月

十、承德高新区管委会各局室负责人名录

1992—2015 年承德高新区管委会各局室负责人一览表

表 1-1-9

管委会直属局室	姓名	性别	职务	级别	任职时间	备注
工委办公室	王天一	男	主任	副处级	1997 年 8 月—2004 年 10 月	
	于文钰	男	副主任	正科级	1998 年 4 月—2009 年 8 月	
	董智慧	男	副主任	正科级	2003 年 7 月—2009 年 8 月	
	王　钧	男	主任	副处级	2004 年 11 月—2013 年 6 月	
	高向忠	男	副主任	正科级	2009 年 8 月—2013 年 6 月	
	成世前	男	副主任	正科级	2011 年 2 月—2013 年 6 月	
管委办公室	许建华	男	主任（兼）	副处级	1992 年 10 月—1993 年 6 月	
	姜　兴	男	主任	副处级	1997 年 8 月—2013 年 6 月	
	刘继先	男	副主任	正科级	1993 年 3 月—1996 年 5 月	
	姜　兴	男	副主任	正科级	1994 年 8 月—1997 年 8 月	
	魏　华	女	副主任	正科级	2002 年 10 月—2013 年 6 月	
	罗士学	男	副主任	正科级	2003 年 2 月—2006 年 10 月	
	孙金红	女	副主任	正科级	2009 年 8 月—2013 年 6 月	
党政办公室	魏　民	男	主任	副处级	2013 年 6 月—2015 年 12 月	
	成世前	男	副主任	正科级	2013 年 6 月—2015 年 12 月	
	魏　华	女	副主任	正科级	2013 年 6 月—2015 年 12 月	
	孙金红	女	副主任	正科级	2013 年 6 月—2015 年 12 月	
党群工作部	董智慧	男	部长	正科级	2009 年 8 月—2012 年 9 月	
				副处级	2013 年 6 月—2015 年 12 月	
	王正军	男	部长	正科级	2012 年 9 月—2013 年 6 月	
	王丽丽	女	副部长	正科级	2009 年 8 月—2015 年 12 月	
	吴朋东	男	副部长	副科级	2011 年 7 月—2013 年 11 月	
	温瑞东	男	副部长	正科级	2013 年 11 月—2015 年 11 月	
	李双锐	男	副部长	正科级	2013 年 6 月—2015 年 12 月	
	孙　亮	男	副部长	副科级	2015 年 11 月—2015 年 12 月	

续表 1-1-9

管委会直属局室	姓名	性别	职务	级别	任职时间	备注
财政局（资金财务部）	冀瑞祥	男	局长	副处级	1998 年 4 月—2007 年 9 月	
	林国华	男	局长	副处级	2007 年 9 月—2013 年 6 月	
	刘　峰	男	局长	副处级	2013 年 6 月—2015 年 12 月	
	冯瑞树	男	副局长	正科级	1993 年 2 月—1999 年 12 月	
	王文义	男	副局长	正科级	2000 年 3 月—2006 年 5 月	
	于力娟	女	副局长	正科级	2004 年 1 月—2015 年 6 月	
	王洪波	男	副局长	正科级	2006 年 3 月—2015 年 12 月	
	丁敬卓	女	副局长	正科级	2011 年 2 月—2015 年 12 月	
经济科技发展局（经济发展部）	杨文东	男	局长	副处级	1996 年 5 月—2002 年 2 月	经济发展局
	冯瑞树	男	局长	副处级	2003 年 9 月—2015 年 12 月	经济发展局
	姜小博	女	局长	副处级	2015 年 12 月—2015 年 12 月	
	杨文东	男	副局长	正科级	1992 年 12 月—1996 年 5 月	经济发展局
	张庆来	男	副局长	正科级	1995 年 8 月—1999 年 1 月	市外贸局科长（兼）
	甄彦明	男	副局长	正科级	1996 年 7 月—1998 年 4 月	经济发展局
	王建恒	男	副局长	正科级	1997 年 6 月—1998 年 6 月	经济发展局
	李长江	男	副局长	正科级	1998 年 6 月—2002 年 9 月	经济发展局
	吴　艳	男	副局长	正科级	1998 年 6 月—2003 年 9 月	经济发展局
	冯瑞树	男	副局长	正科级	1999 年 12 月—2003 年 9 月	经济发展局
	黄景东	男	副局长	正科级	2004 年 11 月—2012 年 7 月	经济发展局
	金德学	男	副局长	正科级	2015 年 12 月—2015 年 12 月	
	那士峰	男	副局长	正科级	2015 年 12 月—2015 年 12 月	
	黄　磊	男	副局长	副科级	2013 年 10 月—2015 年 11 月	经济发展局
	付　强	男	副局长	副科级	2014 年 1 月—2015 年 7 月	经济发展局
	郭丽伟	女	副局长	副科级	2015 年 12 月—2015 年 12 月	

续表 1-1-9

管委会直属局室	姓名	性别	职务	级别	任职时间	备注
招商局（商务局）（招商促进部）	甄彦明	男	局长	副处级	1998 年 4 月—2012 年 6 月	1998.10 科技局局长（兼）
	姜小博	女	局长	副处级	2013 年 6 月—2015 年 12 月	
			副局长	正科级	1997 年 6 月—2013 年 6 月	
	李秀玲	女	副局长	正科级	1997 年 1 月—2004 年 5 月	（兼）
	王建恒	男	副局长	正科级	1998 年 6 月—2009 年 8 月	
	杨郁森	男	副局长	正科级	2002 年 10 月—2005 年 6 月	市外贸局科长（兼）
	白春龙	男	副局长	正科级	2006 年 1 月—2010 年 2 月	
	高向忠	男	副局长	正科级	2006 年 1 月—2009 年 8 月	
	金德学	男	副局长	正科级	2009 年 8 月—2015 年 12 月	
	那士峰	男	副局长	正科级	2011 年 3 月—2015 年 12 月	
	胡春光	男	副局长	正科级	2013 年 8 月—2015 年 8 月	
	郭丽伟	女	副局长	副科级	2013 年 8 月—2015 年 12 月	
人力资源和社会保障局（人力资源部）	叶金华	男	局长	副处级	1994 年 5 月—1997 年 3 月	劳动人事局
	刘继先	男	局长	副处级	1997 年 5 月—2002 年 9 月	劳动人事局
	赵跃江	男	局长	副处级	2002 年 9 月—2006 年 11 月	劳动人事局
	罗士学	男	局长	副处级	2006 年 11 月—2011 年 4 月	劳动人事局
	董智慧	男	局长	副处级	2011 年 4 月—2013 年 6 月	劳动人事局
	王建恒	男	局长	副处级	2013 年 6 月—2013 年 10 月	劳动人事局
	张成华	男	局长	副处级	2015 年 9 月—2015 年 12 月	
	叶金华	男	副局长	正科级	1992 年 12 月—1994 年 5 月	劳动人事局
	李雅德	男	副局长	正科级	1997 年 1 月—2008 年	劳动人事局
	张铁辉	男	副局长	正科级	1998 年 6 月—2002 年 8 月	劳动人事局
	张　磊	男	副局长	正科级	2002 年 1 月—2015 年 12 月	
	李　陶	男	副局长	正科级	2004 年 1 月—2015 年 12 月	
	陈宝庆	女	副局长	正科级	2014 年 1 月—2015 年 11 月	
	肖春刚	男	副局长	正科级	2015 年 11 月—2015 年 12 月	

续表 1-1-9

管委会直属局室	姓名	性别	职务	级别	任职时间	备注
住房和城乡建设局（住房建设部）	王仰仁	男	局长	副处级	1993 年 5 月—1997 年 8 月	建设局
	许成魁	男	局长	副处级	1997 年 8 月—2011 年 4 月	建设局、建设房产环保局
	孙天民	男	局长	副处级	2011 年 4 月—2015 年 12 月	
	王仰仁	男	副局长	正科级	1992 年 10 月—1993 年 5 月	建设局
	许成魁	男	副局长	正科级	1993 年 10 月—1997 年 8 月	建设局
	孙天民	男	副局长	正科级	1998 年 6 月—2011 年 4 月	建设局、建设房产环保局
	张慎友	男	副局长	正科级	1995 年 6 月—2002 年 10 月	市土地局科长（兼）
	徐　立	男	副局长	正科级	1998 年 6 月—2002 年 10 月	
	殷佳伟	男	副局长	正科级	2002 年 10 月—2005 年 12 月	市土地局科长（兼）
	关利军	男	副局长	正科级	2004 年—2011 年 2 月	建设局、建设房产环保局
	刘延宗	男	副局长	正科级	2004 年 7 月—2008 年 4 月	建设房产环保局（兼）
	朱海鹰	男	副局长	正科级	2004 年 7 月—2007 年 3 月	建设房产环保局（兼）
	慕立群	男	副局长	正科级	2003 年 11 月—2005 年 7 月	建设房产环保局
	温瑞东	男	副局长	正科级	2006 年 9 月—2013 年 11 月	建设房产环保局
	赵伯奇	男	副局长	正科级	2013 年 11 月—2015 年 12 月	
	孙　威	男	副局长	正科级	2013 年 11 月—2015 年 12 月	
	李志超	男	副局长	副科级	2013 年 11 月—2015 年 12 月	
	段丽敏	女	副局长	副科级	2015 年 11 月—2015 年 12 月	
社会事务局（社会事务部）	王正军	男	局长	副处级	2013 年 6 月—2015 年 12 月	
	王建恒	男	局长	正科级	2009 年 8 月—2013 年 6 月	社会事业管理局
	张瑞辉	男	副局长	正科级	2009 年 8 月—2015 年 7 月	社会事业管理局
	刘志华	男	副局长	副科级、正科级	2009 年 8 月—2014 年 1 月	社会事业管理局
	李玉成	男	副局长	正科级	2012 年 6 月—2014 年 1 月	社会事业管理局
	王志宏	女	副局长	正科级	2012 年 6 月—2015 年 11 月	
	刘孝峰	男	副局长	正科级	2013 年 11 月—2015 年 12 月	

续表 1-1-9

管委会直属局室	姓名	性别	职务	级别	任职时间	备注
农林水务局（农林水务部）	刘志华	男	副局长	正科级	2012 年 6 月—2014 年 1 月	
	刘焕海	男	副局长	副科级	2014 年 1 月—2015 年 11 月	
	陈秋伟	女	副局长	副科级	2014 年 1 月—2015 年 12 月	
安全生产监督管理局（安全监管部）	吴　艳	男	局长	正科级	2003 年 9 月—2010 年 2 月	
	关利军	男	局长	正科级	2010 年 2 月—2015 年 12 月	
	刘孝峰	男	副局长	副科级、正科级	2006 年 3 月—2013 年 11 月	
	张爱民	男	副局长	正科级	2014 年 1 月—2015 年 12 月	
	朱金成	男	副局长	正科级	2011 年 2 月—2015 年 12 月	
科学技术局（科技创新部）	吴晓光	男	局长	正科级	2014 年 1 月—2015 年 12 月	
	杨　雷	男	副局长	正科级	2014 年 1 月—2015 年 6 月	
	伦洪涛	男	副局长	副科级	2014 年 1 月—2015 年 12 月	
行政审批局	冯瑞树	男	局长	副处级	2015 年 7 月—2015 年 12 月	
	张瑞辉	男	副局长	正科级	2015 年 7 月—2015 年 12 月	
	黄　磊	男	副局长	副科级	2015 年 7 月—2015 年 12 月	
	陈宝庆	女	副局长	正科级	2015 年 11 月—2015 年 12 月	
	王志宏	女	副局长	正科级	2015 年 11 月—2015 年 12 月	
城市管理和综合执法局（城市管理部）	王志一	男	局长	副处级	2015 年 7 月—2015 年 12 月	（兼）
	赵文华	男	部长	正科级	2014 年 1 月—2015 年 12 月	
	朱金成	男	副局长	正科级	2015 年 12 月—2015 年 12 月	
	曹　东	男	副局长	正科级	2015 年 12 月—2015 年 12 月	
	于子兴	男	副局长	副科级	2015 年 12 月—2015 年 12 月	
监察局监察室（纪检监察部）	于文钰	男	局长	正科级	2009 年 8 月—2013 年 6 月	
	王庆东	男	主任	副处级	2013 年 6 月—2015 年 12 月	
	赵文奇	男	副主任	正科级	2013 年 6 月—2015 年 12 月	

续表 1-1-9

管委会直属局室	姓名	性别	职务	级别	任职时间	备注
督考办（督查考核部）	李玉成	男	主任	正科级	2013 年 7 月—2015 年 12 月	
	徐福伟	男	副主任	正科级	2013 年 7 月—2015 年 12 月	
	吴朋东	男	副主任	副科级	2013 年 7 月—2016 年 7 月	
政法委（综治办）（法制维稳部）	高向忠	男	副部长	正科级	2013 年 7 月—2015 年 12 月	
	刘志刚	男	副部长	正科级	2014 年 1 月—2015 年 12 月	
经济研究室	许建华	男	主任	副处级	1993 年 5 月—1996 年 5 月	（兼）
	刘继先	男	副主任	正科级	1995 年 4 月—1996 年 5 月	
			主任	副处级	1996 年 5 月—1997 年 5 月	
总工会	景联华	女	主席	正处级	2011 年 12 月—2015 年 12 月	（兼）
	王丽丽	女	常务副主席	正科级	2011 年 12 月—2014 年 1 月	
	张　富	男	副主席	副科级	2011 年 12 月—2012 年 1 月	
	孙彦军	男	常务副主席	正科级	2014 年 1 月—2015 年 12 月	
	徐　娜	女	副主席	副科级	2015 年 10 月—2015 年 12 月	
	葛宏伟	男	副主席	副科级	2014 年 1 月—2015 年 6 月	

第二节 所属机构

一、社会保险办事处

1996 年 2 月 29 日，经市编办批准成立开发区社会保险办事处，为自收自支的科级事业单位，编制 3 人，归劳动人事局管理。主要职责是：负责开发区内企业失业保险金代收代缴。失业人员登记、失业金发放与失业人员管理，由市劳动局失业保险所负责。2000 年 1 月，市劳动局将失业保险金收缴、发放、失业人员登记、管理、就业等工作下放给开发区负责，该处开始独立经办失业保险业务。是年，机关事业单位医疗保险由该处负责登记。2010 年起，负责城镇居民医疗保险工作。

二、公用事业综合管理处

1996 年 6 月 19 日，经市编办批准开发区公用事业综合管理处成立，为科级差补事业单位，编制 10 人。主要职责是：负责开发区区域内供水、供电、供热设施建设，道路维护、市政设施建设与维护、园林绿化、路灯安装与保护，道路清扫等。1998 年 5 月 4 日创业服务中心成立，该处与之合并。

三、创业服务中心

1998 年 5 月 4 日，经市编办批准成立开发区创业服务中心，是在开发区发展公司的基础上组建，为正科级事业单位，行政上隶属开发区管委会，业务上接受市科委的指导。2006年，科技部授予“国家火炬计划仪器仪表产业基地”称号，是河北省信息产业三大基地之一。2007年，批准为省级科技企业孵化器，2011年，被科技部认定为国家级科技企业孵化器。省仪器仪表工程技术中心、开发区生产力促进中心设置在创业服务中心。职责为：负责创业服务中心（国家级孵化器）内科技型企业和科研机构孵化工作；国家级孵化器各项指标统计；协助科技管理科组织入孵企业进行各类科技项目、高新技术产品、科技基金等项目申报；协助产业发展科组织入孵企业、高新技术企业、科技型中小企业、小巨人企业等培育及申报；入孵企业申报专利、商标、著作权等；入孵企业的知识产权保护、无形资产评估；入孵企业的创业服务和人才培训工作；科技创新服务体系建设工作；建设科技企业孵化器、加速器工作；搭建创业服务平台工作；对接市生产力促进中心工作；负责双创空间运营、优惠政策制定、项目筛选、组织培训、宣传展示、科技咨询、需求及成果分布等工作。

四、土地储备中心

2003年3月18日，经市编办批准开发区土地储备中心成立，为正科级全民所有制非营利性的事业单位，隶属于开发区管委会，与市国土资源局开发区分局合署办公，人员编制3名。同年5月15日，市编办下文将“开发区土地收购土储中心”整建制划转市国土资源局管理。是年7月23日经国土资源部审核通过纳入第三批储备机构名录。主要职责是：根据土地利用总体规划，城市规划等实际情况负责编制开发区年度土地储备计划；根据土地储备计划，对驻区企业单位需盘活的存量土地和其他需调整的城市存量土地适时进行收购、收回（包括依法收回的违法用地、闲置土地及无主地），对需征收的土地统一征用，纳入储备土地范围；按照相关法律法规及监管要求，负责银行业融资、储备土地前期开发整理，并对前期开发整理工程实施监督管理、工程验收；负责储备土地、临时用地的保护、使用管理工作；负责储备土地出让前的组卷、成本核算工作。

五、劳动保障事务站

2003年5月20日，经市编办批准成立开发区劳动保障事务站，隶属劳动人事局，科级规格，编制3人，经费来源列入开发区财政预算。主要职责是：承担辖区内就业、再就业等社会保障职能；做好就业、再就业工作。上板城镇、冯营子镇划归高新区行政托管后，该站工作职能由镇劳动保障事务站承担。

六、城管综合执法大队

2007年3月23日，经市编办批准设立开发区城管综合执法大队，为全额拨款的科级事业单位，人员编制8名，双重管理，业务上接受市城管局指导。由市城管局派驻3名工作人员与开发区5名工作人员共同组成，负责开发区规划范围内的整体环境进行综合执法。2011年6月，经市政府第五十次常务会议同意，将市直相关部门城市管理权力下放给双桥区、双滦区和高新区，高新区城管综合执法大队开始部分行使城市管理职能和执法权利，承接、运行各项工作。市城管局工作人员撤出开发区，城管综合执法大队负责高新区城管工作。

七、唐山曹妃甸承德临港工业园管理委员会

2009年3月18日，经市机构编制委员会研究，市委常委会批准，同意成立唐山曹妃甸承德临港工业园管理委员会。规格为正处级，为市政府管理的事业单位，由开发区管委会代管并负责人员编制及经费。

管委会内设科室4个：综合办公室、招商局、经济发展局（企业服务中心）、建设管理局。核定事业编制20名（暂由现有人员调剂解决）；经费形式为全额拨款。核定管委会领导职数2名，其中：主任1名（正处级）、副主任1名（副处级）；核定科级领导职数8名（4正4副）。主要职责为：

负责编制园区发展规划，研究和确定园区产业结构；制定工业园服务管理的相关制度和管理办法；协调新区规划、土地、环保、建设等相关职能部门；为进区企业、项目协调办理各项前期审批手续；负责与唐山开发区建立日常协调机制，做好工业园区项目的内外联系工作；负责临港工业园的项目谋划、招商引资、对外资企业的管理工作；负责项目建设的全程管理、服务、帮办等工作。

2017 年 5 月 24 日，经市编制委员会研究，决定撤销市政府管理的事业单位“唐山曹妃甸承德临港工业园管理委员会”。

机构撤销后，原使用 20 名财政性资金基本保证事业编制及人员划入承德高新区所属“承德高新技术产业开发区城管综合执法大队”，城管综合执法大队编制由 8 名增至 28 名，原机构规格、经费形式、领导职数及承担职责不变。

按照《事业单位登记管理暂行条例》规定，“唐山曹妃甸承德临港工业园管理委员会”法人注销。

八、上板城镇

2010 年 3 月 16 日，中共承德市委十二届 93 次常委会决定，将双桥区所辖的上板城镇整建制移交高新区行政托管，人大、政协、民兵、征兵等工作仍隶属双桥区。行政托管范围为上板城党委、政府及所辖 23 个行政村和 2 个居委会。行政村有：上板城村、西大窑村、西三家村、上台子村、白河南村、卸甲营村、漫子沟村、南北营村、狮子沟村、大营庄村、天外村、秦家沟村、松树沟村、西大庙村、周营子村、陈家沟村、南双庙村、黄旗湾村、大冰沟村、房身沟村、南三道河村、涝泥塘村、老爷庙村；居委会有：城南居委会、城北居委会。237 个村民小组，126 个自然村，乡村户 9954 户，乡村人口 33513 人。镇党委政府部门机构设置有党政办、组织部、宣传部、纪律检查委员会、团委、妇联、工会、综治办、信访办、司法所、武装部、农业站、城建办、民政所、国土资源所、统计站、农经站、计生办、财政所、安监站、文化站、劳动保障事务站、城南居委会、城北居委会。上板城镇辖区总面积 213.76 平方千米。

九、冯营子镇

2013 年 5 月 11 日，中共承德市委、市政府决定，将双桥区管辖的冯营子镇及其所属行政村划归高新区托管，人大、政协、民兵、征兵等工作仍隶属双桥区，并将原大石庙镇管辖的鸳窝村和原高新区托管的雹神庙村、闫营子村、东营村、西营村、冯营子村、郭营子村、崔梨沟村划归冯营子镇管理。所辖 15 个行政村，行政村有：冯营子村、崔梨沟村、郭营子村、砖瓦窑村、三道湾村、水泉沟村、土洞子村、石门子村、下栅子村、上栅子村、闫营子村、东营村、西营村、秋窝村、雹神庙村，乡村人口 2.9 万人。党政部门机构设置有：党政办公室、组宣办公室、纪律检查委员会、工会、社会经济发展办公室、统计站、安监站、城建所、财政所、计划生育服务站、文化站、劳动保障站、农业站、林业站、司法所、民政所，国土所。冯营子镇辖区总面积 88.53 平方千米。

2010—2015 年上板城镇党委书记、副书记一览表

表 1-2-1

姓名	性别	职务	任职时间	备注
王正军	男	书记	2010 年 3 月—2013 年 6 月	
韩建国	男	副书记	2010 年 3 月—2013 年 6 月	
		书记	2013 年 7 月—2015 年 12 月	

续表 1-2-1

姓名	性别	职务	任职时间	备注
张　富	男	副书记	2010 年 3 月—2012 年 1 月	
刘志永	男	副书记	2012 年 9 月—2013 年 6 月	
李　志	男	副书记	2013 年 11 月—2015 年 12 月	
刘志永	男	副书记	2013 年 7 月—2015 年 12 月	

2010—2015 年上板城镇党委成员、人大主席、副主席一览表

表 1-2-2

姓名	性别	职务	任职时间	备注
张　富	男	纪委书记	2010 年 3 月—2012 年 1 月	
陈秋伟	男	纪委书记	2012 年 9 月—2014 年 1 月	
王彦武	男	纪委书记	2014 年 11 月—2015 年 11 月	
刘志永	男	政法书记	2010 年 3 月—2012 年 8 月	
朱彦国	男	政法书记	2012 年 9 月—2015 年 12 月	
孙占生	男	武装部部长	2010 年 3 月—2015 年 12 月	
谢群英	男	组织部部长	2010 年 3 月—2013 年 10 月	
李　伟	男	组织部部长	2013 年 11 月—2015 年 12 月	
任桂芹	女	宣传部部长	2010 年 3 月—2011 年 10 月	
陈秋伟	女	宣传部部长	2011 年 12 月—2012 年 8 月	
李　伟	女	宣传部部长	2013 年 11 月—2015 年 12 月	
那士平	男	人大主席	2010 年 3 月—2015 年 12 月	
任桂芹	女	人大副主席	2011 年 11 月—2013 年 10 月	
谢群英	男	人大副主席	2013 年 11 月—2015 年 12 月	

2010—2015 年上板城镇镇长、副镇长一览表

表 1-2-3

姓名	性别	职务	任职时间	备注
韩建国	男	镇长	2010 年 3 月—2013 年 6 月	
刘志永	男	镇长	2013 年 7 月—2015 年 12 月	
李　志	男	副镇长	2010 年 3 月—2013 年 10 月	
刘焕海	男	副镇长	2010 年 3 月—2011 年 12 月	
王大鹏	男	副镇长	2010 年 3 月—2011 年 12 月	
王　军	男	副镇长	2010 年 3 月—2011 年 12 月	
王大鹏	男	副镇长	2012 年 1 月—2015 年 12 月	
刘焕海	男	副镇长	2012 年 1 月—2013 年 10 月	
滕小林	男	副镇长	2013 年 11 月—2015 年 12 月	
刘浩波	男	副镇长	2013 年 11 月—2015 年 12 月	
任桂芹	女	副镇长	2013 年 11 月—2015 年 12 月	

2013—2015 年冯营子镇党委书记、副书记一览表

表 1-2-4

姓名	性别	职务	任职时间	备注
高武元	男	党委书记	2013 年 5 月—2015 年 12 月	
王旭东	男	党委副书记	2013 年 5 月—2015 年 12 月	
魏立新	男	党委副书记	2013 年 5 月—2015 年 12 月	

2013—2015 年冯营子镇党委成员、人大主席、副主席一览表

表 1-2-5

姓名	性别	职务	任职时间	备注
刘俊东	男	人大主席	2013 年 5 月—2015 年 12 月	
吕秀平	女	纪委书记	2013 年 5 月—2015 年 12 月	

续表 1-2-5

姓名	性别	职务	任职时间	备注
乔　磊	男	政法书记	2013 年 5 月—2015 年 12 月	
李凤翔	女	武装部部长	2013 年 5 月—2015 年 12 月	
吕园园	女	组宣部部长	2013 年 5 月—2015 年 12 月	
王　燕	女	人大副主席	2013 年 5 月—2015 年 12 月	

2013—2015 年冯营子镇镇长、副镇长一览表

表 1-2-6

姓名	性别	职务	任职时间	备注
王旭东	男	镇长	2013 年 5 月—2015 年 12 月	
于　涛	男	副镇长	2013 年 5 月—2015 年 12 月	
刘明莹	男	副镇长	2013 年 5 月—2015 年 12 月	
王立民	男	副镇长	2013 年 5 月—2015 年 12 月	
王亚丽	女	科技副镇长	2013 年 5 月—2015 年 12 月	

第三节　市直部门派驻机构

一、承德市税务局开发区税务分局

1993 年 1 月 16 日开发区税务分局组建，与市税务局涉外分局合署办公，为市税务局派出机构。1994 年 10 月，根据国务院关于国税、地税分设的要求，开发区税务分局自然撤销，辖区内业务分别由开发区国税局、开发区地税局接收管理。

1993—2015 年承德市税务局开发区税务分局历任领导成员一览表

表 1-3-1

姓名	性别	职务	任职时间
魏庆祥	男	局长	1994 年 9 月—1997 年 1 月
宁之光	男	局长	1997 年 1 月—1998 年 12 月
贾　满	男	局长	1998 年 12 月—1999 年 3 月

续表 1-3-1

姓名	性别	职务	任职时间
魏庆祥	男	副局长	1993 年 3 月—1994 年 9 月
张万玲	男	副局长	1994 年 9 月—1998 年 12 月
白光平	男	副局长	1994 年 2 月—1996 年 12 月
邹秋瑞	男	副局长	1996 年 12 月—1998 年 12 月
周　晶	女	副局长	1998 年 12 月—1999 年 3 月
袁　琢	男	副局长	1998 年 2 月—1999 年 3 月
张冬力	男	副局长	1993 年 3 月—2000 年 9 月
黄智德	男	副局长	1993 年 3 月—1999 年 3 月

二、承德高新区国家税务局

1994 年 8 月 16 日，承德市国家税务局直属征收分局成立，1995 年 2 月 18 日更名为承德市国家税务局直属税务分局。1999 年 3 月 12 日，撤销直属税务分局、涉外分局，同时成立承德市高新技术产业开发区国家税务局，为市国税局派出机构。内设办公室、人事教育监察股、税政征管股、计划财务股（含信息中心）4 个科室；直属机构稽查局，设第一税务所、第二税务所、第三税务所、牛圈子沟税务所、涉外税务所 5 个。咨询代理所 1 个。是年 6 月 8 日，办税服务厅（正股级）成立，同时咨询代理所撤销。是年 3 月 28 日局党组成立。

2005 年 5 月 18 日，经省国税局批准，承德高新技术产业开发区国家税务局为副处级单位，内设办公室、计划统计科、征收管理科、综合业务科、人事教育科、监察室、办税服务厅科室（副科级）7 个；事业单位：信息中心（副科级）；直属机构：稽查局（副科级）；设第一税务分局、第二税务分局、第三税务分局、牛圈子沟税务分局 4 个（副科级）、新区税务所（股级）。

2007 年 9 月 28 日成立财务管理室，是年成立中共承德市高新技术产业开发区国家税务局机关委员会，同时成立机关党委办公室。

2008 年，内设办公室、税政管理科、征收管理科、计划统计科、办税服务厅、人事教育科、监察室机构 7 个（副科级）。事业单位：信息中心（副科级）；直属机构：稽查局（正科级），第一税务分局、第二税务分局、第三税务分局、第四税务分局、第五税务分局为派出机构 5 个（副科级）。

2009 年至 2015 年底，内设办公室、政策法规科、收入核算科、纳税服务科、征收管理科、人事教育科、监察室、办税服务厅 8 个（副科级）。直属机构：稽查局；事业单位：信息中心，第一税务分局、第二税务分局、第三税务分局、第四税务分局、第五税务分局为派出机构 5 个。

1993—2015 年承德高新区国家税务局历任领导成员一览表

表 1-3-2

姓名	性别	职务	任职时间
贾　满	男	局长	1993 年 3 月—1999 年 5 月
王成才	男	局长	2001 年 9 月—2010 年 11 月
赵　波	男	局长	2010 年 11 月—2013 年 3 月
李新华	男	局长	2013 年 3 月—2015 年 12 月
张冬力	男	副局长	1999 年 3 月—2001 年 9 月
黄智德	男	副局长	1993 年 3 月—2014 年 3 月
周　晶	女	副局长	2001 年 9 月—2003 年 12
高景峰	男	副局长	2003 年 12 月—2005 年 10 月
金　颖	女	副局长	2003 年 12 月—2005 年 10 月
宋玉库	男	副局长	2005 年 7 月—2011 年 7 月
刘凤刚	男	副局长	2007 年 8—2011 年 12 月
牛亚芬	女	副局长	2010 年 3 月—2015 年 12 月
乔占东	男	副局长	2012 年 1 月—2015 年 12 月
郑宏民	男	副局长	2012 年 1 月—2015 年 12 月
徐海军	男	副局长	2014 年 11 月—2015 年 12 月
刘洪铉	男	纪检组组长	1999 年 3 月—2010 年 3 月
乔占东	男	纪检组组长	2010 年 3 月—2012 年 1 月
徐海军	男	纪检组组长	2012 年 3 月—2014 年 11 月
刘永军	男	纪检组组长	2015 年 2 月—2015 年 12 月

三、承德高新区地方税务局

1994 年 10 月，承德高新技术产业开发区地方税务局成立，暂定为正科级单位。为市地方税务局派出机构，负责组织区内地方税、中央与地方共享税收入及其他涉税事宜。1995 年，挂牌兼任省直属征收局承德分局，“一套人马，二块牌子”（负责省直属单位的税收征管）。1997 年 12 月，市地税局批准高新区地税局成立征收所、管理所。2001 年 12 月，内设办公室、税收征管股，计划会计股，政工监察股（合署办公）。2003 年 12 月，撤销计划会计股、税政征管股和征收所、管理所；新设税政管理股、征管法规股和东区税务所、西区税务所，人员编制 35 人。2005 年 7 月，将税政管理股和征管法规股分设。2007 年 10 月，撤销西区所、东区所，设立计划会计股，设立第一税务分局、第二税务分局、第三税务分局。2011 年 4 月，成立稽查局；是年 7 月，成立征收分局；原市地税局征收局第三分局整体划归到高新区地税局。2012 年 8 月，内设办公室、税政征管科（信息中心）、人事政工科、收入规划核算科（税源监控分局）合署办公、监察室。派出机构：稽查局、征收分局（纳税服务分局）和第一税务分局、第二税务分局、第三税务分局、第四税务分局 4 个。2014 年 9 月，税政征管科（信息中心）分设为税收政策股与征收管理股（信息中心）；调整后内设办公室、税收政策股、征收管理股（信息中心）、收入规划核算股、人事政工股、监察室。稽查局原内设机构统一为正股级。

1994—2015 年承德高新区地方税务局历任领导成员一览表

表 1-3-3

姓名	性别	职务	任职时间
郝文涛	男	局长	1994 年 10 月—2003 年 12 月
于秀萍	女	局长	2003 年 12 月—2010 年 8 月
刘　峰	男	局长	2010 年 8 月—2013 年 6 月
王莉中	男	局长	2015 年 4 月—2015 年 12 月
汤　永	男	副局长	1994 年 10 月—2003 年 12 月
刘晓民	男	副局长	1994 年 10 月—2003 年 12 月
刘悦民	男	副局长	2003 年 12 月—2009 年 8 月
王若军	男	副局长	2003 年 12 月—2015 年 12 月
王希军	男	副局长	2009 年 8 月—2015 年 12 月
武志文	男	副局长	2010 年 12 月—2015 年 12 月
詹　丽	女	纪检组组长	2013 年 5 月—2015 年 12 月

四、承德市市场监督管理局高新区分局

1993 年 3 月，开发区工商行政管理局成立，为管委会直属行政管理机构。业务上受市工商行政管理局领导。主要职责是：负责开发区内的内资企业、私人企业、个体工商户的注册登记、市场监督管理、商标、广告、合同等方面的监督管理以及消费者权益保护工作。1994 年 8 月 29 日，根据市政府制定的《关于调整三区工商行政管理体制的通知》，将开发区工商局改为市工商局的分局，属市工商局的派出机构，由市局统一领导、统一管理，名称为承德市工商行政管理局高新技术产业开发区分局。1998 年 11 月，高新区工商分局随市工商局一并划归省工商局。2001 年 1 月 6 日，市工商局确定开发区分局下设综合科。2006 年 7 月，组建承德市工商局开发区分局东区工商所，管辖大石庙镇和冯营子镇区域。2007 年 11 月，开发区工商局更名为承德高新技术产业开发区工商行政管理局，东区所更名为承德高新技术产业开发区工商局凤凰山分局。2010 年 6 月，承德高新技术产业开发区工商行政管理局更名为承德高新技术产业园区工商行政管理局，内设办公室、综合执法科（食品流通监督管理科）、企业注册科 3 个科室，下设凤凰山分局和上板城分局。2010 年 10 月，承德县工商局上板城工商分局划归高新区工商局，更名为承德高新技术产业园区工商局上板城分局。2013 年底，流通领域食品安全监管职能划转食药监局。2014 年 10 月，高新区工商局作为市工商局派出机构，划归市政府管理。2015 年 7 月 30 日，高新区工商局与高新区食品药品监管分局合并为承德市市场监督管理局承德高新区分局，为承德市市场监督管理局派出机构，内设综合科、许可科、执法科；下设高新区分局凤凰山市场监督管理所和高新区分局上板城市场监督管理所，负责辖区内市场监督管理，组织各类市场监督管理、食品药品安全监督管理和行政执法。

1993—2015 年承德市市场监督管理局高新区分局历任领导成员一览表

表 1-3-4

姓名	性别	职务	任职时间
寇瑞敏	男	局长	1993 年 8 月—1999 年 5 月
高方平	男	局长	1999 年 5 月—2007 年 5 月
吴国汉	男	局长	2007 年 5 月—2015 年 12 月
金　湛	男	副局长	1993 年 7 月—2015 年 12 月
汪亚平	男	副局长	2005 年 6 月—2007 年 5 月
郭立明	男	副局长	2007 年 8 月—2015 年 12 月
王金奎	男	副局长	2013 年 1 月—2013 年 6 月

五、承德市国土资源局高新区国土资源分局

1994 年 5 月，开发区土地局成立，与开发区建设局合署办公，市政府授权负责开发区内建设用地管理、法规宣传、土地执法监察、地籍管理等工作。对区内土地实行统一征用、统一开发、统一出让、统一管理。2003 年 10 月，经市编办批准，承德高新技术产业开发区国土资源分局成立，为市国土局的派出机构，规格为副处级。内设办公室、土地利用科，地籍管理科、执法监察科。至此，开发区土地局撤销。高新区国土资源分局主要职责是：负责高新区域内的土地资源管理、实施建设用地管理，地籍管理及土地监察；集体土地征收、农用地转用的组卷报批，受理国有土地、集体土地登记申请，并代市政府核发土地权属证书；土地市场和土地资源管理，组织实施土地使用权出让、转让等相关工作。2009 年、2011 年、2013 年相继成立上板城、冯营子、凤凰山 3 个国土资源所。

2003—2015 年承德市国土资源局高新区分局历任领导成员一览表

表 1-3-5

姓名	性别	职务	任职时间
孙炳阳	男	局长	2003 年 2 月—2009 年 4 月
		局长（兼）	2009 年 8 月—2010 年 4 月
宋守信	男	书记	2009 年 4 月—2009 年 8 月
李秀香	女	书记	2010 年 8 月—2015 年 12 月
丁振奇	男	副局长	2015 年 7 月—2015 年 12 月
王铁强	男	副局长	2015 年 7 月—2015 年 12 月

六、承德市环境保护局高新区分局

2004 年 1 月 8 日，开发区建设局更名为建设房产环保局，行使市建设局、环保局、房产局、城管局的相应职能，对高新区域内进行管理。市环保局派一名科级干部任该局副局长，并设立环保办公室，派驻 4 人，2007 年 3 月 14 日，经市编办批准，设立承德市环保局开发区分局，为市环保局的派出机构，规格为正科级事业单位，编制 6 名，科级领导 2 名（1 正 1 副）。2013 年 12 月 10 日，市编办批准更名为承德市环保局高新区分局，其他不变。主要职责是：贯彻执行国家和地方环境保护方针、政策和法律法规，协助市局做好辖区内重大经济政策的环境影响评价；参与制定本区与环境保护相关的经济、技术、资源配置等方面规划；参与制定本区的经济和社会发展中长期规划、年度计划、国土开发整治规划、区域经济开发规划、产业发展规划及资源节约和综合利用规划；组织监督管理全区大气、水体、土壤、矿藏等的环境保护工作；负责监督管理全区废气、废水、废渣、粉尘、恶臭气体、放射性物质、有毒化学品及噪声、振动、电磁辐射等的污染防治；组织本区排污申报登记与排污许可证、环境影响评价、城市环境综合整治等环境管理制度的实施；负责市环保局授权的辖区内建设项目和技术改造项目的审批、管理、验收；负责辖区内排污单位的排污费征收和环境监督管理工作；依法查处违反环境保护法律、法规、规章的行为，处理污染案件、事故，协调仲裁环境污染案件、纠纷及本区内的来信来访；开展和推动多种形式的环境保护宣传和教育活动，普及环境保护知识；负责市环保局授权的其他工作。

2004—2015年承德市环境保护局高新区分局历任领导成员一览表

表 1-3-6

姓名	性别	职务	任职时间
朱海鹰	男	局长	2007年5月—2013年11月
史　华	男	局长	2013年11月—2015年12月
朱海鹰	男	副局长（建设房产环保局）	2004年5月—2007年5月
蔡桂志	男	副局长	2007年5月—2009年5月
刘忠臣	男	副局长	2011年2月—2013年8月
朱彦岩	男	副局长	2013年12月—2015年12月
殷允鹏	男	副局长	2015年9月—2015年12月

七、承德市公安局高新区公安分局

1997年7月14日，经河北省公安厅批准，成立承德市公安局双桥公安分局开发区公安派出所，为该公安分局的派出机构。主要负责辖区内社会治安，综合治理等工作。于1998年双桥公安分局将大石庙派出所所管辖开发区区内居民、暂住人员的户籍移交开发区派出所管理。2010年11月29日，开发区公安分局筹备组成立，2012年9月经市编办批准，高新区公安分局正式成立，为市公安局派出机构。核定编制66人。是月，中共承德市委决定成立高新区公安分局党委，隶属高新区工委。公安分局内设：指挥中心、政工监督室、刑事侦查大队、治安警察大队、法制大队、环境安全保卫大队，分局下设冯营子镇派出所、上板城镇派出所、滨河派出所、桃李派出所4个派出所。主要职责是按照管委会和市公安局的指示，研究部署和组织实施辖区范围内的公安工作，并督促检查执行情况；研究建立社会主义市场经济体制过程中公安工作遇到的新情况新问题，制定新措施，推进公安工作的改革和发展；搜集、掌握辖区内影响稳定、危害国家安全和社会治安的有关情况，分析形势，制定对策，适时组织实施；负责对危害国家安全案件、刑事案件、经济犯罪案件、涉毒案件的侦查工作，侦办重大案件，打击恐怖活动；上级公安机关和高新区领导交给的各项工作。

2013—2015年承德市公安局高新区公安分局历任领导成员一览表

表 1-3-7

姓名	性别	职务	任职时间
林旭东	男	局长	2013年8月—2015年12月
薛文忠	男	局长	2015年12月—2015年12月

续表 1-3-7

姓名	性别	职务	任职时间
王立国	男	政委	2013 年 8 月—2015 年 12 月
王秀林	男	副局长	2013 年 8 月—2015 年 12 月
宋　兵	男	副局长	2013 年 8 月—2015 年 12 月
苏　芃	男	副局长	2013 年 8 月—2015 年 12 月

八、承德市住建局高新区房产管理处

2006 年 1 月 28 日，高新区建设局更名为高新区建设房产环保局，市房地产管理局派一名科级干部任该局副局长，配工作人员 3 名，组建临时机构“开发区房产办公室”，为市房地产管理局派驻机构，具体负责开发区内房屋产权登记，市场交易管理的工作。2007 年 4 月，经市编办批准，设立承德市新城房地产交易中心（国办）及开发区房产管理处，为事业单位，编制 8 名，负责开展开发区房地产交易管理服务和权属登记工作。2009 年 12 月，原市房管局、建设局、公用局三局合并，成立承德市住房和城乡建设局，随之，高新区房产管理处调整为承德市住建局开发区房产管理处，内设办公室、受理科、审核科、租赁科。

2004—2015 年承德市住建局高新区房产管理处历任领导成员一览表

表 1-3-8

姓名	性别	职务	任职时间
刘延宗	男	主任	2004 年 2 月—2008 年 2 月
朱晓春	男	主任	2008 年 2 月—2015 年 12 月
白益峰	男	副主任	2004 年 2 月—2014 年 4 月

九、承德市规划局高新区规划分局

2003 年 6 月 6 日，市编办批准成立承德市规划局高新区规划分局，规格为副处级，为市规划局的派出机构。其职责是：按照承德市总体规划，负责高新区范围内建设项目选址，用地规划、工程规划和村民建房的规划等工作的初审及上报工作，监督检查各类建设用地的使用情况，各类工程的建设情况，依法查处违法用地和违法建设行为，代市局核发《建设项目选址意见书》、“建设用地规划许可证”和“建设工程规划许可证”。编制城市设计、高新区域中村改造计划、高新区创新服务体系建设发展规划、高新区文化和科技融合发展规制、现代农业和城乡统筹发展规划、编制所有控规范围外的村庄规划和部分村的环境综合治理规划，农村面貌提升规划等一批专项规划。

2003—2015 年承德市规划局高新区规划分局历任领导成员一览表

表 1-3-9

姓名	性别	职务	任职时间
成　玉	女	局长	2003 年 9 月—2013 年 10 月
毛曙光	女	局长（兼）	2013 年 10 月—2015 年 8 月
孟凡平	男	局长	2015 年 8 月—2015 年 12 月
张瑞斌	男	副局长	2009 年 1 月—2015 年 12 月
马　超	男	副局长	2014 年 1 月—2015 年 12 月

十、承德市住建局高新区工程质量安全监督稽查办公室

承德市住建局与高新区会商，于 2014 年 2 月 19 日在高新区成立高新区工程质量安全监督稽查办公室（简称高新区质安办），为市住建局派驻高新区实施建设工程质量安全监督稽查的专职机构，主要职责是：负责辖区内建筑市场主体违法违规行为的查处以及建筑工程质量、安全管理和协调工作，其行政许可、处罚、备案、决定等以市住建局名义做出。内设：质量监督室、安全监督室、建筑市场稽查室。编制 15 人。

2014—2015 承德年市住建局高新区工程质量安全监督稽查办公室历任领导成员一览表

表 1-3-10

姓名	性别	职务	任职时间
颜振乾	男	主任（市住建局副局长兼）	2014 年 2 月—2015 年 12 月
陈大鹏	男	副主任	2014 年 2 月—2015 年 12 月
陈瑞丰	男	副主任	2014 年 2 月—2015 年 12 月

第四节 驻区企事业单位

一、承德供水集团有限公司

承德供水集团有限公司前身为承德市自来水公司。办公地点在高新区西区承德自来水公司院内，建筑面积 9217.47 平方米，为市属国有企业。承德市自来水公司于1935年10开始筹建，1949年7月承德市自来水公司成立。1953年8月“承德市自来水公司”更名为“承德市自来水厂”。1956年6月“承德市自来水厂”恢复原名称“承德市自来水公司”。1968年3月“承德市自来水公司”更名为“承德市人民供水公司”。1974年2月“承德市人民供水公司”更名为“承德市自来水公司”。2013年，改制为承德供水有限公司，是年6月，组建为承德供水集团，隶属于承德市水务集团有限公司。供水集团机关内设综合部、党群工作部、纪检监察部、企业管理部、财务部、人力资源和劳动保障部、生产计划部、资产管理部、安全生产监督管理部、工会办公室10个行政部门；营管部、清欠办公室、技术处、计量处、供水调度指挥中心、治漏中心、供水监察大队、项目管理办公室8个职能部门；制水公司、管网公司、南区营业公司、北区营业公司、开发区营业公司5个分公司；承德汇鸿供水设备安装工程有限公司、承德汇德物资供应有限责任公司、承德市汇洁水质监测服务有限公司、承德市汇祥水表检测有限公司、供达运维科技有限公司、承德市乐泉发展实业有限公司6个子公司。

业务经营范围：自来水生产、供应；按取得的资质等级证核定的经营范围从事供水管道维修；水表拆装；自有房屋、设备、场地租赁；水质监测服务；水质检测业务咨询、技术服务；以下项目限分支机构经营：五金、铸管件、漂白剂、供水设备、钢材、工艺品。

1991—2015年承德高新区承德供水集团有限公司历任领导成员一览表

表1-4-1

姓名	性别	职务	任职时间	备注
卢玉伦	男	党总支书记、经理	1991年3月—1992年2月	承德市自来水公司
张领起	男	党总支书记、经理	1992年2月—1993年6月	承德市自来水公司
郑宝华	男	党总支书记	1993年4月—1996年6月	承德市自来水公司
		经理	1993年4月—2004年4月	
蒲大力	男	党总支书记	1996年6月—1996年12月	承德市自来水公司
冯洪亮	男	经理	2004年4月—2010年5月	承德市自来水公司
		党委书记	2009年5月—2010年5月	
张宝生	男	党委书记、总经理	2010年5月—2013年3月	承德市自来水公司
唐建立	男	党委书记	2001年1月—2004年4月	承德市自来水公司
杜国华	男	党委书记	2004年4月—2009年5月	承德市自来水公司

续表 1-4-1

姓名	性别	职务	任职时间	备注
白晓峰	男	总经理	2013 年 3 月—2013 年 9 月	承德市自来水公司
		总经理	2013 年 9 月—2015 年 12 月	承德供水集团有限公司
		党委书记	2014 年 4 月—2015 年 12 月	
张志勇	男	党委书记	2013 年 3 月—2013 年 9 月	承德市自来水公司
			2013 年 9 月—2014 年 4 月	承德供水集团有限公司

二、中国电信股份有限公司承德分公司

中国电信承德分公司是中国电信集团公司在承德地区的分支机构，2002 年 12 月成立，2005 年进驻承德高新技术产业开发区东区，使用建筑面积 19333 平方米。承德电信分公司下设市场部、政企客户部等 14 个职能部门和 12 个区县分公司，全口径 979 人；全业务收入完成 5.13 亿元。新增宽带网光纤入户布线 7.4 万户，总覆盖用户达到 138.9 万户，覆盖率达到 70.89%；完成千兆网络改造 59 万户，完成枢纽楼（IDC）互联网数据中心机房配套建设，一期交付 37 个微模块机架；新增 5G 基站 539 套，累计共建基站 862 套，市区及部分重要县城连续覆盖，规模乡镇重点覆盖；开通共享小区 7953 个，覆盖率由年初的 87.80% 提升至 90.31%；拥有本地网核心层光缆 908.47 千米，承载市到县、县到县间的汇聚层业务。市中心区（双桥区含开发区）是承德电信分公司总部所在地。截至 2015 年前，公司在高新区共设 6 个营业网点，总营业面积 724.59 平方米，营业员 17 人。

2002—2015 年承德高新区中国电信股份有限公司承德分公司历任领导成员一览表

表 1-4-2

姓名	性别	职务	任职时间
荣立军	男	总经理	2002 年 12—2005 年 11
张振印	男	总经理	2006 年 7—2008 年 9
于卫民	男	总经理	2008 年 10—2009 年 10
孙玉胜	男	总经理	2013 年 12—2013 年 11
米一华	男	总经理	2013 年 12—2015 年 12
张振印	男	副总经理	2005 年 12—2006 年 6
石凤龙	男	副总经理	2005 年 12—2006 年 8

续表 1-4-2

姓名	性别	职务	任职时间
李忠诚	男	副总经理	2007 年 2 月—2008 年 9 月
马秀琳	男	副总经理	2008 年 10 月—2015 年 12 月
杨　兴	男	副总经理	2009 年 11 月—2010 年 7 月
荣立军	男	副总经理	2010 年 8 月—2015 年 12 月
张志军	男	副总经理	2012 年 8 月—2015 年 4 月
白浩雷	男	副总经理	2015 年 6 月—2015 年 12 月

三、承德广播电视台

2010 年 10 月 15 日，由原承德市广播电影电视局承担的部分职能和承德人民广播电台、承德电视台、承德市广播电影电视局广播电视发射台、承德市广播电影电视局一〇八四转播台、河北省承德广播电视微波站、承德干扰台、承德广播电视监测台、承德广播电视报社 8 个事业单位，整合组建为“承德广播电视台”，为中共承德市委宣传部管理的全额拨款事业单位，规格相当处级。办公地点：承德高新技术开发区西区 13 号，使用建筑面积：17094.21 平方米。承德电视台下辖全额拨款事业单位 3 个：承德广播电视台〇五转播台（正处级）、承德广播电视台一〇八五转播台（副处级）、承德有线广播电视网络管理中心（副处级）；自收自支事业单位 2 个：承德市电影发行放映公司、承德市群众电影院。承德广播电视台拥有 2 个电视频道（新闻综合频道、公共频道）、3 套广播频率（新闻综合频率调频 93.8 兆赫、89.1 兆赫，交通文艺频率调频 97.6 兆赫，旅游生活频率调频 100.6 兆赫、105.8 兆赫）、《承德广播电视报》，新媒体有承德新闻网、承德手机台（冀云知承德 APP）和承德融媒体中心及 29 个公众号、抖音号、微信、微博，形成了广播、电视、报纸、新媒体资源共享的媒体融合矩阵。

四、中国银行保险监督管理委员会承德监管分局

中国银行保险监督管理委员会承德监管分局（承德银保监分局），属中华人民共和国国务院直属事业单位派出机构，隶属于中国银行保险监督管理委员会河北监管局。独立对辖内银行业和保险业实行统一监督管理。对有关银行业和保险业机构及其业务范围实行准入管理，审查高级管理人员任职资格。对有关银行业、保险业机构实行现场检查和非现场监管，开展风险与合规评估，保护金融消费者合法权益，依法查处违法违规行为。统计有关数据和信息，跟踪、监测、预测辖内银行业、保险业运行情况。指导和监督地方金融监管部门相关业务工作。负责承德辖内银行业、保险业机构的监督管理工作。承德银保监分局前身为中国银行业监督管理委员会承德监管分局，于 2004 年 2 月 6 日成立，设置办公室、人事科、统计信息科及监管一、二、三科共计 6 个职能科室，宽城、平泉、兴隆、围场、隆化、承德县、丰宁、滦平 8 个监管办事处。2006 年 4 月 25 日，将滦平、宽城和承德县 3 个办事处集中到分局办公，整合后设立 7 个监管办事处。

2007 年 12 月 26 日，原承德银监分局正式入驻高新区，办公地点为承德高新区东区。2008 年 6 月 21 日，将办事处人员全部集中分局办公，

整合宽城、平泉、兴隆、承德县监管办事处设立南部监管办事处；整合围场、隆化、丰宁和滦平监管办事处设立北部监管办事处。2009 年 3 月 23 日，经河北银监局批准，撤销承德县监管办事处。是年 12 月，两个监管办事处合署办公，重新定位分设 4 个监管办事处（围场隆化监管办事处、丰宁滦平监管办事处、宽城平泉监管办事处和兴隆承德县监管办事处）。2012 年 12 月 25 日，再次将 7 个监管办事处（宽城、平泉、兴隆、围场、隆化、丰宁和滦平监管办事处）全部恢复，仍在分局合署办公。

2004—2015 年承德高新区中国银行保险监督管理委员会承德监管分局历任领导成员一览表

表 1-4-3

姓名	性别	职务	任职时间
李建国	男	局长	2004 年 2 月—2008 年 9 月
陈学敬	男	局长	2008 年 9 月—2012 年 12 月
赵万峰	男	局长	2012 年 2 月—2014 年 2 月
宋有田	男	局长	2014 年 2 月—2015 年 12 月
		副局长	2004 年 2 月—2012 年 5 月
		纪委书记	2012 年 5 月—2014 年 5 月
杨静辉	男	副局长	2005 年 1 月—2006 年 2 月
白同顺	男	副局长	2006 年 2 月—2008 年 2 月
焦彦辞	男	副局长	2008 年 2 月—2015 年 12 月
傅立军	男	副局长	2011 年 8 月—2014 年 2 月
杨明东	男	纪委书记	2013 年 5 月—2014 年 2 月
		副局长	2014 年 2 月—2015 年 12 月
李永生	男	纪委书记	2008 年 7 月—2013 年 4 月
孙莉宁	女	纪委书记	2014 年 3 月—2015 年 12 月

五、承德龙新热力有限责任公司

承德龙新热力有限责任公司由承德热力集团及河北建投能源投资股份有限公司共同出资组建，其中承德热力集团控股 65%，河北建投能源投资股份有限公司参股 35%。2008 年 1 月进驻承德高新区，办公地点为承德市高新区冯营子镇水泉沟村，使用建筑面积为 8000 平方米，单位性质为国有企业，隶属承德热力集团有限责任公司。

公司设党政办公室、安全科、财务科、生产技术科（下设调度指挥中心）、经营科（下设客服中心、热计量室)、稽查办公室、材料科、工程科8个职能科室及检修车间、第一热网分公司、第二热网分公司、热源输配分公司4个生产部门。有正式员工147人,大专及以上学历人员132人,占总人数90%,具有初级及以上专业技术和职业技能人员96人,占总人数65%。

经营范围：热电联产、锅炉房供热：水源热泵、地源热泵、空气源热泵、燃气供热；供热与制冷技术研发、技术转让;供热设备及配件销售、双桥区南部（限南市区）、高新区区域蒸汽与热能产品销售（凭取得的经营许可证区域范围内从事经营活动）；供热管网维护（依法须经批准的项目，经相关部门批准后方可开展经营活动）。

公司所辖经营区域为开发东区、开发西区、大石庙镇、高教园区、郭营子工业园区、滨河新城、陈栅子、东西营区域等。

2008—2015年承德高新区承德龙新热力有限责任公司历任领导成员一览表

表1-4-4

姓名	性别	职务	任职时间
丁黎明	男	经理	2008年5月—2010年4月
徐　疆	男	经理	2010年4月—2015年12月
刘志民	男	书记兼经营副经理	2012年4月—2015年12月
李占平	男	副书记	2008年5月—2012年4月
赵立新	女	副经理兼总工程师	2008年5月—2015年7月
李广岩	男	副经理	2012年4月—2015年12月
郭立伟	男	副经理	2015年7月—2015年12月
王海霞	女	副经理	2015年7月—2015年12月

六、河北红松风力发电股份有限公司

河北红松风力发电股份有限公司于2001年2月成立，2009年10月，入驻承德高新技术产业开发区西区武烈路173号，建筑面积8998.14平方米，为股份有限公司（台港澳与境内合资，未上市），以风力发电为主营业务，注册资本为91000万元。

红松风电依托承德地区丰富的风能资源，自1998年起开始测风，并于2001年起进行风电场建设，是承德地区第一家从事风力发电的企业。红松风电场拥有自建220千伏变电站1座，110千伏变电站4座,共建设九期工程,共装机426台，总装机容量39.84万千瓦。

现有产能每年可向社会提供约7.3亿千瓦时的绿色能源，年可节约标煤约29万吨，每年减少二氧化碳排放约72万吨，减少二氧化硫排放约2.2万吨，减少氮氧化物排放约1.1万吨。公司成立20年来，凭借着良好的经济效益和社会效益，连续多年受到中共承德市委、市政府表彰“优秀企业”“承德工业50强企业”等，围场县政府授予“振兴县域经济十强工业企业、纳税大户”等荣誉称号。中共河北省委、省政府将风电场项目列为“重点建设项目”。

红松风电结合当地丰富的风能资源，并利

用风电场投资处于产业链下游的优势，形成承德风电产业链。填补河北省风电机组总装、塔架生产空白，提高河北省风电设备的配套生产能力，为当地创造8亿多元的产值，以红松风电场投资带动下的清洁能源及装备制造产业已经被列入承德市政府确定的发展支柱产业。

公司始终履行社会责任，共投资200余万元用于扶贫帮困、捐资助学、捐建教学楼，修建道路、解决村民吃水难等问题。

2001—2015年承德高新区河北红松风力发电股份有限公司历任领导成员一览表

表1-4-5

姓名	性别	职务	任职时间
张国富	男	董事长	2001年—2006年
郑　永	男	董事长	2007年—2009年
宁忠志	男	董事长	2010年—2012年
张志祥	男	董事长	2013年—2015年
郑　永	男	副董事长	2001年—2006年
郭树文	男	副董事长	2001年—2003年
王　剑	男	总经理	2001年—2015年
许连存	男	副总经理	2004年—2013年
张春国	男	副总经理	2007年—2015年
于海春	男	副总经理	2013年—2015年
张　勇	男	副总经理	2013年
吴俊华	男	副总经理	2013年
于海春	男	党总支书记	2010年—2015年

七、承德广通信息网络有限公司

承德广通信息网络有限公司在整合承德市的8个县和双滦、营子两个区有线广播电视网络的基础上，于2005年成立，为国有企业，隶属于华数集团与中广有线总公司。于2009年10月22日正式加入中广有线信息网络有限公司。于2012年正式进驻承德高新技术产业开发区，办公地点在承德高新技术产业开发区南区数字电视传输中心，使用建筑面积12773.3平方米。

承德广通信息网络有限公司以市公司为主体，下辖围场、平泉、承德县、宽城、丰宁、隆化、兴隆、滦平、营子、双滦10家分公司。主要经营有线数字电视的传输业务，其他业务有网络设计、建造、租赁和宽带等。共传输标清数字电视节目153套，高清数字节目46套，数字广播19套，另外，还有随时更新的影视、新闻等互动点播节目。

承德广通信息网络有限公司承担承德市8个县及双滦和营子两区的有线电视网络运营和管理，已建成以双向网络为基础，传统电视业务和新型融合业务两大板块。按照“三网融合”和宽带信息化的要求，大力发展高清、高清互动电视，努力将有线电视网络打造成内容极大丰富、音像更加清晰，比互联网更方便、更快捷、更经济、更实用的多媒体信息化终端。

2006—2015年承德高新区承德广通信息网络有限公司历任领导成员一览表

表1-4-6

姓名	性别	职务	任职时间
孙　林	男	总经理	2006年4月—2009年11月
刘树森	男	总经理	2009年11月—2015年12月
		常务副总经理	2006年4月—2015年12月
王洪超	男	副总经理	2006年4月—2010年1月
赵甫忱	男	副总经理	2006年4月—2011年2月
李　旺	男	副总经理	2006年4月—2011年11月
高福尊	男	副总经理	2009年3月—2010年1月
滕　伟	男	副总经理	2009年3月—2014年2月
汪雅洲	男	副总经理	2010年9月—2015年12月
邓翾麟	男	常务副总经理（主持工作）	2014年2月—2015年12月
常福林	男	副总经理	2014年2月—2015年12月

八、中国移动通信集团河北有限公司承德分公司

中国移动通信集团河北有限公司承德分公司，于1999年9月1日正式挂牌成立，于2012年10月进驻高新区，公司办公地点位于东南山中路，建筑面积为21592.19平米，单位性质为有限责任公司分公司，隶属中省直驻承单位。公司下设10个部门、11个县区分公司，经营移动电话通信业务（包括语音、数据、多媒体）；IP电话及互联网接入服务，移动通信、IP电话和互联网等网络设计、投资和建设及其设施的安装、工程施工和维修；经营移动通信、IP电话和互联网业务相关的系统集成、漫游结算结清、技术开发、技术服务、设备销售；出售、出租移动电话终端设备、IP电话和互联网设备及其零配件，并提供售后服务；广告设计、制作、代理、发布（不含固定形式印刷品广告）。

2005—2015 年承德高新区中国移动通信集团河北有限公司承德分公司历任领导成员一览表

表 1-4-7

姓名	性别	职务	任职时间
许　沛	男	党委书记、总经理	2010 年 12 月—2015 年 12 月
刘　伟	男	党委委员、副总经理	2005 年 12 月—2014 年 10 月
王志祥	男	党委委员、副总经理	2006 年 8 月—2012 年 9 月
张大飙	男	党委委员、副总经理	2008 年 11 月—2014 年 10 月
孙大新	男	党委委员、副总经理	2010 年 12 月—2014 年 11 月
贾文涛	男	党委委员、副总经理	2012 年 11 月—2015 年 2 月

九、承德高新区消防救援大队

承德市消防救援支队承德高新技术产业开发区消防救援大队，于 2011 年 8 月份建成高新区南区一级消防站（冠峰路消防救援站），建筑面积 5053 平方米。是年 10 月份高新区消防救援大队开始执行灭火救援任务。大队下辖 2 个中队（现役中队冠峰路消防站、混编队伍上板城消防站），共配备消防执勤车 10 辆，宣传车 1 辆，各类消防器材 1650 件套。

截至 2015 年，全区共接警 1120 起，出动警力 5070 人次，其中火灾 330 起、抢险救援 290 起、社会救助 500 起、抢救被困人员 870 人，抢救财产价值 366 万元。连续 10 年未发生较大以上火灾事故和有影响的火灾事故。成功处置了“2020-12-09”承秦高速公路太平庄互通收费站工程项目有凤来仪大桥主塔火灾事故，积极投身并完成各项消防及安全保卫任务。

2011—2015 年市承德高新区消防救援大队历任领导成员一览表

表 1-4-8

姓名	性别	职务	任职时间
陈立新	男	大队长	2011—2012
冯海明	男	大队长	2012—2014
杨　超	男	大队长	2014—2015
刘　博	男	大队长	2015—2015 年 12
刘耀鹏	男	教导员	2015—2015 年 12
庄　炜	男	参谋	2011—2015

十、承德烟草专卖局（公司）

1987 年 1 月，经河北省烟草专卖局（公司）批准，在承德市商业局所属承德烟草公司基础上，正式成立承德烟草专卖局、承德烟草分公司。同年 12 月，承德烟草专卖局、河北省烟草公司承德分公司正式成立，隶属河北省烟草专卖局、中国烟草总公司河北省公司，单位性质是全民所有制。2013 年，入驻高新区南区，办公楼建筑面积为 12431.75 平方米、套内建筑面积 11056.71 平方米，辅助用房建筑面积为 2381.23 平方米、套内建筑面积 1987.67 平方米。负责全市烟草行业行政管理、烟草专卖管理和烟草专营业务，负责全市行业卷烟经营业务管理和指导。组织实施国家烟草专卖法律法规烟草行业各项规定。烟草专卖局具有查处卷烟违法执法的职能。

2012—2015 年承德高新区承德烟草专卖局（公司）历任领导成员一览表

表 1-4-9

姓名	性别	职务	任职时间
成志忠	男	党组书记、局长	2012 年 5 月—2015 年 3 月
郭建永	男	党组副书记、经理	2013 年 3 月—2015 年 3 月
李兴东	男	党组成员、副经理	2013 年 3 月—2015 年 3 月
滕佃军	男	党组成员、副局长	2012 年 6 月—2015 年 12 月
吴月江	男	党组成员、纪检组组长	2013 年 5 月—2015 年 12 月
贾立业	男	党组书记	2015 年 3 月—2015 年 12 月
田茂军	男	党组副书记、局长、经理	2015 年 3 月—2015 年 12 月
王满福	男	党组成员、副经理	2015 年 3 月—2015 年 12 月

十一、中国铁塔股份有限公司承德市分公司

中国铁塔股份有限公司承德市分公司隶属于中国铁塔股份有限公司河北省分公司，为股份有限公司分公司（H 股上市），是国有大型通信基础设施综合服务企业。经营业务为铁塔建设、维护、运营；基站机房、电源、空调配套设施和室内分布系统的建设、维护、运营及基站设备的维护。公司成立于 2014 年 10 月 27 日，并于当日入驻高新区，办公地点为承德高新区科技大厦 8 楼和 13 楼，办公建筑面积为 1725 平方米，李忠诚（男）任总经理、李仲（男）任副总经理，有 63 名合同制员工。

铁塔公司比同当地电信、联通、移动三家通信基础运营企业同级管理。公司形成了“通信塔”与“社会塔”共享竞合的铁塔运营发展模式，与三家通信企业及当地公安交警、气象台站、环保监测、国土空间规划、林草防火、河道监控等多个委办局协同深化铁塔资源共享共用，变传统通信塔为“数字塔”，支撑“网络强国”和“数字中国”战略落地。努力将公司打造成为国际一流的信息通信基础设施服务商、具有核心竞争力的信息应用服务商和新能源应用服务商。

第二章 规划与建设

承德高新区以科学规划为纲，坚持高标准规划，高质量建设的原则，严格按照产城一体化建设与发展的要求和目标，超前规划、精细设计、严格实施，推进高新区建设。1992年至2015年，组织编制承德高新技术产业开发区总体规划、南区空间战略发展规划、控制性详细规划、道路管网规划、基础设施规划、景观风貌规划等。截至2015年底，累计基础设施建设投资110亿元，建设市政道路里程52.97千米，安装路灯1425盏，敷设排水管道101640米，建设企业用房588026平方米，居民小区建设面积4147633平方米，居民住户27500户，建设保障性住房1461套。基础设施逐步完善，城市配套功能齐全，生态环境显著提升。

第一节 总体规划

一、制定过程

1992年3月，制定《承德市高新技术产业开发区总体规划》，本着统一规划、合理布局、依托母城、逐片开发、分步实施、滚动发展的原则，动员全社会力量关心支持开发区建设。开发区建设分三个阶段实施。第一阶段从1992年起至1995年为起步阶段，首先开发0.62平方千米；第二阶段1996年至2000年，为发展阶段；第三阶段2000年以后为成熟期，努力完善开发区的综合功能，真正形成具有以高新技术产业为重点并兼有工、商、贸、技、旅各行业蓬勃发展的多功能机制，现代化风格的新城区。2003年，开发区率先在全市范围内编制了区域空间战略发展规划，为高新区拓展发展空间提供了依据。直至2008年，承德市城市总体规划（2008—2020年）获批，将高新区管辖范围纳入城市规划范围内，并在用地布局、产业发展方面充分考虑高新区在城市远景发展所起的重要作用，科学统筹规划。

二、规划原则

依据《承德市城市总体规划（2008—2020年）》，满足城市空间拓展需求；明确发展定位，促进地区经济社会协调发展。挖掘“名城”承德、“山城”承德、“水城”承德、“园林”承德的文脉，以古典园林为缘起、自然园林为骨架、现代园林为发展的空间格局，打造生态型和谐发展的滨水综合新城。尊重城市总体规划中确定的南区为科技、经济、高新技术产业和教育功能区为主体的用地建设发展思路，通过土地转换、有步骤地实现地段的开发，体现土地的使用价值。

三、规划内容

用地规划 根据《承德市城市总体规划（2008—2020年）》中确定的“南扩、西进、北延、中疏”的发展战略，带动城市向南、西、北3个方向发展，疏解老城职能，形成组团式结构。全域谋划高新区产业和城市发展构架，着力将开发东区（即大石庙）、开发西区、开发南区（即冯营子)、新城(鹜窝至砖瓦窑)、闫营子区、上下栅子基础设施共建共享、生活配套共融互补,将上板城打造成产业新城,注重经济社会发展规划、城市总体规划、土地利用总体规划三规合一。在高新技术产业快速发展的同时,以科技研发、金融、通讯、物流、旅游服务为主体的第三产业不断壮大。“十二五”期间,在提升原有产业基础上,重点发展智能产业、健康产业、新材料新能源和现代服务业。

城市休闲商务区 大石庙区域规划建设成为传承城市历史文化内涵,承担承德城市休闲商务区(RBD)职能的具有现代山水城市风貌特色的南部新城核心区,承德南部门户,区域性商业、金融、商务、文化及公共服务设施中心。规划期末本区规划总人口约为5.3万人。规划建设用地总面积约为2.77平方千米,其中主要用地类型包括商业金融用地、居住用地、商办混合用地、市政公共设施用地、文化娱乐用地、公共绿地。规划功能包括RBD城市活力核心区、中部的商业活力带、南部的文化休闲核心区和住宅区。

滨水新区 西区规划以商务办公、娱乐休闲及居住为主导功能的滨水新区。规划区用地面积为199.2公顷(其中水域面积34.56公顷),建设用地面积164.64公顷,规划区人口容量为2.9万人。功能分区包括北部的九华山居住区、中部的公共设施功能区及南部的雹神庙居住区。规划区的用地布局应以相同功能性质用地成片成规模的布置为原则,以形成规划区中心地区的规模和环境效益,节约集约利用土地、保护环境为原则,以提高土地利用率,切实保护好规划区的青山绿水环境,并通过滨河生态廊道的构建、用地的合理布局,进一步强化承德山水相依的城市大环境风貌,突出城市景观风貌特色,提升城市形象。

现代服务区 开发南区(即冯营子)包括冯营子镇冯营子村和郭营子村。用地西、南、东三面被山体所环抱,西部凤凰山为屏,南部南山为障,极具纳秀聚气之势。武烈河与滦河在这里交汇,滦河绕城东去,赋予该地段十足的灵气。随着京沈高速客运专线落户于该区域,它把承德接入重要的进出关通道和我国东部经济区的大动脉,融入北京1小时经济圈,为引进高科技人才和发展高新技术产业带来了新的机遇。规划将该地段东侧的建设作为转变发展方式、增强内生发展动力的突破口,按照“产城一体、园城融合”的发展理念,以科技大厦为核心,依托滦河滨水景观带,建设“现代化科技创新城、智慧城”。

冯营子和崔梨沟村区域规划总面积970.74公顷,其中建设用地740.88公顷。总规人口规模约7.5万人,(规划人口规模7.5万人),规划建设用地总面积746.09公顷。其中居住用地206.68公顷,占建设用地的27.70%。公共管理与公共服务用地74.84公顷,占建设用地的23.430%。商业服务业用地26.03公顷,占建设用地的3.50%。交通设施用地112.17公顷,占建设用地的15.04%。绿地92.73公顷,占建设用地的12.42%。

核心品牌文化区 围绕闫营子村规划建设功能完善的滨水综合新城,实现一个山水、宜居、活力、魅力的生态型和谐发展,体现产业园区和城市组团互动、城市服务和产业服务交集的产城服务融合带,建成区域产业和金融等服务中心。规划地段位于承德市南部,北起近山山脚,南至滦河河道中心线,西到闫营子村南界,东临凤凰山大桥,规划总用地3.15平方千米。规划人口约为3.5万人。主要用地类型包括:中心文化区、商务办公区、混合商业区、居住区。

休闲康养区 鹜窝至砖瓦窑村是以居住、商务、养老养生为主的综合社区,以此为目标,构建形象突出、环境优美、使用方便、具有吸引力的城市特色功能区。最终成为展示城市建设形象的重要窗口,南部新区富于活力和影响力的居住核心,城市居住、休闲的宜人场所。以乐活的设计理念营造“山水城、生态城、健康城、活力城”。

规划总用地10.97平方千米。规划人口容量约6万人，规划城市建设用地面积621.85公顷。其中居住用地160.59公顷，占建设用地的25.8%；规划公共管理与公共服务设施用地45.70公顷，占建设用地的7.3%；规划商业服务业设施用地32.39公顷，占建设用地的5.2%；规划医疗疗养设施混合用地121.24公顷，占建设用地的19.5%；规划道路与交通设施用地136.03公顷，占建设用地的21.9%；规划公用设施用地9.32公顷，占建设用地的1.4%；规划绿地与广场用地116.58公顷，占建设用地的18.7%。

上板城产业聚集区　上板城产业聚集区是以先进制造业为主体的生态工业城，包含两重内涵：一是生态化工业园，打造冀东经济区经济增长的新引擎，承德高新技术产业和现代服务业基地，承德市科技创新研发孵化基地。二是和谐的人居环境，打造具有山地特色和滨水景观的居住城市。规划形成“一心、两轴、多组团”的空间结构。规划人口规模18万人，规划建设用地规模23.40平方千米。

其中规划居住用地593.04公顷、公共管理与公共服务设施用地59.01公顷、商业服务业设施用地69.40公顷、商业用地201.59公顷、商务用地包括其他商务设施用地，规划总占地104.17公顷、加油加气站用地3.68公顷、商住混合用地231.21公顷、工业服务混合用地8.88公顷、规划工业用地占地479.51公顷、工业与居住混合用地占地28.29公顷、规划交通设施用地421.84公顷、城市道路用地为400.03公顷。

截至2015年底，承德高新区除秋窝—砖瓦窑、上下栅子地段的控制性详细规划正在调整待批过程中，其他重点地段控制性详细规划均已编制审批完成，实现全区范围内控制性详细规划全覆盖。

道路管网　区建设用地由东区、西区、冯营子、闫营子、上板城、鹜窝至砖瓦窑、上下栅子7个组团组成。规划完善区内骨干道路，形成快捷、高效、安全的组团间快速交通体系。横水流子村至秦家沟村道路总长约6千米。其中，隧道长约3千米。红线宽度30米。双向6车道。上板城承秦连接线至周营子村道路总长度约9.8千米。红线宽度44米，双向6车道。闫营子村至冯营子后窑村道路总长约1.1千米，红线宽度30米，双向4车道标准。冯营子高铁站前主路，道路总长约8千米，红线宽度45米，双向6车道标准。砖瓦窑村至下栅子村道路长度约3千米，红线宽度30米，双向4车道（其中约600米采用隧道、过水路面结合或者隧道、栈桥结合的形式）。凤凰山大桥拓宽改造，按照城市主干道标准、红线宽度30米，总长约0.5千米，按双向4车道标准拓宽，同时一并优化桥北端与原京承旅游路衔接处的交通组织。101国道改线总长约21.5千米，下栅子村至新杖子村段（长约7.5千米），因道路主要功能为组团连接功能，沿线用地较少，可采用一级公路25米红线标准建设；新杖子至滦河滨河路段，为组团内交通性干道，按照主干道标准、红线宽度44米建设（长约14千米）。冯新公路高新区段拓宽改造，将现有公路盘山段改为隧道（约3千米），总长约9千米，按照快速路32米宽红线标准建设。上下栅子村至鹜窝村道路长约1.3千米，红线宽度24米。

围绕高铁站及高铁商圈的建设，规划建设高铁站前城市道路3条，总长度约2.5千米；修建滨河路两条，总长度约13千米；城市道路两条，总长度约10千米。

基础设施　围绕亲水、用水、节水做足水文章，做美生态环境，规划新城区域滦河10千米示范段综合治理工程。同时结合滨河路建设，将防洪堤延伸至下栅子（约1.5千米）。规划东西营区域完成剩余约3千米的滦河左岸防洪堤建设；规划上板城区域可修建滦河右岸防洪堤，全长约8千米。结合污水厂、环能热电厂等项目修建白河南段防洪堤。规划上板城道路维修，全长约3.4千米。露露、天大钒业、白河南污水处理厂、环能热电厂等项目的启动建设，以及吴家沟工业组团的开发，规划建设城市道路6条，总长度约4.7千米。随着会展中心的建设，规划完善周边路网及配套市政管网，其中包括城市主路1条，长度1.8千米;城市支路3条，总长度约1.5千米。

供水设施。高新区内规划三处供水厂，满足区域内供水需求。东区、西区、冯营子、闫营子组团由西区二水厂（已建）供应;鹫窝至砖瓦窑、上下栅子组团由砖瓦窑水厂（占地约2.033公顷）供应;上板城组团由东营水厂（占地约2.061公顷）供应。

污水排放设施。高新区内规划一处上板城污水厂（一期占地约2.061公顷)，服务于上板城组团的污水处理；其他组团的污水由太平庄污水处理厂统一处理。

燃气设施。2015年，东区、鹫窝砖瓦窑组团主路已铺设天然气管网，近期规划铺设闫营子、冯营子组团管网，并与城市主管网相衔接；建设上板城天然气释放站，满足上板城使用天然气的需求。

供热设施。2015年，民用热源采用三道湾调峰站，工业用热采用太平庄环能热电；远期上板城环能热电作为热源可满足高新区内使用。

供电设施。高新区内规划6处110千瓦变电站，分别位于冯营子（已建），西区（已建）、闫营子、砖瓦窑、冠山、袁家庄，满足区域内用电要求。

景观风貌规划 滦河、武烈河在承德高新区内交汇，加快“两河”沿线综合开发，再造滨水新城，对承德高新区具有重要意义。它是拓展城市发展空间的战略选择，是优化生产力布局的客观需要，是提升城市品牌价值的重要举措，是传承历史文蕴的内在要求。规划将“北方人的大气与南方人的精细”有机融合，按照“以山为骨、以水为魂、以绿为脉、以文为蕴”的建设理念，营山理水，融城入景。经过不懈努力，尽快形成“两河”沿线新的经济隆起带和城乡发展带，打造“山、水、林、洲、岛、滩、园、城”布局精巧，特色鲜明，产业发展、生态文明、功能齐全、设施配套的滨水科技与智慧新城。

其他规划 医疗设施。高新区内规划医疗设施5处，分别是冯营子镇卫生院改扩建、高铁站前社区卫生服务中心、承德市妇幼保健院、儿童医院、上板城中心卫生院迁建和新城三甲医院，占地约6.061公顷。

便民设施。规划建设4处超市（便民市场)，分别是未来城（建筑面积约3000平方米)、和润新城小区（建筑面积约6000平方米,位于地下)、文轩茗园小区（建筑面积约2000平方米)、阳光·四季城（建筑面积约7000平方米)。超市要体现便民性和综合性，不少于四分之一的面积设置生鲜、肉食、蔬菜等日常食品，满足区域内居民生活需要。

城市集中绿地和广场。规划建设9处城市集中绿地和广场，满足城市景观和市民休闲、游憩、集散等需求。城市集中绿地：闫营子两处，总面积约2.7万平方米。城市广场:东区大石庙1处，面积约2.3万平方米，主要功能为集散、休闲；冯营子6处：街角广场2处、休闲广场3处，站前广场1处，总面积约3.5万平方米。

教育设施。2014年新建、改扩建及续建项目共计9个，其中：新建项目7个，改扩建项目1个，续建项目1个。总规划面积23.81公顷。

集中商业。截至2015年初，已批在建的集中商业有东区中良大厦、金宝大厦；西区喜莱佳商业城、和润佳汇广场；冯营子金元新天地、高铁时代天街等。

四、规划管理

根据高新区规划分局职能，主要负责高新区范围内建设项目选址，用地规划、工程规划和村民建房的初审及报批工作，代市局核发《建设项目选址意见书》、“建设用地规划许可证”、《建设工程规划许可证》和“乡村建设规划许可证”。在《承德市城市总体规划》（2008—2020年）指导下，高新区近几年来，配合市有关部门编制了重点地段和城市节点的城市设计、高新区创新服务体系建设发展规划、高新区文化和科技融合发展规划、现代农业和城乡统筹发展规划、部分村庄的村庄规划、美丽乡村规划、环境综合治理规划和农村面貌提升规划等一批专项规划。

第二节 市政及公用设施建设

一、路网建设

截至2015年底，区内市政道路里程52.97千米。区内市政道路主要分布在高新区的西区、东区、南区和上板城工业聚集区、东西营片区，道路概况为：

西区道路包括南北向主路1条和东西向5条支路，总长2.5千米。主路位于雹神庙村至华源众生药业有限公司院墙后，道路总长1800米，路幅宽20米，于1992年修建。西区二支路位于西区主路至京承公路，道路总长157米，路幅宽20米，于2003年修建。西区三支路位于主路至雹神庙村，道路总长189米，路幅宽20米，于2005年修建。西区四支路位于京承公路至承德北方公路集团，道路总长242米，路幅宽20米，于1993年修建。西区五支路位于西区主路至京承公路，道路总长152米，路幅宽20米，于1993年修建。

东区包括7条道路及1条休闲商业区中心大街，道路总长5.3千米。3号路位于京秦高速至承下线，道路总长1050米，路幅宽20米，2001年修建。4号路位于东区6号路至东区水厂，道路总长194米，路幅宽15米，2006年修建。5号路位于东区3号路至休闲商业区2号路，道路总长425米，路幅宽18米，2001年修建。6号路位于承秦公路至休闲商业区主路，道路总长870米，路幅宽20米，2001年修建。7号路位于东区3号路至飞达输送机，道路总长201米，路幅宽11米，2005年修建。休闲商业区2号路位于通润至承下线，道路总长750米，路幅宽21米，2010年修建。休闲商业区中心大街位于东区6号路至曲轴厂墙外，路幅宽30米，2010年修建。休闲商业区4号路位于休闲商业区中心大街至京承高速，道路总长520米，路幅宽28米，2012年修建。休闲商业区中心大街位于东区6号路至曲轴厂墙外，道路总长680米，路幅宽30米，2010年修建。

南区道路有滨河路、东南山中街等15条道路，总长16.4千米。学院西路位于凤凰山东街至奥体中心，道路总长480米，路幅宽40米，2006年修建。中环南路位于学院西路至学院东路，道路总长690米，路幅宽24米，2006年修建。学院东路位于奥体中心至学院大街，道路总长740米，路幅宽40米，2007年修建。中环北路位于学院西路至学院东路，道路总长720米，路幅宽24米，2007年修建。学院大街位于东南山大桥至郭营子村，道路总长1320米，路幅宽44米，2007年修建。南区1号路位于学院大街至6#路，道路总长880米，路幅宽30米，2008年修建。南区2号路位于学院大街至崔梨沟，道路总长2090米，路幅宽44米，2008年修建。南区3号路位于学院大街至8号路，道路总长1740米，路幅宽24米，2008年修建。南区4号路位于滨河路至3号路，道路总长700米，路幅宽15米，2009年修建。南区5号路位于滨河路至3号路，道路总长620米，路幅宽15米，2009年修建。南区6号路位于滨河路至郭营子村，道路总长920米，路幅宽24米，2009年修建。南区7号路位于滨河路至3号路，道路总长536米，路幅宽24米，2009年修建。南区8号路位于滨河路至冯崔线，道路总长180米，路幅宽15米，2009年修建。滨河路位于凤凰山东街至8号路，道路总长3560米，路幅宽30米，2009年修建。凤凰山东街位于凤凰山大桥至冯营子村，道路总长1260米，路幅宽40米，于2010年改建。

上板城工业聚集区及东西营片区：东西营片区修建道路6条，道路总长8.4千米，主路位于东西营1号路至东西营3号路，道路总长1720米，路幅宽28米，2011年修建。东西营101国道扩建位于西营村娘娘庙大桥至东营鸡冠山大桥，道路总长4500米，路幅宽22.5米，于2011年改建。1号路位于101国道至滨河路，道路总长220米，路幅宽16米，2011年修建。2号路位于101国道至滨河路，道路总长603米，路幅宽28米，2011年修建。3号路位于101国道至滨河路，道路总长298米，路幅宽16米，2011年修建。4号路位于101国道至滨河路（未修），道路总长330米，路幅宽16米，2012年修建。上板城工业聚集区主路位于鸡冠山大桥至白河，道路总长4210米，路幅宽54米，2011年修建。

滨河新城片区修建道路4条，道路总长15.1千米，新城二经路道路总长3841米，路幅宽36米，于2010年至2011年修建。新城三经路道路总长4135米，路幅宽28米，于2010年至2011年修建。新城四经路道路总长4477米，路幅28米，于2010年至2011年修建。新城五经路道路总长3890米，路幅宽36米，于2010年至2011年修建。

1992—2015年承德高新技术产业开发区市政道路建设情况一览表

表2-2-1

道路名称	起讫地点	长度（米）	路幅宽度（米）	始建时间
西区主路（南北向）	雹神庙村至众生药业后	1800	18	1992年
西区四支路（东西向）	京承公路至北方集团	242	20	1993年
西区五支路（东西向）	西区主路至京承公路	152	20	1993年
东区6号路	承秦公路至休闲商业区主路	870	20	2001年
东区3号路	京承高速至承下线	1050	20	2001年
东区5号路	东区3号路至休闲商业区2号路	425	18	2001年
西区二支路（东西向）	西区主路至京承公路	157	20	2003年
西区三支路（东西向）	西区主路至雹神庙村	189	20	2005年
东区7号路	东区3号路至飞达输送机	201	11	2005年
东区4号路	东区6号路至东区水厂	194	15	2006年
南区学院西路	凤凰山东街至奥体中心	480	40	2006年
南区中环南路	学院西路至学院东路	690	24	2006年
南区学院东路	奥体中心至学院大街	740	40	2007年
南区中环北路	学院西路至学院东路	720	24	2007年
南区学院大街	东南山大桥至郭营子村	1320	44	2007年

续表 2-2-1

道路名称	起讫地点	长度（米）	路幅宽度（米）	始建时间
南区 1 号路	学院大街至 6 号路	880	30	2008 年
南区 2 号路	学院大街至崔梨沟	2090	44	2008 年
南区 3 号路	学院大街至 8 号路	1740	24	2008 年
南区 4 号路	滨河路至 3 号路	700	15	2009 年
南区 5 号路	滨河路至 3 号路	620	15	2009 年
南区 6 号路	滨河路至郭营子村	920	24	2009 年
南区 7 号路	滨河路至 3 号路	536	24	2009 年
南区 8 号路	滨河路至冯崔线	180	15	2009 年
南区滨河路	凤凰山东街至 8 号路	3560	30	2009 年
休闲商业区 2 号路	通润至承下线	750	21	2010 年
休闲商业区中心大街	东区 6 号路至曲轴厂墙外	680	30	2010 年
凤凰山东街	凤凰山大桥至冯营子村	1260	40	2010 年
新城二经路	起点鹫窝村南，终点鹫窝村乡道	3841	36	2010 年、2011 年
新城三经路	起点二经路，终点二经路	4135	28	2010 年、2011 年
新城四经路	起点三经路，终点高铁高架桥下	4477	28	2010 年、2011 年
新城五经路	起点大刘线，终点五维路	3890	36	2010 年、2011 年
东西营 101 国道	西营村娘娘庙大桥至东营村鸡冠山大桥	4500	22.5	2011 年
东西营主路	东西营 1 号路至东西营 3 号路	1720	28	2011 年
东西营 1 号路	101 国道至滨河路	220	16	2011 年
东西营 2 号路	101 国道至滨河路	603	28	2011 年
东西营 3 号路	101 国道至滨河路	298	16	2011 年
上板城主路	鸡冠山大桥至白河	4210	54	2011 年
休闲商业区 4 号路	休闲商业区中心大街至京承高速	520	28	2012 年
东西营 4 号路	101 国道至滨河路（未修）	330	16	2012 年

二、桥梁

东南山大桥，位于郭营子村跨滦河，现结构为先张法预应力空心板，肋板台、柱式墩，钻孔灌注桩基础，桥梁长度485米，宽度19米，其中，人行道宽4米，车行道宽15米，于2007年修建。凤凰山大桥，位于冯营子村跨滦河，现结构为上部结构为先张法预应力空心板及箱梁，肋板台、柱式墩及钻孔灌注桩基础，桥梁长度1380米，宽度15.5米，其中，人行道宽3米，车行道宽12.5米，于2006年修建。偏岭大桥，位于雹神庙村跨武烈河，现结构为上部空心板与T梁组合，柱式墩台，钻孔灌注桩基础，桥宽度16米，其中，人行道宽4米，车行道宽12米。鸡冠山大桥，位于东营村跨滦河，现结构为上部为预应力空心板及箱梁，下部为柱式墩、钻孔灌注桩基础，桥梁长度705米，宽度27.5米，其中，人行道宽5米，车行道宽22.5米，于2013年修建。漫子沟大桥，位于漫子沟跨滦河。吉祥之帆大桥，位于高新区砖瓦窑村北，主桥采用斜塔空间扭索双索面斜拉桥，桥梁全长332.0米，桥面宽度为40米，桥宽度设置为双向六车道共23.0米加两侧各3.5米机、非车辆隔离带加两侧各2.5米非机动车道加两侧各2.5米人行道。

2015年承德高新技术产业开发区桥梁一览表

表2-2-2

桥梁名称	所在位置		结构	长度（米）	宽度（米）		建造时间
	河系	地址			人行	车行	
偏岭大桥	武烈河	雹神庙村	上部为空心板与T梁组合，柱式墩台，钻孔灌注桩基础	185	4	12	2004年
凤凰山大桥	滦河	冯营子村	上部结构为先张法预应力空心板及箱梁，肋板台、柱式墩及钻孔灌注桩基础	1380	3	12.5	2006年
东南山桥	滦河	郭营子村	先张法预应力空心板，肋板台、柱式墩，钻孔灌注桩基础	485	4	15	2007年
吉祥之帆大桥	滦河	三纬路	异形斜塔有背索斜拉桥	332			2012年
鸡冠山大桥	滦河	东营村	上部为预应力空心板及箱梁，下部为柱式墩、钻孔灌注桩基础	705	5	22.5	2012年

三、橡胶坝及河道护坝

橡胶坝。流经高新区域内的武烈河、滦河共有4道橡胶坝是由高新区投资建设。2006年，武烈河第一道橡胶坝建成蓄水，2007年，武烈河第二道橡胶坝建成蓄水，2008年，滦河第一道橡胶坝建成蓄水。2009年，滦河第二道橡胶坝建成蓄水。

河道护坝。南区滦河段河道护坝全长4640米，实际修建4500米。东营片区河道护坝全长5792米，实际修建大约2100米。

四、排水设施

1992—2015年，全区共埋设排水管道（钢筋混凝土管）101640米。西区管道5条：西区主路（南北向）管道管径700毫米，总长3400米，于1992年、2001年修建。二支路（东西向）管道管径500毫米，总长410米，于2003年修建。三支路（东西向）管道管径500毫米，总长350米，于2005年修建。四支路（东西向）管道管径500毫米，总长660米，于1993年修建。五支路（东西向）管道管径500毫米，总长152米，于1993年修建。

东区管道5条：3号路管道管径600毫米，总长1780米，2001年修建。4号路管道管径500毫米，总长520米，于2006年修建。5号路管道管径500毫米，总长615米，于2001年修建。6号路管道管径700毫米，总长1600米，2001年修建。7号路管道管径500毫米，总长388米，2005年修建。休闲商业区2号路管道管径500毫米，总长2534米，于2010年修建。休闲商业区中心大街管道管径700毫米，总长1500米，于2010年修建。休闲商业区4号路管道管径500毫米，总长1200米，于2012年修建。

南区管道15条：学院西路管道管径500毫米，总长1800米，于2006年修建。学院东路管道管径700毫米，总长2960米，于2007年修建。中环南路管道管径500毫米，总长1890米，于2006年修建。中环北路管道管径500毫米，总长2880米，于2007年修建。学院大街管道管径500毫米，总长3050米，于2007年修建。1号路管道管径1500毫米，总长2580米，于2008年修建。2号路管道管径分别为1000毫米、1500毫米，总长6470米，于2008年修建。3号路管道位于学院大街至8号路，总长3400米，于2008年修建。4号路管道管径500毫米，总长1850米，于2009年修建。5号路管道管径500毫米，总长1670米，于2009年修建。6号路管道管径分别为1500毫米、500毫米，总长2460米，于2009年修建。7号路管道管径500毫米，总长860米，于2009年修建。8号路管道管径500毫米，总长450米，于2009年修建。滨河路管道管径1500毫米，总长1600米，于2009年修建。凤凰山东街管道管径800毫米，总长3510米，于2010年修建。

东西营片区管道6条：东西营101国道管道管径500毫米，总长5000米，于2011年修建。主路管道管径分别500毫米、700毫米，总长5160米，于2011年修建。1号路管道管径600毫米，总长520米，于2011年修建。2号路管道管径600毫米，总长640米，于2012年修建。3号路管道管径600毫米，总长436米，于2011年修建。3号路至铁路桥管道位于东西营3号路至铁路桥，管道管径800毫米，总长1320米，于2013年修建。

新城片区管道4条：二经路管道直径500毫米，四、五经路管道直径800毫米。二经路管道、三经路管道、四经路管道、五经路管道总长23695米，于2010年修建。

上板城工业聚集区管道1条：主路管道管径分别800毫米、1000毫米、1200毫米，总长12330米，于2012年修建。

1992—2015年承德高新技术产业开发区下水道修建情况一览表

表2-2-3

管道位置	起讫地点	管径（毫米）	长度（米）	修建时间
西区主路（南北向）	众生药业后至雹神庙	700	3400	1992年、2001年
西区四支路（东西向）	京承公路至北方集团	500	660	1993年

续表 2-2-3

管道位置	起讫地点	管径（毫米）	长度（米）	修建时间
西区 6 支路（东西向）	京承公路至西区主路	500	152	1993 年
东区 6 号路	承秦公路至休闲商业区主路	700	1600	2001 年
东区 3 号路	京承高速至庄头营	600	1780	2001 年
东区 5 号路	东区 3 号路至休闲商业区 2 号路	500	615	2001 年
西区二支路（东西向）	西区主路至京承公路	500	410	2003 年
西区五支路（东西向）	主路至雹神庙村	500	350	2005 年
东区 7 号路	飞达输送机至东区 3 号路	500	388	2005 年
东区 4 号路	东区 6 号路至水厂	500	520	2006 年
南区学院西路	凤凰山东街至奥体中心	500	1800	2006 年
南区中环南路	学院西路至学院东路	500	1890	2006 年
南区学院东路	奥体中心至学院大街	700	2960	2007 年
南区中环北路	学院西路至学院东路	500	2880	2007 年
南区学院大街	东南山大桥至郭营子村	500	3050	2007 年
南区 1 号路	学院大街至 6 号路	1500	2580	2008 年
南区 2 号路	学院大街至崔梨沟	1000、1500	6470	2008 年
南区 3 号路	学院大街至 8 号路		3400	2008 年
南区 4 号路	滨河路至 3 号路	500	1850	2009 年
南区 5 号路	滨河路至 3 号路郭营子村	500	1670	2009 年
南区 6 号路	滨河路至郭营子村	1500、500	2460	2009 年
南区 7 号路	滨河路至 3 号路	500	860	2009 年

续表 2-2-3

管道位置	起讫地点	管径（毫米）	长度（米）	修建时间
南区 8 号路	滨河路至冯崔县	500	450	2009 年
南区滨河路	凤凰上大桥至 8 号路	1500	1600	2009 年
休闲商业区 2 号路	京承高速至承下线	500	2534	2010 年
休闲商业区中心大街	东区 6 号路至曲轴厂墙外	700	1500	2010 年
凤凰山东街	凤凰山桥至冯营子村	800	3510	2010 年
东西营 101 国道	西营至东营	500	5000	2011 年
东西营主路	1 号路至 3 号路	500、700	5160	2011 年
东西营 1 号路	101 国道至滨河路	600	520	2011 年
东西营 3 号路	101 国道至滨河路	600	436	2011 年
休闲商业区 4 号路	休闲商业区中心大街至迎宾大道	500	1200	2012 年
东西营 2 号路	101 国道至滨河路	600	640	2012 年
上板城主路	鸡冠山大桥至白河	800、1000、1200	12330	2012 年
东西营 3 号路至铁路桥	东西营 3 号路至铁路桥	800	1320	2013 年
新城二经路（南北走向）	起点在鹫窝村口处与规划一经路相交处，终点在鹫窝村与规划一经路相交处	500	23695	2010 年
新城三经路（南北走向）	目前起点与二经路在吉祥之帆大桥处相交处，终点在规划吉祥之帆大桥			
新城四经路（南北走向）	起点为京哈高铁桥，终点为规划二纬路	800		
新城五经路（南北走向）	起点为京哈高铁桥下与大刘线交口处，终点与规划六经	800		

五、路灯

1997年西区安装海鸥灯83盏，1999年安装单臂灯105盏。2004年东区安装海鸥灯88盏。2008年，按照中共承德市委、市政府开展“六项行动”“三年大变样”行动的要求，对西区武烈河沿岸启动“一线一片”亮化工作。通过各项单体亮化方案的实施，结合区域景观亮化设计，对原京承旅游路13处楼体统一进行亮化。夜间照明及亮化形成高新区夜间一道亮丽的风景线。2007年大学城安装双臂灯225盏，单臂灯108盏。2008年，南区安装双臂灯122盏，2010年迎宾路安装单臂灯238盏，2013年阳光四季城安装单臂灯38盏。2011年东西营片区安装单臂灯165盏，2011年101国道安装单臂灯188盏，2012年鸡冠山大桥桥上和引桥两侧安装华灯65盏。2013年阳光四季城安装单臂灯38盏。在滦河流经高新区域段右岸斜坡地安装景观灯进行亮化美化，分别安装LED点光源3瓦1406盏、6瓦803盏，护坡台阶灯30瓦节能灯52盏，挡水坝上蓝光灯918盏，东南山中街照树地灯203盏，草坪灯285盏。滨河路绿化带照树射灯（红色）83盏，（绿色）76盏，（黄色）108盏，（白色）64盏。

1997—2013年承德高新技术产业开发区主干道路灯配置一览表

表2-2-4

道路名称	起讫地点	灯型（改建后）	盏数（个）	功率（瓦）	安装时间
西区	区内	海鸥灯	83	650	1997年
西区	区内	单臂灯	69	250	1999年
东区	区内	海鸥灯	88	850	2004年
西区	区内	单臂灯	36	250	2004年
南区	大学城	双臂灯	225	50	2007年
南区	大学城	单臂灯	108	250	2007年
南区	工业园区	双臂灯	122	500	2008年
南区	迎宾路	单臂灯	238	400	2010年
101国道	东西营	单臂灯	188	200	2011年
东西营	区内	单臂灯	165	165	2011年
鸡冠山桥	桥上和引桥两侧	华灯	65	750	2012年
南区	阳光四季城	单臂灯	38	250	2013年

六、供热

1995年，开发区在西区自行建设供热站一座，初装热水锅炉2台，出力为2×6吨，供暖面积为12万平方米，已满足西区区内企业、机关、居民小区供热需要。2003年，市热力集团与开发区达成协议，收购开发区供热站，区内供热、供气由承德市热力集团统一集中供给，统一收费。1992年至2015年间热力管线布置约1852万延长米，分别由开发区供热管网、承德龙新热力公司一次供热网、二次供热网及上板城工业聚集区、东西片区供热管网组成。

2006—2014年承德龙新热力公司供热网一览表

表2-2-5

序号	管道位置	起讫地点	管径（毫米）	长度（米）	修建时间
1	石油专科学校文理楼	换热站至各建筑物入楼井室	DN40～200	920	2006年
2	石油专科学校公寓	换热站至各建筑物入楼井室	DN100～300	1770	2006年
3	石油专科学校洗浴	换热站至各建筑物入楼井室	DN150～250	1250	2006年
4	承德师范学院办公楼	换热站至各建筑物入楼井室	DN40～200	1820	2006年
5	承德师范学院公寓	换热站至各建筑物入楼井室	DN40～200	2130	2006年
6	承德一中供热站	换热站至各建筑物入楼井室	DN40～200	1670	2006年
7	承德旅游职业学院办公楼	换热站至各建筑物入楼井室	DN40～200	1870	2006年
8	承德旅游学院公寓	换热站至各建筑物入楼井室	DN40～200	1230	2006年
9	冯营子村	凤凰御都御苑至后窑	350	900	2006年
10	龙新站	换热站至各建筑物入楼井室	DN80～100	320	2007年
11	财苑嘉地小区	小区换热站至各建筑物入楼井室	DN300	550	2007年
12	冯营子村	奥体中心至学院路红绿灯	400	1000	2007年
13	冯营子村	冯营子热源厂至石油正门	500	1100	2007年
14	开发西区	后窑至二道沟新世家小区	400	4000	2007年

续表 2-2-5

序号	管道位置	起讫地点	管径（毫米）	长度（米）	修建时间
15	大石庙	偏岭大桥西至大石庙	500	800	2007 年
16	凤凰御庭小区	小区换热站至各建筑物入楼井室	DN65 ～ 250	670	2009 年
17	大石庙	新世家小区前至通和小区北门	400	900	2009 年
18	石油专科学校四号楼	换热站至各建筑物入楼井室	DN40 ～ 200	890	2010 年
19	凤凰御景小区	小区换热站至各建筑物入楼井室	DN80 ～ 250	2670	2010 年
20	和润新城一期	小区换热站至各建筑物入楼井室	DN250	860	2010 年
21	凤凰御都苑	小区换热站至各建筑物入楼井室	DN80 ～ 250	2440	2011 年
22	文轩茗园小区	小区换热站至各建筑物入楼井室	DN65 ～ 300	2120	2011 年
23	电力站	换热站至各建筑物入楼井室	DN150	270	2011 年
24	颈复康药业集团	小区换热站至各建筑物入楼井室	DN200	150	2011 年
25	滨河新城三道湾村	三道弯热源厂至吉祥之帆大桥东侧旱河桥下	800	1250	2011 年
26	滨河新城砖瓦窑	吉祥之帆大桥东侧旱河桥下至北师大附属学校西侧	700	4340	2011 年
27	砖瓦窑村、凤凰山、冯营子村	北师大附属学校西侧至一中	600	4550	2011 年
28	郭营子村	学院路红绿灯至消防支队	500	1500	2011 年
29	开发东区	大石庙桥至未来城	500	450	2011 年
30	开发东区	未来城至银监局	700	350	2011 年
31	奥体中心站	换热站至各建筑物入楼井室	DN80 ～ 200	30	2012 年
32	天都嘉城小区	小区换热站至各建筑物入楼井室	DN80 ～ 250	1840	2012 年
33	凤凰三期	小区换热站至各建筑物入楼井室	DN80 ～ 300	360	2012 年

续表 2-2-5

序号	管道位置	起讫地点	管径（毫米）	长度（米）	修建时间
34	御龙翰府 1 号楼	小区换热站至各建筑物入楼井室	DN50 ~ 300	1120	2012 年
35	滦阳小区	小区换热站至各建筑物入楼井室	DN100 ~ 200	35	2012 年
36	阳光四季城 A2	小区换热站至各建筑物入楼井室	DN50 ~ 250	363	2012 年
37	阳光四季城 A3	小区换热站至各建筑物入楼井室	DN50 ~ 250	392	2012 年
38	阳光四季城 B3	小区换热站至各建筑物入楼井室	DN50 ~ 250	2265	2012 年
39	阳光四季城 A4	小区换热站至各建筑物入楼井室	DN50 ~ 250	1661	2012 年
40	阳光四季城 A5	小区换热站至各建筑物入楼井室	DN50 ~ 250	2675	2012 年
41	消防支队	换热站至各建筑物入楼井室	DN65	25	2012 年
42	滨河佳苑	小区换热站至各建筑物入楼井室	DN200	120	2012 年
43	银监局站	小区换热站至各建筑物入楼井室	DN150	160	2012 年
44	雹神庙村站	小区换热站至各建筑物入楼井室	DN200	1176	2012 年
45	创业服务中心站	换热站至各建筑物入楼井室	DN400	2360	2012 年
46	和润二期	小区换热站至各建筑物入楼井室	DN200	696	2012 年
47	西营	锅炉房到银河连杆	35	230	2012 年
48	纪检委住宅楼	换热站至各建筑物入楼井室	DN100 ~ 200	1320	2013 年
49	承德市农科所	小区换热站至各建筑物入楼井室	DN50 ~ 200	230	2013 年
50	冯营子镇政府	小区换热站至各建筑物入楼井室	DN50 ~ 150	860	2013 年
51	御龙翰府 2 号楼	小区换热站至各建筑物入楼井室	DN50 ~ 300	1062	2013 年
52	御龙翰府 3 号楼	小区换热站至各建筑物入楼井室	DN50 ~ 300	1205	2013 年
53	高新区地税局站	小区换热站至各建筑物入楼井室	DN50 ~ 100	53	2013 年

续表 2-2-5

序号	管道位置	起讫地点	管径（毫米）	长度（米）	修建时间
54	海关站	换热站至各建筑物入楼井室	DN100	30	2013 年
55	和润新城三期	小区换热站至各建筑物入楼井室	DN300	320	2013 年
56	未来城休闲商业区 9 号区域	小区换热站至各建筑物入楼井室	DN200	430	2014 年
57	御龙湾	小区换热站至各建筑物入楼井室	DN250	500	2014 年
58	冯营子回迁楼	小区换热站至各建筑物入楼井室	DN100 ～ 250	600	2014 年
59	承德师范学院教师公寓	小区换热站至各建筑物入楼井室	DN100 ～ 200	560	2014 年
60	偏岭经济适用房	小区换热站至各建筑物入楼井室	DN250	600	2014 年
61	北师附中	换热站至各建筑物入楼井室	DN250	600	2014 年
62	卧龙山庄	小区换热站至各建筑物入楼井室	DN150	420	2014 年
63	附属医院南园区	换热站至各建筑物入楼井室	DN500	100	2014 年
64	开发东区	银监局至卧龙山庄	1000	500	2014 年

七、供电

在承德电力局、国网冀北电力有限公司承德分公司的大力支持下，全区电网建设步伐不断加快，基本满足高新区区域的用电需求。截至 2015 年底，托管区域及周边共有 220 千伏变电站（热河、袁庄站）2 座，变电容量 600 兆伏安；110 千伏（新区、南郊和上板城站）3 座，变电容量 240 兆伏安；10 千伏线路 27 条，全长 405 千米（其中包括电缆线路 98 千米），共有 10 千伏配变 247 台，配变容量 37870 千伏安；开闭站 20 座，电缆分接（支）箱 160 座。按照承德供电公司最新编制的城区配电网建设规划方案，区域还将安排建设鸡冠山（卸甲营）、新城（砖瓦窑）、闫营子 110 千伏变电站 3 座，上板城 110 千伏变电站将实施扩容工程。2015 年以来，按照全市大数据产业发展要求，还谋划新增 220 千伏及 110 千伏变电站各一座。

上板城热电厂。由河北省建设投资集团投资兴建的 2×350 兆瓦超临界热电联产项目，项目动态总投资 32.3 亿元，占地 40 公顷，是河北省重点能源项目，对提高当地电网供电安全稳定水平，保障承德市供热及供汽需要，进一步改善京津冀地区环境，提升河北省投资建设集团在承德地区的经济、社会及品牌效益起到重要的推动作用。2014 年 9 月，正式列入河北省火电建设规划并取得国家能源局同意，开展前期工作的批复，是年 12 月，取得河北省发改委的核准，2015 年 7 月 19 日正式建设。按照原工程建设计划，两台机组应在2016年底和2017年初投产，但受到并网送出工程建设进度滞后，承德地区冬季严寒气候等因素影响，预计2017年6月建成投产。

八、供水

辖区内建有自来水厂2座。

承德市二水厂。位于开发西区，占地面积21638平方米，始建于1991年，历经工程一期、二期、三期的建设形成现有供水规模。设计供水能力为8万立方米／日，是市供水公司规模最大、自动化程度最高的水厂。水厂共有水源井49眼（因高铁、附属医院停5眼），从秋窝、砖瓦窑、冯营子、郭营子至崔梨沟村分布全长约13千米。其中滦河左岸20眼，滦河右岸25眼，开采能力为10万立方米／日。一期铺设输配水DN200～DN700管道29.9千米。冯营子原四眼水源井迁建到冯营子对岸。厂内建有4000立方米的清水池4座，总容积16000立方米，1200立方米吸水池一座。配水泵房2座，包括向主城区供水配水泵房一座，建筑面积404平方米，内设机泵6台（其中840立方米／小时机泵4台，470立方米／小时机泵2台）。向开发区、大学园区供水配水泵房一座，建筑面积381.4平方米，内设机泵3台（其中882立方米／小时机泵2台，420立方米／小时机泵1台）。水厂消毒方式为次氯酸钠消毒。厂区内建设有水质检测中心、水表检定及综合办公楼等附属设施。在出厂压力方面，向主城区供水压力为0.5兆帕至0.7兆帕，向开发区供水压力为0.35兆帕至0.40兆帕。

南区水厂。位于辖区内砖瓦窑片区与冯营子片区的交界处、滦河右岸、凤凰山下，占地28511.1平方米，工程设计供水能力6万立方米／日。项目根据《承德市给水工程专项规划（2009—2020年以远）》，于2010年12月开始办理水厂手续，2012年8月完成《项目申请报告》，是年12月31日取得承德市发改委核发的“核准证”。2014年2月28日高新区以承市开政发划字〔2014〕1号将水厂用地无偿划拨，并于是年3月26日颁发了“国有土地使用证”。

水厂供水建设工程于2014年3月开始进行了水厂一期工程建设，完成了送水泵房及变配电室、加氯间及维修间、3000立方米清水池一座及部分厂区土方回填。是年具备供水能力（1万吨／日），开始供水。一期工程于2014年10月完工投入使用。

本工程新建配水厂一座。水厂供水范围为滨河新城区域，工程概算总投资5733.82万元。建设内容包括送水泵房及变配电室、维修间及加氯间、6000立方米清水池2座、综合业务用房、实验楼、警卫室等总建筑面积4094.56平方米。

水厂项目不含输配水管道及水源地建设，水厂水源地使用二水厂水源地。2011—2012年为配合滨河新城建设，市供水公司实施承德市供水管网建设与改造一期工程，在鹭窝及砖瓦窑区域铺设DN900～DN300配水管道12.459千米。

为保证滨河新城区域内新建附属医院南院区、北师大附属学校、御龙湾居民小区供水，将水厂分期进行建设。一期供水能力1万立方米／日。后续供水能力的增加视该区域水源及用水需求进行。

九、供气

至2015年底，高新区建设燃气管网管径为外管径为32～200毫米，总长47000延长米，总投资约700万元，燃气站正在建设中，用地面积约3600平方米，总投资约90万元。

十、公共交通

2000年至2015年，市公交集团自市区往高新区相继开通6路（后撤销）、9路、3-1路、39路、29路、29路区间路、1路、13路、33路、游1路共10条公交线路，分别途经高新区西区、东区和南区，实现经市区中心至高新区和贯穿高新区内的交通，市公交集团在区内设立了南互通枢纽站，负责公交车停放调度等事宜。

第三节 房屋建设及房产管理

一、标志性建筑

承德科技研发大厦 位于高新区核心区，占地6.06公顷，建筑面积62000平方米，大厦分主楼、副楼、裙房3部分。其中，主楼25层，高99米。塔顶高度10.5米，总高度109.5米。地下2层。是承德市最高建筑用房。整个工程包括高塔、低塔、裙房、广场、水池、绿地、道路七个部分。大厦地下二层为车库、机房和厨房；大厦地上三层裙房为公共活动空间，具有学术报告厅、共享大厅和展览大厅等，四层以上为研发、办公和会议用房。科技大厦建筑设计首次打破传统建筑模式，大楼主体采用帆型外观设计，寓意高新区扬帆起航。这幢建筑风格迥异的建筑给高新区增添了新的魅力。是承德市有史以来唯一经过国家工程建设质量奖审定委员会办公室评审，荣获国家银质奖工程。

承德海关综合楼 海关综合楼是一幢典型的中国官衙式建筑，位于开发区东区未来城休闲商业区A-3-5地块，占地1公顷，建筑面积约10000平方米，建筑高度44.25米，地下1层，地上9层，九层以上另有3层装饰屋架层。1层是餐厅和办事大厅，2～5层是办公室，6～9层是职工宿舍，地下一层是设备机房和地下车库。

承德白楼宾馆 位于高新区西区，占地面积16666.75平方米，建筑面积10000平方米。1998年5月开工，1999年12月竣工，是河北阳光集团在承德兴建的三星级涉外酒店。设有标准间、两间套、三间套及超豪华套房，近200个床位。大小宴会厅可容纳300多人同时就餐，另设水鱼城、地方小吃、中西各式自助餐。酒店娱乐设施齐全，设有健身房、室内游泳池、各式KTV包房，大型多功能会议厅，50人圆桌会议室及电教室。

二、居民住宅区

自1998年始，辖区内住宅和居民小区逐渐开始建设，既有单位自建住宅，又有房地产开发商开发建设的住宅小区，还有城中村改造的住宅小区。区内住宅小区23处，建筑面积4147633.12平方米，居住户27500户。

三、保障性住房

2012年，保障性住房建设开始，高新区通过强制配建和购买等方式，共建设保障性住房1115套，分别是未来城保障房配建项目、和润新城保障房购买项目、铂悦山C-04保障房配建项目。

未来城保障房配建项目，由承德市尚诚房地产开发有限公司开发建设，于2012年开工建设，建设保障性住房769套，2016年年底交付。

和润新城保障房项目，高新区2013年、2014年分别在和润新城·畅园购买236套商品房作为保障性住房，2016年年底交付。

铂悦山C-04保障房配建项目，由承德市尚诚房地产开发有限公司开发建设，建设公租房110套，2015年底正在进行室内装修。

承德高新技术产业开发区住宅小区建设情况一览表

表 2-3-1

序号	名称	位置	建设时间	栋数	面积（平方米）	结构			户数（户）	备注
						框架	砖混	层数		
1	凤凰御庭小区	冯营子大道西侧	2007—2009 年	11	149000	√		9～26	1001	含地下室面积
2	凤凰御景一期	凤凰山	2007—2015 年	53	148251.36	√		3～18	199	含地下室面积
3	凤凰御景二期	凤凰山	2015—2017 年	43	45522.93	√		3～4	124	含地下室面积
4	凤凰御景三期	凤凰山	2014—2016 年	15	115747.87	√		9	626	含地下室面积
5	凤凰御都、凤凰御苑小区	冯营子大道东侧	2010—2012 年	22	157303.12	√		9～25	1220	含地下室面积
6	凤凰金庭小区	凤凰山	2012—2015 年	16	143584.29	√		4～18	718	含地下室面积
7	未来城	承德市开发区东区	2012—2015 年	74	581471.18	√		2～27	3898	
8	阳光四季城	开发区南区	2010 年	59	865650.15	√		15～30	6591	
9	铂悦山 C-04 项目	冯营子高铁周边	2014 年 12 月 22 日	13	80477.06	√		9～17	490	在建
10	和润新城·润园	开发西区	2010—2014 年	21	201149	√		6～30	1972	
11	和润新城·畅园	开发西区	2013—2015 年	17	275077	√		30/27	1946	
12	山水芳邻	下二道河子村	2010—2014 年	7	87269.39	√		6～25	626	
13	天都嘉成一期	一中南侧	2009 年	13	276000	√		24	1095	
14	冯营子村城中村改造二期回迁工程	天度嘉成对面	2012 年	20	296140 ㎡	√		22	594	
15	文轩茗园	开发区冯营子	2009 年	20	151291.15	√		33	1231	
16	御龙瀚府一期	开发区冯营子镇	2010 年 8 月 20 日	9	188685	√		27/30	1380	

续表 2-3-1

序号	名称	位置	建设时间	栋数	面积（平方米）	结构			户数（户）	备注
						框架	砖混	层数		
17	御龙瀚府二期	开发区冯营子镇	2011 年	14	265103	√		24～27	2982	
18	中诚左岸住宅小区开发项目	高新区冯营子后窑	2015 年 8 月 12 日	10	82157.1	√		2～17	373	在建
19	承德中药集团有限公司 2 号住宅楼	西区	1998 年 4 月		3533	√				
20	四海实业有限公司 1、2 号住宅楼	西区	2001 年 6 月—11 月		14144	√				
21	职工公寓承德市蔬菜研所职工公寓	东区	2001 年 11 月—2002 年 8 月		2670	√				
22	大石庙镇雹神庙村委会 1、2 号住宅	西区	2002 年 3 月—10 月		11639	√				
23	承德市大石庙医院住宅楼	东区	2003 年 5 月—12 月		5759.23	√				

四、房产管理

高新区房管处 2006 年至 2008 年 4 月，仅负责受理辖区内房产登记业务，审批及缮证由市房屋产权产籍监理处负责。2007 年 10 月 1 日《物权法》颁布实施和 2008 年 7 月 1 日《房屋登记办法》颁布实施，原《房屋登记管理办法》废止。房屋交易登记管理部门职能从“侧重于管理”转变为“侧重于服务”。2008 年 3 月，开发区房产处作为承德市房屋“产权、市场管理一体化”试点开始履行职能，负责辖区内房屋交易管理和产权产籍登记工作。2012 年，由市住建局统筹开始建设 GIS 地理信息系统为基础的房屋交易管理和权属登记服务信息管理系统，辖区内房屋权属登记工作实现图形化、信息化和数字化。

2009—2014 年承德高新技术产业开发区房屋交易一览表

表 2-3-2

交易年份	交易总面积（万平方米）	交易数量（件）	金额（亿元）	一手房			存量房			抵押			预抵押			初始登记	
				面积（万平方米）	数量（件）	金额（亿元）	面积（万平方米）	数量（件）	金额（亿元）	面积（万平方米）	数量（件）	金额（亿元）	面积（万平方米）	数量（件）	金额（亿元）	面积（万平方米）	数量（件）
2009	90. 87	1853	8. 5220	1. 16	130	0. 0440	0. 66	61	0. 0590	47. 18	151	4. 8000	31. 86	1422	3. 6190	10. 01	89
2010	149. 56	3459	12. 2956	6. 09	515	1. 7560	12. 35	287	1. 3810	48. 31	324	3. 8256	49. 75	2185	5. 3330	33. 07	148
2011	143. 08	5138	20. 3001	13. 52	1313	4. 8940	1. 11	56	0. 1160	46. 22	548	7. 5491	71. 78	3207	7. 7410	10. 45	14
2012	98. 86	3420	11. 5763	7. 60	659	0. 7880	0. 77	64	0. 0610	36. 58	502	4. 7723	54. 62	2188	5. 9550	3. 29	7
2013	129. 17	3473	22. 6646	2. 24	158	0. 5530	3. 86	184	0. 2990	49. 15	531	13. 2846	60. 88	2560	8. 5280	13. 03	40
2014	189. 33	4438	21. 8298	8. 10	669	1. 5690	1. 36	121	0. 1640	78. 80	746	9. 4288	68. 54	2863	10. 6680	32. 53	39

说明：2015—2016 年因计算机系统更新，房屋交易数据未登记

第四节 工程建设管理

一、招投标管理

2004年7月起，高新区建设局负责区内有关建设工程报建、招投标管理、施工许可证发放等，建筑市场稽查、建筑质量监督、安全监督及竣工验收等仍由市建设局负责。1998年至2001年辖区范围内招投标管理由市建设局与开发区建设局共同组织，招投标共37次。自2002年1月1日施行《中华人民共和国招标办法》后，先后组织招投标活动187次，依法应招标工程实现100%。评标专家从市专家库中随机抽取组成评标组，区纪工委对招投标实施全过程监督，招投标结果予以公示。2008年起，与市住建局协商，高新区范围内所有建设项目的招投标活动全部进入市建设工程交易中心，全部工程进入有形市场。

2009年，深化工程建设领域突出问题专项治理，按照“谁建设、谁负责，谁主管、谁负责”的原则，严格落实项目建设单位和监管部门两个主体的责任，对新建开工项目实行排查，查漏补缺，强化工程建设项目公开和诚信体系建设，督促有关部门及时公开项目审批、工程监理、土地和矿业权出让、项目招投标信息、从业单位、从业个人信用信息，接受社会监督。

2011年至2015年底，建筑市场管理和招标管理工作逐步规范化、制度化。2011年经协调取得河北省招投标交易信息系统管理权限，彻底解决建设工程项目监管不规范、不到位和省、市要求脱节等问题，实现网上办公，逐步实现网上招标登记、发布招标公告、中标公示、评标专家评价及统计报表等工作。1993年至2015年累计成交建设项目224项，建筑面积600万平方米，工程造价74.58亿元（2005年以前有关工程造价无资料可查），2011年至2015年累计成交招投标项目1264项（含监理、勘察设计等服务类以及材料设备类），建筑面积272.44万平方米。

1998—2015年承德高新技术产业开发区招投标项目统计表

表2-4-1

年度	工程项目数（个）	规模（万平方米）	中标价（亿元）
1998	15	8.65	
1999	5	1.03	
2000	8	5.4	
2001	9	4.7	
2002	14	20.69	
2003	21	14.22	
2004	9	3.15	
2005	7	5.57	

续表 2-4-1

年度	工程项目数（个）	规模（万平方米）	中标价（亿元）
2006	19	6.41	0.98
2007	8	34.38	3.11
2008	11	12.7	2.4
2009	11	41.5	6.5
2010	17	169.56	11.6
2011	18	71.78	10.6
2012	14	41.43	5.88
2013	20	97.23	14.65
2014	7	32	7.16
2015	11	30	11.7
合计	224	600.4	74.58

招投标监督管理流程图

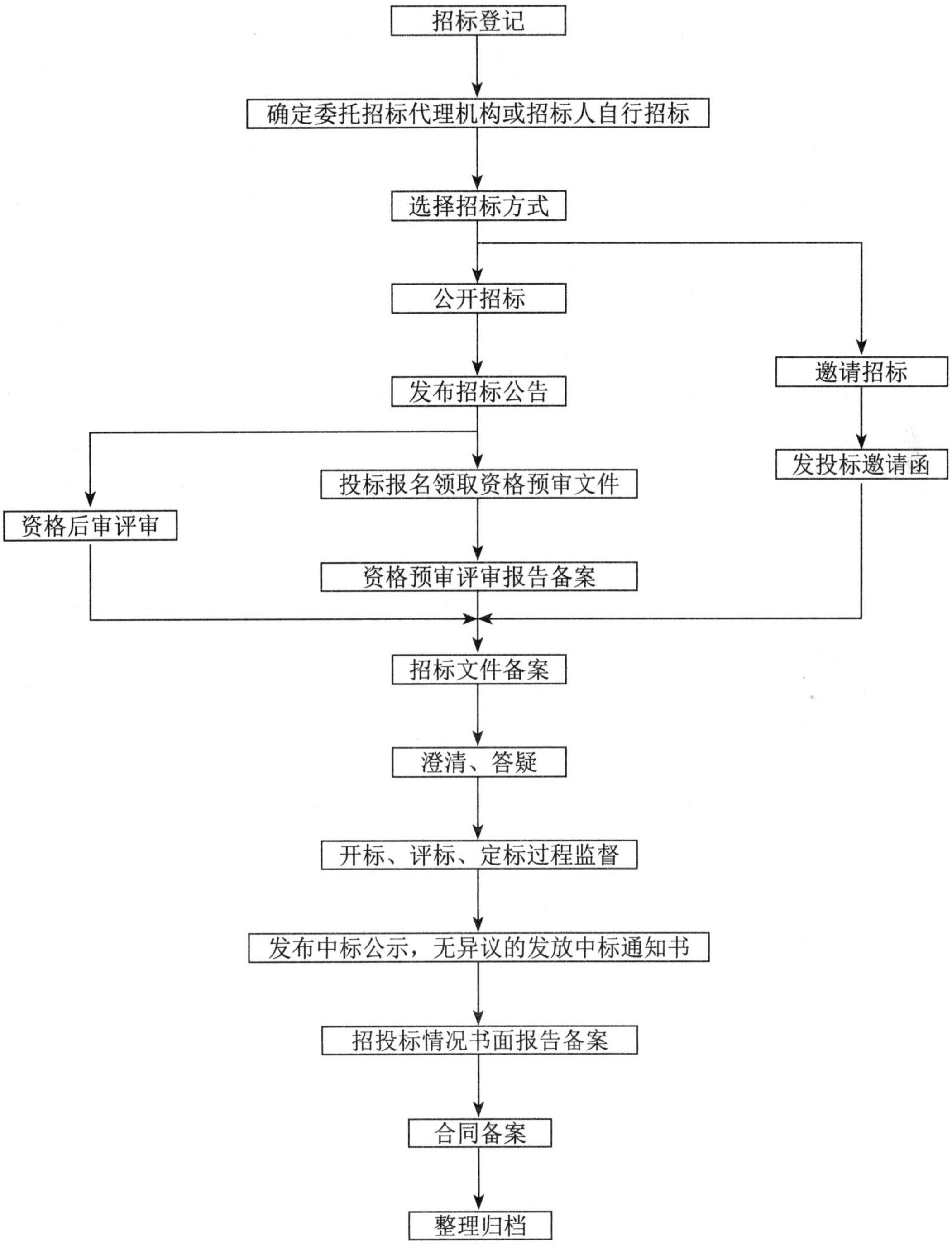

图 2-4-1　招投标监督管理流程图

二、建筑质量监督

高新区2014年以前的建设项目质量安全监督管理直接由市住建局监管。是年2月19日，市住建局党组与高新区管委会共同下发文件决定成立高新区工程质量安全监督稽查办公室，为市住建局派出机构。高新区建区迄今，严格贯彻落实《中华人民共和国建筑法》《建设工程质量管理条例》《河北省安全生产监督管理规定》等法律法规的规定，牢固树立“百年大计、质量第一”的观念，认真落实质量责任制，认真执行建设部颁布的“一标准、五规范”，把质量监督管理工作贯穿施工全过程，经常深入施工现场检查督导，每年定期组织质量专项治理活动，发现存在质量的隐患，发放整改通知书，限期整改落实。积极引导进区施工企业“争创优良工程工地”。多年来，建筑施工未发生质量事故。

2014年，监管在建项目21个，42个标段，209个单位工程，建筑面积252.5万平方米，全年开展监督执法检查902次，下达工程质量整改通知书19份，检查通知单29份，查处不合格材料24份，接待房屋质量投诉36起，立案查处违反建设行政法律法规案件21起。建筑施工质量未发生重大质量事故。是年，荣获河北省建设工程“安济杯”奖（省优工程）建设项目4个，荣获“避暑山庄杯”奖（市优工程）建设项目4个。2015年在建项目29个，286个单位工程，建筑面积350万平方米。开展工程项目监督执法检查660次，下达工程质量问题整改通知书20份，检查通知书38份，查处不合格材料133份，接待房屋质量投诉63起，立案查处违反建设行政法规案件22起。建筑施工质量，全年未发生重大质量事故。2015年度，荣获河北省建设工程“安济杯”奖（省优工程）建设项目5个，荣获“避暑山庄杯”奖（市优工程）建设项目9个。

三、建筑安全生产

2014年，高新区质量安全管理办公室严格贯彻落实《中华人民共和国安全生产法》《河北省安全生产监督管理规定》《承德市建筑工程施工安全管理办法》等法律法规，牢固树立安全第一预防为主的观念，认真落实安全生产责任制和安全生产目标。经常深入施工现场检查督导，开展安全生产专项治理活动，发现存在不安全隐患及时发放整改通知书，限期整改。是年，下达安全生产隐患整改通知书24份，停工整改通知书42份，未发生重大安全生产死亡事故。荣获“AAA及安全文明标准化工地”建设项目1个。2015年，下达安全生产隐患整改通知书18份，停工整改通知书17份。是年，未发生安全生产事故。荣获“AAA及安全文明标准化工地”建设项目1个。高新区工程质量安全监督稽查办公室荣获2015年度安全生产监管先进单位荣誉称号。

第三章 经济发展

承德高新区自1992年建立至2015年历经24年的发展，规模由小到大、经济发展突飞猛进，经济结构更加合理，各项经济指标大幅度增长，技工贸总收入由1993年的1559万元增长到2015年的1990521万元，增长1276倍；地区生产总值由1993年的754万元增长到2015年的482469万元，增长640倍；工业生产总值由1993年的1143万元增长到2015年的1351253万元，增长936倍；全社会固定资产投资由1993年的6861万元，增长到2015年的365090万元，增长53倍；地方财政收入由1993年的32万元增长到2015年的85321万元，增长2666倍。已形成饮料制造、医药制造、智能化仪器仪表、汽车零部件、装备制造5大支柱产业格局。

第一节 投资环境

承德在京津冀区域内具有面积最大，森林覆盖率最高、水资源最丰沛、矿山资源最富集、文化特色最鲜明、区域条件极为独特的“五最一级”的优势，为高新区快速发展提供环境支撑。具备良好的自然环境及独特的区位区域是快速发展的首要条件，秉持“政府创造环境、企业创造财富”的理念，积极营造宽松吸引力的硬环境和软环境是投资者所极为关注的，也是高新区发展的必要条件。

一、区位区域

1992年6月17日，市政府明确开发区区域范围界定分东、西两片分布，东起庄头营村、西至闫营子村、北至二道沟、南濒滦河，规划面积2.7平方千米，第一期工程面积1.2平方千米。是年8月20日，市政府《关于市高新技术产业开发区规划范围及管理权限的通知》，进一步明确开发区南起滦河北岸、北至二道沟和大石庙村、东起庄头营村、西至雹神庙两山分水岭，该范围内的土地及河道全部划归开发区管委会管理。西区为起步区，面积0.62平方千米。2004年1月18日，中共承德市委、市政府做出《关于进一步加快高新技术产业开发区建设与发展的决定》，按照城市总体规划，确定冯营子村、郭营子村为高新区开发区域（南区）。经过多年的建设与发展，东区、西区、南区已连接统一于一体，由此构成开发区核心区。其核心区位于承德市中心城区南部的中部中低山区沟谷地带，处于武烈河和滦河两河交汇口两岸，位于北纬40° 43′ 15″～41° 08′ 19″，东经117° 50′ 30″～118° 07′ 57″。北部、东部、南部与承德县接壤，西南部与滦平县交界，西部与双滦区毗邻。最高点高程为455.0米，最低点高程为308.1米。全区地形为南高北低，两面高中间低的盆地，除东西两侧山体外，绝大部分用地较为平坦，平均坡度0.790。区内土壤分棕壤、褐土和草甸土三个土类、七个亚类，酸碱度适度。

其地质构造环境相对稳定，地震烈度为6度。基岩地下水质为弱碱性硬淡水，对混凝土无腐蚀性，而对钢材有弱腐蚀性，基底岩构造稳定，工程地质条件良好，完全满足建筑物对地基的要求。武烈河自北向南、滦河自西向东由区内流过。核心区内有著名的鸡冠山风景区，《打狗棍》电视剧在此拍摄。距驰名中外的皇家园林——避暑山庄及皇家寺庙群10～13千米，具有得天独厚的地理位置。

二、交通

京承、承朝、承秦、承唐、承赤高速公路，均在高新区设有进出口，京承旅游公路、101、112国道均穿区而过，距即将开通的承德民用机场约25千米，等级为4C级。距首都机场车程仅90分钟。铁路交通有京承线、京通线、锦承线、承隆线、张唐铁路，距离火车站约5千米。即将建成的京沈高铁客运专线由区内穿过，并在高新区设立客运站——承德南站，去沈阳100分钟即可抵达，北京仅用45分钟即可到达，进入北京1小时、天津2小时交通圈。为利用京津人才、科技等高端要素提供了便利条件。市公共交通已有10条公交线路直达或通过高新区，十分便捷。

三、气象气候

承德高新区地处中纬度地带，属寒温带向暖温带过渡的地带，为半湿润向半干旱过渡的大陆性季风型燕山山地气候，夏季无酷暑，冬季少严寒，春季少风沙，秋季天高气爽，具有四季分明、光照充足、雨热同季、昼夜温差大、降水不稳定的特点，年降水量520～700毫米。由于太阳投射角较小，地面受热量少，全年太阳辐射总量为551.8～564.3千焦耳/平方米，日照时数为2444～3089小时，日照百分率平均为55%～70%，平均为63%，年平均气温为7.2℃～10.2℃，年平均相对湿度59%，年平均白天雾天为1.9日，夜间平均为3.8日。年平均降雨天数80天，降水集中在6—8月，占年降水量的70%，以7月为最多，占年降水量的53%，无霜期150天左右。

四、水文水系

承德境内有滦河、辽河、潮河、大凌河四大水系和丰富的地热资源。多年来，承德平均水资源总量为37亿立方米，全市自产水资源总量为16.43亿立方米，人均水资源量1029立方米，由于山区面积大，人口密度相对较小，雨量适中，加之山区植被较好，承德的水量及水质量在河北省乃至海河流域中相对较好，是北京、天津、唐山地区的重要水源地和绿色生态屏障，已成为京津地区水资源涵养地，水资源除满足市需求外，每年还向北京、天津和唐山供水22亿立方米，密云水库的56%水、潘家口水库的94%水来自承德。全市有林地面积2206666.67公顷，占河北省的44.3%，森林覆盖率达到55.8%，已开发森林公园面积301111.1公顷，其功能集生态、休闲、旅游为一体。全年空气二级以上质量天数347天，被誉为“华北之肺”、京津周边“天然氧吧”。高新区辖区内以滦河水系为主，滦河干流总长30千米，流域面积18.46平方千米，占全区面积的50%。滦河支流白河全长24.03千米。辖区内有2座塘坝和2座小（2）型水库。主要河流泥沙受降水、地行、植被和人类活动的影响较大，泥沙主要集中在汛期（6—9月），约占全年泥沙量的90%，辖区是一个山洪灾害较严重的山区。

五、经济战略地位

承德高新区自2012年晋升为国家级高新区以来，在国家、河北省、承德市的经济战略地位显著提高。中共承德市委、市政府对高新区提出了率先实现城乡统筹、率先实现全面小康的两个率先战略目标，并先后制定出台了《关于加快承德高新技术产业园区发展的决定》等政策性文件，把高新区作为引领全市产业结构调整、新城建设、创新开放、先行先试的示范区、展示区和主阵地，举全市之力建设“1+3”新兴产业发展平台，深入实施主城区“大中疏”战略，给予高新区先行先试等政策支持。高新区在全市的战略地位和获得的政策支持前所未有。

六、发展机遇

承德高新区升级为国家级高新区，使得承德高新区高新技术企业能够得到税收减免等政策支持和国家科技项目资金扶持等方面的扶持，更好实现承德高新区的跨越式发展。2013 年 3 月和 5 月，京津冀相互签署了区域合作框架协议，着力打造首都经济圈。《首都经济圈规划》已启动编制，北京对周边地区的辐射带动作用和周边地区对北京的支撑作用将互相强化。加上河北省之前出台的《关于加快河北省环首都经济圈产业发展的实施意见》的支持，承德高新区逐步成为首都经济圈的重要功能板块。

世界主要国家和我国对新兴产业发展都高度重视，承德市被列入“十二五”全国钒钛资源综合利用和产业发展三大基地之一，发展新材料等新兴产业面临难得机遇。国家对文化事业和产业发展的重视，为承德高新区发挥生态、区位、文化等方面的组合优势，加快文化、科技产业融合发展带来机遇。当前，世界资本与产业格局的重组调整，国际服务业转移成为新一轮全球产业结构调整和布局的新趋势。大量的高端产业、高端资本、高端人才向中国等发展中国家转移，国内外服务业发展的良好态势给承德高新区发展旅游、会展、商贸物流、文化创意、医疗健康养生等现代服务业带来了机遇。党的十八大以来，新型城镇化成为我国经济社会发展的核心战略。高新区作为承德市未来发展的城市新区，在新型城镇化建设方面也将面临着全新的发展机遇，从而更好地支撑中共承德市委市政府赋予的城市新区功能定位的实现。

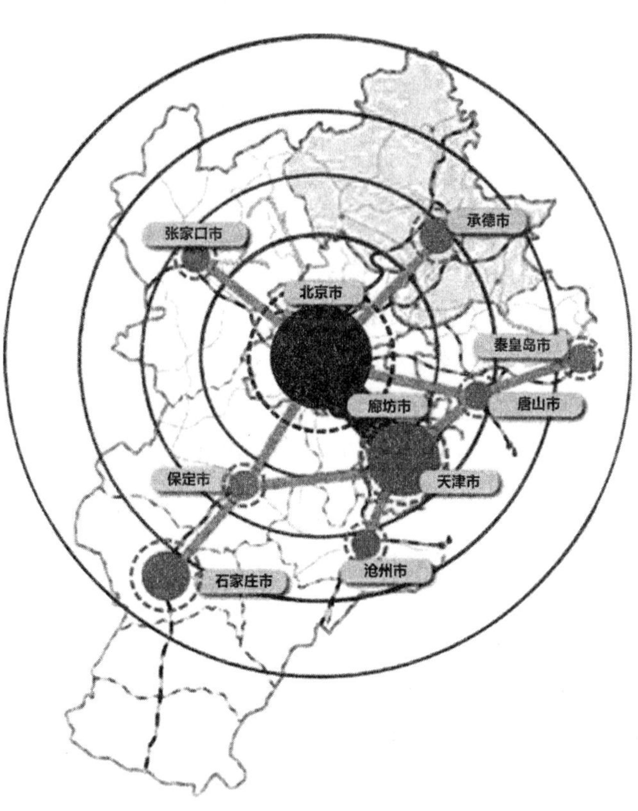

图 3-1-1 河北省环首都绿色经济圈示意图

第二节 经济发展概况

一、“八五”时期

1993年正式批准进区企业33家，已办理工商执照和税务登记的工业企业18家，房地产业和商贸企业7家，共计25家。注册资金57000万元。18家工业企业中高新技术企业13家，中外合资企业10家。通达计量设备有限公司、隆兴包装制品有限公司、司达石油装备有限公司等四家企业陆续开工建设。全年实现技工贸总收入1599万元，工业总产值1443万元，工业增加值750万元，地区生产总值754万元，全社会固定资产投资6861万元，地方财政收入32万元。

1994年，新批准进区企业27家，投资总额15.5亿元。累计注册各类工商企业达60家，设计新增产值14亿元，新增利税4.8亿元，工业企业42家，区内建设企业33家，总投资3.94亿元，建成后新增产值7亿元，利税1.54亿元。自1992年7月破土动工到1994年底，西区的主干道、5条支路、供电、供水、通讯管网、排污管网等工程竣工交付使用，基本实现“四通一平”。是年完成基础设施投资6515万元，累计完成固定资产2.43亿元。按照产业方向抓好高新技术产业项目进区，兼顾产业有市场、经济效益良好的一般科技型企业，同时注重发展第三产业，完善政策体系以优惠政策吸引投资者。中德合资的承德热河克罗尼仪表有限公司等16个项目进区开工兴建，完成建设投资1.77亿元，有6家企业投入生产。各类商贸企业18家，个体摊点36家，初步形成高新技术产业与一般科技企业并举、国营、集体、民营含（个体）经济、合资企业多轮驱动的格局。全年实现技工贸总收入7690万元，工业增加值4055万元，分别比上年增长4倍和6.6倍，工业总产值7355万元，地区生产总值4065万元，全社会固定资产投入近9000万元，实现利税1500万元，地方财政收入274万元。在全省28个高新技术产业开发区中承德市开发区实际利用外资名列第一位，引进内资名列第四位，实际投入资金名列第三位，基础设施建设名列第三位，施工建设面积列到第二位。8月，荣获省政府授予的“省级高新技术产业园区”称号。

1995年，按照市政府对开发区实现“超常发展”和建成布局合理、功能齐全的新城区的要求，内抓经济建设，外抓招商引资，重点抓好进区项目的开工建设和生产。有6个项目按期动工建设或投产，其中两个服务性项目开工建设，总投资4000万元，完成商贸额2050万元，累计建设项目18个。是年，起步区实现“七通一平”。新批准进区企业42家，累计注册工商企业达104家，其中工业企业48家，总投资21.8亿元，设计新增产值17.5亿元，利税3.91亿元。全年实现技工贸收入1.15亿元，工业总产值8832万元，工业增加值3313万元，地区生产总值3392万元，完成全社会固定资产收入1.86亿元，实现利税1821万元，地方财政收入638万元。

截至1995年底，累计实现技工贸总收入2.08亿元，工业总产值1.76亿元，工业增加值8118万元，地区生产总值8211万元，全社会固定资产投资3.35亿元，地方财政收入944万元。

二、“九五”时期

1996年，是全面实施“九五”计划的第一年，开发区确定“搞好规划、突出招商、理顺关系、晋位升级”的工作思路，创造性地开展招商引资，加快项目建设。是年，批准进区工商企业23家，其中工业企业15家，累计注册的企业达112家，有8家企业进区开工建设。投资560多万元的创业服务中心正式动工兴建，作为民营科技企业的孵化基地。是年，实际利用外资451万美元，引进市外资金 640 万元，出口创汇 130 万美元。实现技工贸总收入2.1亿元，工业总产值1.89亿元，工业增加值 5240 万元，地区生产总值 5750 万元，全社会固定资产投入 2.48 亿元，实现利税 2600 万元，地方财政收入 844 万元。

1997 年，国家外经外贸政策变化较大，市场竞争日趋激烈。开发区按照中共承德市委、市政府的指示精神，坚定信念，负重奋进，迎难而上，采取多项措施，解决雹神庙村征地的遗留问题。河北承德露露股份有限公司 10 万吨扩建、承德富立玻璃器皿有限公司、承德国税培训中心、承德邮电培训中心 4 个重点项目顺利开工建设。是年，由中港药业集团投资 400 万美元的第二制药厂兼并项目投入试生产。全年共引进 15 个工业项目，至年底实现技工贸总收入 2.45 亿元，实现利税 3180 万元，工业总产值 1.93 亿元，工业增加值 8272 万元，地区生产总值 8428 万元，地方财政收入 1353 万元，全社会固定资产投资 3.98 亿元。

1998 年，开发区围绕“提高完善西区，谋划开发新区”主线，扎实有效地开展各项工作，确保全年经济发展目标的实现，把招商重点转向高新技术项目、外资项目和民营企业、私人企业。是年 10 月，承德富立玻璃器皿有限公司正式投产，河北承德露露股份有限公司扩建工程进入尾声，承德国税培训中心完成全年工程进度，电力测试中心工程正式开工。麦芽有限公司一期工程顺利竣工，于 9 月份投产到年底实现产值 9000 万元。坚持高科技与高速度并重，加快培植高新技术企业，开发出高新技术产品 7 个。是年，5000 平方米的创业服务中心建成投入使用，进一步完善服务设施，营造有利于中小科技企业发展的环境和条件，年底在孵企业达 48 家，是年完成技工贸总收入 8200 万元，实现利税 400 万元。全区实现技工贸总收入 3.62 亿元，工业总产值 3.21 亿元，工业增加值 1.08 亿元，地区生产总值 1.09 亿元，出口创汇 460 万美元，完成全社会固定资产投资 1.1 亿元，地方财政收入 1781 万元。

1999 年，按照中共承德市委、市政府确定的“大规划、小起步、逐步积累、滚动发展”的要求，围绕“开发建设新区、壮大提升西区”这条主线，通过项目引进和资金融通。增强骨干企业带动能力，减少亏损企业，全区亏损企业和亏损额分别下降 59% 和 57%。西区经济运行质量明显提高，全年新开工面积 10357 平方米，竣工面积 28000 平方米。积极调整招商战略和方式，全年引进批准进区项目 35 个，其中工业企业 11 个，协议总投资 41.9 亿元，民营企业 11 个，引进市外到位资金 5190 万元。区内企业开发科技新产品显见成效。隆兴包装制品有限公司在引进巴西布基胶带生产技术消化吸收同时，自主创新研制出 8 种不同规格的新产品。其中 2 项被省科委认定为高新技术产品。司达石油装备有限公司利用从美国引进的抽油机控制标准，研制开发出适合国内市场需要的抽油机控制系统。本特思达公司引进清华大学研究的高精度光纤油罐群检测系统和地热综合利用系统 2 个国家级科技项目。全年申报省级高新技术产品 4 项，小型科技企业创新基金项目 2 项，省级联合项目基金 1 项，高新技术产品 1 个。创业服务中心增强服务功能，孵化能力显著提高。全年新吸纳入驻企业 12 家，共有 51 家企业入驻，完成技工贸收入 9500 万元，实现利税 550 万元。全区实现技工贸总收入 5.43 亿元，工业总产值 4.55 亿元，工业增加值 1.13 亿元，地区生产总值 1.15 亿元，全社会固定资产投资 1.05 亿元，地方财政收入 2304 万元。

2000 年，按照“产业发展高层次、社会发展高质量”的原则，支持重点骨干企业快速发展。四海集团二期工程于是年 11 月 28 日投产，华北天星药业有限公司 3000 平方米的废水处理车间，承德众生药业有限公司的 4000 平方米粉针剂车间和综合楼，河北承德露露股份有限公司 4000 平方米的仓库、维修车间相继开工建设。瀚得石业有限公司进入设备调试和试生产，金建检测仪器有限公司厂房主体工程完工。全年，共组织各种招商活动30次，批准进区项目41个，签订外资项目合同7个，协议利用外资2700万美元，实际利用外资339万美元，引进市外资金5000万元人民币。充分发挥创业服务中心孵化器的作用，新入驻企业16家，累计达67家。本特公司和五岳电子有限公司两家民营科技型企业具备毕业条件进区建厂。企业已成为技术创新的主体，中药集团、普宁制药厂、长城种子公司等企业按照“四有”标准建立了科研机构或技术中心。鼓励支持民营科技型企业自主创新、联合创新和模仿创新等形式，进行技术引进、强化吸收，荣视电子有限公司研究开发了视频在线编辑系统，华联工控有限公司研制了物流量与管理系统。北京博士后承德开发基地8月正式进区落户，12位博士到开发区进行项目洽谈，达成一批合作意向，清华大学项目开发基地12月正式签订协议。全年落实财政返还企业资金988万元，支持企业用于科技发展的三项费25万元，帮助企业开发新产品6个，申报省级新产品3项。华北制药天星药业有限公司、四海集团、热河克罗尼仪表有限公司、华一集团4家企业进入河北省百强科技企业行列。全年完成技工贸总收入11.31亿元，工业总产值10.81亿元，工业增加值3.54亿元，地区生产总值3.56亿元，全社会固定资产投入1.3亿元，地方财政收入2951万元，

截至“九五”期末，技工贸总收入由1996年的2.06亿元增长到11.31亿元，增长450%；工业总产值由1996年的1886万元增长到10.8亿元，增长470%；工业增加值由1996年的5240万元增长到3.54亿元，增长580%；地区生产总值由1996年的5750万元，增长到3.56亿元，增长519%；地方财政收入由1996年的844万元增长到2951万元，增长250%。

三、“十五”时期

2001年是“十五”计划的开局之年，在招商引资方面，通过召开招商引资资源分析会，结合承德特点，把京津地区作为项目、技术、资金的主要来源，全年区内企业共引进项目和科技成果11个，司达石油装备有限公司引进的超声波流量计项目已与美国康乐创公司签订了合资合作生产协议。承德四海啤酒有限公司与北京燕京啤酒有限公司合作的10万吨啤酒灌装生产线技改项目一期工程竣工投产。先后从清华大学，中科院等单位引进了地下低温热源转换装置、模糊图像复原系统、Ⅲ型低热膨胀水泥及混凝土等高新科技项目，这些项目不仅达到国内先进水平，有的还填补了国内空白。全年新批进区项目35个，计划投资2.7亿元，其中工业项目5个，总投资额1.45亿元，实际利用外资比2000年增加159万美元，引进内资3864万元人民币，出口创汇165万美元。东区开发建设取得实质性进展。本着“依法办事、公平公正、工作要细、处理要准”的原则，在有关部门配合支持下，妥善解决征地的各种矛盾和问题，于年底与庄头营村签订了14公顷征地协议，又与雹神庙村洽谈了8.13公顷土地签约，使东区征地面积达63.3公顷。按照“高起点规划、高速度建设”的方针，采取招投标办法加快基础设施建设，一方面积极和金融部门进行融资，一方面用施工单位带资建设，水、电、热等部门谁投资谁受益等方法，以工程换资金，以利益换投资，确保基础设施建设顺利进行。按照“以项目带动开发，以开发吸引项目”的开发思路，结合城市结构调整，吸引市区内的企业参与开发建设。制定了一系列有利于企业发展，又有利于开发建设的优惠政策。全年共有在建项目8个，计划总投资8.6亿元，竣工项目1个，全社会固定资产投资达到1.5亿元，创建区以来最高纪录。围绕创新强区战略，狠抓技术创新体系建设，促进科技成果转化，出台了鼓励技术创新的系列优惠政策，积极引导有条件的企业建立科研机构，形成了自主研究，自主开发的体系。创业服务中心对入驻企业进行清理整顿，淘汰一批技术含量低、产能差的商贸企业，并为其增加

了2000平方米的孵化场地，使之成为孵化产品、孵化管理、孵化人才的基地。加大对高新技术企业的扶持力度。区财政用于企业挖潜改造的资金达1700多万元，并将三项科研经费在2000年基础上增加了20%。一年来，开发新产品6个，申报省级新产品4个，高新技术产品5个，科技进步对经济增长的贡献率达到50%。按照中共承德市委、市政府要求，积极治理经济发展环境，对建区以来制定的多项政策法规进行了清理，重申一站式服务的原则，简化服务手续，为企业提供一切便利条件。建立了监督考核机制，依法行政、科学执政、从严治政，坚定客商在开发区投资的信心。通过开展“五项打击、三项取缔、四项规范”活动，严厉打击违法经营活动，积极发展个体和私营企业，全年新增私营企业38户，个体工商户19家。加强安全生产管理，督促企业建立安全生产领导小组，配备固定安全员。对特种作业人员进行岗位技能培训，组织五次大规模的劳动安全生产执法大检查，全年未发生重大安全事故。全年实现技工贸总收入16.28亿元，工业总产值15.02亿元，工业增加值4.89亿元，地区生产总值4.93亿元，全社会固定资产投资1.5亿元，地方财政收入4053万元。

2002年，是我国加入世贸组织的第一年，也是开发区建区10周年。开发区面对复杂的经济形势，准确把握区情和发展形势，以求真务实的精神，把加速发展放在各项工作的首位，东区开发、项目建设、招商引资、科技创新、环境建设方面取得新的进展和成效。经济运行质量不断提高，主要经济指标稳步增长。按照“高质量建设，高速度出让”的原则，利用多种渠道进行土地推介，已征用的55.1公顷土地基本出让完毕，并征用66.7公顷土地做为三期开发的储备。在上年基础设施建设投入的基础上，2002年又投入500多万元，完成了东区的基础设施建设，基本实现“七通一平”。开发面积达2平方千米。坚持实行进区项目协调会制度，建立项目跟踪服务机制，以“项目动工率”做为主攻目标，区属各部门和有关驻区单位协调联动，全方位服务，促进项目开工建设。2万平方米的承德中药集团颗粒制剂及按照药品生产和质量管理的基本准则(GMP)改造项目主体完工，承德阪禾仿真织物、新新电子有限公司、光大输送机有限公司等7个项目开工建设。建设面积188220平方米。在缺少区位优势和政策引力不足，老城区内企业退市进郊任务基本结束情况下，实施从依靠市内企业搬迁改造向依靠外埠企业建设发展转变、从注重引进内资向外资并举转变、从注重政策优势向依靠综合优势转变的招商策略。以情招商、以诚招商、如实推介、科学引导，调整工作布局，把谋划项目和招商引资相衔接，修订完善《开发区优惠政策》和《招商引资奖励办法》，并在市报、电视台、电台进行宣传，保持政策的统一性和透明度。参加省政府组织的“5·18”经贸洽谈会、“9·8”厦门投资贸易洽谈会。是年，引进外资项目1个，总投资2937万美元，内资项目9个，总投资5.45亿元。实际利用外资500万美元，引进市外内资1.59亿元，出口创汇180万美元。在科技创新方面充分发挥政府的鼓励与引导作用，明确企业用于技术进步的资金列入成本，超过50%部分用于抵顶应纳所得税额，充分调动企业自主创新的积极性。全年共引进科技成果5项，国家级“973”攻关项目“三网合一综合业务网络系统”已在荣视电子公司进行试验。进一步加强创业服务中心建设，发挥科技成果、人才管理等孵化作用，全年培训企业管理人员263名（含企业领导63名），帮助企业开发新产品5个，争取市创新体系建设基金10万元，创业中心建设基金20万元，省校合作基金100万元。在孵企业有4家毕业建厂，孵化面积已达5000平方米。至年底，在孵企业61家，注册总资本670万元，年实现利税1800万元。全区的高新技术企业产品已有37个，争取省、市项目资金137万元。高新技术产业对工业经济增长的贡献率达到95%

以上。强化“项目至上、客商至尊”的理念，“一家牵头、协同推进”，为企业为项目建设提供全过程服务，帮助办理土地征用、方案审批、招投标、许可证发放、施工、竣工验收、产权证发放、项目配套等事务，受到进区企业和外商的赞誉。坚持已经确定的税收、返还优惠政策不变，为企业服务的意识和手段不变。引导帮助热河仪器厂进行改制重组，使这一老企业焕发出了青春。协调市财政、税务部门支持企业的发展，取消在建项目市级的各种收费，减少企业项目建设成本。全年实现技工贸总收入17.05亿元，同比增长4.4%，工业总产值12.7亿元，工业销售收入15亿元，同比增长8.6%，工业增加值4.12亿元，地区生产总值4.37亿元，全社会固定资产投资1.65亿元，同比增长12.5%，实现利税12710万元，地方财政收入5430万元。

2003年，是开发区克服非典疫情严重影响，从武烈河流域到滦河流域加快推进区域开发建设和经济稳定、健康发展的重要一年。围绕推进中共承德市委、市政府“开放带动”“工业立市”和城市发展“南扩西进”战略的实施，开展了以招商引资和项目建设为主要内容的“扩大开放年”和“项目建设年”活动。团结奋斗、迎难而上、开拓创新，全力加快开发建设的步伐。参加以避暑山庄肇建300周年庆典的经贸洽谈等国内系列招商活动。是年2月，约请10家日本商社到开发区开展经济技术合作，达成10个方面的项目合作意向。帝贤公司与日本合资的阪禾仿真织物有限公司项目入区。全年实际利用外资2080万美元，同比增长316%，占全市完成额的27.7%，是市下达任务的7倍，实现利用外资历史性突破。引进市外资金3600万元，发布项目20个，新签内资项目25个，外资项目1个。扎实开展了“项目建设年”活动，制定具体实施方案和考核监督办法，明确领导班子成员和各部门分包项目，按时调度、督查，各部门和驻区单位全力以赴提供全方位服务，排除各种干扰帮助解决项目建设中遇到的规划审批、电力设施建设、水源供应等一系列难题，加快项目建设进程。是年，9个续建项目完成建设，总投资3.4亿元。15个新建项目已有12个开工建设，3个竣工投产。东区仅用两年时间实现了摆满项目的目标，开发建设速度和固定资产投入实现历史性突破。先后谋划帝贤日资工业园、智能化仪器仪表产业园、舜达科技工业园等10个大项目，共储备项目52个。在东西区项目摆满情况下，存量土地缺失，开发区的发展空间受掣。按照城市总体规划，经市政府同意批准开发南区，即冯营子村、郭营子村、崔梨沟村三个村的土地，一次性大规模征地333.3公顷土地，在承德建设和发展史上也是历史性突破。自4月起正式启动征地，同步进行组卷报批和南区开发规划设计与项目准备。继续改善基础设施环境，投资600万元，对京承旅游公路开发区段景观整治，拆除违章建筑5处，西区主支路面盖被13950平方米、人行道维修、供热设施改造、东区供水、供热等10项工程。恢复草坪6000余平方米，补栽花木150组（棵），新安装路灯46盏，维修93盏，管委会办公楼亮化工程完工，基础设施及生活设施显著改观，展现了开发区环境形象。加强政务环境建设，进一步健全管理职能，开发区国土资源分局、规划分局、土地储备中心、安全生产监督管理局相继成立，国税、地税、工商、公安派出所等部门以及工商银行开发区支行等强化各自管理职能，为建设发展、为企业提供优质服务。按照“营造发展氛围、拓展发展空间、优化发展环境、提高自身素质、加快发展步伐”思路，开发区为城市经济中心区、体制改革试验区、技术创新孵化基地、城市新区的功能定位将逐步实现。全年实现技工贸总收入21.39亿元，同比增长23%，工业总产值17.45亿元，同比增长38%，工业增加值5.13亿元，地区生产总值5.6亿元，同比增长311%，全社会固定资产投资4.05亿元，同比增长142%，地方财政收入7217万元。

2004年，开发区建设与发展面临着从2003年下半年起国家开始清理整顿开发区，对发展中的开发区调整规划、扩大规模采取了叫停措施。2004年，国家在实施宏观经济调控中又先后采取了暂停农用地转用和建设用地审批。清理固定资产项目、收紧信贷等一系列措施的新形势，对开发区南区开发、重点项目建设产生了非常重大影响。中共承德市委、市政府非常重视关注开发区的建设与发展，是年1月18日，做出了《关于进一步加快高新技术产业开发区建设与发展的决定》（以下简称《决定》）。开发区认真宣传落实《决定》，围绕推进“开放带动”“工业立市”和城市发展“南扩西进”的战略，继续以加快发展为核心，以营造环境为动力，以扩大开放、加快项目建设为重点，在开发建设、招商引资、科技创新、经济运行质量和效益方面取得显著成效。用1个月时间完成南区二期121.3公顷地上附着物清偿登记和补偿标准协商，并组建报批。为尽快落实中共承德市委、市政府新的城市发展战略起到了奠基石作用。争取省政府同意批准高校园区189公顷土地，于11月初取得批准文件。协助承德民族师范学院，承德石油高等专科学校编制详规。充分利用互联网媒体以及各种招商活动，加大对外宣传和推介力度，先后组团或派人赴上海、江苏、浙江、山东、陕西、广东、天津、北京和台湾等地开展招商，参加了烟台环渤海地区市长联络员会、香港河北经贸洽谈会、廊坊河北省第二十届经贸洽谈会、西安经贸洽谈会、厦门投资贸易洽谈会等招商活动。全年实际利用外资920美元，外贸出口545万美元。坚持实施工管委领导分包联系重点建设项目责任制，逐月召开项目建设调度会，投资46万元协调供电部门完成影响东区建设的10千伏和35千伏两条废旧供电线路迁改工程，全年10个续建项目和12个计划开工建设项目中4个列入河北省重点支持项目。至年底，7个工业项目竣工投产，累计完成投资5.15亿元。3个工业项目正在建设中，累计完成投资47756万元。全部建成后年可新增产值16亿元，利润2.4亿元。中国电信通讯承德枢纽楼等8个项目相继开工建设。立足现有基础，整合产业优势，重点推进智能化信息仪表产业园和承钢集团仪器产业园建设的前期工作。组织区内12家企业加强与清华大学、中科院等技术依托单位联系，参加项目发布会，争取省市科技部门支持，全年有3个项目列入市科技重点支持项目，获支持资金15万元，为本特公司争取省校合作资金60万元，五岳电子公司研发机构建设等3个项目参加省科技厅招标。为适应发展要求，进一步加强机关建设和干部队伍建设，围绕“树正气、讲团结、求发展”主旋律，创建学习型、调研型、创新型、服务型机关，积极开展“政务服务提速年”活动，全面推行政务公开、服务承诺、首问负责、现实办结、代理代办和失职追究六项制度，提高政务服务水平，并且启动了ISO 9001和ISO 14001“两标一体”管理体系认证。是年，市环保局、房产局先后在高新区建立分支机构，开发区城管综合执法大队组建并报市编办审批。全年完成技工贸总收入26.78亿元，同比增长25.2%；工业总产值22.56亿元，同比增长29.3%；工业增加值6.92亿元；地区生产总值7.66亿元，同比增长36.6%；全社会固定资产投资6.01亿元，同比增长48.4%；地方财政收入8743万元，同比增长21.1%。

2005年，是实施“十五”计划的最后一年，也是开发区各项工作迈上新台阶，各项经济指标实现新跨越的一年。开发区牢固树立科学发展观，以加快建设城市经济中心区和开发区工业园为核心，以深入开展保持共产党员先进性教育活动为动力，真抓实干，加快发展，推进南区开发，继续扩大开放，区域经济稳健增长，经济运行质量和效益进一步提升。在省政府支持下，追加用地指标84.33公顷。至年底，南区346.67公顷土地收储完成，全部获省政府批复，并启动配套基础设施建设。多方面筹集资金，3所高校筹集1.92亿元，开发区筹集1.96亿元，保证如期兑付被征地农民补偿。按照中共承德市委、市政府统一部署，积极配合双桥区解决被征地村征地补偿分配和高校建设依法进地。协助规划部门完成承德市市区南扩战略发展规划的编制和南区控制性详规的编审和完成南区及东区二期环境影响综合评价，并获市环保局批准，为高校和新项目进区开工建设奠定了规划和环保基础。是年8月25日至11月9日，教育园区3所高校和承德一中陆续进地开工建设。先后组团参加省、市政府和国家有关部委在日本、韩国、北京、天津、廊坊、烟台、石家庄举行的招商活动10余次，10余个中外投资机构或个人到承德开发区考察洽谈项目，达成合作意向12个。全年实际利用外资35万美元，引进内资46626万元，外贸出口创汇660万美元。在抓好续建和新建项目同时积极谋划40个储备项目，总投资达125亿元：单晶硅太阳能电池等8个项目列入近期重点项目，总投资27.49亿元，至年底新批准进区项目128个，累计注册企业269家，开发区产值超亿元的企业5家，纳税超千万元企业4家。积极推动中小企业科技创新，全年申报国家和省创新基金项目4个，金建公司维卡软化点温度测定仪、联创计控设备有限公司微颗粒装置各获省发改委高新技术产业化基金50万元，金建公司平开窗检测仪通过部级新产品鉴定并填补国内空白，科达仪表有限公司数显流量计通过省级新产品鉴定。营造良好的经济发展环境，开展机关效能建设和行政权力公开透明运行，正式实施首问负责制。“两标一体”管理体系认证于6月1日正式运行，开发区成为全市首家开展此项国际标准认证的政府机关。从整体上提升了行政服务水平，营造了优良的环境品牌。驻区各部门和区直部门塑造“艰苦创业、求实创新、奋发有为、廉洁勤政”的开发区人形象，团结协作、密切配合、尽心尽力、发挥职能部门作用，特别在处理重大应急事件、安全生产、拆迁安置等难点问题方面，展现了良好素质和工作能力。是年，开发建设面积4.6平方千米，建成区2.6平方千米。全年实现技工贸总收入33.05亿元，同比增长22.4%，工业总产值27.02亿元，同比增长15%，工业增加值8.51亿元，地区生产总值9.38亿元，同比增长20%，全社会固定资产投入4.66亿元，地方财政收入1.11亿元，同比增长25.8%，首次突破亿元大关，税收收入占GDP比重关于全市平均水平1倍以上。

“十五”期间，开发区克服资金短缺、高新技术企业及高新技术产业所占比例不高、外资企业、大型支柱产业不多，管理体制不顺等种种困难，仍达到经济快速增长，新区开发卓见成效。截止到2005年底，技工贸总收入由2000年11.31亿元增长到33.05亿元，增长191%，工业总产值由2000年10.81亿元增长到27.02亿元，增长150%，工业增加值由2000年3.54亿元增长到8.51亿元，增长140%，地区生产总值由2000年3.56亿元增长到9.38亿元，增长163%，地方财政收入由2000年2951万元增长到1.11亿元，增长273%。

四、“十一五”时期

2006年，是“十一五”规划的起步之年，也是南区开发进入大规模建设阶段实现新一轮发展奠基之年。围绕建设城市经济中心区和现代文明城市新区的目标，坚定实施环境立区、开放兴区、科技强区三大战略，深入开展社会主义荣辱观教育实践活动，强力破解发展制约，努力打牢发展基础，实现快速发展。加快南区开发建设，多方筹措资金2.3亿元给予南区占地三个村346.67公顷土地征地补偿，依法于10月30日工业园区顺利进地施工，同时完成了区域控制性规划，区域性环境影响评价、滦河、武烈河口段生态防洪规划等，委托天津大学编制的南区概念性城市设计方案已顺利通过市规划委员会审批，此区域将成为开发区和城市新区的核心组团与示范区域。加大资金投入进行基础设施建设，相继开工建设南区主干道路6920延长米和供水、供热、供电、通信工程。是年10月6日，跨滦河凤凰山大桥工程开工建设。至年底，大学园区段东西向主路路面工程基本完工，供水工程竣工供水，污水管道铺设完毕，供电工程跨滦河大桥架空线路于11月15日接通，建成的200万平方米供热能力的供热厂于11月15日正式向大学园区供热，满足入区企业和高校师生工作生活需要。承栗公路至南区跨滦河大桥开工建设。调整招商引资思路、改革招商机制、转变工作方式。以南区开发为切入点，先后组团参加国家有关部委和省、市在香港、北京、苏州、廊坊等地的招商活动10余次。与中视枫叶广告有限公司、北京典艺影视制作中心共同制作了承德开发区广告宣传片，于11月20日正式在央视国际频道播出，广泛宣传，提高知名度。全年实际利用外资28万美元，到位内资6.09亿元。重点项目建设与项目储备相结合，边建设边储备，管委会成立开发区生产力促进中心，共谋划储备25个项目。围绕产业结构调整和特色主导产业培育，编制了开发区产业规划和高新技术发展规划，有3个项目列入国家火炬计划。积极争取省、市科技专项资金370万元，支持中小企业发展。富泉石油机械有限公司研制的石油防喷器控制装置通过美国石油协会标准认证，开创了在全国石油行业中同时取得4项产品认证书专利。深入开展机关效能建设、行政权力公开透明运行和作风建设年活动，“两标一体”正式运行，政务环境进一步改善和提高，行政管理服务更加规范化、科学化。经济中心区、现代文明城市新城区雏形基本形成。全年实现技工贸总收入40.18亿元，同比增长21.57%，工业总产值3043亿元，同比增长12.61%，工业增加值10.3亿元，地区生产总值11.36亿元，同比增长21.1%，外贸出口960万美元。同比增长45.45%，全社会固定资产投入6.69亿元，同比增长43.5%，规模以上工业实现税收2.22亿元，同比增长18.88%，实现利润1.64亿元，同比增长14.44%，地方财政收入1.418亿元，同比增长28.79%。

2007年，是开发区发展历程中困难和矛盾日益突出、发展受到严重阻碍的一年。国家土地政策的变化、失地农民期望值过高，而使南区建设受到制约。在种种困难情况下，开发区坚持以科学发展观为统领，认真贯彻落实省、市重要工作部署，加大力度，完善基础设施建设，强力推进招商引资、强化重点项目建设。从3月中旬始，利用近三个月时间相继进行南区园区道路、供水、供电工程建设，完成4条总长5350米的骨干路网路基、修建污水管道3890米、铺设供水管道800米和一座供电开闭站主体工程。修建1400米的南北向主干道路（学院大街）和2700米的东西向主干道（学院路），并于6月底通车。承栗路至南区跨滦河大桥和凤凰山大桥竣工通车。南区基础设施建设总投资2.8亿元。招商引资在规模上、效益上、深度上取得较大突破，组团参加省市招商活动外，有针对性组织开展一系列招商活动。管委会制定出台了《承德高新技术产业开发区引进工业项目奖励办法》。全年共引进项目8个，实际利用外资3100万美元，同比增长620%，引进内资101965万元。以坚持上规模、上档次、上水平提升产业结构为目标，支持帮助企业推进技改扩能：银河连杆有限公司与重汽集团合作为英国LISTE、PETTER公司生产10万件ACPHA连杆项目于12月初交付样品完成测试已批量生产，80万件裂解连杆生产线建成并进行设备调试与试生产，投产后年销售收入达5亿元，利税1200万元；华富玻璃器皿有限公司新建11000平方米技术中心项目竣工投产，年增销售收入3000万元、实现利税260万元；翔龙汽车修理有限公司的厂房项目完工投入使用，可实现年销售收入3000万元，实现利税600万元；河北四海发展有限公司10万吨麦芽扩能项目于11月开工建设;4个工业项目总投资3.462亿元。承德凤凰山房地产开发有限公司投资5亿元的住宅小区一期项目开工建设；已完成11.4万平方米；承德一中新校区项目；承德石油专科学校新校区项目；河北民族师范学院新校区项目已陆续开工建设；总建筑面积25.22万平方米。三所学校总投资13.2亿元，市银监局集办公、住宅为一体的百合园项目基本完工。围绕区域骨干企业发展和培育战略支撑产业，谋划了涉及电子信息、仪器仪表、汽车零部件、装备制造、旅游等6个产业等一批进区重点项目，总投资30.1亿元，项目建成后可实现产值49.4亿元，实现利税7.5亿元。争取省级专项资金120万元，加大对企业技术引进、自主创新的支持，促进产业技术含量不断升级。9月在廊坊举办的第十七届全国发明博览会上，热变型维卡软点温度测定仪获得金奖，高精度光纤液体罐群检测系统、CSZY数字智能液体测量仪、微量连体精密配料生产线、无基础自动轨道衡、太阳能、地热能联合中央空调装置5个项目获得铜奖。KF20可控隔离式电磁流量计、铝电解主要物料准确数据采集系统2个项目列入国家应用技术研究与开发资金政策引导类计划项目。热机械分析仪项目、微量自动精密配料生产线项目列入省级科技合作开发资金项目。400万居里γ辐照全自动输送装置项目列入省高新技术产业化重点示范项目，煤矿企业定量装车系统项目列入省科技型中小企业创新资金项目，有4种产品被认定为高新技术产品。提升区内环境，完成南区内道路两侧绿化带修建，安装134盏路灯，东西两区3000平方米草坪，1600棵行道树及花木绿化，达到绿化、亮化、美化效果。政务服务质量进一步提升，“两标一体”工作顺利通过北京方圆认证公司的第一次外部审核。市国土资源局、市规划局调整行政管理职能、相关权力下放给分局，方便了企业，提高了办事效率。开发区环保分局、开发区房产管理处正式成立、环境卫生管理所成立，专职负责区内企事业单位的生产、生活垃圾集中清运工作。是年，经济持续快速增长，质量效益同步提升。实现技工贸总收入48.81亿元，同比增长21.46%；工业总产值34.6亿元，同比增长13.75%；工业增加值13.07亿元，地区生产总值13.91亿元，同比增长18.9%；全社会固定资产投入完成10.2亿元，同比增长52.4%；地方财政收入完成2.56亿元，同比增长59%；外贸出口创汇1200万美元，同比增长25%。

2008年，是我国改革开放和现代化建设进程中极不平凡的一年。面临复杂多变的严峻形势，开发区以科学发展、和谐发展、跨越发展为首要任务，以“创新创业、开放开发”为主线，围绕率先突破、率先发展、率先跨越的要求，实施“环境立区、开放兴区、科技强区、项目带动”战略。以打造滨水新城核心节点为目标，实施基础设施、教育园区、住宅小区“三大工程”建设。投资1.4亿元建成9.6千米的2条主干路和5条支路建设；初步形成了三横六纵的路网体系。至11月末，给排水和通信工程、2.9千米的电力管线铺设和两座电力开闭站相继建成；投资8011万元的11万伏变电站启动建设，教育园区内承德一中新校区9月初全部建成；承德民族师范学院、承德石油高等专科学校新校区一期工程，旅游学院除培训中心外新校区项目全部竣工。文轩茗园14万平方米住宅项目已开工建设。总投资3.07亿元的四海集团与德国DEG公司合作建设的10万吨麦芽扩能项目已累计完成投资近亿元，主要设备已订购；总投资3000万元的颈复康丸剂车间技改项目和科技研发中心完成建设；隆升电力器材有限公司等8个新建项目已开工建设，总投资7.5亿元。按照改造提升传统产业、培育新兴产业、发展高新技术产业的思路、重点谋划了物流中心、硅系列产业园等22个项目。谋划了涉及交通、医疗卫生、产业结构调整、安居工程、现代服务、新能源等领域项目，争取国家专项资金项目25个，总投资122.25亿元。经过筛选已有15个上报省发改委。按照中共承德市委、市政府“三年大变样”的部署，开展了以“建”为主，“拆”“治”并举的举措，加快区域城市面貌建设。完成主干路300盏路灯安装和9000余平方米的绿化以及京承旅游路开发区路段的改造和武烈河下游两侧绿化，与市财政局、市水务局、双桥区等筹集8000万元，并与市财政局共同贷款1.9亿元，完成滦河两道橡胶坝和滦河南岸防洪堤主体工程，形成了与武烈河12道橡胶坝相接，4.4千米长、140多万平方米的水面景观。高新区现有的产业结构已具备较强的抗风险能力，区内骨干企业生产经营较为平稳，经济效益进一步提升，规模以上企业利润和税收分别完成3.91亿元、2.78亿元，同比增长32%和3%。全年实现技工贸总收入60.06亿元，同比增长23.05%，实现工业总产值41.1亿元，同比增长18.77%，工业销售收入40亿元，同比增长13.6%，工业增加值15.5亿元，地区生产总值16.5亿元，同比增长18.61%，全社会固定资产投资13.25亿元，同比增长29.95%，地方财政收入2.64亿元，同比增长16.96%。

2009年，是高新区建区以来面临经济形势最困难、建设发展任务最艰难的一年。严峻的经济形势和金融危机给区域经济带来严重影响。高新区以开展学习实践科学发展观和“干部作风建设年”活动为契机，围绕“保增长、调结构、增投入、拓空间、优环境、促发展”的工作主线，抢抓机遇，克难克艰，努力化解金融危机的不利影响，突出项目建设重点。继续实行领导分包项目和领办责任制，积极主动帮助企业协调银行融资使四海公司恢复生产，解决了颈复康药业集团有限公司、凤凰御景、富泉石油机械装备有限公司流动资金紧张的实际困难，帮助绍淇印业争取国家推动内需发展优势产业1200万元无偿资金支持。承德伏安电工有限公司等5个工业项目已完成厂房主体工程；隆升电力器材有限公司生产成功调试投产。移动通讯枢纽楼、商品检验检疫中心、奥林匹克体育中心、石油专科学校新校区二期工程、凤凰御景住宅小区二期正在建设中，总投资8.25亿元。全年工业建设项目17个，总投资34亿元，服务业项目5个，总投资20亿元，城镇建设项目15个，总投资53亿元，基础设施建设项目4个，总投资15.6亿元，实际完成18.6亿元。总计建设项目41个，总投资122亿元。列入省、市重点的9个项目已有6个开工建设，完成投资7.5亿元。新谋划涉及食品医药、装备制造、新能源、新材料、汽车零部件等产业项目18个，总投资100亿元。充分发挥企业自主创新作用，加大政策支持和资金的扶持。全年共成功组织企业4个科技产业化项目申报省市科技项目，获省级科技专项扶持资金133万元、市创新基金100万元，三项科技经费和科技创新基金180万元，重点支持了7个科技创新与产业化项目。创业服务中心进一步完善孵化设施和服务功能，是年2月，被评为省级科技企业孵化器。按照新发布的《高新技术企业认定办法》，2家企业被省认定为高新技术企业。根据省政府《关于省级高新区（园区）升级扩区》的通知要求，是年7月已通过省政府批准扩区，在原6.2平方千米基础上，新扩区域面积18.5平方千米，达到24.7平方千米。按照市政府创建国家园林城市和省级卫生城的部署，投资4000多万元进行区内绿化和卫生环境整治，完成南出口城市中心公园内树木栽植、草坪种植和道路、供电、供水配套工程，完成教育园区和工业园区东西、南北主干道两侧十米宽的绿化带的绿化和京城旅游公路西侧高新区段绿化。区内设置路牌、果皮箱、增添清扫清运车，卫生管理水平和环境卫生状况显著提升。累计投资6800万元，修建滦河防洪堤、亲水步道、滨河景观大道及主堤坡绿化景观带。加强经济运行监控与组织调度，帮助企业渡难关，千方百计开拓市场、扩大销路、调整结构、加强经营管理，企稳回暖，全年完成技工贸总收入72.05亿元，同比增长20%；工业总产值48.22亿元，同比增长17%；工业增加值17.71亿元，地区生产总值20.05亿元，同比增长18.7%；主营业务收入47亿元，同比增长17.5%；全社会固定资产投资18.65亿元，同比增长43%；地方财政收入3.762亿元，同比增长42%。

2010年，是“十一五”规划的收官之年，高新区按照中共承德市委、市政府的部署，认真开展“四大一推一建”活动和“干部作风建设年”活动，围绕建设国际旅游名城、生态产业园区和科学发展示范区目标，抢抓机遇、求真务实、创新创业、开放开发。招商引资有了新突破，全年共引进项目2个，实际利用外资2050万美元，同比增长97.8%。项目建设有了新进展，中国北方石油机械研发制造检测基地、DTJ抽油机拖动装置技术改造，承德奥林匹克体育中心、河北旅游职业学院实训楼、承德移动通信指挥调度中心、数字电视传输中心、承德出入境检验检疫局综合实验楼、承德路桥工程检测中心、承德路政执法大厅完成主体工程，承德科技大厦、烟草配送中心已竣工投入使用。阳光四季城住宅小区、御龙瀚府住宅小区、滦阳御园住宅小区、和润新城住宅小区、天都嘉城住宅小区、商务休闲区（RBD）、文轩茗园小区二期、101国道东西营段道路改造等一批项目正在建设中。列入省重点项目12个，有8个项目开工建设。工业建设项目20个，总投资30亿元;服务业项目22个,总投资5.6亿元;城镇建设项目13个，总投资77亿元；基础设施建设项目11个，总投资40亿元。全年续建和新开工建设千万元以上项目46项，总投资153亿元。是年4月26日，市政府十二届三十五次常务会议正式审批通过上板城工业聚集区控制性详规，产业发展规划编制完成，环境影响评价已通过省环保厅审批。污水处理厂项目，被列入中央预算内投资备选项目。涉及4个村40公顷土地已正式启动征地。完成东西营片区16个工业项目土地招拍挂。银河连杆有限公司、荣森海姆机械有限公司、绍淇印业全自动凹版印刷机械制造正兴彩钢有限公司等4个项目开工建设。唐山曹妃甸承德临港工业园完成200公顷土地征收，启动开发面积2平方千米，5平方千米控制性规划和20平方千米概念性规划待审批，路神专用汽车制造和环保节能设备生产项目已开工建设。进一步完善基础设施建设提升环境水平，凤凰山东街（凤凰山大桥南端至冯营子丁字路口）拓宽改造，完成路面铺设等主体工程。委托市交通局建设冯营子片与东西营片24米宽道路连接线和2座跨滦河大桥工程正在施工中。11万伏电站开工建设（为核心区和东西营提供电源），101国道高新区段拓宽改造年内完成路基和桥梁工程。道路桥梁建成后，将核心区与市城区、与上板城工业聚集区、东西营片区与多条高速公路相连接贯通。20.67公顷的三角地中央湿地公园项目开工建设，完成地形整治，针叶树栽植、草坪种植、台田花卉摆放、人行步道、木栈桥工程。建设滦河防洪与环境整治（包括主堤坝、亲水步道、滨河景观大道）、凤凰山大桥至崔梨沟山头滦河南岸5千米绿化景观带和滦河两岸亮化工程。建设滦河第三道橡胶坝和两岸5300米防洪堤和河道整治工程，已完成2/3工程量。建设凤凰山大桥至崔梨沟山头滦河南岸5千米沿河水际、路标、绿带、景观小品、沿河楼宇和凤凰山大桥、东南山大桥桥体亮化工程。核心区（南区）东西、南北主干道两侧十米宽绿化工程基本完工，栽植高档次树木3900多棵，铺种冷季型草坪7万多平方米。总投资6.5亿元。强化政务服务环境建设，设立了“一站式”审批大厅和服务中心，简化项目审批程序、提高办事效率、创新服务理念、增强主动服务意识、为企业提供“保姆式”全程服务。区域经济平稳较快增长，全年实现技工贸总收入86.04亿元，同比增长18%，实现工业总产值54.53亿元，同比增长36.2%，实现工业增加值22.2亿元，实现地区生产总值25.87亿元，同比增长11.9%，全社会固定资产投资29.02亿元，同比增长56%，全部地方财政收入5.73亿元，同比增长33%。是年，承德高新区被省政府评为“河北省十强开发区”，经科技部评审，承德高新区创业服务中心被批准为国家级科技企业孵化器。

“十一五”期间，高新区围绕建设城市经济中心区和现代文明城市新区目标，实施环境立区、开放兴区、科技强区三大战略，克服交织在一起的诸多困难和矛盾的制约，齐心协力、奋力拼搏，新区（南区）开发建设实现预期效果，招商引资、项目建设、科技创新、优化发展环境取得明显成效，管理水平进一步提高，经济运行质量平稳增长。截至2010年底，技工贸总收入由2005年33.05亿元增长到86.04亿元，增长160%，工业总产值由2005年27.02亿元增长到54.53亿元，增长100%，工业增加值由2005年8.51亿元增长到17.71亿元，增长108%，地区生产总值由2005年9.38亿元增长到25.87亿元，增长175%，全社会固定资产投入由2005年4.66亿元增长到29.02亿元，增长522%，地方财政收入由2005年11008万元增长到5.73亿元，增长419%。

五、“十二五”时期

2011年，高新区克服国家金融政策收紧，用地指标紧缺等一系列困难，有效破解资金瓶颈制约，确保土地收储和配套基础设施建设的推进，招商引资和重点项目建设取得新成效，科技创新再上新台阶，区域经济保持稳步增长。深化与京津合作，与天津大学签署了《战略合作框架协议》。聘请北京奥雷森广告公司制作了高新区专题宣传片，与中央网络电视台建立了合作关系。继续加大招商力度，转变招商工作方式，创新招商工作方法。全年实际利用外资1800万美元，同比增长25%，实际引进内资8.84亿元，同比增长82.6%。全力推进重点项目建设，承德正兴彩钢结构有限公司年产2万吨钢结构工程项目和四海集团20万吨啤酒对外合作项目和锅炉烟气脱硫减排技改项目等8个工业项目相继开工建设，总投资10.62亿元。全年共实施建设千万元以上项目50个（含亿元以上项目20个）。工业项目27个，总投资150亿元，现代服务业项目8个，总投资29亿元，配套基础设施建设项目18个，总投资71亿元，城镇项目建设11个，总投资90亿元。围绕核心区和上板城工业聚集区产业规划，新谋划食品医药、装备制造、新能源、新材料等千万元以上项目36个（含亿元以上项目22个），总投资178亿元，其中工业项目19个，总投资101.2亿元，现代服务业项目17个，总投资76.8亿元。高新区开展了科技对标行动和专利提升行动，引导和帮助企业科技创新，培育和发展高新技术产业，投入资金220万元支持科技研发和新产品开发24个，引导带动企业投入2.4亿元，19个项目完成研发设计，17个项目完成新产品样机并进入中试，9个项目完成新产品专家验收。申报省市科研计划项目8个，中药挥发性成分提取分离与制剂技术系统研究及工程化应用等4个科研项目列入2011年省科技研究与发展规划。共引进科技资金295万元。全区共有63家企业被列为省专利提升行动试点企业，7家企业被列为省自主知识产权优势培育企业。全年共申报专利41件，获专利授权24件，获发明专利授权3件。6家企业申报高新技术企业认定，承德本特思达仪表有限公司、承德苏垦银河连杆有限公司被省认定为高新技术企业。全年实现高新技术产值52亿元，同比增长29.03%。按照建设国际旅游城市总体要求，继续加大配套基础设施、景观环境提升和房地产开发项目建设力度。聘请新加坡邦城规划顾问有限公司编制的闫营子区域控制性详规通过审批，高铁商圈控制性详规正在编制中。完成东区休闲商务区（RBD）主干道路网2.3千米，迁改二化公司35千伏备用电网1020米和凤凰山东街拓宽改造、绿化、路灯等工程。中央湿地公园第一组团建成、修建防洪堤2千米及京承旅游路高新区段沿线拆墙透绿工程。上板城工业聚集区的土地收储已获省政府批准，东西营片区2平方千米土地收储完成，已完成主路网铺设和101国道拓宽改造工程，110千伏线路架设完毕，具备通电条件，供热、供水、污水和通信管线正在铺设。完成鸡冠山大桥主体工程，园区主干道路网路基础和1.1公里的白河口段防洪堤已建设完工。东西营片共有25个工业项目落地，6个企业开工建设，总投资43亿元。区域经济运行继续稳步增长，全年实现技工贸总收入108.96亿元，同比增长22.08%，工业总产值67.37亿元，同比增长19.3%，工业增加值20.09亿元，工业销售收入64亿元，同比增长17.56%，地区生产总值33.81亿元，同比增长19.83%，全社会固定资产投入35.01亿元，同比增长20.7%，地方财政收入7.23亿元，同比增长22.4%。

2012年是高新区发展历程中任务极其艰巨、发展极其艰难的一年。工管委及时调整工作思路、凝心聚力、克难攻坚，乘承德高新区晋级为国家级高新区之东风，破解上板城工业聚集区规划调整、东西营片区域工业项目停建等一系列困难和压力。按照市政府开展“央企、京企、省企进承德”活动的要求，积极扩大内引外联，组织32批次参加省、市组织的系列招商考察活动，发布重点招商项目，接待44批次客商到高新区考察。招商引资按市场化运作，引入专业招商中介机构，明确产业类别、投资规模、科技含量硬性标准，建立具有吸引力的奖励机制，形成立体化招商网络。全年合同利用外资3175万美元和协议利用外资944万美元。引进内资18项。根据承德市“一体两翼”城市发展战略构架和“5+2”产业发展定位，重新调整产业布局，临河区域发展商贸、金融、旅游、文化、科研产业和居住用地，浅山区发展一类工业。对东西营区停建的24个工业项目重新安排，选址重建。对停建企业造成损失给予合理补偿。苏垦银河连杆有限公司、荣森海姆机械有限公司、正兴彩钢结构有限公司三家企业经过多方努力争取缓迁，厂房主体工程完成建设。承德奥林匹克体育中心、移动通讯指挥调度中心投入使用，和润新城、阳光四季城、滦阳御园等住宅小区交付入住。一方面抓企业技改扩能项目，河北承德露露股份有限公司50万吨扩能项目已进行基础建设，中国北方石油机械研发制造检测基地项目竣工，投入试运行；另一方面推进现代服务企业项目建设，华峰五星级酒店项目主体封顶。全年组织实施新产品开发项目13个，先进制造技术研究1个，技术改造项目1个，企业研发投入1.9亿元，项目完成可新增销售收入4.8亿元，利税1.1亿元。安排科技资金380万元支持承德市新龙物联科技公司的基于M2M平台的城市户用仪表智能监控系统研究及产业化项目等7家企业的7个科研项目。上报省科技支撑计划项目1个，科技型中小企业创新基金计划2个。渤海石油机械公司建立省级工程技术研究中心、河北四海麦芽有限公司建立行业重点实验室。加大创业服务中心建设，投入230万元搭建技术创新与公共设计平台，为中小型企业科技创新和设计开发提供支持。全年实现高新技术产值60亿元，同比增长15.38%。环境建设扎实推进，按照“高标准、高起点、高水平”的要求，增强城市功能，提升承载能力，相继启动完成核心区高铁商圈、闫营子、东西营和上板城等区域城市设计和控制性详规编制。完善基础设施建设和城建项目29个（续建项目9个、新建项目20个），总投资75.68亿元。相继完成101国道东西营段拓宽、改造和绿化工程，全长4.2千米的东西向主路污水、雨排水工程，滦河东西营段1.5千米长防洪堤工程基础和中央湿地公园二期工程。加强区内各主干道等重要节点市容环境治理，严格执法，提高城区管理水平，经济发展实现平稳增长，累计登记各类企业649家，注册资金47.43亿元，累计农民专业合作社11户，注册资本3595万元，个体工商户811户，注册资本6804.95万元，从业人员1781人。新增各类企业131户，新增注册资本5.57亿元。新设立个体工商户170户，注册资本1527万元。从业人员355人。全年实现技工贸总收入126.47亿元，同比增长20%；工业总产值76.02亿元，同比增长15.38%；工业销售收入74亿元，同比增长15.63%；工业增加值21亿元，地区生产总值35.86亿元，同比增长15.48%；因东西营工业区域工业项目停建，全社会固定资产投入15.64亿元，同比下降57.16%；地方财政收入8.32亿元，同比增长14.8%。是年8月，经国务院批准，承德高新技术产业开发区晋升为国家级高新技术产业开发区。

2013年，中共承德市委、市政府对高新区主要领导进行调整，中共承德市委常委、副市长刘文勤任中共承德高新区工委书记、管委会主任。按照中共承德市委、市政府“发挥优势、高点起步、开放创新、绿色崛起”的发展思路和全力打造“1+3”产业发展平台的战略部署，高新区领导班子重新审视区情，立足新起点，重新确定发展目标和发展战略，形成了“锁定一个目标，突出三大历史任务，打好四场硬仗，建设六型新区”的发展思路和共识。克服宏观经济形势低迷、经济下行压力加大、要素制约破解艰难等一系列困难和挑战，以“振奋精神、凝心聚力、克难攻坚，全力夯实发展基础”为总基调，强力推动各项重点工作落实，经济与社会各项事业取得新成就。围绕培育战略性支持产业、发展高新技术产业、提升城市功能进行招商引资。广泛参加各种招商活动，邀请国内客商120余批次到高新区考察，外联对接30余批次，引进13个签约项目（投资亿元以上的10个，外资项目1个）。总投资135亿元。跟踪重点洽谈项目24个。与北京师范大学合作建设承德附属学校项目正式签约，总投资为2.6亿元，计划暑期开学招生。全年利用外资707万美元，外贸出口创1000万美元。在项目建设方面实行目标责任考核制，制定出台了《关于建立健全项目工作推进机制的意见》，明确各阶段、各部门职责，加强入区项目审查评价和科学决策，加强在建项目跟踪服务。海关综合办公楼、天大钒业钒铝新材料等20个亿元以上项目正在加紧建设，累计完成固定资产投资16.5亿元，实施工业技改项目21个，完成投资4.57亿元。新谋划亿元以上项目75个。按照国家高新区率先实施创新驱动发展战略的总体要求，聘请中高汇智（北京）科技咨询有限公司编制《高新区科技创新服务体系发展规划》。按照“高新化、高质化、高端化”要求，启动了发展规划整合提升工程。聘请中国国际工程咨询公司编制《高新技术产业发展战略规划》、中国传媒大学文化产业研究院编制《高新区文化和科技融合发展规划》。积极培育指导12家企业申报14项名优企业或产品。全年申报专利19件，获专利授权13件（含发明专利2件），新增高新技术产业4家（累计11家）。全年实现高新技术产值（新口径）11.6亿元，同比增长16%，受宏观经济形势、规划调整、工业发展受制约等不利因素影响。增速明显放缓。全年完成技工贸总收入150.74亿元，同比增长19%；工业总产值83.6亿元，同比增长10%；工业营业收入85亿元，同比增长15%；工业增加值21亿元，地区生产总值42.06亿元，同比增长17%；全社会固定资产投入18.16亿元，同比增长20%，全部地方财政收入9.17亿元，同比增长11%。

2014年，中共承德市委、市政府对高新区主要领导进行调整，副市长刘新宇兼任中共承德高新区工委书记，柴山任管委会主任。新一届领导班子围绕全力建设实力、活力、魅力高新区目标，扎实推进“四个创新”、强力实施“八大攻坚”行动、全面深化“六区”定位，全力夯实发展基础，强化基础设施建设，完善城市功能，坚持对外开放，狠抓项目建设。立足培育战略支撑产业和新兴产业，发展高新技术产业进行招商，参加各种招商活动，发布重点项目。全年共引进项目7个，实际利用外资703万美元，外贸出口创汇1295万美元。坚持“产城相融、互动发展”的理念，突出项目支撑作用，完善重点项目包保责任制，建立联席会议制度、定期调度、督导制度，制定了《承德高新区重点项目建设管理办法》《2014年度领导包保重点项目计划》，实行项目动态管理程序和项目归口管理，成立了项目投资决策委员会。强化协调、规范、简化项目审批程序，完善审批依据、办理条件、办理时限等，做到随来随办、特事特办、领办跑办。全年审批、核准、备案项目29项。办理招投标核准事项32个，节能审查登记事项29个。投资323000万元的承德上板城南部热电厂正在进行基础建设。全年续建项目19个，计划新开工项目46个。开工千万元以上项目40个，亿元以上重点项目开工25个（含省重点项目2项，市重点项目4个，计划总投资294亿元）。加大研发投入，支持企业持续增强自主创新能力，全年政府资助700万元，安排科技三项费400万元支持节能环保、先进装备制造、高端粉末冶金裂解连杆产业化、秸秆直燃高效锅炉等16个项目，8家企业申报和复审高新技术企业。加强企业“新三板”上市，已推动5家企业上市，承信自动化、博琳舒适2家企业与券商签订协议，年内实现挂牌交易。全年申请专利20件，新增专利授权19件。苏垦银河连杆有限公司、颈复康药业集团有限公司、河北承德露露股份有限公司3家企业的3项科技成果获承德市科学进步奖，露露股份、新龙物流2家企业已向省申报省级工程技术研究中心。完善区内交通路网建设，上板城工业聚集区主路一标段工程、东区主路平交工程、上滦线道路大修工程完成通车。新城5纬路、4纬3路、4纬1路正进行建设，完善新城区市政管网配套，完成北师大承德附属学校应急排洪沟，新城水厂工程、供热管网工程、电力走廊新城段工程，新建污水临时处理设施。全年完成技工贸总收入203.25亿元，同比增长5.2%，工业总产值146.3.亿元，同比增长4.7%，地区生产总值45.37亿元，同比增长3.5%，工业增加值27.1亿元，同比增长12%，全社会固定资产投入20亿元，同比下降10.1%，地方财政收入8.5亿元，同比增长1.2%。

2015年，中共承德市委、市政府对高新区主要领导进行调整，柴山任中共高新区工委书记、管委会主任。高新区牢牢把握“稳增长、调结构、促改革”主线，以培育战略支撑产业和加快新城开发建设为中心任务，抢抓深化改革和京津冀协同发展重大机遇，加快转变经济发展方式，推动产业结构优化升级，实现了经济平稳健康发展。围绕建设“国际旅游城市和南部新城一体化建设总目标，高标准规划城市布局，协助完成承德市总体规划（纲要），修编上板城工业聚集区控规和高铁站周边修建性详规，完善了天外村等16个村庄规划和漫子沟等4个农村面貌改造提升规划。推行PPP合作模式，与中国二十二冶，中建八局签订合作协议进行基础设施建设和土地一级整理及高铁商圈整体提升开展合作，项目总额120亿元。闫营子大桥，后窑大桥完成设计，将于2016年开工建设。大刘线公路扩宽改造工程实现通车，区域交通和配套功能进一步提升。运用委托招商、会议招商、以商招商等方式，以京津、珠三角、长三角等地重点区域进行招商。先后参加了“5·18”廊坊经洽会、中国（承德）国际经济贸易洽谈会、第六届京承农业战略合作（北京）座谈会，河北省2015年京津冀产业转移系列对接会等重大招商活动10余次。马来西亚代表团、北京党政代表团以及客商165批次到高新区考察，京津冀环保产业对接现场会在高新区举行。全年签约项目10个，总投资300多亿元。实际利用外资2767万美元，出口创汇2392万美元。是年为项目落地年，牢固树立“项目为王”的理念，继续实施领导包保、调度、督考关联机制，全员参与项目谋划、归口推进项目在建。总投资20亿元的比亚迪新能源汽车项目，一期项目已建成，全部建成后可实现年营业收入100亿元，利税6亿元。与北京中关村合作共建“协同创新共同示范区”、北京中关村互联网文化创意产业园承德园、中关村智慧产业联盟承德展示中心等9个项目于11月13日签约揭牌，首批16家企业和安云大数据已入驻科技大厦。第二批21家企业即将入驻。文化部艺术发展中心影视基地、中国微电影基地、小马奔腾文化影视产业基地、十月天传媒影视创作基地4个文创基地正式揭牌。投资2.5亿元的中关村创新创业大厦以完成选址和设计，面积4.8万平方米，节能环保、电子信息、新能源、新材料等方面科技型中小企业入驻，于2016年底建成投产。总投资5400万元的白河南污水处理厂已建成。全年开工千万元以上项目43个（含亿元以上重点项目25个，省重点项目开工2个，完成投资5亿元，市重点项目开工6个，完成投资6.2亿元），竣工或部分竣工项目11个。全年实现技工贸总收入199.05亿元，工业总产值132.8亿元，同比下降9.2%，工业增加值29.97亿元，同比下降1.5%，地区生产总值48.25亿元，同比增长0.9%，高新技术产值完成22.1亿元，全社会固定资产投入36.51亿元，同比增长0.6%，地方财政收入8.53亿元，同比下降3.4%。社会消费品零售总额5.35亿元，同比增长8%，全年利用外资2767万美元。

“十二五”期间，承德高新区围绕建设“国际旅游名城、科学发展示范区、国家级生态产业园”目标，克服和破解宏观经济形势低迷，经济下行压力等诸多困难和挑战，以开放创新为动力，以转变经济发展方式，培育战略性支撑产业为核心任务，突出加快发展主题，全面推进“三大板块”开发建设和城乡统筹发展，为全市经济和社会发展做出了贡献，实现“翻番、晋位、转型、跨越”的发展目标。全区累计注册工商企业501家，其中工业企业204家，规模以上工业企业31家，智能化仪器仪表、医药、装备制造、汽车及汽车零部件、绿色食品饮料五大主导产业格局基本形成。拥有省级技术研发中心8个，实施省级以上科技攻关项目46次，承担国家火炬计划项目1项，完成科技成果31项，获国家授权专利181件，先后建成国家级仪器仪表产业基地、河北省仪器仪表工程技术中心、国家级科技孵化器。高新技术企业占全市的50%，技工贸总收入由2010年的86.04亿元增长到199.05亿元，增长131%，工业总产值由2010年的54.53亿元增长到135.13亿元，增长148%，工业增加值由2010年的22.2亿元增长到29.97亿元，增长34%，地区生产总值由2010年的25.87亿元增长到48.25亿元，增长86%，全社会固定资产投入由2010年的29.02亿元增长到36.51亿元，增长26%，地方财政收入由2010年的5.72亿元增长到8.53亿元，增长49%。

第三节 主要经济指标

一、地区生产总值

1993年至1999年地区生产总值从754万元增长到11490万元。2000年为3.56亿元，是1999的3倍以上。2006年突破10亿元。2015年达到48.25亿元。23年里，地区生产总值呈现逐年增长趋势。

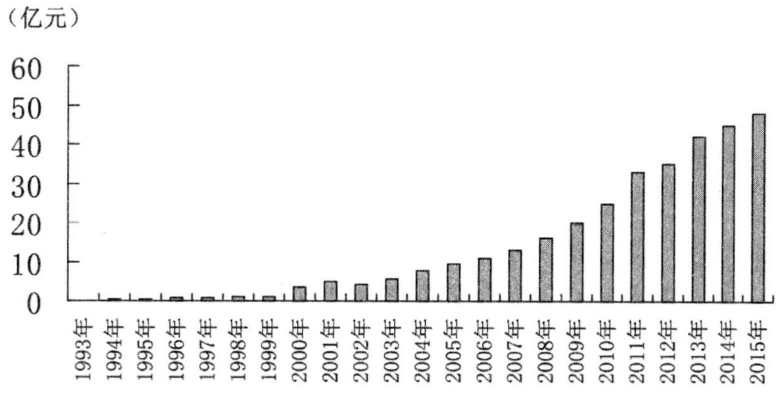

图3-3-1 1993—2015年承德高新区地区生产总值柱状示意图

二、技工贸总收入

1993年至2015年全区技工贸总收入为1086.27亿元。23年中，1993年为1599万元，“九五”计划第一年的1996年为2.06亿元，比1995年将近翻了一番，“九五”计划末的2000年增长到11.31亿元，是1996年的5.5倍。2005年为33亿元，是2000年的2.9倍。“十一五”的2006年至2010年期间，由40亿元增长到86亿元，翻了一番。2014年为最高达203.25亿元，2015年199.05亿元。23年里，全区技工贸总收入实现快速稳定增长。

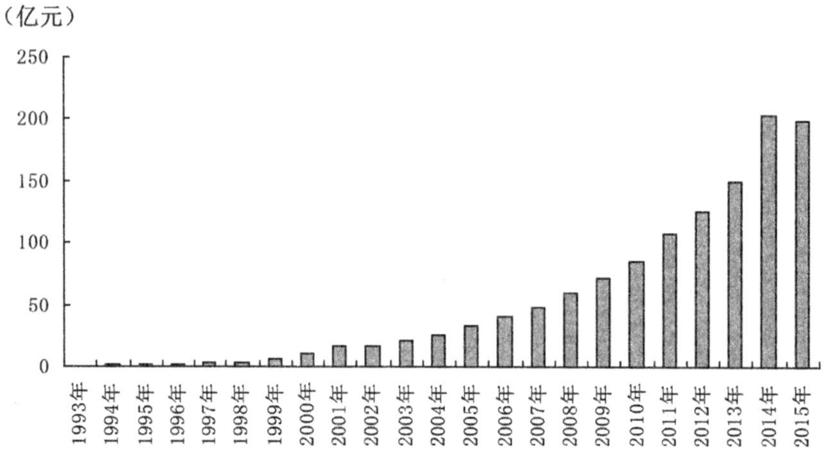

图3—3—2　1993—2015年承德高新区技工贸总收入柱状示意图

三、工业总产值

1993年至2015年，高新区登记注册企业总数由1993年的33家增加到1386家。其中工业企业由1993年25家，增加到2015年204家。高新区工业总产值由1993年的1443万元增长到135.1亿元。其中，1996年工业总产值为1.89亿元，2000年为10.81亿元，2005年为27亿元，2010年为54.53亿元，2013年为83.6亿元，2014年为151亿元。从各年度看，2002年为负增长，增长率为-15.5%，2015年为135.13亿元，2014年大幅度增长，增长了67.4亿元，增长率为80.6%。23年里，随着入区工业企业的增多，工业总产值逐步增长。

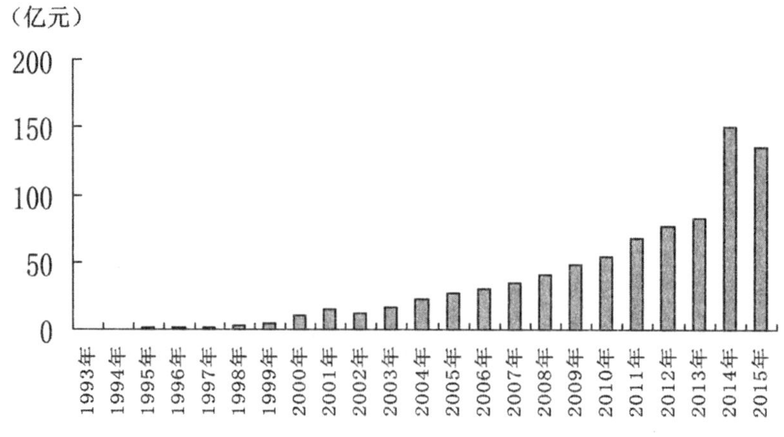

图3—3—3　1993—2015年承德高新区工业总产值柱状示意图

四、工业增加值

1993年至2015年，全区工业增加值累计为245亿元。其中，1996年为0.5亿元，2000年为3.5亿元，2006年为10亿元，2010年为22.2亿元，2015年增长到29.97亿元。23年里，2002年、2011年出现小幅度负增长，总体呈增长趋势。

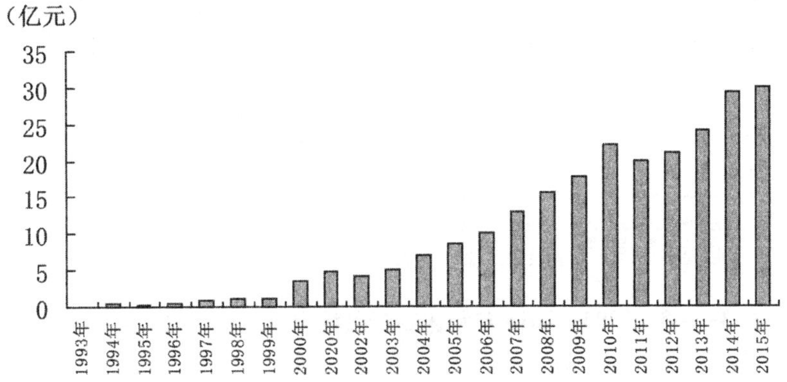

图 3-3-4 1993—2015年承德高新区工业增加值柱状示意图

五、全社会固定资产投资

1993年至2015年，承德高新区全社会固定资产投资累计达233亿元，平均每年投资额为9.7亿元。随着高新区的起步和发展，投资额时起时伏。1993年、1994年，高新区刚刚起步，投资额最少，分别为6861万元和8021万元。2011年、2015年投资额最多，分别为35亿元、36.5亿元。23年里，固定资产投资整体呈增长趋势，为高新区建设和发展起到了重要作用。

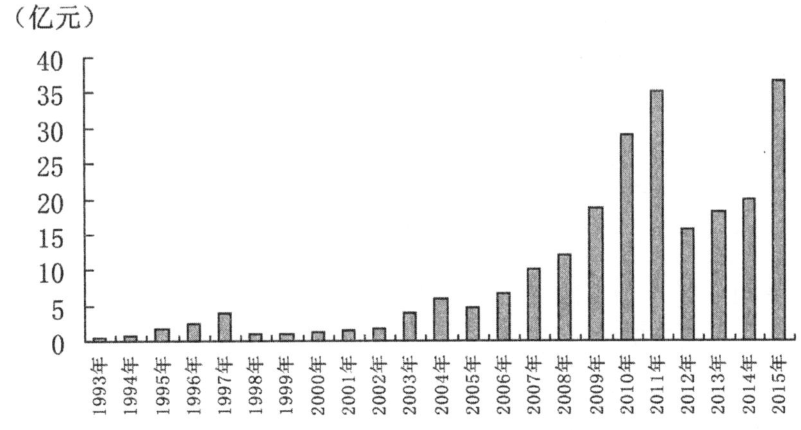

图 3-3-5 1993—2015年承德高新区固定资产投资柱状示意图

六、地方财政收入

1993年7月19日，高新区实行一级财政管理体制，当年实现财政收入32万元，1993年至1996年，财政收入均在1000万元以下。2000年财政收入2951万元，2005年财政收入为1.1亿元，2014年增长到9.04亿元。2015年为8.53亿元。23年里，承德高新区财政收入呈增长趋势，增长幅度较大，为高新区的不断发展提供了财政支持。

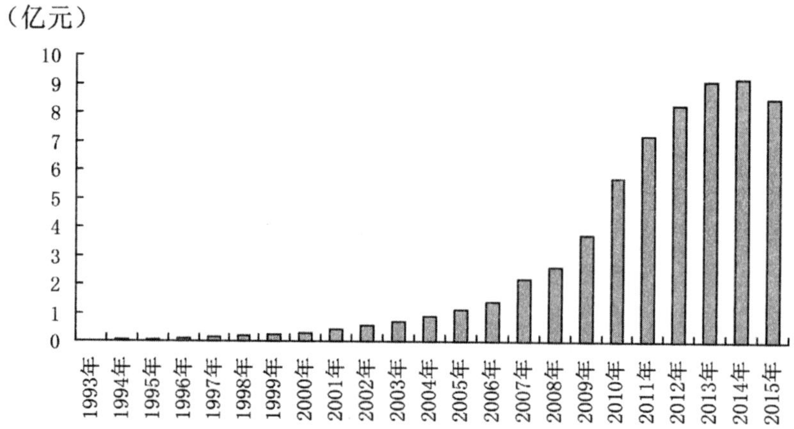

图 3—3—6　1993—2015 年承德高新区地方财政收入柱状示意图

1993—2015 年承德高新区主要经济指标一览表

表 3-3-1　　单位：万元

年份	地区生产总值	技工贸总收入	工业总产值	工业增加值	全社会固定资产投资	地方财政收入
1993	754	1599	1443	750	6861	32
1994	4065	7690	7355	4055	8021	274
1995	3392	11482	8832	3313	18598	638
1996	5750	20588	18886	5240	24814	844
1997	8428	24460	19260	8272	39813	1353
1998	10875	36242	32114	10752	10976	1781
1999	11490	54265	45508	11261	10449	2304
2000	35600	113084	108084	35355	13000	2951
2001	49320	162827	150214	48942	15004	4053
2002	43669	170549	126970	41150	16511	5430
2003	56040	213851	174456	51314	40516	7217
2004	76569	267817	225600	69190	60113	8743
2005	93788	330496	270238	85114	46626	11008
2006	113575	401777	304317	103012	66903	14177

续表 3-3-1

年份	地区生产总值	技工贸总收入	工业总产值	工业增加值	全社会固定资产投资	地方财政收入
2007	139115	488052	346035	130375	1014965	22581
2008	165000	600550	411000	155000	120061	26410
2009	200527	720497	482180	177091	186530	37616
2010	258702	860374	545272	222022	290195	57225
2011	338093	1089557	673723	200926	350120	72290
2012	358612	1264656	760234	210032	156414	83156
2013	420555	1507420	835998	241819	181637	91666
2014	453679	2032479	146300	271874	200012	92766
2015	482469	1990521	1328253	299653	365090	85321
合计	2847598	10380312	7057160	2109859	2878139	544515

第四节 经济结构

一、所有制结构

高新区建立之初，国有和集体所有制法人企业所占比例较大，“三资”企业、私营企业所占比例较小。随着招商引资工作的开展和企业改制的推进，各种经济成分企业共同发展，私营企业、个体工商户逐年增多，所占比例逐年增大。2014 年底，全区共登记注册企业 966 家。其中，内资企业 309 家，占企业总数的 32%；外资企业 8 家，占企业总数的 1%；私营企业 649 家，占企业总数的 67%。

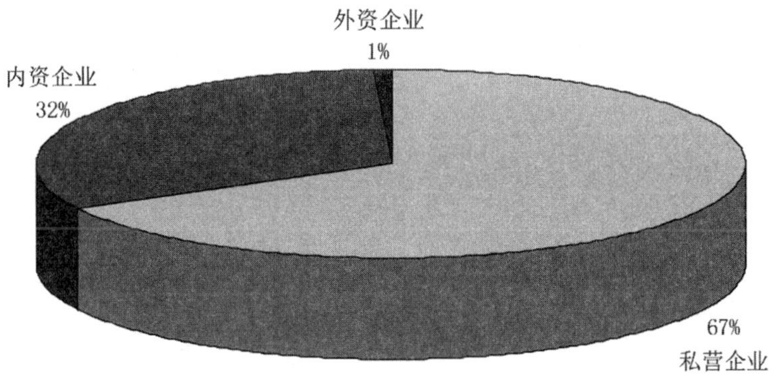

图 3-4-1 2014 年承德高新区企业所有制结构三维饼图

二、产业结构

在地区总值中，2006年，全区实现地区生产总值113575万元，其中，第一产业占1%，第二产业占86.3%，第三产业占12.7%。经过几年的发展，到“十一五”规划末的2010年，全区实现地区生产总值258702万元，其中，第一产业占2%，第二产业占86.2%，第三产业占11.8%。2014年，全区实现地区生产总值453679万元。其中，第一产业占2%，第二产业占65.4%，第三产业占32.6%。

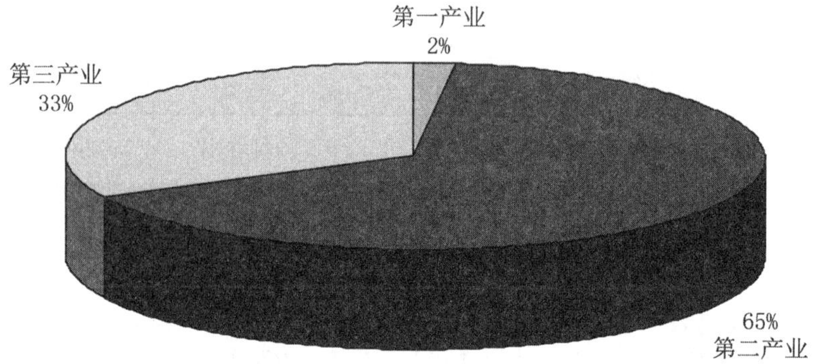

图3-4-2　2014年承德高新区国内生产总值产业产值结构三维饼图

三、产品结构

建区之初，高新区就确定以培植发展高新技术企业和高科技项目，推进科技成果转化为重点，突出发展机电一体化、仪器仪表、医药制造、装备制造高新技术领域。“十一五”规划范围调整后确定计划重点发展智能化仪器仪表、食品饮料、医药、装备制造、汽车零部件、新材料、新能源等优势产业。截至2015年底，智能化仪器仪表生产企业100余家，有4个项目列入科技部火炬计划，装备制造企业35家。以颈复康药业集团有限公司为代表的医药制造业3家，生产173个品种，其中颈复康、腰痛宁产品已列入国家重点保护品种。食品饮料以河北承德露露股份有限公司、四海集团等企业为依托，主要生产露露牌杏仁露及其系列产品、麦芽和啤酒等。以苏垦银河连杆有限公司、通润汽车零部件公司，比亚迪电动汽车生产为主题的汽车与汽车零部件制造业。玻璃器皿、新材料制造企业19家，初步形成了以氧化钒、钒铝合金等系列产品的体系。5大主导产业产品成为高新区的重要经济、技术支柱。

四、投资结构

全区1993年全社会固定资产投资6861万元，其中，基础设施建设投资3000万元，占全社会固定资产投资的43.7%。1996年全社会固定资产投资2.48亿元，其中，基础设施建设投资1.5亿元，占全社会固定资产投资的60.5%。2001年全社会固定资产投资1.5亿元，其中，基础设施建设投资0.8亿元，占全社会固定资产投资的53.3%。2006年，全社会固定资产投资6.69亿元，其中，基础设施建设投资3.5亿元，占全社会固定资产投资的52.31%。2011年，全社会固定资产投资35亿元，其中，基础设施建设投资8亿元，占全社会固定资产投资的22.8%。2015年，全社会固定资产投资36.5亿元，其中基础设施建设投资2亿元，占全社会固定资产投资的5.4%。

在投资结构中，各种所有制企业和高新技术企业投资占全社会固定资产投资的比例未统计，故不计数。

第五节 国有资产运营公司

一、承德市高新技术产业开发区发展公司

1992年高新区建区之初，为启动基础设施建设，便于招商引资和实现滚动发展，市政府于是年6月1日决定成立承德市开发区发展公司，是具有法人资格、自主经营、自负盈亏的全民所有制经济实体，主要从事项目引进、招商引资、房地产开发、商业贸易、施工建设、信息咨询等经营活动。是年12月8日，管委会成立开发区储运公司，隶属发展公司，主要从事开发区基础设施建设所需物料的储备和运输，并为企业提供储运服务。1993年9月10日组建开发区设计室，主要承担区内基础建设项目、公建区、住宅区、工业区的工程设计，隶属于发展公司。是年11月8日成立发展公司广告经营部。1997年3月30日，管委会进一步明确发展公司的主要职责：负责筹集开发区建设所需要的资金；负责区内土地的二次经营和运作；负责区内基础设施的建设、维护与管理；负责区内的环境绿化、美化和物业管理；负责为进区的民营科技企业提供孵化场所；负责组织开展区内的第三产业。内设3个职能处室：办公室、财务处、公用事业管理处（事业单位）；4个直属机构：创业服务中心（事业单位）、供热站（事业单位）、物资商贸公司、金发实业有限公司。1998年3月30日，管委会根据国家科委《高新技术产业开发区管理暂行办法》对高新区提出的“办好创业服务中心”的要求，决定在发展公司基础上成立高新区创业服务中心，为全民公益性事业单位，明确主要业务职责并承担发展公司的各项职能和经营业务。至此，发展公司完成它的历史使命。在高新区建设的初期阶段，西区、东区基础设施建设与管理中发展公司发挥了应有的作用。

二、承德市高新技术产业开发区金发实业有限公司

开发区建区之初，在无有开发资金的情况下，借鉴上海浦东开发区的经验做法，经市政府同意，以开发区发展公司为载体于1992年7月与中国农业银行承德支行信托投资公司合作，成立开发区金发实业有限公司，注册资金1500万元，主要负责对开发区基础设施建设资金的筹措。是年8月10日管委会赋予该公司对开发区公用设施及房地产开发经营业务，人员由农行抽调几名工作人员和从社会公开招聘5名人员组成。该公司为开发西区、东区早期征地基础设施“七通一平”建设注入资金，并提供资金建设管委会办公楼（小红楼）、供热站及其锅炉和锅炉房，管道铺装等，提供早期开发办公管理的相应费用和服务，至1999年完成其历史使命，予以撤销。该公司在开发区初建阶段具有不可磨灭的功绩。

三、承德高新技术产业开发区新东开发中心

2000年2月28日管委会决定成立高新区新东开发中心，为全民所有制企业，高新区财政局作为股东，注册资本1000万元，主要职责是作为招商引资平台及东区的基础设施建设。2006年4月，为充分发挥新东开发中心在开发区建设中的作用，再次增加6000万元作为注册资本金，至此注册资本达到7000万元；2008年参与高教园区及工业园区、滦河开发区段防洪与水环境工程项目、滦河第三道橡胶坝防洪工程，滦河干流综合治理、武烈河干流综合治理与开发工程；2009年10月19日由新东开发中心出资的高新区新悦服务有限公司成立。2014年12月20日市财政局成为新东开发中心股东；2014年12月

30日承德市财苑嘉地物业服务有限责任公司成为新东开发中心股东；2015年8月14日承德市国控投资集团有限责任公司成为新东开发中心股东。

四、曹妃甸临港投资有限公司

2009年根据省政府要求，市政府决定承德高新区在唐山建曹妃甸承德临港工业园。是年成立承德开发区曹妃甸临港投资有限公司，注册资本1000万元，为国有独资有限责任公司。经营范围：土地开发、基础设施建设、房地产、服务业项目进行投资。

五、承德高新技术产业开发区新悦服务有限公司

承德高新区新悦服务有限公司于2010年10月19日成立，由承德高新区新东开发中心出资200万元成立的国有企业；2015年10月28日，承德创元资产管理有限责任公司再次注资210万元，成为承德高新区新悦服务有限公司的股东，注资后占新悦公司注册资本的51.22%，对新悦公司绝对控股，现新悦公司总注册资本为410万元整。主要经营范围：大型餐馆、宾馆、俱乐部、保洁服务、会议服务、机关职工餐厅、企业餐厅、房屋租赁、礼仪服务、国内广告代理、停车服务等。并受新东中心委托管理整个科技研发中心大厦，面积62000平方米。公司下设综合部、财务部、资产经营部、安全保卫部、工程设备部、餐饮部、房管部7个部门。公司的经营宗旨是“将服务做成极致”；公司的管理理念是“以人为本、创新为魂、以质为基、双增多赢”；公司的质量方针是“三全管理、超越期望、持续改进、锻造精品”；公司环境方针是“遵纪守法、节能降耗、预防污染、持续发展”；奋斗目标是建设“一流、高档、富强酒店”。

六、新惠物业管理中心

2011年4月成立，为高新区直属国有企业，注册资金500万元。经营范围：区内基础设施管理与维护，房屋（创业服务中心楼）租赁、卫生保洁、垃圾清运、供热、金属结构件加工、水暖管道配件加工、经销五金建材。主要负责区内基础设施管理与维护（道路、雨污管网、路灯及亮化、园林绿化）、创业服务中心楼管理、上板城双语学院的管理及西营供热站、卸甲营供热站、上板城原造纸（已破产）职工住宅小区供热站的冬季供热，由区住建局综管处下达任务指标，该中心进行施工建设维修等，保证基础设施正常运转。

七、承德高新技术产业开发区新愿物业服务有限公司

承德高新区新愿物业服务有限公司（简称新愿物业），2011年11月28日成立，由承德高新区新悦服务有限公司全额出资组建的国有企业，注册资金50万元人民币，公司性质为有限责任公司，主营业务为物业管理。管理项目为滦阳御园1号、2号、4号、5号楼，管理面积5万平方米，与承德凤凰山房地产开发有限责任公司达成意向，为其提供物业管理服务。公司致力于提升客户的生活品质，不断创新管理机制、提升服务质量，以二级服务标准严格自我要求，以建立ISO 9000质量管理体系、持续提高客户满意率为目标。公司秉承“诚信负责、团结协作、专业进取、精益求精”的企业精神，鼓励并关注员工的发展，积极创造机会提高员工的综合素质，努力建设一支专业、学习、高效的工作团队；公司在“脚踏实地抓管理、精益求精创品牌”的质量方针引领下，培植和营造开放、向上的企业文化，树立品牌形象，履行品牌承诺，丰富品牌内涵。

八、承德创元投资有限责任公司

2015年1月注册成立，注册资金3000万元，为国有有限责任公司，是承德高新区区属国有企业，主要承担高新区开发建设、融资平台、资产经营、产业培育、企业孵化等职能。经营范围：对旅游业、房地产业、公共设施管理业、建筑业、高新技术产业项目进行投资与管理。2015年5月，公司与华北地质勘探局五一四地质大队合资成立承德创元测绘有限责任公司，注册资金300万元，承德创元投资有限责任公司控股51%，业务范围涵盖工程测量、不动产测绘、地理信息系统工程三个方向的测绘专业技术服务。

九、承德创元资产管理有限责任公司

2015年1月注册成立，注册资金1000万元，为国有有限责任公司，是承德高新区区属国有企业，经营范围：对高新区管委会国有资产投资形成的资产进行管理和经营；负责高新区内土地的短期利用、市政设施维护、绿化养护、停车场的建设与经营、对外开展企业管理咨询、营销策划、户外广告设计制作、汽车租赁服务等业务。

十、承德创元建设开发有限责任公司

2015年1月注册成立，注册资金1000万元，为国有有限责任公司，是承德高新区区属国有企业。经营范围：基础设施建设、棚户区改造和土地一级开发，同时对符合国家政策的其他项目进行投资及资本运营管理。

第四章 园区和工业企业

高新区建区以来，按照总体规划、合理布局、分类集中原则，抓好各类专业园区建设，积极运作并实现“一区多园”战略，基本建成上板城工业聚集区、卸甲营电子工业园、唐山曹妃甸·承德临港工业园、中关村互联网文化创业产业园，进一步扩大发展空间，加快产业聚集，扩展城市功能。

高新区以发展高科技、实现产业化为宗旨，以全面推进高新技术产业化进程和加快形成产业化规模为目标，推进经济增长方式的转变，调整优化产业结构，培植新的经济增长极，工业经济取得长足发展。1993 年至 2015 年，累计实现工业总产值 7057160 万元、工业增加值 2109859 万元，区内工业企业 204 家。露露牌杏仁露被评为“中国驰名商标”“中国名牌产品”；颈复康颗粒、腰痛宁胶囊、复方石韦片等 8 种产品为国家中药保护品种；热变形软化点温度测试仪列入国家火炬计划，获得全国发明展览会金奖；专业化乘用车连杆已建成 13 条生产线，其中 8 条为国内先进裂解连杆加工生产线。形成饮料制造、医药制造、智能化仪器仪表、汽车及汽车零部件制造、装备制造 5 大优势支柱产业。

第一节 园区建设

一、上板城产业聚集区

2009 年 3 月，中共承德市委、承德市人民政府为进一步调整城市功能、扩大发展空间、加快产业聚集、推进园区建设，根据承德市总体规划和产业发展规划，在对基础条件和环境容量进行研究的基础上，决定设立上板城、六沟两个产业聚集区和双峰寺空港城，并确定了选址和产业定位。是年 7 月 17 日，经河北省人民政府同意承德高新技术产业园区扩大区域范围，扩区面积 18.5 平方千米，分为闫营子、凤凰山、东西营、上板城 4 个区片，扩区后总面积 24.7 平方千米。

东西营区片。东西营区片四至范围为：南至滦河北岸、北至承栗公路、东至东营村边界、西至西营村边界。2009 年下半年启动土地收储，剔除行洪区占地，实际可利用土地面积 140 公顷。2010 年完成土地补偿，是年开始进行配套基础设施建设及招商工作。2012 年 3 月，完成路网、供电、地下管线、路灯安装工程，防洪堤坝正在建设中，已确定入驻工业项目 27 个，总投资 52 亿元，占地 66.27 公顷，项目达产后，总产值 133 亿元，利税 25.5 亿元。已取得土地手续准备开工建设项目 25 个，正在办理土地手续的项目 2 个，6 个工业项目于 2011 年开工建设，其中：总投资 26000 万元、占地 6.33 公顷的苏垦银河连杆有限公司；总投资 15000 万元、占地 5.03 公顷的承德正兴彩钢有限公司；总投资 8000 万元、占地 2.61 公顷的荣森海姆（北京）输送系统有限公司；总投资 4500 万元、占地 2.04 公顷的承德市运达汽车修理有限责任公司4个工业项目已完成主体工程，17个工业项目已完成规划设计等前期工作，2012年4月陆续开工建设，计划2013年底全部建成投产。是年4月28日，高新区管委会按照中共承德市委、市政府建设国际旅游城市的新要求，高新区上板城工业区控制性详规需要进行重新调整，其中，东西营区片不再安排工业项目，已开工的工业项目停止建设，已取得土地使用权、完成规划设计但未开工建设的工业项目不再批准开工，项目建设方有意愿继续建设的，待上板城工业区控制性详规调整完成并经批准后，可另选址建设。至此，东西营区片停止建设。

上板城区片。2009年3月，设立上板城工业聚集区，此工业聚集区以上板城镇为核心，四至范围为：北至滦河南岸、南至白河南、东至滦河东岸漫子沟、西至上台子村，占地面积16平方千米。作为高新区的产业替代区，重点发展高新技术产业、新型材料、装备制造、电子和信息产业。上板城工业聚集区由开发区与承德县人民政府共建共享，承德县政府侧重土地征收、社会治安、失地农民生活保障、公共事业管理工作，开发区管委会侧重园区建设规划、产业规划编制和优惠政策制定、服务环境建设等工作。承德县和开发区管委会协商制定共同开发建设实施方案，设立副处级开发建设办公室，隶属于高新区，由开发区管委会和承德县政府分别派人组成。2010年3月，高新区行政托管上板城镇，承德县政府不再与高新区共建共享，由高新区直接管理和开发建设，高新区与承德县共同组成的上板城工业聚集区管理办公室自然撤销。2015年5月，启动了一期465.33公顷土地的收储，剔除行洪占地，实际可利用土地面积408.67公顷，已完成征地协议签订和部分地上附着物及青苗补偿，已批回道路和工业项目用地89.83公顷，建成区面积4.27平方千米，园区主路基本全线贯通，完成101国道扩宽改造以及主路配套的各类管网、绿化、亮化工程，市区及高新区到上板城镇的跨滦河大桥（鸡冠山大桥）竣工通车。承秦高速公路连接线、防洪堤、白河南污水处理厂、自来水厂、上板城热电厂、承德天大钒业有限责任公司、比亚迪汽车工业有限公司分公司、110千伏变电所等配套设施全面开工建设，总投资152.9亿元，投产后实现产值260亿元，利税74亿元。基础设施项目由中国太平洋建设集团以BT方式投资，总投资15亿元。正在进行招拍挂或已签约的项目7个，占地面积320公顷。白河南污水处理厂，该厂是由中国航空国际建设有限公司以BOT方式投资建设，总投资9000万元，从加拿大引进世界最先进的污水处理技术，日处理污水3000万千克，为承德市最先进污水处理厂，计划2017年投入使用。

卸甲营电子工业园。2008年，承德县人民政府利用上板城镇卸甲营村区域内存量土地（原承德地区桑蚕研究所桑园41.66公顷），建立仪器仪表工业园。县政府给予进区优惠政策支持，协助企业办理相关规划、土地、建设等手续，建设配套基础设施。至2011年已有仪器仪表类、机械装备制造等15家企业入驻园区。2010年上板城镇交高新区托管，该园区一并移交高新区。

二、唐山曹妃甸承德临港工业园

2009年初，中共河北省委、省政府为加快建设沿海经济强省发展步伐，提出“打造曹妃甸经济第一增长极”的战略，为统筹冀东北各市经济、社会发展，搭建河北区域经济合作和对外开放新平台，决定在唐山曹妃甸规划建设占地20平方千米的承德曹妃甸临港工业园。临港工业园开发建设，有利于在更大范围、更深程度带动冀东北区域，乃至辽西蒙东地区经济协调发展，实现临港经济与腹地经济良性互动，为承德设置一个“出海口”和一个发展腹地临港产业基地，搭建一个与海洋对话、发展外向型经济的平台。

曹妃甸临港工业园位于曹妃甸工业区的北部，西临曹妃甸湿地，东接曹妃甸生态城，南距曹妃甸工业区20千米。2009年2月22日，承德、唐山、秦皇岛三市于北京签署《关于在曹妃甸设立承德、秦皇岛临港工业园的框架协议》，是年3月14日，承德临港工业园正式揭牌。该园规划面积20平方千米，起步区规划面积5平方千米，至2015年底，已启动开发2平方千米，基础设施建设完成7000多万元，土地清表2平方千米，土地整理60.61公顷，建成2千米临时性道路，争取土地指标63.33公顷。园区总体概念性规划已通过初审等，使曹妃甸区和唐山市的审核论证、园区整体环境影响评价通过省级正式审批。按照国家产业政策导向和曹妃甸新区主导产业定位，该园打造成为以装备制造产业为主，兼顾生活配套服务设施的资源节约型、环境友好型、创新推动型综合园区。园区路神专用汽车制造项目破土动工建设，计划总投资1214亿元，占地42公顷，生产15000台专用车，一期投资6.25亿元，建成后实现10000台生产规模，实现年销售收入20亿元，利税3亿元。煤炭及矿石检验研发中心项目，计划总投资2.12亿元，占地6.06公顷，每年检验煤炭4000万吨，焦炭500万吨，矿石3000个样品、年存储钢材20万吨。

三、中关村产业园

围绕全面落实京津冀协同发展战略，提升首都核心功能，建设国际一流和谐宜居之都和承德“京津冀水源涵养功能区”的发展定位，在中共承德市委、市政府重视支持下，2015年11月13日，承德高新区与北京中关村合作共建“协同创新共同示范区”项目——中关村产业园正式签约揭牌。中关村产业园直属承德高新区管委会领导。产业园在高新区科技研发中心大厦主楼内，以打造文化、科技、金融融合的产业链为纽带，以办项目结合、联动效益为推手，形成具有自身特色的商业模式，最终建成创新型的文化与科技、金融高度融合的互联网文化产业基地、文化与科技培育基地、微电影制作基地、智慧园区平台、云平台研发基地。通过有效整合中关村示范区内的科技、人才、智力、资本等，加速文化、科技、创新资源跨区域流动，助推承德市经济转型发展，提升承德市在京津冀协同发展中的核心竞争力，对构建协同创新共同体产生积极地引领示范作用。

首批中关村互联网文化创意产业园，中关村智慧产业联盟所属的16家企业入驻园内，文化部艺术发展中心影视基地、中国微电影基地、小马奔腾文化影视产业基地、十月天传媒影视创作基地4个文创基地入驻该园。

第二节 饮料和中药生产企业

一、河北承德露露股份有限公司

前身为承德市罐头食品厂，始建于1950年，为全民所有制企业。主要生产肉类和水果类罐头。该厂乘改革开放东风，充分发挥科技人员的创造性和积极性，利用承德当地野山杏开发研制生产了拥有自主知识产权的植物蛋白饮料——杏仁露，厂名更为承德露露集团有限责任公司，并于1997年6月入驻开发区建厂，是年11月公司在深交所上市，成为国内植物蛋白饮料唯一的上市公司，企业技术装备达到国内领先水平。2006年6月经过国企改制，现浙江万向三农集团有限公司持有公司40.68%股份，为公司第一大股东。先后获得“农业产业化国家重点龙头企业”“河北省支柱企业”“中国饮料工业十强企业”“中国饮料工业二十强企业”“改革开放30年中国饮料行业突出贡献奖企业”“中国饮料业30年常青藤企业”“全国信息化500强企业”“诚信纳税企业”“全国质量诚信标杆典型企业”“河北省政府质量奖企业”等荣誉称号，连续四年获得中国饮料行业优秀节水企业，2010年获得中国饮料行业优秀节能企业等荣誉。公司两人获得全国五一劳动奖章，三人获得河北省劳动模范称号。2015

年底，露露牌杏仁露销量超过3亿千克，实现工业总产值32.57亿元，销售收入27.06亿元，利润总额6.23亿元，净利润4.69亿，上缴国家各项税金3.6亿元，连续多年名列中国食品饮料行业纳税百强企业。露露商标被国家工商总局评为“中国驰名商标”，露露牌杏仁露产品被国家技术监督局授予“中国名牌”产品。产品已销往美国、加拿大、英国、阿联酋、日本、韩国、新加坡和中国香港、澳门等10多个国家和地区。在承德、北京、廊坊、郑州建了生产基地。还研发了杏仁深加工产品以及其它植物蛋白产品等数十项新产品，拥有专利51项（发明专利3项）、商标159项（含国际商标15项），是河北省知识产权优势培育单位，是杏仁露行业标准的起草者，正在上升为国家标准。并参与核桃露国家标准的制订。公司2000年通过美国FDA认证、2004年11月12日通过ISO 9001质量体系认证、2004年12月通过ISO 14000认证、2005年通过ISO 22000（HACCP）食品安全认证、2006年公司技术中心被评为省级技术中心。2015年，公司进一步扩大生产能力，在高新区上板城工业聚集区内购置20公顷土地，建设年产50万吨的新厂区，总投资9.3亿元。

二、四海科技实业集团有限公司

始建于1984年，四海集团是以四海科技实业集团有限公司为核心企业，以河北四海发展实业有限公司、澳新四海啤酒有限公司、四海国际酒店管理有限公司为紧密层企业组建的大型企业集团。现有总资产20亿元，职工1000人，年生产加工能力塑料制品5000千克、麦芽2亿千克，啤酒2亿千克，共引进外资5亿元，是承德市引进外资最多、到位最快的企业。2015年实现销售收入5.1亿元，利税6950万元。先后被授予“河北省文明单位”“民营百强”“质量效益型企业”“河北省农业产业化重点龙头企业”“AAA信用单位”“诚信企业”“企业文化建设示范单位”等称号，主导产品麦芽、啤酒为河北省名牌产品和中国绿色食品，企业技术中心被认定为省级技术中心，注册商标20件，国家专利10件，著名商标4件。四海商标是中国驰名商标，成为国内行业获此殊荣的第一家啤酒麦芽企业。建成“主业突出、多业并举、特色明显、效益显著”的四海产业园区。河北四海发展实业有限公司是四海集团的核心企业，1996年组建，现有总资产7亿元，年可产麦芽2亿千克，是国内最大的麦芽生产企业之一，公司拥有国际先进的“塔式”制麦设备一套，国内先进的“劳斯曼”制麦生产线4条，在国内同行业率先通过了ISO 9001质量体系、ISO 14001环境体系、HACCP22000食品安全体系认证，自1998年麦芽项目一期投产以来，实现了安全生产6500多天，所产麦芽优级品率在95%以上，居于行业领先水平。先后与华润、青岛、燕京、百威英博等知名啤酒企业建立了稳定的合作关系，并与国内最大的啤酒企业——华润雪花啤酒（中国）有限公司建立了战略合作伙伴关系，产品赢得了良好经济效益和社会效益，累计实现销售收入80亿元，利税8亿元，上缴税金5亿元。澳新四海啤酒有限公司成立于2001年，现有总资产6亿元，年生产啤酒2亿千克，2003年投资2亿元从德国斯坦尼克、法国德枫丹引进了具有国际先进水平的糖化、发酵、过滤、水处理设备，该项目被列为国家第三批“双高一优”重点技改项目，2004年10月项目一次试车成功。所产四海啤酒各项指标均优于国家标准，产品还销往中国台湾、辽宁、内蒙古、北京等地，并出口到美国、英国，年生产啤酒是国内设备最先进的现代化啤酒生产企业之一。

三、颈复康药业集团有限公司

其前身为承德市中药厂，始建于1952年，1955年实现公私合营并转为地方国有企业，1997年12月改制并更名为承德市中药集团，2003年更名为承德颈复康药业集团，2007年经国家工商总局注册为颈复康药业集团。是一家工商结合以研究、开发、生产和销售中成药、中药提取物、西药、中药原料药、保健食品为主的现代化药业集团，主要股东包括颈复康医药产业投资公司、上海复星医药集团、中国药材公司、石药集团公司、辽宁朝阳人民康泰连锁公司。公司除本部，还有6家成员企业，即承德石药颈复康医药公司（商业）、赤峰颈复康医药公司（商业）、赤峰丹龙药业公司（工业）、颈复康药业集团保定东方中药有限公司（工业）、承德颈复康大药房连锁公司。公司是北京中医药大学、上海华东理工大学、承德医学院的硕士生培养基地。公司拥有颗粒剂、硬胶囊剂、软胶囊剂等多种剂型生产线，主导产品有颈复康颗粒、腰痛宁胶囊、北豆根胶囊、普罗布考片。该公司为国家火炬计划重点高新技术企业，为国家中药50强，2015年底，有批准文号400种，拥有发明专利授权9项，自主研发制定国家药品标准30余个，覆盖了主要生产品种。颈复康颗粒、腰痛宁胶囊、复方石韦片等8种产品为国家中药保护品种，颈复康颗粒还被评为国家秘密技术项目，颈复康颗粒和腰痛宁胶囊已成为治疗脊椎类中成药物领军品牌。公司拥有自营进出口权，营销网络遍布国内31个省、市、自治区和直辖市，运销港澳地区和东南亚、欧美等国家。2015年公司利用“互联网＋”，专门设立了健康事业部负责OTC药物和保健品的销售。2015年底公司资产总计8.8亿元，工业总产值8.2亿元，营业收入14.3亿元，实现利税1.79亿元。

第三节 智能化仪器仪表生产企业

一、承德热河克罗尼仪表有限公司

承德热河克罗尼仪表有限公司成立于1991年6月，是由承德林达仪表有限公司与德国KROHNE集团共同出资兴办的中外合资企业，专业生产销售流量、物位、温度、压力测量仪器仪表。投资总额5102万元，中德双方持股比例分别为49.73%和50.27%。拥有总资产21162万元，现有员工308人。公司致力于H系列和DK系列金属管浮子流量计、VFM型涡街流量计、DW18系列流量开关、DWM1000和DWM2000插入式电磁流量变送器、BM26磁翻板、磁浮子液位计、BM26G高温高压低密度型磁翻板液位计、BM70X雷达液位计、BM51和BW25系列液位计、BW17和BM34系列液位开关、热电阻温度传感器系列、热电偶温度传感器系列、温度变送器系列产品的技术应用与开发，服务于国内石化、冶金、电力、食品、医药等行业的自动化控制及测量系统，是德国KROHNE集团在中国唯一的金属管浮子流量计服务及维修中心，也是德国KROHNE集团重要的机械部件加工中心。主要产品除国内销售外，还部分销往韩国、新加坡、印尼、巴基斯坦和中国台湾、中国香港等国家和地区；零部件大批量销往KROHNE集团内的德国、英国、法国、荷兰、印度公司。公司主导产品的制造技术和重要设备全部来源于德方投入，使企业始终立足于高起点。同时建有河北省仪器仪表工程技术研究中心和北京分公司，并拥有众多国际一流的加工设备。主导产品金属管浮子流量计，以其智能化、模块化设计、HART通讯、PROFIBUS总线功能等先进的技术特性，在国内市场中始终处于技术领先地位。又以超过50%的市场占有率，连续保持同类产品的市场领导地位，KEOHNE成为行业的知名品牌。2015年实现销售收入1.95亿元，出口创汇1671.5万元，上缴税金4024万元。截至2015年，已累计上缴税金48288.4万元。

二、承德市金建检测仪器有限公司

前身为承德市金建检测仪器制造厂，成立于1994年，主要从事塑料门窗检测仪器的研发、生产及销售，1995年塑料门窗检测仪器通过部级鉴定，获省科技进步二等奖，填补了国内市场的空白。1999年，厂址迁入高新区，2000年新厂区建成并投入使用，占地面积6000多平方米，建设面积达5000多平方米，更名为金建检测仪器有限公司，公司开始战略转型，向高分子材料试验机及塑料管道产品检测仪器领域拓展。至2015年，公司已发展成一家以生产微机化、智能化、机电一体化的高分子材料试验机的省级国家高新技术企业。产品涉及塑料型材、管材、工程塑料、医用行业、汽车行业、航空航天、纺织民品、石油化工等所有高分子领域产品的物性测试以及大学、科研院所的相关实验室。公司分别在北京、上海、广州设立办事处，产品销售遍及全国。产品达40余个系列，100余种规格型号。2003年开始出口到美国、加拿大、丹麦、意大利、法国、澳大利亚等国家，已达到51个国家及地区，出口产品品种达20个系列70多个规格型号。公司坚持以ISO 9001：2000质量管理体系为指导，先后引进国际先进的ERP（企业资源计划）管理系统、CRM客户关系管理系统、ERP工作流系统，实现了生产经营全过程的数字化管理，形成了以“市场需求、客户满意度”为导向，以技术研发、生产工艺化、模块化、标准化为支撑，以科学化管理为抓手的企业长期的发展战略。全部产品均拥有自主知识产权，已取得30项国家专利，出口产品全部取得了CE证书，参加国家CNAS试验室能力验证计划获得的结果均为满意。一类产品被列入国家火炬计划，并获得全国发明展览会金奖，也是“国家重点新产品”项目；公司还是国家“863”计划中超高分子量聚乙烯项目的仪器提供单位。自主研发、生产及销售的9类共15个型号试验机为国际首创或填补国内空白产品。公司还承担国家标准及行业标准的起草及修订工作，是全国塑料标准化技术委员会TC15及下属6大分会的委员单位，全国试验机标准化技术委员会非金属试验机工作组组长单位。公司参与起草或修订的国家标准及行业标准达16项，承担了标准起草过程中大量的试验验证工作。公司还是北京化工大学、陕西科技大学等院校的实习基地，并长期积极参与中国塑料行业协会及各分会的多项工作，为行业协会提供技术服务、项目资金支持等。公司的“金建”商标为河北省著名商标，公司是建设部命名的全国唯一的“国家化学建材检测仪器科技示范工程产业化基地”，公司技术中心被省认定为“省级企业技术中心”“纳税信用等级A级企业”“省守合同重信用企业”“省标准化良好行为AAAA级企业”。

三、承德市五岳测控技术有限公司

成立于1996年，主要从事大型电子衡器及其仪器仪表的研发生产销售和服务；2002年，在开发区东区建设厂区，2004年6月，公司正式搬迁入驻新厂区。2015年9月承德市五岳测控技术有限公司吸收合并了承德市五岳电子技术有限公司、承德市润科测控自动化技术有限价公司、承德市五岳环保科技有限公司，吸收合并后的管理体制、人员及经营厂地未发生改变，经营范围拓宽为电子衡器及仪器仪表研发制造、污水处理技术及设备研发制造、污水处理工程施工等领域；主营业务仍为电子衡器研发、生产、销售和服务、工业测控系统开发。五岳公司于2000年通过ISO 9001质量体系认证，2003年首次通过“高新技术企业”认定，2008年取得“安全生产二级管理资质”；公司现有计量器具制造许可资质10项，拥有9项专利，拥有河北省名牌产品1个，河北省著名商标1项。公司是河北省计量器具制造行业科技创新型企业、河北省AAA级标准化良好行为企业、承德市优秀私营企业、承德市开发区对标先进企业；被科技部认定为国家火炬计划承德仪器仪表产业基地骨干企业。公司引入现代企业管理理念及方法，建立了完善的销售、研发、生产和售后服务体系，拥有技术精干、经验丰富的专业队伍，具有强大的研发能力，先进的生产检测设备，充分保证了产品从开发设计到批量生产的可靠性和技术先进性；优良的产品质量、先进的计量解决方案深受广大用户的信赖。通过与国内外知名企业和科研院所进行广泛合作，引进先进技术，不断推出一系列性能卓越的标准计量产品及定制产品，在机械制造、智能仪表、软件、集成技术开发等方面达到国内领先水平；产品已广泛应用于冶金、煤炭、电力、矿山、石油、化工、建材、铁路、港口码头等行业，部分产品远销东南亚、中东等海外国家和地区。五岳公司始终专注于中国工业衡器技术的研发、推广与应用，以发展民族衡器工业为己任，为打造诚信、创新的民营企业而奋斗。

四、承德龙志达智能仪器仪表科技有限公司

前身为承德市无线电元件厂，属国有企业，主要生产半导体元器件。20 世纪 90 年代前是原电子工业部专业定点及河北省电子系统 14 个重点企业之一，后改制为承德市新龙电子有限责任公司。是集生产制造、软件开发、产品整合、信息服务为一体的现代化民营高新技术企业，承德市唯一一家具有“计算机信息系统集成资质证书”的企业，拥有 11 项国家专利（含 1 项发明专利、6 项实用新型专利），6 项软件产品。多次获河北省、市科技进步奖，优秀新产品及振兴河北省经济奖。先后承担了省首批知识产权专利战略引导项目《城市管网监控系统》、国家拉动内需《智能远传热能表及其检测装置》产业化项目、工信部物联网《基于 M2M 平台的城市户用仪表智能监控系统的研究及产业化》项目。自主研究开发并生产的智能恒温、恒压混水器，获国家发明、实用新型两次专利，IC 卡水表、电表、校园一卡通系列、GPRS 无线远传抄表系统，水、电表无线集抄系统等产品，科技含量高、节水、节能效果显著，产品畅销 20 多个省、自治区、直辖市。

第四节 汽车及汽车零部件制造企业

一、承德苏垦银河连杆有限公司

2004 年 3 月由广西银河集团出资，对中国一拖集团与承德曲轴连杆有限公司现代连杆项目进行重组而设立的企业，原名为承德银河连杆有限公司，主导产品为汽车发动机连杆。2008 年 12 月，由江苏农垦与银河天成两大集团强强联合，对公司进行了股份制改造。公司注册资本 5000 万元，为国有控股企业。2015 年有员工 800 名，总资产 4.4 亿元。成立以来，该公司高度重视软硬件建设投入，建起了省级企业技术中心和河北省高端连杆工程实验室，成为民族连杆行业率先具备自主研发能力的企业；软件方面采用了国际先进 ISO/TS16949、ISO 14001 质量环境管理标准，为公司加速发展注入新的活力。经严格质量把关、工艺创新及全面防错纠错技术的应用，产品深受用户好评，企业的质量保证能力已跨入国际汽车零部件制造业的先进行列。2015 年，已有 13 条连杆生产线，其中 8 条为国内先进的裂解连杆加工生产线。年总产能已达 1400 万件，是国内最大的专业化乘用车连杆生产企业。产品主要为北京现代、东风悦达起亚、现代威亚、上海通用、长城汽车、东风神龙、广汽菲亚特、四川现代、美国爱科等主机厂配套，并直接或间接出口德国、韩国、俄罗斯、印度、土耳其等国家。公司先后获得了韩国现代质量五星级企业，中国汽车连杆行业领军企业，国家级高新技术企业，河北省质量效益型先进企业等荣誉。“苏垦银河”商标被评为河北省著名商标、“苏垦银河”连杆获河北省名牌产品。凭借企业的综合竞争能力，创造了经营业绩及利税年均超 50% 的增速。2015 年连杆产销突破 1000 万件，实现销售收入 4 亿元，利税总额达 5500 万元。到“十三五”末，公司计划销售收入突破 6 亿元，利税突破 1 亿元，成为连杆细分行业的巨人。

二、承德润韩汽车零部件有限公司

承德润韩汽车零部件有限公司于2004年7月建厂，2005年11月注册成立的法人独资企业，总投资8000万元，占地面积20730平方米，建筑面积16000平方米，拥有员工306人。是集开发、制造、销售于一体的汽车配套千斤顶及随车工具的生产基地。主要产品有立式油压千斤顶、螺旋千斤顶、剪式千斤顶及随车工具，年生产能力可达350万台套，是中国北方地区较大的汽车配套千斤顶和随车工具的专业生产企业。为一汽大众、一汽轿车、北京现代、东风悦达起亚、长城汽车、东风本田、北汽福田、北方奔驰、江铃汽车等国内各大汽车厂配套生产千斤顶及随车工具。产品还出口韩国、日本、英国、俄罗斯、土耳其、法国、德国、意大利及澳大利亚等十多个国家。公司于2010年3月通过ISO/TS16949质量管理体系认证。先后有十多种规格的千斤顶通过德国TUV产品质量认证并获GS、CE标志认证证书。公司连续获得河北省优质产品奖和质量效益型先进企业。公司拥有多项专利技术。参加过行业标准和国家标准的起草。是承德市千斤顶工程技术研究中心。2015年完成产品产量296万台套，实现产值1.5亿元，销售收入1.45亿元，出口创汇396万美元。

三、比亚迪汽车工业有限公司承德分公司

比亚迪承德分公司于2013年入驻高新区，是比亚迪汽车工业有限公司专为推动河北及周边地区新能源纯电动客车生产、更好地服务河北及其周边地区公交客车市场客户需要而专门设置的下属分公司。项目计划总投资20亿元人民币，项目规划占地66.67公顷。项目建成后，预计年产5000辆纯电动大客车。2015年5月开始建厂。项目一期用地14.57公顷，投资约5亿元，已建成包括部件、焊接、底盘、总装和检测线等工艺在内的纯电动大客车生产线，形成年产2000辆纯电动大客车的生产能力。项目二期计划完成投资约5亿元，设立比亚迪电动汽车新技术研发中心，并扩大生产能力，形成年产3000辆纯电动大客车的生产能力。项目三期计划完成投资约10亿元，在项目一二期建设基础上增加纯电动大客车的电池、电机、电控生产线，形成年产5000辆纯电动大客车的生产能力，并配套投资部分汽车零部件。2015年底建成部件车间、焊接插件、涂装车间、装配车间、内外饰和检测线。投入使用的工艺设备可以实现年生产2000辆纯电动客车的生产，主要生产K9、K7、K8、C9、C6等新能源电动客车。

第五节 装备制造生产企业

一、渤海石油装备承德石油机械有限公司

该公司为开发区初建时进区最早的一家国家部属企业，原名为承德司达石油装备开发公司，是国内唯一能够设计、生产符合API Spec 11L6《游梁式抽油机用电动机规范》要求的抽油机拖动装置的专业生产厂。公司具有较强的抽油机专用拖动装置的研发和生产能力，拥有产品设计开发和关键工艺等企业专有技术以及国内最大的电机转子铝合金高压压铸设备和低压电动机外壳压铸设备，铸造装备和工艺国内领先。公司主要产品有CJT系列抽油机节能拖动装置、中高压变频器、钻井监控系统、防爆电控箱和铝合金压铸件等。其中，主导产品CJT系列抽油机节能拖动装置包括YCCH系列超高转差率电动机、YCH（NEMA D）系列高转差率电动机、YCHD系列双速高转差率电动机及控制系统三大系列近300个品种，可满足国内外各种型号游梁式抽油机驱动配套需求。CJT-3型装置获1991年国家优质产品金奖，CJT-3.5型装置和YCH（NEMA D）系列产品2004年被科技部等国家五部委列为国家级重点新产

品；1996年取得ISO 9001质量体系认证，2005年取得国际首家也是唯一一家美国石油学会API Spec 11L6会标使用权。产品除遍布国内油田市场外，还出口到俄罗斯、东南亚和中东、北美等国家和地区，在国际市场享有良好的声誉。公司2015年实现工业总产值1.4亿元，实现营业收入1.36亿元，实现利税总额1404万元。

二、承德博冠实业集团有限公司

该公司于2001年3月31日成立，原名“承德新新电子有限公司”，2008年6月30日公司更名为“承德博冠实业有限公司”，2009年3月12日公司更名为“承德博冠实业集团有限公司”。成为集电控设备制造、机械设备制造、设备安装维护、土建工程施工、电子产品研发制造、吊装运输、汽车美容修理为一体的综合性集团公司，是承德市机械行业的龙头企业，尤其是皮带机制作安装业务在技术上处于全市绝对领先地位。公司连续多年被评为承德市“重合同守信用先进单位”和“青年文明号”等，承德市工业企业50强，2005年、2006年、2007年连续三年荣获承德市“优秀企业奖”、2005年河北省先进企业，被银行评定为“AAA级信用单位”“守合同重信用企业”。截至2015年底，集团资产近10亿元，实现营业收入8.10亿元，税收6000万元。

三、承德华远自动化设备有限公司

该公司成立于2002年1月，是一家专业从事智能化运输和集散控制系统“产品的研发、设计、制造、安装、调试及售后服务”整体解决方案的设备供应商，是国家级高新技术企业，2005年通过ISO 9001质量管理体系认证，拥有河北省企业技术中心，多年连续被国家工商总局评为“重合同守信用”企业；被国、地税授予“纳税信用等级A级”企业。2015年“汽车总装柔性立体储运装配系统”获河北省科技进步二等奖，承德市科技进步一等奖；“智能化运输和集散控制系统”，通过省级科学技术成果鉴定，鉴定结论为“国内领先水平”，并获科技部等四部委联合颁发的“国家重点新产品证书”。先后研发了多项新产品，并拥有2项发明专利和5项实用新型专利。

先后为多家汽车厂提供了自动化生产系统装备和服务。2015年实现工业总产值近2亿元。计划投资2.7亿元在承德高新区上板城园区新建“智能化运输装备研发和产业化基地项目”，主要新建自动化柔性装备试验车间、智能化运输和集散控制系统车间、工业机器人车间、研发中心、实验室和公用配套设施及生活服务设施等。可形成年产智能化运输系统10套、集散控制系统90套和工业机器人260套的生产能力，并能带动电子、网络、机器人、通讯等行业发展。

四、承德市富泉石油机械有限公司

该公司为有限责任公成立于2001年8月，占地58787平方米，是一家独资的民营科技型企业。注册资本5000万元，总资产1.8亿元。主要从事石油钻采设备和成套井控装备的生产经营，产品主要销往国内中海油、中油测井、大庆、辽河、新疆、胜利、四川等16个大油田，并出口俄罗斯、乌兹别克斯坦、伊朗、印尼、迪拜、美国等十多个国家。2003年通过ISO 9000质量体系认证、ISO 14000环境管理体系认证和ISO 18000职业健康安全管理体系认证；2004年首批取得国家全国工业产品生产许可证，国家特种设备制造许可证；2004年取得美国石油学会颁发的世界石油机械行业最高认证API产品认证证书，是河北省高新技术企业；河北省企业技术中心，“富泉石油”商标是河北省著名商标，“富泉石油牌防喷器”获河北省名牌产品称号，是税务部门首次评定的纳税A级企业，并一直延续至今，银行AAA级信用企业。公司共获得11项实用新型专利证书，另有两项专利在待审批。连续多年获得省、市和开发区的各项奖励。企业自成立以来，厂地从原来的0.5公顷发展到6.38公顷，2015年产品销售收入近亿元，利税3000多万元，出口创汇最高达1000多万美元。

五、承德光大输送机有限公司

承德光大输送机有限公司是一家专业设计、制造、安装各种工业输送机的民营高新技术企业。公司注册资金3500万元。主要产品有普型输送机、轻型输送机、积放式悬挂输送机、板式输送机、提升机、地面推式输送机、地面反向积放式输送机、动力（无动力）辊子输送机及成套全自动非标生产线。先后为全国20多个省、自治区、直辖市的汽车、拖拉机、摩托车、发动机、家用电器、肉类食品加工、搪瓷制造、电机制造、钢厂、铝厂等行业配套生产了多种输送及涂装配套设备。铝合金制造业的立式喷涂生产线及汽车制造行业的总装生产线、焊装生产线和涂装生产线的各类输送设备的设计和制造水平，达到了国内同行业的先进水平。与北京核二院比尼新技术公司联合开发设计的BFT-2001型辐照装置输送系统，具有装源量大、钴利用率高、照射均匀、自动换层换面等特点，属国内首创，已达到国际同类产品领先水平。公司连续荣获由河北省科学技术厅颁发的高新技术企业证书，独立设计制造的四种产品已获国家专利。产品出口到欧洲、南亚及中东等多个国家。2015年实现工业总产值7042万元，销售收入7042万元，利税1028万元，资产总计5765万元。

六、承德市本特生态能源技术有限公司

承德市本特生态能源技术有限公司位于高新技术产业开发区上板城工业聚集区本特路2号，占地面积22000平方米，该公司是以可再生能源应用开展技术创新、生产制造、安装服务于一体的科技创新型企业。公司依托清华大学、中科院等高校科研机构，于1999年开始在国内开发推广应用地源热泵项目，是最早将此项技术成功应用于实际工程的企业之一。企业经营范围包括：地源热泵中央空调系统、地热能、太阳能应用技术转换系统、秸秆捆燃高效锅炉供暖系统，中央空调节能控制系统的产品生产以及配套工程施工、设备安装等服务。注册商标“本特Bente”牌。拥有省级企业技术研发中心，由高级工程师、教授、工程师组成的涵盖了暖通、空调、热工、机械、电气、自动化、环境工程等多个专业，公司开发生产的“地源热泵中央空调系统”2006年被评定为《建设部节能省地型建筑推广应用技术目录》；2007年被建设部编入《建设事业“十一五”技术公告、技术与产品选用手册》；2009年被住房和城乡建设部编入《全国建筑节能项目汇总与新技术、新产品选用手册》，并授予“建筑节能推荐品牌”；2010年经河北省住房和城乡建设厅批准，成立了省首家具有供热经营资质的地源热泵供热公司——承德市本特地源热泵供热有限公司。2011年6月被国家“十二五”建筑节能推广技术专家评审委员会推荐为“十二五”可再生能源建筑工程重点推广产品制造企业。从“十一五”到“十二五”连续十年成为国家在地源热泵行业推广的五家企业之一。截至2015年底，仅承德市域内就有300多万平方米的建筑应用了本特公司的地源热泵供暖制冷，年减少煤炭消耗6.9千万千克标煤，减少SO_2排放1138.5万千克；NOx排放1076.4万千克；CO_2排放4620万千克；烟尘6.62万千克，直接为承德市大气治理做出了贡献。其中典型建筑如金龙皇家广场、金龙建材城、热河大剧院、承德银行总部大楼等标志性建筑。2011年该公司根据我国农村农作物秸秆、林业废弃物等生物质资源丰富但开发利用不足的现状，与波兰克拉科夫AGH科技大学签署《科研合作框架协议》，开始研发秸秆直燃高效锅炉供暖系统。2013年该公司与波兰克拉科夫AGH科技大学、波兰MetalERG生物质锅炉公司（该公司为波兰克拉科夫AGH科技大学合作企业）正式签订排他性的《生产许可协议》，生产秸秆直燃高效锅炉供暖系统，并拥有中国境内独家专利技术使用权。2013年4月，申报的秸秆直燃高效锅炉项目被科技部列入中欧国际科技合作重点项目。2013年6月被河北省科技厅认定为第一批“河北省国际科技

合作基地”。2015年公司申请了包括“本特PC端控制软件”“本特新能源分析管理软件”“本特生物质锅炉智能除尘控制系统”“本特生物质锅炉智能控制系统”在内的13款软件注册权；秸秆直燃高效锅炉2014年7月1日建立了《秸秆直燃锅炉》企业标准，并通过承德市质量监督局认证，标准号Q/CBT02-2014。是年12月升级为河北省地方标准，标准号DB13/T2314-2015.

七、承德伏安电工有限公司

该公司成立于1998年，2003年入住创业服务中心，为在孵的民营科技型企业，于2008年毕业并正式在区内建厂。2009年8月搬入新厂区。主要生产产品为电力系统过电压保护器用核心元器件—氧化锌电阻片，是电子陶瓷新材料，属高新技术产品，用于3～500千伏电压等级电网过电压保护，产品各种规格俱全。产品具有综合电气性能优良，通流容量大等特点，特别适合于直流输电系列，已通过国家绝缘子避雷器质量检测中心检测认定，性能达到国内领先水平并接近国际先进水平。企业拥有先进的生产设备和检测设备，其产品质量和产量在国内排名在前，并远销美国、俄罗斯、日本、欧洲、东南亚、中东等地区及国家。2012年通过ISO 9001质量管理体系认证。公司坚持“科技为本、品质第一、追求卓越、满足客户”的发展理念，高水平管理和技术人才，与先进经营管理机制接轨，与院校和电力科研机构进行技术合作，注重科技创新和产品开发研制与技术改造，自行研发的高梯度和高性能的氧化锌电阻片，深受用户赞誉。按照中央关于京津冀协同发展及非首都功能的产业要迁出北京的精神，承德伏安电工有限公司抢抓机遇，与中能电力科技开发有限公司协商达成一致，中能电力科技开发有限公司停止了氧化锌避雷器产品在北京的生产基地，2015年11月将公司3～500千伏氧化锌避雷器产品转移至承德中能瑞斯特电力设备科技有限公司。2015年12月承德伏安电工有限公司投资成立承德中能瑞斯特电力设备科技有限公司，主要生产产品为氧避雷器，生产规模为500千伏电压等级的氧化锌避雷器500台/年，110～330千伏电压等级的氧化锌避雷器1000台/年，10～35千伏电压等级的氧化锌避雷器50000台/年。是年荣获国家科技型企业，并取得承德市环保局高新区分局环评批复和竣工验收，获得承德市安全生产管理局颁发的安全生产标准化三级企业证书，通过了ISO 9001：2015标准质量管理体系认证、ISO 14001：2015标准环境管理体系认证、OHSAS18001：2007标准职业健康安全管理体系认证。

第六节 玻璃器皿及新材料生产企业

一、承德华富玻璃器皿有限公司

该公司始建于1954年，为承德市玻璃厂，1995年入驻开发区建设新厂房，2015年有员工1900人，注册资金1300万元人民币，具有年产1200万件中高档玻璃器皿的生产能力，是目前国内同行业中生产规模最大、综合实力最强、产品质量最好、出口额最多的企业，也是中国轻工工艺品商会副会长单位和玻璃器皿进出口分会理事长单位。公司坚持引进国外先进技术与自主创新相结合的方针，与法国、英国、意大利、挪威、瑞典、德国、丹麦、美国等著名企业开展技术贸易合作，聘请国外技术人员到企业工作，不断开拓国际中高端市场，获得产品设计专利30项，产品在国际市场上冠有“华富精品”的美名，产品品牌在国际市场上享有很高的知名度，产品畅销美国、日本、澳大利亚、欧洲、南美洲、阿拉伯等30个国家和地区。公司是省重点扶持的50个著名出口品牌企业之一，是市50强企业，是国家旅游局批准的首批“工业旅游企业”之一。公司2005年投资建成的国内最大、展品最全的玻璃艺术馆，把生产、营销与工业旅游紧密结合起来，创造了良好的经济效益。2007年公司与陕西科技大学合作，投资建成工业技术中心，集科研、技术开发、营销、中高档玻璃器皿深加工于一体的科研中心，2008年已投入运营，年增销售收入5000万元，公司主营业务收入突破2亿元，出口创汇突破2000万美元。2008年下半年以来，企业受经济危机的影响较大，外销产品订单减少，直接影响了企业盈利水平。为尽快摆脱困境，应对危机，公司及时调整经营策略，在继续做好产品外销的同时，大力开发国内高档消费品市场，同时根据形势的发展和市场需求，利用承德市地域特点和优势，整合企业现有资源，向文化、旅游、观光、购物、产销、科研于一体的经营模式转型和发展。2013年全年销售产品1048万只，销售收入10031万元，税金1316.71万元。2014年1—9月，销售产品800万只，销售收入7816万元，税金721万元。

二、承德天大钒业有限责任公司

成立于1998年，2015年已发展为总资产3.2亿元的民营科技型企业，注册资金5220万元。通过了ISO 9001：2008质量管理体系、ISO 14001：2004环境管理体系和AS9100国际航空航天质量体系认证。主要产品为钒铝、钼铝、硅钛、铝铌、铝钼等系列中间合金，主要应用于航空航天、军工船舶、冶金、核工业、生物工程等钛合金生产领域。公司始终秉承以“掌握核心技术、坚持科技创新，实现持续快速发展”的战略，坚持“自主创新推动行业技术进步”的理念，逐步成长为以国际领先生产线为基础的11大类40余个产品，年产值亿元以上的高新技术企业，先后通过了河北省“小巨人”企业、河北省“军民融合型”企业、河北省“专精特新”中小企业认定。2013年被评为省级“企业技术中心”，已形成了自己的技术研发核心团队，近三年平均每年投入科研经费占销售收入的5.8%，每年开发并形成规模生产的新产品在6项以上；拥有国家授权发明专利4项；制定了24种系列合金产品的企业标准；主起草和参与制定了10项国家有色金属行业标准。为解决国内中间合金产品质量不稳定、工效低、技术落后的现状，该公司与德国科特纳公司合作，利用双方在各自领域的技术优势、科研成果和经验，实现技术工艺对接、互补、消化吸收和二次创新，引进德国两条（钒铝/钼铝合金）中间合金生产线及配套设备设施，项目达产后，可实现年产中间合金52000吨，产品质量达到或超过国际同业水平，实现营业收入14.5亿元。该公司凭借专业的技术团队、一流的生产装备、精细的生产过程管控、严谨的产品检验检测流程和成熟的技术优势，赢得了国内钛工业领域重要客户的认可和信任，并一直为其提供稳定、可靠的中间合金产品。

三、承德博琳包装制品股份有限公司

该公司成立于2006年，占地7525.8平方米，主要设备有德国高宝KBA105五色带UV对开印刷机、德国海德堡四色对开胶印机、北人6色1600无轴凹印机、五层、七层瓦楞纸板全自动生产线、全自动四色水墨印刷机、台湾有恒全自动防伪模烫机、自动糊盒机、油水两用覆膜机、全自动烫金机、一级局部UV、上光、压光、压文等30台套后加工设备，是一家实力雄厚的专业印刷包装企业，可进行瓦楞纸箱、特殊材料印刷以及其他纸类印刷、包装产品的制作。公司已率先通过主办券商审核，在高新区成为第一家股转公司受理企业，并于2015年1月在新三板挂牌上市。

第五章 农业农村工作

2010 年与 2013 年高新区分别托管上板城镇和冯营子镇。自此将农业农村工作纳入高新区发展规划，确保农村稳定、农业增效、农民增收，突出发展特色农业、绿色农业、观光农业，加快农村面貌改造提升，陈家沟“承月”牌月光枣在中国（乐陵）红枣暨果品产业博览会评选中获金奖，秦家沟长发绿宝薯业“老嗨乐”鲜食薯列入农业部“名优特新”产品目录。2015 年，承德市政府认定尚亚休闲文化农业产业园区为市级现代观光农业园。投资 19351 万元，治理滦河干流河道堤防长度 15.737 千米。在农村面貌改造提升中，实现重点村房前屋后、村里村外、道路两旁全部绿化。实施人饮安全工程，解决饮水不安全问题，涉及人口 25843 人。

第一节 种植养殖业

一、种植业

高新区所托管的两镇地处山区，土地绝大部分为山坡旱地，沿滦河和白河两岸有少部分水浇地。受地理因素和气候气象条件所限，农作物种植种类较杂，粮食作物主要以玉米为主，因其抗灾抗旱性强，产量高，为三大粮食作物（玉米、高粱、谷子）之一。豆类、小麦、水稻、红薯等也有种植。2015 年玉米种植面积 2004.66 公顷，水稻种植面积 393.33 公顷。经济作物有花生、芝麻、向日葵、麻籽等。蔬菜作物主要品种有白菜、番茄、黄瓜、芹菜、萝卜、胡萝卜、甘蓝、青椒、豆角、菠菜、韭菜、圆白菜、茴香、冬瓜、南瓜、角瓜、葫芦等，蔬菜有露地种植，有冷棚和温室大棚种植，现有大棚 457 个，占地面积 41.3 公顷，涉及农户 367 户，年产值 800 万元，另有中草药种植 133.6 公顷，以黄芩、北苍术为主等中草药。在农作物种植中积极利用农业科学技术，提高农作物产量和提高产品质量，增加农民收入。为京津涵养水源，全区水稻采用旱育稀植技术，有利于促生根，促进分蘖，通风避光，养分吸收，促进壮秧高产。玉米种子包衣技术，有利于防止失水，防治病虫害，促进苗全苗壮，高产优质。蔬菜配方施肥，根据土壤中所含养分比例确定蔬菜本身所需的营养比例，进行配方施肥，保证蔬菜所需养分需要，防止养分比例失调，促进高产优质。免耕玉米撮茬播种方法，省工省时省力，一次播种保苗（大旱之年效果更好），通过对比试验，亩产达 650 千克左右，比大粭子增产 100～150 千克。在水稻稻瘟病、立枯病、纹枯病、玉米叶斑病、玉米螟、玉米蚜虫害、蔬菜番茄疫病、叶霉病等病虫害防治方面采用新技术进行防治。

二、林果业

高新区有林地总面积 10193.8 公顷，森林覆盖率 36.5%，主要树种有：油松、侧柏、山杨、刺槐、山杏等。有国家公益林 1948.9 公顷，天然林5206.6公顷，其中：天然有林地2646.6公顷，天然灌木林地2293.33公顷，天然未成林封育地26.67公顷，天然疏林地240公顷，主要树种有柞树、山杨、核桃楸。退耕造林工程为2002—2009年，退耕还林总面积5965.12公顷（含荒山荒地造林2784.5公顷，封山育林769.8公顷，退耕地造林2410.8公顷），退耕造林上板城镇413.4公顷，冯营子镇1885.4公顷，主要树种有山杏、杨板栗、梨、扁杏等果树及油松、侧柏等。发展经济林400公顷，落实时令果66.67公顷，整地46.67公顷，中药材、花卉落实到地块40公顷，采摘园建设100公顷，2014年京津风沙源防沙治沙工程人工造林66.67公顷，造林树种为油松、山杏、刺槐等，每年全区全民义务植树十万余株。

三、畜牧养殖业

全区畜牧养殖主要以生猪、羊、牛、禽类为主。猪分瘦肉型和肉脂兼用型，多以户养为主，生猪饲养量达1.4万头。上板城镇规模化养殖比重占90%，以存栏100头以上规模为主，占规模化养殖量的80%。羊有小尾寒羊、波尔山羊、绒山羊、绵羊等，以户圈养为主。饲养量105万头，存栏量超过200只的规模养殖场3个。牛主要为肉用型牛，牛饲养量0.06万头。养牛农户利用山坡地，以户圈养为主，20头以上规模养殖场2户。禽类饲养量达41万只，有肉鸡和蛋鸡，蛋鸡年产蛋量407万千克，临河村庄有少量饲养鸭、鹅。年猪肉产量84.6万千克，羊肉3万千克，禽肉52.7万千克。

四、特色种植

陈家沟枣树种植　陈家沟村地处上板城镇东北部，清顺治年间首居户姓陈而得名，辖5个自然村，辖8个村民小组，310户，1049口人。耕地102公顷，粮食作物主要是玉米、谷子。因地理位置优越，昼夜温差大，环境气候良好，为发展枣树种植提供了良好的条件，2009年该村成立了承德市月光果树种植农民专业合作社，到2015年底社员发展到120户，入股资金达到328.8万元，资产达578万元。从事专业枣树种植与大枣生产销售，截至2015年有枣树种植面积200公顷，以“承月”牌月光枣为主的枣品种60个，年产量40万千克，产品远销京、津、冀、黑龙江、广州等地，各种时令果俱全。2003年“月光大枣”，曾获第一届国际枣属植物研讨会金奖，为中国枣研究中心、河北农大、承德市农广校优质鲜食枣示范基地。2011年至2013年获农业部农业技术推广成果二等奖。2013年被河北省农业厅列为省级采摘观光园。2014年被河北省评为省级示范社，是年9月11日，“承月”牌月光枣在中国（乐陵）红枣暨果品产业博览会评选中获金奖。是年9月27日，“承月”牌月光枣获河北省林业厅“果王”称号。2015年，“承月”牌鲜食枣通过了中国绿色发展中心绿色认证，是年，“承月”牌月光枣列入农业部名特新优农产品名录。

秦家沟特色红薯　秦家沟村地处上板城镇西部，康熙年间秦姓居民首居此沟而故名，辖两个自然村，6个村民小组，224户，812口人，全村总面积443.4公顷，耕地面积103公顷。该村的自然条件和土壤得天独厚，适宜种植纯天然绿色无公害作物——红薯，华北地区独一无二。2013年注册成立了承德长发绿宝薯业种植农民专业合作社，入社社员占全村总户的70%，种植面积40公顷，红薯产量150万千克。2014年，种植红薯面积53.33公顷，产量200万千克，合作社建储存冷库3座，储存能力22.5万千克，社员自建薯窖12个，储存能力30万千克，合作社与北京、天津、赤峰、多伦等商家形成长期合作关系，2015年红薯种植面积80公顷，产量达到300万千克以上，并对红薯进行深加工，开发了薯干、淀粉、薯叶茶、牛奶薯、茎叶保鲜菜等一系列产品，年产值达到3000万元以上。并辐射带动周边11个村的经济发展，增加了农民收入。红薯产业已成为该村及周边村的一项主导产业，逐渐形成“一村一品”“一乡一业”规模发展的产业格局，经济效益与社会效益不断提高，是一项服务城市、富裕农民的特色产业。2014年鲜食薯及薯干已在国家工商总局注册“承秦绿保”商标，2015年通过“绿色食品”认证，牛奶富营养薯通过国家农业部食品检测中心检测，此薯富含钙、铁、锌等微量元素，并注册完成“老嗨乐”商标，2015年，鲜食薯被农业部列入“名优特新”产品目录。2015年7月1日获承德市“科技型企业称号”。

第二节 水利

一、河流

承德高新区境内以滦河水系为主，流域面积18.46平方千米，占全区面积的50%。滦河干流总长30千米，左右两岸河道堤防总长55.8千米，滦河支流白河全长24.03千米，河岸堤防总长48.06千米。境内河流为北部向南流，南部则由东、西向中间汇集。在滦河的各支流中，以柴白河为主。主要河流泥沙受降水、地行、植被和人类活动的影响较大，泥沙主要集中在汛期月（6—9月），约占全年泥沙量的90%。辖区是一个山洪灾害较严重的地区，四周山峦起伏，沟豁纵横，大多数村庄依山傍河建于山坡及沟道两侧，极易遭受暴雨诱发的溪河洪水、泥石流和崩塌及滑坡等山洪灾害。

二、水库

承德境内有白河南水库和天外水库2座小（2）型水库、2座塘坝、2座水电站。白河南水库位于白河南村西2.5千米，坝址地处滦河流域柴白河支流龙潭沟上，水库于1977年7月兴建，1978年10月竣工，又于2013年5月进行除险加固工程，主要是拦河坝加固、放水洞加固、防汛路改造、完善水库管理设施等。水库由拦河坝、坝顶溢流堰、放水洞等建筑物组成，坝址以上控制流域面积1.54平方千米，是一座以防洪为主，结合养殖、灌溉等综合利用的小（2）型水库。依据《水利水电工程等级划分及洪水标准》，工程等级划分为Ⅴ等，主要建筑物为5级。防洪标准为20年一遇洪水设计，100年一遇洪水校核，地震设计烈度为6度。天外水库位于天外村北，坝址地处滦河流域一条支流上，于1974年8月兴建，1979年竣工，2013年5月进行除险加固，主要是拦河坝主坝防渗面板混凝土、副坝下游干砌石砌筑，放水洞加固、防汛路改造、完善水库管理设施等。水库枢纽工程由主坝、副坝、溢洪道、放水洞等建筑物组成，坝址以上控制流域面积3.58平方千米，是一座以防洪为主，结合养殖、灌溉等综合利用的小（2）型水库。依据《水利水电工程等级划分及洪水标准》，工程等级划分为Ⅴ等，主要建筑物为5级。防洪标准为20年一遇洪水设计，100年一遇洪水校核，地震设计烈度为6度。

三、防洪措施

承德高新区境内山洪灾害主要为山洪、泥石流和山体滑坡。涉及2个镇38个行政村，近百家企业，分布8条小流域中，涉及9.6万人，9186户，耕地4319.26公顷。2012年实施县级山洪灾害非工程措施项目，新建区级预警平台1处，建设预警广播27处，建设自动水位雨量站5个，建设自动雨量站4个，自动水位站1个，3G视频站7个，简易雨量站27个。2015年，实施山洪灾害调查评价工作，对38个行政村进行了全面详查，划分了危险区和撤离路线。2014年5月高新区加强了河道管理，开展了河道划界竖桩工作，明确了河道管理范围。截止到2015年11月，治理滦河干流河道堤防长度共15.737千米，分别为闫营子二道坝至鹫窝段滦河左岸防洪堤，总长3.4千米，总投资4507万元；砖瓦窑至三道湾村滦河右岸防洪堤，总长7.887千米，总投资6844万元；滦河右岸高新区段总长4.5千米，总投资8000万元。是年，开始实施独流入海项目，新建滦河东西营段防洪堤5.1千米。

第三节 农业龙头产业

一、专业合作社

承德高新区共有38家规范化管理的农业专业合作社，为社员提供产前、产中、产后等一系列技术及生产服务。并积极争取合作示范项目，2015年省级示范社1个，市级示范社3个，争取“省级采摘观光园”补助资金11.45万元。在农村能人、龙头企业等各方面力量鼓励和引导下，围绕现代农业领办创办农民专业合作模式，实现产品与市场对接，逐步将高新区打造成承德绿色有机农产品直供基地，新申请绿色产品认证2家。

二、龙头企业

中红三融集团有限公司 该公司成立于2007年4月11日，注册资金5000万元，由中红普林集团有限公司、北京融商食品有限公司、秦皇岛珂维投资有限公司、北京浩邈盛昌投资有限公司、秦皇岛洪利咨询有限公司共同出资兴建，注册地址上板城镇西三家村。经营范围：畜禽饲养、收购、加工和销售；饲料生产及生产所需原材料收购、加工和销售。主营业务为雏鸡孵化、肉鸡合同放养、饲料加工与销售和肉鸡屠宰加工为销售一体的“产、供、加、销”一条龙的河北省重点龙头企业，公司采用“公司+基地+农户”的经营模式和农户签定长期的养鸡合同，以固定的价格向农户统一提供鸡苗、统一提供饲料、统一提供技术管理、统一提供兽药、统一回收毛鸡，养鸡户只负责饲养管理，公司给农户固定的利润空间，由公司承担全部的市场风险，是典型的农业产业化龙头企业。

承德畅达生物科技有限公司 该公司是河北畅达集团的子公司，2004年注册成立，注册资金3200万元，总资产7300万元。河北省重点建设项目承德畅达生物科技园和畅达绿色健康产业园占地118000平方米，拥有科研楼、GMP车间，中心实验室、食品加工车间、生物提取车间，并设综合部、财务部、物流部、质检部及研发部。公司已通过ISO 9001质量管理体系，ISO 22000食品安全管理体系、ISO 14001环境管理体系和GMP保健食品良好规范认证。被河北省科技厅评为“高新技术企业”、被河北省林业局评为“河北省林果产业重点龙头企业”、被承德市、县政府评为“农业产业化重点龙头企业”“承德市重点龙头企业30强”“科技龙头企业”。公司的发展战略；建设产业基地，实施精品战略，将油松花粉系列产品打造成承德特色产品、河北名牌产品、中国民族产品。

第四节 农业开发项目

一、尚亚休闲文化农业产业园区

该园区位于冯营子村，占地29.33公顷，总投资11亿元。项目规划建设酿酒葡萄基地、葡萄文化园、农业生态园、休闲娱乐园、纪念林区、园区绿化。截至2015年完成投资1.4亿元，已初具规模，道路修建、路灯安装、山林绿化、果树栽植、葡萄酒窖独具特色。2015年被承德市政府认定为市级现代观光农业园。

二、绿雅休闲观光农业示范园区

该园区位于石门子村，截至2015年项目总体规划设计已完成，并上报省有关部门。计划总投资1.2亿元，10公顷休闲垂钓和餐饮设施改造提升项目完成，新建鸡舍及附属设施2万平方米、新建农业设施大棚100栋、占地4.33公顷，拟建度假村、有机菜种植、配送，有机肥加工生产线和田间路网改造等，已累计完成投资5000万元。

三、崔梨沟中草药种植及深加工项目

该项目是由承德市绿兴合作社统一管理，中药材种植面积达200公顷，主要种植中药材新品种苍术、桔梗、黄芪、防风、黄柏、山桃等，到2015年底种植面积达到266.66公顷。

第五节 农村工作

一、危房改造

2013年承德高新区根据国家发改委、建设部、财政部、河北省建设厅文件要求，对辖区内农村危房改造提出总体要求：以镇政府为实施责任主体，坚持农户自愿、按程序认定、规范“六公开”制度，认真组织实施的原则，优先帮助住房最危险、经济最贫困农户解决住房安全问题。全年完成100户改造任务，其中新建户原则上不低于总任务量的60%，2014年制定了具体的实施办法，改造任务50户，其中建筑节能示范户7户，于11月底全部竣工。是年冯营子镇改造农村危房19户（低保户8户、一般贫困户10户、“五保户”1户），均为原址翻建，总计发放补助资金31.23万元。

二、农村垃圾处理

2013年，按照省委省政府提出的农村面貌改造提升的意见和要求，承德高新区制定下发了《承德高新区环境面貌整治活动实施方案》和《农村面貌改造提升行动实施方案》，相继成立环境容貌整治活动领导小组，围绕基层建设年帮扶村确定5个典型培树村，安排工管委领导包村、各部门、企业帮扶，每村确定一名镇领导、一名大学生村官和一名科技特派员包村，落实责任。以“四清、四化”为重点，开展以治“十乱”为主要内容的环境容貌综合整治活动，累计清理垃圾5.6万立方米，新建垃圾池151个，聘用专、兼职保洁人员136人，购置或租用垃圾清运设备105台。计划总投资623.6万元在上板城镇分片建设四个垃圾站，每个转运站均有水电配套工程设施、路面硬化、绿化带，配备地埋式升降压缩垃圾站，密封式可卸垃圾运输车等。2014年，各村环境卫生保洁长效机制建立，形成常态化管理，建立垃圾池151个，全年累计清运垃圾24550立方米，生活垃圾点存放清运率达100%，无害化处理率达75%。

三、环境绿化美化

2013年至2014年，承德高新区制定《推进农村面貌改造提升行动造林绿化指导意见》，新增绿化面积6.593公顷，实现重点村房前屋后、村里村外、道路两旁全部绿化，植树木花草5.62万株，绿化率达90%。清理杂物1504处，清理庭院6466处，拆除违章建筑0.378万平方米，清理小广告608万张，粉刷墙体1.47万平方米。完成5000平方米的文化墙基础抹面及绘制，整治农村临街建筑立面1700平方米，实现民居墙面无商业广告和标语，为村庄入口处设立了村庄标识。截至2015年，街巷整修道路硬化涉及3个村共5.9千米，重点村内主干道硬化率100%。

四、文化教育

2014年至2015年，为4个村建设设施配套、功能完善的村民中心，新安装健身器材共24件，农家书屋新补图书392册，共放电影456场，建

设室内设施完备的互助幸福院 1 个。老爷庙村有古庙一座，有几名爱心人士投资 130 余万元进行复建，尚在建设中。对崔梨沟村小学进行整体装修，购置新桌椅、图书、白板等教学设备、招聘优秀教师，恢复幼儿园和 1 ～ 5 年级 7 个班 130 名学生上学，并由村里为幼儿园学生提供免费午餐，为 1 ～ 5 年级学生免费提供课本及校服。其他村采取就近上学，严格依照国务院校车安全管理条例强化农村校车的管理，保障中小学生上学安全。

五、改造居住环境

2014 年，承德高新区本着优化环境、居民节能改造、道路硬化、村庄绿化、美化、改水改厕、服务强化为目标，打造“看得见山水，记得住乡愁”的美丽乡村为导向，加强美丽乡村的建设，总投入资金 1590.66 万元。从 2012 年至 2015 年实施人饮安全工程，解决饮水不安全人口 25843 人，农户自来水入户率达 82%。结合实际选择将旱厕改造为双瓮式无害化厕所 105 个。

开展不同层面的帮扶，促进辖区的新农村建设，按照区域规划，冯营子村、雹神庙村 2 个村已进行城中村改造，砖瓦窑村、卸甲营村等 12 个村已列入城市规划范围。冯营子镇的东营子村、崔梨沟村、石门子村、土洞子村和上板城镇的大营庄村、漫子沟村、秦家沟村、老爷庙村 8 个村被列入省级重点村。

第六章 招商引资

承德高新区建区以来，优化发展环境和改善投资环境，充分利用承德旅游资源优势，采取行政招商、网上招商、发展招商代理、以商招商、企业自主招商等措施，组织举办以宣传推介活动等方式进行招商引资，在土地、财税、人才引进等方面制定了一系列配套优惠政策和奖励政策。1995年至2015年，实际利用外资13393.9万美元，引进内资1609168万元。2007年至2015年，签约重点项目14个。为高新区快速发展，可持续发展奠定坚实基础。

第一节 招商引资政策

1992年，承德市人民政府发布《关于承德市高新技术产业开发区若干政策的规定》，是年12月14日，市政府发布《承德市高新技术产业开发区优惠政策》《承德市高新技术产业开发区鼓励外商投资的实施办法》，2009年4月14日市政府印发《承德市市级园区（产业聚集区）建设优惠政策（试行）》的通知，对招商引资的优惠政策作出详细的规定。高新区依照省、市文件精神，先后制定《关于承德市高新技术产业开发区财政政策的若干规定》《关于承德市高新技术产业开发区税收政策的若干规定》《承德市高新技术产业开发区管委会关于鼓励各县区进入市开发区兴办企业的暂行办法》《承德市高新技术产业开发区管理委员会招商引资奖励办法》《关于调整入区企业税收优惠政策》《关于河北省外经贸厅授权承德市经济技术开发区管委会享有外商投资项目审批管理权》《承德市高新技术产业开发区关于继续对驻区企业执行奖励政策》《承德市高新技术产业开发区鼓励外来投资的优惠政策》《承德市高新技术产业开发区招商引资奖励办法》等文件。招商引资工作在财政、土地、税收、人才、奖励等方面的优惠政策逐步规范化、系统化。

一、财政政策

1992年，市政府规定，开发区内的高新技术企业从认定之日起，上缴所得税超过15%的部分；其出口产品的产值达到当年总产值70%以上的上缴所得税超过10%的部分；新办的高新技术企业，经企业申请，开发区批准，从盈利年度起，两年内上缴的所得税款，2年内新缴的城镇土地使用税、房产税，由开发区财政返还给企业。

高新技术企业，经有关部门批准，免征投资方向调节税、城建配套税、人防设施费、5年内城建维护费和教育附加费、自投产年度起2～3年内高新技术产品的产品税和增值税。高新技术企业每年从销售总额中提取3%，用于技术开发。高新技术企业所创外汇，扣除上缴国家部分，从创汇年度起3年内全部留给企业，从第四年起按政府20%、企业80%分成。

外商投资企业，自投产年度起免征地方所

得税10年；属高新技术的内资企业，所得税减免；高新技术企业和科研机构5年内免征土地使用税，5年后再减半征收土地使用税3年，其他企业免征土地使用税；区内实行工效挂钩的从业人员，免征个人收入调节税或个人所得税；外商从其投资企业取得的利润免征个人所得税。

2002年，承德高新区制定鼓励外来投资的优惠政策，开发区建立科技进步奖励基金，按其财政的贡献给予一定期限的奖励。外资企业自投产实现销售收入年度起十年内，前五年按开发区财政分享企业所得税和个人所得税的100%、分享营业税的50%奖励企业；六年至十年内，按前五年奖励标准的50%奖励企业；内资企业和科研开发机构，自取得销售收入年度起七年内，前四年按开发区财政分享企业所得税的100%、营业税的50%奖励企业；按固定资产投资额度其土地出让价格在基准价的基础上优惠20%～60%。是年，根据国家财政税收政策重大改革，经市政府批准，对2001年前进区企业的优惠奖励政策继续执行。

2004年7月8日，中共承德市委、市政府《关于进一步加快高新技术产业开发区建设与发展的决定》中明确，开发区内原有和新入区企业进行基本建设，除市政府原已批准免交城市建设配套费，旧城改造费和人防建设费外，其他行政事业性收费，除应上缴国家和省市有关部门部分外，一律免收。对外来投资企业除执行国家现行的税收优惠政策外，高新区可根据企业规模、性质给予一次性的土地价格优惠和一定期限的科技进步奖励。

2009年4月14日，市政府《关于承德市市级园区（产业聚集区）建设优惠政策》中规定：允许农村集体以土地使用权入股或联营等方式，在园区（产业聚集区）内兴办各类企业；拥有建设用地使用权的单位和个人，可以将土地折成股份参股、入股或与企业联营，参与企业分红。新设企业，按财政体制，在5年内由市、县区财政给予贷款利息20%～50%专项贴息补助，贴息资金补助最高不超过财政受益的50%。高新技术企业项目贷款，按财政体制由市、县区财政给予贴息补助，贴息2年，额度不超过50万元。

二、人才引进政策

1992年，市政府在关于承德市高新技术产业开发区若干政策中规定："高新技术企业专业技术职务的岗位设置、结构比例可适当高于一般企业，可根据专业水平和实际贡献，破格聘用专业职务。党政机关、科研单位、大专院校、事业单位和大中型企业的科技人员到高新技术企业工作，实行档案工资、档案职务，延缓退休年龄，评聘专业技术职称，并允许科研单位、高等院校和企业的科技人员在高新技术企业兼任职务。对进入高新区的科技人员实行效益和工资挂钩。对做出突出贡献的科技人员给予重奖，并免征个人收入调节税。"高新区在鼓励外商投资的实施办法中明确：外商及香港、澳门、台湾同胞、华侨聘请国内亲属在其投资兴建的企业就业，经管委会申报户口管理部门批准可在承德市区落户。直接投资50万美元的可安排1人；100万美元以上的可安排2人，200万美元以上的可安排3～5人。

2002年，承德高新区对开发区内中外合资、外商独资和内资高新技术企业，需要具有学士学位以上学位或具有中级以上专业技术职称的专业技术人员和管理人员，以及进入高新区从事科研开发、科技成果转化，具有硕士以上学位和高级技术职称的人员，给予办理户口迁移入市手续，其配偶及未成年子女可随迁入户，不受指标限制，子女入学、入托与当地居民享受同等待遇。

2009年市政府明确：进入园区投资的业主及其配偶、子女，引进的高级专业人员及其配偶、子女，企业主要经营管理人员，愿意迁入的，可在投资地办理常住户口，可在全市范围内选择中小学校就读。

三、奖励政策

1996年7月，承德高新区在招商引资奖励办法中规定：在项目招商、土地招商工作中，引入在开发区购置土地承办独资、合资、合作项目的；一次交齐土地出让金的；分期交付土地出让金的对中介人给予奖励。协助开发区引进世行、亚行、政府间贷款或国外商业银行贷款的；为开发区或区内企业引入捐资赠款的；为开发区或区内企业争取到上级拨款的部门，由使用贷款单位、由接受捐赠单位给予承办人一次性奖励。

2002年10月，承德高新区在招商引资办法中规定：凡引进市外资金或项目在开发区注册登记开办新企业的，按实际到位固定资产投资；引进市外资金投入到开发区原有企业用于技改扩能成新上项目的；引进市外企业兼并开发区原有企业、引进市外资金收购原有停产、破产企业并重新启动生产的；用于开发区基础设施建设的，引进国际援助、国内、外捐赠和上级有关部门拨款等无偿资金；为企业引进新产品、新技术、新工艺、取得良好经济效益的，经受益单位认可；分别对有功人员给予一次性奖励。

2013年6月，承德高新区在引荐外来投资奖励暂行办法中规定：对于引进世界500强企业、中国500强企业、中央直属企业（二级以上公司）、中国百强民营企业实施的特别重大产业项目，按照“一事一议”的方式给予引荐人重奖。除本办法规定外，引荐人同时享受河北省人民政府、承德市人民政府相关文件中规定的对引进大额国内外投资项目省、市政府给予的奖励。

2013年6月20日，承德高新区在鼓励支持外来投资的若干优惠政策中规定；入区新建项目建设多层标准化厂房，凡达到2层及以上的，按照150元/平方米给予一次性补助，最高不超过200万元；租赁多层标准化厂房5000平方米及以上的，给予30万～80万元的一次性补助。区内原有企业增资扩能升级用于固定资产投资的给予一次性奖励，新认定为高新技术企业的区内企业，除落实国家、省、市关于鼓励支持高新技术企业发展的相关政策，再一次性给予30万元的奖励。区内企业新认定为国家级工程技术研究中心、国家级企业技术中心、国家重点实验室、工程实验室和国家科技企业孵化器的，一次性给予60万～80万元的奖励；新认定为省级的（不含科技企业孵化器），一次性给予20万～40万元的奖励。

第二节 招商引资措施

一、行政专业招商和其他招商方式并举

1996年5月，承德高新区的招商引资工作以“人人是投资环境，事事是信誉形象”为指导思想，加大招商引资力度，行政全员招商改为行政专业招商，利用各种宣传媒体宣传推介承德市旅游资源优势和承德高新区的发展现状与前景。工管委领导亲自抓开放、带头跑项目，招商局工作人员主动出击，邀请客商到承德开发区参观洽谈，签约项目。1998年，开发区实施二次创业，加快基础设施建设和项目建设，招商重点转向高新技术项目和民营企业、私人企业进区。通过传真、信函等方式，向80家外国公司及20家驻华使馆发放《招商指南》。

2000年，围绕东区开发，实施跟进招商，参加各种大型招商洽谈会，组织各种活动30余次，建立了高新区网站，重新印制了《招商指南》。2001年，全面实施“项目立区、科技兴区、创新强区”三大战略，优化发展环境，通过召开招商引资分析会，结合承德特点，把京津地区作为项目、资金、技术的主要来源，以引进高科技项目为主，实施重点招商，帮助企业自主招商。2002年，实施从注重引进内资转向外资内资并举，从注重政策优势向依靠综合优势转变的招商策略，以情招商，以诚招商，如实推介，科学引

导。修订完善高新区招商引资优惠政策和奖励办法。建立区局域网，搭建网上招商平台。2003年，实行招商目标责任制，指标分解到人，副处级以上领导干部都要引进1～2个项目，到年底全部完成目标任务。2004年，开发区不断探索新的招商方式。一是网上招商，建立了局域网并开通了对外网站，完善了网络技术手段，配备了专门人员，并且加入了河北招商网，实现了与门户网站的链接。二是发展招商代理。结合开发区招商引资奖励政策的出台，整合已有的外联资源，努力开拓新的外联渠道，联系国内外公司、商社、咨询中介机构及个人100家，确定招商代理关系20家，特别与10家日本著名商社和个人建立了长期合作关系，开拓了在日本的招商渠道，通过这些渠道联系外商50余家，收到较好效果。三是以商招商，调动区内企业自主招商引资的积极性，帮助企业谋划项目，协助企业联系合作对象，带领企业走出去，促成了一批院校合作项目。2005年，在上述招商方式的基础上，进一步改进招商方式，按照“小团组，求实效”原则，重点组织小团组赴各地招商，同时组织和参加各类招商会。

2007年7月，成立承德高新区北京招商中心，以联系国家部委、行业协会和针对环渤海地区国内外500强企业招商为主要工作方向；组织京津地区重点企业、相关机构召开投资环境说明会暨项目对接会；组织全国汽车行业协会研讨会和仪器仪表行业协会研讨会在承德召开；与江、浙、粤三省有关开发区和行业协会取得联系，分别组织召开针对向北方产业转移企业的投资环境说明会。2008年7月成立苏州昆山第二个招商中心，以吸引江、浙、粤等东部沿海发达地区国内外500强和民营企业集团投资为主要工作方向。

2014年，以会议招商、小团组招商、网上招商、关系资源招商、中介招商等形式开展招商引资，全年接洽客商111批次，获得项目信息56项。高新区在全市率先出台面向全国的招商引资奖励政策。通过公开竞聘，完成招商局机构重组，加强人员力量，面向京津组建的企业化招商中心开始运行。重点开展中介委托招商，形成立体招商网络。

二、建立招商引资运营机制

一是工作信息资源共享机制。要求区直各部门、驻区各单位和各镇主要负责人是本部门招商引资工作的第一责任人，确定一名主管领导同志具体抓招商引资工作，并明确一名工作人员（联络员），将本单位与招商引资相关的工作定期向高新区开放工作考核认定领导小组报送，实现与招商引资相关的工作和招商信息资源共享，促使高新区的招商引资工作更加顺利开展。二是招商信息报送制度。区直各部门、驻区各单位和各镇必须建立本部门、本单位的招商引资项目库，并于每月28日前将该月项目库的情况报高新区开放工作考核认定领导小组。同时报送所有招商引资工作的资料、动态信息、统计数据，以及外来考察的人员、项目等情况，此项内容作为年底考核的依据。三是招商信息跟踪反馈制度。凡洽谈引进投资项目的各部门、驻区各单位和各镇均要建立投资项目情况跟踪反馈制度，并通过各单位、各部门联络员随时将有关情况通过简报或其它方式报送高新区开放工作考核认定领导小组，尤其是对区里确定的重点客商投资项目，实行专人负责、督促检查、跟踪反馈制度，并将执行情况报送高新区开放工作考核认定领导小组。四是招商业务培训制度。采取邀请区内、外精通招商业务的相关领导到我区授课、不定期举办招商工作培训、招商联络员业务培训等方式，着力提升全区招商工作水平，培养一支素质高、业务能力强，全面发展的优秀招商联络员队伍。五是招商引资奖惩机制。坚决落实年度开放工作考核目标及考核办法，严格兑现奖惩，对日常不及时与高新区开放工作考核认定领导小组沟通信息、交流情况，年终完不成招商引资任务的镇、部门取消单位和主要领导、分管领导评先选优的资格，进一步落实招商引资奖惩机制。

三、政务服务

1995年，承德高新区提出“企业是开发区的衣食父母，服务是每个人应尽职责”的口号，按照“小政府、大服务”的原则，为进区企业办实事、办好事、急事急办、特事特办，并实行了“全程服务”和“一个窗口对外”的工作机制，帮助投资者找合作伙伴，为投资者搞好征地服务，搞好工地秩序服务，做好水、电、热及进区项目审批等全程一站式服务，由工作人员引领企业负责人仅用半天时间办理完全部进区手续。2001年再次重申继续坚持实行一站式服务，全方位服务，在管委办公楼一楼大厅设置政务服务区，设立服务项目公示栏、座椅、饮用水、复印机等，各相关职能局室和驻区单位在服务区设立项目审批、建设、土地、环保、工商、税务、劳动人事等服务工作台，实行敞开式、透明式集中办公，负责办理注册登记手续，服务方式是一站受理、联合审批、全程服务、限时办结。为进区企业和项目提供配套、高效、优质的综合性服务，并制定服务承诺制度，建立首问负责制、限时办结及服务标准等，设立监督台和举报信箱、投诉电话、成立服务承诺制度监督领导小组，严格执行中共承德市委关于加强机关作风建设有关规定，到基层单位和企业办事，不准吃、喝、卡，要一律禁酒，对违反有关规定的单位和个人将严肃查处。“一站式”审批、“一条龙”服务，成为高新区行政透明、政务公开、优质服务的一大亮点。多年坚持开展优化发展环境活动，机关作风建设年活动，为企业发展创造良好的发展环境。2014年1月6日，承德高新区政务服务中心正式成立，挂靠纪检监察部，政务大厅设在科技大厦一楼，承德高新区建设局、人力资源和社会保障局、承德高新区工商行政管理分局、承德高新区房产管理处、承德高新区国土资源分局等部门在政务大厅设置17个办事窗口，对外办理事项85项。2015年7月29日，经市编委批准，成立承德高新区行政审批局，与政务中心合署办公。是年8月3日，新装修的审批大厅正式启用，面积3300平方米，90个服务窗口，各职能局室和驻区单位均在此设立服务台，企业、群众办事，不出大厅即可办完。制定工作制度、工作流程、限时办结制度，“三证合一”“一照一码”工作顺利开展，国税、地税设立了联合办税服务厅，设立了彩色LED显示屏，真正实现“走进一家门，办完两件事”。在两个托管镇建立了财政、民政、劳动保障、计划生育、建设规划等站所，配备了人员和电脑等设备，与政府大厅联网、各项规章制度统一制作上墙，镇便民服务中心办理事项37项、38个行政村建立了便民服务室，各村办理事项19项，为群众提供了高效便捷的服务。

第三节 招商活动

一、参加洽谈会

2003年，开展以招商引资和项目建设为主要内容的“扩大开放年”和“项目建设年”活动，举行日本商社项目洽谈会，国际贸促会合作洽谈会。参加以避暑山庄肇建300周年庆典的经贸洽谈会、厦门洽谈会、“10·18”洽谈会。是年，高新区举办经贸洽谈会，邀请国内外客商70人，签约外资项目1个，内资项目25个。2004年，参加地方举办的河北省第二十一届经贸洽谈会、厦门洽谈会、天津民企洽谈会。2005年，参加廊坊“5·18”投洽会、“4·25”天津—承德投资环境说明会、“5·27”北京—承德投资环境说明会。随省政府代表团出访韩国、印尼。赴厦门参加第九届国际投资贸易洽谈会。2006年，参加了北京2006国际投资融资项目洽谈会、河北省（香港）投资贸易洽谈会、2006年北京国际资本金融高峰论坛、中国开发区苏州国际博览会、“5·18”廊坊东北亚国际商务节及经贸洽谈会。2006中国河北国际商会经贸洽谈会、2006(上海)中国城市发展国际投资洽谈会、广西南宁东盟投资贸易洽谈会、吉林长春东北亚投资贸易洽谈会等一系列招商活动。2007年，参加省、市组织的香港“3·18”河北省投洽会、廊坊“5·18”国际商务节、承德“6·9”投资贸易洽谈会、厦门“9·18”投资洽谈会，第十四届中国兰州投资贸易洽谈会。2008年，参加了在香港举办的河北省香港投洽会；“5.18”廊坊投洽会；“9·18”厦门投洽会；承德旅游文化投资贸易洽谈会等。2009年，参加香港投资贸易洽谈会、津承合作协调会、天津第十六届商品交易投资洽谈会、“5·18”廊坊洽谈会、“5·27”北京洽谈会、“6·16”投资贸易洽谈会、“9·8”厦门经贸洽谈会、石家庄信息产业周系列活动、国防工业和国防科技院校项目洽谈会。赴清华大学就应急指挥平台项目与北京辰安伟业科技有限公司进行洽谈。赴北京林业大学洽谈防火助燃剂项目并达成合作意向。“5·27”投洽会期间，拜访中集集团和清华大学，洽谈合作事宜。与世界500强公司之一的法国液化空气公司就在承德建设液化空气生产项目进行多次洽谈。2010年，参加“5·18”廊坊国际投资贸易洽谈会、“6·18”承德国际旅游文化投资贸易洽谈会、首届中国曹妃甸临港产业国际投资贸易洽谈会。

2011年参加“5·18”河北省廊坊国际经济贸易洽谈会、“跨国公司投资项目洽谈会”“知名民营企业投资项目对接会”“央企投资项目对接会”和“承德市休闲旅游产业项目对接会”。接触现代汽车株式会社、中国电子集团54所等企业代表20人。参加5月28日在天津举办的“2011年中国•天津第十八届投资贸易洽谈会”,6月1—3日，参加中国国家贸促会在北京举办的“2011年中日绿色博览会”，与参展日方企业相对应，组织区内有关的企业如富泉石油、金建检测、本特司达、五岳、联创等10家企业参会。参加9月26日在承德市举办的“第十一届中国(承德)国际投资贸易洽谈会”。2012年,参加河北省(香港)投资贸易洽谈会、廊坊“5·18”国际投资贸易洽谈会。2013年,参加“5•18”廊坊投洽会、“9•26”承德投洽会。2014年，参加廊坊“5•18”国际经洽会、“9•8”厦门投洽会、第十三届(承德)国际经济贸易洽谈会。

二、参加招商活动

1995年，美国、日本、新加坡、韩国、英国、法国、奥地利等国家的商界人士到承德高新区进行商务考察。1996年，两次在中国高新技术产业导报和高新技术产业报作专版宣传,承办“'96中国高新技术产业导报宣传工作会议”。1997年，聘请新加坡、比利时3名招商代理与天津大学、清华大学建立长期稳定的合作关系。1998年，收集160个国家驻华使馆商务参赞、6000个外国公司驻华机构名录建立客户库。

2004年，聘请日本国际贸易促进协会理事长中田庆雄先生担任经济顾问。赴广州、上海、江苏、浙江、山东、陕西、天津、北京等地有针对性的开展招商活动；赴台湾进行考察活动，组织参加首届石家庄贸易洽谈活动，多次分批赴北京、天津参加各种专业招商会及自办招商活。2005年，参加河北省赴香港、珠三角地区系列招商活动、参加石家庄河北香港周活动，“2005年中韩科技展览会”。2007年，参加在武汉举办的2007年中国汽车零部件年会、在河南郑州举办的第二届中国中部投资贸易博览会、北京第十届中国科技博览会、呼和浩特中国开发区协会联络员工作会议、北京第三届世界杰出华商大会与世界500强企业对话——大连开发区经验交流会等活动。组织召开“8·10”(承德)国家级开发区招商引资与产业合作座谈会。邀请国家贸促会、国家发改委、中国企业合会、中国开发区协会、信息产业部和中国轻工业联合会；20家国家级开发区、世界杰出华商协会、中国国情研究中心、《魅力中国》杂志社和世界五百强企业俄罗斯天然气开放式股份公司、新兴铸管股份有限公司、上海复星高科集团、美林正大投资集团、香港大诚集团有限公司、时富金融服务集团、浙江吉利控股集团北京办事处及天空世纪网络电视有限公司、浙江中宝集团等一大批中外客商到开发区参观考察，咨询投资。2008年，邀请北京航空航天大学交通学院和科技开发部的教授来承进行科技成果及项目发布。先后邀请中国仪器仪表协会专家及中国汽车工业协会领导和专家到承德考察，邀请北京市工商业联合会、北京投资促进局到承德高新区参观交流。是年，赴昆山、嘉兴开发区参观考察学习。2009年，北京京招商中心参加了由在京外国驻华使馆商务官员、国际组织驻京代表、外资银行代表、跨国公司地区总部代表、外国驻京代表机构首席代表、外商投资企业外方高级管理人员等代表参加的国际商务新春联谊会、首都企业家俱乐部太仓论坛。走访昆山开发区、浙江民营经济研究所、江苏雨润集团等单位和企业，为下一步开拓南方招商市场作接续工作。配合北京活动月活动，在北京开展一系列走访重点客户活动。2010年，组织参加河北（香港）活动周、“7•1”秦皇岛（天津）活动周、“7•6”承德（北京）活动周、“7•7”北京亦庄经济技术开发区合作座谈会。

2011年，组织区内民营企业参加“知名民营企业投资项目对接会”“央企投资项目对接会”“承德市休闲旅游产业项目对接会”。组织10家区内企业参加“承德市重点项目发布会”。2012年，组织参加中共市委、市政府在珠三角和京津地区组织的“粤承项目对接会”“京企、央企北京合作恳谈会”“京承合作恳谈会”及签约仪式、省政府“百家院校所走进河北合作恳谈会”、大连软件和信息服务交易会、西安高新技术产业博览和深圳高新技术产品交易会。2013年，启动区内高新技术项目发布平台。2014年，管委会主要领导带队赴上海张江高新区、北京中关村管委会等进行对接，分别签订战略合作协议，派驻人员挂职。广州捷大商务有限公司在承德高新区成功举办中国产业地产峰会，参会地产开发商40家。

三、组织推介活动

2005年，高新区在天津市举办“5•25”天津—承德投资环境说明会、在北京市举办“5•27”北京—承德投资环境说明会。2007年，在深圳市举办“5•24”（深圳）承德高新区投资环境说明会、在承德市举办“6•9”承德高新区投资环境说明会。2008年，在苏州市昆山组织召开承德高新区投资环境说明会，昆山四海电子有限公司、昆山厚生电子工业有限公司等22家知名企业参加会议，会上宣传推介承德高新区。是年9月，借助第八届中国（承德）国际旅游文化投资贸易洽谈会的契机，承德高新区召开“9•25”投资环境说明会，高新区邀请北京市工商业联合会、首都企业家俱乐部、北京投资促进协会等单位和企业代表60人参加，签约3个项目，达成3个合作意向项目。是年，在北京市召开承德高新区投资环境说明会。组织7家中直机关、15家商会协会、35家国内外500强及跨国公司，共7人参加，会上介绍开发区的投资环境并推介招商项目20个。2009年，在天津第十六届投资贸易洽谈会，在会上进行开发区投资环境推介，与天津市当地相关产业的40家企业对话。在第九届中国（承德）国际旅游文化投资贸易洽谈会上，举办“5•27”承德高新区投资环境说明会。是年6月，借助凯星科晶电子技术有限公司单晶硅项目奠基之际，在唐山市曹妃甸承德临港工业园举办“6•16”承德高新区投资环境说明会，4家上市公司在内的20家国内外知名企业的领导参加。邀请韩国韩华都市开发公司代表团参观考察承德开发区和曹妃甸承德临港工业园区，其间举办专场开发区投资环境说明会。2010年，组织召开承德高新技术产业开发区投资环境说明暨项目推介会5次。2011年5月28日，在天津市举办的“2011年中国天津第十八届投资贸易洽谈会上的承德展厅发放高新区投资指南和招商项目，广泛接触客商，宣传推介承德高新区。参加“河北省与珠三角经贸合作对接交流会”。组织10家区内企业参加会议期间召开的“承德市重点项目发布会”，积极争取合作机会。“河北省与珠三角经贸合作对接交流会”“中国2011年(上海）世界健康博览会”等一系列主题招商和推介活动。2012年,开发区工管委主要领导亲自带队，赴香港、广州、厦门、深圳、上海、南通、杭州、西安、大连、济南、石家庄、邢台、秦皇岛、北京和天津等地拜访重要客户30家，开展外联对接推介活动。

第四节 招商成果

一、引进资金

1995—2013年，实际利用外资13393.9万美元，引进内资1609168万元。外商投资企业来自德国、美国、日本等国家和中国澳门、香港等地区，投资行业涉及医药、啤酒、智能化仪器仪表、机械装备制造、纺织项目等。内资投资涉及智能化仪器仪表、机械装备制造、环能热电、污水处理、房地产开发项目等。

1995—2013年承德高新技术产业开发区引进资金一览表

表6-4-1

年份	实际利用外资（万美元）	引进内资（万元）
1995	0	1248
1996	451	640
1997	885	1200
2000	33.9	5000
2003	1880	40516
2004	920	60113
2005	35	46626
2006	28	66903
2007	3100	101965
2008	2896	120061
2009	190	186530
2010	347	290195
2011	1144	350120
2012	777	156414
2013	707	181637
累计	13393.9	1609168

二、签约工业项目

2007年，河北四海发展股份有限公司与德国投资与开发有限公司和美国摩森康胜（MiddleLand Capital.LLC）公司合资扩建年产30万吨麦芽项目，项目投资总额为30720万元人民币，注册资本为10240万元人民币，引进外资2300万欧元，折合3100万美元。上海复星高科有限公司与承德颈复康药业集团合作开发生物制药项目，总投资3800万元。

2008年，银河连杆公司与江苏农垦集团有限公司合作的汽车连杆扩能项目，总投资2.6亿元。承德颈复康与上海复星高科集团合作建设中药生产基地项目，总投资1亿元。

2010年，河北四海啤酒有限公司与摩森康胜香港有限公司合资建设高档啤酒生产线项目，该项目总投资6.78亿元人民币，注册资本4.59亿元人民币。

2011年，荣森海姆（北京）输送系统有限公司与承德市昊磊机械安装有限公司和德国的Cen Guo共同出资的研发、制造、组装高精度输送系统设备及相关配件项目，项目投资总额为1250万美元，注册资本530万美元，其中外方出资53万美元。承德市上板城工业聚集区白河南污水处理厂建设—经营—转让（BOT）项目，项目由中国航空国际建设有限公司以建设—经营—转让（BOT）方式实施建设，项目总投资5319万元人民币。

2012年，承德天大钒业有限责任公司与德国西钛工程公司合作建设航空航天用零缺陷中间合金生产线项目，总投资3145万美元。

2014年9月，上板城环能热电项目正式列入河北省火电建设规划并取得国家能源局同意，取得河北省发改委的核准，是河北省重点能源项目，由河北省建设投资集团投资兴建的2×350兆瓦超临界热电联产项目，于2015年7月19日正式建设动工总投资32.3亿元，占地40公顷。

三、签约非工业项目

2010年，中国太平洋建设集团以建设—移交（BT）方式投资高新区基础设施项目正式签约，项目总投资15亿元。

2012年，隆基泰和未来城项目由隆基泰和集团旗下承德尚诚房地产开发有限公司建设，占地37.33公顷，总投资40亿元人民币、建筑面积110万平方米，建设包括五星级酒店、酒店式公寓、大型购物商场、风情商业街、高端居住区等集休闲、商务、金融、居住于一体的城市综合体。

2013年，高新区与北京师范大学合作建设承德附属学校项目正式签约，北京师范大学承德附属学校位于承德高新区砖瓦窑村片区，总投资16002.72万元，于当年开工建设，规划用地63384平方米，规划建设用地38186平方米；建筑面积35468平方米（其中地上31272平方米、地下4196平方米）。学校建有教学楼、教师培训中心、体育馆、男女生宿舍、塑胶跑道、风雨操场、食堂和浴室等。2015年9月正式投入使用。

2014年，力海企业港项目由北京中力海集团规划设计、开发建设及招商运营、总占地22公顷，计划总投资20亿元，总建筑面积40万平方米，可容纳企业400家。

2015年6月，河北承德农产品冷链物流产业园（先行起步区）开工建设，总投资20亿元。是年8月，高新区与中国二十二冶集团有限公司双方采用政府和社会资本合作（PPP）模式在城市基础设施投资建设等领域开展合作，项目总额约120亿元；10月17日，高新区与北京盛世光明软件股份有限公司就网络信息安全开发及大数据增值项目签订合作框架协议；是月，与北京艺皓元互联网文化创意产业管理有限公司就建设中关村互联网创意产业园承德分园等3个项目签订了合作协议，总投资125亿元。

第七章 科技科研

承德高新区坚持科技兴区，优先发展高新技术企业，鼓励扶持企业增强技术创新能力。截至2015年底，区内有高新技术企业42家，高新技术产品92个，科技中小型企业66家，高新技术企业产值14.23亿元。获国家授权专利3652个，其中，发明专利278个。申报国家、省、市各类科研项目300个，获省级科研成果46项，共有市级以上工程技术研究中心16家。2010年，承德高新区创业服务中心被批准为国家级科技企业孵化器，在国内首创1个技术创新与设计平台。高新区建立并形成以政府扶持政策为引导和保障，以创业服务中心和科研机构为服务支撑，以企业技术创新为主体的高新技术产业发展体系。

第一节 技术创新

一、创新体系

按照国家、省、市关于高新技术企业优惠政策的规定，针对区内高新技术企业特点，制定推动企业技术创新、诱导性和鼓励性财政税收等一系列优惠政策，制定完善科技三项经费使用管理办法。1998年至今，财政每年拨出一定数额的资金作为科技三项经费扶持科技型企业。相继帮助有科研能力或有技术实力的企业建立省级工程技术研究中心、企业技术中心、省级重点实验室。2000年，积极与科研单位、高等院校联合与合作，吸纳引进科研项目，促进支持企业技术改造，提升企业科技创新能力。2013年《承德高新区创新服务体系建设规划研究》项目经河北省科技厅立项，与中高汇智（北京）科技咨询有限公司合作，于2014年1月完成《承德高新技术产业开发区创新服务体系建设规划》。2014年7月，制定高新区《关于实施创新驱动战略加快科技强区进程的若干意见》，按照《意见》要求，以创新驱动为统领，扎实开展各项科技工作，取得良好效果。推动新兴服务业聚集发展。建成1个云计算基础设施产业发展载体，聚集3家大数据服务中心，入驻3家电商服务企业，成立节能环保、遥感技术两个产业技术研究院；推动创新资源聚集。围绕主导产业发展方向，引进6项科技成果、10名高端科技创新人才和10家创新型企业；完善创新创业环境。新建1个大学科技园，1个专业孵化器，建设1个加速器，形成项目孵化—转化—产业化的企业链式培育载体；培育科技服务机构。形成1家能够提供特色服务的检测机构，建设仪器设备开放共享平台，智能化信息服务平台、科技金融服务平台、知识产权服务平台，服务企业100家次；组建科技服务人才队伍。积极利用京津冀都市圈丰富的科教资源，与相关领域高校院所建立长期合作关系，在充分调研收集区内企业产品开发过程中的技术需求的基础上，选聘10人的科技特派员队伍，将企业与高校老师的单线联系升级为企业与高校科研团队的合作，提高技术难题攻关效率；创新产业组织与科技服务模式。依托园区龙头企业牵头成立1个产业创新联盟，从最初以共同研发新技术、检测仪器设备共用的产业联盟提升为共同开拓市场、共享利益、共担风险的紧密型组织。加快科技招商、创业服务、公共服务平台等政府职能社会化，探索建立科技服务联盟等协同合作组织。

二、建立创业服务中心

1998年5月，创业中心自创建后，不断完善服务设施，提高培育功能和服务水平。先后制定和完善了《高新区科技三项费使用管理办法》和《高新区创新基金使用管理办法》，对入驻企业在财政、房租、科技三项资金、人才引进等政策方面实施优惠。拥有水、电、暖及通信设施齐全的培育场地12000平方米，其中科技企业培育场地8000平方米，配套服务设施4000平方米，包括产品技术展示中心、学术交流中心、食宿（休闲）等服务设施。可为企业提供物业管理、商务、会议、工商注册咨询、税务登记咨询、高新技术企业申报、各级各类科技计划申报等一系列服务。承德高新区创业服务中心于2009年被评为省级科技企业孵化器，2010年12月被批准为国家级科技企业孵化器，是仪器仪表专业孵化器。获得中央预算内国家服务业引导资金230万元支持，利用国内外最先进的软硬件技术，在国内首创了一个技术创新与设计平台，该平台系创业服务中心与美国参数技术公司、中国东软集团股份有限公司联合开发，于2011年底建成“承德高新区仪器仪表公共设计平台”，于2013年3月进入区内重点企业试用，成为装备制造企业技术创新最先进的设计工具。2012年建立的高新区科技创新与公共设计平台列入省科技支持计划，与承德石油高等专科学校建立了区校战略合作联盟。创业服务中心通过为新创办的科技中小型企业提供物理空间、基础设施支持、开展创业辅导、技术转移、人才引进、金融投资、市场开拓等一系列服务，取得降低成本，提高创业成功率，培育优秀企业及企业家助推科技创新，促进就业，创造税收等一系列成果。截至2015年底，创业中心累计培育企业75家，已毕业企业22家，现有培育企业53家，包括计算机软件、智能化仪器仪表、工业过程控制技术、检测仪器、文化创意、科工贸一体化等创业形态。累计完成各类技术研发项目24项（省级21项、国家级3项），获得5项发明和实用新型专利。

1998—2015年承德高新技术产业开发区国家级创业服务中心培育企业汇总表

表7-1-1

序号	在培育企业名称	技术领域	所占培育场地面积（平方米）	企业人员（人）
1	承德科达仪表有限公司	高新技术改造传统产业	400	30
2	承德市普德电子有限公司	高新技术改造传统产业	400	32
3	承德市开发区华联工控网络工程有限公司	高新技术改造传统产业	200	25
4	承德市荣视电子技术有限公司	高新技术改造传统产业	400	32
5	承德市开发区恒泰电器仪表有限公司	高新技术改造传统产业	150	28
6	承德伏安电工有限公司	高新技术改造传统产业	205	33

续表 7-1-1

序号	在培育企业名称	技术领域	所占培育场地面积（平方米）	企业人员（人）
7	承德新达特种有色金属铸造有限公司	高新技术改造传统产业	100	16
8	承德市开发区盛方电子有限公司	高新技术改造传统产业	500	36
9	承德市益友输送设备有限公司	高新技术改造传统产业	100	15
10	承德市丰泰施工图设计审查有限公司	高技术服务业	100	12
11	承德市天工建筑设计有限公司	高技术服务业	100	15
12	承德市德盛达电子衡器有限公司	高新技术改造传统产业	100	27
13	承德市本特万达仪表有限公司	高新技术改造传统产业	150	23
14	承德市托力电子衡器有限公司	高新技术改造传统产业	100	18
15	承德圣禾田种业有限公司	生物与新医药技术	100	12
16	承德悬挂输送机工程有限公司	高新技术改造传统产业	100	36
17	承德市五岳测控技术有限公司	高新技术改造传统产业	200	34
18	承德市本特生态能源技术有限公司	新能源及节能技术	500	44
19	承德承信自动化工程有限公司	高新技术改造传统产业	100	19
20	承德白云石油装备有限公司	高新技术改造传统产业	200	32
21	承德市考思科学检测有限公司	高新技术改造传统产业	200	20
22	承德华通自动化工程有限公司	高新技术改造传统产业	300	33
23	承德华威涂装机电设备有限公司	高新技术改造传统产业	100	30
24	承德市开发区科维电子有限公司	高新技术改造传统产业	100	22
25	承德锤峰工具有限公司	高新技术改造传统产业	150	45
26	承德友联华天机械制造有限公司	高新技术改造传统产业	100	23
27	承德通达输送机械制造有限公司	高新技术改造传统产业	100	20

续表 7-1-1

序号	在培育企业名称	技术领域	所占培育场地面积（平方米）	企业人员（人）
28	承德市峰华仪表有限公司	高新技术改造传统产业	100	22
29	承德市博际高温材料制造有限公司	新能源及节能技术	100	19
30	承德市清华投资服务有限公司	高技术服务业	100	8
31	承德盛方自控设备有限公司	高新技术改造传统产业	200	20
32	承德瑞进仪表有限公司	高新技术改造传统产业	200	23
33	承德市威瑞科技有限公司	高新技术改造传统产业	300	25
34	承德海富盛自动化仪表有限公司	高新技术改造传统产业	100	27
35	承德华衡电子衡器有限公司	高新技术改造传统产业	100	18
36	承德华日昊月科技发展有限公司	高新技术改造传统产业	100	12
37	承德万达高新仪表有限公司	高新技术改造传统产业	100	20
38	承德中兴旺源铸造材料有限公司	高新技术改造传统产业	100	25
39	承德市开发区仲飞电子有限公司	高新技术改造传统产业	150	21
40	承德泰宇热控工程技术有限公司	高新技术改造传统产业	600	36
41	承德汉威自动化设备有限公司	高新技术改造传统产业	100	30
42	承德华申称重设备有限公司	高新技术改造传统产业	100	14
43	承德龙志达新能源科技有限公司	高新技术改造传统产业	300	55
44	承德市五岳环保科技有限公司	高新技术改造传统产业	300	24
45	承德市开发区宏盛机械加工有限公司	高新技术改造传统产业	100	15
46	承德大唐使者文化传播有限公司	高技术服务业	100	10
47	河北润科生物科技有限公司	生物与新医药技术	300	48
48	承德市弘达机械制造有限公司	高新技术改造传统产业	50	15

续表 7-1-1

序号	在培育企业名称	技术领域	所占培育场地面积（平方米）	企业人员（人）
49	承德强联输送设备有限公司	高新技术改造传统产业	100	28
50	承德市顺飞机械制造有限公司	高新技术改造传统产业	62	16
51	承德市达实机械制造有限公司	高新技术改造传统产业	100	15
52	承德奥尼自控仪表有限公司	高新技术改造传统产业	100	20
53	承德天创生物制品有限公司	生物与新医药技术	100	22

承德高新技术产业开发区国家级创业服务中心科技企业培育毕业汇总表

表 7-1-2

序号	毕业企业名称	经济状况（万元）		企业人员（人）	技术领域
		注册资金	毕业时总收入		
1	承德市五岳电子技术有限公司	150	2060	80	光机电一体化
2	承德市本特思达仪表有限公司	100	1100	50	光机电一体化
3	承德市开发区富泉石油机械有限公司	120	980	85	光机电一体化
4	承德市新龙电子有限责任公司	220	800	120	光机电一体化
5	承德光大输送机有限公司	200	1500	65	光机电一体化
6	承德市联创计控设备有限公司	120	1120	70	光机电一体化
7	承德市新新电子有限公司	180	1364	150	光机电一体化
8	承德市本特顺达仪表有限公司	120	1200	60	电子与信息
9	承德市金建检测仪器有限公司	160	1430	78	光机电一体化
10	承德市开发区祥利计控设备有限责任公司	100	820	50	电子与信息
11	承德市精密试验机有限公司	120	810	65	电子与信息
12	承德菲时博特自动化设备有限公司	160	1035	85	电子与信息
13	承德市开发区飞达输送机制造有限公司	180	845	65	电子与信息

续表 7-1-2

序号	毕业企业名称	经济状况（万元）		企业人员（人）	技术领域
		注册资金	毕业时总收入		
14	承德汉威自动化设备有限公司	100	950	55	光机电一体化
15	承德市中威电子有限公司	150	910	82	光机电一体化
16	承德市奔腾科贸有限责任公司	100	550	50	光机电一体化
17	承德市北方电子衡器有限公司	150	976	80	光机电一体化
18	承德市惠通仪表有限公司	130	1220	70	光机电一体化
19	承德舜达实业公司	180	1030	110	机电一体化
20	承德光大水电开发有限责任公司	200	2100	185	机电一体化
21	承德市东飞建筑电力设备安装工程有限公司	200	1980	150	机电一体化
22	承德峰达硅砂有限公司	190	860	45	机械基础材料

三、技术创新

引导鼓励企业建立研发中心，提高新产品开发能力，加强知识产权保护，增强创新能力，研发高新技术产品，增加拥有自主知识产权产品的数量。“十二五”期间完成省市级项目 42 项，获得政府资金支持 3650 万元，区级项目 40 项，获得政府资金支持 1200 万元。建立企业技术研发中心，截至 2015 年底，区内企业建立了自己的技术研发中心，共有市级以上工程技术研究中心 16 家，省级以上工程实验室 1 家，省级以上工程技术研究中心 2 家，省级工程技术中心 4 家，市级工程技术研究中心 8 家，未建工程技术中心的企业也大都设立了技术研发部门。

2015 年承德高新技术产业开发区科技研发机构一览表

表 7-1-3

序号	名称	所属企业
1	颈复康药业集团中药新辅料工程技术研究中心	颈复康药业集团有限公司
2	颈复康药业集团有限公司技术中心	颈复康药业集团有限公司
3	克罗尼公司仪器仪表工程技术研究中心	克罗尼公司仪器仪表
4	河北承德露露股份有限公司技术中心	河北承德露露股份有限公司

续表 7-1-3

序号	名称	所属企业
5	金建检测有限公司技术中心	金建检测有限公司
6	五岳电子有限公司技术中心	五岳电子有限公司
7	承德博冠实业集团有限公司技术中心	承德博冠实业集团有限公司
8	华远集团实业公司自动化设备有限公司技术中心	华远集团实业公司自动化设备有限公司
9	承德市开发区富泉石油机械有限公司技术中心	富泉石油机械有限公司
10	四海科技实业集团有限公司技术中心	四海科技实业集团有限公司
11	承德银河连杆有限公司高端连杆工程实验室	承德银河连杆有限公司
12	河北省发动机连杆工程技术研究中心	承德苏垦银河连杆有限公司
13	承德高新区技术创新与公共设计平台	承德高新区创业服务中心
14	河北省仪器仪表产业研究院	承德石油高等专科学校、 承德热河克罗尼仪表有限公司、 承德高新技术产业开发区等
15	市级千斤顶研发中心	承德润韩汽车零部件有限公司
16	承德市天大钒业有限公司技术中心	承德市天大钒业有限公司

四、扶持措施

组织保障 成立由高新区主要领导任组长，科技、经科、财政、工商等部门主要负责人组成的承德高新区科技创新行动领导小组，办公室设在科技局，科技局局长任办公室主任。领导小组负责承德高新区科技创新体系的统筹规划、资源协调与政策制定，办公室定期提请领导小组召开重点工作协调会，对科技创新过程中遇到的问题及时解决。紧密跟踪各项任务的进展情况，加强对重大项目引进、科技资源布局的指导，逐步形成以战略性新兴产业、高新技术产业为特色的产业园区。

政策保障 科学谋划科技工作，加强科技发展战略研究，高水平实施科技发展规划与计划。加大已有政策整合协同力度，不断完善具有自身特色的创新政策体系。加大对相关政策的宣讲与落实力度，让企业切实享受到各项政策优惠。综合性政策的制定落实，加紧出台《承德高新区科技创新服务体系建设规划实施细则》《关于进一步促进承德高新区创新创业发展的实施意见》《承德高新区培育和发展创新型产业集群的实施意见》等综合性政策文件，与园区现有政策体系形成紧密衔接。专项政策的制定与落实，制定出台《承德高新区高技术人才引进办法》《承德高新区人才激励办法》《承德高新区科技创新服务机构（平台）发展专项资金管理办法》《承德高新区科技型中小企业认定管理办法》《承德高新区鼓励股权投资企业投资科技型中小企业补贴办法》《承德高新区科技型中小企业信用贷款风险补偿办法》《承德高新区科研资源开放共享平台管理办法》等专项政策，保证园区创新体系建设的推进。

资金保障 建立财政科技投入稳定增长的机制，发挥财政资金对科技创新活动的引导作用。2014 年高新区科技经费达到 400 万元，以后每年增加幅度 10% 以上。研究制定资金管理使用办法，由高新区科技创新领导小组通过统一考核进行监督，保证政府资金的使用效果。集中财力对在经济发展中具有制约和牵制作用的重大项目、重大技术攻关难题、关键产业、科技成果转化等给予重点支持，使资金投入结构更加科学合理。

设立科技创新奖。对年销售收入超过 3 亿元的科技小巨人企业给予 100 万元的一次性资金奖励。对获得国家发明专利并实现产业化，且单项产品年上缴税企达到 100 万元以上的，奖励 50 万元。对被认定为国家产品标准的主要制定企业，奖励 50 万元。对新认定的省级工程技术中心、省级企业技术中心、省级重点实验室奖励 50 万元。对新认定的高新技术企业每个奖励 10 万元。对发展前景好的优秀在孵企业每家奖励 5 万元。对服务质量好的科技服务机构以及服务平台奖励 5 万元。对在科技创新和经济发展过程中做出突出贡献的企业奖励 10 万元。对获得国家和省级名优产品以及著名商标的企业按有关规定给予资金奖励。

制度保障 创新驱动科技强区是一项系统工程，各单位各部门在高新区创新领导小组的统一指挥下紧密配合，完善评价考核工作机制。将任务分解，明确实施主体和责任，形成一整套科学完善的科技计划项目立项评估、监理、审计、监督等模式，建立科技投入考核制度、绩效评估评价体系、诚信体系和追踪问效机制，为实施创新驱动战略，加快科技强区进程提供有力保障。

第二节 高新技术企业

一、概况

高新区不断创造区域优势发展环境，促进高新技术成果转化，培育高新技术产业的经济增长点，1995 年始，帮助符合条件的企业申报省级以上高新技术企业，截至 2015 年底，陆续有 42 家企业被认定为省级高新技术企业；科技型中小企业 60 家；科技小巨人企业 3 家；高新技术产品 92 个。高新技术企业产值为 14.23 亿元，占区内工业总产值的 10.42% 以上。拥有承德石油高等专科学校与承德热河克罗尼仪表有限公司共建的河北省仪器仪表工程技术研究中心，承德颈复康药业集团有限公司建立的河北省中药新辅料工程技术研究中心，承德苏垦银河连杆有限公司建立的河北省发动机连杆工程技术研究中心、承德江钻石油机械有限责任公司建立的河北省石油勘探、开发虚拟仿真工程技术研究中心 4 家省级工程技术研究中心，由承德石油高等专科学校、承德热河克罗尼仪表有限公司、承德高新技术产业开发区、承德市质量技术监督局、机械工业仪器仪表综合技术经济研究所、天津大学精密仪器与光电工程学院 6 家单位共建的河北省仪器仪表产业研究院 1 家，为省级产业技术研究院。

二、专利

截至 2014 年底，高新区共获得国家授权专利 3652 项，其中发明专利 278 项。万人专利拥有量 4.11 项，居全市首位。

三、获奖项目或成果

截至 2014 年底，高新区申报国家、省、市各级各类项目 300 多个，其中国家星火计划项目 1 项，火炬计划项目 5 项，分别为滑柱摇臂式微型汽车减震器、立体车库项目、微量连续自动精密配料生产线项目、热变形、维卡软化点温度测定仪项目、IC 卡智能燃气表项目。省级项目 46 项。

1995—2015 年承德高新技术产业开发区高新技术企业一览表

表 7-2-1

序号	企业名称	主营业务及高新技术产品	批准年份
1	河北承德露露股份有限公司	杏仁露	1997
2	承德自动化计量仪器厂	自动化计量仪器	1997
3	承德中港药业有限公司	抗生素片剂、水针	1997
4	承德北光友升仪表有限公司	仪器仪表	1997
5	承德华富玻璃器皿有限公司	玻璃器皿系列	1997
6	承德热河克罗尼仪表有限公司	流量、物位、温度、压力测量仪器仪表	1998
7	承德司达石油装备有限公司	油田专用节能拖动装置	1998
8	承德科达仪表有限公司	仪器仪表	2006
9	承德光大输送机有限公司	物流机械设备、涂装设备、逆变器、采暖散热器	2006
10	承德市开发区富泉石油机械有限公司	石油机械设备、仪器仪表、橡胶制品、电缆密封脂	2006、2015
11	承德银河连杆有限公司	内燃机及汽车零部件、机械配件、	2006
12	承德市本特思达仪表有限公司	工业自动化仪器仪表、计算机监控系统、环保仪器设备、石油开采常温输送设备	2007、2011 2014
13	华北制药天星有限公司	原料药（红霉素、四环素等）	2007、2009
14	承德市新龙电子有限责任公司	智能化仪器仪表、用水自动开关、寻呼式智能防盗器等	2007、2008
15	承德市开发区华联工控网络工程有限公司	计算机网络工程系统、工业集群测控、工业电子称量系统等	2007
16	承德市联创计控设备有限公司	工业用计量控制设备、计算机软件、仪表等	2007
17	承德市五岳电子技术有限公司	电子衡器和仪器仪表等	2003、2007、2013
18	承德市本特生态能源技术有限公司	地温中央空调、热泵、制冷机组、太阳能及光电应用技术产品、仪器仪表、生物质锅炉等	2007

续表 7-2-1

序号	企业名称	主营业务及高新技术产品	批准年份
19	河北四海发展股份有限公司	大麦种植、麦芽生产及附属产品	2007
20	承德市五岳测控技术有限公司	工业测控、计量管理软件、电子衡器和仪器仪表、污水处理设备	2007
21	承德天大钒业有限责任公司	铝钼、铝钒、铝铁、铝铌、铝钽、硅钛、钒铁、钒铬系列合金产品、金属钒、铝粉铝豆产品等	2007
22	承德市金建检测仪器有限公司	材料试验机、电子仪器仪表、计量器具、衡器等	2007、2014
23	颈复康药业集团有限公司	中成药、中药提取物、西药、中药原料药、保健食品等	2009、2015
24	承德市苏垦银河连杆有限公司	内燃机及汽车零部件、机械配件	2011、2014
25	承德承信自动化工程有限公司	工业自动化控制系统、计量系统、网络工程系统及成套设备、仪器仪表	2013
26	承德华威涂装机电设备有限公司	涂装成套设备、烘干设备、电气控制设备、环保设备、丝网印刷设备等	2013
27	承德华远自动化设备有限公司	物流输送自动化系统设备、涂装、环保设备、电气设备、钢结构及附属设备	2013
28	承德广通信息网络有限公司	广播电视网络建设开发及节目收转传送、卫星电视地面接收设施安装、卫星数字电视直播等	2014
29	承德厦新新型建材有限公司	粉煤灰砼空心砌及彩色路面砖	2015
30	承德龙志达智能仪器仪表科技有限公司	智能仪器仪表	2015
31	承德市中瑞自动化工程有限公司	自动称量仪表及系统	2015
32	河北航天环境工程有限公司	环保设备	2015
33	承德光大输送机有限公司	自动输送设备	2015
34	承德鹰眼电子科技有限公司	警用无人机	2015
35	承德润韩汽车零部件有限公司	汽车千斤顶	2015
36	承德万得电子有限公司	仪器仪表	2015

续表 7-2-1

序号	企业名称	主营业务及高新技术产品	批准年份
37	承德菲时博特自动化设备有限公司	仪器仪表	2015
38	承德市开发区盛方电子有限公司	自动称量系统	2015
39	博彦科技股份有限公司	软件外包	2015
40	承德市五岳测控技术有限公司	轨道衡器	2015
41	承德众恒科技有限公司	仪器仪表	2015
42	承德华通自动化工程有限公司	输送设备	2015

2015 年承德高新技术产业开发区科技型中小企业一览表

表 7-2-2

序号	企业名称	市	行业类别
1	渤海石油装备承德石油机械有限公司	承德市	高端装备制造产业
2	华北制药天星有限公司	承德市	生物医药
3	承德博冠实业集团有限公司	承德市	高端装备制造产业
4	承德市新龙物联设备制造有限公司	承德市	高端装备制造产业
5	承德市五岳电子技术有限公司	承德市	高端装备制造产业
6	承德热河克罗尼仪表有限公司	承德市	高端装备制造产业
7	承德泰宇热控工程技术有限公司	承德市	高端装备制造产业
8	颈复康药业集团有限公司	承德市	生物医药
9	承德伏安电工有限公司	承德市	高端装备制造产业
10	承德华骏玻璃器皿有限责任公司	承德市	新材料产业
11	承德市金建检测仪器有限公司	承德市	高端装备制造产业
12	承德市开发区富泉石油机械有限公司	承德市	高端装备制造产业
13	承德光大输送机有限公司	承德市	高端装备制造产业
14	承德华远自动化设备有限公司	承德市	高端装备制造产业

续表 7-2-2

序号	企业名称	市	行业类别
15	承德菲时博特自动化设备有限公司	承德市	高端装备制造产业
16	承德华通自动化工程有限公司	承德市	高端装备制造产业
17	承德市开发区圣德隆保温材料设备有限公司	承德市	节能环保产业
18	承德苏垦银河连杆有限公司	承德市	高端装备制造产业
19	四海科技实业集团有限公司	承德市	农业
20	河北全大涂装机械有限公司	承德市	高端装备制造产业
21	承德承钢柱宇钒钛有限公司	承德市	新材料产业
22	承德博琳舒适印务有限公司	承德市	高端装备制造产业
23	承德润韩汽车零部件有限公司	承德市	高端装备制造产业
24	承德市锦达自动化设备有限公司	承德市	高端装备制造产业
25	承德市纵驰检测仪器有限公司	承德市	高端装备制造产业
26	承德元一工控设备有限公司	承德市	高端装备制造产业
27	承德泽雨工控技术有限公司	承德市	信息技术产业
28	承德华维输送设备有限责任公司	承德市	高端装备制造产业
29	承德市中威电子有限公司	承德市	高端装备制造产业
30	承德众恒电子信息技术有限公司	承德市	高端装备制造产业
31	承德市普德电子有限公司	承德市	高端装备制造产业
32	承德华实机电设备制造有限责任公司	承德市	高端装备制造产业
33	承德华衡电子衡器有限公司	承德市	高端装备制造产业
34	承德市维特瑞网络技术服务有限公司	承德市	信息技术产业
35	承德优孚信息技术服务有限公司	承德市	信息技术产业
36	承德天创生物制品有限公司	承德市	生物医药
37	承德市本特生态能源技术有限公司	承德市	高端装备制造产业

续表 7-2-2

序号	企业名称	市	行业类别
38	承德市顺飞机械制造有限公司	承德市	高端装备制造产业
39	承德市考思科学检测有限公司	承德市	高端装备制造产业
40	承德龙志达智能仪器仪表科技有限公司	承德市	高端装备制造产业
41	承德市联创计控设备有限公司	承德市	高端装备制造产业
42	承德市广丰仪表有限公司	承德市	高端装备制造产业
43	承德市本特万达仪表有限公司	承德市	高端装备制造产业
44	承德为之自动化设备有限公司	承德市	高端装备制造产业
45	承德市开发区隆升电力器材有限公司	承德市	高端装备制造产业
46	承德市开发区科维电子有限公司	承德市	高端装备制造产业
47	承德科达仪表有限公司	承德市	高端装备制造产业
48	承德悬挂输送机工程有限公司	承德市	高端装备制造产业
49	承德市开发区盛方电子有限公司	承德市	高端装备制造产业
50	承德保瓦电子科技有限责任公司	承德市	高端装备制造产业
51	河北荣视电子技术有限责任公司	承德市	信息技术产业
52	承德华威涂装机电设备有限责任公司	承德市	高端装备制造产业
53	承德市开发区仲飞电子有限公司	承德市	高端装备制造产业
54	承德承信自动化工程有限公司	承德市	高端装备制造产业
55	承德瑞进仪表有限公司	承德市	高端装备制造产业
56	承德市峰华仪表有限公司	承德市	高端装备制造产业
57	承德市本特思达仪表有限公司	承德市	高端装备制造产业
58	承德华飞输送设备有限责任公司	承德市	高端装备制造产业
59	承德市德盛达科技发展有限公司	承德市	高端装备制造产业
60	承德市开发区华联工控网络工程有限公司	承德市	高端装备制造产业

第三节 科技发展规划

一、规划项目发展概况

高新区自成立以来，积极支持申报科技发展计划项目，截至2015年底，共实施科技发展计划项目31项，其中省级9项、市级22项。共获得资金3630万元。这些项目均按期完成并通过市级以上科技部门的验收。

二、近期目标

到2015年实现以下目标，初步形成“政府引导、企业投入为主”的科技研发投入体系。科技投入500万元，引导企业投入研发资金达到销售收入的4%，建成1个云计算基础设施产业发展载体，聚集1～2家的大数据服务中心。建成电子商务总部服务基地，入驻30家以上电商企业。成立节能环保等4个产业技术研究院。形成围绕承德旅游业的相关配套服务业集群，启动承德国际会展中心等一批项目的设计与建设工作。

围绕主导产业发展方向，绘制1张产业招商地图，形成动态化管理的项目招商网络数据库，组建科技招商专业化队伍，引进20项科技成果、20名高端科技创新人才和30家创新型企业。新建1个大学科技园，通过引进或合作的方式建设仪器仪表和新材料2个专业孵化器，建设1个加速器，引进或新建1～2个专业化基地，形成项目孵化—转化—产业化的企业链式培育载体。

培育行业共性技术创新机构7个，根据产业建设需求，建成能够提供特色服务的检测机构1～2家，建设仪器仪表设备开放共享平台、智能化信息服务平台、科技金融服务平台、知识产权服务平台，服务企业300家次。依托园区龙头企业牵头成立1个产业新联盟，从最初以共同研发新技术、检测仪器设备共用的产业联盟提升为共同开拓市场、共享利益、共担风险的紧密型组织。加快科技招商、创业服务、公共服务平台等政府职能社会化，探索建立科技服务联盟等协同合作组织。

三、远期目标

到2020年建成创新驱动能力强、区域优势突出的创新型特色园区，实现以下目标：

围绕产业规划，实现仪器仪表、钒钛新材料、传统装备制造的转型优化升级；积极培育新能源、文化创意和电子商务等新兴产业集群，大力发展新型服务业，产业集群特征鲜明，实现服务占营业收入比例达到35%以上。加大科技投入，实现科技投入年均增长10%以上，引导企业投入研发资金达到销售收入的6%，基本形成以政府投入为引导，企业投入为主体的多主体科技投入体系。

建成产业技术联盟2个，新建国家级工程研究中心1个，省级工程技术研究中心5个，省级工程技术研究中心5个，省级企业技术中心20个，省级重点实验室和工程实验室4个，省级以上科技孵化器2个；培育30家服务专业、运行规范的骨干科技服务机构；培育10个专业性强的公共技术服务平台；园区内企业技术中心、重点实验室、工程中心等各类自建研发机构达到30家；培育5支专业化的科技创新服务团队和20名科技创新领军人才。推动50项科技成果和重点项目在承德高新区落地，累计吸引技术成交转化额达到20亿元。全区科技中小型企业达到100家，省级高新技术企业达到30家（在有效期内），培育年销售收入3亿元以上“科技小巨人”企业5家；其中销售收入3亿元以上的“科技小巨人”2家，实现发明专利万人拥有量和全社会研发经费占GDP比重高于全省平均水平，高新技术产业增加值占GDP的比重达到30%以上。进一步完善落实鼓励自主创新的政策措施，科技金融、中介服务机构更加发达，人才入驻环境、知识产权保护体系更加完善，科技创新服务体系更加健全，推崇企业家精神，创业创新氛围更加浓厚。

承德高新技术产业开发区科技发展计划一览表

表 7-3-1 单位：万元

序号	项目名称	承担单位	补助	批准级别
1	智能自动定位无线数传称重仪表	承德市开发区科维电子有限公司	30	省级
2	大功率电子辐照加速器束下自动传输系统	承德华实机电设备制造有限责任公司	20	省级
3	超大型转子式定量粉体给料机	承德承信自动化工程有限公司	20	省级
4	旅游与商务 LBS 服务平台	承德优孚信息技术服务有限公司	20	省级
5	中性玻璃料专用板电极电熔炉	承德威尔热能工程科技发展有限公司	30	省级
6	基于物联网的冶金企业物流管理平台	承德市五岳电子技术有限公司	30	省级
7	低耗高效衣物连续烘干机	承德华威涂装机电设备有限责任公司	30	省级
8	汽车零部件恒定姿态涂装工艺台车式连续输送线	承德悬挂输送机工程有限公司	30	省级
9	新一代人胰高血糖素样肽（GLP-1）类似物——利拉鲁肽规模化合成与修饰	承德天创生物制品有限公司	20	省级
10	新型温度压力流量同时测量的一体化光纤传感器	承德热河克罗尼仪表有限公司	65	市级
11	精细化工用自动计量配料系统	承德市联创计控设备有限公司	45	市级
12	高精度防尘防凝露雷达料位计	承德本特思达仪表有限公司	5	市级
13	多孔平衡流量计	承德菲时博特自动化设备有限公司	15	市级
14	大功率转靶电子加速器辐照储运系统	承德华实机电设备制造有限责任公司	40	市级
15	高精度、高可靠性、宽范围多孔流量节流计研发	承德菲时博特自动化设备有限公司	30	市级
16	基于物联网的民用燃气表集抄系统的设计与开发	承德博冠实业集团有限公司	50	市级
17	低耗高效衣物连续烘干机	承德华威涂装机电设备有限责任公司	30	市级
18	钛合金用中间合金碾磨技术开发	承德天大钒业有限责任公司	20	市级
19	多矩阵油水双界面计	承德市本特思达仪表有限公司	100	市级
20	两步法精炼技术生产钛基中间合金	承德天大钒业有限责任公司	500	市级

续表 7-3-1

序号	项目名称	承担单位	补助	批准级别
21	汽车总装柔性立体储运装配系统	承德华远自动化设备有限公司	500	市级
22	生物质秸秆直燃高效锅炉供暖系统	承德市本特生态能源技术有限公司	400	市级
23	电解铝槽阳极自动测高更换系统	承德市开发区盛方电子有限公司	100	市级
24	设备远程监测及故障诊断维护系统	承德市五岳测控技术有限公司	200	市级
25	塑料检查井落锤冲击试验机	承德市考思科学检测有限公司	100	市级
26	高强度中碳裂解连杆的材料及裂解工艺的研究	承德苏垦银河连杆有限公司	200	市级
27	生物质秸秆直燃高效锅炉供暖系统	承德市本特生态能源技术有限公司	400	市级
28	电解铝槽阳极自动测高更换系统	承德市开发区盛方电子有限公司	100	市级
29	设备远程监测及故障诊断维护系统	承德市五岳测控技术有限公司	200	市级
30	塑料检查井落锤冲击试验机	承德市考思科学检测有限公司	100	市级
31	高强度中碳裂解连杆的材料及裂解工艺的研究	承德苏垦银河连杆有限公司	200	市级

第八章 综合管理

高新区综合管理工作包括财政管理、金融管理、国家税收管理、地方税收管理、工商行政管理、劳动人事管理、安全生产监督管理、土地管理、环境保护、社会综合治理管理等。1994年至2015年共为企业招聘各类专业人才5470人，通过各种渠道安置就业16955人，为农民工讨薪2.346亿元，2012年至2015年城乡居民养老保险参保缴费人数达51151人。高新区内拥有注册商标27件，驰名商标3件，著名商标9件。各综合经济管理部门不断改革、创新，职能逐步完善，投资环境不断完善，管理工作与服务水平不断提高，基本步入规范化、制度化管理的轨道。

第一节 财政金融税务

一、财税体制

1993年初，市政府确定开发区1993—1997年五年内实行自收自支的财政体制。1997年底，五年自收自支体制期满，市财政局根据省、市《关于实行分税制财政管理体制的决定》和现行财政体制模式，自1998年1月1日起实行“划分收支、定额上解、超收全留、一定五年”的财政管理体制。开发区财政收入划分范围为：增值税的25%，营业税、企业所得税、城镇土地使用税、屠宰税、遗产和赠予税，土地增值税、耕地占用税、契税、国有土地有偿出让收入、其他收入。参照其他三区的体制，将开发区城建税、排污费、水资源费、教育费附加收入划归市级收入。

从2002年开始，在原体制还剩最后一年的情况下，根据国家和省有关分税制的规定，市对高新区实施新的分税制财政体制。除原市属河北承德露露股份有限公司、承德华一集团、承德中药企业集团等企业仍为市属企业，开发区不参与任何分享外，原区属企业克罗尼也划归市属，但上年收入基数仍为开发区收入基数。2003年，市财政重新确定企业所得税基数。由于克罗尼基数在高新区，但全部入市级库，该企业属涉外企业，享受50%的优惠（奖励）政策。经过积极努力，将克罗尼收入由中央、省、市共享改为中央、省、市、区共享，从2004年1月1日起执行。同时对区“四税”收入实行“超目标增长，增量返还”政策。即以2002年为基期年，在规定四税增幅内（15%），实行省、市不集中增量50%的返还体制。“四税”超过规定增幅部分省、市全额返还。确定区企业所得税基数为1222万元，全区总收入基数改为2226万元。共享税种比例分别是：增值税中央、省、市、区四级分别按75%、10%、10%、5%分享；营业税省、市、区分别按10%、70%、20%分享；企业所得税中央、省、市、区分别按60%、20%、15%、5%。

2006年，市财政局对区营业税收入体制进行调整：保持原有收入级次和缴库方式不变；以区2005年的增量返还（816万元）为基数，每年定额补助给高新区；以2005年收入（3489万元）为基数，超基数部分市与区2∶8分成。如完不成收入基数，市将扣减区补助基数。此体制从2006年1月1日起执行，一定3年。2007年，市财政局将南区土地契税交由开发区征收，实行市、区6∶4分成。2008年，省、市实施新一轮激励性财政体制，对开发区实行“超分成增长率收入全返”政策，分成增长率省、市分别为8%、15%，对2008年及以后年度超过分成增长率以上的当年收入，省、市分享“四税”收入全额返还。按文件规定到2010年12月31日结束，但至今没有调整。

2009年起市财政局又把中国移动承德分公司实现的企业所得税由市以上分享调整为中央、省、区分享，分享比例为60%、20%、20%，同时规定高新区以2008年市实现财力1548万元为基数固定上解，以后年度对超收部分按7∶3分成。2010年托管上板城镇，市财政每年基数补助高新区1236万元，承德县每年基数补助高新区385万元。2012年托管闫营子村、加上2009年托管东营、西营和雹神庙村，双桥区每年基数补助高新区98万元。2012年，省财政厅进一步完善财政收入体制政策，原激励性财政体制财力补助2012年按一半给予补助，2013年取消，影响高新区财力3000多万元（其中定额返还基数1877万元）。2013年，按照承德市财政局《关于对承德高新区实施激励性财政体制政策的通知》，市对高新区实行市分享增值税、营业税、企业所得税、个人所得税、契税、城建税、教育费附加收入比2012年增长5%以上部分全部返还高新区政策，自2013年1月1日起执行，到2018年12月31日结束。2013年按承德市委市政府决定，高新区托管双桥区冯营子镇和大石庙镇秋窝村。经算账，每年高新区需上解市双桥区基数998万元。

1993—2015年承德高新技术产业开发区地方财政收支情况表

表8-1-1　　单位：万元

年度	公共预算收入		公共预算支出	
	数额	较上年增速（%）	数额	较上年增速（%）
1993	32		22	
1994	274	756.25	170	672.73
1995	638	132.85	453	166.47
1996	844	32.29	476	5.08
1997	1353	60.31	716	50.42
1998	1781	31.63	818	14.25
1999	2304	29.37	1223	49.51
2000	2951	28.08	1671	36.63
2001	4053	37.34	2510	50.21

续表 8-1-1

年度	公共预算收入		公共预算支出	
	数额	较上年增速（%）	数额	较上年增速（%）
2002	5430	33.97	2425	-3.39
2003	7114	31.01	2575	6.19
2004	8743	22.90	3627	40.85
2005	11008	25.91	5355	47.64
2006	14177	28.79	6353	18.64
2007	22581	59.28	10693	68.31
2008	26465	17.20	11632	8.78
2009	37647	42.25	17812	53.13
2010	57252	52.08	24089	35.24
2011	72290	26.27	23967	-0.51
2012	83156	15.03	34928	45.73
2013	91666	10.23	49207	40.88
2014	92766	1.20	47961	-2.53
2015	85321	-8.03	51181	6.71

1993—2015 年承德高新技术产业开发区税收划分比例表

表 8-1-2

项目	分享比例（%）				备注
	中央	省	市	区	
增值税	50	15		35	决算固定上解 25%
改征增值税	50	15		35	决算固定上解 25%
企业所得税	60	20		20	决算市 15% 部分比 2012 年增长 5% 以上全返
个人所得税	60	10		30	决算市 15% 部分比 2012 年增长 5% 以上全返

续表 8-1-2

项目	分享比例（%）				备注
	中央	省	市	区	
资源税		30		70	决算固定上解 30%
城建税				100	2012 年完成数增长 5% 以内上解
房产税				100	
印花税				100	
契税				100	2012 年完成数增长 5% 以内上解
其他税种				100	
教育附加				100	2012 年完成数增长 5% 以内上解

二、会计事务管理

2014 年会计继续教育 374 人通过考试。省内调转 36 人。外省调入 8 人。2015 年会计继续教育 383 人通过考试，省内调转 64 人通过，省外调转 7 人、调转失败 4 人，代理记账 2 家。

三、金融

截至 2015 年，全区金融体系逐渐形成，金融服务日渐完善，规划区内入驻国有商业银行 3 家，地方商业银行 1 家，农村信用合作社 2 家，工商注册小额贷款公司 5 家。

中国工商银行　中国工商银行股份有限公司承德工行开发区支行初建于 1999 年 11 月，建成时为储蓄网点，原址设立在开发区创业中心。2012 年升级为一级支行，地址在承德市开发区凤凰御庭 6 号商业楼。2013 年 8 月，工行开发区支行下辖的二级支行阳光支行在阳光四季城小区正式挂牌营业。

中国银行　中国银行承德高新区支行前身为中国银行承德市滦阳路支行，2012 年 10 月 28 日成立，10 月 31 日试营业，营业地址为承德市高新区滦阳路，内部机构设有营业部、业务发展部；2014 年 6 月，中国银行滦阳路支行更名为中国银行承德市高新区支行，为一级支行。

中国农业银行　中国农业银行在高新区二级支行承德高新区支行前身为承德高校园区分理处，2005 年 1 月 18 日正式营业，2014 年 7 月 23 日农行承德高校园区分理处升级为二级支行，更名为农行高新区支行，地址天都嘉城小区底商。中国农业银行承德市高新区上板城分理处，1990 年 1 月 4 日由中国人民银行批准改为中国农业银行有限公司上板城分理处。

承德银行　承德银行凤凰支行于 2014 年 3 月 19 日入驻高新区，2014 年 5 月 8 日承德银行股份有限公司凤凰支行正式营业（为一级支行）。

农村合作信用社　冯营子信用社一直服务在高新区冯营子镇附近，网点从原来的信用社综合大楼到现在的凤凰御庭底商，为二级法人分支机构，主要开展存贷和储蓄存款及代收费等业务。

上板城信用社 2007 年 5 月 15 日建立，地址在上板城镇，为二级法人分支机构，主要开展对公存款和储蓄存款、小额贷款及代收费等业务。

小额贷款公司　高新区盛宝隆小额贷款有

限公司2008年11月26日注册成立，注册资金5000万元，营业地址在承德市双桥区下二道河子碧达园3栋1703室，主要办理小额贷款业务。

高新区冠联科技小额贷款有限公司2011年12月注册成立，注册资金5000万元，营业地址在承德市高新技术产业开发区雹神庙村底商，主要办理对公及个人小额贷款业务。

高新区六顺小额贷款有限公司2012年11月1日注册成立，注册资金5000万元，营业地址在承德市开发区新世家底商第51-103号，主要办理对公及个人小额贷款业务。

高新区昌泰发科技小额贷款有限公司2013年12月31日注册成立，注册资金5000万元，营业地址在承德高新区上板城承德龙志达新能源科技有限公司院内，主要办理对公及个人小额贷款业务。

高新区互生科技小额贷款有限公司2014年8月注册成立，注册资金5000万元，营业地址在承德市开发区凤凰御景L06-102室，主要办理对公及个人小额贷款业务。

四、高新区国家税务局

承德高新区国家税务局自1999年成立以来，坚持以组织收入为中心，牢固树立税收经济观，始终坚持“依法征税，应收尽收，坚决不收过头税”的原则，努力做好税收征管，依法治税，强化征收。从管辖范围上，与双桥区国税局以市区中心线新华路为界，包括新华路以南、石洞子沟、牛圈子沟镇、铁路、开发区东、西区及上板城、冯营子、大石庙等5个村镇。从征收级次上，既含高新区收入，又含部分双桥区收入，一共包括“五镇两区”收入，与高新区地税局和双桥区地税局征管范围均有交叉。

税收征管管理 2005年“征管信息系统”上线运行。2008年，完善了协调联动工作机制具体实施方案、税收管理员规范等12项工作制度。2009年，为加强重点税源企业管理，制定了《重点税源管理实施方案》。2010年，实行班子成员联系点包干制度。是年5月，顺利推行办税服务厅标准化建设，将办税服务厅建设成为集办税、宣传、咨询、辅导、投诉受理为一体的面对面服务的窗口。是年12月1日，正式开通“同城通办”业务。开发区和双桥区辖区内的纳税人涉及“税务登记、申报征收、发票发售、纳税咨询”四大类涉税事项实行“同城通办”，纳税人不受主管税务机关的限制，可以就近自愿、方便地选择到两区内任一国税办税服务厅办理“同城通办”业务。2011年8月31日，建成标准化办税服务厅。安装了叫号机、评价器等设备，规范办税窗口设置，明确岗位职责和工作流程，全面落实“一窗通办”。2014年，打破原来以各分局为单位的征管模式，整合优势人力资源，成立“税务110调度中心”，建立大征管格局，提高各项征管核查任务的完成质量和效率。高度重视国地税合作，近几年，与高新区地税局推出了以“国地税+”为主题的工作机制，开展了互认数字证书、联合税法宣传、联合聘请法律顾问等一系列工作并将推进不断深化。2013—2014年在规定的节点均为双桥区、高新区地税局顺利完成对接，实现营改征平稳过渡。2015年“金税三期”正式上线运行，随着税收信息化建设越来越完善，不断强化税收征管，整合优质资源，加强重点税源管理，适时调整税源管理机构职能。是年10月1日，推行“三证合一，一照一码”，即在“三证合一”的基础上又统一了社会统一信用代码。是年11月23日，国、地税两个征收厅正式进驻高新区政务服务中心成立“国地税+”综合办税服务厅，全面实行“一门式、一厅式、一窗式”办税服务，有效解决纳税人“两头跑”的问题，为纳税人办税带来便利。截至2015年底，该服务厅已升级为“承德高新税务综合办税服务厅”，实现了“一人一机双系统、国地通办”的目标。配备了自助办税设备，智能化建设给纳税人带来更多的便利。

税收收入 自成立以来，高新区国税局坚持以组织收入为中心，规范税收执法行为，推行文明高效服务，税收收入稳步增长。1994年新税制改革，税收收入实现6947.1万元，1997年，税收收入首次过亿，2010年，受经济危机、出口退税减少等因素影响，税收收入首次出现负增长。2013年，税收收入实现67017万元，是1994年的近10倍。

1994—2015年高新区国税局收入情况统计表

表8-1-3

年度	计划完成数（万元）	实际完成数（万元）	实际完成百分数（%）
1994	5850	6947.1	118.75
1995	7000	7234	103.34
1996	8169	8846.4	108.29
1997	9600	11044.1	115.04
1998	12830	13420	104.60
1999	8129	8129	100.00
2000	9968	9968	100.00
2001	10680	10870	101.78
2002	9380	9530	101.60
2003	9917	10464	105.52
2004	11300	13500	119.47
2005	18000	24068	133.71
2006	23000	23183	100.80
2007	26600	29835	112.16
2008	32000	34403	107.51
2009	37500	44006	117.35

续表 8-1-3

年度	计划完成数（万元）	实际完成数（万元）	实际完成百分数（%）
2010	51890	43091	83.04
2011	44500	46941	105.49
2012	58910	59358	100.76
2013	66000	67017	101.54
2014	71000	71722	101.02
2015	73800	74156	100.48

五、高新区地方税务局

1994 年 10 月，承德市地方税务局高新技术产业开发区地方税务局成立，为承德市地方税务局派驻机构，依法对区内企业和个人实施地方税收管理工作，负责组织开发区内地方税、中央与地方共享税收、双桥区辖区部分企业税收征管及其他涉税事宜。

高新区地税局成立以来，严格依法行政，依法治税，做到稳住重点税源，管住外来税源，抓住零散税收，实施社会治税，加强征管，狠抓清理、清欠，发挥稽查作用，堵塞漏洞，各项地方税收呈持续稳定增长态势，为区域经济社会发展提供有力支持。

税收征收管理 从 2003 年始，实施税收信息系统在线运行，E 税通（网上报税）税收管理水平明显提高。2008—2011 年，实施标准化管理，日常执法岗位干部全部签订《税收执法责任书》，明确职责范围，严格执法过错责任追究，对出现执法责任事故的单位和个人在评先树优活动中一票否决。2012 年 11 月 21 日，将部分管理事项前移至征收大厅，减少纳税人办事时间，提升纳税服务水平，对纳税人报送的 141 项终审权限在局以下备案，审核事项实行先办后审；提供免填单业务 4 大类 39 项。2013 年结合税收管理员岗位职责，实施 ISO 9001：2000 质量管理体系，对税收管理员的执法岗位进行确认，明确岗位职责及执法流程，明确税收管理人员执法权限 12 类 80 项，确定执法过错责任追究项目 26 项，扣分标准 78 条，考核点 229 个。2015 年 9 月 1 日，启用全国统一的金税三期税收征管系统。是年 11 月 22 日，高新区“国地税 +”综合办税服务厅正式运行，采用国、地税面对面搭台模式，整合资源，互通数据，实现“一次叫号、税事通办”。切实解决纳税人“多头跑、来回找”难题。标志着高新区国地税全方位、深层次的融合合作迈入新阶段。

企业所得税征收主要采取按季预缴，年终汇算清缴方式征收，实行企业所得税分类管理，2007 年执行《个体工商户税收定期定额征收管理办法》，2011 年营业税实行以票控税管理。2012 年实行分类管理。个人所得税管理，从 2013 年起，实行对高收入个人自行申报和扣缴单位全员全额明细申报。加强土地使用税，房产税、印花税、城建税及附加费管理。

2003 年，河北省地方税务局征管信息系统上线运行，实现税收征管信息化。2011 年 7 月，按属地原则接收高新区管辖范围内的税务登记、货运发票代开、单位纳税人社保费征收、耕契两税征收管理工作。2012年以来，按照行业、规模、特定业务风险等标准，确定重点税源标准，将目前单纯按属地设置的管理机构转变为专门化的管理机构，对不同类别纳税人进行集中专业化管理。实施“重点税源集约化管理，一般税源规范化管理，小税源公开和社会化管理”的差别管理方式。对中、小企业税源精细化管理，建立税赋监控机制、收入预测机制、信息交换机制及核定增收机制。对重大建设项目进行专项管理。征收管理采取多种方式，突出所得税征收管理，加强重点行业营业税征收的管理，注重土地、房产、印花等小税种的征收管理。

税收收入　1994年，新税制实施，地税税收收入21万元。1995年起，加大征管力度，地税税收收入62万元。1999年，以组织收入为中心，稳步推进税收征管改革，实现地税税收759万元，2000年起地税税收收入增幅持续高于中心城区平均增幅，总量首次突破千万元，达到1378万元，2006年，地税税收收入11788万元，首次过亿元。2008年，受企业所得税税率变化和企业利润减少影响，首次出现负增长，全年地税税收收入22865万元。2010年实现地税税收收入59514万元，是2006年的4倍多。2013年，总量84992万元，创历史新高。2014年，营改增政策出台和管辖范围调整，地税税收收入80653万元，降幅5.11%。

1994—2014年承德高新技术产业开发区税收总量表

表8-1-4　　单位：万元

年度	年度计划	累计完成	上年同期	本期比上年税额增加	增幅（%）
1994	21	21	0	21	
1995	30	62	21	41	195.24
1996	113	191	62	129	208.06
1997	220	233	191	42	21.99
1998	270	496	233	263	112.88
1999	530	759	496	263	53.02
2000	860	1378	759	619	81.55
2001	1540	2712	1378	1334	96.81
2002	3100	3163	2712	451	16.63
2003	3350	3773	3163	610	19.29
2004	5000	6508	3773	2735	72.49
2005	8000	9016	6508	2508	38.54
2006	9800	11788	9016	2772	30.75

续表 8-1-4

年度	年度计划	累计完成	上年同期	本期比上年税额增加	增幅（%）
2007	13000	23096	11788	11308	95.93
2008	24500	22865	23096	-231	-1.00
2009	24800	27149	22865	4284	18.74
2010	29100	59514	27419	32095	117.05
2011	67000	71582	59514	12068	20.28
2012	78000	78055	71582	6473	9.04
2013	82500	84992	78055	6937	8.89
2014	80640	80653	84992	-4339	-5.11

2003—2015 年承德高新技术产业开发区税收收入分产业类型统计表

表 8-1-5　　单位：万元

年度		2003	2004	2005	2006	2007	2008	2009	2010	2011	2012	2013	2014	2015
第一产业	农、林、牧、渔业	60	0	0	0	293	47	11	451	130	93	97	328	185
第二产业	采矿业	1	3	11	9	12	16	26	152	24	8	11	5	16
	制造业	1155	4541	5981	7710	14730	10962	10133	16222	16963	18581	19635	16295	15828
	电力、燃气及水	1	34	50	34	77	193	205	261	757	1048	781	963	806
	建筑业	322	878	1186	1198	2459	4096	7489	13333	14204	18593	15239	13195	14293
第三产业	交通运输、仓储和邮政业	183	203	157	289	678	973	917	1081	1105	1386	1225	184	308
	批发和零售业	103	285	245	175	479	734	524	1116	3014	2077	3234	2446	3748
	住宿餐饮	79	56	36	312	44	100	135	180	216	363	402	235	202
	金融业	41	75	55	79	102	108	166	1594	2753	2972	2795	2896	3165
	房地产业	394	27	343	880	2519	3743	5543	22249	26351	26132	33649	37049	24091
	信息传输	1265	212	332	403	515	587	294	293	372	816	1177	1387	1188
	租赁和商务服务	45	56	65	67	468	561	640	1001	3423	2315	2365	2517	458

续表 8-1-5

年度		2003	2004	2005	2006	2007	2008	2009	2010	2011	2012	2013	2014	2015
第三产业	科学研究和技术服务	18	39	138	133	107	173	265	344	344	1516	1658	1499	804
	居民服务	94	81	371	421	324	154	164	294	830	1316	847	719	1066
	教育	1	16	39	24	22	59	206	294	274	265	526	372	510
	文化体育娱乐	0	0	0	36	234	269	322	416	415	489	458	231	184
	公共管理社会组织	0	0	7	10	9	62	30	43	41	74	875	317	5233
	其他	11	2	0	8	24	28	79	190	366	11	18	15	66

2003—2015 年承德高新技术产业开发区税收收入分企业类型统计表

表 8-1-6　　　　单位：万元

年度	国有企业	集体企业	股份合作企业	股份有限公司	私营企业	其他企业	港澳台投资企业	外商投资企业	个体经营	合计
2003	177	39	0	874	813	3	1681	109	77	3773
2004	290	337	0	4626	680	18	209	84	264	6508
2005	557	476	0	6358	818	114	290	103	300	9016
2006	609	122	0	9021	1124	22	343	113	434	11788
2007	906	131	0	17968	2631	45	427	155	833	23096
2008	1041	74	0	18204	1966	117	486	186	791	22865
2009	1755	75	0	21680	2140	262	30	211	996	27149
2010	3551	259	19	51671	1647	809	76	298	1184	59514
2011	3514	62	61	62320	2321	407	243	568	2086	71582
2012	5060	84	96	50588	18772	346	303	589	2217	78055
2013	4038	159	166	59140	16575	1487	295	711	2421	84992
2014	3820	41	221	54865	14447	3543	747	884	2085	80653
2015	14408	-35	253	44051	9799	920	800	536	1419	72151

1994—2015年承德高新技术产业开发区税收收入分税种统计表

表8-1-7 单位：万元

项目	1994年	1995年	1996年	1997年	1998年	1999年	2000年	2001年	2002年	2003年	2004年
营业税	7.8	31.8	97.4	103.8	228.5	22	30.8	72.5	158.6	2021	1309
企业所得税	1.3	12.3	11.3	36.3	74.9	36.6	71.9	157.9	91.3	827.3	3475
个人所得税	0.1	0.3	36.1	15.3	36.4	2.3	5.9	21.6	28.9	470.5	548.4
资源税										1.1	
城建税	1.6	12.2	21.9	25.7	63.2	9.5	13.2	11.6	14	180.1	656
城市房地产税										70.6	36.6
房产税	8.3	1.2	19.7	23.3	35.3	3.4	13.3	9.4	16.2	124.6	271.7
印花税	1.1	0.9	3.3	5.4	8.4	0.7	1.3	1.3	0.8	23.6	48.5
土地使用税	0.8	0.5	0.4	-2.8	4.2	0.3	2.7	6.9	6.2	51	118.4
土地增值税											38.1
车船使用牌照税										0.7	0.2
车船税		0.3	0.8	-1.3	1.4	0.1	0.1	0.2	0.3	2.6	6.4
固投税				27.5	24	1	0.2				
其他罚没收入		2.4									
税收收入合计	21	61.9	190.9	233.2	476.3	75.9	139.4	281.4	316.3	3773	6508

项目	1994年	1995年	1996年	1997年	1998年	1999年	2000年	2001年	2002年	2003年	2004年
营业税	2044	2656	4857	7300	11106	25184	29051	31569	30825	29107	23171
企业所得税	4326	5638	12796	8804	7730	13764	17333	20245	23056	17401	14942
个人所得税	675.9	1250	1778	1847	2975	4751	7992	5414	6967	7118	7451
资源税						9	6.6	14.6	14	9.1	14
城建税	1312	1416	1908	2154	2345	3837	4252	5189	5249	5546	6331

续表 8-1-7

项目	1994 年	1995 年	1996 年	1997 年	1998 年	1999 年	2000 年	2001 年	2002 年	2003 年	2004 年
城市房地产税	47	49.8	39.2	110.7							
房产税	380.1	414.8	611.7	441.3	373.5	683.4	1170	2824	3351	2009	1965
印花税	62.3	68.6	134.9	255.6	485.4	905.4	789.9	953.4	910.7	852.6	809
土地使用税	149.2	144.1	690.1	1296	1200	1945	2739	5120	3531	3897	3536
土地增值税	10	138.2	242.4	633.9	904.5	4158	5896	5174	5864	6651	3480
车船使用牌照税	0.2	0.4									
车船税	10.5	12.4	39.7	22.1	28.6	19.9	17.9	68.1	76	62.9	68
耕地占用税							172.2	10.1	254.3	3070	3929
契税						4258	2162	1473	4894	4930	6454
税收收入合计	9017.2	11788.3	23096	22865	27149	59514	71582	78055	84993	80653	72150

第二节 安全生产

一、安全知识培训

2003 年 6 月，承德高新区安全生产委员会办公室组织全区开展全国“安全生产月”宣传活动。2004 年，参加全国“安全生产月”宣传教育活动。2005 年组织开展“安全生产月”宣传教育活动。2006 年组织安委会成员单位开展“安全生产月”宣传教育活动，举办特种作业培训班，培训人员 200 人。2007 年，举办 1 期安全生产特种作业培训班，组织参加全国“安全生产月”宣传教育活动。2008 年，举办特种作业培训班，培训人员 200 人。2009 年，组织开展“安全生产月”宣传活动，累计悬挂大小标语 500 条，张贴宣传画 400 张，发放宣传材料 3000 份，刊出板报 190 期，编发安全生产信息 30 条。2010 年，组织特种作业人员培训 3 期 350 人，企业培训其他从业人员 4000 人。2011 年，开展安全生产教育培训，全年共培训企业 32 家，人员 3600 人。先后举办三期特种作业人员安全生产知识培训班，共培训特种作业人员 357 人。2012 年，开展“安全生产月”宣传教育活动，发放各类宣传资料 4000 份，全区共悬挂宣传横幅 300 幅、出宣传栏、板报 100 期。举办宣传贯彻职业病防治法培训会，区内涉及职业病危害用人单位主要负责人及职业卫生管理人员等 120 人员参加培训。全区企业主要职业病危害因素有电焊烟尘、其他粉尘、苯、噪声等21种，接触危害人数752人，参加培训人数752人。2013年举办安全生产月宣传咨询活动。发放各类宣传资料3000册，全区共悬挂宣传横幅300幅，出宣传栏、板报100期。全年培训企业3家，人员260名。先后举办七期特种作业人员安全生产知识培训班，培训特种作业人员418名。2013年举办烟花爆竹临时零售许可培训班。聘请专家对全区18个烟花爆竹临时零售摊点近50名临时零售人员，进行了安全知识培训。2014年，先后举办四期特种作业人员安全生产知识培训班，培训特种作业人员286名。举办一般行业安全管理人员培训班，共培训企业主要负责人33人，安全管理人员30人。组织召开全区职业健康工作暨档案建设培训会，区内涉及职业危害71家单位共计115人参加培训。是年，举办烟花爆竹临时零售许可培训班，聘请专家对全区12个烟花爆竹临时零售摊点50名临时零售人员，进行了安全知识培训。2015年，加大宣传教育力度，组织开展新《中国人民共和国安全生产法》宣传贯彻暨安全生产警示教育宣教活动，区安委会成员单位负责人及一般行业企业主要负责人共201人参加。发放各类宣传品2900份。是年，举办烟花爆竹临时零售许可培训班。聘请专家对全区22个烟花爆竹临时零售摊点60名临时零售人员，进行了安全知识培训。全区重点企业主要负责人、分管负责人80人参加隐患排查治理体系建设培训会议。

二、安全生产监督管理

2005年至2013年每年高新区管委会与各部门、各企业签订安全生产目标管理责任书，安全生产监督管理局对目标责任每半年进行一次监督检查落实情况，年终进行考核。

2008年应急救援体系开工建设，监控分中心建设在全市重大危险源监控系统招标后，与市网通公司、万得电子有限公司明确软硬件设施建设标准。促进企业端监控系统建设，进一步完善重大危险源基础管理信息，对全区各危险源点基本信息和数据进行了更新，确定第一批10家企业40个危险源点，已开工建设。2009年，修订完善《高新区安全生产事故灾难应急预案》《高新区危险化学品事故灾难应急预案》《高新区特种设备安全应急预案》。组织驻区各生产经营单位进行应急预案的修订完善，先后四次组织专家对企业应急预案进行审核，完成30家企业综合预案、专项预案、现场处置方案的要素评审、形式评审和登记备案工作。开展机械行业安全生产标准化建设，“二级安全生产标准化企业”已达11家，占全市机械行业的69%。

2011年，建立重大危险源监控与应急救援指挥系统，完成对全区各危险源点基本信息和数据的采集录入。实现对华北制药天星有限公司、颈复康药业集团有限公司、承德润韩汽车零部件有限公司、承德市自来水公司4家较大危险源企业的在线监控。是年6月，组织开展消防应急疏散演练活动，共260人参加演练，市消防支队特派4个消防中队、12辆消防专用车辆参加演练。

2012年，根据重大危险源安全评价规定，对不构成重大危险源的4家企业，撤掉监控。260人参加消防应急疏散演练活动。全体参演人员初步掌握发生火灾后的逃生、处置、救护、救火方法，提高对火灾事故和突发事件的应急处置及自救能力。

2013年，完成对全区各危险源点基本信息和数据的采集录入。四海发展有限公司实现在线监控，摩森康盛四海啤酒（中国）有限公司、承德盛通石油销售有限公司正在筹措安装当中。9家加油站完成视频在线联网。区内21家机械制造企业达到了二级安全生产标准化要求，验收合格，8家机械制造企业正在建设验收中。危险化学品企业安全标准化三级达标企业4家。与各个烟花爆竹零售摊点负责人签订《2013年烟花爆竹零售摊点安全生产承诺书》。是年，开展“安全生产文化年”活动。全年共印发、转发国家、省市及各类安全生产文件98个，上报安全信息28期，上报《承德日报》文字信息3条，被市电视台采纳播出安全生产视频信息1条。公开政务信息11项，不断完善系统功能，大力推进政务服务体系及安全文化建设。

2014年，四海发展有限公司、摩森康盛四海啤酒（中国）有限公司、承德盛通石油销售有限公司等3家企业实现在线监控。

2015年，组织开展消防火灾扑灭及突发事件应急演练活动，科技大厦全体干部职工360人参加演练。组织区内30家重点企业结合开展各类应急演练活动。投入专项资金7万元对原有应急监控系统进行升级改造。

三、安全生产检查

2003年，组织安全生产大检查活动，共查处事故隐患70条，各责任单位对事故隐患进行了整改。2004年，举行安全生产大检查3次，查出各类安全隐患80条。2005年，组织安全生产大检查5次，共查出各类安全生产隐患85条，全部进行了整改。2006年，组织各类安全生产大检查7次，检查企业26家，查出各类安全生产隐患60余处，全部整改完毕。2007年，组织各类安全生产检查活动8次，查出各类安全生产隐患90余条，全部整改完毕。

2008年，进行6次安全生产大检查，对建筑、危化、人员密集场所等重点行业领域开展安全生产大检查，发现88条隐患，按程度不同，分别予以立即整改、限期整改和停业整顿等处理。是年，加大重大危险源监督检查力度，开展重大危险源安全评估工作，督促天星药业公司完成重大危险源的安全评价。全年参加自查自改企业40家，自查隐患213处，全部完成整改。

2009年，组织开展安全生产“三项行动”（安全生产执法行动、治理行动、宣传教育行动），深入开展“奋战六十天，安全迎国庆”安全生产执法检查特别行动，全区共查出各类事故隐患45条，已全部整改完毕，无重大事故隐患。

2010年，在开展隐患排查治理的同时，针对元旦、春节、“两会”“五一”、国庆等重要时期的安全生产工作，及时召开会议进行研究和部署，要求各企业组织开展安全生产大检查，深入开展安全生产专项整治，落实应急救援预案，安排值班工作。全年共查出各类事故隐患61条，已全部整改完毕，无重大事故隐患。

2011年，深化隐患排查治理。以“利剑行动”、“打击非法违法生产经营建设行为专项行动”“城区防火”“隐患排查治理专项行动”、除隐患保安全“百日执法检查专项行动”等活动为契机，对危险化学品、机械制造、建筑施工、人员密集场所、非煤矿山等行业（领域），开展安全生产专项执法检查。强化监管力度，全力排查并及时消除安全隐患，督促企业完善安全生产制度。共排查企业95家次，出动执法检查人员234人次，下达责令改正指令书24份，查出各类安全隐患135处，整改135处，整改率为100%。

2012年，开展“除隐患保安全”百日执法检查工作和开展“两节”“五一”、暑期汛期、十八大期间等重点时段安全生产大检查。开展“决战六十天，迎接十八大”专项执法整治活动，共检查企业116家，出动执法人员348人次，查出安全生产隐患127条，下达责令整改指令书27份。

2013年，开展暑期汛期“百日安全生产隐患排查整治行动”。成立4个执法检查组，结合全区安全生产大检查活动，对区内非煤矿山、危险化学品、烟花爆竹、建筑施工、消防、特种设备、水利、职业健康、地质灾害等行业领域进行了安全大检查。

2014年，深入推进重点行业领域隐患排查。全区共排查各类事故隐患782条，已整改782条，整改率100%，全区未发现重大事故隐患。组织危险化学品、机械制造、工矿商贸等行业领域共75家企事业单位签订了2014年安全生产承诺书。并督促企事业单位切实履行承诺制度建设主体责任。是年，加强国庆节、十八届四中全会、亚太经济合作组织会议期间重点时段安全生产监管。认真开展专项执法行动和国庆安全生产大检查，共出动执法人员356人次，检查企业166家次，下达责令整改指令书59份，查出安全隐患354条，已全部整改完毕。

2015年，制订并严格执行年度执法计划，围绕春节、两会、安全月、汛期、抗战胜利70周年纪念活动期间等敏感时期，制定专项行动方案，组织开展集中执法检查，确保重点时期安全稳定。是年，对有限空间作业1家、可燃爆粉尘作业1家、涉氨制冷企业3家，重点推动专家“上门巡诊”常态化，深挖细找、解剖诊断、规范提高。开展可燃爆粉尘作业场所专项检查，发现隐患问题5个，责令整改1份。针对辖区内重点机械行业开展了专项整治行动，检查企业75家次，查出隐患202条；下达责令整改指令书31份。全年共出动执法人员550人次，检查企业192家次，下达责令整改指令书67份，查出安全隐患406条，全部整改完毕。

第三节 土地管理

一、土地资源现状

根据全国第二次土地调查及历年土地利用现状变更调查数据成果，承德高新区行政区域总面积为284.31平方千米，其中城市建成区面积471.4公顷，38个村合计面积27959.30公顷（含耕地面积2624.34公顷，园地面积2802.82公顷，林地面积12060.77公顷，草地面积6656.73公顷，城镇村及工矿用地面积1841.92公顷，交通运输用地面积467.01公顷，水域及水利设施用地面积1240.06公顷，其他土地面积265.65公顷）。

二、建设用地管理

2002年5月，国土资源部下发《招标拍卖挂牌出让国有土地使用权规定》，所有经营性用地必须以招、拍、挂方式出让，严禁协议出让。2003年首次通过招拍挂方式出让土地12宗，28.74公顷，收取出让金4829.11万元。2004年至2015年以招拍挂方式出让经营性用地108宗，计571.433公顷，收取出让金36.453亿元，2004年至2006年划拨土地6宗。为加快项目进区落户速度、促进土地节约集约利用和产业转型升级，2014年，高新区制定了《承德高新技术产业开发区规范工业及创新性产业用地管理实施意见》，对供地方式进行有益的探索。截至2015年，高新区陆续依法征用土地653.24公顷，保障了入驻企业、基础设施建设、公用事业、教育等用地的需要。严格建设用地管理，对工业企业严格按照限制用地项目目录和禁止用地项目目录，严格审批，积极促进国家级、省市级重点项目进区落户。

三、农村宅基地管理

随着全区经济社会发展，区域面积不断增加，上板城镇、冯营子镇先后由双桥区托管高新区，自2010年起，开始审批农村宅基地，至2015年9月，共审批宅基地308宗，总面积6.063公顷，其中耕地面积4.0046公顷。农村居民生产生活条件得到改善。

四、地籍管理

2007年至2015年9月累计办理土地登记261宗（不包括个人住宅登记、变更登记、抵押登记）。农村集体土地所有权、集体建设用地使用权和农民宅基地使用权确权和土地登记发证工作，于2013年集体建设用地使用权应登记发证60宗，2014年至2015年底开始已经确权登记发证的有36宗。宅基地使用权共15393宗，截止到2015年底，为38个行政村的集体土地所有权确权登记发证工作，2014年开始至2015年底已开展地籍调查10775宗。在土地利用现状变更调查工作方面，以每年12月31日为时间节点，对辖区内284.31平方公里的土地利用现状及年度变化情况，进行调查核实、统计变更汇总上报。

五、征用土地及耕地保护

征用土地情况 1992年至2002年底，通过分批次上报和单独选址等方式上报征地卷宗，2003年至2015年9月，上报征地卷宗81宗，总征地面积1674.7732公顷，其中农用地1469.9959公顷，建设用地93.3871公顷，未利用土地111.3902公顷。

耕地保护情况 为积极落实保护每一寸耕地的基本国策，使耕地开发利用达到动态平衡，2010年，高新区国土资源分局争取上级专项资金300万元，在上板城镇南双庙村实施了土地整治项目，该项目建设规模80.7755公顷，新增耕地6.7962公顷。有效增加耕地，并使原有耕地质量得到提升，提高了当地农民的收入。

六、土地监察

按照“按规划用地，按项目供地，按程序批地，按政策清地，按合同收回土地”的使用原则，严格执行国家法规政策，控制土地供应数量，严格执行土地利用总体规划以及土地报批供应程序。开发区下发《关于加强开发区规划建设管理的通知》和《关于清理整顿开发区范围内违法占地和违章建筑的通知》，对在开发区内未取得建设用地规划许可证而占土地、非法出租土地、承租方连带租地、非法买卖土地等行为进行清理整顿。高新区开展“土地、建筑、房产”三大市场清理整顿活动，下发《关于对高新区土地建设和房产市场进行清理整顿的通知》，主要清理南区范围内违法行为。2003年至2015年，相继开展了经营性土地使用权招拍挂出让情况执法监察、耕地保护情况大检查、征用农民集体所有土地补偿费管理使用情况专项检查、新增建设用地有偿使用费缴纳使用情况检查、土地征收及占补平衡专项督查和土地违法及闲置土地清理专项督查等一系列的监察、督查工作。开展卫星遥感土地监测成果土地执法检查工作，涉及违法图斑12宗，逐一进行调查，对查明的违法用地项目下发处理意见或处分建议书。高新区涉及违法用地18宗，面积3.007公顷，其中6宗为符合条件批准的宅基地，但未办理农转用手续，经协调市国土局支持，截至2015年底正在办理；鸳窝村51户村民宅基地，属历史遗留问题，现土地管理局已协调管委会正在按原定意见推进处理；11宗为违法占地案件，其中1宗已达成自行拆除约定，10宗已下达处罚决定书，其中5宗申请法院执行。

2014年4月制定了《关于建立国土资源执法监管共同责任机制的实施意见》，加快对国土资源执法监管进行整合，意见实施后，国土、城管、规划、建设等多个部门配合联动，全区国土资源执法监察的效率及力度提高。

2003—2015年承德高新技术产业开发区供地情况表

表8-3-1

年份	出让（宗）	划拨（宗）	面积（公顷）	出让金（万元）
2003	12		28.74	4829.11
2004	9	1	14.51	1873.69
2005	3	2	113.31	6869.99
2006	4	3	118.07	795.91

续表 8-3-1

年份	出让（宗）	划拨（宗）	面积（公顷）	出让金（万元）
2007	7		17.94	4678.58
2008	12		18.94	6112.76
2009	5		49.84	59156.32
2010	3		5.06	2918.76
2011	15			109603.92
2012	17		53.12	71919.27
2013	23		46.51	70424.20
2014	5		20.01	7458.63
2015	5		47.19	22718.78

第四节 工商行政管理

一、企业注册登记管理

1993 年，开发区工商局成立之初，接管在市局登记代管的企业 11 家，个体 14 户。1994 年 6 月，工商分局试行取消企业经营范围中“主营、兼营和经营方式”等登记事项，放宽个体私营经济政策，取消一些不必要的限制，清理不合理收费项目等多种措施，以方便企业进入开发区投资建厂。先后有中德合资的热河克罗尼仪表有限公司、北光友升仪表有限公司等 10 家企业进入开发区。1997 年 2 月，按照市局“二五规模工程”要求，大力发展个体私营经济，对进区生产性企业、科技型个体私营企业登记简化程序，先发展后规范。2003 年 5 月，工商分局出台《关于提高办事效率、促进经济发展的工作责任及办事承诺》，实行一次告知、一次办结、一纸列清、一张监督卡的“四个一”办理证照。

2004 年，根据国务院第三次取消和调整行政审批项目，取消了工商管理 7 项审批项目。2005 年 6 月，实行“一审一核制”，对企业、个体户提出的注册登记申请，实行由审查员受理审查，核准员核准的注册登记制度。

2011 年 1 月，对注册登记的民营企业（个人独资企业、合伙企业、自然人、出资或控股的公司制企业）、个体工商户以及变更注册登记的免收登记类、证照类行政事业性收费，实现“零成本”注册。2013 年 6 月，实施“打破现行登记材料文书形式、打破名称必须与经营范围一致的规定、打破现行企业集团设立条件、打破现有市、县公司登记级别管辖、打破个体工商户辖区基层分局登记制度、打破现行年检制度，打破现行行政审批程序的创新机制”。

2014 年 2 月起，贯彻落实“一条例、五规章”，制定了《简化工商注册登记流程提高审批效率工作规范》，提出“三不两主动”的服务理念。国务院先后于是年 7 月、10 月，列出了 31 项改为后置审批的工商登记前置审批事项目录和 82 项决定调整或明确改为后置审批的工商登记审批事项目录。

2015 年 7 月 31 日开始实施“三证合一”，

10月开始实行“一照一码”，外资企业登记权由市局统一行使。截止到年底，内资企业177户，注册资本38.24亿元，私营企业1099户，注册资本75.57亿元，个体工商户1669户，注册资本1.37亿元，农民专业合作社48户，注册资本0.97亿元。

1992—2015年承德高新技术产业开发区市场主体登记情况统计表

表8-4-1（按性质分）

年份	外资企业	内资企业		私营企业			个体			农专业合作社	
	期末总数（户）	期末总数（户）	注册资金（万元）	期末总数（户）	注册资金（万元）	从业人员（人）	期末总数（户）	注册资金（万元）	从业人员（人）	期末总数（户）	注册资金（万元）
1993		23	57000	4	357.5	101	32	20.5	46	—	—
1994		53	69922	22		248	21		47	—	—
1995		63	22510	22	1634	248	24	25	50	—	—
1996		68	50897	28	2446	367	36	33	74	—	—
1997		75	53366	38	3495	442	44	36	94	—	—
1998		79		56			48		94	—	—
1999		77	45912	59	4055	505	51	42	107	—	—
2000		73	48942	83	5809	697	53	47	112	—	—
2001		74		111			62	62	137	—	—
2002		67	69085	120	9101	1355	62	62	137	—	—
2003		67		145	18002		64	233	149	—	—
2004		57	58776	185	40684	2124	73	254	214	—	—
2005		57	70248	221	54875	2563	69	204	205	—	—
2006		60	71627	307	65145	3359	242	844	579	—	—
2007		54	69133	299	106336	3259	383	1265	829	—	—
2008		61	69070	368	107372	3645	457	1962	918	9	3328.87
2009		127	99859	548	200152	1639	603	2805	1372	10	2008.94
2010		127	121119	642	277785	2520	890	4419	1966	16	3438.94
2011		157	153684	741	344478	3495	1260	9048	2732	31	6983.50
2012		106	143825	524	333976	1722	821	6959	2021	31	7297.18
2013		121	189632	635	349212.69	1638	1115	10658.9	2573	19	4297.33
2014		146	271632	965	648165.96	2327	1410	11815.54	3073	45	9675.32
2015	12	177	382385.3	1099	755749.64	2395	1669	13716.64	3599	48	9720.05

2009—2015 年承德高新技术产业开发区市场主体登记情况统计表

表 8-4-2　　　　（按行业分）单位（户）

年份	农林牧渔业	采矿业	制造业	电力、燃气及水的生产和供应业	建筑业	交通运输仓储和邮政业	信息传输计算机服务和软件业	批发和零售业	住宿和餐饮业	金融业	房地产业	租赁和商务服务业	广告业	科学研究技术服务和地质勘查业	水利、环境和公共设施管理业	居民服务和其他服务业	教育	卫生、社会保障和社会福利业	文化体育和娱乐业	其他	合计
2009	51	3	198	5	49	32	39	557	114	13	20	61		12	4	127	1		2		1288
2010	53	2	207	6	60	36	42	790	161	17	34	85	1	16	6	156	1		2		1675
2011	103	6	244	6	69	37	40	1149	128	23	45	115	7	17	7	188	1		4		2189
2012	69	3	156	4	59	19	18	774	75	20	46	76		32		118	1	1	11		1482
2013	68	3	179	6	74	26	26	1036	94	22	48	104		39	3	141	1	1	19		1890
2014	94	4	227	8	118	39	43	1386	98	30	61	166		62	5	185	1		39		2566
2015	98	4	249	6	149	43	60	4503	208	36	79	208		76	13	215	3	2	53		6005

二、市场管理

从 1995 年始，加大市场监管改革力度，省、市工商行政管理部门相继出台了一系列关于市场实施监管的意见、方案、办法等。是年，开展对营业性歌舞娱乐场所监督检查。

在商品市场管理方面，对辖区内各类市场主体定期、不定期进行巡查，对尚不构成行政处罚的轻微违规违章行为进行预先警示并限期改正，情节严重的给予行政处罚，或罚款，或吊销营业执照。1996 年对新开企业进行日常检查，对领证三个月以上的企业进行回访检查，核实企业登记条件，企业回访率52%，对文化市场、印刷行业、废旧铁收购进行专项整治。2001年狠抓“五项打击、四项规范、三项取缔”以及市局提出的六大战役，对市场秩序进行全方位整顿。大规模监察、巡查6次，走访企业60户，个体户10户，查出无照经营4户，补办手续4户。2002年开展“网吧”“电子游戏厅”等娱乐场所易燃易爆单位专项整治。2005年针对“禽流感”疫情，开展食品类市场专项检查，加大熟食摊点、旅店和宾馆的巡查力度。2006年综合治理，取缔“三无”企业和无照经营，共查处无照经营76户，捣毁5户黑网吧，罚款12.7万元。2011年，对食品流通领域食品安全监管，集中专项整治活动11次，出动执法人员400人次，检查食品经营户1003次，核发“食品流通许可证”575户。对婴幼儿配方奶粉及食品添加剂、乳制品、酒类等重点食品抽样检查70组，婴幼儿配方奶粉48组，肉类、调味料、蔬菜面制品等快速检验220批次，102个品种，合格率100%。2012年对假冒伪劣和侵犯知识产权商品、农贸市场、打非治违等专项整治，出动执法人员442人次，检查各类市场主体1104户，查处行政处罚案件13件，罚款10.3万元。2013年加强无照经营查处取缔，引导个体户办理前置审批35户，办理营业执照153户，查处无照经营案件26起，罚款9.23万元。2014年，监管方式由日常巡查改为按省局随机摇号名单对企业和个体户的公示信息进行定向、不定向抽查。是年，开展了“平安校园”“儿童用品市场商品质量”“车用汽油柴油”“危险化学品”安全生产专项整治，出动执法人员568人次，检查各类市场主体1598户次。2015年，强化“先照后证”改革后事中事后监管，推广随机选取被检查对象和检查人员的“双随机”监管方式，坚持职责法定、信用约束、协同监管、社会共治的原则。是年，定向抽查企业即信息公开情况36户，抽查企业注册资本信息公示20户，责令整顿2户。按照“一条例五规章”规定，有57户列入异常名录向社会公示处理。

三、经济合同管理

1993年起，开发区工商分局开始对入驻区内的各类企业依法监管经济合同，指导企业完善内部管理，为企业把好合同签订、履约关、调节合同纠纷、查处合同违法案件。

1997年，开发区工商分局接管办理区内企业动产抵押登记业务，切实履行登记手续。至2000年，共鉴证经济合同34份，金额5697.2万元。2004年6月30日国家工商总局发布《关于废止有关工商行政管理规章、规范性文件的决定》，废止《合同鉴证办法》，合同鉴证工作取消。2007年10月，广泛宣传国家工商总局的《动产抵押登记办法》，对企业相关人员进行培训，开通快速通道，依法、公正、高效开展抵押登记办理，截至2015年底，共办理动产抵押139件，担保债权13.69亿元。

2014年7月，高新区工商分局接受市局下放的拍卖活动备案登记权限，正式开始此项工作，按职责规定对拍卖活动的次数，涉拍物品数量和拍卖标的进行登记备案，进行规范化管理。至2015年底，区内有拍卖企业1家，登记拍卖24次，拍卖物品51件，涉及标的额21444.469万元。

1993年起“重合同，守信用”企业评选一律由市政府命名，实行企业自愿申报原则。开发区工商分局以开展此项活动为契机，推进企业信用体系建设，树立开发区企业良好形象。负责对申报企业进行认真初审考核，推荐组织企业参加市局的统一培训。2001年至2002年推荐河北承德露露股份有限公司、承德中药集团有限公司和承德华富玻璃器皿有限公司参加国家总局组织的重守企业命名公示活动。2006年至2008年，区内具有“重合同、守信用”企业43家。

1993—2015 年承德高新技术产业开发区合同鉴定、动产抵押、拍卖登记、重合同守信用企业统计表

表 8-4-3

年份	合同鉴证		动产抵押登记		重合同守信用企业评选	拍卖登记备案		
	数量（个）	金额（万元）	数量（个）	担保债权（万元）	数量（个）	登记数量（件）	涉及拍物品数量(件)	拍卖标的额（万元）
1993	9	2173.2					—	—
1994							—	—
1995							—	—
1996							—	—
1997	7		7	3479			—	—
1998	15	3524	4	662			—	—
1999			15	1376			—	—
2000			12	3451			—	—
2001			2	780			—	—
2002			5	245			—	—
2003			4	7700			—	—
2004			2	4430			—	—
2005			5	2770			—	—
2006			3	14800	14		—	—
2007			6	11285	11		—	—
2008			9	15930	18		—	—
2009			5	6370			—	—
2010			12	6370			—	—
2011			17	23500			—	—
2012			9	10915			—	—
2013			6	4200			—	—
2014			12	16900		11	29	13043.37
2015			4	1780		13	22	8401.319

四、商标管理

依法开展商标监管保护，注册商标专用权行动，发放宣传材料，解读法律规定，明确政策措施，把创新意识强、产业基础好、发展前景广的企业作为重点培育对象，加强行政指导，协助企业制定商标发展规划。2011 年查处商标侵权案件 3 起，罚没款 5.95 万元。2012—2013 年组织商标战略培训发放行政指导建议书 37 份，宣传资料 240 余份，上门指导 30 户，重点培育承德苏垦银河连杆有限公司、承德富泉石油机械有限公司、承德三融畜牧发展有限公司、承德荣森海姆输送系统有限公司等企业申报省著名商标。截止到 2015 年，高新区拥有注册商标 27 件，著名商标 9 件。河北承德露露股份有限公司生产的露露牌蛋白饮料，四海科技实业集团有限公司的麦芽、四海啤酒为驰名商标。2015 年承德高新区著名商标延续企业有河北承德露露股份有限公司（露露商标）、承德金建检测仪器有限公司（金建商标）、承德苏垦银河连杆有限公司（苏垦银河商标）、承德市开发区富泉石油机械有限公司（富泉商标）。

1995—2014 年承德高新技术产业开发区著名商标统计表

表 8-4-4

序号	单位名称	商标名称	使用商品	注册公告日期	有效期
1	河北承德露露股份有限公司	露露	果汁、杏仁乳、蔬菜汁、果子露	1995-06-13	2011—2021
2	承德金建检测仪器有限公司	金建	材料检验仪器和机器，测压仪器，平衡仪器，非医用测试仪，压力，流量，速度测定仪器	2006-12-31	2007-01-01—2015-12-31
3	承德菲时博特自动化设备有限公司	菲时博特	测量仪器、测量装置、计量仪表、比重计、阀门、压力指示栓、密度计、测力计、压力计、测压仪器、温度指示计	2009-08-14	2009-08-14—2019-8-13
4	承德苏垦银河连杆有限公司	苏垦银河	曲轴，机器、马达和发动机连杆，机器传动装置，汽车发动机曲轴，汽车发动机凸轮轴	2012-12-28	2013-01-01—2015-12-31
5	承德市开发区富泉石油机械有限公司	富泉石油	钻探装置（浮动或非浮动），油精炼机器，石油开采、石油精炼工业用机器设备，石油化工设备，石油钻机，石油专用泥浆泵	2012-12-28	2013-01-01—2015-12-31
6	河北四海实业有限公司	四海			
7	四海科技实业集团有限公司	麦芽			

续表 8-4-4

序号	单位名称	商标名称	使用商品	注册公告日期	有效期
8	四海科技实业集团有限公司	四海			
9	承德三融畜牧发展有限公司	三融	油炸丸子，肉，死家禽，肉罐头，及其余蛋，蛋粉，食物蛋白	2014-12-26	2015-01-01—2017-12-31

2004—2012 年承德高新技术产业开发区注册商标统计表

表 8-4-5

企业名称	商标名称	使用商品	注册公告日期	专用权有效期
承德德汇科技开发有限公司	德汇	非医用营养胶囊，非医用营养液，非医用营养粉，非医用营养膏	2004-07-28	2004-07-28—2014-07-27
华源众生药业有限公司	蜂惠	医药制剂，化学药物制剂，医用药物，针剂，片剂，生化药品	2005-06-14	2005-06-14—2015-06-13
华源众生药业有限公司	圣果	医药制剂，化学药物制剂，医用药物，针剂，片剂，生化药品	2005-06-14	2005-06-14—2015-06-13
华源众生药业有限公司	至克	医药制剂，化学药物制剂，医用药物，针剂，片剂，生化药品	2005-06-21	2005-06-21—2015-06-20
华源众生药业有限公司	为通	医药制剂，化学药物制剂，医用药物，针剂，片剂，生化药品	2005-06-21	2005-06-21—2015-06-20
承德华一机械车库集团有限责任公司	华一	起重设备（存车用）	2005-07-28	2005-07-28—2015-07-27
华源众生药业有限公司	悉心	医药制剂，化学药物制剂，医用药物，针剂，片剂，生化药品	2005-09-14	2005-09-14—2015-09-13
华源众生药业有限公司	力克安	医药制剂，化学药物制剂，医用药物，针剂，片剂，生化药品	2005-10-21	2005-10-21—2015-10-20
承德百绿沃土生物技术有限责任公司	百绿沃野	肥料，植物生长调节剂，肥料制剂，种植土，除杀菌剂、除草剂、除莠剂、杀虫剂和杀寄生虫药外的农业化学品	2005-10-28	2005-10-28—2015-10-28

续表 8-4-5

企业名称	商标名称	使用商品	注册公告日期	专用权有效期
华源众生药业有限公司	C泰	医药制剂，化学药物制剂，医用药物，针剂，片剂，生化药品	2005-10-28	2005-10-28—2015-10-27
华源众生药业有限公司	C宜	医药制剂，化学药物制剂，医用药物，针剂，片剂，生化药品	2005-10-28	2005-10-28—2015-10-27
华源众生药业有限公司	C抗	医药制剂，化学药物制剂，医用药物，针剂，片剂，生化药品	2005-10-28	2005-10-28—2015-10-27
华源众生药业有限公司	众生三金	医药制剂，化学药物制剂，医用药物，针剂，片剂，生化药品	2005-11-21	2005-11-21—2015-11-20
华源众生药业有限公司	金博严	医药制剂，化学药物制剂，医用药物，针剂，片剂，生化药品	2005-11-21	2005-11-21—2015-11-20
华源众生药业有限公司	刻立可停	医药制剂，化学药物制剂，医用药物，针剂，片剂，生化药品	2005-11-21	2005-11-21—2015-11-20
华源众生药业有限公司	利亚可舒	医药制剂，化学药物制剂，医用药物，针剂，片剂，生化药品	2005-11-21	2005-11-21—2015-11-20
华源众生药业有限公司	风净平	医药制剂，化学药物制剂，医用药物，针剂，片剂，生化药品	2006-03-07	2006-03-07—2016-03-06
华源众生药业有限公司	爱干宝	医药制剂，化学药物制剂，医用药物，针剂，片剂，生化药品	2006-03-07	2006-03-07—2016-03-06
华源众生药业有限公司	百刻朗	医药制剂，化学药物制剂，医用药物，针剂，片剂，生化药品	2006-04-28	2006-04-28—2016-04-27
华源众生药业有限公司	ROSN	医药制剂，化学药物制剂，医用药物，针剂，片剂，生化药品	2006-06-07	2006-06-07—2016-06-06
华源众生药业有限公司	彤欣珞	医药制剂，化学药物制剂，医用药物，针剂，片剂，生化药品	2006-07-07	2006-07-07—2016-07-06

续表 8-4-5

企业名称	商标名称	使用商品	注册公告日期	专用权有效期
承德白云石油装备有限公司	图形	气量表，测量仪器，材料检验仪器和机器，油表，油量表，测力计，密度计，测量装置，液位计（测液面高度），流量计（测流量）	2006-09-21	2006-09-21—2016-09-20
华源众生药业有限公司	金洛晴	人用药，化学药物制剂，针剂	2009-01-14	2009-01-14—2019-01-13
华源众生药业有限公司	金洛林	人用药，化学药物制剂，针剂	2009-01-14	2009-01-14—2019-01-13
承德市尚都商贸有限责任公司	W. LAMON及图	仿金制品，黄琥珀色宝石，银饰品，手镯（珠宝），项链（宝石），贵重金属线（珠宝），宝石（珠宝），戒指 26（珠宝），贵重金属艺术品，耳环	2009-02-21	2009-02-21—2019-02-20
华源众生药业有限公司	泰美定	化学药物制剂，针剂	2009-03-14	2009-03-14—2019-03-13
承德市开发区国生建筑材料厂	国生	建筑用木材，胶合板，三合板，非金属隔板，非金属建筑材料，石料黏合剂，混凝土非金属模板，建筑灰浆，非金属铺路块料	2012-09-21	2012-09-21—2022-09-20

2015 年承德高新技术产业开发区著名商标重点培育企业一览表

表 8-4-6

序号	企业名称	商标名称	使用商品
1	承德博冠实业集团有限公司	新新电子	煤气表，水表，电度表，配电控制台（电），遥控仪器，铃（报警装置），秤，计量仪器，仪表元件和仪表专用材料，信号遥控电子启动设备，接线盒（电），配电箱（电），母线槽，配电盘（电），控制板（电），高低压开关板
2	承德市开发区隆升电力器材有限公司	承飞	电缆，电线，配电箱（电），配电盘（电），配电控制台（电），控制板（电），高低压开关板，母线槽，电站自动化装置
3	承德市开发区红达蔬菜专业合作社	红达	玉米，活家禽，鲜葡萄，黄瓜，鲜水果，新鲜蔬菜，蘑菇繁殖菌，鲜食用菌，活鱼，甜瓜

五、广告管理

广告监管作为重点工作进行部署，开展广告专项执法检查，抓好广告制作、发布单位的自查自纠和整改工作，集中开展户外广告、店堂广告、医疗广告、房地产广告清查，重点查处虚假违法广告，广告整治期间出动执法人员524次，检查各类广告500条。2013年市局下放户外广告登记权，开始办理此项工作，共办理户外广告5起。

六、消费者权益保护

2006年“12315”工作实现了市场巡查、案件受理同步进行，当年受理申诉12件，挽回经济损失13万元。2008年处理消费者申诉13件，挽回经济损失8.4万元，建立“12315”维权联络站28个（农村行政村27个、学校1个），维权监督员或志愿者15人。2011年新设立消费维权服务站11处，提供咨询服务200余次，受理消费者各类申诉88件，挽回经济损失2.1万元。2012年加大对经济领域民生热点问题的行政指导力度，组织区内30多家汽车业召开“约谈会”，并对5户房地产开发企业和74户餐饮户进行行政约谈。至2015年，接待解答群众咨询269次，受理消费者申诉举报183件，为消费者挽回经济损失77.85万元。是年，针对汽车销售维权案件多的情况。在辖区内汽车销售企业新建4处消费维权服务站，出动执法人员110人次，检查各类经营户190户次，下达行政指导意见书48份，有效地保护了区内消费者的合法权益。

第五节　环境保护

一、建设项目环保审批及规划环评管理

1992年至2004年，由市环保局负责承德高新区及辖区内企业的环境评估及环保工作。2004年至2007年由高新区建设房产环保局负责辖区内的新建项目环境影响报告书、报告表、登记表的审批和管理工作，大气、水体、噪声、固体废物、有毒化学品等污染防治工作。

2007年3月始，在建设项目管理方面严格控制建设项目环保审批，认真贯彻执行《中华人民共和国环境保护法》《中华人民共和国环境影响评价法》《建设项目竣工环境保护验收管理办法》的规定，把好项目审批关口，按照国家环保部关于“五个坚持”和“十个不批”的要求，严禁高污染、高消耗、高排放、低效益“三高一低”的建设项目进区，从源头上控制新污染的产生，凡不符合环保要求的项目实行一票否决，污染防治措施不到位的项目决不允许投产。全面提高工作人员的政治素质和业务素质，增强服务本领，提高服务质量，把服务工作抓实、抓紧、抓细，实现“便民高效、公开透明、接受监督、廉洁自律、公平公正、严格审批、强化验收”的工作要求。对满足环保准入条件的，涉及民生工程、基础设施、生态环境建设等有利于扩大内需的项目，开辟环境审批的“绿色通道”，全力支持、推动项目尽快审批、开工。截止到2015年底，共受理审批建设项目476个，验收241个。

在规划环评管理方面，按照国家有关规定，自2000年开始率先启动了规划环评工作，随着区域面积的不断调整和扩大，截至2010年相继完成了《承德市高新技术产业开发区环境影响报告书（东区、西区规划环评）》《承德高新技术产业开发区上板城工业聚集园区规划环境影响报告书》《承德高新技术产业开发区南区及东区北片区域开发环境影响报告书》《承德高新技术产业开发区闫营子地段开发（规划）环境影响报告书》《承德滨河新城5千米起步区控制性详细规划环境影响报告书》5个规划环评的编制和审查。

2007—2015年承德高新技术产业开发区受理审批建设项目统计表

表 8-5-1

年份	建设项目审批（个）	建设项目验收（个）	年份	建设项目审批（个）	建设项目验收（个）
2005	13	5	2011	102	48
2006	17	6	2012	120	79
2007	23	8	2013	27	18
2008	33	7	2014	56	26
2009	25	7	2015	32	27
2010	28	10			

二、污染防治

高新区 2004 年起开展大气污染防治工作，相继印发《高新区夏季空气环境质量达标方案》《高新区散煤污染整治专项行动实施方案》等一系列文件。全区大气污染源主要是工业企业生产过程和生活燃料燃烧过程中所排放的废气和交通废气。对辖区内的各单位，各企业冬季取暖供热，实行了统一并网，集中供热，对联不上供热网的企业，更换秸秆直燃炉、洁净型煤锅炉、采用清洁能源等方式，至 2015 年底取缔了辖区内燃煤锅炉、茶浴炉 22 台；督导辖区内 50 余家餐饮单位完成了油烟净化设施安装。对生产需要涉气的企业，督促完成污染物排放在线监控设备、高效脱硫设施和除尘设施，有效地解决废气污染问题。

全区范围内除上板城聚集区外，东区、西区和南区的所有工业企业污水全部经厂内污水处理设施处理达标后排入太平庄污水处理厂深度处理，不存在向河道直排的情况。区内重点涉水企业河北四海发展实业有限公司、河北承德露露股份有限公司、颈复康药业集团有限公司和中红三融集团有限公司等，厂内生产污水全部均做到了稳定达标排放，安装了污染源在线监控设施。上板城白河南污水处理厂的建成对污染防治奠定了基础。组织区有关部门谋划和上报“十三五”期间水污染防治专项资金项目 10 个，报市级项目储备库备案。

三、排污许可证发放及排污收费

2015 年为明确规范排污单位的排污行为，有效控制污染，建立污染源长效管理机制，提高环境管理水平，改善环境质量。严格按照《河北省达标排污许可管理办法（试行）》相关要求发放排污许可证，对辖区内申请领取排污许可证的排污企业进行严格审查，不符合发放条件的一律不予发放。同时，向区内排污企业及其他生产经营者针对持证排污及重点污染物实施排放总量控制进行宣传。在实际排污许可证工作中，坚持“持证、按证排污原则”和“总量控制原则”，严格把住申领关。区内已办理排污许可证企事业单位 21 家（生产性 19 家，非生产性 2 家）。

为使排污收费工作管理规范化，不断提高排污费的监管水平，执行好排污费不错收、漏收、足额征收，严格按照相关制度中要求的程序，采取排污收费与环境监察相结合的形式，全方位开展排污收费。2011 年至 2015 年，收缴排污费分别为 40.04 万元、25.30 万元、33.20 万元、45.17 万元、105.10 万元，共收缴排污费 248.81 万元。

四、环境保护执法

2004年至2015年每年严厉打击非法转移、处置和倾倒危险废物的环境违法犯罪行为，规范辖区辐射源环境管理，相继在区内组织开展了"辐射源使用单位环境执法专项检查"和"打击涉危险废物环境违法犯罪行为专项行动"，重点对辐射源用源单位和区内机械加工制造、汽车修理、医药等重点行业进行了排查，并召集全区危废产生单位开展了一期法律法规知识专门培训会议。通过上述专项行动的开展，有效规范了危废产生企业和辐射源使用单位的行为，杜绝了违法行为的发生，保障了区域环境安全。

为加快解决影响科学发展和损害群众健康的突出环境问题，着力推进环境质量改善，强化日常环境执法。2014年以来相继开展了"利剑斩污专项活动""工业企业大气污染防治专项检查行动""餐饮油烟治理专项执法检查""挥发性有机物（VOCs）污染企业排查专项行动""水资源生态环境专项检查""露天矿山污染整治专项行动"等环境执法检查，对环境违法行为出重拳、用重典，有效提高了企业环境保护法律意识，使全区环境监管工作逐步走向规范化、制度化，为区域环境质量的逐步改善提供了可靠保障。

五、来信来访

2007年建立信访案件办理快捷通道，安排专人和购置专用设备，确保第一时间上访案件得到受理、办结和及时反馈，让上访群众满意。为了把污染矛盾控制在初始阶段，执法人员深入一线，提前介入，发现问题及时化解，及时了解基层群众和企业污染治理等方面的信息，帮助企业研究制定防范措施，从苗头上加强环境信访安全防范措施，减少群体性环境污染事件发生。至2015年，共受理了信访案件220件，案件处理率达到100%，全部得到了群众认可和满意，未发生因环境信访问题引发赴省、进京集体访现象，以及其他因环境信访工作处置不当而引发重大信访事件，有效维护了人民群众的合法环境权益。

为健全突发环境事件应对工作机制，科学有序高效应对突发环境事件。至2015年底，区内重点排污单位、危废产生单位等12家企事业单位均已依照相关法律法规编制了环境应急预案，并在市、区两级环保行政主管部门完成了备案，为人民群众生命财产安全和环境安全提供了可靠保障。

高新区各企业能够严格遵守各项环保法律法规、规章、标准及政策的规定，保证企业守法经营，并加强环保监督管理，及时发现问题、消除环保隐患，对检查出的问题及时进行整改，降低企业环境风险，落实企业社会责任，严格规范自身环境行为。

第六节 公安

一、案件办理

2013年，接警700起、立刑事案件190起、破案42起、刑事拘留27人，逮捕18人、移送起诉47人，受理治安案件163起、行政处罚94人、行政拘留20人。

2014年，接警1557起、立刑事案件207起、破案36起、刑事拘留33人，逮捕14人、移送起诉41人，受理治安案件287起、行政处罚99人、行政拘留17人。

2015年，接警2519起、立刑事案件177起、破案36起、刑事拘留16人，逮捕14人、移送起诉34人，受理治安案件356起、行政处罚118人、行政拘留34人。

二、户籍管理

2013年，高新区常住人口70153人，暂住人口904人、新登记户口728个、迁入户口

1288 个、迁出户口 1147 个、主项变更 646 个。

2014 年，高新区常住人口 70397 人，暂住人口 925 人、新登记户口 1030 个、迁入户口 1547 个、迁出户口 770 个、主项变更 660 个。

2015 年，高新区常住人口 70548 人，暂住人口 967 人、新登记户口 814 个、迁入户口 1118 个、迁出户口 471 个、主项变更 517 个。

三、消防管理

2013 年开展 21 次消防安全隐患集中清查行动，共检查重点消防单位 170 家，发现整改各类火灾隐患 90 处，增配各类消防器材 16 具；开展消防知识培训 8 次，实战演练 4 场次，处置火灾 28 次、抢险救援 2 次，散发消防安全宣传材料 700 份。

2014 年共检查消防单位 527 家次，整改各类火灾隐患 76 处，开展消防培训 5 次，处置火灾 75 次.

2015 年共检查消防单位 621 家次，临时查封 2 家，排查整改隐患 540 处，处置火灾事故 91 次，参与抢险救援 21 起，抢救被困人员 7 人。

第七节 社会治安综合治理

一、普法宣传教育

2011 年至 2015 年，按照全国“六五”普法规划要求，连续 5 年深入开展“法律九进”活动和法制宣传“进社区”活动，利用黑板报、广播、网络、组建法制宣传小分队等形式，围绕人民群众关心的热点问题，以《中华人民共和国宪法》《中华人民共和国信访条例》《中华人民共和国安全生产法》《中华人民共和国劳动法》《中华人民共和国环境保护法》《中华人民共和国食品安全法》《中华人民共和国农村土地承包法》《中华人民共和国城市房屋拆迁管理条例》为重点内容进行宣传，累计制作发放法律知识手册 14000 本，宣传单 3 万张，举办各类宣传专题讲座和主题宣传活动 200 次，人数达 10 万人次，起到很好的法制宣传教育效果。每年组织全区处级干部统一参加市司法局举办的法律知识考试。

二、社区矫正安置帮教

从 2014 年起在全区范围内大力实施社会矫正和安置帮教“育新工程”，是年 5 月，印发了《承德高新技术开发区社区矫正和安置帮教“育新工程”的实施意见》，对社区矫正工作加大衔接管控力度，实现“无脱管、无漏管”，强化教育帮扶手段，提升改造质量和帮扶政策，确保服刑人员重新违法犯罪率控制在 1% 以内。辖区内社区服刑人员 74 人，全部矫正人员已纳入首批定位监管范围。安置帮教工作按照“帮教社会化、就业市场化、管理信息化、工作职责化”的要求，切实加强劳动教育人员、刑满释放人员的回归人员安置帮教工作，做好劳动教育人员、劳动改造刑满释放人员摸底，建立相应台账，建立帮教管理档案，并与其签订帮教协议书，避免脱管和漏管。按照市统一部署，结合高新区实际，开展专项“三排查一促进”活动。在安置帮教工作中，实行领导挂包制和成员单位与对象“结对子”包教育、包管理、包转化制度和落实每季度帮教对象联席会议制度。组织开展劳动教育和警示教育，每个司法所每月进行 1 次公益活动，利用承德监狱和上板城监狱的承德市社区矫正人员警示教育基地，组织辖区内社区矫正人员开展狱内警示教育，受教育率达 80% 以上。加强“两类特殊人群”的帮扶与管理，未发生社区矫正人员重新违法犯罪问题。

三、综合治理

2004 年，开展一系列“严打”整治活动，维护社会稳定。2005 年，按照市综治委的统一部署，开展企业周边治安秩序综合治理暨治安防范工程建设活动，健全治安防范体系，打击企业周边的偷盗、干扰企业正常生产经营秩序的犯罪活动。按照“统一处理、内部分类、协同办理、一站式办结”的模式，整合综治维稳中心，“三位一体”（人民调解、行政调解、司法调解）调解中心，接访中心、群众工作站职能，建立高新区、托管镇综合服务管理中心，整合村居综治工作站、群众工作室、治保会、调委会、业委会等，建立村居综合服务管理站，达到“五有六统一”标准。建立完善网络化管理服务运行机制和群众事务全程办理机制，实行一个窗口服务群众，一个平台受理反馈、一套机制监管落实，实现群众办事及诉求的“一站式受理、一条龙办理”。按照便于管理的原则，着力提升基层综治管理水平，组建网络管理服务队伍，以 200～300 户，1000 人左右的标准暂定划分 76 个网格，为 38 个行政村和 5 个社区统一制作了便民服务站门牌。

2009 年至 2015 年，每年做好辖区内铁路护路联防工作，制定印发《铁路护路联防工作要点》。每年与各责任单位签订本年度《高新区铁路护路联防工作目标责任书》，加强对涉路沿线“两个排查”（治安隐患排查、涉路矛盾纠纷排查）工作和社会稳定情况进行风险评估，对排查出的问题根据情况类别，逐一登记建档限期化解。重点对承德天大钒业建设项目、河北承德露露股份有限公司扩能项目等 4 个重点建设项目进行社会稳定风险评估。认真贯彻《铁路安全管理条例》《河北省铁路安全管理规定》，发放宣传图册 1600 册，发放安全管理规定明白纸 2000 张，悬挂宣传条幅 6 幅，粉刷永久性标语 12 条。2015 年 6 月，在辖区铁路路经村建立标准护路工作站 11 个，为护路联防提供有力保障。

2010 年，扎实推进农村社会管理基层党组织全覆盖、农村民主组织全覆盖、农村经济合作组织全覆盖、综合治理维稳组织全覆盖工作。积极推进党组织建设向经合组织、新经济组织和新社会组织、综治维稳组织等方面延伸，在各村创新开展“四议两公开一行一监督”的制度建设，使村务工作做到有章可循。按照“一村、一业、一特色”的工作思路，在陈家沟、南北营等村大力发展种养业、乡村休闲观光旅游业，培育发展了一批具有一定影响力和发展潜力的农业专业合作组织。

2010 年至 2015 年，每年开展矛盾纠纷排查化解工作。严格按“日排查、周调解、月汇总、季分析”要求，充分发挥 7 个行业性（物业管理、劳动争议、医疗纠纷、食品药品安全、环境保护、征地拆迁、保险旅游、交通事故、消费者保护）调解组织的作用，及时发现、化解土地、劳动、农村等重点领域的矛盾纠纷和信访隐患，切实做到“两个防止”〔防止一般性矛盾纠纷转化为民事案件、民事案件转化为刑事案件以及矛盾纠纷激化导致的个人极端暴力犯罪案件，防止个体性案（事）件转化为群体性案（事）件〕。

2012 年，相继出台反邪教工作防控预案、《高新区反邪教紧急突出事件处置预案》等相关文件，建立值班备勤制度，保障信息畅通，联合机动，随时应对各种突发事件。

按照省、市要求，紧紧围绕“二化一保”目标和“七个确保不发生”工作底线，重点开展了“无邪教创建”活动，在镇、村设置反邪教警示教育宣传栏 24 块，发放反邪教警示教育工作宣传物品 4000 份，组织公安力量对邪教人员进行集中走访摸排，重点加强对“实际神”“门徒会”“中功”等邪教整治。

四、创建平安高新区

2014 年 4 月始，开展平安创建，智慧高新区活动，制定《创新社会管理构建平安高新区实施意见》以“六无”（无刑事发案、无群体上访、无安全事故、无邪教组织活动、无个人极端事件、无重点人员漏管失控）为目标，广泛开展创建平安企业、社区、村街、学校、医院活动。至 2015 年底，有“六无”村 12 个。是年，开展命案零发案社区、刑事案件零发案社区（村）创建活动，刑事案件零发案村 26 个，社区 3 个组建“红袖章”联防队等群治队伍，有义务巡逻员 390 名，因地制宜开展巡逻守护、邻里守望、秩序维持活动、群众安全防范能力明显增强。

五、信访工作

2001年，为集中处理信访突出问题及群体事件，建立联席会议制度，成立联席会议办公室。先后制定《承德高新技术产业开发区关于处理信访事项的实施办法》《关于落实领导包案制和一岗双责制的通知》《关于实施“八三”工作法任务分工方案》《关于领导公开接访活动的实施方案》《关于实施信访群体性事件应急处理的工作方案》《关于进一步明确信访事项受理单位的意见》《高新区信访稳定工作责任追究办法》《关于开展信访积案持续攻坚专项行动的实施方案》等一系列措施、办法。2014年，建成319.8平方米的信访接待中心，开始接待信访工作。2012年至2015年，辖区内发生重大群体上访事件17起，主要是未来城住宅小区37户拆迁遗留补偿问题、雹神庙村村级财务系列问题、养老保险问题，通过信访接待全部化解。

2015年6月开通省信访信息系统，全区实现信访信息系统全覆盖，共接办访368件，办信105件，办理电邮169件，信访事项及时受理率、按期答复率、群众满意率均达到100%。工管委领导干部公开接访366批1400人次，解决45批次，落实责任单位84批次，引导到法律途径181批次，不予受理56批次。

第八节 城市绿化及环境卫生管理

一、城市绿化

高新区建成区绿地面积157.23万平方米，由高新区养护管理的公用绿地面积64.73万平方米，公园面积42万平方米，绿地率为46.24%。区内省级园林式小区和单位12家，园林式街道1条，4星级公园一座。

道路绿化。区内主路支路两侧进行绿化，种植行道树，主要树种为柳树、国槐、白蜡、新疆杨等。

居住区绿化。各居住小区均都按城市规划要求进行绿化，绿化覆盖率平均达到40%以上。

单位绿化。区内机关事业单位和企业在建设中按城市规划要求，达到一定比率绿化覆盖率。

城市中央湿地公园（滨河公园）。属于综合性公园，2015年经河北省林业厅批复该湿地公园为省级湿地公园，公园位于高新区滦河与武烈河交汇处东南侧，总面积29.7公顷，总投资3200万元。绿地率94%，绿化覆盖率95%。公园内栽植有国槐、油松、乔木、灌木、缀花草坪和水生植物，种植绿篱110平方米、地被植物265平方米、水生植物1500平方米。出于安全考虑，在水边增加挡墙300米，并修建了防洪堤近2千米。园内修建一处连接101国道至河道雨水水管一条，解决了桥涵下积水无法正常排泄的问题。该公园包含五个功能区。保育区：主要为河道水面，加强对现有水生植物、两栖动物、水鸟、迁徙停歇候鸟的保护及水资源保护，建设可持续利用的湿地资源体系。恢复重建区：主要在河道两岸，通过河两侧绿化、补栽补种等形式，对现有水生植物、泥质滩涂逐步恢复完善，增加生物稳定性，防止湿地再次遭到破坏和退化。宣教区：利用其地势开阔，交通便利的优势，通过人工造景与自然修复等方式，结合利用声、光、电等形式，展示湿地生态系统及生物多样性。合理利用休闲区：针对周边居民点较多的实际情况，为居民提供健身、娱乐、观光、休闲等多功能服务。管理服务区：利用现有及新建办公区，承担湿地管理、监督、游客接待服务及后勤保障等多种功能。

滦河右岸滨河景观带。属于滨河公园，位于滦河右岸武烈河交汇处至8号路，总面积7公顷，绿地率75.43%，绿化覆盖率75.43%。

新城滨河两岸滨河景观带。属于滨河公园，

位于滦河砖瓦窑村和秋窝村段，总面积 22 公顷，绿地率 72.73%，绿化覆盖率 78.63%。

城市雕塑。沿滨河路共 16 座雕塑，雕塑内容分别为：迟到、读书、足球、摇滚、毕业了、街舞、扣篮、拉提琴、票友、老鹰捉小鸡、家园、对弈、放风筝、扭秧歌、轮滑、网球归来。

1994—2015 年承德高新技术产业开发区道路行道树主要树种一览表

表 8-8-1

序号	路 名	起止点	主要树种
1	学院路	后窑口至与东南山中街交口	国槐
2	滨河路	凤凰山大桥桥头至 8 号路	白蜡
3	滦阳路	东南山中街（科技大厦门前）至 6 号路	白蜡、国槐
4	冠峰路	五星酒店至阳光四季城	国槐
5	4 号路	科技大厦南至郭营子村	白蜡
6	5 号路	阳光四季城椿林苑南至郭营子村	国槐
7	6 号路	阳光四季城海棠苑南至郭营子村	国槐
8	7 号路	烟草物流中心至郭营子村	国槐
9	8 号路	阳光四季城银杏苑南至郭营子村	国槐
10	东南山中街	东南山大桥南至郭营子村	白蜡
11	西区主路	中国联通至别克 4s 店西侧	柳树、国槐
12	畅远东路	西营至鸡冠山大桥	柳树、新疆杨、白蜡、国槐
13	东区道路	物流园至庄头营村	白蜡、国槐

1996—2015 年承德高新技术产业开发区居住区绿地现状一览表

表 8-8-2

序号	居住区名称	占地面积（平方米）	绿地面积（平方米）	绿化覆盖面积（平方米）	绿地率（%）	绿化覆盖率（%）	备注
1	财苑小区	30554	12145	15690	39.75	51.35	
2	雹神庙小区	13320	2000	4870	15.02	36.56	
3	和润新城一期	36610	11686	13422	31.92	36.66	
4	和润新城二期	18643	7609	8240	40.81	44.2	

续表 8-8-2

序号	居住区名称	占地面积（平方米）	绿地面积（平方米）	绿化覆盖面积（平方米）	绿地率（%）	绿化覆盖率（%）	备注
5	御龙翰府小区	158400	55440	58700	35	37.06	
6	文轩名苑小区	93000	33000	41000	35.48	44.09	
7	凤凰御庭	45628	13688.4	13688.4	30	30	
8	凤凰御苑	42081	14926.07	14926.07	35	35	
9	凤凰御都	27001.5	10541	10541	39	39	
10	阳光四季城小区 B3	65412	23195	25287	35.46	38.66	
11	阳光四季城小区 A3	60849	22494	26636	36.97	43.77	
12	阳光四季城小区 A2	46779	17040	19262	36.43	41.18	
13	阳光四季城小区 A4	38372	11794	15337	30.74	39.97	
14	阳光四季城小区 A5	52593	20666	21064	39.29	40.05	
15	滦阳御园	17697	7241	7451	40.92	42.1	
16	百合园小区	26000	10000	10500	38.46	40.38	
17	御龙湾小区	39318	17764	18196	45.18	46.28	

1996—2015 年承德高新技术产业开发区单位绿地现状一览表

表 8-8-3

序号	单位名称	占地面积（平方米）	绿地面积（平方米）	绿地率（%）	绿化覆盖率（%）	备注
1	承德市财政局	3848	1355	35.21	48.86	
2	承德市华富玻璃器皿有限公司	22667	5800	25.59	28.68	
3	联通公司承德分公司	13333	5400	40.5	45	
4	富泉石油机械有限公司	4693	100	2.13	22.9	
5	金建检测仪器有限公司	6600	1680	25.45	30.3	
6	承德市瀚得石业有限公司	22744	4645	20.42	21.98	

续表 8-8-3

序号	单位名称	占地面积（平方米）	绿地面积（平方米）	绿地率（%）	绿化覆盖率（%）	备注
7	白楼宾馆	16600	4300	25.9	30.12	
8	承德市广播电视台	16600	6100	36.75	55.3	
9	高新区国税局	5350	1880	35.14	32	
10	高新区创业中心	6570	1014	15.43	15.89	
11	河北北方公路工程建设集团有限公司	16426	6570	40	42.53	
12	承德供电公司	10000	3260	32.6	35.87	
13	河北承德露露股份有限公司	29489	6000	20.35	22.36	
14	承德克罗尼有限公司	25080	12600	50.24	59	
15	四海集团（包括麦芽有限公司）	53000	18000	33.96	34	
16	河北四海啤酒有限公司	63695	21235	33.34	34	
17	四海塑料包装有限公司	7057	2823	40	41.42	
18	承德市自来水公司	21638	9266	42.82	44.39	
19	河北旅游职业学院	212000	97520	46	50	
20	承德市石油高等学校	267000	111300	41.69	45.5	
21	承德一中	136001	65280	48	53.23	
22	承德民族师范学院	593630	366850	61.8	63.2	
23	市奥体中心	76000	26900	35.39	36.18	
24	高新区管委会	60000	40000	66.67	75	
25	烟草公司	11628	4100	35.3	35.3	
26	烟草物流中心绿化	29800	11000	36.91	41.95	

续表 8-8-3

序号	单位名称	占地面积（平方米）	绿地面积（平方米）	绿地率（%）	绿化覆盖率（%）	备注
27	中国移动	15224	4872	32	32	
28	广通信息网络公司	12761	3828	30	30	
29	高新区地税局	5661	2930.4	51.77	56.47	
30	中国银行监管委员会承德监管分局	10317	5410	52.44	57	
31	承德食盐配送中心	11336	1706	15.05	20.47	
32	承德市五岳电子技术有限公司	7500	2000	26.67	28	
33	承德润韩汽车零部件有限公司	13335	1300	9.75	10	
34	承德市联创计控设备有限公司	6000	680	11.33	12	
35	承德博冠实业有限公司（原新新电子有限公司）	8667	2200	25.38	26.54	
36	承德市农牧局	15478	1180	7.6	11.73	
37	中国电信承德分公司	19333	8667	44.83	45.62	
38	海关综合楼	8251	2850	34.54	34.54	
39	市交通局	62800	26500	42.2	49.36	

2015 年承德高新技术产业开发区公园绿地一览表

表 8-8-4

序号	名　称	性质	位　置	面积（平方米）	绿地率（%）	绿化覆盖率（%）
1	城市中央湿地公园	综合公园	滦河武烈河交汇处东南侧	200000	94	95
2	滦河右岸滨河景观带	滨河公园	滦河右岸武烈河交汇处至 8 号路	70000	75.43	75.43
3	新城滨河两岸滨河景观带	滨河公园	滦河砖瓦窑村和秋窝村段	220000	72.73	78.63

二、清扫保洁

1994年，高新区西区内建成第一条道路（现广电路），由2名保洁人员负责道路清扫工作，工具仅限扫帚，清扫面积3.4万平方米，保洁人员归开发区创业服务中心物业管理处管理。工作时间从7点至11点，14点至17点。2000年，随着区域面积扩大，保洁人员增加至20人，清扫面积增至8.6万平方米。2009年增加到30人。是年，购买了第一辆清扫车，从以前的纯人工清扫，变为机械清扫主干路，人工清扫支路，清扫面积增至52.5万平方米。2010年、2011年添置2辆清扫车，2012年再添置2辆清扫车，清扫面积增至90.1万平方米。2014年向承德市大气办争取资金，购买一台洒水车。是年11月，为保证北京亚太经贸合作组织（APEC）会议期间空气质量，环卫所调动全部力量，严禁全区范围内所有渣土车辆运行，在当时洒水设备不足的情况下，协调相关单位，借调洒水车2辆，保证路面每日不少于6次洒水作业，确保会议期间空气质量。截至2015年，开发区环卫所保洁队伍人员共有126人，清扫车辆5辆、洒水车3辆，清扫面积为106万平方米。

三、垃圾清运

1992年开发区刚成立时，区内除工业企业外，居民少，产生的生活垃圾相对也少，产生的生活垃圾统一运到松树梁的垃圾填埋场，建筑垃圾由承建单位自行装运拉出。2008年，开发区管理区域逐渐扩大，道路增多，企业、学校、居民居住区增加，为满足垃圾清运工作需要，购置一辆垃圾清运车，向松树梁垃圾填埋场运送垃圾。2011年购一辆小垃圾车，负责道路沿线果皮箱垃圾清理，是年，开始向环城热电清运生活垃圾。2015年高新区内建筑渣土统一进行管理。有垃圾清运车2辆，垃圾桶743个，果皮箱462个。

第九章 人事·劳动·社会保障

承德高新区劳动人事局成立后，相继成立了劳务交流中心、职业介绍中心、劳动服务公司、人才交流中心、社会保险办事处、劳动监察大队、劳动保障事务站等管理服务机构。1996 年 8 月全区民营企业开展失业保险工作，为全省首次开展，走在全省前列，通过各种渠道安置劳动就业 16955 人，为 1.93 万农民工讨薪 2.346 亿元。2012—2015 年城乡居民养老保险参保缴费人数达 51151 人。健全完善劳动就业、劳动维权、人才引进、劳动监察、社会保障管理体制和管理职能，已基本形成适应新时期的人力资源和社会保障体系。

第一节 人事管理

一、体制

高新区的县处级干部是由中共承德市委组织部管理的，由中共承德市委、市政府任命，科级干部由高新区工管委任命，报中共承德市委组织部备案，由党群部管理，一般干部和工作人员由劳动人事局（人力资源和社会保障局）管理，并负责办理调入调出招聘等相关手续。2014 年，管委会改革用人机制，打破身份界限，实行全员聘任制和末位淘汰制，制定《高新区区属部门设置职能配置人员聘用方案》《目标责任制考核办法》等，严格考核。实现了由身份管理向岗位管理转变，由单一行政管理向法制管理转变，由行政依附关系向平等人事主体转变。

二、公务员管理

1996 年，开发区管委会机关推行国家公务员制度，管委会机关行政人员 25 人，行政工勤人员 4 人。1997 年完成公务员过渡。至 2005 年底，机关行政人员 68 人，行政工勤人员 6 人。至 2015 年底，机关行政人员 132 人（其中：托管上板城镇和冯营子镇行政人员总计 51 人），行政工勤人员 13 人。自 2004 年至 2007 年连续 4 年公开招聘重点院校本科以上毕业生总计 35 人充实到管委会机关，其中硕士研究生 8 人。2008—2015 年管委会机关未再实行公开招聘。

三、工资管理

1994 年，全区机关单位实行职务级别工资制度，工资由基础工资、职务工资、级别工资和工龄工资 4 个部分构成；事业单位实行职员工资制，工资由职务工资和津贴 2 部分构成。按照国家文件规定正常晋升机关事业单位人员工资。2003 年 10 月公职人员按照国家规定的机关和事业单位工作人员工资标准执行。2006 年，根据《河北省公务员工资制度改革实施办法》实行机关事业单位工资制度改革，机关单位实行职级工资制，工资由职务工资、级别工资、工作津贴、生活补贴构成；事业单位实行绩效工资制，工资由岗位工资、薪级工资、绩效工资构成。是年，进一步完善公务员职务级别工资制，简化工资结构，增加级别和调整职务与级别对应关系；建立事业单位绩效工资制度，规范公务员津贴补贴制度。2010年高新区托管上板城镇，全镇机关事业单位工资由高新区审核审批，津补贴标准自2011年调整为高新区标准。2013年高新区托管冯营子镇，全镇机关事业单位工资由高新区审核审批，津补贴标准自同年7月调整为高新区标准。2015年，调整机关事业单位工作人员基本工资标准，进一步优化工资结构，相应增加机关事业单位离退休人员离退休费。同时乡镇工作人员实行乡镇补贴，托管镇公务员实行职务与职级并行制度，切实提升基层工作人员待遇。

企业工资由用人单位自定，1994年至2015年执行省工资指导线和最低工资标准。

四、人才招聘

自1994年始，每年组织企业参加省、市举办的人才交流会，协助企业引进所需人才。2005年至2015年，管委会从哈尔滨工业大学等重点院校招录全日制二本以上本科生20人，硕士研究生8人，共28人进入管委会机关管理岗位。2010年，面向社会选聘选调工作人员110余人，截至2015年10月，管委会机关和事业单位工作人员共有232人。至2015年底，共为企业招聘各类专业人才5470人，并在子女上学、就业安置、农转非等方面给予照顾优惠。2004年，经市政府同意，管委会面向社会公开招聘2名具有本科学历、有一定工作经验的人员任正科级招商局副局长。

五、转业复退军人安置

从1997年开始，接收安置军转干部和复退军人，至2015年底，共安置军转干部20余人到管委会机关和事业单位工作。

六、人事代理

1997年建立人事代理制度，为进区创业的各类人才提供委托档案管理、户口落户等服务。至2005年底，单位委托代理21家，个人委托代理165人，代管人事档案605份，代办人员流动手续140人，协助各类企业办理进区落户手续50人。至2015年底，单位委托代理34家，个人委托代理561人，代管人事档案1982份，代办人员流动手续650人，协助各类企业办理进区落户手续77人。

七、专业技术职称评定

1996年始，开发区对辖区内企事业单位的专业技术人员开展专业技术职称推荐工作，由市有关部门组织评审。全区有专业技术人员40人，其中具有高级职称2人，中级职称14人，初级职称24人。至2005年底，专业技术人员496人，其中具有高级职称21人，中级职称156人，初级职称319人。至2015年底，共组织参加经济、工程类等专业技术考试1200人，专业技术人员1507人，其中具有高级职称124人，中级职称534人，初级职称849人。

第二节 劳动管理

一、无地农民农转非

1993年11月20日，省土地管理局批复给承德市高新技术产业开发区农转非指标1197人。其中，雹神庙村1069人，庄头营村128人。1994年5月始，按照国家、省相关政策规定，首先，制定农转非工作实施方案，与村委会协商沟通，制定具体转非实施方案，逐户调查摸清应转非人员底数，登记造册。于1995年10月为1197人农转非办结完毕。是年，开发区隆兴包装制品有限公司建成投产，安置20名“农转非”人员就业。与建筑施工单位协商，安置有建筑技术特长的人员就业。鼓励支持自谋职业，在工商办理营业执照、收费、税收方面给予减免。1994年工商分局在京承公路东侧建立了综合型农贸市场，占地2000余平方米，建活动板房21间，主要经营建材、食品饮料、农副产品、日常生活用品、饭店餐饮等，自谋职业40余人。1996年至1998年，供热站、清扫队、绿化队相继成立，优先安置，进区企业相继建成后，陆续安置就业农转非人员200人。1998年在雹神庙村京承公路东侧搭建餐饮、商店活动板房10间，安置9户无地村民就业，基本上解决了无地村民的就业。

二、劳动就业

1993年，成立职业介绍服务中心，主要负责就业安置、职工招聘、就业培训等工作，至1997年，城镇待业青年、技工学校毕业生、城镇退伍军人、企业下岗工人，富余人员，由政府负责安排就业。随着企业改革不断深入，劳动用工制度的改革，实施政府指导下的市场经济劳动管理体制，企业用工和劳动者就业采取“双向选择、政府指导”的办法，解决就业人员就业和再就业。2003年成立劳动保障事务站，为区内企业和城镇失业人员再就业提供多种服务，至2015年底，区内民营企业共安置就业6892人，占就业总数的69.5%。支持下岗失业人员和无地农民自谋职业，自主创业，在工商登记、税收方面给予减免，至2015年底2417人实现就业。2009年开始，积极开展富余劳动力向非农产业转移工作，支持小微企业吸纳进城务工人员，鼓励外出创业成功人士回乡创业，支持业主大户吸纳本土农民就业，实现农村劳动力就地转移，至2015年，完成农村劳动转移就业3657人。在陆续托管上板城镇和冯营子镇后，开始管理农村剩余劳动力。2013年成立就业服务站，加强劳动保障设施建设，改善健全镇政府劳动保障职能。建立就业失业登记制度、求职登记制度，为登记的失业农民发放城乡统一的“就业失业登记证”，实行专项统计。建立劳动合同备案制，指导用人单位特别是民营企业与劳动者签订劳动合同，实现求职登记、职业介绍、就业指导、指导代理、就业培训和信息的等方面的就业服务。先后开展公益性岗位和大学生见习岗位，保障特殊群众就业，共安置980人。

三、劳动技能培训

2010年和2014年分别对上板城镇、冯营子镇开展劳动就业调查，调查结果显示，劳动力占总人数的71.4%，村民文化素质小学文化占56%，初中占30%，高中以上占14%，各类技术人员1210人，占劳动力的0.46%。根据调查结果，制定五年技能培训计划，逐年分期分批开展培训、建立起分层次、有重点、有针对性的培训机制，委托市劳动部门培训机构培训，社会办学力量培训，支持社会资本通过盘活闲置厂房、建立高新区培训学校，并申请为重点培训机构，落实培训扶持政策，免费开展就近就地转移实用性培训，提高就业人员就业技能、就业质量。至2015年底共培训4162人。有3758人实现就业和自谋职业，占参加培训人数的90.3%。劳务输出3950人。按照市场调节就业、政府促进就业和劳动者自主择业的原则，加强培训道路维护、绿化保洁、餐饮、建筑、装饰、运输、苗木花卉、个体工商业、保安、物业管理、合作社经纪人等专业，安置就业1716人。1998年驻区企业34家，企业用工人数2670人，企业培训2100人，农村劳动力转移就业1000余人，农村劳动力培训人数1460人。2006年驻区企业105家，企业用工人数10060人，企业培训人数8000人，农村适龄劳动力转移就业2565人，农村劳动力培训人数2390人。2015年驻区企业605家，企业用工人数12390人，企业培训8523人，农村适龄劳动力转移就业4565人，农村劳动力培训人数4390人。

四、劳动和社会保障监察、仲裁

1998年，成立劳动保障监察大队和仲裁庭，负责辖区内劳动和社会保障监察工作，进行日常巡查、举报专查和专项执法检查，至2001年，年平均检查100家企业，涉及职工6759人次，纠正处理21家企业违反劳动法律法规行为督促企业缴纳社会保障金102万元。2002年，《河北省劳动保障监察条例》《河北省劳动保障年度审查实施方案》颁布实施，劳动用工实行年审制度，对企业劳动合同签订、劳动合同备查、规章制度建立、社会保险费缴纳、工资支付、休息休假等进行专项监察。检查落实建设领域农民工工资保障金制度，累计存储9409.36万元。协调住建局、信访处关注建筑施工企业工资发放情况，为农民工讨要工资。2005年全年共监察用人单位87家，涉及劳动者8829人次，补签劳动合同1205份，劳动合同签订率达到85.3%，督促社会保险登记2户135人，下达劳动监察询问通知书9份，限期整改1家，受理举报案件结案率100%；追讨拖欠农民工工资495万元。全年共接待来访及各类咨询21起，涉及职工53人，其中集体访1起，涉及职工30人，均已通过劳动监察、政策解答、与企业协调沟通等方式得到妥善解决，无信件访、集体罢工及重复访事件的发生。共处理劳动争议案件6起，其中：受理劳动争议案件4起，不予受理2起，裁决结案2起，调解结案1起，撤诉1起。劳动争议案件结案率100%。

2010年全年共检查用人单位117户次，涉及劳动者9335人次，下达询问通知29份，限期整改指令书4份；全年用工备案企业56家，涉及劳动者5496人，劳动用工备案率达95%以上，劳动合同签订率达到95%以上；受理举报投诉案件10起，均已结案，为农民工追讨工资14.12万元；社会保险督促缴费2户，涉及劳动者173人。全年共接待各类来访、咨询15批次，涉及职工47人。通过政策解答、行政调节、实施劳动监察等方式问题均得到妥善解决，未发生赴省进京越级访及重复访事件。全年通过基层调解组织、行政调解组织调解案件5起，涉及职工5人；处理劳动争议案件4起，仲裁结案率100%。

2012年，开始推行劳动保障“两网化”建设，劳动监察系统运行与省金保专网，初步完成“两网化”全覆盖，全区设置网络2个，完成辖区内企业基本信息、职工信息录入工作，共采集79家企业信息，涉及职工5219人。2015年检查用工单位143家。其中，入户检查用工单位67家，书面检查用工单位76家，完成全年目标任务的143%。认真开展劳动保障监察工作，下发劳动保障监察询问通知书42份，责令限期改正通知书8份；结案件11件，涉及职工141人，涉及金额232.88万元，其中移交公安3件，转办市监察大队1件；法定期限内结案率100%。保障农民工切身利益，接待农民工来人来访167次，涉及农民工3297人，涉及金额4537.6万元；其中监督发放农民工工资1起，涉及农民工19人，涉及金额25.21万元；动用农民工工资保证金发放农民工工资2起，涉及农民工342人，涉及金额685万元。截至2015年底，共为农民工讨要工资2.346亿元，涉及农民工1.93万余人。2015年全年共处理劳动人事争议仲裁案件57起，其中受理劳动争议案件44起，不予受理案件13起，其中裁决结案24起，调解结案13起，庭前经调解达成和解共撤诉2起，撤销案件1起。按照市人力资源和社会保障局要求，共成立劳动人事争议调解组织48家，职工维权渠道更加畅通。

第三节 社会保障

一、失业保险

1996年2月，成立社会保险办事处，负责辖区内失业保险金代收代缴、失业人员登记。失业人员管理与失业金发放由市劳动局失业保险所负责。是年8月，对区内民营企业开展失业保险工作，此项工作在全省为首次开展，走在全省前列。至此，区内国有企业、外商投资（合资）企业、民营企业失业保险工作全面开展。企业按工资总额的1%缴纳失业保险金，全年参保企业11家，参保职工664人，缴费8.3万元。1997年，参保职工750人,缴费11.3万元。1998年12月，参保职工957人，缴费16.3万元。1996—1999年，参保单位共21家，参保职工1853人，累计缴费62.3万元。2000年1月，市劳动局将失业保险金收缴、发放、失业人员登记、管理、就业等工作下放给开发区劳动人事局负责，是年参保单位16家，参保职工2111人，缴费28.09万元，2001年参保单位增至37家，参保职工2200人。2002年2月始，失业保险费按国家规定，由地税局代征代缴。2015年参保单位66家，参保职工3363人，缴费187万元，截至2015年底，累计缴费2778.58万元。

二、城乡居民养老保险

2011年末，按照省、市关于提前做好城乡居民社会养老保险制度全覆盖准备的要求，成立城乡居民养老保险中心。2012年，高新区列入省第四批新型农村和城镇居民社会养老保险试点县区，是年5月通过省人社厅检查验收，7月启动城乡居民养老保险工作。按照“保基本、广覆盖、有弹性、可持续”原则，推进城乡居民养老保险工作。创新开展工作，增强政策的惠民性：①对80周岁以上参保人由区财政每月加发10元基础养老金；②鼓励长缴多得，对缴费满16年以上的参保人加发5～30元不等基础养老金；③政策向特殊人员倾斜，对重度残疾人参保，政府全额代缴100元，对三、四级残疾人每年代缴费50元；对符合计生政策人群增加补贴20元。是年年参保登记16988人，参保缴费12503人，待遇享受4665人,收缴养老保险费158.84万元。中央补助基础养老金157万元，区级补助基础养老金3.5万元，发放养老金156.36万元。政府补助个人缴费补贴42.46万元。

2013年，行政托管冯营子镇，双桥区转移参保2169人，年底辖区参保登记19207人，参保缴费13305人，待遇享受6176人，收缴养老保险费170.3万元。中央补助基础养老金309万元，区级补助基础养老金10.74万元，发放养老金380.1万元。政府补助个人缴费补贴45.25万元(省级补助30.18万元,区级补助15.07万元)。利息收入13.499万元、转移收入47.62万元。是年，交接承办原双桥区郭营子村480人被征地农民养老保险。享受待遇人数169人，发放标准402元/人、月。2014年，全区参保登记19116人，参保缴费12808人，待遇享受6336人，收缴养老保险费162.28万元。中央补助基础养老金309万元，区级补助基础养老金10.74万元，发放养老金421.99万元，政府补助个人缴费补贴45.25万元（省级补助30.18万元，区级补助15.07万元）。利息收入21.66万元。2015年，参保登记19302人，参保缴费12535人，待遇享受6767人，收缴养老保险费168.98万元。中央补助基础养老金586万元，区级补助基础养老金13.2万元，发放养老金562.65万元。

三、新型农村合作医疗

根据中共中央、国务院《关于卫生改革与发展的决定》，高新区推行了新型农村合作医疗，即国家、集体补助一部分，农民自己拿一部分，因病住院按规定给予报销一部分医疗费用，解决了农村因病致贫、因病返贫的问题。农村合作医疗实行村镇一体化管理,形成以镇卫生院为中心，村村建立卫生所（室）的新型农村合作医疗网络。2013年全区1镇7村共38192名农民参加了新型农村合作医疗，参合普及率96.34%，当年共筹集资金1298.528万元。其中：中央补助595.7952万元（标准156元/人·年），区财政补助473.5808万元（标准124元/人·年），个人集资229.1520万元（标准60元/人·年）。

2013年，全区参合农民共有120586人次得到合作医疗补偿，补偿总支出为1153.754877万元。其中：普通住院补偿5278人次，补偿费用 1042.671701 万元；门诊补偿 115178 人次，补偿费用 104.254076 万元；住院分娩定额补偿 102 人次，补偿费用 3.06 万元；特殊病种大额门诊补偿 28 人次，补偿费用 3.7691 万元。一般诊费补偿 49.104 万元。全年平均次均住院费用为 4231.46 元，次均住院补偿费用为 2053.33 元，实际住院补偿比为 48.53%，县外转诊率为 25.67%。统筹基金总使用率为 92.66%。2013 年底结余基金 95.357077 万元（含风险金 64.9264 万元），结余率 7.34%。

2014 年，全区共有 2 个镇 35 个行政村开展新型农村合作医疗，有 49638 人参加合作医疗，覆盖农业人口 51168 人，参合率 97.01%，较 2013 年托管 1 镇 7 村时参合率增长了 0.67 个百分点。全区共有符合条件的农村医疗救助对象 4516 人，参合保障率为 100%。

全区农村合作医疗共到位资金 1935.882 万元。其中：中央财政“新农合”补助资金到位 893.484 万元（标准 180 元／人·年），地方财政新农合补助资金为 694.932 万元（标准 140 元／人·年），农民个人缴费资金为 347.466 万元（标准 70 元／人·年）。

全区参合农民共有 57567 人次得到合作医疗补偿，总支出 1719.02 万元，占基金总额（剔除风险金）的 95.08%。其中：普通住院支出 1539.2 万元；门诊支出 146 万元；住院分娩定额补偿支出 5.73 万元；特殊病种大额门诊支出 28.09 万元。一般诊疗费补偿 36.84 万元。实际住院补偿比为 43.4%，县外转诊率为 36.6%。

2015 年，全区共有 2 个镇 35 个行政村开展新型农村合作医疗，有 46494 人参加合作医疗，覆盖农业人口 50417 人，参合率 92.2%。全区共有符合条件的农村医疗救助对象 4283 人，参合保障率为 100%。

全区农村合作医疗共到位资金 2269.8984 万元，其中中央财政“新农合”补助资金到位 894 万元（标准 204 元／人·年），地方财政“新农合”补助资金为 848.2944 万元（标准 176 元／人·年），农民个人缴费资金为 527.604 万元（标准 110 元／人·年）。

全区参合农民共有 47340 人次得到合作医疗补偿，补偿总支出为 1509.5 万元，占基金总额的 73.3%（剔除大病保险基金、意外伤害保险和风险金）。其中：普通住院 5248 人次，支出 1325.86 万元，住院分娩定额补偿 94 人次，支出 4.64 万元；门诊补偿 41998 人次，支出 145.76 万元；一般诊疗费补偿支出 33.24 万元。次均住院费用为 5728.11 元，次均住院补偿费用为 2526.41 元，实际住院补偿比为 44.11%，外诊率 32.85%。

第十章 社会事业

社会事业管理是政府重要职能之一，是党和政府联系群众的桥梁和纽带，关乎到国计民生，社会和谐稳定。截至2015年底，辖区内适龄儿童入学率100%，初中入学率100%。行政村建立农家书屋38个，覆盖率100%。建成以镇卫生院为中心、村卫生所（室）新型农村合作医疗网络。对城市低保户、农村低保户按月银行化发放救助金，赈灾救济5.1万人次。建立居民健康档案，城市居民建档率99.2%，农村建档率95.5%。高新区基本建立起较为健全的管理体制和管理机制，各项社会事业长足发展。

第一节 教育

一、学前教育

2010年至2015年，辖区内共有幼儿园9所。其中，上板城中心幼儿园、西大庙幼儿园、卸甲营幼儿园、上板城第二小学幼儿园、上台子幼儿园、东营幼儿园6所为公立幼儿园，红太阳幼儿园、王秀菊幼儿园、文轩茗园幼儿园（住宅小区配建）3所为民办幼儿园。这9所幼儿园只有上板城中心幼儿园有9名在编教师，其余都是自聘教师。另有住宅小区配建的9所幼儿园正在建设中。

按照幼儿园教学大纲要求，执行保教并重原则。以开发幼儿智力、培养幼儿良好思想品德和行为习惯为目标。统一使用省统编幼儿教材，严禁幼儿园教育小学化倾向。

公立幼儿园的整体投入包括初建、改建、娱乐器材、教学设施投入在编教师工资等由高新区财政负责，按照物价部门批准的收费标准收费，收取费用主要用于支付自聘教师工资，剩余部分用于幼儿园建设。

上板城中心幼儿园位于上板城村，2004年9月在合并原上板城小学幼儿园基础上改建而成。占地面积为1295.26平方米，园舍为1980年建设的两栋平房。建筑面积为376.4平方米，分设大、中、小三段，5个教学班。入园幼儿187人。幼儿教师14名，学历达标率为100%。通过了省“三段两基五独立”验收标准。2007年被承德县教育局评为金牌幼儿园。先后荣获承德县教育局“管理先进单位”“中心校安全管理单位”等荣誉称号。注重“幼儿的一日安全管理”和“家园共育”的安全教育，年底被上板城中心校评为“平安校园”。2015年3月8日，上板城中心幼儿园被承德高新区妇女联合会评为“高新区三八红旗集体”。刘淑华园长被评为“高新区三八红旗手”。11月份，商兰教师获得“承德市级优质课二等奖”。

上板城第二小学附属幼儿园（班）（含南双庙），幼儿班7个，幼儿186人，教职工8人；金象希望小学附属幼儿园（班），幼儿班2个，幼儿31人，教职工2人；上台子小学附属幼儿园（班），幼儿班2个，幼儿35名，教职工2名；卸甲营小学附属幼儿园（班），幼儿班3个班，幼儿123人教职工4人；西大庙小学附属幼儿园，幼儿班4个，幼儿96名，教职工6人；鹫窝小学附属幼儿园（班），幼儿班3个，幼儿160人，教职工3人；闫营子小学附属幼儿园（班），幼儿班1个，幼儿50人，教职工2人；上下栅子小学附属幼儿园（班），幼儿班3个，幼儿149人，教职工3人。

二、小学教育

至2015年，高新区共有小学18所，在校生4233人，初级中学3所，在校生1293人，教职工622人。实行高新区社会事务局直属管理与中心校管理的二级管理体制，上板城初中和北师大承德附属学校为直属高新区，上板城学区中心校负责上板城镇各小学日常管理工作，冯营子中心校负责冯营子镇各中小学日常管理工作。

教育教学方面以教育科研为引领，积极探索高效课堂的途径，努力提高教育教学质量，扎实推进课堂教学改革。以学区、学校为单位，认真落实《中小学教学常规》《教师集体备课制度》《校领导听推门课制度》，开展“语文主题阅读”7种课型教学模式的研究，改变语文传统教学“一人讲，全班听；一问一答”式的教学方式，实施“少提问，多读书；少讲解，多分享；少做题，多感悟；简简单单学语文”的新语文主题阅读教学模式。开展单元导读课、整体识字课、词语句段语用训练课、以文代文、读写联动、分享展示课（主题诗会课）、基础训练课、自主阅读课的研究。在高新区全面推进素质教育，注重教学手段现代化和启发式教学。

学校建设方面，2013年投入3.5万元为上板城学区中心校各小学安装了监控设备。2014年投资860万元实施了西大庙小学改扩建项目，新征土地0.387公顷，总占地1.853公顷，建筑面积2813平方米，为标准化农村完全小学。全面实施北师大承德附属学校建设，该校占地9.533公顷，计划总投资3.2亿元，规划总建筑面积61177平方米。

上板城小学　上板城小学创建于1934年，位于上板城镇上板城村。学校占地5324.3平方米，建筑面积1226.33平方米，有教学班16个。2015年有教师37人（本科学历26人，专科学历10人，中师学历1人），学历达标率100%；教师中高级教师1人，中级教师18人，无职称18人；有市级教学能手5人，市级学科带头人2人，市级骨干教师1人，区级骨干教师3人。办学条件得到不断改善，学校拆除原有危房新建板房591平方米，安装电子白板16块，配给教师用电脑10台。学校先后取得了“市级校园文化先进校”、“河北省优秀家长学校”、承德市“关心下一代先进单位”称号，获国家级“全国青少年爱国主义读书教育活动”一等奖，“全国爱国主义读书教育活动特等奖”等荣誉称号，教师有43人次分获省、市、高新区级奖励，有两名学生分别获省级作文竞赛和演讲比赛一等奖，教师有23篇论文在国家、省、市获奖或在教学刊物上发表。

冯营子小学　冯营子小学位于冯营子镇冯营子村。原学校占地面积5179平方米。2008年城中村改造，学校被拆除，属借驻在冯营子中学。学校有12个教学班，565名学生，教职工26人（本科学历16人，专科学历9人，中师学历1人）。教师中高级职称1人，中级职称11人，初级职称8人，无职称6人（劳务派遣教师）。

崔梨沟小学　崔梨沟小学位于冯营子镇崔梨沟村，地处山区，距市区15千米，学校建于2001年，占地面积1089平方米，有教学楼一幢，建筑面积655平方米，教学辅助用房168平方米，为幼儿休息区、教师宿舍、厨房、库房等。2015年有6个教学班，学生120人；幼儿园学前班各一个，学生52名。教师16名（本科生12人、专科3人，中师一人），学历合格率达94%。教师中小学高级教师4人，一级教师1人，无职称11人。几年来，学校适龄儿童入学率、巩固率、毕业率、完成率均为100%，适龄儿童入园率为100%。

黄旗湾小学　黄旗湾小学位于上板城镇黄旗湾村，地处山区，距市区45千米，学校建于

1956年，占地面积1832平方米，2015年有教学楼一幢，建筑面积500平方米。有5个教学班，学生91人;学前班1个,学生15名。教师11名(本科生1人、专科7人，中师3人)，学历合格率达100%。教师中小学高级教师4人,无职称7人。近几来，学校适龄儿童入学率、巩固率、毕业率、完成率均为100%，适龄儿童入园率为100%。

金象希望小学 金象希望小学始建于1996年，位于高新区冯营子镇承栗公路北侧。2015年学校占地3001平方米，有教学楼1幢，建筑面积507平方米,有教学班6个。在校学生166名,有教职工11名（本科学历5人,专科学历4人)，学历达标100%。教师中中职9人。

漫子沟小学 漫子沟小学位于上板城镇漫子沟村。学校占地3300平方米，建筑面积660平方米。2015年有6个教学班，119名在校生；一个“小幼一体班”，在园幼儿35人。教师15人（本科10人、专科3人、中师2人)，学历合格率100%。教师中中小学一级教师9人、二级教师2人，无职称4人。学校适龄儿童入学率、巩固率、毕业率、完成率达到100%，适龄儿童入园率100%。

秋窝小学 秋窝小学位于冯营子镇秋窝村，始建于1986年。学校占地面积5280平方米，建筑面积833.9平方米，2015年有6个教学班，在校学生162名,教职工20名（本科学历13人，专科学历3人，中师学历4人)。教师中一级教师8人，二级教师3人。

上板城第二小学 上板城第二小学位于上板城镇大冰沟村,建于2005年,占地5989平方米,建筑面积1839平方米(其中教学楼1200平方米，幼儿园268平方米，其他辅助用房371平方米)。2015年，在校学生总数562人，其中小学生407人（一年级74人、二年级74人、三年级88人、四年级66人、五年级51人、六年级54人)。连续多年被中小校评为安全管理先进校、学校管理先进校，2015年度被评为全市社会综合治理“平安校园”。

上下栅子小学 上下栅子小学位于高新区冯营子镇下栅子村，建于1998年。学校占地面积约5400平方米，建筑面积1227平米（无设计图纸，无安检报告，属危楼)，9个教学班，学生349名。教职工15人，在编9人，劳务派遣6人（本科学历8名，专科5人)，中师2人。高职2人，中职4人，初职3人，无职称6人。自2014年以来，教师中获得中心校奖励及区级说课奖励5人次，评优课6人次，做示范课6人次，讲座2人次，论文5人次。

郭营子小学 郭营子小学位于高新区冯营子镇郭营子村，始建于1958年。校园占地4664平方米,建筑面积为820平方米。有教学班6个，在校生181人。教师总数9人（本科以上学历7人、大专学历2人)。在编教师7人、劳务派遣教师2人。学历达标100%。教师中副高级职称1人、中职2人、初职4、无职称2人。先后承担了“小学生诗文积累与综合表达能力的研究”等一系列的教育科学研究活动，承担了3项省、市级科研课题。几年来，评为中心校优秀典型教师4人、优秀班主任3人、校本教研先进个人2人、高新区骨干教师2人。学校教育质量连续几年居学区中心校首位，并多次被评为中心校“学校管理先进单位”“校本教研先进单位”“安全工作先进单位”。

上台子小学 上台子小学位于上板城镇上台子村南，占地面积3867平方米，建筑面积约为600平方米。有教学班6个，在校生135人。现有教师13人（本科学历10人)，学历达标100%。教师中有小学高级教师5人、小学一级教师5人。几年来入学率、巩固率、毕业率、完成率均为100%。学校共有图书5000余册、学生实验桌6个、实验仪器540余件，配备有彩电、DVD、计算机、打印机等办公教学设备，2015年下半年起相继购置智能投影机2台和交互式电子板6台。是年，学校又新建锅炉房一座，并安装了电暖气、改建厕所1处、修建围墙60余延长米。

西大庙小学 西大庙小学位于上板城镇西大庙村，始建于20世纪50年代，是一所完全小学，学校占地10245平方米，校建筑面积2815.4平方米，运动场占地面积1657平方米。2015年有教学楼始建于2013年11月，于2014年10月完工并投入使用，属混凝土结构。2015年有在校生308人，设有6个年级11个教学班。在编教师12人，劳务派遣教师15人，其中体育教师2人。

西大窑小学 西大窑小学位于上板城镇西大窑村。学校占地面积近2980平方米，建筑面积约500平方米。2015年有5个教学班，学生83人；1个“小幼一体化幼儿班”，在园幼儿14名。教师9名（本科生7人、中师2人），学历合格率达100%。教师中小学一级教师6人，一级教师1人，无职称2人。几年来，学校适龄儿童入学率、巩固率、毕业率、完成率均为100%，适龄儿童入园率为100%。教师计算机4台，各班教室都已安装了白板。有图书4000余册。

西三家小学 西三家小学位于上板城西三家村，始建于1966年。学校占地2946平方米，有教学楼1幢，建筑面积625平方米，有教学班6个。1个小幼一体班，在校学生117名，幼儿15名。教职工16名（本科学历7人，专科学历8人，中师1人），学历达标100%。在编教师6人，劳务派遣10人，教师中高级中一教师6人。2015年11月份投资近8万元改造了暖气设备，更换了门窗，师生生活条件进一步改善。

卸甲营小学 卸甲营小学位于上板城镇卸甲营村。始建于1991年。校园占地7278.65平方米，建筑面积为1540.5平方米。2015年有教学班12个，在校生326人。教师总数32人（本科以上学历18人、大专学历13人、中师学历1人）。在编教师23人、劳务派遣教师9人。学历达标100%，教师中副高级职称4人、中职19人。学校先后承担了“自主合作学习、新语文主题阅读、生本教育”等一系列的教育科学研究活动，承担了6项国家、省、市级科研课题，几年来，被评为中心校优秀典型教师8人、优秀班主任4人、校本教研先进个人4人、高新区骨干教师2人、承德市教学能手2人、承德市骨干教师和优秀教师各1人、承德市优秀德育工作者2人、承德市教育系统师德标兵2人、河北省优秀德育工作者1人。

闫营子小学 闫营子小学位于冯营子镇闫营子村。学校占地5149平方米，建筑面积900平方米，教学用房2栋，教学班10个，课桌椅400套，在校学生370名。教职工18名（本科学历12人，专科学历1人），学历达标100%。教师中中职教师12人，初职教师5人，市级骨干教师1人。努力改善办学条件，更新教学设施，为10个教室配备了交互式电子教学白板，为每位教师配备了办公电脑。全校有图书8540册。

砖瓦窑小学 砖瓦窑小学位于冯营子镇砖瓦窑村。始建于1976年，1997年拆建。学校占地4053平方米，建筑面积1199平方米．教学班2个，在校学生35名。附属幼儿园一个，两个班，有78人。教职工9名，其中小学教师6人（本科学历2人，专科学历2人），中师学历2人，学历达标100%。教师中高职教师1人，中职教师5人。学校自聘幼儿教师3人。

2013—2015年承德高新技术产业开发区小学教育发展情况表

表10-1-1

年度	所数	在校生数（人）	毕业生数（人）
2013	17	3551	361
2014	18	3834	479
2015	18	4223	414

三、初中教育

承德高新区2015年有初级中学4所，2013年在校生1099人，毕业生270人，2014年在校生1122人，毕业生338人，2015年在校生1293人，毕业生316人。

上板城初级中学 上板城初中学位于上板城镇西三家村，始建于1972年，扩建于1998年。学校占地17667平方米，建筑面积9982平方米，2015年有23个教学班，在校生983人。共有教师130人（研究生学历1人，本科学历98人，专科学历30人），学历达标率99%；教师中中小学高级教师39人，一级教师66人，二级教师24人，市级骨干教师3人，区级骨干教师10人。

有标准化的理化实验室2个，生物实验室1个，准备室1个，器材室1个，学生实验开出率100%；另有多媒体教室2个，微机室2个，电子备课室1个，音乐教室1个，图书室1个；校内藏书33000余册。

2005年以来，先后被市区教育局评为“精细化管理先进学校”“安全工作先进单位”“学校文化建设先进单位”“控辍保学先进单位”“校本教研先进单位”“综合督导评估先进单位”“十佳红旗党支部”“先进基层工会组织”“巾帼建功活动先进单位”“教育科研先进集体”；两度被市教育局等三部门联合评为“教育系统先进集体”；2015年，被评为省、市两级“思想政治教育先进集体”。

冯营子镇初级中学 冯营子镇初级中学位于高新区核心区内，毗邻高校园区。学校建于20世纪50年代，于1990年由承德县划归双桥区，2013年5月再次划归承德高新区。

学校占地面积5000多平方米，校舍建筑面积3000平方米，有运动场地1880多平方米。在校学生165人，拥有教师27人，本科学历达到96%。有图书15000册。教师全部配备笔记本电脑。

学校以德育为首，以教学为中心，强化学校的自主管理的教育理念，实施“冯营子中学弘毅少年综合评价”创建“文明、向上”的教育环境。学校在“十二五”期间申报省级课题“提高农村初中薄弱校师德水平的研究”，荣获承德市第六届教育科研成果一等奖。2015年度教师有12人次获得省、市级论文和课堂教学评比奖励。

北京师范大学承德附属学校 北京师范大学承德附属学校是由北京师范大学、承德市人民政府按照“国有联办、协议管理、机制创新、自主办学”的原则合作兴办，属高新区投资建设的全民事业单位。学校位于高新区核心区内，2014年8月建成。由中国教育学会会长、北师大荣誉教授顾明远题写“北京师范大学承德附属学校”校名。学校总投资3.2亿元，占地9.533公顷，学校按照国家中小学建设标准进行规划建设，总建筑面积58185平方米。学校共分为教学区、运动区、生活区等功能区域3个。其中，教学区总建筑面积为25709平方米。运动区含300米跑道的塑胶操场和一座总建筑面积为3269平方米的体育馆；生活区包含男女生宿舍12430平方米和食堂、浴室4970平方米。学校建成后设计办学规模为小学六轨36教学班，初中十二轨36个教学班，在校学生2700人。2015年底，在校生428人（小学生285人，中学生143），教师56人，其中具有硕士研究生学历30人，占教师总数的53.6%，全日制本科学历的26人。学校以“人、爱、创新”为理念，打破传统部门设置，搭建学生成长中心、教师发展中心、行政服务中心，实现管理“简洁模式”。2015年底，全校有12名教师在省、市教学比武、教学设计、论文比赛中获得大奖。学校建有家长委员会，实现学校家庭共同促进学生健康成长的目标。

四、普通高中教育

河北承德第一中学 河北承德第一中学始建于清光绪二十九年（1903），前身为“热河中学堂”，以“仕进者有进学之阶，从业者有谋生之智能”的办学宗旨，首开塞北近代新学之先河。建校百多年来，校址几经变迁，校名十数次更迭，始终为塞北大地名校。1960年被列为河北省十七所第一批办好的重点中学之一。1963年，郭沫若先生为学校题写了“河北承德第一中学”校名。1978年学校再次被确定为河北省首批办好的重点中学之一。占地13.33公顷，建筑面积75000平方米。主体建筑有教学楼、实验楼、办公楼、国际部、图书馆、报告厅、体育馆、师生公寓、生活服务中心等13个单体建筑。“二加一”教室、创新实验室、当前阅览室等多项适应新课程的教学场所，建有标准塑胶运动场、篮球场、排球场。体育馆内建有两个标准篮球场和攀岩设施。校园景色优美，铭石翠柏、白桦绿地、湖边垂柳、水上虹桥，体现出自然和人文的和谐统一。学校以“打造一支理念型、专家型、导师型、艺术型、反思型、复合型、创新型的教师队伍”为目标，建立了一支高素质、朝气蓬勃的教师队伍，专任教师157人中，具有硕士学位的教师20人，全国模范教师2人，特级教师4人，高级教师99人。有15位教师被评为承德市高中学科带头人，5人获得承德市“拔尖人才”称号。在办学理念上，确立了“以人为本，‘借助所有科学和社会进步，帮助每一个学生增进知识和智慧，并为他们具有自由、充分、和谐、持续地学习和发展的能力提供一切需要’”的办学宗旨，以教育激励学生“主体意识的觉醒”；秉“勤行精进”校训，让求索真理的奋进精神根植于学生心灵。形成“双主一体”教学模式和“1+3”课程模式特色，成为河北省实验性示范高中、河北省创新教育实验学校、河北省德育工作示范校。加强国际交流，与日本柏市立柏高等学校、韩国高阳市外国语高中、新西兰奥克兰长湾中学建立了友好校关系；与法国布列塔尼勒南高中达成了合作意向并实现了互访；与澳大利亚皇仕德国际学院合作开设英语强化班，引进优秀外教资源，强化学生感悟外语能力。

高新区一中 高新区一中成立于1969年12月，原名承德县上板城高中，2010年3月，划归高新区托管。2010年4月25日承德市教育局、人事局及高新区管委会联合召开会议，决定该校人事、业务归市教育局管理，经费、资产归高新区管理。2011年1月19日，市编办正式批复学校更名为承德市高新区第一中学，简称“高新区一中”。该校占地面积1.68万平方米，建筑面积1.55万平方米，2015年在校生1420人。学校先后获得国家级科研课题实验基地，省级依法治校示范学校，省级五四团委创办学校，市级文明单位，市级卫生先进单位，市级平安校园，高考金杯学校，高考进步奖等各类奖160多项。

划归高新区托管后，已累计投资1000多万元用于改善办学条件，主要用于划拨债务、校舍维修、餐厅改造和实验室改造、地面硬化、室内装修、锅炉改造、管道维修等系列工程。2015年学校经费纳入高新区财政预算拨款，确保学校正常运转。

2013年373人参加高考，一本3人上线；二本46人上线，艺术类52人上提前批。学校获市政府授予的“高考进步奖”。2014年高考367人，本科上线179人，上线率63%，二本及提前批33人。学校再获市政府授予的“高考进步奖”。2015年高考379人，本科上线117人，二本及提前批上线25人。

五、高等教育与职业教育

河北民族师范学院 河北民族师范学院始建于清光绪三十三年（1907），前身为清光绪皇帝御批设立的热河速成法政学堂，隶属学部。其间几经易名，1992年经国家教委批准改办为承德民族师范高等专科学校。2010年3月，经教育部批准升格更名为河北民族师范学院，是一所具有百余年办学历史的学校，河北省唯一一所民族本科高校，为河北省人民政府与国家民委共建，中央民族大学对口支援院校，河北省首批转型试点高校之一，教育部学校规划建设发展中心首批全国5所“产教融合创新实验项目”基地学校。学校占地65.1公顷，建筑面积23万平方米，各类实验室、实训室180个，纸质图书91.28万册，数字图书29万册。中外期刊近1000种，有先进的图书网络自动检索、借阅系统，开通了中国知识资源总库（CNKI）、超星读秀知识库、万方数据知识资源等网络资源。学校设文学与传媒学院、数学与计算机科学学院、美术与设计学院、初等教育学院、外国语学院、音乐舞蹈学院、体育学院、历史文化与旅游学院、教师教育学院、马克思主义学院、商学院、资源与环境科学学院、物理与电子工程学院、化学与化工学院、生物与食品科学学院、继续教育学院、创业学院等二级学院17个。有本科专业31个，专科专业52个，涵盖文学、理学、法学、工学、管理学、教育学、历史学、艺术学八大学科门类。建有省级示范专业1个，省级教学改革试点专业1个，省级重点建设学科2个，省级精品课程5门，省级大学生校外教学实践基地1个、省级研究基地3个。全校教职工806人。其中，专任教师609人，教授63人，副教授190人，博士、硕士385人。教师队伍中有河北省教学名师1人、河北省优秀教师9人、河北省“三三三人才工程”二层次人才1人、河北省高校百名优秀创新人才1人、河北省高等学校学科教学指导委员会委员11人、承德市优秀教师22人、承德市新世纪学术带头人20人、承德市管专业技术拔尖人才8人。40名教师入选承德市科学技术专家库。

至2015年，逐步形成避暑山庄研究、承德发展研究、教师教育研究、地方历史文化研究、地方经济产业发展研究、民族文化研究等服务地方科研特色。2015年获批各级各类科研课题155项。其中，国家级项目1项，省部级项目30项。在核心期刊发表论文61篇，三大索引论文7篇，出版学术著作7部，获得各类科研奖励133项，获科研资助经费285万元。

学校贯彻落实民族教育的基本方针政策，坚持“为地方经济社会发展服务、为民族地区服务”的办学宗旨，加强民族文化的研究和传承，开设了满语、清史、满族体育、满族舞蹈、满族剪纸、民族绘画及工业制作等突显民族性与地方性的课程，编写出版《民族概论》《北方民族传统体育集锦》《简明满语教程》《满族文学读本》等8部民族方面教材共300多万字。以避暑山庄研究、纳兰性德研究为重点，成为“全国纳兰性德研究”和“避暑山庄研究”中心。作为河北省民族教育基地，河北省少数民族传统体育项目训练基地，组建“少数民族体育和满足音乐舞蹈”等具有民族特色的研究室，挖掘、收集、整理民族体育传统项目近80余项。开设了珍珠球、蹴球、陀螺、押夹、射弩等民族体育项目，满族传统体育项目《二贵摔跤》连续两届代表河北省参加全国民运会，获得了第八届全国民运会表演项目金奖和第九届全国民运会表演项目一等奖。作为河北省非物质文化遗产传播基地，由学校音乐系师生和离退休老教师成立的“承德清音会”“承德避暑山庄宫廷音乐研究”被列为河北省社科规划科研项目，“清音会”被列入河北省非物质文化遗产名录。学校民族舞蹈和民族美术作品丰硕，反映满族、蒙古族等风情的音乐舞蹈和美术作品多次获得国家和省级荣誉。2015年有全日制本、专科学生11238人。学校毕业生就业率、就业质量逐年提高，平均就业率达到85%以上，学校就业指导中心被省教育厅评为“河北省普通高校示范性就业指导中心”。与中央民族大学、中南民族大学、大连民族大学、哈尔滨体育学院、台湾南台科技大学以及美国莫瑞州立大学、马来西亚马来亚大学等高校签署协议，积极开展人才交互培养。与承德市双滦区产业园、河北畅达集团等企事业单位开展战略合作，构建实践教学平台。先后荣获了全国优秀青少年维权岗、全国绿化五百家单位、全国群众体育工作先进单位，省级党的建设和思想政治工作先进学校、省级文明单位、河北省民族团结进步模范单位、社会实践先进高校、社会治安综合治理先进单位等50多项（次）国家、省、市级荣誉称号，《中国教育报》《光明日报》《中国民族报》和省、市电视台等媒体多次报道了学校的办学事迹，产生了广泛的影响。

承德石油高等专科学校 承德石油高等专科学校始建于清光绪二十九年（1903），前身为天津“北洋工艺学堂”，是中国兴办最早的高等工业职业院校之一。学校1952年开始主要面向石油工业服务，1958年迁至河北省承德市。为中央与地方共建、以河北省人民政府管理为主的普通高等专科学校。1997年，成为教育部全国示范性高等工程专科重点建设学校，几经易名，1988年更名为承德石油高等专科学校。2007年，列为国家示范性高等职业院校重点建设单位，2010年，荣获国家示范性高等职业院校优秀建设单位称号。

全校有机械工程系、电气与电子工程系、热能工程系、化学工程系、计算机与信息工程系、汽车工程系、石油工程系、建筑工程系、管理工程系、外语与旅游系10个系，社科与数理部、体育健康与艺术教育部、成人教育与培训部3个部、信息中心和工业中心2个中心。开设高职专科专业41个，与河北科技大学联合开办工程教育本科专业4个，与德国安哈尔特大学合作开办中德合作专业3个。面向20个省招生，截至2015年底，普通本专科在校生共计12620人。其中，工程教育本科729人。成人学历教育学生3000人，年各类培训20000人次。

学校占地面积66.67公顷，校舍建筑面积25万平方米。图书馆藏书100余万册，收订中外文期刊1361种。2015年学校有教职工708人，高级职称教师224人（教授57人），硕士以上学位教师395人（博士32人）。学校有国家级教学团队3个，省级教学名师4人，入选省级人才工程17人，承德市拔尖人才12人，承德市新世纪学术、技术带头人23人。4人入选第二轮河北省高职院校人才培养工作评估专家库，13位教师分别被聘为教育部高职高专专业教学指导委员会委员。有教育部高工专示范专业3个，省高职高专教改示范专业5个，具有区域和石油石化等产业特色的品牌专业5个，高等职业学校提升专业服务产业发展能力重点建设专业2个。省级以上精品课程25门。其中，国家精品课程（国家精品资源共享课程）10门。

应用化工技术专业教学资源库被教育部确定为首批启动的高等职业教育教学资源库建设立项项目并顺利通过验收。主编出版国家级规划教材64部，25部主编教材列入“十二五”职业教育国家规划教材。有河北省仪器仪表工程技术研究中心和河北省工业数据通信与自动化仪表应用技术研发中心等省级研究所2个，河北省仪器仪表产业技术研究院、河北省石油生产虚拟仿真技术及应用工程技术研究中心、河北省流体测控仪表工程实验室等省级科技平台3个，近五年承担市厅级以上教科研课题300项，服务企业技术课题150项，截至2015年底，90项科研成果获奖，发表学术论文1300篇，其中，在核心期刊发表论文480篇。取得国家专利40项。公开出版的《学报》是全国高职高专优秀学报和全国优秀科技期刊、全国高职高专核心期刊。

建有较为完备的校内实验实训基地群，拥有校外实训和产学合作基地414个。是全国产学研合作教育试点单位、全国创业培训试点院校、教育部技能型紧缺人才培养培训基地，石油化工职业教育与培训全国示范性实训基地以及河北省电子行业特有工种职业技能鉴定站等培训和技能鉴定基地。与12所国内院校和11所国外院校建立校际合作关系，与承德市高新区管委会共同建立政产学研战略联盟，与企业共同建立仪器仪表研发中心，牵头成立承德装备制造职教集团。与中国石油天然气股份有限公司、中国石油化工集团有限公司、中国海洋石油有限公司、大唐电信科技产业集团、神华集团有限责任公司等大型能源企业建立长期合作关系，每年输出大批学生到企业行顶岗实习、就业。在校学生曾获全国大学生数学建模竞赛、全国大学生电子设计竞赛、全国石油工程设计大赛、全国职业学校创新创效创业大赛一等奖等多个冠军和奖项，毕业生就业一次签约率连续多年列河北省同类院校第一名，2009年在“麦可思”就业能力排行榜上位列国家示范院校第一名。2005年高职高专院校人才培养工作水平评估为优秀，2013年荣获教育部授予的“全国毕业生就业典型经验高校”（全国高校就业50强）称号。

河北旅游职业学院 河北旅游职业学院建于1950年，前身为热河省农林专科学校。是全国高职院校国际影响力50强单位，旅游职业教育校企合作示范基地，全国唯一一家中央国家机关工作人员定点培训单位，河北省高技能人才培训基地、河北省旅游职业教育集团理事长单位、河北省旅游协会教育培训分会会长单位。

校园占地33.6公顷，总建筑面积21.18万平方米，馆藏图书61.39万册，电子图书1069.43吉字节。设有旅游管理、旅行社管理、酒店管理、旅游外语、设计开发、生物工程、畜牧兽医、园林艺术、会计、商务管理、机械电子和信息技术等系12个，开设导游、酒店管理、旅游管理、旅游英语、环境艺术设计、会计电算化等专业48个(含方向)。构建起以旅游为主体、以现代农业和现代管理为两翼的“一体两翼”专业格局。建成有中央财政支持的国内领先水平的综合性旅游实训中心，校内实训室131个和校外实践教学基地159个；建有河北省高职高专教育教学改革示范专业3个，中央财政支持的高等职业学校提升专业服务产业发展能力项目2个和高职高专国家级骨干教师培训基地4个；建有国家精品资源共享课1门，省级精品资源共享课5门，高职高专教指委精品课程3门和院级精品资源共享课29门。河北旅游职业学院专任教师459人，教授57人，副教授244人。研究生学历或硕士以上学位的教师120人，双师型教师379人。有享受国务院政府特殊津贴专家1人，全国优秀教师3人，河北省名师1人，承德市新世纪学术技术带头人22人，承德市专业技术拔尖人才14人，44名教师被省、市各行业主管部门聘为技术专家。先后聘请英国、美国、日本、韩国、俄罗斯、加拿大、菲律宾、爱尔兰、西班牙等国外籍教师40余人。

面向全国20个省、市招生，2015年，全日制在校生6000人，成人教育在籍生4000人。积极拓展毕业生就业市场，设立大学生就业指导中心，是年，已与400家用人单位建立了稳定的实习就业合作关系。毕业生一次性就业率始终稳定在95%以上，位居省内高校前列。

2015年，共申报课题125项，立项101项，其中省级以上立项17项，市级立项30项，院级立项51项。共结项课题26项，其中省级以上结项7项，市级19项。科研成果共获奖40项（省级以上奖励10项、市级30项）。实行“双证书”制度，设有职业技能鉴定中心，下设“河北旅游职业学院国家职业技能鉴定所”“河北省农业职业技能鉴定总站（02）培训鉴定基地”“电子行业特有工种职业技能鉴定站”，可开展茶艺师、宠物医师、花卉园艺工等近40个工种的职业技能鉴定工作。

注重国际交流合作，与英国、美国、韩国、俄罗斯、日本、西班牙、塞舌尔、阿联酋、加拿大、澳大利亚等国家的多所院校建立合作关系，合作培养覆盖专科、本科到博士各层次人才。国际交流合作办学的规模、水平和层次居河北省高校前列。2014年5月，23名应届毕业生赴塞舌尔实习就业，是中国到塞舌尔成建制的中国第一批顶岗实习的学生团队。

河北旅游职业学院先后获得全国农业职业教育先进单位、河北省职业教育先进单位、河北省文明单位、河北省普通高校招生工作先进单位、河北省非师范类大中专毕业生就业工作先进单位、河北省学生思想政治工作先进单位等多项荣誉称号。

六、学校布局规划

2015年经高新区第6次工委会议审议通过《承德高新区学校（幼儿园）2014—2020年布局规划》，到2020年，承德高新区地域内中小学（幼儿园）将达到45所（含5个教学点）。其中：高中1所，初中4所（含九年一贯制学校2所），小学20所（含教学点5个），幼儿园20所。其中，保留学校幼儿园11所（含教学点4个），迁建、复建、新建、改扩建中小学及幼儿园34所。中小学（幼儿园）布局分三个区域，即：上板城区域24所、冯营子区域13所、滨河新区8所。调整后的学校和幼儿园布局基本合理。

七、教育管理机构

结合高新区实际，2015年12月撤销原上板城中心校和冯营子中心校成立承德高新区教育体育委员会。教体委内设综合办公室、规划计财办公室、基础教育管理办公室、体育运动管理办公室、教育督导室、教育研训中心6个机构。

八、教育经费

承德高新区管委会始终把教育事业发展纳入国民经济和社会发展的总体规划，做到“三个优先”，即：保证经济社会发展规划优先安排教育发展；财政资金优先保障教育投入；公共资源优先满足教育和人力资源开发的需要，始终坚持以教育的优先发展推动区域经济社会又好又快发展。教育经费纳入区财政年初预算，落实义务教育经费保障机制并做到经费及时拨付到位，确保实现“三个增长”。2013年教育预算支出6787万元，比2012年6338万元增加449万元，增长7%。教育财政支出占财政一般预算支出的16.61%。2014年教育支出9791.6万元，比上年的6787万元增加3004.6万元，增长44.27%。

第二节　文化体育

一、文化站

上板城镇、冯营子镇共有文化站2个，为提高村民的文化素质和学习科技知识，至2015年底，为所辖38个行政村建立了农家书屋，达到100%全覆盖，进行图书更新，农家书屋共有图书4万册。

二、文化场所

2012年至2014年在美丽乡村建设和全民健身工程中，为38个行政村修建健身路径，配备健身器材500件。2014年进行全国第6次体育普查，共普查30处，为全国普查提供了良好的参数。至2015年，高新区加大投入，修建具有高标准文化、健身休闲等配套设施齐全大型文化综合广场4个，为广大群众免费提供文化、健身休闲活动场所，活跃群众业余文化、体育生活。

三、文化娱乐活动

2013年，按照市统一部署，组织实施电影放映下乡活动，巡回各村播放456场，丰富了群众的文化娱乐生活。是年，市文化局将辖区内的文化市场管理及出版行政许可（包括网吧、歌舞厅、出版物和印刷品30余项）审批权和执法监管权下放给高新区。对开办网吧、歌舞厅、电影院、经营出版物、一次性营业演出和印刷品单位严格按照有关规定和审批程序进行审批。2013年至2015年，组织人员对营业文化娱乐经营场所及一次性演出活动进行不定期巡查，共监管辖区内文化娱乐场所20家，出版文化经营单位40家，一次性演出3场，对不按照规定执业和具有违法经营行为的进行批评教育，限期整改。2014年、2015年连续两年组织各镇舞蹈队参加全市的健身舞蹈大赛，获得优胜奖。

承德市奥林匹克体育中心　承德市奥林匹克体育中心于2009年开工建设，是承德市历史上政府投资最大的公益性项目，位于高新区高教园区，规划占地面积 15.25 公顷，建筑面积 52000 平方米，设计标准为国家乙级体育场馆，总投资 3.07 亿元。建设内容包括体育场（20000 座）、体育馆（6000 座），能容纳观众 21000 人，于 2012 年 4 月投入试运行；具有全民健身、竞技比赛、活动培训、商演会展等功能。2015 年，新建一个可承接国际赛事的标准轮滑场地，此设施填补了华北地区没有高标准轮滑场地的空白。奥体中心自试运行以来，共承接各级赛事及活动 100 余项，包括“刘老根大舞台承德演笑会”“传世鼎言杯 CBSA 美式台球承德国际公开赛”“全国少年（U14 ～ U15）田径锦标赛”“全国高水平后备人才基地 U15 男子篮球比赛”“河北省第七届青少年运动会田径、乒乓球、摔跤比赛”“河北省老年健身球操交流活动”“中国·承德旅游名城国际式摔跤邀请赛”等活动，连续 3 年承办了“中国奥林匹克长跑日”活动。奥体中心有商业出租面积 19400 平方米，经营项目涵盖了快捷酒店、大型超市、电影院、电子竞技、餐饮美食城、酒吧、购物城等。达到了“以商养体”、满足场馆正常运行的条件。秉承“价格亲民、服务为民、产业惠民”的宗旨，使更多的健身爱好者体验先进的体育设施和高品质的公共体育服务。奥体中心体育馆采取低收费向健身爱好者开放，体育场免费向健身爱好者开放。成立了具有公益性的奥体全民健身中心，内设篮球、羽毛球、乒乓球、跆拳道、健美操、拉丁舞等健身和培训项目。

四、文物保护

经过普查，辖区内有圜通观、青云寺等不可移动文物 77 处，其中，县级保护文物有新石器商周时代夹心梁遗址、战国时代西山、金元时代周营子遗址、辽金时代板城梁遗址共 4 处，省级保护文物有新石器时代白河南遗址、新石器商周时代白河口遗址、汉代老牛山烽火台、鹫窝后梁烽火台，根据《中华人民共和国文物保护法》制定相应保护措施，给予有效地保护和监管，未发生盗窃及损坏文物现象。

第三节 人口与卫生健康

一、计划生育

承德高新区的计划生育工作以预防（避孕节育）为主。实行计划生育工作与发展农村经济相结合、与勤劳致富奔小康相结合、与建立文明幸福家庭相结合的“三结合”方针，坚持以人为本，维护群众利益，按照国家、省、市相关规定宣传政策法规，实行计划生育政务公开，接受群众监督。

2013 年至 2015 年，按照国家规定，对符合计划生育政策，落实《河北省人口与计划生育条例》的奖励政策和国家规定的两项制度。对自愿终生只生育一个子女且持有《独生子女父母光荣证》的夫妻，给予独生子女父母双方每月享受 10 元奖励；对符合规定可以生育第二个子女而自愿不再生育的夫妻，分别给予不低于 1000 元的一次性奖励；对属于单位职工独生子女父母，在其退休时分别给予不低于 3000 元的一次性奖励。对不按照计划生育要求生育的家庭，按照《河北省人口与计划生育条例》的有关规定依法征收社会抚养费。至 2015 年底，辖区内人口出生率、自然增长率落实情况等各项指标均控制在目标管理范围内。

2010—2015 年高新区农村人口与计划生育一览表

表 10-3-1

年度	年末人口总数（人）	人口出生（人）	人口出生率（‰）	自然增长率（‰）
2010	58558	709	12.5	8.55
2011	59617	732	12.65	8.57
2012	63028	592	13.76	8.88
2013	68967	960	13.92	9.58
2014	71254	1035	14.53	9.14
2015	72838	767	10.53	7.14

二、计划生育服务

高新区坚持人口与计划生育工作的“以人文本”“公平对待、服务至上”的原则，实施全面计划生育优质服务，提供一系列便民措施。镇计划生育服务站、村卫生院（所），承担着为广大育龄妇女提供生殖健康、避孕节孕等服务，所需费用由区、镇财政承担。截至 2015 年底，共投入 28.15 万元，用于农村育龄妇女免费技术服务。镇服务站、村卫生院（所）4 年来共开展孕期保健 3354 人次，优生优育咨询 3600 人次，生殖健康查体 19093 余人。组织专门生殖健康服务现场咨询、义诊活动 60 次，发放宣传品约 13000 份，受益群众达约 8000 人次，群众对计划生育工作的综合满意率有了很大提高。

三、防疫免疫

2009 年 11 月，高新区发现甲型 H1N1 流感疫情，当月 5 日，金象希望小学确诊 2 例，9 日，全区共报告 22 例。为保证广大群众的身心健康，高新区高度重视，立即组织力量对公共场所、学校、企业、农村进行广泛宣传教育，积极排查危险源，进行防控、消毒，并将病人送往医院救治，经过一段时间治疗，甲型 H1N1 流感患者全部健康出院，截止到 11 月，全区无新增甲型 H1N1 流感确诊病例报告，使之得到有效控制。2014 年 3 月 3 日上午，承德石油高等专科学校发现麻疹疑似病例 2 例，3 月 14 日，共报告麻疹及疑似病例 18 例，经监测患者的临床表现，流行病学及实验室检测结果，判定为麻疹疫情，截至 3 月 16 日，全区新增实验室确诊病例 2 人，累计病例 10 人，疑似病例 94 人，密切接触者 44 人，实际在校医学隔离观察 138 人。2015 年 2 月，安排部署辖区内春季传染病防控工作，做好应急储备。是年 4 月，高新区新版卫生计生综合监督信息平台正式上线运行。是年 5 月，按照上级部署，结合高新区实际，开展了艾滋病防治广泛宣传教育，增强广大群众对预防艾滋病的防范意识，最大限度地减少艾滋病给人民群众和社会经济发展带来的危害。开展了艾滋病项目基线调查，调查结果显示，城镇居民知晓率 53%，农村居民知晓率为 43.5%，学生知晓率 48%。每年对适龄儿童进行麻疹疫苗的加强免疫，形成有效的免疫屏障，防止疾病的爆发和流行。0 ～ 6 岁以下儿童的免疫接种工作由上板城镇卫生院、冯营子镇卫生院负责。12 月龄儿童基础“四苗”的覆盖率达到 98%

以上。孕产妇保健管理 756 人，管理率 89.6%。

四、医疗机构

上板城中心卫生院 上板城中心卫生院位于上板城镇镇政府东南侧 100 米，占地 2000 平方米，建筑面积 1800 平方米，固定资产 1000 余万元，是一所集医疗、预防保健、防疫、康复于一体的一级甲等综合性医院，是河北省医疗定点机构，同时也是职工医保和城镇居民保险及新型农村合作医疗定点医疗单位。

医院设门诊部和住院部，2015 年有病床 80 张，在职职工 50 名，离退休 21 人，其中副主任医师 6 名，主治医师 8 名，医师 20 名，设有急诊科、内科、外科、妇科、儿科、正骨科、中医科、口腔科、放射科、CT、B 超、脑彩超、化验等 18 个临床医技科室，拥有东软双排螺旋 CT、、美国柯达 CR、美国 GE 彩超、德国产全自动血尿分析仪、全自动生化分析仪、脑彩超、三位牵引床、熏蒸床、全自动离心机、十二导心电图机、激光治疗仪、400mAX 线机心电监护仪、静脉注射泵、全自动生化仪等先进医疗设备。该院年均门急诊 5 万余人次，全年收治住院病人 3000 余人次，年收入 1000 余万元。成功抢救过各种中毒、心肌梗塞、各种休克、脑出血、肺心病心衰、重症外伤、呼吸衰竭、消化道大出血等危重患者。能够开展胆囊切除、胆道探查、甲状腺大部切除、脾切除、胃大部切除、肠切除、肠吻合、阑尾切除、疝修补术、大隐静脉抽剥、四肢骨骼内固定术及妇科子宫全切术、子宫次切术、新式剖宫产术、卵巢囊肿、宫外孕及三分钟无痛人流等手术，开展科学接生，能正确及时处理难产。

该院服务人口 5 万余人，23 个行政村，其中村卫生所 22 个，乡医 47 人（执业医师 2 人，助理医师 5 人，乡村医生 40 人），社区服务中心 1 个，个体诊所 3 个。下辖 3 个撤并后的原乡级卫生院（老爷庙、西大庙、漫子沟）。

2014 年 3 月立项审批迁扩建工程，2015 年国家项目资金已到位。扩建后医院占地 30 亩，建筑面积 8000 平方米，床位 150 张，人员 80 人；其中副主任医师 10 以上，主治医师 20 人以上。形成以常见病、多发病为基础，康复理疗为特色，公共卫生、体检中心相对独立的一所年收入 2000 万以上的综合医院，为医院的升级（二甲）打下良好基础

冯营子镇卫生院 冯营子镇卫生院位于镇政府一侧，占地 1800 平方米，建筑面积 500 平方米，固定资产 40 万元，是一所集医疗、防疫、预防保健、康复于一体的一级甲等综合性医院。医院设门诊部和住院部，有病床 32 张，在职职工 32 名，离退休 4 人，其中主治医师 2 名，主管检验师 1 名，执业医师 6 名，设有急诊科、内科、外科、妇科、儿科、康复科、中医科、口腔科、放射科、B 超、脑彩超、化验等 18 个临床医技科室，配有 DR、彩超、心电监护仪、全自动生化仪、动态心电、血压监测仪、半动血液分析仪、三位牵引床、熏蒸床、十二导心电图机、激光治疗仪、X 线机、中药煎药机、微米光电灼治疗仪等医疗设备。

该院服务人口 5 万余人，15 个行政村，社区卫生服务站 2 个，个体以及校医务室共计诊所 19 个。

五、建立居民健康档案

高新区关注居民的身体健康，进行全民健康教育，普及健康知识，开展各项健康体育活动并对居民建立健康档案。2014 年，全区共建立居民健康档案 67805 份，建档率 95.77%，其中：农村 55549 份，建档率 95%，城市 12256 份，建档率 99.6%；全区共录入居民健康信息系统 67817 份，电子建档率 97.18%，其中：农村 57487 份，电子建档率 96.8%，城市 12300 份，电子建档率 99.02%。65 岁以上老年人管理 5559 人，管理率 93%。高血压患者管理 2840 人，规范管理率 90.14%；糖尿病患者管理 964 人，规范管理率 85.48%。重性精神疾病患者管理 132 人，规范管理率 97.72%。

2015年，区共建立居民健康档案65850份，建档率96.1%，其中：农村53775份，建档率95.5%，城市12075份，建档率99.2%；全区共录入居民健康信息系统63841份，电子建档率98.5%，其中：农村52153份，电子建档率98.4%，城市11688份，电子建档率99.2%。65岁以上老年人管理5056人，管理率88.7%。全区发放健康教育材料10类，发放0.89万份，更新健康宣传栏7次，开展公众健康咨询7次，举办健康知识讲座10次。高血压患者管理3712人，规范管理率92.32%；糖尿病患者管理1201人，规范管理率85.07%。重性精神疾病患者管理133人，规范管理率97.72%。

第四节 民政

一、社会福利与社会救助

高新区认真落实老年人优待政策，维护老年人的合法权益，积极探索符合群众实际需求的老年服务形式，营造了全社会尊重理解、关心和帮助老年人的社会环境与氛围。对服务设施不够完善和服务质量有待提高的养老服务机构实行培育扶持，确保其健康有序发展。2013年发放80周岁以上高龄津贴15.4万元，90周岁以上高龄津贴12万元；2014年发放80周岁以上高龄津贴23万元，90周岁以上高龄津贴20万元；2015年发放80周岁以上高龄津贴32万元，90周岁以上高龄津贴17万元。

社会救助主要是城乡低保、农村“五保”供养及城市医疗救助工作。根据高新区的实际情况，做到“应保尽保，应退尽退”。2013年有城市低保112户，166人；农村低保有2631户，3913人。2014年有城市低保105户，153人；农村低保有2558户，3782人。2015年有城市低保91户，128人；农村低保有2579户，3769人。城乡低保资金按月银行化发放到个人手中。

依据农村“五保”供养人员实际，采取集中供养和分散供养两种方式，集中供养主要是寄养在承德县五保供养中心。2015年，高新区有“五保户”114户114人，入敬老院14户14人，分散供养98户98人，由区将资金下拨到镇政府财政所，经费半年发放一次，银行化发放到个人手中。

2013—2015年高新区农村“五保”供养情况统计表

表10-4-1

年度	“五保户”		入敬老院		入住敬老院人数占“五保”人员比例（%）
	户数（户）	人数（人）	户数（户）	人数（人）	
2013	129	129	17	17	13
2014	122	122	15	15	12
2015	114	114	14	14	12

为帮助城乡贫困群众解决就医方面的困难和问题制定了《高新区城乡困难群体医疗救助实施细则》。2013—2014 年发放城乡医疗救助资金 130.5 万元。

对因临时性、突发性原因造成基本生活出现暂时困难的城乡低保户、农村“五保户”、城乡低保边缘户等困难家庭给予非定期、非定量生活救助，帮助解决特殊困难。2013 年，高新区共救助 11 人，2.8 万元；2014 年共救助 26 人，5.5 万元。2015 年共救助 144 人，18.86 万元。

二、救济与救灾

每年传统节日（中秋、春节）期间，高新区工委、管委领导带领有关部门负责人，深入基层，开展慰问贫困家庭活动。给优抚对象、老军人、老党员、灾民、困难户送去节日所需的衣物、面粉及现金，使生活困难群众在节日期间生活得到较大改善。每遇家庭因灾需要救助，民政部门及时送去生产生活所需物资与物品。

两个镇每年都有不同程度不同类型的灾情发生，给居民生产生活造成不同程度的损失。2013 年 6—7 月，两个镇遭受旱灾，受灾面积 1403 公顷，造成经济损失 870 万元，2014 年 6—7 月，干热少雨，只及正常年度同期降水量的 42%，受灾面积 1743 公顷，其中绝收面积 471 公顷，造成直接经济损失 941 万元。2015 年 7 月 30 日，两个镇遭遇洪涝灾害，造成农业直接经济损失 154 万元。

高新区针对灾害造成的不同损失，开展赈灾救济工作。2013—2015 年，共发放赈灾救济款 103.8 万元，受助人员共 5.1 万人次。

2013—2015 年高新区社会赈灾救济情况统计表

表 10-4-2

年度	赈灾救济款（万元）	赈灾救济（万人次）
2013	20	2.1
2014	20	1.8
2015	63.8	1.2
合计	103.8	5.1

三、优待军属

2013 年至 2015 年，按国家规定优待军属政策，按时发放义务兵家庭优待金。辖区内现役义务兵的优待金由高新区统筹，列入区财政预算，由托管镇银行发放到个人手中。

抚恤补助 2013 年，享受抚恤定量补助人员 195 人，年发放抚恤和生活补助金 55 万元。其中“三属”（烈士家属、因公牺牲军人遗属、病故军人遗属）4 人，发放定期抚恤金 3 万元；残疾军人 13 人，发放残疾抚恤金 13.3 万元；老复员军人及退伍军人，发放生活补助金 3.4 万元。随着经济发展，享受抚恤定补人员的补助金逐步提高。三年间，提高在乡老复员军人生活补助标准 3 次，提高残疾军人抚恤金标准 3 次，提高“三属”定期抚恤金标准 3 次。2014 年，享受抚恤定补人员 196 人，发放抚恤和生活补助金 79.1 万元，其中“三属”4 人，发放定期抚恤金 4.62 万元；残疾军人 13 人，发放残疾抚恤金 19 万元；复员退伍军人，发放生活补助金 60.1 万元。

优抚优待 对一至六级残疾军人实行公费医疗，医药费实报实销，累计发放生活物资合款 5 万元。

2013—2015 年高新区优抚对象统计表（一）

表 10-4-3

年度	“三属”						
	烈士家属		因公牺牲军人家属		病故军人家属		享受抚恤人数
	户数	人数	户数	人数	户数	人数	
2013	1	1			3	3	182
2014	1	1			3	3	182
2015	1	1			3	3	219

2013—2015 年高新区优抚对象统计表（二）

表 10-4-4

年度	革命残疾人员									
	一级	二级	三级	四级	五级	六级	七级	八级	九级	十级
2013	0	0	1	0	2	3	2	4	2	0
2014	0	0	1	0	2	3	2	4	2	0
2015	0	0	1	0	2	3	2	4	2	0

四、助残工作

2013 年 5 月由双桥区残联将残疾人扶助职能（不含残疾人证办理、年统报表）移交给高新区社会事务管理局，交接后，高新区组织人力进行普查，至 2015 年底，辖区共有持证残疾人 1301 人。采取多种措施认真做好残疾人就业、教育、救助等各项工作。按照集中按比例安置就业、分散就业和自主择业的方式开展残疾人就业工作，企事业单位安置残疾人就业达到国家要求的人数，在税收上给予一定的减免，自主择业的视情给予政策资金扶持。区内有社会福利企业 10 个，集中安置 231 人。2015 年，市政府授权高新区管委会征收残疾人就业保障金。在办理低保、五保时，对困难残疾人重点照顾，凡是符合条件的应保尽保，保障困难残疾人的基本生活。

五、农村基层政权建设

2010 年高新区开始陆续对双桥区所辖的东营、西营、雹神庙、闫营子 4 个村、上板城镇以及所辖的23个行政村实行行政托管。根据《中华人民共和国村民委员会选举法》和《河北省村民委员会选举办法》，2012年11月启动上板城镇和上述4个直管村的第九届村委会换届工作。每个村民委员会设3职，根据各村实际情况设立主任、副主任（委员）、委员。该次村委会换届依法选举产生村委会主任27名，委员（副主任）54名。

2013年市政府决定将双桥区所辖的冯营子镇以及所辖的10个行政村和大石庙镇所辖的鹜窝村划归高新区托管，与原有的4个直管村一并划入冯营子镇管理。2015年启动上板城镇和冯营子镇第十届村委会换届工作，本次村委会换届选举产生村委会主任38名，委员（副主任）76名。

第十一章 党群工作

高新区始终坚持从严治党，依规治党，始终保持党建工作与经济建设互相促进，与社事业发展同频共振，强化自身建设和基层党组织建设，着力提升党员干部思想政治素养，深入推进党风廉政建设和反腐败斗争，积极营造风清气正的政治生态。截至2015年底，区内共有9个党委、2个党总支、155个党支部，发展党员368名。工会组织职工参与率100%，困难职工救助率100%。建立企业优化发展环境监测点，对项目建设、招商引资、机关效能建设等重要事件实施全程监督。多形式多内容创建精神文明活动，城市中央湿地公园及三角地公园是全市百家未成年人社会主义核心价值观实践基地。为维护社会和谐稳定，为经济社会发展提供坚实的政治保证。

第一节 党组织建设

一、党员发展

1994年始，开发区工委按照《中国共产党章程》和《中国共产党发展党员工作细则（试行）的有关规定》，发展预备党员。各级党组织加强对入党积极分子的培养，按照党员发展程序进行组织发展工作。建立健全了入党积极分子选拔培养制度、考核考察制度、预备党员教育管理制度和新党员谈话制度，对发展党员严格把关。至2015年底，高新区管委会机关、事业单位、农村和辖区内企业（含非公有制经济组织）培养入党积极分子920人次，共发展党员368名。2015年底，辖区内共有中共党员3576名。

二、基层党组织

1993年3月，中共承德市开发区管理委员会机关党支部委员会成立，共有中共党员8名。是年10月，承德液化气煤气股份有限公司煤气输配工程筹建处组建，同时成立了党支部。1996年1月，民营企业科达仪表有限公司成立了党支部，为民营企业第一家。1998年3月，为加强非公有制经济组织中的政治核心和战斗堡垒作用，在企业中成立党的基层组织，印发了《承德市开发区党组织建设的意见》，明确了成立的条件、审批程序等。是年，创业服务中心成立党支部。2004年，开发区工委制定了《关于进一步加强开发区党建工作的实施意见》，成立了党建工作领导小组，指导帮助企业建立基层党组织，组织要求入党的积极分子上党课，进行党的基本知识、党性、党风、党纪教育。是年7月，工委在联创计控设备有限公司召开了非公有制经济组织党建工作会议，并向新成立的6个党支部赠送中国共产党党旗、党章和有关学习资料。至年底，区内非公有经济组织均已成立了党支部，中共党员人数不够成立党支部的建立党小组，党员较少的企业就近建立联合党支部。工委进一步加强对企业党组织的统一领导和管理，2005年2月，成立了企业党工委。2012年6月，成立了高新区机关党委。截止到2015年底,辖区内共有9个党委、2个党总支、155个党支部。2010年4月,高新区托管上板城镇,镇党委划归高新区工委领导,该镇共有29个党支部,1046名中共党员。2013年7月,高新区托管冯营子镇,镇党委划归高新区工委领导,该镇共有18个党支部,738名中共党员。2014年,高新区按组织要求完成了村"两委"换届选举工作,在深入调查摸底基础上,精心制定实施方案,认真做好宣传动员,做深入细致的思想工作,为换届选举奠定基础。严格选举程序,确保选举公正。高新区所辖38个行政村,全部完成了村党支部换届选举工作,完成村委会换届选举。新一届两委班子成员在年龄、学历及综合素质方面都较换届前有了明显提高。

三、作风建设

1993年以来,工委按照中共承德市委要求每年安排县处级干部参加中共承德市委党校进行培训。邀请中共承德市委党校、讲师团到高新区进行专题报告和举办培训班,通过知识竞赛、演讲等多种形式,对党员干部进行教育。1993年组织党员干部学习中共十八大文件及《邓小平文选》第三卷。1994年10月,开发区工委根据中共承德市委部署,组织管委会机关党员干部认真学习贯彻党的十四届四中全会《中共中央关于加强党的建设几个重大问题的决定》,切实用四中全会精神,统一思想认识,在思想上、政治上、行动上与党中央保持一致。确定了围绕中心工作抓党建、抓好党建促发展的指导思想,做到"两手抓,两手都要硬"。1996年,集中进行了社会主义思想教育活动,工委组织管委会机关干部、党员认真学习深刻领会五中全会提出的"两个根本性转变"和中共中央总书记江泽民关于必须正确处理的12个重大关系的论述,把握好经济和社会发展的总体目标。工委、管委建立了会议制度和学习制度,按照德才兼备和干部"四化"标准,认真抓好选拔培育年青干部工作。1997年,紧紧围绕香港回归和中共十五大召开,组织党员干部开展一系列学习宣传教育活动。2000年,在县处级领导干部中深入开展了以"讲学习、讲政治、讲正气"为主要内容党性党风"三讲"教育活动,重点围绕政治素质、民主集中制、群众观念、精神状态、工作作风、廉洁自律6个方面进行查摆整改。工委成立了"三讲"教育工作领导小组,负责"三讲"教育的组织领导。"三讲"教育经过"思想发动、学习提高"阶段,"自我剖析、听取意见"阶段,"交流思想、开展批评"阶段和"认真整改、巩固成果"阶段达到预期效果。2001年,工委认真组织学习领会中共中央总书记江泽民"七一"讲话精神,努力实践"三个代表"重要思想,认真贯彻落实中央、省、市关于党风廉政建设的有关文件精神,制定了开发区《关于进一步加强党风廉政建设的意见》,开展了纪念中国共产党建党80周年活动。2004年,开展了"树正气、讲团结、求发展"活动。为全面贯彻落实中共承德市委、市政府《关于进一步加快承德高新技术产业开发区建设与发展的决定》,工委组织全体党员、干部认真学习。是年11月,组织各级党组织学习贯彻党的十六大精神。2005年,按照中共河北省委部署,在管委会机关干部中开展了保持共产党员先进性教育活动,成立了教育活动领导小组,建立了督导、检查、通报等各项制度。有5名党员评为市级优秀党员,25名被评为开发区优秀共产党员,25名评为开发区优秀党员工作者,25个党支部获先进党支部称号。2008年8月,开展"解放思想"大讨论活动,全体党员、干部解放思想,创造性地开展工作,支持企业的发展。2013年,结合市委组织部的培训计划,对全区干部的选学工作采取分专题、小组团、多批次的方式,选派30名干部赴清华大学和北京大学进行三期培训,进一步开拓视野,更新观念。是年,在全区启动"假日党课"学习活动,每月利用周末一天的时间组织全区职工进行集中学习,并作为长效机制坚持执行。积极配合市委组织部做好处级干部主体班次培训，依托“承德干部人才在线教育网”，积极开展科级干部自主选学，多形式提高干部综合素质和履职能力。2014年研究制定《承德高新区干部教育培训实施方案》，以解放思想、提高能力、接受锻炼为重点，创新干部培训模式，不断增强培训的针对性和实效性。结合市委组织部的培训计划，选派8名干部赴河北工业大学进行了两期培训。全年组织专题讲座8次。是年，组织23名市管干部参加必修课、选修课和自修课培训工作，订阅自修课书籍157本。2015年，按照省委组织部、省委宣传部、省委党校的要求，选派冯营子、上板城两镇党委书记参加轮训班，重点研讨农村经济社会发展等方面重大理论和现实问题。按照市委组织部要求，选派新提拔干部、市管干部、乡镇正职共21人参加新提拔干部任职培训班学习培训，提升干部综合素质。是年，开展“严以修身，严以用权，严以纪律，谋事要实，创业要实，做人要实”的“三严三实”活动。

第二节 纪检监察工作

一、廉政建设

1997年以来，中共高新区工委坚持每年召开1～2次领导班子民主生活会，围绕领导干部廉洁自律进行自查自纠。1998年始，每年年初召开全区党风廉政建设和反腐败工作会议，部署年度廉洁建设和反腐败工作，制定《中共承德市高新技术产业开发区工作委员会关于加强党风廉政建设的规定》和《加强党风廉政建设反腐败工作实施方案》，与各局室、各部门，直属事业单位签订《党风廉政建设责任书》，把党风廉政建设纳入领导班子、领导干部目标管理考核中，与经济建设、精神文明建设和其他工作相结合。坚持廉政谈话制度，工委书记与工委副书记、管委会副主任开展廉政谈话，管委会主任与各局室局长（主任）开展廉政谈话，纪工委书记（纪检组长）与局室副职和副科级干部开展廉政谈话，对新提拔的正副科级干部由纪工委书记进行廉政谈话。在党风廉政建设和反腐败工作中，实行工委统一领导，党政齐抓共管，各部门各负其责，纪工委组织协调，依靠群众支持与参与的领导体制和工作机制，实行一岗双责和“一把手”负总责制。是年，开展通信工具清理、控制会议和庆典活动、制止公款吃喝玩乐等专项行动。协助管委会制定了《开发区机关办公住宅和移动电话管理办法》《公务接待办法》等规定，对符合规定安装的住宅电话和移动电话按市纪委规定，全部实行话费定额包干。1999年，对机关公用车辆超标情况进行清理，严格执行公务用车的规定。制止公款吃喝玩乐歪风。2000年3月，结合“三讲”教育，重点对领导干部为配偶、子女谋取非法利益、用公款为个人住宅配备电脑，利用职权借用下属单位小汽车和吃拿卡要等摸底登记，清理纠正个别违规现象发生。是年7月，整治和查处领导干部选拔任用工作中不正之风和违纪违法行为，完善各项规章制度，形成良好的干部选拔任用机制。在副处级以上领导干部中贯彻执行“收受礼金（礼品）、个人收入申报、重大事项”三项报告制度，每年向市纪委报告备案。严格执行控制领导干部子女婚嫁的婚宴、收受礼金等，无违法违纪行为发生。

2001年，制定《关于进一步加强党风廉政建设意见》，从改革行政审批制度、财政监管制度和干部人事制度三项改革入手，从源头上预防和治理腐败。进一步明确“党委统一领导，党政齐抓共管，部门各负其责，纪委组织协调，依靠群众支持和参与”的领导体制和工作机制。2002年，制定《党风廉政建设实施意见》，组织党员干部学习。2004年贯彻《中国共产党党内监督条例（试行）》和《中国共产党纪律处分条例》，进一步增强领导干部廉政为民意识。2005年，进一步完善了“一把手负总责，分管领导具体抓、部门各负其责，纪检组织协调”的党风廉政建设责任制。严格党风廉政建设责任制目标考核工作，结合中心工作，一起部署、一起落实、一起检查，保证党风廉政建设工作落到实处。严格党风廉政建设责任制考核工作，考核结果列为干部业绩评定、奖励惩处、选拔任用的重要依据。2013年，工委书记与各单位责任人签订《2013年度党风廉政建设和惩防体系建设目标责任书》，集中科级干部进行廉政谈话，签订《廉政承诺书》和《创建“廉洁家庭”承诺书》。定期向副科级以上领导干部发送廉政格言警句，廉政故事等提醒短信5000余条，向各单位主要负责人发出劝廉信35封。是年，督促相关部门严格因公出国（境）经费公务用车购置及运行费、公务接待支出。开展党政机关公务用车问题专项治理。监督区招商局、经济科技发展局公开选聘科级干部工作。先后4次组织住建局、财政局等部门对区拟购100套6000平方米廉租房选址、价格等关键环节进行廉政风险评估。开展“十对照，十整治”为主要内容的正风肃纪专项行动，组织各单位领导和党员干部自查自纠，公开公示，突出解决“四风”问题，对办公用房清理工作进行检查，对上班时间玩游戏问题进行问责，通报批评，责令检查，诫勉谈话等。开展“吃空饷”专项治理，严格把握治理范围和清理对象，严格规范清理查纠政策，严格掌握处理原则。严格执行《农村基层干部廉洁自律若干规定（试行）》，进一步规范农村“三治管理”，加大案件查处力度，按着“十有”标准全面推进38个行政村村监会建设。2015年，建立党政主要负责人“四个不直接分管”及“末位表态”制度。制发《高新区纪检组监察室对领导干部进行约谈暂行办法》，为区直各部门副科级以上140名领导干部（管理岗人员）建立廉政档案。制定《承德高新区纪检组开展监督的再监督暂行办法》，本着“抓基础、促规范，求创新、有特色，出典型、促全局”的原则，通过召开调度会、组织参观、现场指导、定期督导等方式培树资金财务部、经济与科技发展服务部、总工会等党风廉政建设示范点6个。

二、党风教育

1995年，在党员干部中开展了以学习孔繁森为主题的“树立正确世界观、人生观、勤政为民”的教育活动。1998年，在党员干部中开展了党性党风党纪、艰苦奋斗、党风廉政法规教育。2000年10月，组织机关党员干部观看胡长清典型事件警示教育录像。2001年，组织党员干部进行党风廉政法规知识测试，合格率100%。2003年8月，组织机关全体党员干部观看《马向东、慕绥新腐败案件》《扭曲的人生——李真贪污受贿案剖析》和《一心为民的好干部郑培民》三部电教片，进行正反两方面反腐倡廉教育。2005年，组织学习贯彻中共中央《建立健全教育、制度、监督并重惩治和预防腐败体系实施纲要》和《“三个代表”重要思想反腐倡廉理论学习纲要》，开展知识答题活动，参与率100%，合格率100%。2010年，购置辅导光盘，在理论中心组（扩大到副科级干部）进行《中国共产党党员领导干部廉洁从政若干准则》专题辅导，将《中国共产党纪律处分条例》等6个法规辑印成党员干部廉洁从政法规选编小册200份，发至副科级以上干部。2013年，将党风廉政建设相关法律法规和党纪政纪条规编印900册，发至全区干部职工手中。是年，召开全区党风廉政建设警示教育大会。组织全区180名科级以上干部到承德市廉政教育基地参观，实地接受廉政教育。2014年，在党员干部中开展示范教育、警示教育和岗位廉政教育9次，3100人次接受教育。开展以“正风肃纪，崇廉尚廉”为主题的廉政书画摄影优秀作品展活动，参展作品81件，1300人次参观。组织观看廉政文化建设专题影片6部，开展廉政影片观后感及廉政文章征集活动，评选24篇优秀观后感文章展示。组织142名党员参加党纪法规集中测试，420人由各单位自行组织测试，均取得好成绩。对镇、村土地收储工作人员进行专项廉政教育培训。2015年，开展廉政宣传教育活动，共组织参观上板城监狱、廉政节目展演等全区性专题宣教活动10次，活动中将受教育人员范围延伸到村级，共1800人次受到教育。对京沈高铁客运专线郭营子村征占拆迁等重点工作进行专题警示教育，督促各单位以廉政教育“八有”为标准，开展具有本单位特色的示范教育、警示教育和岗位廉政教育，不断加强廉政文化建设。

三、行风建设

高新区从检查治理“三乱”优化发展环境入手，以减轻企业负担为重点，实行“纠、评、树、建”相结合的工作机制，把纠风工作纳入部门和行业管理之中。1995年，开展治理小金库工作。1996年，在清理预算外资金时，对具有预算外资金来源的行政事业单位进行检查、清理、确认、规范和撤销，把各单位预算外资金纳入财政专户管理，建立起收支两条线的管理制度。1997年，落实中共中央、国务院《关于治理向企业乱收费、乱罚款和乱摊派的规定》，对执收、执罚部门进行执法监督，减轻企业负担。2003年，高新区开展民主评议行风工作，同时对市直各部门、各单位进行民主评议。是年，按照中央、省、市的部署，在全区内开展了民主评议行风活动，制定了《开发区民主评议行风实施方案》，召开机关全体工作人员、驻区各部门负责人、企业负责人参加民主评议行风动员大会，进行安排部署。聘请20名企业负责人为开发区的政风行风监督员，不定期进行明察暗访，实施监督。每半年召开一次有工管委主要领导、各局室、驻区单位负责人参加的听证质询会，监督员通报明察暗访情况，并对政风行风方面存在的问题提出质询，现场填写民主测评表。每半年纪工委组织各局室、驻区部门负责人深入到企业座谈，征求意见，帮助解决实际问题。

为方便企业，实行权力公开透明，在办公楼一楼大厅设立了政务服务台，实行一条龙服务，并设立举报箱、公开投诉电话，驻区部门也相应地设立举报箱和投诉电话。纪工委接到投诉举报后，与有关局室、部门通报，调查核实、整改查处，并要求将结果上报开发区工委。年末，纪工委带领人员到企业随机抽选企业代表进行民主测评。经过部门互评、听证质询评议、企业代表集中评议等，将民主测评结果上报市纪委、市监察局综合评分，下发文件通报全市评议结果，并向社会公示。

2004年至2005年，相继开展优化发展环境、机关作风建设年、机关效能建设年等活动，与民主评议行风相结合。制定开发区优化发展环境实施方案、开发区干部作风建设实施方案、机关效能建设实施方案、民主评议政风行风实施方案等，制定关于对损害发展环境行为责任追究及投诉办法等。将相关内容挂牌上墙。2010年以来，高新区在7个村征地面积约800公顷，是建区以来规模最大的一次，使用资金多达数亿元，按照统一安排，监察局全面介入，监督工作程序，印发《关于在征地工作中严明纪律的通知》，并到村征地现场解答政策，监督资金的发放。是年，编辑作风建设年成果展高新区板的展示图样。

2012年，深入开展优化两个环境9个专项行动，将改善“两个环境”重点工作责任目标分解到各局室、各部门。是年，在全区开展推进党务公开、政务公开，提高机关行政效能工作，制定《2012年高新区政务公开、政务服务和行政效能监察工作实施意见》《高新区基层党务公开工作实施意见》，成立党务公开领导小组和政务公开领导小组，着力推进规范化服务型机关建设，制发《关于进一步加强上板城镇政权建设创新社会管理的意见》《高新区第一批下放行政管理权目录的通知》，督促相关部门下放的100项行政审批权限工作落到实处。是年，监督检查安全生产法律法规执行情况和责任制、健全应急机制落实情况，进行校车治理、治理“三查”、防火工作，清理核实乡村交税费债务等。全面清理涉企、涉农行政事业性收费和经营性收费，对教育经费投入使用、中小学教辅材料使用管理等进行监督。加强对镇、村两委换届纪律监督检查。对全区22个单位认真开展机关效能评议活动。对招商引资、项目推进、征迁拆违、建筑工程项目招投标、行政审批、环境建设等重点工作进行监督，对一中采购教学设备和科技大厦办公设备、酒店家具的政府采购实行监督。对区内政府投资5个重点项目招标过程实行重点检查，严格监督。

2013年，进行建设环境立项检查，组织区国土分局、规划分局、住建局、城管大队、环保分局、安监局开展城市建设环境专项检查。对6个部门行政处罚主体、程序、依据合法情况和长效机制建设、规范自由裁量权情况督查，加强窗口部门和单位效能建设各项效能制度执行情况督查。制发《关于建立优化环境发展环境监测点对全区项目建设实施效能跟踪监测的实施方案》，确定辖区内20家重点企业和重点项目为检测对象，走访企业23次，收集反映各类问题，并督促整改落实。制定《高新区执法监管部门和窗口单位为民服务提质提效专项行动实施方案》，开展执法监管部门和窗口单位为民服务提质提效专项活动，对各单位行政审批服务时限、进驻事项和办理流程逐一梳理审核，梳理出行政许可、非行政许可、行政监管和其他4类194项。与区财政局联合开展政府分类采购中介服务试点工作，中介服务机构分类建库，规范聘用和选用程序，组织专家对投标的89家中介机构进行开标评标，确定入库中介机构7类57家。制定《关于进一步加强廉政风险防控深化权力运行检查机制建设实施方案》。

2014年，新建立企业优化发展环境监测点5个，对当年全区拟购的255套保障性住房项目选址、价格等关键环节进行廉政风险评估，对土地收储过程中的重要事项和重要环节实行“十公开”，重点对冯营子镇上下栅子村土地收储、京沈高铁客运专线项目进行了全程监督；全程跟踪监督小学代课教师、北师大附中承德分校教师及社区干部选聘计99名工作人员招录工作；对20个区直部门和2个托管镇开展集中巡察；开展“节日病”“一把手”签字背书、在会所中的歪风、领导干部收送红包及购物卡等专项整治行动，全区副科级以上干部均签订了承诺书。以“八个专项治理”和“三个主要方面”为重点内容，不定期进行监督检查；加强对涉及民生的专项资金的监管，及时补发义务兵家属优待金71万元；开展治理教育乱收费行动，对违反工作纪律、会议纪律、不定点封存车辆和上网打游戏、浏览网页等人员进行集中通报批评、诫勉谈话、责令写出书面检查，分管领导进行问责处理；要求未定点封存的38辆公车所在单位书面说明情况。特邀人大代表、政协委员、企业代表、离退休干部为监督（监察）员24名，加强对干部8小时以外的监督。按照《承德市村级厉行节约制止奢侈浪费行为的指导意见》进一步规范村级干部履职行为；开展“百姓评议村（社区）干部”活动。

2015年，严格按照省市要求，对“三个公开、三个清单”制度工作任务进行责任分解，对相关牵头部门进行半年督导，进一步规范权力公开透明运行；结合实际，整合监督力量；配合省、市巡视（察）组开展全区巡察工作；严肃查处用公款相互宴请、赠送节礼、违规消费、公车私用等群众反映强烈的“四风”问题。开展“节日病”、值班情况、违反会风会纪、违反工作纪律、违规使用公车等各项检查34次。

四、信访及违纪案件查处

2000年，配合市纪委查处一名正科级党员干部违纪案件，该干部受到党纪政纪处分。2004年，查处一名非党正科级干部在任职期间，因经营不善造成较大经济损失，给予行政降职降级处分。2012年，一名正处级干部、一名科级干部和一名科员在101国道征地工作中违纪，市纪委、市监察局决定，给予三人开除党籍处分，并将其违法犯罪问题移交司法机关处理。2013年，加大违纪案件的查处，对受理的来信、来访举报案件线索集中管理，统一处置，规范登记，实现对案件线索的受理、排查、交办、督办及案件的初核、立案、调查、处理等环节的全程跟踪监管；制定《案件主办人管理暂行规定》《文明安全办案工作纪律暂行规定》《办案骨干人才库管理暂行规定》《快速办理涉企案件工作制度》等制度。全年受理来信 41 件，接待群众来访 30 批次。全年共初核案件 7 件，立案 2 件，结案 2 件，移交司法机关案件线索 3 件。对冯营子镇一名科级干部违反组织人事纪律和一名村干部违纪问题分别作出党内严重警告处分；收缴高新区一中违规收费资金 45.512 万元。2014 年，成立区反腐败协调小组。全年接信访件 107 件，初核 51 件，转办 36 件。立案 14 件，结案 8 件，移交司法机关 6 件 8 人，给予党政纪处分 17 人，收缴违纪资金 10 万元。2015 年，设立举报投诉信箱、邮箱、举报电话、举报受理室和设立台账，及时受理群众来信来访来电，共搜集问题线索 5 个，接信访举报 262 件（含重复件 68 件），其中转办 63 件、其他处理 54 件、初核案件 68 件、谈话函询 6 件、约谈 3 件，移交司法机关案件及案件线索 5 件 8 人、立案 11 件、给予党政纪处分 9 人，下发监察建议 10 份。做到有举必查、有查必果、有果必复。紧盯“四风”问题新形式新动向，认真开展“小官巨贪”“村官腐败”专项行动，排查问题线索 9 件。向相关职能部门发出信访举报转办通知书 70 件。

第三节 工会工作委员会

一、开展文体活动

切实搞好职工的文化体育生活。1998 年 8 月，为庆祝“三八”国际妇女节，机关工会组织机关女职工去天津参观“平津战役”纪念馆。1999 年 9 月 13 日，机关工会组织管委会机关工作人员到中德合资企业——承德热河克罗尼仪表有限公司与德方专家技术人员和公司中层以上管理人员共同举行联欢晚会，取得非常好的效果。2001 年 6 月 25—29 日，组织举办了驻区单位、企业共 10 个代表队参加的第一届职工篮球赛，管委会机关分获男、女冠军。是年 8 月，组织机关全体工作人员到锦州参观“辽沈战役”纪念馆，进行爱国主义教育。坚持工会是“职工之家”，机关工作人员或其父母生病住院均到医院探望慰问，工作人员生日送上生日卡和礼物。“六一”儿童节为儿童发放小礼品等，体现了工管委领导的关怀，增强了干部队伍的凝聚力。高新区工会紧紧围绕开发区中心工作和遵循“哪里有职工，哪里就必须建立工会组织”的原则，不断建立健全区内企业和基层单位工会组织。2002 年 8 月，举行第二届职工篮球赛，参赛代表队达 15 个，机关女队获第二名，男队获第四名。2005 年机关工会举办书法绘画展，参加作品达 30 幅。2011 年 2 月 20 日，举办高新区管委会机关新春联欢会。是年 6 月 18 日，举办“2011 年第 25 届奥林匹克日长跑活动”。6 月 21 日，举办高新区“学党史·知党情·跟党走”中共党史知识竞赛活动。2012 年 5 月，高新区代表队受省开发区协会邀请，参加第八届“石家庄经济技术开发区杯”乒乓球赛。是年，高新区代表队参加在市奥体中心举行的市直机关第四届运动会篮球赛，男队获得第四名。2013 年 5 月 11 日，组织举办承德高新区管委会机关驻区单位、企业参加的高新区第一届职工运动会。

二、联谊活动

2012 年 3 月 19—23 日，区总工会积极贯彻落实省总工会“面对面、心贴心、实打实服务职工在基层活动及市总工会联系职工交朋友”活动，陪同市总工会领导一行到区内盛方电子有限公司、苏垦银河连杆有限公司、新悦服务有限公司、联创计控设备有限公司、菲时博特自动化设备有限公司、光大输送机有限公司和福泉石油机械有限公司进行走访调研。

三、扶持困难职工

2012年，通过职工服务中心对企业职工施行生活救助服务、培训就业服务、法律维权服务，对困难职工建立档案联系卡，帮扶救助实行动态管理。“五一”国际劳动节，工委领导率总工会人员深入五家企业走访慰问困难职工，送去慰问金及礼品，表示节日的祝贺。至2015年底，困难职工救助率100%，帮扶资金4万元；送温暖慰问贫困职工800人次，发放慰问金和物品91.1万元。充分借助政府“就业援助”等渠道帮助困难职工就业，开展创业培训、技能培训、职业介绍等活动，发放帮扶资金80万元，帮助150人脱贫。推进“育才千人计划”，为贫困职工子女发放助学金6.2万元，对优秀高校在校大学生采取跟踪救助，帮助他们完成学业。继续开展“职工互助一日捐”活动，职工参与率达到85%以上，当年支出率达80%以上，救助95人，发放救助金30万元。针对区内企事业单位工作特点，创造性地开展了“一会一品”工作，注重解决企业科技人才的生活困难，帮扶20人，帮扶资金10万元，促成70个困难家庭的大学生就业安置。2013年，逐步完善了区内企业和非公有制企业内部平等协商机制，推行工资集体协商制度，先行试点，培训工会干部的协商谈判能力，逐步全面铺开。区内成立工会的企业建立健全代表大会制度、厂务公开制度和民主评议制度，工资协商制度执行的企业20家。加大工会会费收缴力度，强化审查与监督，确保收好、管好、用好工会经费。

四、劳模评选

2006年，1人获中国经济女性成就奖。2004年，1人获得全国劳动模范个人称号、1人获全国五一劳动奖章。2015年，1人被评为国家级全民节约行动先进个人。至2015年底，有44人被评为市级劳动模范。

第四节 共青团工作委员会

一、机构成立

1993年，高新区管委会机关团支部成立，按照工委要求，做好管委机关的团员、青年的政治思想教育，协助机关党支部组织团员、青年上党课和培养入党积极分子，发展新党员。2012年7月，高新区团工委正式组建。

二、履行职能

2014年以来，团工委紧紧围绕高新区中心工作，以开展各种活动为载体，结合团员、青年工作实际，认真履行“服务青年，服务社会，服务大局”三大职能，引导和发挥团员青年在两个文明建设中的主力军作用。

三、锤炼干部作风

借力“一融三同”活动，锤炼团干部作风，与基层青年同吃同住同劳动，准确深刻把握基层青年生活、工作、思想情况。活动中发放调查问卷200份，为青年办实事5件，结对帮助困难户5户。征求微心愿20条。“助力四大攻坚”工作，抓好村庄建设。在高新区财政支持下和市文物局驻村工作组帮助下为重点村购置了树苗，新增绿化面积3.93公顷，联系志愿者绘制文化墙5000平方米。要求大学生村官兼任团支部书记，重视团员青年的工作。

四、创新工作方法

借力“党建带党工建，党建促团建”的工作方法，创新“非公团建抓亮点，农村团建抓规范”，以工会“三项普查”为契机，深入企业开展非公团建调研20次，走访近40家企业，规范村级团组织38个，新建团支部30个。截至2015年，共有基层团委2个，团支部100个，团员500人，

35岁以下的青年1.5万人。注重实际，开展主题活动，

五、开展主题活动

牢记服务宗旨，开展青少年主题实践活动，开展了“红领巾相约中国梦”“放飞青春梦想、追寻中国之梦”“保护生态、爱我家园”“环境卫生整洁大扫除”等系列主题实践活动5次，参与人数300人次。深入开展预防青少年违法犯罪调研活动，进行《中华人民共和国未成年人保护法》《中华人民共和国预防未成年人犯罪法》宣传，取得明显成效。有1人荣获“善行河北——追梦少年”、1人获“承德市美佳少年”、2人获“最美承德人”称号。大力实施爱心助学活动，积极向团市委和高新区争取资金1.5万元，为区内13名中小学生发放奖学金和“爱心书包”，并与太平洋建设集团商谈，引进资金100万元，资助100名品学兼优、家境贫困的学生。举办“唱响高新区、弘扬主旋律”大合唱比赛，管委会机关和部分企业9支代表队参赛，用激扬的音符体现高新区人“创新、务实、团结、高效”的精神，组织机关年轻干部学习先进事迹，举办“优秀文化大讲堂”活动，全区120名青年干部聆听了基层好干部齐庆三的先进事迹。

第五节 精神文明建设

一、明确精神文明建设目标

高新区的社会主义精神文明建设，紧紧围绕项目建设、招商引资、社会各项事业等中心工作，以科学的理论武装人，以正确的舆论引导人，以高尚的精神塑造人，以优秀的作风鼓励人，培育有理想、有道德、有文化、有纪律的社会主义公民，把高新区建成文明和谐平安的新城区。

二、助人为乐献爱心

管委会机关全体干部职工发扬“一方有难，八方支援”的风格，多次向受灾地区人民群众捐款捐衣物。1994年承德市发生“7•13”洪灾时，机关全体工作人员与进区企业，建筑施工单位共同抢险排涝，主动为灾区捐款21160元。1995年6月1日，管委会党支部为原雹神庙小学送去图书200余册，篮球、排球等体育用具和一部分书包。1998年7月，长江流域、松花江、嫩江流域遭受特大洪涝灾害时，机关和创业服务中心全体人员两次捐款捐衣物。2004年3月，工委管委响应中央、省、市号召，派出3人宣讲小组进驻承德县刘子村，宣讲中央一号文件，为期4个月，管委会出资为村修建村村通公路3000米，修建排水沟1500余延长米，宣讲组人员到兴隆矿务局募捐一卡车水泥和一卡车煤炭支援村修公路和解决村小学冬季取暖，个人出资慰问3名贫困复退老军人，号召区内企业帮助支持献爱心，盛方电子有限公司出资为乡政府机关送一套乒乓球桌。2008年，“5•12”四川汶川大地震，机关全体中共党员（含退休的党员）缴纳特殊党费51692元，干部职工捐款25950元，企业捐款148040元，支援抗震救灾。2009年，管委会出资为托管的西营村希望小学进行校舍翻修507平方米，安装地源热泵供热取暖，配备电脑、更新桌椅、硬化操场，使学生有了安全舒适的教学环境。又为该村3个自然村安装了自来水，解决村民饮用水问题。2012年至2015年，共解决农村饮水不安全人口25843人，重点村内主干道硬化率100%，旱厕改造为双瓮式无害化厕所105个。

三、多形式多内容的创建文明活动

1996年以来，相继开展了军民共建、政企共建、税企共建和丰富多样文化体育活动等精神文明建设活动。2011年，高新区科级以上党员领导干部“四带头”和普通党员“四争当”确保

夺旗争星活动开展。在全区评选并公示“改革创新星”“爱岗敬业星”“先锋示范星”“带头致富星”等不同岗位明星58名。在非公有制企业、大学生村官中培树了4名优秀党员典型。2012年，组织区内企事业单位参加了承德市首届职工太极拳比赛，“神华杯”全国危险化学品安全法规知识竞赛、乒乓球赛等活动。结合工作目标任务开展了新一轮的“认责承诺”，继续深化“亮牌示范”，确定了行政服务窗口、企业、学校三方面创先争优典型示范点5家。2014年，围绕政府机关提高服务水平、树立良好形象，开展“研读一本书，撰写一篇理论文章”读书活动；围绕提升企业竞争力，提高经济效益，开展“创建学习型班组、争做知识型职工”读书学习活动；围绕新农村建设、农业产业结构调整，以“农家书屋”等工程为载体，开展“新农村、新农民”读书学习活动;围绕校园文化建设,开展“读书睿智明礼，共创和谐校园”读书学习活动。在全区组织开展“做文明高新区人”“文明礼仪伴我行”等主题系列文明礼仪教育实践活动,积极营造争当“三好”市民，即在社会做一个好公民，在单位做一个好职工，在家庭做一个好成员。开展区级文明单位创建行动，进一步细化文明单位创建举措，在党政机关、企事业单位以及窗口服务行业，开展“文明机关”“文明科室”“文明班组”“文明职工”评比和开展“优质服务杯”竞赛评比活动；在农村，以建设“美丽乡村”为重点，推动文明新村、文明集市、文化广场建设，广泛开展群众性文化活动，丰富群众精神文化生活。组织开展“文明村”评比和“十星级文明户”评比活动。推荐市级文明单位6个，省级文明单位1个。2015年，高新区城市中央湿地公园及三角地公园作为全市百家未成年人社会主义核心价值观实践基地并成功获批。文明单位创建活动见成效。截至2015年，3个单位荣获国家级精神文明单位称号，5个单位荣获省级精神文明单位称号。区党群工作部等6家单位获市级文明单位称号。组织参加年度“承德好人”“最美承德人”评选、全市美德少年评选，成功推荐市级道德典型13名，组织推荐本特生态公司董事长刘广华参加节俭养德全民节约行动评选，成功获评国家级全民节约行动先进个人。

第十二章 集体和个人荣誉及主要领导人简介

1997年至2015年，高新区获得国家部委级表彰先进集体奖项14个，获得省及厅（局、委）级表彰先进集体奖项27个，获得市级表彰先进集体奖项22个。获得国家部委级表彰的先进个人奖项有8人，获得省及厅（局、委）级表彰先进个人奖项23人，获得市级表彰先进个人奖项23人。本章并附高新区工管委主要领导人简介。

第一节 先进集体

一、国家部委授予的先进集体

1997年至2015年，高新区内获得国家部委级表彰的先进单位共7个。其中，受中共中央宣传部表彰的有1个，受中华全国总工会表彰的有2个，受全国妇联表彰的有1个，受国家科委表彰的1个。

1997—2015年国家部委授予的先进集体一览表

表12-1-1

单位	授予时间及称号	授予部门
承德供水集团有限公司（市自来水公司）	1997年军民共建社会主义精神文明先进单位	中共中央宣传部、解放军总政治部
高新区国税局计划财务股	2000年巾帼文明示范岗	全国妇联
中国移动通信集团河北有限公司承德分公司	2000年全国五一劳动奖状	中华全国总工会
中国移动通信集团河北有限公司承德分公司	2003年全国信息产业系统先进集体	人事部、信息产业部
中国移动通信集团河北有限公司承德分公司	2004年全国五一劳动奖状	中华全国总工会
高新区经济科技发展局	2005年经济普查工作先进单位	国家经济普查领导小组
高新区国税局办税服务厅	2006年青年文明号	共青团中央、国家税务局
高新区国税局	2009年第四届全国精神文明建设工作先进单位	中央精神文明建设指导委员会办公室

续表 12-1-1

单位	授予时间及称号	授予部门
中国移动通信集团河北有限公司承德分公司	2009 年第二届全国文明单位	中央精神文明建设指导委员会办公室
高新区国税局	2011—2012 年度青年文明号	共青团中央
中国移动通信集团河北有限公司承德分公司	2011 年全国文明单位	中央精神文明建设指导委员会办公室
承德供水集团有限公司	2011 年全国文明单位	中央精神文明建设指导委员会办公室
高新区管委会	2013 年全国火炬统计工作先进单位	国家科委
中国移动通信集团河北有限公司承德分公司	2015 年全国文明单位	中央精神文明建设指导委员会办公室

二、省及厅（局、委）授予的先进集体

1999 年至 2015 年，高新区内获得省及厅（局、委）授予的先进集体单位 27 个。其中，受中共河北省委表彰的有 1 个，受中共河北省委、省政府表彰的有 9 个，受河北省人民政府表彰的有 2 个，受省妇联表彰的有 3 个，受中共河北省委宣传部表彰的有 1 个，受省精神文明建设委员会表彰的有 1 个，受省科委表彰的有 1 个，受省国税局表彰的有 3 个，受省地税局表彰的有 4 个，受省工业和信息化厅、省人力资源和社会保障厅、省总工会表彰的有 1 个，受省创建青年文明号活动组委会表彰的有 1 个。

1999—2015 年省及厅（局、委）授予的先进集体一览表

表 12-1-2

单位	授予时间及称号	授予部门
高新区国税局办税服务厅	1999—2000 年度最佳办税服务厅	河北省国税局
高新区国税局牛沟税务所	1999—2000 年度文明税务所、三星级文明税务所	河北省文明委、省国税局
高新区国税局计划财务股	2000 年巾帼文明示范单位、三八红旗先进单位	河北省妇联
中国移动通信集团河北有限公司承德分公司	2000—2001 年度省级文明单位	中共河北省委、河北省人民政府
高新区国税局办税服务厅	2001 年青年文明号信用建设示范单位、十大优秀青年文明号标杆、第三届省“优秀青年文明号”	河北省创建青年文明号活动组委会

续表 12-1-2

单位	授予时间及称号	授予部门
高新区国税局	2002—2003 年度、2004—2005 年度、2006—2007 年度、2008—2009 年度、2010—2011 年度、2012—2013 年度河北省文明单位	中共河北省委、河北省人民政府
高新区管委会	2004 年宣讲中央 1 号文件先进宣讲组	中共河北省委
中国移动通信集团河北有限公司承德分公司	2004—2005 年度河北省文明单位	中共河北省委、河北省人民政府
中国银行保险监督管理委员会承德监管分局	2005 年文明单位	中共河北省委、河北省人民政府
高新区国税局	2007—2009 年度基层建设先进单位	河北省国税局
承德供水集团有限公司（市自来水公司）	2008 年文明单位	中共河北省委、河北省人民政府
中国移动通信集团河北有限公司承德分公司	2008—2009 年度文明单位	中共河北省委、河北省人民政府
高新区管委会	2010 年省招商引资进步奖	河北省政府
承德供水集团有限公司	2010 年文明单位	中共河北省委、河北省人民政府
高新区管委会	2011 年省先进开发区	河北省政府
高新区地税局	2012 年优秀服务品牌	省地税局
高新区管委会	2012 年省专利提升工作先进集体	河北省科委
高新区地税局	2012 年优秀服务品牌	河北省地税局
中国电信承德分公司	2012—2013 年河北省文明单位	中共河北省委、河北省人民政府
河北红松风力发电股份有限公司	2012 年河北省工业和信息化工作先进集体	河北省工业和信息化厅、河北省人力资源和社会保障厅、河北省总工会
高新区地税局	2013 年省巾帼建功活动先进集体	河北省妇联
高新区地税局征收分局	2014 年四星级办税服务厅	河北省地税局
高新区国税局办税服务厅	2015 年河北省文明行业创建标兵	河北省精神文明建设委员会
高新区地税局	2015 年河北省巾帼建功活动先进集体	河北省妇联

续表 12-1-2

单位	授予时间及称号	授予部门
高新区地税局征收分局	2015 年四星级办税服务厅	河北省地税局
中国电信承德分公司	2015 年河北省文化科技卫生“三下乡”活动先进集体	中共河北省委宣传部
上板城初级中学	2015 年省级思想政治教育先进集体	省教育厅

三、市级授予的先进集体

2000 年至 2010 年，高新区内获得市级授予的先进集体单位 22 个。

2000—2010 年市级授予的先进集体一览表

表 12-1-3

单位	授予时间及称号	授予部门
高新区国税局	2000 年、2001 年、2002 年、2003 年、2004 年 2005 年、2006 年、2007 年综合治理先进单位	承德市综治委
高新区国税局计划财务股	2000 年巾帼文明示范岗	承德市妇联
高新区国税局第一、第三税务所	2000 年评为“二星级”税务所	中共承德市委、市文明委
高新区国税局计划财务股	2001 年最佳巾帼文明示范岗	承德市妇联
高新区国税局	2001 年文明执法杯先进单位	承德市文明委
国税局办税服务厅	2002 年二星级窗口单位	承德市文明委
高新区国税局	2002 年文明执法单位	承德市政府
国税局计财股	2003—2004 年度巾帼建功竞赛活动先进单位	承德市妇联
河北红松风力发电股份有限公司	2004 年度优秀企业	承德市人民政府
高新区国税局	2005 年全市预防职务犯罪先进单位	承德市预防职务犯罪指导委员会
高新区国税局	2005 年模范职工之家、2008 年工人先锋号	承德市总工会
河北红松风力发电股份有限公司	2005 年度项目建设先进单位	承德市人民政府
高新区国税局	2007 年度全市“学雷锋、树新风”活动先进单位	承德市文明委
河北红松风力发电股份有限公司	2007 年度优秀企业	承德市人民政府

续表 12-1-3

单位	授予时间及称号	授予部门
高新区国税局	2008 年承德市“三八”红旗单位	承德市妇联
高新区国税局	2008 年度全市社会志愿服务活动先进单位	承德市文明委
河北红松风力发电股份有限公司	2009 年承德市先进集体	承德市人民政府
高新区国税局办税服务厅	2009 年承德市青年文明号	承德市创建青年文明号组委会
上板城镇	妇联被授予承德市“三八”红旗集体	承德市妇女联合会
河北红松风力发电股份有限公司	2010 年度项目建设先进单位	承德市人民政府
高新区一中	2014 年高考进步奖	承德市人民政府
上板城初级中学	2015 年思想政治教育先进集体	承德市教育厅

第二节 先进个人

一、国家部委授予的先进个人

1996 年至 2015 年，高新区内获得国家部委授予的先进个人 8 人。

1996—2015 年国家部委授予的先进个人一览表

表 12-2-1

姓名	性别	单位	授予时间及称号	授予部门
杨文龙	男	河北承德露露股份有限公司	1996 年全国轻工系统劳动模范	轻工业部
董定玉	女	霖霖集团有限责任公司	1999 年全国专利系统先进工作者	人事部、国家知识产权局
王宝林	男	河北承德露露股份有限公司	2004 年全国劳动模范	中共中央、国务院
王秋敏	男	河北承德露露股份有限公司	2004 年全国五一劳动奖章	全国总工会
陈跃鹏	男	河北承德露露股份有限公司	2004 年全国专利系统先进工作者	国家知识产权局
纪春燕	女	承德峰达石英砂公司	2006 年中国经济女性成就奖	全国妇联
孟庆义	男	承德曲轴连杆有限公司	2009 全国机械工业劳动模范	中国机械工业联合会、人力资源和社会保障部
刘广华	男	承德市本特生态能源技术有限公司	2015 年全国节俭养德全民节约行动先进个人	中宣部、国家发改委

二、省及厅（局、委）授予的先进个人

1993年至2014年，高新区再获得省及厅（局、委）授予的先进个人23人。

1993—2014年省及厅（局、委）授予的先进个人一览表

表12-2-2

姓名	性别	单位	授予时间及称号	授予部门
万　青	男	承德高新区一中	1993年河北省优秀教师	河北省教育委员会、河北省人事厅
门永斌	男	颈复康药业集团有限公司	1995年河北省劳动模范	河北省人民政府
马宝华	男	热河克罗尼仪表有限公司	1995年河北省劳动模范	河北省人民政府
门秀宾	男	颈复康药业集团有限公司	1996年河北省物资系统劳动模范	河北省物资局
张　宝	男	上板城镇教育办公室	1997年河北省优秀教师	河北省教育委员会、省人事厅、省教育工会
顾连俊	男	承德高新区一中	1998年河北省优秀教师	河北省教育委员会河北省、人事厅、省教育工会
王旭昌	男	河北承德露露股份有限公司	1999年省五一劳动奖章	河北省总工会
李沈明	男	颈复康药业集团有限公司	1999年省劳动模范	河北省人民政府
徐立群	男	华北制药天星药业公司	1999年河北省劳动模范	河北省人民政府
张　重	男	渤海石油装备承德石油机械有限公司	1999年省劳动模范	河北省人民政府
王正军	男	高新区管委会	2002年省乡镇政务公开先进工作者	河北省人事厅
马秀茹	女	颈复康药业集团有限公司	2004年河北省职工劳动模范	河北省人民政府
曹福祝	男	承德市本特思达仪表有限公司	2009年省信息化系统劳动模范	河北省信息产业厅
胡海英	女	高新区管委会	2009年河北省统计局先进个人	河北省统计局
郑国和	男	颈复康药业集团有限公司	2009年河北省职工劳动模范	河北省人民政府
高长利	男	承德华远自动化设备有限公司	2009年省信息化系统劳动模范	河北省信息产业厅

续表 12-2-2

姓名	性别	单位	授予时间及称号	授予部门
刘　哲	男	河北承德露露股份有限公司	2009 年河北省职工劳动模范	河北省人民政府
王　卿	男	上板城镇陈家沟村党支部书记、村委会主任	2010 年河北省全省优秀村党支部书记	中共河北省省委
于海江	男	上板城镇	2011 年、2012 年动物疫病防控先进个人	河北省动物疫病预防控制中心
孙艳明	男	上板城镇	2011 年、2012 年动物疫病防控先进个人	河北省动物疫病预防控制中心
白金魁	男	承德龙智达仪器仪表科技有限公司	2014 年河北省劳动模范	河北省人民政府
王晓勇	男	河北承德露露股份有限公司集团	2015 年河北省劳动模范	河北省总工会
左爱东	男	河北承德露露股份有限公司集团	2015 年河北省五一劳动奖章	河北省总工会

三、市级授予的先进个人

1993 年至 2014 年，高新区内获市级授予的先进个人 23 人。

1993—2014 年市级授予的先进个人一览表

表 12-2-3

姓名	性别	单位	授予时间及称号	授予部门
刘京兰	女	华北制药天星药业有限公司	1993 年、1995 年承德市劳动模范	承德市人民政府
许成魁	男	高新区管委会	1994 年防汛抗灾先进个人	承德市人民政府
周占贵	男	高新区管委会	1996 年承德市社会综合治理先进个人	中共承德市委、承德市人民政府
龚艳丽	女	承德市自来水公司	1999 年承德市劳动模范	承德市人民政府
任绍学	男	颈复康药业集团有限公司	2004 年承德市劳动模范	承德市人民政府
苏国林	男	颈复康药业集团有限公司	2004 年承德市劳动模范	承德市人民政府
应晓军	女	颈复康药业集团有限公司	2004 年承德市劳动模范	承德市人民政府

续表 12-2-3

姓名	性别	单位	授予时间及称号	授予部门
董晓强	男	颈复康药业集团有限公司	2009 年承德市劳动模范	承德市人民政府
高长利	男	承德华远自动化设备有限公司	2009 年承德市劳动模范	承德市人民政府
王彦如	男	承德国鑫房地产有限公司	2009 年市级劳动模范	承德市人民政府
王宏伟	男	承德林达仪表有限公司	2009 年承德市劳动模范	承德市人民政府
王稼祥	男	冯营子村	2009 年承德市劳动模范	承德市人民政府
王洪新	男	高新区管委会	2011 年“三年大变”样模范	中共承德市委、承德市人民政府
于　涛	男	冯营子镇	2011 年 11 月 2011 年春季森林草原防火先进个人	承德市人民政府
王　卿	男	上板城镇陈家沟村党支部书记、村委会主任	2012 年全市先进人民调解员 2015 年承德市农村青年拔尖人才	承德市人民政府 中共承德市委人民政府
李云霞	女	颈复康药业集团有限公司	2014 年承德市劳动模范	承德市人民政府
姚　巍	女	颈复康药业集团有限公司	2014 年承德市劳动模范	承德市人民政府
范士义	男	承德苏垦银河连杆有限公司	2014 年承德市劳动模范称号	承德市人民政府
齐　峰	男	航天环境工程技术有限公司	2014 年市级劳动模范	承德市人民政府
张建文	男	冯营子镇石门子村	2014 年承德市劳动模范	承德市人民政府
景联华	女	高新区管委会	2014 年承德市先进工作者	承德市人民政府
赵海云	男	上板城镇中心卫生院	2014 年承德市先进工作者	承德市人民政府
于海江	男	上板城镇	2014 年 1 月动物疫病防控先进个人	承德市动物疫病预防控制中心

第三节 主要领导简介

一、孙建群

汉族，1945年10月12日出生，河北抚宁人，1973年12月加入中国共产党；大学文化，1969年9月毕业于北京钢铁学院冶金机械系。1970年参加工作，1970—1983年承德钢铁厂历任轧钢工、钳工、中心工段技术员、副段长、机动科副科长、科长。1980年至1983年在北京钢铁学院学习，承德钢铁厂《650轧钢工程》设计负责人。1983年至1984年承德市机械公司副经理。1984年至1985年任承德市科委主任、党组书记。1986年至1988年任中共承德市委常委、常务副市长。1988年至1990年任承德市副市长。1990年至1994年任中共承德市委常委、常务副市长。1992年7月至1996年2月兼任中共承德高新技术产业开发区工委书记，1993年10月至1996年2月兼任高新技术产业开发区管委会主任，1994年至1996年任中共承德市委副书记、常务副市长。

二、常幸

汉族，1952年5月15日出生，河北玉田县人，1976年9月加入中国共产党，在职研究生学历，硕士毕业。1968年9月到河北省丰宁县山咀公社插队，1971年11月到承德钢铁公司工作，1981年到北京钢铁学院管理系学习，1984年到承德市政府工作，历任市政府办公室副主任、副秘书长兼信访办主任、研究室主任。1991年4月当选承德市政府副市长，1996年5月至1997年8月任中共市委常委、常务副市长兼中共承德高新技术产业开发区工委书记。

三、胡兴印

汉族，1947年11月生，河北省围场满族蒙古族自治县人，1971年3月加入中国共产党，1974年2月参加工作，大学学历。1974年2月至1986年9月，历任承德地区行署计委计划科干事、地区物资局干事、地区轻化建材公司党支部副书记、副经理、地区木材公司党支部书记、地区计委人事科科长、生产科科长。1986年9月至1996年5月任地区环保办公室党支部书记、主任（副处级）、地区计经委副主任，地区乡镇企业管理局局长、党组书记，地区物资公司（局）经理（局长）、党委书记，承德市物资局党委书记、局长。1996年5月至1997年8月任中共承德高新技术产业开发区工委副书记，管委会主任。1997年8月调离。

四、郭群

汉族，1954年12月生，河北省迁安县人，1975年6月加入中国共产党，1969年10月参加工作，大专学历。1969年10月至1970年12月，中国人民解放军6444工厂工人，1970年12月至1978年5月，解放军第二炮兵55基地战士、基地工程兵909大队战士，1978年5月至1982年4月，任县商业局人事科副科长、团委书记，1982年4月至1988年7月历任双桥区纪委干事、区委办公室秘书、副主任、中共双桥区牛圈子沟乡党委书记，1988年7月至1997年12月任中共双桥区委常委、组织部部长、区委常委、常务副区长、代理区长、区长，中共双桥区委书记、承德高新技术产业开发区工委书记，1997年12月至1999年10月，任中共承德市委常委、双桥区委书记、开发区工委书记。1999年10月至2001年7月，任中共承德市委常委、开发区工委书记，2001年7月至2002年7月，任中共承德市委常委、政法委书记、开发区工委书记。

五、齐金华

汉族，1951年11月生，河北吴桥县人。1976年4月加入中国共产党，1970年8月参加工作，大专学历。1970年8月至1974年6月，吴桥县大齐公社辛集供销社营业员，1974年6月至1975年9月，承德市双滦区滦河商店营销员。1975年9月至1976年9月，任双滦区办事处干事，1976年9月至1982年5月，任双桥区狮子沟公社革委会主任、公社管委会主任，1982年5月至1986年3月，任中共双桥区牛圈子沟乡党委书记，1986年3月至1988年9月，任双桥区文明办主任（其间：1986年9月至1989年7月，河北高教自学考试法律专业学习），1988年9月至1990年4月，任中共双桥区狮子沟镇党委书记，1990年4月至1999年11月，任双桥区政府副区长、区委常委、常务副区长，1999年11月至2002年6月，任中共承德高新技术产业开发区工委副书记、管委会主任。2002年6月至2003年3月，任中共承德高新技术产业开发区工委书记，2003年3月调离。

六、高嵩

汉族，1958年10月生，山东省莱州县人，1986年7月加入中国共产党，1977年8月参加工作，大学学历、教师。1977年8月至1978年10月，吉林省白城市光明公社知青，1978年10月至1982年8月，东北电力学院热能动力设备专业学生，1982年8月至1989年10月，任承德石油学校热工科教师，校团委书记、学生办副主任（正科）。1989年10月至1992年2月，任共青团承德市委书记、党组书记。1992年2月至1998年8月，任中共双桥区委常委、常务副区长（正处）、双桥区委副书记、政府代区长、双桥区委副书记、区长、双桥区委副书记、区长、中共承德高新技术产业开发区工委副书记、管委会主任。1998年8月至1999年12月，任中共双桥区委书记、中共承德高新技术产业开发区副书记、管委会主任。1999年12月至2003年3月，任中共双桥区委书记，2003年3月至2013年4月，任中共承德高新技术产业开发区工委书记，2013年3月调离。

七、王克

汉族，1954年11月生，河北省河间县人，1985年5月加入中国共产党，1971年12月参加工作，中共河北省委党校研究生。1971年12月至1989年4月，任河北省兴隆矿务局营子矿工人、工会干事、宣传科干事、办公室秘书、办公室副主任、主任、副矿长、兴隆矿务局多种经营总公司副总经理，1989年4月至1990年9月，任承德市总工会办公室秘书、副主任、主任，1990年9月至1991年9月，任中共承德市委办公室正科级秘书，1991年9月至1993年4月，任中共承德市委政策研究室副主任、农工委副部长，1993年4月至1995年1月任承德市体改委主任、党组书记，1995年1月至1997年2月，任中共平泉县委副书记、县长，1997年2月至2001年6月，任承德市财政局局长、党组书记（其间：1998年9月至2000年7月北京师范大学经济学院研究生课程进修班区域经济专业学习，1995年8月至1997年12月中央党校函授学院经济管理专业学习），2001年6月至2008年2月，任承德市政府副市长（2001年9月至2004年7月，中共河北省委党校在职研究生经管专业学习），2008年2月任中共承德市委常委、副市长，2008年3月至2009年12月，中共承德市委常委，常务副市长兼任中共承德高新技术产业开发区工委第一书记。

八、姜雅山

汉族，1959年1月生，河北省承德县人，1985年7月加入中国共产党，1982年8月参加工作，大学学历。1982年8月至1992年10月，任承德县财政局科员，预算股股长、副局长、局长，1992年10月至1996年3月，任承德县政府副县长，1996年3月至2002年6月，任中共承德县县委常委、副县长、县委副书记，2002年6月至2013年4月，任中共承德高新技术产业开发区工委副书记、管委会主任，2013年4月至2014年2月任承德高新技术产业开发区管委会常务副主任，2014年2月调离。

九、刘文勤

汉族，1961年12月生，河北省承德县人，1985年11月加入中国共产党，1979年9月参加工作，大学学历。1979年9月至1980年9月，承德县东三十家子中学民办教师。1980年9月至1982年7月，承德师范专科学校中文专业学生。1982年7月至1996年9月，历任承德县农办科员、政府办秘书、副科级秘书、政府办公室副主任、主任、党组书记。（其间1993年4月至1996年9月，河北师范学院高等教育自学考试汉语言文学专业学习，2001年6月被河北师范大学授予文学学士学位）、体改办主任，1996年9月至1998年2月，任中共承德县委常委、办公室主任，1998年2月至2003年3月，任中共承德县委常委、常务副县长（其间1998年5月至2000年6月，中国农业大学经济管理专业研究生课程进修班学习结业），2003年3月至2010年4月，任中共平泉县委副书记、代县长、县长，中共平泉县委书记（2006年4月至2008年12月，中国农业大学农业推广专业硕士研究生课程进修班学习，获农业推广硕士学位）。2010年4月至2011年8月，任中共丰宁满族自治县委书记（2011年1月明确为副厅级）。2011年8月至2011年9月，任中共承德市委农工委书记、中共围场满族蒙古族自治县县委书记（副厅级），2011年9月至2012年4月，任中共承德市委常委、市委农工委书记，中共围场满族蒙古族自治县县委书记，2012年4月至2013年4月，任中共承德市市委常委，市委金融工委书记，2013年4月至2013年7月，任中共承德市委常委，承德高新技术产业开发区党工委书记、管委会主任，中共承德市委金融工委书记。2013年7月2014年2月任中共承德市委常委、副市长、中共承德高新技术产业开发区工委书记、管委会主任。

十、刘新宇

汉族，1962年4月生，河北省吴桥县人，1987年6月加入中国共产党，1982年9月参加工作，大学学历。1982年9月至1984年7月，历任承德地区煤炭局办公室干事。1984年7月至1993年5月，任共青团承德地委干事、青工青农部副部长、部长（其间：1992年4月至1993年5月，暖儿河煤矿挂任党委副书记，1991年8月至1993年12月，中央党校函授学院经济管理专业学习），1993年5月至1996年4月，任承德地区体改委副主任、承德市体改委干部（保留副处级待遇），体改委副主任、党组成员。1996年4月至2008年6月，任宽城满族自治县副县长（其间：1997年11月至1999年11月，中国农业大学研究生课程班经济管理专业学习）。县委常委，常务副县长、县委副书记，代县长、县长（2001年07至2003年12月，在河北农业大学自学考试城镇经济与管理专业学习）。2008年6月至2011年8月，任中共承德市双滦区委书记（2006年4月至2008年12月，中国农业大学农业推广专业学习，获农业推广硕士学位），2011年8月至2013年7月，任中共丰宁满族自治县委书记（副厅级），2013年7月至2014年1月，任承德市副市长。2014年1月至2015年1月，任承德市副市长，中共承德高新技术产业开发区工委书记。

十一、柴山

满族，1962年2月生，辽宁省凌源市人，1985年11月加入中国共产党，1978年3月参加工作，大学学历。1978年3月至1982年9月，围场县腰站公社乌拉沟学校教师，1982年9月至1984年7月，平泉师范学校学生，1984年7月至1988年4月，承德财经学校教师，1988年4月至1993年7月，历任中共承德地委组织部干部科科员、副科级组织员、正科级组织员，1993年6月至2008年4月，历任中共承德市委组织部干部科正科级组织员，干部考核委员会办公室综合科科长，副处级组织员、干部二科科长、组织部副部长、老干部局局长，2008年4

月至2010年6月，任市劳动和社会保障局局长、党组书记，2010年6月至2011年9月，任丰宁满族自治县县长、县委副书记，2011年9月至2014年1月，任承德市政府秘书长、党组成员、办公室党组书记，2014年1月至2015年1月，任中共承德高新技术产业开发区工委副书记、管委会主任（副厅级），2015年1月至2016年2月，任中共承德高新技术产业开发区工委书记、管委会主任。2016年2月调离。

第四节 各类专业高级技术人员

高新区内企事业单位各类专业高级技术人员1992年至2013年末统计，2014 年至2015年共有各类专业技术人员34人。

一、高级工程技术人员

2014年至2015年高级工程技术人员16人。

2014—2015年高级工程技术人员一览表

表12-4-1

姓名	性别	出生日期	工作单位	专业名称	职称	授予时间	级别
李冬梅	女	1969年1月	承德市本特思达仪表有限公司	机电工程	高级工程师	2014年12月	高级
张柏军	男	1976年4月	承德高新区上板城镇人民政府	林业	高级工程师	2014年12月	高级
郭艳玲	女	1972年6月	颈复康药业集团有限公司	制药工程	高级工程师	2014年12月	高级
李　君	女	1978年5月	颈复康药业集团有限公司	制药工程	高级工程师	2014年12月	高级
苏国林	男	1958年5月	颈复康药业集团有限公司	制药工程	高级工程师	2014年12月	高级
闫春风	男	1973年7月	颈复康药业集团有限公司	制药工程	高级工程师	2015年11月	高级
郭金甲	男	1979年3月	颈复康药业集团有限公司	制药工程	高级工程师	2015年11月	高级
李　平	男	1975年4月	颈复康药业集团有限公司	制药工程	高级工程师	2015年11月	高级
贾素民	女	1970年11月	承德高新区上板城中心校	小学教育	中学高级教师	2014年12月	高级
代晓伟	女	1976年11	承德高新区上板城中心校	小学教育	中学高级教师	2014年12月	高级

续表 12-4-1

姓名	性别	出生日期	工作单位	专业名称	职称	授予时间	级别
赵淑芬	女	1963年3月	承德高新区上板城中心校	小学教育	中学高级教师	2014年12月	高级
何长宏	女	1977年8月	承德高新区上板城镇中心卫生院	临床专业	副主任医师	2014年12月	高级
王凤香	女	1972年4月	承德高新区上板城镇中心卫生院	内科医师	副主任医师	2014年12月	高级
张柏军	男	1976年4月	承德高新区上板城镇人民政府	林业	高级工程师	2014年12月	高级
郭艳玲	女	1972年6月	颈复康药业集团有限公司	制药工程	高级工程师	2014年12月	高级
李　君	女	1978年5月	颈复康药业集团有限公司	制药工程	高级工程师	2014年12月	高级

二、高级医师人员

2014年有高级医师3人。

2014年高级医师人员一览表

表 12-4-2

姓名	性别	出生年月	工作单位	专业名称	职称	授予时间	级别
何长宏	女	1977年8月	承德高新区上板城镇中心卫生院	临床专业	副主任医师	2014年12月	高级
王凤香	女	1972年4	承德高新区上板城镇中心卫生院	内科医师	副主任医师	2014年12月	高级
刘井利	男	1973年10月	颈复康药业集团有限公司	医药	副主任中药师	2014年12月	高级

三、高级教师人员

2014年至2015年高级教师人员共有24人。

2014—2015年高级教师人员一览表

表 12-4-3

姓名	性别	出生日期	工作单位	专业名称	职称	授予时间	级别
郑秀娟	女	1965年10月	冯营子镇中心校	语文	中学高级教师	2014年12月	高级
任占富	男	1960年1月	冯营子镇中心校	数学	中学高级教师	2014年12月	高级

续表 12-4-3

姓名	性别	出生日期	工作单位	专业名称	职称	授予时间	级别
王海彬	男	1974年7月	冯营子镇中心校	语文	中学高级教师	2014年12月	高级
陈文华	女	1975年1月	冯营子镇中心校	语文	中学高级教师	2014年12月	高级
关秀玉	女	1969年10月	承德高新区上板城中心校	小学教育	中学高级教师	2014年12月	高级
张秀芹	女	1969年3月	承德高新区上板城中心校	小学教育	中学高级教师	2014年12月	高级
刘显成	男	1967年1月	承德高新区上板城中心校	小学教育	中学高级教师	2014年12月	高级
贾素民	女	1970年1月	承德高新区上板城中心校	小学教育	中学高级教师	2014年12月	高级
代晓伟	女	1976年11月	承德高新区上板城中心校	小学教育	中学高级教师	2014年12月	高级
赵淑芬	女	1963年3月	承德高新区上板城中心校	小学教育	中学高级教师	2014年12月	高级
张运枝	女	1969年12月	冯营子镇中心校	政史	中小学高级教师	2015年11月	高级
张　存	男	1974年5月	冯营子镇中心校	数学	中小学高级教师	2015年11月	高级
孔凡双	男	1974年1月	承德高新区上板城初级中学	初中历史	中小学高级教师	2015年11月	高级
韩春艳	女	1977年11月	承德高新区上板城初级中学	初中数学	中小学高级教师	2015年11月	高级
代艳新	女	1978年4月	承德高新区上板城初级中学	初中语文	中小学高级教师	2015年11月	高级
张　杨	男	1974年4月	承德高新区上板城初级中学	初中语文	中小学高级教师	2015年11月	高级
赵郁杰	女	1974年3月	承德高新区上板城初级中学	初中物理	中小学高级教师	2015年11月	高级
刘秀兰	女	1977年3月	承德高新区上板城初级中学	初中语文	中小学高级教师	2015年11月	高级
李长春	男	1972年1月	承德高新区上板城初级中学	初中语文	中小学高级教师	2015年11月	高级
孙继广	男	1971年1月	承德高新区上板城初级中学	初中数学	中小学高级教师	2015年11月	高级

续表 12-4-3

姓名	性别	出生日期	工作单位	专业名称	职称	授予时间	级别
郑晓红	女	1974 年 8 月	承德高新区上板城初级中学	初中数学	中小学高级教师	2015 年 11 月	高级
王月华	女	1968 年 10 月	承德高新区上板城初级中学	初中物理	中小学高级教师	2015 年 11 月	高级
姜振国	男	1963 年 4 月	承德高新区上板城初级中学	初中历史	中小学高级教师	2015 年 11 月	高级
霍振东	男	1977 年 2 月	承德高新区上板城初级中学	初中化学	中小学高级教师	2015 年 11 月	高级

附　录

一、上级重要来文

承德市人民政府《成立承德高新技术领导小组》的通知

承市政〔1992〕9 号

承德县、各区人民政府，省属以上企事业单位，市政府各部门：

为加强对我市高新技术工作的领导，经研究决定成立“承德市高新技术领导小组”，组成人员如下：

组　长：谢应开　副市长

成　员：何复华　市科委主任

王永章　市计委主任

原志山　市经委主任

彭建声　市政府副秘书长、对外开放办公室主任

马万忠　市建委主任

杨延彬　市城乡建设局局长

马士明　市土地管理局局长

王秀堂　市人事局局长

周广和　市劳动局局长

秦树本　市工商局局长

韦庆生　市税务局局长

张　拓　市经贸局局长

程文甫　人民银行行长

王恩源　工商银行行长

许宏烈　农业银行行长

张　震　建设银行副行长

马有录　中国银行代行长

朱锋利　市政府办公室副主任

张克范　市科委副主任

领导小组下设办公室

主　任：何复华（兼）

副主任：张克范（兼）

马淑娴　市科委高新技术办公室工程师

成　员：郑立志　市科委工业科科长

魏力群　市科委外事科科长

门伟光　市计委工业科科长

韦昌荣　市经委技改科科长

王亚州　市科委农业科干部

承德市人民政府办公室

一九九二年二月二十九日印

中共承德市委承德市人民政府《关于建立承德市高新技术产业开发区》的决定

承市发〔1992〕8号

（一九九二年四月二十五日）

根据中共河北省委、省政府冀发〔1992〕8号文件“关于扩大对外开放的十二条措施”的要求，为加快我市对外开放步伐，加速经济发展，中共市委、市政府决定：

1. 创建承德市高新技术产业开发区。起步区选址确定在市区南郊的雹神庙村、庄头营村和闫营子村，占地面积2.7平方千米。一期开发面积1.2平方千米。

2. 成立承德市高新技术产业开发区建设筹备小组。立即向省政府申报省级高新技术产业开发区，同时着手开发区的规划、设计与建设工作。

3. 开发区的建设要遵照全面规划，合理布局，综合开发，分步实施的原则，依托旅游，依托京津，内联外引，同步并进。要把开发区办成高新技术向现实生产力转化的基地，吸引外资推动全市经济发展的基地和聚集人才，培养人才的基地，逐步把开发区建成以高新技术产业为主体，兼有技、工、贸、旅等多种功能的外向型经济区。

4. 开发区建设筹备小组要尽快制定鼓励投资、吸引人才和加速高新技术产业发展的政策。在用足用好现有优惠政策的同时，在土地使用、税收、还贷、招聘人才等方面要制定和实行更优惠政策，以弥补我市与发达地区投资环境的差距，增强吸引力。

5. 开发区的建设必须高速度、高效率、高质量、高效益。1992年上半年要完成一期开发的规划、设计、征用土地等前期工作，确保1992年下半年破土动工。1993年一期开发工程要根据需要，逐步实现“六通一平”，即道路、供水、供电、通讯、供热、排水六项管线全通，场地平整。同时，建设一定数量的标准厂房和综合设施，并新建和迁建第一批进区企业。在此基础上，逐步扩大，滚动发展，到1995年全面完成一期开发工作，并形成一定的经济规模，为二期开发工作并形成一定的经济规模奠定基础。

6. 开发区要多方筹措资金。一、发行债券。二、向申请进区企业收取预付款。三、争取省和国家财政的支持；争取上级部门的支持；争取社会各界和海外侨胞、港澳台胞的支持。四、积极争取外商投资。

7. 积极筹备组建地方融资机构，为全市经济发展和开发区建设筹备资金。

8. 开发区要建立精干、高效、独立的管理机构，比照沿海特区开发区的运行机制实行“一市两制”，把开发区办成“小政府，大服务”的试验区。

9. 开发区的内资企业可以比照外资企业的经营模式确定经营管理机制。

10. 设立开发区发展公司。该公司是从事建设、开发区和经营活动的经济实体，并规划一个建筑安装企业。

河北省科学技术委员会河北省高新技术领导小组办公室《关于对邯郸、廊坊、承德建立高新技术产业开发区》的批复

冀科一字〔1992〕018号

邯郸、廊坊、承德市人民政府：

经审查认定，省政府批准你市高新技术产业开发区为省级高新技术产业开发区。

此复。

河北省科学技术委员会
河北省高新技术领导小组办公室
1992年5月10日

中共承德市委承德市人民政府《关于成立承德市高新技术产业开发区筹备组》的通知

承市发〔1992〕14号

承德县委、县政府，各区委、区政府，省属以上企事业单位，市直各部门，各人民团体：

为加快我市高新技术产业开发区的建设，经中共市委、市政府研究决定，成立承德市高新技术产业开发区筹备组。筹备组在中共市委、市政府直接领导下，具体负责开发区规划、征地、设计、有关政策实施、施工建设等项工作。

组　长：孙建群　市委常委、常务副市长
顾　问：穆　一　市人大副主任
　　　　关本善　市委常委、市委秘书长
副组长：丁建东　市计委副主任
　　　　王庆宁　市建委副主任
　　　　许建华　市委办公室副处级督察员
　　　　张克范　市科委副主任

筹备组工作人员暂定12～15人。各有关部门要把参与和支持开发区建设当作发展我市经济工作一件大事共同抓好。

中共承德市委承德市人民政府
一九九二年六月一日

承德市人民政府《关于界定承德市高新技术产业开发区区域范围有关问题》的通知

承市政〔1992〕72号

承德县、各区人民政府、市政府各部门：

根据《河北省省级高新技术产业开发区认定标准》第六条规定，现就界定我市高新技术产业开发区（以下简称开发区）区域范围及有关问题通知如下：

承德市高新技术产业开发区位于市中心以南6千米处，东起庄头营村，西至闫营子，北至二道沟，南濒滦河，南北长3.5千米，东西宽1.5

千米，分东、西两片分布，规划总面积 2.7 平方千米。第一期开发的东片面积 1.2 平方千米，东由庄头营，西至雹神庙，北由二道沟，南濒滦河，沿武烈河、滦河呈带状分布。京承旅游公路、承唐公路穿过开发区。

开发区区域范围内的建设与开发，由开发区管理委员会统一规划，统一管理。任何单位和个人未经开发区管委会批准，不得擅自在区内布点建筑。

一九九二年六月十七日

承德市人民政府
《关于成立承德市高新技术产业开发区管理委员会及管理权限》的通知

承市政〔1992〕73 号

承德县、各区人民政府、市政府各部门：

为加强对我市高新技术产业开发区工作的组织领导，加快高新技术产业开发区的建设步伐，经研究决定，成立承德市高新技术产业开发区管理委员会（以下简称开发区管委会）。开发区管委会领导职数 5 人，开发区建设初期，管委会暂设综合办公室、开发办公室、建设办公室、条例法规办公室，暂定编制 15 人。所需人员从机关、事业单位调剂解决，原则上不从企业调入。人员开支由财政列支。

开发区管委会在省政府、省科委和市政府的领导下，对开发区行使区域和行业管理，直接归口市政府。具体管理权限是：

1. 开发区管委会代表市政府，对开发区实行统一领导和管理，协调市各部门、各单位有关开发区的工作。

2. 依法制定和公布开发区内的行政管理条例和规定。

3. 制定开发区经济和社会发展规划，并组织实施。

4. 负责开发区内的土地规划、征用、开发和管理，兴办和管理开发区内各项公共设施以及文化、教育、卫生等公共事业。

5. 管理开发区的财政和税收，依据开发区优惠政策，按规定审批开发区内企业的减免税。

6. 按照规定权限，审批在开发区内投资兴办的各类项目。

7. 领导市政府各部门设在开发区内的分支机构，对开发区内的工、商企业负指导和监督责任。

8. 按照规定权限，确定开发区的人事制度、用工制度和工资形式。

9. 完成市政府交办开发区的有关工作。

一九九二年六月十七日

承德市人民政府
《关于承德市高新技术产业开发区若干政策的规定》

承市政〔1992〕74 号

为加速我市高新技术产业开发区的建设，特制定本规定：

一、税收

1. 开发区内的高新技术企业从被认定之日起，上缴所得税超过 15% 的部分，由开发区财政返还；其出口产的产值达到当年总产值 70% 以上的，上缴所得税超过 10% 的部分由开发区财政返还。开发区内新办的高新技术企业，经企业申请，开发区批准，从盈利年度起，两年内上缴的所得税额，由开发区财政返还给企业。

2. 高新技术企业进行技术转让、技术咨询、技术服务、技术培训，年净收入在50万元以下，可暂免征收所得税；超过50万元部分，按适当税率征收所得税。

3. 凡属“火炬计划”开发范围的高新技术产品，符合新产品减免税条件而减免的产品税、增值税款，专项用于技术开发，不计征所得税。

4. 开发区的内资企业，一律按照国家规定缴纳奖金税。下列单项奖金征收的奖金税，可由开发区财政返还：①从其留用的技术转让、技术咨询、技术服务、技术培训净收入中提取的奖金不超过15%的部分；②高新技术产品出口企业，按国家规定从出口奖励金中发放给职工的奖金；③符合国家规定的其它免税单项奖。上述①、②两项合并计算全年人均免税奖金额不足2.5个月标准工资，按2.5个月标准工资扣除计税；超出2.5个月标准工资的，按实际免税奖金扣除计税。

5. 区内高新技术企业新建技术开发和生产经营用房及配套设施，按国家产业政策确定征免投资方向调节税；经有关部门批准，免征城建配套费、人防设施费。

6. 区内高新技术企业，2年内所缴纳的城镇土地使用税、房产税由开发区财政返还，5年内免征城建维护税和教育附加费。

7. 安排技改贷款、科技三项经费和地方生产性基本建设投资时，要优先考虑高新技术产业发展所需资金对高新企业所需资金银行给予优先支持。

8. 建立高新技术发展周转金。市财政每年拿出一定资金，由财政局与市科委共同管理，专项用于高新技术发展。高新技术企业每年从销售总额中提取3%，用于技术开发。

9. 高新技术开发区建立区级财政，开办前五年自收自支，五年后采取包死基数，超收部分用于支持区内重点项目建设。

10. 银行优先安排开发区发展公司和高新技术企业所需的基本建设、技术改造贷款；对有困难的企业，在有担保的前提下，可将其自有资金占总投资的比例降至10%。银行对开发区内具备条件的高新技术企业，优先安排发行债券。由人民银行牵头组织各专业银行和有关金融部门共同建立开发区风险投资基金，用于风险较大的高新技术产品开发。开发区创办投资咨询机构。

11. 对引进境外资金和引荐国内投资项目成功者，根据资金利率的高低、时间的长短和会计事务所出具的验资报告确认的到账资金的0.2%～0.5%，一次性奖励中介人。

二、外贸外汇

12. 经国家有关部门批准，可授予开发区内出口业务开展较好的高新技术企业以外贸经营权。

13. 开发区高新技术企业的商务、技术人员出国实行一年内多次出国一次审批。任务批件一年有效，一年内属同类任务再次出国者，由该企业负责批准。所用外汇指标由市调剂解决。

14. 开发区高新技术企业所创外汇，扣除上缴国家部分，从创汇年度起3年内全部留给企业，从第四年起按政府20%企业80%分成。

15. 开发区高新技术企业所需外汇，外汇主管部门给予优先支持。

三、土地和基建。

16. 对区内高新技术企业土地使用费优惠按进区先后分段依次递减，1995年以前进区企业，享受最优惠待遇。

17. 开发区高新技术企业的生产经营性基本建设项目，按照统一规划安排建设，纳入市固定资产投资总规模，优先安排施工。

18. 经市政府批准，开发区高新技术企业免购国家重点建设债券。开发区高新技术企业照章缴纳国家能源交通基金。开发区内企业以批准前一年缴纳的国家能源交通基金为基数，超基数部分只承担应上交部分，应交省的返还给开发区，用于开发区建设。

19. 对开发区供电、供水、排水、供热、电信、交通等给予优先保证。

四、劳动人事

20. 开发区高新技术企业技术职务的岗位设置、结构比例可适当高于一般企业。区内高新技术企业对其专业技术人员，可根据专业水平和实际贡献，破格聘用专业职务。

21. 鼓励党政机关、科研单位、大专院校、事业单位和大中型企业的科技人员到开发区高新技术企业工作，实行档案工资、档案职务，延缓退休年龄，评聘专业技术职务。允许科研单位、高等院校和企业的科技人员在开发区高新技术企业兼职服务。

22. 对进入高新区的科技人员实行效益和工资挂钩。对做出突出贡献的科技人员给予重奖。并免征个人收入调节税。

一九九二年六月十七日

中共承德市委
《关于设立承德市高新技术产业开发区管理委员会》的决定

承市发〔1992〕18号

承德县委、各区委，省属以上事企业单位党委，市直各部门党委、党组，各人民团体党组：

为适应高新技术产业开发区建设的需要，市委决定，设立承德市高新技术产业开发区管理委员会。该管委会为处级机构，直属市政府领导。任命下列人员为管委会领导成员：

孙建群同志任管委会主任（兼）

谢应开同志任管委会第一副主任（兼）

丁建东、王庆宁、许建东、张克范任管委会副主任

原承德市高新技术产业开发区建设筹备组随即撤销。

中共承德市委

一九九二年七月六日

中共承德市委
《关于成立中共承德市高新技术产业开发区工作委员会》的决定

承市发〔1992〕19号

承德县委、各区委，省属以上企事业单位党委，市直各部门党委、党组，各人民团体党组：

为加强对高新技术产业开发区工作的领导，市委决定，成立中共承德市高新技术产业开发区工作委员会，为市委派出机构。

该工作委员会设委员七名（暂缺一名）：

孙建群同志任工委书记

谢应开、丁建东同志任工委副书记

王庆宁、许建华、张克范同志任工委委员。

中共承德市委

一九九二年七月六日

承德市人民政府
《关于市高新技术产业开发区区划范围及管理权限》的通知

承市政〔1992〕102号

承德县、各区人民政府、省属以上企事业单位、市政府各部门：

为扩大对外开放，加速我市经济发展，经市委、市政府研究决定，并经省政府批准，在我市南郊建立省级高新技术产业开发区。一期工程面积1.2平方千米、具体范围是：南起滦河北岸，北至二道沟和大石庙村，东起庄头营村，西至雹神庙两山分水岭。该范围内的土地、山地及河道全部规划开发区管委会管理。

一九九二年八月二十四日

承德市人民政府
《关于成立承德市高新技术产业开发区建设指挥部》的通知

承市政〔1992〕36号

承德县、各区人民政府、省属以上企事业单位、市政府各部门：

为加快承德市高新技术产业开发区建设，保证各项工作顺利开展，市政府决定，成立承德市高新技术产业开发区建设指挥部。其人员组成如下：

总 指 挥：孙建群　市委常委、常务副市长
　　　　　谢应开　市政府副市长
副总指挥：丁建东　市高新技术产业开发区管委会主任
　　　　　王庆宁　市高新技术产业开发区管委会副主任
　　　　　杨彦彬　市城乡建设局局长
　　　　　李文化　供电局局长
成　　员：武振国　计划委员会副主任
　　　　　吴升起　市建设委员会副主任
　　　　　张克范　市科学技术委员会副主任
　　　　　陈丰泰　市城乡建设局副局长
　　　　　韩振环　市双桥区副区长
　　　　　韩国权　市公安局副局长
　　　　　王世文　市物资局副局长
　　　　　梁　生　市土地局副局长
　　　　　王长田　市税务局副局长
　　　　　杨春和　供电局副局长
　　　　　刘　超　市邮电局副局长
　　　　　贠学愚　市水利局总工程师
　　　　　王子魁　市交通局总工程师

指挥部下设办公室
办 公 室 主 任：王庆宁
办公室副主任：王仰仁、丛志城

一九九二年八月二十七日

承德市人民政府
《关于印发承德市高新技术产业开发区管理委员会职权范围》的通知

承市政〔1992〕128号

承德县、各区人民政府、省属以上企事业单位、市政府各部门：

《承德市高新技术产业开发区管理委员会职权范围》，已经市政府同意。现印发给你们，请认真贯彻执行。

承德市高新技术产业开发区管理委员会职权范围

承德市高新技术产业开发区（以下简称开发区）管理委员会（以下简称管委会），代表承德市人民政府对开发区实行统一领导和管理，协调市各部门和各单位有关开发区的工作。

市政府授予开发区管委会行使以下职权：

一、制定开发区总体规划，经济和社会发展规划及重大政策，经市政府批准后实施；

二、依据法律有关规定、规章，制定开发区内土地管理、劳动人事管理等若干管理规定并公布实施；

三、管理开发区的财政和税收，按照规定审批开发区内企业税收减免的申请，开发区自行决定对开发区企业财政返还的比例。

四、享有对开发区固定资产投资包括基本建设、技术改造、技术引进、利用外资项目的省管审批范围权限，并报市有关部门备案。

五、负责开发区内的土地规划、征用、开发和管理。负责开发区内的建筑设计审批管理。开发区内土地使用权出让、转让、终止、抵押由开发区按有关规定自行办理，并报有关部门备案；

六、对开发区各行政管理机构及各部门在开发区内设立的分支机构、负领导、检查、监督、协调责任。

七、监督、管理、指导开发区内各类事业、企业单位。

八、按照规定权限确定开发区机构设置、人事制度、用工制度和分配形式。

九、兴办和管理开发区文化、教育、体育、卫生等公共事业。

十、管理开发区的进出口业务，处理开发区涉外事务。

十一、综合汇总开发区各项统计资料，并按时报送市统计部门。

十二、市政府授予的其他职权。

一九九二年十月十四日

承德市人民政府
关于印发《承德市高新技术产业开发区优惠政策》的通知

承市政〔1992〕149号

承德县、各区人民政府，省属以上企事业单位，市政府各部门：

《承德市高新技术产业开发区优惠政策》，已经市政府常务会讨论通过，现印发给你们，请认真贯彻执行。

承德市高新技术产业开发区优惠政策

为了全市经济发展，加速开发区建设。根据国务院、省政府颁发的各项政策规定，结合承德市实际情况，市政府决定，进入开发区企业享受以下优惠政策。

一、税收

1. 工商统一税

开发区企业，进口自用的建筑材料、生产设备、用于生产出口产品的原材料、零配件及自用的交通工具、办公用品免征工商统一税。

在开发区内投资或工作的外方人员，携带合理数量的自用生活品和交通工具入境，免征工商统一税。

开发区企业生产的产品出口时，除国家另有规定的产品外，均免征工商统一税。

外商投资企业生产的内销产品按规定纳税有困难的，经企业申请，税务部门批准。可减征或免征工商统一税。

2. 产品税、增值税

区内企业生产的高新技术产品，自投产年度起 2 ～ 3 年内免征产品税和增值税。

3. 企业所得税

区内企业均减按 15% 税率征收所得税。

经营期在 10 年以上的生产性外商投资企业，从投产年度起免征所得税 5 年，减按 5% 征收所得税 5 年。具体免税年度企业可在优惠期内自行选定。

区内企业在优惠期内所获得的税后利润，再投资于开发区部分，经营期不少于 5 年的，全部退还再投资部分已缴纳的企业所得税和地方所得税。

外商投资企业，自投产年度起免征地方所得税 10 年。

属高新技术产业的内资企业来所得税免减参照外商投资企业执行。非高新技术产业的内资企业，从投资年度起，免征:所得税 4 年，减按 5% 征收所得税 3 年。具体免减年度，企业可在优惠期内自行选择。

产品出口企业免减所得税期满后，外商投资企业出口产品产值达到当年产品产值 60% 以上，内资企业出口产品产值达到当年产品产值 30% 以上的，减按 8% 征收所得税。

4. 个人所得税

区内实行工效挂钩的从业人员，免征个人收入调节税或余人所得税。

外商从其投资企业取得的利润免征个人所得税。

5. 其他税费

区内新建技术开发和生产经营用房及配套设施，免征城建配套费、人防设施费、固定资产投资方向调节税。

区内企业从投产年度起 5 年内免征城建维护税、教育附加费和房产税、车船使用税；对新创办的高新技术企业和进区的老企业所征收的能源交通基金、预算调节基金、产品税、增值税、营业税的新增部分，5 年内除上缴中央的外，省市两级的均返还给开发区用于开发区建设。

省已下放到市代办的税收减免权限，涉及开发区内企业的，由开发区代办。

二、土地使用

6. 允许国内外投资者在开发区内成片开发土地，并可在出让合同规定的条件下，进行土地使用权的再度转让或出租。

7. 区内高新技术企业和科研机构 5 年内免征土地使用税，5 年后再减半征收土地使用税 3 年。其他企业 3 年内免征土地使用税。

8. 场地使用费的优惠，按进区先后分段依次递减。1995 年以前进区企业享受最优惠待遇。

三、金融信贷

9. 中国人民银行和各专业银行可在开发区内设有分支机构，为外商投资企业开立人民币和外币账户提供方便。

10. 银行对开发区企业所需贷款给予优先支持。

11. 区内企业不受所有制限制，均可在企业内部或向社会发行债券或股票，股票实行税后利润全额分红。

四、外贸外汇

12. 外商投资企业之间，在外汇管理部门监督下，可以互相调剂外汇余缺。

13. 中国银行、中国人民银行及其指定的其他银行，可对外商投资企业开办现汇抵押业务和贷放人民币资金。

14. 为解决外商投资企业外汇平衡问题，允许实行综合补偿的办法。

15. 外商投资企业生产进口替代产品，允许国内用户用外汇购买，并不再从国外进口。

16. 区内具备外贸自营权条件的企业，由区管委会审核，报经贸部门批准，授予外贸自营权。

五、出入境管理

17. 在区内投资或工作的外方人员及其家属可凭开发区公函办理临时居住证和多次往返的出入境签证。

18. 区内企业的技术和商务人员可一次办理多次出国审批手续，年内再次出国由派出单位自行审批。

六、保险

19. 承德市保险公司国外业务部将为外商投资企业开办各种进口货物运输保险、各类运输工具保险、各种财产保险和各种责任保险，其中包括投资保险、利润损失保险和工程保险，为外方资产安全提供优质服务。

20. 上述优惠政策，如遇硬性干涉，通过财政返还的办法，予以兑现。

七、其他

21. 有关外商投资企业、高新技术产业企业及其他内资企业的管理政策，将另行规定。

一九九二年十二月十四日

承德市财政局
《关于设立开发区金库请示》的批复

〔1993〕承市财预字第22号

市高新技术产业开发区管理委员会：

你区管理委员会以承市高管委发〔1993〕5号“关于设立开发区金库的请示”收悉。经研究，提出如下意见：

一、开发区目前不是一级政府，按国库条例不应建金库。本着特事特办的原则，为便于开发区组织财政收入，原则同意建开发区金库。

二、有关建金库的具体手续，准备工作由开发区与人行协商办理，情况反馈我局。

三、开发区财政要尽快对收支范围、规模、财政体制形式等提出初步意见，报经我局核定。

四、为保证财政体制正常运行，在市对开发区体制未确定前，开发区金库只能组织收入入库，不得支出。

1993年4月14日

河北省省级经济技术开发区建设的若干规定

〔1994〕48号

为加快省级经济技术开发区（以下简称开发区）建设步伐，特作如下规定：

一、管理体制

开发区管理委员会（以下简称开发区管委

会）由市人民政府（地区行政公署）或县（市）人民政府派出。受同级政府委托，开发区管委会代表政府对开发区实行统一领导和管理，行使《河北省经济技术开发区条例》所赋予的各项职权。开发区管委会主任由县级以上（含县级）干部担任。

开发区内部管理机构设置由开发区管委会自主决定，依法行使管理职权。各级人民政府及有关部门，要积极支持开发区管委会的工作，加强监督和业务指导，保证赋予开发区管委会的各项职权落实到位。

二、外资项目的审批权限

开发区管委会享有所在市人民政府（地区行政公署）的外商投资项目审批权，并根据国家有关规定审批项目立项和可行性研究报告，受省委托核发合同批准证书，同时向所在地计划主管部门和对外经济贸易主管部门备案。

三、土地审批权限与管理

开发区管委会负责开发区内的土地管理工作。开发区建设用地，由开发区管委会依照有关法律、法规规定的审批权限依法审批。超过审批权限的，由开发区管委会逐级报省人民政府审批。开发区管委会受省土地管理部门委托核发土地使用证，同时向所在地土地管理部门备案。开发区管委会代表政府垄断开发区土地一级市场，放开和搞活开发区土地二级市场。土地出让金的收入除上缴国家部分外，全部留在开发区，主要用于开发区的土地开发和基础设施建设。

在省人民政府批准的开发区范围内，可以根据开发区建设规划以及开发区发展和建设项目需要，办理用地有关事宜，并按规定用途合理开发、利用，严禁荒弃土地。

开发区管委会根据建设项目进展情况提出开发区的年度用地计划指标，开发区所在地人民政府计划主管部门和土地管理部门对开发区的用地计划指标要给予保证。

四、规划与建设管理

编制和实施开发区规划，应当遵循合理布局和规划指导开发区建设的原则。位于城市规划区内的开发区规划，必须符合并纳入城市总体规划；位于城市规划区外的开发区，应当按照新城镇的建设要求搞好规划。开发区总体规划报省人民政府审批，开发区详细规划报开发区所在市人民政府（地区行政公署）审批。

开发区管委会根据批准的开发区总体规划和详细规划，对开发区实施规划和建设管理，并对建设单位审批和发放建设项目选址意见书、建设用地规划许可证、建设工程规划许可证，以及其他有关的建设、建筑、开工许可证。

五、企业登记管理

经开发区管委会批准设立的内联和外资项目，由国家工商行政管理局授权的市、地工商行政管理部门委托开发区管委会或派开发区的分支机构（办事人员）负责登记管理。派驻开发区的分支机构（办事人员），在开发区管委会领导下开展工作。

六、劳动人事管理

开发区管委会享有市级职工管理权。开发区推行劳动合同制和聘用制，企业、事业单位可以根据实际需要向社会公开招用、聘用职工，不受指标限制，并由开发区管委会直接办理调动手续。开发区企业招用、聘用职工，可以试行办理小城镇户口。开发区企业的劳动管理依照《河北省经济技术开发区劳动管理规定》执行。

七、出国人员审批权限

开发区内企业因从事推销、采购、售后技术服务、市场调研等业务需要出国的人员，每个企业可选 3 至 5 人，每年由开发区管委会将人员名单报所在市人民政府（地区行政公署）。有出国（境）审批权的市人民政府可以直接审批；无审批权的，由市人民政府（地区行政公署）审核后报省外事管理部门审批。一次审批，一年内多次有效。审批后的人员名单必须报省外事管理部门备案。

八、财政管理

开发区建立一级财政机构，根据实际需要，设立同级财政金库。业务由同级财政部门管理，实行财政独立的预决算制度。开发区内组织的财政收入，5 年内列收列支，全部用于开发区建设。

九、资金来源

各级各类金融机构要多形式、多渠道筹措资金，积极支持开发区建设，对开发区的贷款项目优先安排。开发区需要设立金融分支机构的，要优先审批。积极试办地产抵押贷款业务，并争取国家开发银行的信贷支持。通过委托贷款、投资、租赁等渠道搭桥引线，引进资金，增加对开发区的资金投入，支持开发区建设。

十、固定资产投资

进入开发区的地方项目，要纳入所在地固定资产投资计划管理。由省计划主管部门根据开发区的实际需要，增加所在地投资规模。市人民政府（地区行政公署）计划主管部门要保证开发区的投资规模。开发区管委会受省计划主管部门委托，核发固定资产投资许可证。

十一、市人民政府（地区行政公署）派出的开发区管委会，其管理权限和具体办事程序依照本规定执行。县（市）人民政府派出的开发区管委会，其管理权限和具体办省事程序，由市人民政府（地区行政公署）参照本规定并根据开发区建设的实际情况制定。

十二、本规定由省政府对外开办公室负责解释。

十三、本规定自下发之日起施行。

河北省人民政府办公厅
一九九四年六月十日

中共承德市委办公室承德市人民政府办公室
关于印发《开发区现场办公会议纪要》的通知

承办字〔1994〕51 号

市直各有关单位：

市委、市政府于 11 月 15 日在市高新技术产业开发区召开了现场办公会，研究解决开发区在建设和发展过程中出现的主要问题。现将《开发区现场办公会议纪要》印发给你们，请各有关单位按照纪要精神和要求认真执行。

中共承德市委办公室
承德市人民政府办公室
一九九四年十二月五日

开发区现场办公会议纪要

时间：一九九四年十一月十五日
地点：高新技术产业开发区管委会
主持人：中共承德市委书记、市长柳宝全
参加人员：市委副书记傅贵武、市委副书记、常务副市长孙建群、市政府秘书长马致君、市财政局、人事局、建委、劳动局、公安局、国税局、地税局、交通局、民政局、供电局、工商局、外贸局、土地局、双桥区政府及开发区的主要负责同志。

会议首先听取了开发区关于 1994 年经济运行情况和 1995 年计划安排的初步意见。会议认为开发区各项工作进展顺利，取得了可喜的成绩。会议指出，开发区是承德改革开放的窗口和试验区，是全市经济发展的一个重点科技增长点。开发区自身要继续按照“开放的意识、封闭的管理、超常的发展、优良的服务”的原则，突出“高新”二字，狠抓项目建新机制，加快发展。各有关部门要解放思想，千方百计，放权让路，支持开发区加快发展。会议着重研究和解决了开发区在建设和发展过程中出现的主要问题。会议议定：

1. 鉴于开发区一期工程西区所在地双桥区大石庙镇雹神庙村土地已被全部征用，无地农民已经农转非，故决定将该村改建为雹神庙街道居民委员会，成建制划归开发区管委会领导与管理。此项工作由市民政局牵头，会同双桥区开发区，在今年年底之前交接完毕。

2. 维护市政府承市政〔1992〕72 号 102 号两个文件已经明确的开发区范围。由市建委牵头、按市政府原来批准的界定范围，办理有关交接手续，界定后由开发区同意管理。

3. 开发区财税管理实行独立运行，设立相应机构。开发区财政收入，除上缴中央部分外，其余全部返给开发区，用于开发区建设，由 94 年开始，五年不变。关于税收优惠政策，开发区要抓紧拿出意见，报市政府研究审批。有关财税方面的具体问题，由市财政局、国税局、地税局和开发区共同研究解决。

4. 为维护开发区安全和加强区内户籍管理，成立时公安局开发区分局，在省未批准成立分局之前，先行成立开发区公安派出所。

5. 设立市工商局开发区分局，由工商局领导。业务工作上具有相对独立性。“三资”企业由开发区工商分局初审，市工商局办理登记注册手续。管理职能由开发区管委会工商局尽快制定。

6. 市外贸局可派出负责“三资”企业审批人员到开发区经济发展局挂职，具体办理区内“三资”企业合同、章程审批，批准证书发放等有关事宜。以使开发区具有相对独立的审批权。

7. 开发区土地管理局同时也为市土地管理局派出机构，负责开发区界定范围内土地管理工作，并办理土地征用、出让、转让等有关手续，核发国土使用证，关于原地区畜牧水产局在开发区内土地权属问题，由市土地管理局牵头尽快解决。

8. 开发区管理机构人员从严控制，市有关部门派驻开发区机构一律不增加新的编制，在现有人员中调剂解决。开发区各险种保险基金由开发区代市收缴，市劳动局统一掌握使用，其中待业保险金返给开发区 10%，用于培训职工。开发区内的待业人员，市劳动部门要积极协助予以安置。

9. 开发区内企业买用电权问题，不制定统一政策，根据企业用电负荷情况，采取多种方式予以解决，并尽可能给予优惠，市供电局要责成专门机构或专人管理开发区供用电，以提高工作效率，为进区企业搞好服务。

京承公路开发区路段，仍由市交通局管理，开发区要给予积极配合。开发区路段按城市道路规划标准进行控制，红线控制由京承公路西侧路面后退 15 米。环境管理问题要引起高度重视，可由开发区商交通局统一收取进区建筑企业管理费，统一维护管理好此路段。

承德市人民政府
关于批转《承德市高新技术产业开发区管委会关于鼓励各县区进入市开发区兴办企业的暂行办法》的通知

承市政〔1994〕98 号

各县（自治县）、区政府，市政府各部门，省属以上企事业单位：

我市高新技术产业开发区的工作业已展开，为进一步加快开发区的建设步伐，开发区管委会制定了《鼓励各县区进入市开发区兴办企业的暂行办法》，经市政府研究同意，现予以批转。这一办法的实施，对于充分发挥开发区区位和政策优势，城市带动乡村共同发展，以及推动全市的经济和社会事业再上新台阶都具有重要意义。

承德市高新技术产业开发区管理委员会关于鼓励各县区进入市开发区兴办企业的暂行办法

为适应地市合并的新形势，本着优势共享的原则，发挥和利用中心城市区位、省级高新技术产业开发区政策等方面的优势，加快城乡经济的发展，特制定本暂行办法。

一、各县区企事业单位、社会团体、各类经济组织及个人，均可在开发区创办各类企业或设立分厂（公司），享受国家、省、市有关开发区的优惠政策。

二、对不符合在开发区内建厂要求的企业，经开发区管委会审查批准后，可在开发区内办理工商、税务登记手续，在区外建厂。

三、各县区（含乡镇）所办企业，原隶属关系不变，统计口径不变。

四、开发区从各县区（含乡镇）所办企业所得财政收入，由开发区财政全部返还给县区（含乡镇）财政。

五、各县区政府可在开发区内所办企业中设立驻市办事处，作为对外开放的窗口。

六、各县区所办企业可带部分职工进入市开发区，办理城市户口。对于企业中农业户口的生产、经营、技术骨干，市从每年省分配的农转非指标中划出一块，解决其农转非问题。

中共承德市委常委会会议纪要十届第51号

1998年6月16日，市委书记柳宝全在市委1号楼二楼会议室主持召开了市委十届第五十七次常委会议。

会议听取了“承德市高新技术产业开发区工作情况汇报”，对开发区在建设与发展中遇到的问题和新区开发工作，进行了认真的研究。会议认为，开发区创建6年来，西区建设已初具规模，支撑服务体系已基本形成，管理体制逐步调整理顺，初步显示出新的经济增长点的积极作用，产生了良好的经济效益和社会效益，为我市对外开放和经济发展做出了积极的贡献。以实现摆满西区为标志开发区在完成初创阶段任务转向全面发展阶段的同时，面临着完善西区提高质量，开发新区扩大规模的艰区任务。切实解决好开发区在建设与发展中遇到的困难和问题，进一步加快开发区的建设步伐，对于实施“科教兴市”、“开放带动”两大主体战略，发挥开发区在“发展高新技术产业，引进国内外先进技术和管理方法”中的窗口、先导和示范作用是十分必要和有益的。

一、会议原则同意“北开飞机场、东扩大石庙、南延冯营子”的新区开发思路，实施东西南北区组团式开发，东区要抓紧谋划引进大项目成片开发，北区要继续抓紧协调军地有关部门的工作。考虑到目前上述两区开发尚有一个过程，同意先行启动南区，由常幸和郭群同志牵头协调市农科所等有关单位，调整部分土地，先行启动，抓紧动作。南区开发要遵循“统一规划，易于起步，分步实施，抓紧动作”的原则，实行大规划、小起步，逐步积累，滚动发展的方法，引进一个项目，开发一片土地，东西南北区的开发建设一律按开发区现行体制动作，实行开发区的各项优惠政策。

二、会议要求，要扎扎实实的建设好西区，提高经济运行质量。西区做为开发区的中心及新区开发的基地，要把搞好建设和管理、提高质量作为重要任务抓紧抓好。要加快在建项目的建设步伐，促其早日投产达产。要采取得力措施解决好半拉子工程。要抓住机遇，强化创新，解决区内企业的亏损问题。开发区既要高速度，更要高效益。要加强西区环境的建设，达到净化、美化、绿化，树立良好的对外形象。

三、会议认为，目前开发区的薄弱环节是招商力度不够。现阶段仍然要以招商引资作为第一位的工作。建设西区，开发新区、要采取大胆嫁接，带资进区，移位进区，部门联动等方法。通过走出去、请进来、全方位、多渠道等手段，吸引高新技术进区，对兴办基础设施，大、高、外的项目，可视具体情况，实行更优惠的政策。

四、关于开发区运行机制问题，会议强调，开发区工委、管委会做为市委、市政府的派出机构，代表市委、市政府对开发区实行统一领导、统一规划、统一管理，在管理体制上坚持“封闭管理、独立运行”的方式。市直各部门各单位对开发区内的企业进行检查、评比等活动必须经开发区管委会同意后方可进行，开发区内的企业主管部门不得干预企业内部的生产经营活动。为区内企业创造一个宜于发展的宽松环境。

五、关于开发区财政体制问题，开发区建立一级财政，实行独立的预、决算体制不变，按照“支持开发区的发展市级财政能过得去”的原则，由常幸同志牵头，理顺开发区与市财政的关系。

六、开发区领导体制仍然按现行领导体制动作，同时要注意理顺开发区与各方面的关系，努力营造全市上下关心开发区、支持开发区、积极参与开发区建设的良好氛围。会议要求开发区要在坚持封闭管理体制的同时，主动协调好与市直各部门特别是综合经济部门和工业主管部门的关系，形成共同发展的合力。要理顺好与双桥区的关系，没有镇村的稳定发展，开发区的繁荣兴旺就缺乏稳定的基础，要妥善处理好与镇、村及农民的关系，积极帮助、扶持周边镇、村发展经济，为开发区创造良好的发展空间。

中共承德市委办公室
1998年6月22日

承德市人民政府加快开发区建设与发展现场办公会议纪要

市长办公会会议纪要

时　间：2002年9月2日
地　点：市开发区三楼会议室
主持人：袁　福
参加人：于素伟　韩志远　王　克
任玉祯　张国良
列席人：张建国　张耀邦　穆金程
霍玉甫　齐金华　姜亚山
曹建平　刘佳福　郑立志
郭智武　刘艳东　吴清文
傅润丰　刘文龙　张志国
刘金花　杨春山　郭庆明
张庆来　丁仕信　黄秋成
史艳丽

会议议题：专题研究讨论开发区建设与发展问题

会议听取了开发区“关于加快建设与发展和请求帮助解决问题”的汇报，研究确定了在新的形势下实现开发区快速发展的思路、方向，并就开发区提出的有关问题制定了解决措施。

会议认为：我市开发区十年建设取得了很大成绩，应给予充分肯定。十年来，开发区按照市委、市政府提出的“开放的意识、封闭的管理、超长的发展、优良的服务”的建区原则和“三依托”（ 依托母城、依托旅游、依托京津）、“三为主”（以工业项目为主、以高科技为主、以外向型经济为主）建区方针，发扬“创新、务实、高效、奉献”的精神，白手起家、滚动发展，走出了一条在艰难中起步、在困难中发展、在探索中前进的创业之路，初步形成了发展速度较快、经济效益较好、企业素质较高、发展潜力较大的新经济区。①基础设施建设日益完善。十年来，累计完成基础设施投入11092万元，固定资产投资14.76亿元，利用外资1595万美元。累计开工面积10.5万平方米，竣工面积15万平方米，已开发面积1平方公里，建城区面积0.6平方千米。②经济实力日益增强。截至去年底，全区累计完成技工贸总收入432亿元，国内生产总值13亿元，实现利税4.7亿元，财政收入1.42亿元。2001年度全区技工贸总收入完成16.3亿元，国内生产总值4.9亿元，实现利税1.8亿元，财政收入4053万元。以1993年为基数计算，四项指标年均递增分别为78.23%、68.64%、77.25%和83.16%。③对全市经济发展的推动作用日益明显。主要经济指标占市本级经济总量的比重逐年提高。1993—2001年，技工贸总收入由0.17%提高到8.43%；GDP由0.28%提高到2.7%，实现利税由0.3%提高到18.1%；财政收入由0.1%提高到3.4%。开发区对目前发展所面临形势的分析与估价是符合实际的，提出今后一个时期的工作思路和重点，抓住了关键，有很强的针对性，很大的突破性，希望开发区能够坚定不移地按照这个思路认真地抓好落实，抓出实效。

会议要求：

1. 开发区既是我市改革开放的窗口，又是城市建设的重要组成部分，更是我市工业经济发展的潜力所在。因此，全市各部门、各单位必须统一认识，形成合力，坚定不移地支持开发区的建设与发展，积极主动地解决开发区在建设与发展过程中遇到的新问题，为开发区的快速发展创造良好的社会环境。

2. 开发区在今后工作中，要认真研究在现有基础上如何保持良好的发展态势，如何找准制约发展的突出问题，如何适应我国加入WTO后出现的新形势，深入研究思考在新形势下出现的新问题。认真学习领会“三个代表”重要思想和江泽民“5·31”讲话精神，牢固树立发展是执政兴国、执政兴市第一要务的思想。看到十六大以后新一轮经济发展高潮，尽快适应“追赶型经济、跨越式发展”的氛围，抓住机遇，加快发展。

3. 开发区要进一步解放思想、更新观念。在发展思路的谋划上有新观念，在目标确定上有新跨越，特别是在工作摆布上，要实现五个方面的新突破：一是在管理体制上有创新；二是在项目谋划上有新举措；三是在园区建设上要努力创造新的优势；四是在工作重点上要有新转变；五是在产业定位上要突出重点、综合发展。要跳出承德的小圈子，开拓视野，面向国际市场面对京、津、唐地区，力争吸引大企业来开发区投资兴业。

4. 开发区要进一步加强机关作风建设，树立良好的对外开放形象。开发区的特殊地位，决定了其形象建设的重要性。开发区领导班子要根据全市开展的思想作风纪律教育整顿的统一安排，采取切实措施，重点解决好精神状态问题，努力克服“小富即安、小进则满”思想，规范管理、科学管理．让每个人工作有目标、有压力。构建责权明确，效率较高的管理服务体系。振奋精神，开拓进取，克服困难，艰苦创业，真正为投资者创造良好的投资环境，成为展示我市对外开放成果的窗口。

为进一步加快开发区的建设与发展，认真解决目前存在的困难和问题，会议研究确定：

1. 关于加快开发区发展问题。由袁福同志负责，组织有关部门在搞好调研的基础上，尽快拿出《关于进一步加快我市高新技术产业开发区建设与发展的决定》草案，提交市委、市政府联席会议研究通过后执行。

2. 关于开发区规划管理审批权问题。开发区的规划管理审批维持现有体制，审批权仍在市规划局。开发区和规划局一起拿出东西区发展总体规划，在此基础上，制定两区详规，作为指导开发区今后建设的依据。要切实解决好入区企业和项目规划审批环节多，程序复杂，时间长，影响企业积极性的问题。具体由规划局与开发区共同提出可操作的解决方案。

3. 关于各种收费问题。为降低企业入区成本，提高开发区的竞争力和吸引力。必须给予开发区优惠政策，今后，涉及市里各单位的收费，如旧城改造、城市配套和人防建设费等一律免收，其它费用能免则免，能缓则缓，切实为企业创造一个更加宽松的发展环境。

4. 关于给予财政体制上的政策支持问题。总的原则是，确保基数，新增长部分重新制订优惠政策。总的要求是给开发区发展空间。开发区该征的要征，该退的要退。具体办法由开发区和市财政局共同研究，提出方案。开发区原入区企业享受的优惠政策，凡未到期的仍继续执行。

5. 关于简化项目审批程序，提高效率问题。请开发区与土地、城建、环保等部门共同协商，必要时可集中一次性办公，实行“一站式”“一条龙”服务。提高办公效率和服务水平。

6. 关于东区架设10千伏高压线路走向和东区内从承德市通往承德县的高压线改迁问题。由规划局牵头，电力局、交通局、双桥区、开发区等共同参加，实地勘察后，把线路走向定下来，尽快组织实施。再出现新的问题，由袁福、韩志远、王克三位市长协调解决。

7. 关于开发区两条道路管理问题。对京承路已形成的临建，要按照谁批准、谁负责拆迁的原则处理。今后，绝不允许在京承、承栗路两侧乱批乱建，必须管住，保护景观。

8. 关于富立公司事宜。请法院、检查院及其它相关部门要本着利于发展，尽快复产，特事特办的原则，抓紧各项程序运作，尽快完成。

9. 关于华一集团拖欠土地出让金问题。由韩志远同志负责，具体协调，力争在今年底，最迟明年一季度底以前解决。

10. 关于开发区的奖励政策问题。由外经委、纪检委、监察局和检察院等部门与开发区共同再议一下，要合法、合规，能够兑现。

11. 关于开发区下一步发展规划问题。由规划局和开发区共同研究，提出方案．经论证后，报市规划委审批。

承德市人民政府办公室

2002年10月15日

中共承德市委承德市人民政府《关于进一步加快高新技术产业开发区建设与发展的决定》

承发〔2004〕2号

（2004年1月18日）

为认真贯彻落实党的十六届三中全会和市委《关于推动经济跨越式发展全面建设小康社会的决定》精神，进一步加快高新技术产业开发区（以下简称开发区）的建设和发展步伐，充分发挥开发区在我市经济发展、对外开放、城市建设、科技进步和体制创新中的辐射带动作用，推动全市经济持续、快速、健康发展。根据《河北省高新技术产业开发区条例》，借鉴外地经验，结合我市实际，特作如下决定：

一、充分认识开发区在全市经济和社会发展中的重要地位，举全市之力支持开发区的建设与发展

（一）建立高新技术产业开发区是改革开放后党和政府为扩大对外开放、创新管理体制、优化发展环境、推进科技进步、加快经济发展所采取的一项重要举措。我市开发区建立十年来，对

加快全市对外开放和经济发展步伐，推进工业结构和城市布局调整发挥了重要作用。但与我省先进开发区相比，在区域规模、发展速度、经济总量、产业结构、对全市经济的辐射带动作用及经济发展环境综合竞争力等方面都存在明显差距。我国加入世贸组织后，对开发区的建设和发展既有一些新的机遇，又面临激烈的竞争和严峻的挑战。我市开发区原有规划面积小、经济管理职能不健全、机制不灵活、政策不优惠、环境不宽松和竞争力吸引力不强的现状，已严重影响和制约着开发区新一轮创业与发展，必须下大力量认真加以解决。

（二）开发区是我市实施“开放带动”“科教兴市”和“工业立市”战略的重要载体；是加快完善社会主义市场经济体制的试验区；是实施城市“南扩西进”战略，扩大城市规模，建设城市新区的主体。进一步加快开发区的建设和发展，是事关我市进一步扩大对外开放，增强全市创新能力与竞争能力，推动工业经济结构调整，加速工业化和城市化进程，实现跨越式发展和全面建设小康社会的全局性问题，必须引起高度重视。

（三）各级领导、各有关部门要充分认识进一步加快开发区建设和发展的重要意义，切实把开发区建设与发展摆在全市经济工作的重要位置，举全市之力支持其快速发展，真正形成关心。支持开发区建设与发展的浓厚氛围，为开发区创造一个更加宽松的发展环境，促其率先发展，率先突破。

二、着眼全市经济和社会发展大局，明确开发区建设与发展的思路和目标

（四）按照全市《国民经济和社会发展“十五”计划》和市委《关于推动经济跨越式发展全面建设小康社会的决定》确定的目标，围绕落实“工业立市、农业强市、旅游旺市”和“全党抓经济、重点抓工业、关键抓项目、合力抓环境”的指导思想，开发区今后一个时期建设和发展的基本思路是：以邓小平理论、“三个代表”重要思想为指导，认真落实党的十六大和十六届三中全会精神，围绕一个目标（加快发展，建设城市经济中心区），坚持“三为主”的建区原则（以工业项目、外向型经济、高新技术产业为主），实施三大战略（环境立区、开放兴区、科技强区），发挥四项职能（市域经济增长极、技术创新孵化基地、体制改革试验区、城市新区奠基石），全力加快开发建设步伐，把开发区建成开放度较高、综合竞争力较强、发展速度较快、产业结构合理、功能配套齐全、环境优美的城市经济中心区。

（五）按照上述总体思路，开发区今后一个时期内要努力实现四大奋斗目标：第一，瞄准城市经济中心区的战略定位，充分发挥对外开放的窗口和招商引资的主力军作用，努力成为市域经济最具活力的增长极。逐步形成以高新技术产业为先导，加工制造业为支撑，服务业全面发展的产业格局。到“十五”期末，开发建设面积达到5平方千米左右，GDP和财政收入分别达到10亿元和1亿元；到2010年，开发建设面积达到10平方千米左右，GDP和财政收入分别达到32亿元和3亿元；到2020年，开发面积达到20平方千米左右，GDP和财政收入分别达到100亿元和10亿元。第二，围绕进一步建立和完善社会主义市场经济体制的目标，不断加大经济管理体制和行政管理体制的改革力度，努力营造优良的经济发展环境，成为全市经济管理体制和行政管理体制改革的试验区，并为全市的改革提供示范和先导。第三，要进一步强化开发区的技术创新孵化基地功能。通过完善政策，加大投入，吸引高新技术企业入区，用现代技术改造提升传统产业，推动产业结构调整，发展高新技术产业。第四，要成为城市新区的奠基石。在加快经济发展的同时，不断完善开发区的城市功能和社区服务功能，使之逐渐成为集城市经济中心区和现代文明新城区于一体的城市新区。

三、健全管理职能，创新管理体制，建立有利于开发区发展的高效运行的管理体制和运行

机制

（六）开发区的管理职能与管理体制要严格按照《河北省高新技术产业开发区条例》和市委、市政府《关于建立承德市高新技术产业开发区的决定》界定执行。开发区管理委员会作为市政府的派出机构，代表市政府对区内的各项经济、行政事务进行统一管理，实行“独立运行、封闭管理”的管理体制和运行机制。市政府授权开发区管委会及内设机构在开发区规划建设区域内行使与市直相应部门同等的经济、行政管理职能。设立派驻机构的市直部门，要按照独立运行、封闭管理体制的要求和行政审批不出区的原则，采取委托和授权的方式将各项行政审批及管理职能全部授予给派驻机构。已经明确赋予开发区各职能部门的管理职能，市直相关部门不再重复行使。在此基础上，按照加快开发区建设与发展的要求和精简效能的原则，对开发区机构设置和部门职能进行重新调整和界定：

1. 开发区管委会内设机构

(1) 保留开发区财政局和劳动人事局，行使市财政局、劳动和社会保障局、人事局的相应管理职能。

(2) 开发区经济发展局更名为开发区经济科技发展局，行使市级发展计划、经贸、科技、统计部门的相应管理职能，下设正科级安全生产监督管理局，在开发区内行使安全生产监督管理职能。

(3) 开发区招商科技局更名为招商局，行使市外经贸局和开放办的相应职能。

(4) 开发区建设局更名为建设房产环保局，行使市建设局、环保局、房产局、城管局的相应职能。同时成立综合执法大队业务上接受市城管局指导，在开发区规划建设区内行使市政府赋予城管部门的城市管理职权。

2. 在已有派驻机构的基础上，设立开发区公安分局。

3. 健全开发区的经济服务职能，恢复设立开发区经济发展公司。根据开发区建设和发展需要，在规划区域内，开展项目孵化和社区公益服务。

4. 建立开发区行政服务中心，统一受理开发区范围内的行政审批业务，实行“一站式”窗口办公。除开发区内设机构和市直部门派驻机构外，根据项目审批需要，市卫生、技术监督、水务、消防等部门也要在行政服务中心设立窗口，派驻人员，每周三集中办公，以减少办事环节，提高办事效率，为外来投资者提供优质、高效、快捷的服务，展示良好的对外形象。

（七）凡开发区内设机构和市直部门派驻机构行使的行政审批业务，其相应的行政性收费一律划归开发区财政和相应的部门依法管理，市直相关部门和双桥区各部门不再重复管理。

四、加快建设步伐，加大政策支持，全面提高开发区招商引资的竞争力和吸引力

（八）开发区要进一步加大招商引资力度，加快推进规划区内的建设与发展步伐，合理规划布局，积极引进项目资金，狠抓计划项目的落实，加速产业聚集，大力培育发展高新产业，尽快形成城市经济中心。按照“南扩西进”的城市发展战略，市规划局在南扩的整体规划上考虑预留必要的工业用地，为今后工业发展打下基础。市国土资源局做好土地利用总体规划的调整报批和规划的执行把关工作，使土地利用总体规划与城市总体发展规划相统一。为利于城市新区及开发区的协调发展，在开发区内建设项目的规划审批程序上，仍按承德市人民政府《关于加强城市规划集中统一管理的决定》（承市政〔2001〕162号文件）的有关条款执行。

（九）加大对开发区发展的财政支持。适应城区规模扩大的需要，市财政每年要从开发区征收的城建税、排污费和水资源费中安排一部分用于开发区基础设施建设的资金，以加快改善开发区的基础设施环境。

（十）为入区企业营造良好的政策环境，降

低企业入区成本，增强开发区的政策吸引力

1. 开发区内原有企业和新入区企业进行基本建设，除市政府原已批准免交城市建设配套费、旧城改造费和人防建设费外，其它行政事业性收费，除应上缴国家和省有关部门部分外，一律免收，逐步向无费区过渡。

2. 对外来投资企业除执行国家现行的税收优惠政策外，开发区可根据企业规模、性质给予一次性的土地价格优惠和一定期限的科技进步奖励政策。具体办法由开发区制定。

3. 建立科技风险投资基金，鼓励支持入区企业从事科研开发，新技术、新工艺的引进吸收和科技成果的孵化转化。

4. 为加快入区企业项目建设的进度，凡符合开发区控制性规划的项目，由开发区规划分局和市规划局审批，不再报市规划审批委员会审批。

（十一）按照封闭管理的原则，规范对入区企业的检查行为。除涉及安全生产和环境保护的事项外，未经市委、市政府主管领导批准，任何单位不准直接到开发区企业开展检查、评比和达标等活动。按国家规定确需检查、评比的，须提前与管委会取得联系，经与企业协调好后进行。开发区开发建设及相关工作涉及市有关职能部门时，各部门要积极支持，尽职尽责，提供方便。市纪委、监察局和行风办要组织开发区企业开展评议市直相关职能部门为企业服务的活动，每年的评议结果要通过新闻媒体向社会公开。具体办法由三个部门会同开发区制定。

（十二）加快创业孵化体系建设。开发区要加强创业服务中心的建设，改进创业服务中心的孵化条件，扩大孵化场地，完善孵化设施，逐步把创业服务中心办成省内一流的高新技术成果孵化器，培育出一批成熟的、有实力的高新技术项目和企业。支持单位和个人采取多种方式，到开发区内创办投资、技术、经纪、评估、咨询、信息等中介机构，形成以创业服务中心为核心的创业服务体系。在区内建立的中介机构，除享受开发区的优惠政策外，经省科学技术行政部门认定后，按非营利机构管理。

（十三）鼓励社会各方面力量为开发区招商引资，对在开发区招商引资工作中做出突出贡献的单位和个人，按到位资金的性质和数额给予一次性奖励。具体办法由开发区管委会制定。

（十四）鼓励支持各县区借助开发区的政策体制和机制优势在开发区创办工业企业。对双桥区新引进和创办的工业企业，其经济指标和财政收入全部划归双桥区；对其他县区进入开发区引进创办的工业企业，进入开发区原规划区内的，其经济指标和财政收入划归开发区，进入新规划区的，其经济指标和财政收入归有关县区。

（十五）做好高层次科技人才培育和引进工作。要制定吸引人才、留住人才的政策，努力营造适合人才发展、有利于人才创业的环境，把开发区建成吸引和聚集人才的高地。鼓励企业聘请外籍专业技术人员，并给予受聘人员“外国专家”的名称待遇。要充分发挥已成立的清华大学承德创业园、北京博士后承德研发基地的作用，通过来区内合作开展高新技术研究、成果交流、专家咨询和项目论证等多种方式，吸引更多的高层次科技人员来开发区创业，解决科技力量薄弱的问题。

五、适应加入世贸组织和加快开发区建设与发展的需要，加强开发区领导班子和职工队伍建设

（十六）开发区工委、管委要以完善管理职能、健全管理体制和运行机制为契机，进一步解放思想、更新观念、振奋精神、克服困难，切实把加快发展作为第一要务。要加强专业招商队伍建设，建设一支熟悉国际经贸规则，善于商务谈判，具有较强公关协调能力和甘于奉献的专业招商队伍。要完善工作目标责任制，实行企业化的绩效挂钩分配机制。切实加强 干部培训，不断提高干部队伍的整体素质和水平。

（十七）开发区工委、管委可根据开发区建设和发展的需要，在核定编制内自主决定内部机构设置，自主进行人员选聘，要建立起公开招聘、竞争上岗、优胜劣汰的用人机制，推进行政管理的科学化、规范化。

六、切实加强领导，保证开发区建设与发展的顺利进行

（十八）加强对开发区工作的领导。市政府成立开发区建设和发展领导小组，负责协调解决开发区建设和发展中的重大问题。由市长任组长，主管副市长任副组长。领导小组下设办公室，由主管副市长任办公室主任，市有关职能部门一把手为成员。专门负责协调解决发展建设中遇到的难点问题。市治理经济发展环境办公室要把开发区的建设发展环境作为重点，加强监督检查，并将情况及时报开发区建设和发展领导小组。市直各部门要按照“特事特办”的原则和市政府授予开发区市级管理权限的要求，做好授权委托等相应工作。

加快开发区建设与发展，事关全市经济发展全局。市委、市政府要求，全市各级、各部门要同心协力，密切配合，全力支持开发区的建设与发展。开发区工委、管委要加强与市委、市政府有关部门的联系、协调，听取意见，改进工作，相互协作，确保开发区经济和社会事业健康快速发展，为全面建设小康社会做出更大贡献。

2004年7月8日印

河北省人民政府
《关于促进开发区（园区）又好又快发展的指导意见（试行）》

冀政〔2008〕48号

各设区市人民政府，各县（市、区）人民政府，省政府各部门：

为认真贯彻落实科学发展观，促进开发区（园区）又好又快发展，现结合我省实际，提出以下意见：

一、明确开发区（园区）发展的总体要求

（一）指导思想。

以科学发展观为指导，紧紧围绕转变发展方式、提高整体竞争力、实现又好又快发展这一中心；以扩大利用外资规模和提高利用外资质量为主，以发展现代制造业、高新技术产业和现代服务业为主；着力增强自主创新能力，着力改善投资环境，着力打造产业集群；更加注重发展质量，更加注重改革创新，更加注重集约发展，更加注重和谐建设；努力把开发区（园区）建设成为全省承接国内外产业转移、利用内外资的重要载体，体制机制创新和科学发展的示范区，科技创新的先导区，产业集群的聚集区，经济发展的重要增长极，为河北建设沿海经济社会发展强省和全面建设小康社会做出更大贡献。

（二）基本原则。

1. 坚持质量速度并重，正确处理“好”与“快”的关系。坚持好字优先，切实做到好中求快、好中求大、好中求强，努力实现主导产业突出，相关产业协调配套，产品质量明显提高，单位面积效益明显提高；努力做到科学管理，高效运作，可持续发展。在好的前提下实现快，转变发展方式快、抢抓机遇快、科技创新快、新兴产业聚集快，发展速度明显高于区外。

2. 坚持解放思想，创新体制机制。在思想观念、发展理念、发展模式、体制机制等方面要勇于改革、大胆创新。除国家明令禁止的外，凡是有利于开发区（园区）发展的改革创新都要积极鼓励，凡是有利于开发区（园区）发展的政策措施都要充分利用，凡是有利于开发区（园区）发展的体制机制都可以尝试探索。

3. 坚持转变发展方式，提高自主创新能力。坚定不移地走新型工业化发展道路，从主要发展工业向现代制造业、高新技术产业和现代服务业协同发展转变，更加注重结构调整和优化升级；从注重规模扩张和发展速度向更加注重提高质量和效益转变，更加注重资源的节约集约利用，充分利用国内外两个市场两种资源。进一步营造鼓励创新的环境，加强消化吸收与再创新相结合，着力提高自主创新能力。把节能减排、保护环境放在更加突出位置，大力发展循环经济，努力建设资源节约型、环境友好型开发区（园区）。

4. 坚持以开放促发展，提高开放型经济水平。进一步完善投资环境，创新招商方式，提高招商实效。突出招商重点，提高外资质量，切实优化利用外资结构，充分发挥外资在推动自主创新、产业升级、区域协调发展等方面的积极作用。加快培育有实力的跨国公司和国际品牌，不断提高开放型经济水平，增强国际综合竞争力。

5. 坚持培育主导产业，打造产业集群。围绕现代制造业、高新技术和现代服务业等重点发展产业，着力引进和培育一批关联带动大的产业集群骨干项目，建设一批规模集中、实力强大的专业化工业开发区（园区）和产业基地，形成若干规模较大、各具特色的制造业产业集群和以物流、信息业为主的现代服务业基地，增强对区域经济的辐射带动作用。

6. 坚持重商亲商，不断优化投资环境。继续把改善投资环境作为重点，不断加强基础设施建设，完善配套服务功能，提高综合承载能力。坚持依法行政，深化行政管理体制改革。进一步改进服务，创建廉洁高效的政务环境。不断完善政策措施，打造具有吸引力的政策环境。及时解决投资商在开发区（园区）投资遇到的困难和问题，重大项目一事一议，特事特办，急事快办，切实提高招商引资项目的履约到位率。

二、加强开发区（园区）科学规划和功能定位

（三）科学编制完善开发区（园区）规划。将开发区（园区）规划纳入国民经济和社会发展规划、土地利用总体规划、城市（镇）总体规划一并审批，形成总体规划、专项规划、详细规划相统一的规划体系。修编土地利用总体规划要统筹安排开发区（园区）建设用地，为开发区（园区）发展留足空间，充分利用符合规划的现有建设用地进行扩区。

围绕全省经济社会发展总体战略和战略支撑产业，按照合理布局、突出重点、集约经营、循环发展的原则，修订完善产业开发区（园区）发展专项规划，建设各有侧重、特色明显、多元并举、相互配套的开发区（园区）产业集群。各开发区（园区）原则上应明确 1-2 个主导产业作为发展重点，实现错位发展。

各类开发区（园区）要综合考虑地区经济发展现状、资源能源条件、产业基础，以主导产业、发展空间、功能区块、基础设施、配套设施及生态保护等为主要内容，科学编制开发区（园区）项目建设的控制性详细规划。

（四）加强开发区（园区）规划管理。严格落实规划管理措施，维护规划的权威性和严肃性。开发区（园区）的规划制定和调整按照有关程序报批。经批准的开发区（园区）规划向社会公布，接受社会监督。加大对规划执法力度，严格按照批准的开发区（园区）建设发展总体规划组织实施建设，坚决杜绝规划执行的随意性，切实保障规划实施的有效性。

（五）明确功能定位。经济开发园区要以推进体制机制创新为重点，以发展现代化工业项目为主，以提高利用外资质量为主，以改善出口结构为主，同时致力于发展高新技术产业和现代服务业。建设大、高、新项目，发展龙头企业、支柱产业和拳头产品，成为深化改革、扩大开放的示范区，在全省经济发展中发挥外向型经济和现代化工业发展的引领带动作用；高新技术产业开发园区要以推进高新技术产业化为重点，加快创

业服务中心和孵化器建设，成为聚集创新要素、加速科技成果转化的先导区，在全省高新技术产业发展中发挥龙头作用；工业园区要以推进区域化布局、集群化生产、集约化经营为重点，强化服务功能，搞好配套衔接，向特色园区、专业化园区和科技园区发展，在全省区域经济发展中发挥将资源优势转化为产业优势、竞争优势的集聚作用。

（六）优化开发区（园区）布局。各地应根据区域资源和产业发展特点，以加速资源有效集聚，提高产业集中度为目标，打破行政区划和部门管理界限，对现有雷同、分散、行政分割的开发区（园区）进行改造整合，提高资源的使用效率。全省努力建成一批高新技术产业聚集区、先进制造业基地和现代服务业先行区，重点培育壮大一批专业化分工、区域化合作的特色优势产业园区，使省级以上开发区（园区）的数量和规模有较大幅度增长。沿海开发区（园区）要充分依托港口资源着力开拓海洋经济和临港产业，重要交通沿线和港口开发区（园区）要加快发展现代物流业，各县（市、区）开发区（园区）要全力培育区域性的优势特色产业集群。

三、加快提升开发区（园区）产业发展层次

（七）努力打造现代产业体系。遵循现代工业发展规律，以项目建设壮大产业载体，以配套发展促进产业集聚，以科技创新平台构建产业支撑，以机制创新激发活力，围绕高端化、高质化、高新化发展方向，走科技含量高、经济效益好、资源消耗低、环境污染少、人力资源优势得到充分发挥的中国特色新型工业化道路。

（八）积极促进特色优势产业向开发区（园区）集聚。合理确定城市规划功能分区，优化土地利用结构，引导企业向开发区（园区）集中。积极承接国际国内产业转移，着力引进一批关联度高、辐射力大、带动力强的龙头型、基地型大项目，延伸产业链条，加速产业集聚和企业集聚，把开发区（园区）办出特色，办出规模，提高开发区（园区）单位面积产出效益。

（九）大力发展先进制造业和新兴产业。坚持以新型工业化为导向，加快建设一批先进制造业基地，集中力量发展电子信息、装备制造、生物医药、新材料、新能源等产业。广泛运用高新技术改造传统产业，努力促进产业产品优化升级，打造开发区（园区）品牌和名优产品。

（十）加快发展现代服务业。基础较好、规模较大的省级以上开发区（园区）要把发展现代服务业作为产业结构调整的重点，坚持制造业和服务业互动发展。把发展金融、物流、科技研发、商务及信息咨询等生产性服务业放在优先位置。积极引进国际服务外包企业，建设一批省级国际服务外包示范区，支持有条件的开发区（园区）申报国家服务外包示范区。

（十一）优化入园企业结构。按照开发区（园区）发展规划，严格入园企业的审核把关，科学合理引进。完善入园企业激励约束机制，将入园企业的管理、效能与兑现优惠政策挂钩。对不符合开发区（园区）产业发展规划、连续亏损、能耗高污染大的企业，要认真采取措施加以解决。对难以改变的，采取政府引导、市场运作等方式，实施企业搬迁出园，优化入园企业结构。

四、着力提高开发区（园区）自主创新能力

（十二）积极实施开发区（园区）重大科技专项。加大开发区（园区）产业技术研发的投入力度，突出解决开发区（园区）特色产业发展的共性和关键技术，促进产业升级和产业链条延伸。重点支持开发区（园区）实施一批产业技术引进消化再创新项目，鼓励引导企业与大公司、大集团建立技术战略联盟，各级财政科技专项资金对开发区（园区）符合条件的引进消化再创新项目，在同等条件下优先立项支持。鼓励开发区（园区）企业自主创新，努力培植具有自主知识产权的技术品牌，增强产品核心竞争力。对开发区（园区）内具有自主知识产权的高新技术产品，在政府采购过程中给予优先支持。

（十三）加快开发区（园区）创新平台建设。鼓励各类开发区（园区）依托现有基础和优势产业，建设重大科技基础设施，设立创业中心、研发中心、重点实验室、孵化中心等各类科技创新载体。重点支持开发区（园区）发展一批质量高、规模大的科技孵化器建设，经国家和省认定的科技孵化器，享受相关的优惠政策。鼓励国内外科研机构、高等院校和大公司大集团在开发区（园区）建立研发中心。鼓励引导开发区（园区）构建科技中介服务体系，加快培育技术咨询、技术转让、知识产权代理等科技服务中介机构，为创新型企业提供相应服务支持。

（十四）完善开发区（园区）科技创新机制。发挥财税等政策杠杆的导向作用，引导鼓励开发区（园区）企业加大科技投入，完善以企业为主体的科技投入体系，支持国内外高等院校、科技机构在开发区（园区）兴办科技型企业，创办产学研基地、科研成果转化基地和培训基地。鼓励高等院校和科技机构的科技人员通过专职或兼职等形式在开发区（园区）创办科技企业，从事科技成果转化工作。科技人员申报评审职称，转化成果按研究成果同等对待。

五、努力推进开发区（园区）可持续发展

（十五）合理高效利用开发区（园区）土地资源。各类开发区（园区）要以集约节约和调整挖潜为重点，严格开发区（园区）土地使用管理。认真执行国家土地管理政策，严禁以任何形式随意改变土地利用规划，特别是严禁利用开发区（园区）土地进行商品房开发，不允许区外行政单位向开发区（园区）搬迁，各类开发区（园区）直接用于产业项目的土地面积（不含代征道路）不得低于 70%。对取得土地使用权后已闲置 2 年以上的建设用地依法予以收回；对长期效益低下的企业占地，可采取回购等方式盘活不良用地。鼓励企业采取发展多层标准化厂房、进行零增地技改等方法，提高单位土地面积的投资强度和使用效率。建立开发区（园区）节约、集约用地评价体系，评价结果与新增建设用地相挂钩。

（十六）探索实施用地新机制。凡土地利用评估达到要求并通过国家审核公告的开发区（园区），可以申请整合依法依规设立的开发区，或者利用符合规划的现有建设用地扩区，符合“布局集中、产业集聚、用地集约”要求的优先安排建设用地指标。鼓励发展较好的开发区（园区）打破行政区划界限，采取一区多园、行政托管、资源整合、异地共建等方式，有序推进区域间的产业转移。本行政区域内无法实现耕地占补平衡的，在确保土地保护目标条件下，可以通过省内异地代补等方式解决。异地建设开发区（园区）、兴办企业，可实行税收分成办法共享上缴税金。

（十七）鼓励各类开发区（园区）充分利用未利用地。凡是利用未利用地实施一区多园开发的开发区（园区），所在地市、县政府对成片的未利用地按开发区（园区）建设规划进行整体安排、分步实施。对利用未利用地进行开发区（园区）建设的地区，在每年安排未利用地计划指标上给予倾斜。在下达的未利用地计划指标范围内，集体未利用地可依法转征为国有建设用地，由市、县政府按项目向开发区（园区）依法供地。对拟作为开发区（园区）开发建设的未利用地，有依托的就近纳入所在地城市（镇）规划，无依托的可作为独立的产业集聚区予以考虑。

（十八）加大开发区（园区）环境保护力度。严格执行国家环保产业政策，加强环境保护宣传教育，提高环保意识，确保生态保护与区域建设同步进行。认真做好入园建设项目的环评审批和环保“三同时”验收工作，禁止不符合环保要求和国家产业政策的企业和项目进区。对条件具备的专业生产开发区（园区），实施规划环评，列入规划环评范围的入园企业可由开发区（园区）管委会组织向环保主管部门统一报批。对污染物排入产业开发区（园区）集中式污染防治设施的，可依法简化评价内容和审批程序。加强开发区（园区）企业环境整治工作，建立健全退出机制，加

快淘汰高染污和高耗能企业，努力建设生态开发区（园区）。

（十九）大力发展循环经济。积极引进能源消耗少、污染排放小、循环可利用资源的项目，着力培育一批循环经济示范开发区（园区）和示范企业，鼓励引导企业通过采用先进技术、工艺、设备、材料等，降低资源消耗量，增强资源能源的利用效率，努力建设生态化、循环型企业，促进区域经济可持续发展。

六、创新开发区（园区）管理体制和运行机制

（二十）完善机构编制管理。按照“小机构、大服务”和“精简、统一、高效”的原则，创新开发区（园区）管理体制，优化职能配置。开发区（园区）管理机构的规格、内设机构和人员编制，根据管辖地行政层级和经济实力、发展状况等，因地制宜，分级管理，科学设置，合理配备。省级以上开发区（园区）机构编制，由省机构编制部门会同行业主管部门制定具体的审核标准，在综合评价的基础上，按照分期分批、成熟一个解决一个的原则进行审批。省级以下园区机构编制，由所在市、县机构编制部门按照管理权限和规定程序进行审批。

（二十一）优化管理方式。开发区（园区）管理部门要采用“一站式办理、全过程服务”的方式为投资者提供高效、优质服务，特别是要切实加强科技、人才、劳动用工、信息、市场等方面的服务体系建设。公安、工商、税务等在开发区（园区）设置派出机构，实行派出部门和开发区（园区）双重管理，征求开发区（园区）管委会的意见。引入能上能下、能进能出、择优录用、能者受奖的竞争机制，完善实施开发区（园区）管理人员公开招聘、竞争上岗制度。管委会可根据岗位、工作量、服务效率等建立奖励制度。

（二十二）创新开发机制。坚持“谁投资、谁受益”的原则，拓宽融资渠道，建立融资机制，促进开发区（园区）投资主体多元化。鼓励开发区（园区）采用市场化运作方式，引入公司制开发模式，大量吸纳国内外资本和民营企业投资于开发区（园区）的基础设施建设。有条件的开发区（园区）可安排专项资金，按市场机制建立高新技术发展基金、民营企业发展基金和招商引资奖励基金，吸引各类金融资本进入开发区（园区），促进风险投资市场的形成。

（二十三）提高招商实效。紧紧抓住国内外产业转移的战略机遇，改善招商手段，广开招商渠道，研究招商对策，强化市场运作，形成以政府为指导、企业为主体的招商工作促进机制。积极运用电子信息技术开展网络招商，增大招商覆盖面。针对重点领域、重点项目和重点对象，实行专业招商或专题招商。建立多层次、宽领域的项目储备库，提高项目信息转化率。要大力引进战略支撑项目，推进增资扩产和产业链招商，提高招商效果。

（二十四）建立社会化服务体系。开发区（园区）所有服务性事项包括医疗、就业、养老保险等都要实行社会化服务。鼓励有条件的开发区（园区）建立资产运营管理机构，负责开发区（园区）的建设和服务。积极建设公共融资平台，支持有条件的开发区（园区）成立担保公司，允许有条件的企业自愿相互担保融资，帮助开发区（园区）企业解决融资困难。

七、营造开发区（园区）良好发展环境

（二十五）强化部门服务职能。各级各部门要认真执行国家和省赋予各类开发区（园区）的管理权限和优惠政策，不得截留。各有关职能部门要积极支持开发区（园区）对国家政策没有明确禁止且有利于加快开发区（园区）发展的政策措施的探索尝试，并提供必要的指导帮助。对开发区（园区）重大招商引资项目的核准、审批，要简化程序，提高效率，特事特办，开辟绿色通道，加快项目的顺利实施。环境影响报告书、报告表和登记表的审批分别在15个、5个和2个工作日内完成，立项前的初审在1个工作日内完

成，环保“三同时”审批在30个工作日内完成。凡是符合依法审批的开发区（园区）规划建设项目，城乡规划行政主管部门要确保在10个工作日内做出规划许可。以上各项逾期未批的可视同认可。

（二十六）规范行政执法行为。行政执法部门要严格执法程序，严肃执法纪律，文明执法，热情服务。减少对开发区（园区）企业的检查频次，避免对同一事项进行重复检查、处罚或收费。对依法保留的收费项目要向社会公开，并严格按标准收取，坚决杜绝乱收费、乱罚款、乱摊派、乱检查等行为。

（二十七）落实完善扶持政策。加大财政支持力度。省、市、县各级财政用于扶持特色产业发展的专项引导资金，重点向开发区（园区）倾斜。省级以上重点开发区（园区）作为区域经济增长极给予重点扶持，经批准，可享受省级“四税”“定额分享、超收全返”等财税优惠政策。

支持开发区（园区）重点项目建设。开发区（园区）内的基础设施项目，凡具备条件的，优先列入省、市、县各级国民经济和社会发展规划。对符合条件的核心产业的关键项目和发展产业集群的龙头项目，优先列入重点战略支撑产业项目。对符合产业结构调整规划、土地节约集约利用、集聚效应和关联度较大的产业项目，给予重点支持。对创新水平高、预期效益好和带动能力强的成长型中小企业也要给予重点支持。开发区（园区）重点项目建设在建设用地、资金支持等生产要素配置方面给予重点倾斜。

完善开发区（园区）土地使用政策。对符合国家产业政策与省优势产业规划的重大工业项目的新建、改建、扩建等确需调整土地规划的，依法予以调整，所需耕地占用指标在设区市范围内调剂解决，特殊情况可以在全省范围内调剂解决。开发区（园区）工业用地可以执行国家允许的最低地价标准。

八、切实加强对开发区（园区）工作的领导

（二十八）进一步提高思想认识。开发区（园区）是改革开放的实验区，区域经济发展的龙头，对外开放、招商引资的主要载体，发展高新技术产业、壮大民营经济的重要基地。加快开发区（园区）建设和发展，是实施科技兴冀、两环开放带动、可持续发展和城市化战略的有效途径，是实现全省跨越发展、科学发展的重要抓手。各级各部门要充分认识加快开发区（园区）发展的重大意义，增强加快开发区（园区）建设的责任感和紧迫感，切实把开发区（园区）发展摆到战略位置，抓好国家和省支持开发区（园区）发展的各项政策措施的落实。

（二十九）加强开发区（园区）组织领导。省政府成立产业园区工作领导小组，负责全省开发区（园区）发展中重大事项的协调工作。省政府主管副省长任组长，主管副秘书长和省有关部门负责同志为成员，下设办公室，负责开发区（园区）建设日常协调管理工作。各有关部门要按照各自职责，密切配合，主动服务，形成合力。各市、县也要成立相应机构或建立联席会议制度，及时协调解决开发区（园区）发展中的突出问题。

（三十）创新完善激励机制。总结推广开发区（园区）建设发展经验，抓好“示范开发区（园区）”创建工作。依托特色开发区（园区）积极创建地理标志、产业基地等区域品牌，评选一批省级特色产业基地和专业乡（镇）。对获得国家级的区域品牌和特色产业基地的开发区（园区）予以表彰。制定开发区（园区）发展考核奖励办法，设立“开发区（园区）发展优秀奖”，对年度考核优秀的开发区（园区）予以通报表彰奖励。

（三十一）实行动态管理。科学制定省级开发区（园区）考评标准，将2006年清理整顿后予以公告的14个省级工业开发区（园区）纳入省级开发区管理序列，对目前各地符合城市及土地利用总体规划、主要经济指标达到一定规模要求的开发区（园区），经审核批准，纳入省级开发区管理序列，视情况给予不同的激励，鼓励走

市场化开发的路子。对发展速度慢、连续两年考核达不到标准要求的省级开发区（园区），取消省级开发区（园区）资格，不再享受相应待遇。

（三十二）加大目标责任考核力度。对全省各级各类经济开发区、高新技术产业园区和工业园区实行统一归口管理，统一考核。建立健全开发区（园区）工作目标责任制，加强对开发区（园区）建设的分级管理。省级以上开发区（园区）由省发展改革委、省商务厅、省科技厅、省财政厅、省统计局等有关部门根据全省开发区（园区）发展状况，制定完善考核体系，从经济实力、产业结构、人才状况、科技创新、开放水平、集约程度、环境保护、社会贡献和管理效能等方面综合评价开发区（园区）发展。各市负责对省级以下开发区（园区）的考核管理。开发区（园区）建设与发展的考核情况，与开发区（园区）领导班子待遇挂钩，与评价领导班子和干部使用挂钩。

河北省人民政府办公厅
2008 年 4 月 28 日

承德市人民政府 《关于印发承德市市级园区（产业聚集区）建设优惠政策（试行）》的通知

承市政〔2009〕86 号

各县、自治县、区人民政府，市政府各部门：

《承德市市级园区（产业聚集区）建设优惠政策（试行）》已经市政府第十二届二十次常务会议通过，现印发给你们，请认真组织落实。

二〇〇九年四月十四日

承德市市级园区（产业聚集区） 建设优惠政策（试行）

为加快市级园区（产业聚集区）建设步伐，促进市级园区（产业聚集区）又好又快发展，制定如下政策。

一、土地政策

1. 国土资源部门用地指标向市级园区（产业聚集区）倾斜，按项目用地规模供应，保证园区（产业聚集区）建设需要。

2. 依据法律政策和年度用地计划，实行“一次性报批、分项目供地”办法。市级园区（产业聚集区）根据建设发展需要，每年 5 月和 12 月两次向所在地县区政府提出年度用地计划、土地征用和农用地转用计划。按审批程序和权限，经市、县政府同意后，国土资源部门办理批次用地手续。已办出让手续的建设用地，国土资源部门在 7 个工作日内发放土地使用权证。

3. 园区（产业聚集区）建设用地可以成片征用，逐步开发。发展空间受限时，可以打破县域行政区划界限，采取一区多园、异地共建、行政托管等方式整合资源，扩大发展空间。

4. 允许农村集体以土地使用权入股或联营等方式，在园区（产业聚集区）内兴办各类企业；拥有建设用地土地使用权的单位和个人，可以将土地折成股份参股、入股或与企业联营，参与企业分红。

5. 国土资源部门对市级园区（产业聚集区）范围内的土地进行统一评估，以国家规定最低价格作为供地底价，由市政府对外公布并执行。

6. 国有土地使用权出让收入，除征地补偿和土地开发支出等费用外，全部用于基础设施和公共设施建设。

二、财政税收政策

7. 市、县财政分别建立专项基金，由市、县区政府在每年预算中给予安排，规模要逐年扩大，采取贷款贴息、专项补助、资本金投入等方式，重点支持园区（产业集聚区）公共服务平台建设及骨干龙头企业重大项目贴息。专项资金使用办法由财政、发改部门制定。

8. 园区（产业聚集区）新设企业、按财政体制，在5年内由市、县区财政给予贷款利息20%～50%专项贴息补助。贴息资金补助最高不超过财政受益的50%。

9. 对兴办属于支柱、重点产业范围，且符合产业政策，固定资产投资额3000万元的企业；按财政体制对流动资金贷款给予贴息2年，年贴息额不超过20万元。

10. 高新技术企业项目贷款，按财政体制由市、县区财政给予贴息2年，2年贴息总额不超过50万元。

11. 市科技局要在市科研规划项目安排中，优先考虑支持园区（产业集采区）的技术创新和服务体系建设。

12. 除享受国家和省支持地方的减免税收政策外，园区（产业聚集区）内的企业建成投产后5年内，在现有财政体制不变的情况下，对超基数新增的地方税收和共享税收属市级和县区级财政留成的50%优先用于土地整治、基础设施建设。

13. 各级财政用于扶持特色产业发展的专项引导资金，重点向市级园区（产业聚集区）倾斜。

14. 市政府及相关部门每年安排市级应用研究开发资金、专项资金、创新基金，重点向市级园区（产业聚集区）倾斜。

三、产业政策

15. 全市确定的钒钛钢铁、清洁能源、装备制造、现代旅游、食品医药等主导产业和新型材料、现代物流支撑产业项目，原则上不安排在园区（产业聚集区）外。

16. 对能带动园区（产业聚集区）发展的核心产业和发展产业集群的龙头项目，优先列为市重点支持的产业项目，并向省政府争取列入重点战略支撑产业项目。

17. 企业研究开发新产品、新技术、新工艺的费用，可按实际支出计入管理费用。

18. 园区（产业聚集区）企业固定资产经有关部门批准可加速折旧，特殊行业折旧率经税务部门批准可提高到30%。

四、其他政策

19. 国家政策没有明确禁止且有利于加快发展的政策措施，世纪园区（产业聚集区）都可以探索尝试，各有关职能第门提供必要的指导帮助。

20. 允许市级园区（产业聚集区）参照和其他先进地区园区（产业聚集区）建设先进经验，制定能发挥自身优势、鼓励发展创新的优惠政策。

21. 支持具备条件的园区（产业聚集区）和驻区企业发行债券进行融资。

22. 按照“谁投资，谁受益”的原则，建立多元化投融资体制，鼓励社会力量投资开发建设基础设施。坚持土地与资本运作并举，积极探索政府主导、自主开发、市场化运作、企业化经营的运行机制，实现园区（产业聚集区）的自我积累、滚动发展。

23. 入区企业办理立项、规划、办理工商和税务登记等方面手续，可由所属园区（产业聚集区）管理机构代办，实行“一条龙”服务。各有关职能部门在必备资料齐全的前提下，经公示后在2个工作日内完成审批手续。

24. 市级园区（产业聚集区）新建项目，凡市级制定和有权减免的行政审批及政府服务的行政事业性收费（除上缴省和中央财政的资金）全部减免。非政府服务项目，由企业自主选择具有资质的社会中介机构，收费标准由双方协调确定，任何部门不得干预服务价格。禁止将行政管理职能转化为有偿服务。行政机关自行组织或委托中介机构组织，对企业进行年检、年审、评估、论证、咨询等活动，费用由组织或委托单位支付，不得向企业收取。

25. 各金融机构要积极支持园区（产业聚集区）建设、主动参与建设项目的论证，并纳入项目贷款支持对象，加大信贷投入。对园区（产业聚集区）内符合条件的企业优先给予资金支持，各金融机构要提供优质、快捷的服务。

26. 环保部门按照相关审批权限对市级园区（产业聚集区）的总体规划和专项规划进行环评审查和预审查工作。对规划环评中包含的具体建设项目，简化环评文件编制内容和审批程序。

27. 进入园区（产业聚集区）投资的业主及其配偶、子女，引进的高级专业人才及其配偶、子女，企业主要经营管理人员，愿意迁入的，可在投资地办理常住户口，可在全市范围内选择中小学校就读。

28. 对落户园区（产业聚集区投资）的业主且贡献突出的，市政府聘请担任市政府经济顾问，颁发特别特献奖。

29. 凡引进市外、国外投资者来园区（产业聚集区）新办企业、所引进企业正式运营后按其引进企业投资规模，由园区（产业聚集区）管理机构安排资金给予引进人奖励。

30. 本政策由市园区经济工作领导小组办公室负责解释，从下发之日起执行。

承德市人民政府办公室

2009 年 4 月 24 日印

中共承德市委承德市人民政府
《关于加快承德高新技术产业开发区发展》的意见

承发〔2009〕13 号

（2009 年 5 月 19 日）

为贯彻落实省政府《关于促进开发区（园区）又好又快发展的指导意见（试行）》精神，进一步加快承德高新技术产业开发区（以下简称高新区）的建设和发展，提出以下意见。

一、充分认识加快高新区发展的重要意义

高新区自 1992 年成立以来，经过十几年的开发建设，经济实力不断增强，已成为我市重要的经济增长极，高新技术产业发展的平台、对外开放和招商引资的窗口、全市园区经济（产业聚集区）发展的龙头。在高新区不断发展的同时，也面临着体制不顺、发展空间不足、审批权限上收等问题。为有效地解决制约高新区发展的突出矛盾和问题，再造发展优势，使高新区不断做大做强，更好地发挥高新区在拉动经济增长、推进产业优化升级、促进科技进步、提升自主创新能力等方面的重要作用，已经十分迫切。

促进高新区加快发展，是关系当前乃至长远发展全局的一件大事。把高新区做大做强，有利于我市加快产业结构调整，促进产业优化升级；有利于发挥高新区在促进我市对外开放、体制创新、产业集聚中的示范和带动作用；有利于优化城市空间布局，扩大城市规模，加快滨水新城建设。对此，各级各部门必须统一思想，高度重视，全力支持。

在新的发展时期，高新区面临着加快发展的机遇和挑战，必须牢固树立机遇意识、责任意识和竞争意识，再造政策优势和环境优势，促进产业集聚和要素集聚，努力实现经济平稳较快增长和可持续发展，在全市园区（产业聚集区）建设中率先发展、率先突破、率先跨越，提升综合实力。必须进一步解放思想，全面落实科学发展观，加快体制与机制创新，努力把高新区建成经济发达、功能齐全、设施完善的现代化新区和科学发展示范区。

二、扩大高新区发展空间

在省政府批准的高新区 6.2 平方千米范围的基础上，通过托管和共建方式，扩大高新区发展空间。

（一）托管区范围

托管省政府批准的 6.2 平方千米核心区内

双桥区大石庙镇的雹神庙、闫营子 2 个村；托管新扩大区域大石庙镇的东营、西营 2 个村，使核心区可利用平地面积增加到 8.7 平方千米。考虑闫营子村的特殊情况，先托管具备条件的雹神庙、东营和西营三个村。条件成熟后，再托管闫营子村。

实行托管后，原行政区划和名称不变。高新区工委、管委会代表市委、市政府对托管行政村所属范围内的土地、山场、河流按照城市总体规划和产业发展规划进行开发建设，对托管区域的农村党务工作、城乡经济发展、城镇建设、项目审批、土地管理、劳动人事、民政司法、文教卫生、社会事业、社会稳定等各项事业实行统一管理。托管区域的各级人民代表大会代表选举、政协委员推荐，由原行政区按规定分配名额，高新区组织选举和推荐。婚姻登记和征兵工作仍由原行政区主管部门负责。实行托管后，市政府按现行财政体制相应划转两区财政收支基数。

（二）共建共享区范围

将承德县上板城镇的上板城、上台子、西大窑、西三家、白河南、卸甲营、漫子沟 7 个村、总面积 16 平方千米作为共建共享区，建立承德市高新技术产业开发区上板城工业聚集区。

承德县政府、开发区管委会要按照市委、市政府《关于设立上板城、六沟产业聚集区和双峰寺空港城的通知》（承字〔2009〕10 号）确定的权利和义务，明确专人负责，密切配合，积极展开工作，尽快启动建设。

三、调整完善高新区管理职能

高新区发展空间扩大后，要加强体制创新和机制创新，统筹经济和社会发展。按照“小政府、大服务”和“精简、高效”的原则和工作需要，完善高新区管理职能，调整健全必要的机构，具体方案报市编委会和有关部门审批后实施。

四、周密组织托管移交工作

双桥区、高新区要严明政治纪律、组织纪律、财经纪律、工作纪律，制定具体工作方案，周密组织和推进移交工作。市直有关单位要加强协调指导，帮助解决移交过程中出现的矛盾和问题，保证托管工作顺利进行。

五、优化高新区发展环境

有关单位要认真落实国家和省赋予高新区的各项政策，研究和制定支持高新区加快发展的具体措施，经市政府专题研究后实施。同时要进一步下放权力，简化审批程序，提高办事效率，强化政务服务，规范各类执法行为，进一步优化开发区的发展环境。

（此件发至县级）

中共承德市委办公室
2009 年 5 月 20 日印

河北省人民政府
《关于同意承德高新技术产业园区扩大规划区域》的批复

冀政函〔2009〕74 号

承德市人民政府：

你市承市政〔2009〕44 号文收悉。经研究，同意承德高新技术产业园区扩大规划区域范围，扩区面积 18.5 平方千米，分为闫营子、凤凰山、东西营、上板城四个区片，扩区后总面积 24.7 平方千米。闫营子区片四至范围为：北至京承公路、南至冯营子村与秋窝村交界处、西至闫营子区边界、东至滦河西岸；凤凰山区片四至范围为：北至滦河南岸、南至冯新公路、西至滦河东岸、东至高新区南区边界；东西营区片四至范围为：北至承栗公路、南至滦北岸、东至东营村边界、西至西营村边界；上板城区片四至范围为：北至卸甲管村边界、南至白河南村边界、东至漫子沟村边界、西至上台子村边界。

你市要加强对高新技术产业园区的规划和管理，坚持依法、节约、集约利用土地，优先发展高新技术产业，创造局部优化发展环境，提高自主创新能力，经济持续健康快速发展。

二〇〇九年七月十七日

中共承德市委领导议事纪要

〔2009〕23 号

会议内容：专题研究加快推进南区建设有关事宜

会议时间：2009 年 7 月 23 日上午

会议地点：开发区管委会三楼会议室

会议主持：市委秘书长

参加人员：姜雅山　刘敏儒　王洪新
赵连国　方国忠　王金学
王大同　王景强　马　力

会议纪要

2009 年 7 月 23 日上午，市委常委、市委秘书长主持会议，专题研究加快推进南区建设有关事宜。市委办公室、市水务局、市规划局、市交通局、双桥区、开发区有关负责同志参加了会议．

会议议定了如下事项：

一、为确保南区第三道橡胶坝及防洪堤工程顺利实施，加快推进南区整体开发建设速度，根据闫营子村目前村情状况和长远发展实际，考虑村民对土地收储的意愿，结合防洪工程建设，拟对闫营子村土地进行统一收储，以 101 国道为界，分步实施，分期付款。第一步，路南约 1500 亩土地即刻实施收储，确保今年8月20日进地施工。土地收储工作由双桥区牵头，开发区协助配合，共同成立土地收储工作组织，依法按程序开展收储工作。收储资金由开发区负责筹集，并在完成土地测量、地上附着物评估后及时付清第一批收储资金，土地价格按省政府有关文件并参照滨河新城五平方公里“起步区”收储价格执行。第二步，路北约 2000 亩土地在第一步收储完成后陆续展开，2010 年农历正月底前完成。在此期间，开发区抓紧筹集第二批收储资金，并向闫营子村做出书面承诺，确保在 2010 年农历正月底前付清。与此同时，双桥区要积极做好村民工作，实现该区域无障碍施工，确保各项工程按时序进度加快推进。

二、南区第三道橡胶坝坝址地段及下游防洪堤工程涉及冯营子村地块并纳入收储范围，收储资金由开发区负责，具体收储工作由双桥区牵头，开发区配合。收储资金给付日期与冯营子村协商确定，双桥区做好村民工作，确保不影响施工。

三、会议要求，各有关部门和单位要认真执行国家有关法律政策，做到操作合法，程序规范，依据充分。同时要密切配合，加快施工，确保第一、二道橡胶坝、防洪堤、景观带及两侧防洪抢险路等工程在今年 10 月 1 日前完成。考虑资金、工期等因素，第三道坝及相关设施在今年 11 月 15 日前完成。

四、为保持工作连续性，由开发区委托北京市市政工程研究设计总院继续承做第二道坝下游路网规划设计工作。

中共承德市委办公室

2009 年 7 月 29 日

承德市人民政府办公室
关于行政托管村城中村改造有关问题的批复

承市政办字〔2009〕197号

开发区管委会：

你区与双桥区政府、市国土局《关于行政托管村城中村改造有关问题的请示》（承高管呈〔2009〕24号）收悉。经市政府研究，现就有关问题批复如下：

一、关于工作职能、职责问题。按照市政府办公室批转的双桥区加快城中村改造推进城市化进程的实施意见（承市政〔2008〕20号）和市、区城中村改造指挥部专题会议决定的事项，由开发区管委会履行对大石庙镇雹神庙，东营和西营三个行政托管村城中村改造项目的管理职能。双桥区城中村改造工作办公室的相关职能、职责由开发区管委会行使；双桥区国土资源局的相关职能、职责由开发区国土资源分局行使。

二、关于三个行政托管村城中村改造拟出让地块成本构成及审核问题。在托管前已经双桥区城中村改造工作办公室审核确认的成本项目和标准，以其确认结果为准；托管后未经审核的成本项目，根据征地过程中发生的相关费用票据和协议规定的补偿标准，以及委托有资质的中介机构进行评估后的有关费用，由开发区管委会审核认定。

三、开发区管委会作为市城中村改造工作办公室成员单位，参与今后相关会议。

特此批复。

承德市人民政府办公室

2009年12月3日

关于成立唐山曹妃甸承德临港工业园管理委员会的
批 复

城市机编〔2009〕24号

市政府办公室：

按照省委、省政府关于加快冀东经济区建设要求，根据唐山市政府、承德市政府《关于在曹妃甸设立承德临港工业园区的合作（实施）方案》，经市机构编制委员会研究，2009年3月18日市委常委会批准，同意成立唐山曹妃甸承德临港工业园管理委员会，现就有关事宜批复如下：

一、机构名称、规格及管理体制

同意成立“唐山曹妃甸承德临港工业园管理委员会”，机构规格正处级，为市政府管理的事业单位，由开发区管委会代管并负责人员编制及经费。

二、内设机构

同意设置内设科室4个，即：综合办公室、招商局、经济发展局（企业服务中心）、建设管理局。

三、人员编制及经费形式

核定事业编制20名（暂由现有人员调剂解决）；经费形式为全额拨款。

四、领导职数

核定管委会领导职数2名，其中：主任1名（正处级）副主任1名（副处级）；核定科级领导职数8名（4正4副）。

五、管委会主要职责

负责编制园区发展规划，研究和确定园区产业结构；制定工业园服务管理的相关制度和管理办法；协调新区规划、土地、环保、建设等相关职能部门；为进区企业、项目协调办理各项前期审批手续；负责与唐山开发区建立日常协调机制，做好工业园区项目的内外联系工作；负责临港工业园的项目谋划、招商引资、对外资企业的管理工作；负责项目建设的全程管理、服务、帮办等工作。

此复

承德市机构编制委员会
2000 年 4 月 10 日

中共承德市委办公室承德市人民政府办公室《关于上板城镇行政区划调整和行政托管有关事项》的通知

承办字〔2010〕26 号

各县、自治县、区县，人民政府，开发区工委、管委会，市直各单位，省属以上企事业单位，各人民团体：

省政府《关于同意将承德县上板城镇划归双桥区管辖的批复》（冀政函 138 号）通知，承德县上板城镇划归双桥区管辖。2010 年 3 月 16 日，市委十二届 93 次常委会议决定，将双桥区上板城镇交开发区行政托管。

承德市人民政府市长办公会议纪要

〔2010〕8 号

会议时间：2010 年 3 月 17 日
会议地点：开发区管委会四楼会议室
会议主持：张古江
出席领导：宋立民　丁万明　李　维
　　　　　贾玉英　王　学
参加人员：信　祥　焦　军　梁世杰
　　　　　吴清海　蔡　青　李相国
　　　　　朱凤惠　丁仕信　刘艳东
　　　　　高　嵩　尚　智　杨　宏
　　　　　姜雅山　刘继先　景联华
　　　　　杨文东　丁　宁　胡铁钢
　　　　　关利军　万仲然　房国民
　　　　　岳建华　王洪新　王天一
　　　　　王　钧　赵跃江　姜　兴

会议纪要

3 月 17 日，张古江市长率领各位副市长和市直有关部门主要领导同志到市开发区进行现场办公。会议听取了开发区总体情况汇报和需市政府协调解决的问题，市直相关部门主要负责人就开发区提出的有关问题做了发言，各位副市长和张古江市长分别讲了具体意见。会议认为，加快开发区建设与发展和战略转型，目前具有千载难逢的机遇。一是规划面积由原来的 6.2 平方千米扩大到 24.7 平方千米，发展空间进一步扩大；二是我市确定的“南扩、西进、北延、中疏”城市发展战略，为开发区建设与发展提供了政策支持；三是京沈高铁、承秦铁路等交通基础设施项目的兴建，将使开发区的交通条件更为优越。同时，市委、市政府及市直各部门对开发区的建设与发展高度重视，鼎力支持。会议强调，开发区要努力成为科学发展的示范区、开放开发的先行区、转变发展方式的核心区。

会议议定事项纪要如下：

一、关于高铁站周边统筹规划问题。一是市地铁局尽快与京冀公司、铁三院就京沈客运承德站址和承秦铁路线出入路径事宜会商，尽快确定站址。二是承德整体综合交通系统规划要结合“十二五”规划编制工作和有关项目进展情况尽早确定方案，聘请国内外知名机构高起点、高标准开展高铁站周边整体规划及各专项规划工作，两项规划编制工作由规划局牵头，做好统筹协调。三是做好区域功能分区规划工作。规划局和开发区要做好衔接，坚持统筹、修编的原则，尽快按程序上报、审定。地铁相关工作由宋立民同志负责，铁路建设由发改委牵头，两项规划编制工作由规划局牵头，市委秘书长负责。四是郭营子村搬迁问题。要认真研究搬迁方案，若采取整体搬迁，双桥区负责，市委秘书长要统筹考虑，宋立民同志要与铁路设计单位做好衔接。

二、关于东区RBD（休闲商务区）规划调整问题。一是要坚持功能定位不变的原则。二是按照目前出具的规划条件招拍挂，若有企业摘牌，则按照现有规划实施；若没有企业摘牌，可对用地结构、布局、开发时序进行适度微调。三是RBD地块坚持统一开发，整体出让。

三、关于上板城工业聚集区开发建设问题。一是控制性详细规划由市规划局负责抓紧履行程序审定。二是园林局苗圃用地要离开城市中心区选址，具体事宜由开发区和园林局商议，由丁万明副市长负责组织协调。三是供水厂由市水务局协调自来水公司抓紧启动筹资和建设前期工作。四是承秦高速公路连接线宽度要按满足长远发展需要一次规划到位，分步实施的原则进行建设。要高水平统筹设计道路、道路周围景观及桥梁，由开发区、交通局共同出资建设。五是供电问题。上板城工业聚集区供电问题由供电公司与开发区共同研究，供电公司要在一周内向华北公司提交报告，力争早批规划、早日开工。城市用电问题由住房与城乡建设局负责提出解决事项，市委秘书长负责协调解决。六是管理机构问题。上板城工业聚集区 由开发区统一管理。开发区内部机构要按照小政府、大服务、精简、高效的原则设置。

四、东西营区域工业项目安排及简化规划审批程序问题。为提高园区建设效率和速度，在坚持规划先行、严格按照控规提出具体条件的前提下，赋予开发区城乡规划分局更多的职能，工业项目修建性详细规划由开发区城乡规划分局审批，报市城乡规划局备案；其他项目要按规定的审批程序办理。

五、关于争取建设用地指标问题。一是用地指标要向园区倾斜，向中心城市倾斜，重点向上板城倾斜。二是上板城是2010年用地工作的重中之重，按照1500亩土地指标开展工作，开发区用地者标中，上板城要优先考虑。三是国土局要通过置换等方法，多争取用地指标；急需开工的项目和特色园区项目要包装好、谋划好，用项目争取用地指标。

六、关于融资支持问题。一是充分发挥银行主渠道和开发区业的主体作用。二是尽快出让具备挂牌条件的地块，回笼资金。三是积极引进项目，增加投资。四是基础设施，景观建设等可采取BT、BOT 等方式引进资金。五是各家金融机构及城投公司要帮助研究解决。

七、关于三家骨干企业发展中需要解决的关键问题。一是颈复康药业集团有限公司、四海啤酒有限公司和华北制药天星公司3家企业要坚定不移地实施外迁。二是从实际出发，颈复康和四海公司生产性项目可以建设，但要参照河北承德露露股份有限公司模式作为临建，一旦按照整体规划和风貌规划实施外迁，要无条件拆除，没有任何补偿。颈复康中药博物馆不可在东区选址，要同步考虑在上板城建设颈复康产业园区设计、启动等工作。四海公司新上灌装生产线在环保方面要严格把关。三是天星药业外迁事宜要专题研究，抓紧安排，要坚定不移的推动与冀中能源合作事宜。天星药业搬迁选址在上板城或是在黄土梁村要认真论证研究，要统筹兼顾。具体由宋立民同志负责。

八、其他事宜。第一，污水处理厂的建设，边规划边建设，尽早开工，基础设施先行。水务、环保、发改和开发区把这件事衔接好。第二，热电联产项目也要千方百计推进，这个项目对南区开发建设影响很大。怎么解决用地指标问题，怎么尽早开工，都是件大事，发改委要抓紧研究落实。第三，开发区滦河绿化景观的扫尾工作和新开工项目要抓紧，老项目“五一”前完工，新项目十月底具备蓄水条件。第四，曹妃甸承德临港工业园是中共省委省政府决定建设的，要坚定不移，同时要讲究方法，讲究策略，讲究时序。

2010 年 3 月 30 日

中共承德市委领导议事纪要

〔2010〕2 号

会议名称：高新区经济运行及发展建设情况汇报会

会议时间：2010 年 4 月 15 日下午

会议地点：高新区管委会四楼会议室

会议主持：杨　汭

会议出席：阮树平　贾玉英

会议参加：崔万峰　朱锋利　梁世杰
李相国　吴清海　张建华
王玉洁　崔兴平　张志忠
庄爱新　王立功　高　嵩
姜雅山

会议纪要

为推动高新技术产业开发区（以下简称开发区）的开发建设，根据国家、省、市有关规定，借鉴外地经验，结合开发区实际，决定在项目招商、土地招商、引进资金工作中，对中介人予以奖励。具体方法如下：

第一条　引入在开发区购置土地开办独资、合资、合作项目的，一次交齐土地出让金的，付给中介人土地出让金总额 5% 的中介费；分期交付土地出让金的，开发区亦分期按每期实收土地出让金的 3.5%，向中介人支付中介费。

第二条　引入土地成片开发，即开发面积在 0.5 平方公里以上，使用年限在 40 ～ 70 年之间的开发项目。开发区除向工发商提供优惠价格的土地外，一次交齐土地出让金的，付给中介人土地出让金总额 5% 当中介费；分期交付土地出让金的，开发区亦分期按每期实收土地出让金 4% 向中介人支付中介费。

第三条　投资入股共同开发，即引入客商与开发区共同开发。待开发区收到外方应出全部资金后，按已收资金的 2% ～ 4% 一次性付给中介人中介费。

第四条　协助开发区引进世行、亚行、政府间贷款或国外商业银行贷款的，由使用贷款的单位，一次性付给直接承办部门引进贷款总额 0.5% ～ 1% 的工作经费，其中 50% 用于奖励引进中介人。

第五条　为开发区或区内企业引入捐资、赠款的，除报请市政府授予捐赠人特殊荣誉外，对促成捐赠的中介人，由接受捐赠的单位，按收到捐赠总额的 5% ～ 10% 给予一次性奖励。

第六条　为开发区或区内企业争取到上级拨款的部门，可按到位款项的 5% ～ 7% 提取工作经费。其中 50% 用于奖励接承办人。

第七条　以上各类中介费和奖金，在具备本办法规定支付条件三个月之内，由受益单位一次性支付给中介人或牵头者。并由受益方代缴个人所得税。

第八条　引进方与受益方要签定中介协议或奖励协议。由开发区管委会认定，并负责监督执行，调节纠纷。

第九条　本办法由开发区管理委员会研究中心负责解释。

2010 年 4 月 15 日

承德市人民政府办公室
关于对我市特定区域进步下放行政审批权限的意见

承市政办字〔2011〕9号

丰宁、滦平、兴隆县、双桥区人民政府，开发区管委会，市政府各部门：

为支持特定区域科学发展、率先发展，打造新的经济增长极，省政府办公厅下发了《关于对我省特定区域进一步下放行政审批权限的意见》（冀政办〔2010〕44号），公布了《下放特定区域实施的行政审批事项目录》（共100项，见附表）。为切实抓好贯彻落实，现就对我市特定区域进一步下放行政审批权限提出如下意见：

一、总体要求

深入贯彻落实科学发展观，解放思想，改革创新，按照依法合规，权责一致、便民高效、利于监督，促进发展的要求，进一步下放行政审批事项，提高行政审批效率，为加快我市特定区城发展创造良好环境。

二、实施范围

（一）特定区域包括（3县1区）：省政府确定的环首都经济圈14个县（市）中的丰宁满族自治县、滦平县、兴隆县，市高新技术产业开发区。

（二）涉及放权单位包括（27个）：双桥区人民政府，市国税局、市地税局、市体育局、市公安局、市旅游局、市环保局、市商务局、市国土局、市发改委、市住房和城乡建设局、市规划局、市城管局、市水务局、市交通运输局、市工商局、市农牧局、市林业局、市文广新局、市卫生局、市粮食局、市质监局、市药监局、市气象局、市人力资源和社会保障局、市教育局、市民政局。

三、基本原则

（一）合法合理。坚持依法行政、科学行政，既要按照法定权限和程序规范行政审批行为，又要进一步扩大特定区域经济社会管理的自主权，增强其统筹经济社会发展的能力，推动经济社会科学发展。

（二）重心下移。着眼于增强特定区域经济社会发展活力、动力和能力，凡是特定区域能够自主决定、自行审批的权限，下放特定区域审批。

（三）高效便民。最大限度地为企业和群众提供优质、高效、便捷的服务，方便基层、方便申请人。

（四）权责一致。坚持“谁主管、谁审批、谁负责”，在赋予特定区域审批权的同时，承担其相应的责任。

四、主要内容

（一）对目录公布的省国土资源厅、省环保厅、省商务厅、省地税局、省旅游局等下放的16项行政审批事项，市对口部门要坚决贯彻执行，不折不扣地落实到位，绝不能中途截留或中梗阻。

（二）对目录公布的设区市实施的涉及规划、土地管理、投资项目审批等84项行政审批事项，要立即下放到县区政府实施。

（三）对双桥区政府与市高新技术产业开发区涉及的城市建筑医圾处置核准等行政审批事项，要抓紧调整落实到位。

五、工作要求

（一）明确责任。对特定区域下放行政审批权限是提高行政效能。减少审批环节，加快推进特定区域发展的重要举措，市政府有关部门和双桥区政府要认真做好有关下放调整工作，明确工作责任，采取有效措施，切实做到应放必放，按要求立中下放调整到位，坚决杜绝变相回收、截留等问题的发生。

（二）搞好衔接。市政府有关部门和双桥区政府要加强对审批事项下放调整后的指导协调工作，把下放权限的审批条件、运行程序等事项与特定区域主动搞好对接。丰宁、滦平、兴隆3个县和市高新技术产业开发区要积极做好接收工作，采取有效措施切实履行管理职责，完善工作机制，健全配套制度，规范审批程序。有关部门要密切配合，搞好工作衔接，防止出现审批脱节和管理真空。

（三）提高审批效率。对下放调整的行政审批事项，要进一步减少审批手续，规范审批程序，缩短审批时限，实现行政审批大提速。

（四）强化督查。各级监察机关要加强监督检查，加大问责力度，对不认真执行有关规定，特别是落实不到位，滥用行政审批权等问题，要督促整改；造成不良后果的，要严肃追究有关领导干部的责任。

相关县区和市政府有关部门要不折不扣地抓好落实，并将落实情况于2011年1月31日前以书面形式报市行政审批制度改革工作领导小组办公室（市行政审批中心，联系电话：2151232）。审批制度改革工作领导小组将适时对落实情况进行抽查检查、实地调研督导，对拖着不办、顶着不干、敷衍应付的单位，将进行严厉的问责通报。

承德市人民政府办公室
二〇一一年一月二十日

承德市人民政府办公室
关于加快工业聚集区发展实施意见的补充通知

承市政办字〔2011〕39号

各县、自治县、区人民政府，开发区管委会，市政府有关部门：

按照今年1月18日国家土地督察北京局向河北省人民政府下达的国家土地督察整改意见书和省长办公会议纪要第55号要求，经市政府研究，决定对《承德市人民政府印发关于加快承德市环首都经济圈产业发展的实施意见的通知》（承市政〔2010〕220号）和《承德市人民政府关于加快工业聚集区发展的实施意见》（承市政〔2010〕217号）中相关内容予以删除。

删除《承德市人民政府关于加快工业聚集区发展的实施意见》第十六条“实行差别化的土地政策。对符合条件的重大产业项目，实行政府土地“零收益”出让;对促进我市产业结构调整，加速经济转型具有重大影响的战略性项目，由政府无偿提供项目用地，征用土地所需成本和政府收益采取先征后返的方式支持企业”。

承德市人民政府办公室
2011年3月28日印

国务院
《关于同意承德高新技术产业园区
升级为国家高新技术产业开发区》的批复

国函〔2012〕105号

河北省人民政府：

你省《关于将承德高新技术产业园区升级为国家级高新技术产业开发区的请示》（冀政〔2011〕33号）收悉。现批复如下：

一、同意承德高新技术产业园区升级为国家高新技术产业开发区，定名为承德高新技术产业开发区，实行现行的国家高新技术产业开发区的政策。

二、承德高新技术产业开发区升级后不增加规划面积，仍为6.2平方千米，区域范围为国务院有关部门公布的开发区审核公告确定的四至范围。

三、承德高新技术产业开发区要按照布局集中、产业集聚、用地集约、特色鲜明、规模适度、配套完善的要求，立足科学发展，着力自主创新，完善体制机制，努力成为促进技术进步和增强自主创新能力的重要载体，成为带动区域经济结构调整和经济发展方式转变的强大引擎，成为高新技术企业“走出去”参与国际竞争的服务平台，成为抢占世界高新技术产业制高点的前沿阵地。

四、承德高新技术产业开发区必须严格实施土地利用总体规划和城市总体规划，按规定程序履行具体用地报批手续；必须依法供地，以产业用地为主，严禁房地产开发，合理、集约、高效利用土地资源。

五、要加强领导和管理，促进承德高新技术产业开发区又好又快发展。

2012年8月19日

中共承德市委办公室承德市人民政府办公室关于双桥区郭营子村、冯营子村、崔梨沟村交开发区行政托管有关事项的通知

承市政字〔2012〕169号

各县、自治县、区人民政府，开发区管委会，市直各部门：

根据建设国际旅游城市建设发展需要和市委统一部署，市政府决定，从2012年12月1日起，将双桥区所辖郭营子村、冯营子村、崔梨沟村交开发区行政托管。除人民代表大会选举、政协委员推荐、婚姻登记、征兵工作由双桥区主管部门负责外，其他行政管理权限划归开发区。

请相关县区和部门按照市政府专题会议纪要〔2012〕55号要求搞好工作衔接，做好托管各项工作，确保社会稳定。

2012年12月1日

中共承德市委办公室承德市人民政府办公室《关于高新区托管冯营子镇有关事项》的通知

承办字〔2013〕18号

各县、自治县、区委，人民政府，高新区工委、管委会，市直各单位，省属以上企事业单位，各人民团体：

根据2013年5月10日市党政联席（扩大）会议议定意见，市委、市政府决定，将双桥区管辖的冯营子镇及其所属行政村划归高新技术产业开发区（以下简称高新区）托管；将原大石庙镇管辖的鸳窝村和原高新区托管的雹神庙、闫营子、东营、西营、冯营子、郭营子、崔梨沟村划归冯营子镇管理。

高新区工委、管委会代表市委、市政府对托管区域内的土地、山场、河流、地上地下资

源按照城市总体规划和产业发展规划进行开发建设，全面负责托管区域内的经济建设、政治建设、文化建没、社会建设和生态文明建设。托管区域的各级人民代表大会选举、政协委员推荐，由高新区按双桥区确定的分配名额组织选举和推荐。婚姻登记和征兵工作仍由双桥区主管部门负责。

对原冯营子镇及新并入村的托管交接工作，由市实施南部新城一体化开发建设工作领导小组具体组织实施。双桥区、高新区和市直相关部门要高度重视，密切配合，做好各项工作的衔接，确保按规定时限完成托管交接任务。

中共承德市委办公室
承德市人民政府办公室
2013 年 5 月 11 日

中共承德市委办公室
承德市人民政府办公室
关于撤销新城开发建设指挥部办公室的通知

各县、自治县、区委，人民政府，高新区工委、管委会，市直各单位，省属以上企事业单位，各人民团体：

为加快国际旅游城市建设和“大中疏”战略的顺利实施，推进南部新城核心区的快速崛起和高新技术产业开发区（以下简称高新区）的更好更快发展，根据 2013 年 5 月 10 日市党政联席（扩大）会议议定意见，市委、市政府决定，撤销新城开发建设指挥部办公室（以下简称新城办），将 5 平方公里新城区域及开发建设职能并入高新区，高新区管委会对南部新城统筹开发建设和管理运营。现将有关事项通知如下：

一、编制及人员的划转交接。将新城办的编制全部划入高新区，副处级以上人员由市委组织部提出安排意见后，市委统一研究。其他人员按照在编的划转至高新区（充分尊重个人意愿）、借调的回原单位、临时聘用的由新城办予以辞退的原则进行安置。

二、债权、债务及资产的划转交接。将新城办的资产（含投融资公司）全部划归高新区，按照“债随资产走”的原则，将新城办的债权债务一并划转至高新区，由高新区履行债权人的权利和债务人的义务。

三、工作交接。从 5 月 10 日起，高新区与新城办共同做好交接和开发建设等工作的推动与衔接，待审计核实报告出具后，高新区正式承接资产、债权、债务和各种档案资料。市直相关部门要高度重视，密切配合，确保按规定时限完成交接任务。

中共承德市委办公室
承德市人民政府办公室
2013 年 5 月 11 日

承德市机构编制委员会
《关于组建承德高新技术产业开发区管理机构》的通知

承市机编〔2013〕27 号

各县、自治县、区委、人民政府，市直有关部门：

根据省编委《关于组建承德高新技术产业园区管理机构的通知》（冀机编〔2011〕28 号）和省编委办《关于承德高新技术产业园区管理

机构更名的批复》（冀机编办〔2013〕5号）精神，结合我市实际情况，经市编委会研究，报请2013年6月9日十三届56次市委常委会议研究批准，现将有关事宜通知如下：

一、管辖范围和管理体制

承德高新技术产业开发区管辖面积320平方千米，其中省政府批准的高新区规划面积24.7平方千米，托管面积295.3平方千米，辖上板城镇（23个行政村、2个居委会）、冯营子镇（15个行政村、1个居委会），现状人口近11万人。

组建中共承德高新技术产业开发区工作委员会和承德高新技术产业开发区管理委员会，分别为中共承德市委、承德市人民政府的派出机构，规格为副厅级。根据市委、市政府授权，对辖区行使管理、监督、协调、服务职能。

组建承德高新技术产业开发区纪检组、监察室，分别为中共承德市纪律检查委员会、承德市监察局的派出机构，实行合署办公，规格为副处级，在市纪委、市监察局领导下开展工作。

二、主要职责

（一）中共承德高新技术产业开发区工作委员会主要职责是：贯彻落实党的路线、方针、政策和上级党委的决议、指示研究辖区内重大经济社会发展问题；按照授权和干部管理权限负责辖区内干部管理；负责辖区内党的建设和其他党务工作；负责辖区内宣传和精神文明建设工作；组织协调辖区内社会管理综合治理和维护稳定工作；负责辖区党的纪律检查工作；负责辖区工会、共青团、妇联等群团工作;完成市委交办的其他任务。

（二）承德高新技术产业开发区管理委员会主要职责是：编制辖区的总体规划和经济社会发展规划，经批准后组织实施；编制辖区区域性城市发展规划、国土利用规划，经批准后组织实施;审批或审核辖区固定资产投资项目；负责辖区基础设施和公用设施的建设和管理；负责辖区财政管理，实施辖区内财政预算、决算、国有资产管理和财政监督工作；负责招商引资、进出口贸易和国内外经济技术合作工作；负责辖区环境保护和安全生产监督管理工作；负责辖区住房和城乡规划建设管理工作;负责辖区教育、卫生、文化、体育、社会保障、劳动就业、人口和计划生育等社会事务管理工作；负责辖区农业农村工作；负责协调辖区内上级有关部门派驻机构的工作；负责市政府交办的其他事项。

三、内设机构

根据上述职责，承德高新技术产业开发区党工委、管委会设8个内设机构，规格均为副处级。

（一）党政综合办公室（社会管理综合治理办公室）

负责党工委、管委会文件和党政综合办公室代党工委、管委会行文的起草、修改和审核工作；负责党工委、管委会日常文书处理、会务工作和日常公务活动的组织安排；协助领导组织处理重要突发事件、重大灾情和重大事故；负责外事侨务工作和港澳合事务工作；负责指导全区电子政务建设和保密、档案、史志工作；组织或参与对行政处罚、行政复议、行政赔偿等综合性法律、法规、规章实施情况的监督检查等法制工作;负责机关事务管理工作；负责全区信访稳定、行政司法、邪教防范和社会管理综合治理工作。

（二）党群工作部

负责全区基层党组织建设及管理工作，指导工会、共青团妇联等群团组织开展工作；负责部门及托管镇领导班子考核工作；根据干部管理权限，负责干部管理工作；负责机构编制管理工作；负责全区宣传思想教育工作；负责全区统一战线工作；负责全区老干部管理工作；负责全区文化、文物保护、旅游发展工作。

（三）经济与科技发展局（安全生产监督管理局）

负责全区经济发展和改革管理工作；负责全区工业和信息化管理工作；负责全区科技、地震工作；负责安全生产监督管理工作；负责全区统计工作。

（四）住房和城乡建设局

负责宣传、贯彻落实国家、省、市有关城市建设等方面的方针、政策，并组织落实过程中的各项监督与管理工作；负责制订年度城建计划。并组织实施；负责全区建筑市场管理、稽查、施工质量安全管理，各类建设项目招投标的管理工作和进区企业开工前的建设审批及管理工作；负责全区镇、村建设管理工作；负责物业及住房保障等方面工作；负责全区基础设施建设、市政设施维护及公用事业管理。

（五）财政局

贯彻执行国家财政、税收的发展战略、方针、政策；负责编制财政收支预算并组织实施；组织制定国库管理制度、国库集中收付制度并组织实施；负责制定行政事业单位国有资产管理规章制度，并负责监督管理；会同有关部门管理财政社会保障和就业及医疗卫生支出；负责管理政府的债权、债务；负责管理会计工作，监督和规范会计行为；负责管理机关财务及政府采购工作；负责政府非税收入和政府性基金管理；监督检查财税法规、政策的执行情况。

（六）人力资源和社会保障局

负责宣传、贯彻、执行国家人力资源和社会保障部门有关政策、法令、法规；负责全区企业劳动用工管理和劳动合同签订备案、劳动行政监察、劳动争议调解、仲裁工作；负责全区人才与劳动力市场建设与管理及人事档案管理工作；负责公务员管理工作；负责机关、事业单位工作人员日常管理工作；负责驻区企事业单位的专业技术职称申报、初审及技术人员的管理工作；负责社会保障享务站的管理和社会保险基金的征缴及管理工作。

（七）招商局（商务局）

贯彻落实国家、省、市有关发展内外贸易、国际经济合作、扩大开放和招商引资的发展战略、方针、政策；拟订全区相应的发展规划、规定和措施；拟订并实施全区外商投资政策，负责全区外商投资管理工作；依法核准外商投资项目的合同章程及法律规定的重大变更事项；负责全区招商引资、投资促进及外商投资企业上报审批工作，规范对外招商引资活动；负责全区外商投诉处理工作；负责全区对外经济合作工作，拟订并执行对外经济合作政策，负责全区外派劳务企业和项目的申报；指导、协调全区进出口工作，贯彻执行国家制定的进出口商品、加工贸易管理办法；贯彻执行国家对外技术贸易、进出口管制以及相关外贸政策；负责全区国内经济技术合作政策制定、活动组织和项目管理工作；负责全区有关国内外贸易和重大外经贸活动的信息发布、宣传及提供信息咨询服务；负责全区招商引资优惠政策、奖励政策的拟定并组织实施、执行和落实。

（八）社会事务管理局（农林水务局）

负责托管区域内教育、卫生、体育、社会保障、民政事务民族宗教、人口和计划生育、农牧、林业、水务、扶贫、新农村建设等工作；贯彻执行上级相关工作的方针、政策和法律法规，制定各项发展规划并协调组织落实；拟定基层工作的规定及管理办法，并监督落实。

四、人员编制

承德高新技术产业开发区党工委、管委会机关行政编制45名。其中：党工委书记兼管委会主任1名（副厅级），副书记兼副主任1名（正处级），专职副书记1名（正处级），纪检组组长1名（正处级）副主任2名（正处级）；内设机构领导职数16名（副处8名，正科8名）。

承德高新技术产业开发区纪检组、监察室行政编制3名，所需编制由市纪委、市监察局在系统内调剂解决。其中：纪检组副组长、监察室主任1名（副处级）。

机关工勤人员编制5名。

五、市直部门派出机构

根据实际工作需要，市直有关部门确有必要，可在承德高新技术产业开发区设置派出机构，所需编制由派出部门调剂解决派出机构受派出部门和承德高新技术产业开发区党工委、管委会双重领导，以派出部门管理为主。派出机构的机构编制事宜由派出部门提出，按规定程序审批。

六、有关要求

（一）按照市委、市政府要求，承德高新区要抓紧相关机构组建工作，确保各项工作正常开展。

（二）承德高新区要严格机构编制管理，严格落实机构编制实名制管理和编制使用核准制度。

特此通知。

承德市机构编制委员会
2013年6月9日

科技部 中央宣传部 文化部 新闻出版广电总局关于认定第二批国家级文化和科技融合示范基地的通知

国科发高〔2013〕692号

各有关省、自治区、直辖市及计划单列市科技厅（委、局）、党委宣传部、文化厅（局）、广播影视局、新闻出版局：

为贯彻落实党的十八届三中全会精神，按照中央关于“依托国家高新技术园区、国家可持续发展实验区等建立国家级文化和科技融合示范基地”的要求，科技部与中央宣传部会同文化部、新闻出版广电总局，开展了第二批国家级文化和科技融合示范基地认定工作。经组织专家评审、有关部门共同研究，决定认定南京国家级文化和科技融合示范基地等18家为第二批国家级文化和科技融合示范基地（名单见附件）。另外，北京朝阳区纳入北京中关村国家级文化和科技融合示范基地管理，作为其中一园，享受相关政策。

请你们加强对示范基地发展的指导和支持，建立健全文化科技创新工程工作机制，形成推动文化科技创新合力，保障示范基地健康快速发展；加速技术、人才、资金、政策等要素聚集，促进文化科技成果产业化；加快推动文化科技产业新兴业态的形成和发展，促进区域产业结构调整和优化升级；加强文化科技产业集群建设，探索集群式创新发展的新模式，切实发挥示范基地的示范、辐射、带动作用。

请各示范基地所在地方人民政府进一步完善基地发展规划，抓好具体实施方案的制定和实施，着力促进体制机制创新，鼓励促进文化科技产业集聚发展的优惠政策在示范基地先行先试，培育一批带动性强的文化科技创新型领军企业，构建技术创新公共服务平台，加强文化科技创新服务体系建设，营造文化科技产业发展的良好环境。

请有关省、自治区、直辖市、计划单列市相关部门及时报送示范基地建设情况。

附件：第二批国家级文化和科技融合示范基地认定名单

科技部 中央宣传部
文化部 新闻出版广电总局
2013年12月12日

（此件主动公开）

附件

第二批国家级文化和科技融合示范基地认定名单

南京国家级文化和科技融合示范基地
广州国家级文化和科技融合示范基地
长春国家级文化和科技融合示范基地

大连国家级文化和科技融合示范基地
南昌国家级文化和科技融合示范基地
宁波国家级文化和科技融合示范基地
昆明国家级文化和科技融合示范基地
洛阳国家级文化和科技融合示范基地
厦门国家级文化和科技融合示范基地
福州国家级文化和科技融合示范基地
鄂尔多斯国家级文化和科技融合示范基地
横店国家级文化和科技融合示范基地
桂林国家级文化和科技融合示范基地
承德国家级文化和科技融合示范基地
无锡国家级文化和科技融合示范基地
太原国家级文化和科技融合示范基地
绵阳国家级文化和科技融合示范基地
贵阳国家级文化和科技融合示范基地

二、高新区工管委重要政策

承德市高新技术产业开发区管理委员会若干政策的暂行规定

承市开〔1992〕1号

为加速承德市高新技术产业开发区的建设，根据《河北省扶植高新技术及其产业发展的若干政策规定》和《河北省扶植高新技术及其产业发展的若干补充规定》，结合我市实际情况，特制定本暂行规定：

一、税收

1. 开发区内的高新技术企业从被认定之日起，上缴所得税超过15%的部分，由开发区财政返还；其出口产品的产值达到当年总产值70%以上的，上缴所得税超过10%的部分由开发区财政返还。开发区内新办的高新技术企业，经企业申请，开发区批准，从获利年度起，两年内上缴的所得税额，由开发区财政返还给企业。三至五年内，上缴的所得税额减半返还给企业。

2. 开发区自批准之日起五年内，对新创办的高新技术企业和进入开发区的老企业所征收的能源交通基金、预算调节基金、市政公用设施配套费、产品税、增值税、营业税，其新增部分除上缴中央的外，省市两级的均返还给开发区，用于开发区建设。

3. 高新技术企业进行技术转让、技术咨询、技术服务、技术培训，年净收入在50万元以下，可暂免征收所得税；超过50万元部分，按适当税率征收所得税。

4. 凡属“火炬计划”开发范围的高新技术产品，符合新产品减免税条件而减免的产品税、增值税款，专项用于技术开发，不计征所得税。

5. 开发区的内资企业，一律按照国家规定缴纳奖金税。下列单项资金征收的奖金税，可由开发区财政返还：(1) 从其留用的技术转让、技术咨询、技术服务、技术培训净收入中提取的奖金不超过15%的部分；(2) 高新技术产品出口企业，按国家规定从出口奖励金中发放给职工的奖金；(3) 符合国家规定的其它免税单项奖。上述①、②两项合并计算全年人均免税奖金额不足2.5个月标准工资，按2.5个月标准工资扣除计税；超出2.5个月标准工资的，按实际免税奖金扣除计税。

6. 区内高新技术企业新建技术开发和生产经营用房及配套设施，按国家产业政策确定免征投资方向调节税；经财政部门批准，免征城建配套费、人防设施费。

7. 区内高新技术企业，二年内所缴纳的城镇土地使用税、房产税由开发区财政返还，五年内免征城建维护税和教育附加费。

8. 技改贷款、科技三项经费和地方生产性基本建设投资用于高新技术产业的比例按不低于25%、25%、3% 掌握。对高新企业所需资金银行给予优先支持。

9. 建立高新技术发展周转金。市财政每年拿出 50 万元，由财政局与市科委共同管理，专项用于高新技术发展。高新技术企业每年从销售总额中提取 3%，用于技术开发。

10. 高新技术开发区建立区级财政，开办前五年自收自支，五年后采取包死基数，超收部分用于支持区内重点项目建设。

11. 银行优先安排开发区发展公司和高新技术企业所需的基本建设、技术改造贷款；对有困难的企业，在有担保的前提下，可将其自有资金占总投资的比例降至 10%。银行对开发区内具备条件的高新技术企业，优先安排发行债券。由人民银行牵头组织各专业银行和有关金融部门共同建立开发区风险投资基金，用于风险较大的高新技术产品开发。开发区创办投资咨询机构。

12. 对引进境外资金和引荐国内投资项目成功者，根据资金利率的高低、时间的长短和会计师事务所出具的验资报告确认的到帐资金的 0.2% ～ 0.5%，一次性奖励中介人。

13. 开发区新办的非高新技术企业和开发区办的为生产服务的第三产业，从开始获利年度起，免征所得税二年，减半征收所得税三年。

14. 省已下放到市代办的税收减免权限，涉及开发区内企业的由开发区代省办理。

15. 开发区税务部门按照优惠政策对开发区内企业照章征税。开发区管理委员会按照市的政策规定，自行决定财政返还企业的比例。

二、外贸外汇

16. 开发区内设立技术进出口公司，凡年创汇在 50 万美元以上的企业，经批准可自营进出口业务；凡配置外贸经营权的高新技术企业，可申请在国外设立分支机构。

17. 开发区内设立保税仓库和保税工厂，海关按国家有关规定减免进口关税和进出口环节产品税、增值税等。

18. 高新技术企业根据开发需要进口国内不能生产的仪器、设备（含配套零部件），免征进口关税及产品税（增值税）或工商统一税。企业进口与拆解、试验用的高新技术产品、样品、样机等，海关凭开发区审批部门的批件予以审核后放行。

19. 开发区高新技术企业所创外汇，扣除上缴国家部分，从创汇年度起三年内全部留给企业，从第四年起按政府 20% 企业 80% 分成。

20. 开发区高新技术企业所需外汇，外汇主管部门给予优先支持。

21. 高新技术企业和国外进行合作研究、开发、生产、销售等，可根据需要优行安排出国，并简化手续。有出口业务的单位不再定专人，经批准可以一年内一次审批多次出国。

三、土地和基建

22. 对区内高新技术企业土地使用费优惠按进区先后分段依次递减，1995 年以前进区企业，享受最优惠待遇。

23. 开发区高新技术企业的生产经营性基本建设项目，按照统一规划安排建设，纳入市固定资产投资总规模，优先安排施工。

24. 经市政府批准，开发区高新技术企业免购国家重点建设债券。

25. 对开发区供电、供水、排水、供热、电信、交通等给予优先保证。

四、劳动人事

26. 开发区高新技术企业专业技术职务的岗位设置，结构比例可适当高于一般企业。区内高新技术企业对其专业技术人员，可根据专业水平和实际贡献，破格聘用专业职务。

27. 鼓励党政机关、科研单位、大专院校、事业单位和大中型企业的科技人员到开发区高新技术企业工作，实行档案工资、档案职务，延缓退休年龄，评聘专业技术职务。允许科研单位、高等院校和企业的科技人员在开发区高新技术企业兼职服务。

28、对进入高新区的科技人员实行效益和工资挂钩。对做出突出贡献的科技人员给予重奖，并免征个人收入调节税。

承德市高新技术产业开发区管理委员会关于鼓励各县区进入市开发区兴办企业的暂行办法

承市高管委〔1994〕8号

为适应地市合并的新形势，本着优势共享的原则，发挥和利用中心城市区位，省级高新技术产业开发区政策等方面的优势，加快城乡经济的发展，特制定本暂行办法。

一、各县区企事业单位、社会团体、各类经济经组织及个人，均可在开发区创办各类企业或设立分厂（公司），并受国家、省、市有关开发区的一切优惠政策。

二、对不符合开发区内建厂要求的企业，经开发区管委会审查批准后，可在开发区内办理工商、税务登记手续，在区外建厂。

三、各县区（含乡镇）所办企业，原隶属关系不变，统计口径不变。

四、开发区从各县区（含乡镇）所办企业所得财政收入，由开发区财政全部返还给县区（含乡镇）财政。

五、各县区政府可在开发区内所办企业中设立驻市办事处，做为对外开放的窗口。

六、各县区所办企业可带部分职工进入市开发区，办理城市户口。对于企业中农业户口的生产、经营、技术骨干，市从每年省分配的农转非指标中划出一块，解决其农转非问题。

七、各县区所上项目可直接在开发区立项、审批、办理工商注册、税务登记等有关手续。

八、各县区原有企业在开发区设立分厂（公司），在符合开发区产业政策的前提下，不再履行报批手续，持进区申请，可直接在开发区登记注册。

九、对县区进开发区兴办企业，在土地出让价格上给优惠照顾。

十、本暂行办法自颁布之日起施行。

一九九四年四月四日

关于河北省外经贸厅授权承德市经济技术开发区管委会享有外商投资项目审批管理权的通知

承市高区管委〔2001〕3号

开发区各部门、所属各企业：

根据〔2000〕冀外经贸外资第106号文“关于委托承德等经济技术开发区管委会颁发外商投资企业批准证书的通知”的精神，我区已正式得到授权，行使与市级同等的外资项目审批管理权限，负责颁发外商投资企业、台港澳投资企业批准证书的工作。具体事项通知如下：

一、开发区内投资总额在3000万美元以下的外商投资项目和利用外资额在3000万美元以下的补偿贸易及带设备的加工装配项目合同、章程，由开发区管委会审批，并颁发外商投资企业、台港澳投资企业批准证书。

二、开发区内举办外商投资企业、补偿贸易和带设备的加工装配项目，如涉及进出口许可证管理，由开发区管委会向外经贸厅申领。

三、开发区招商局做为外资项目管理的职能部门负责具体工作。

此次授权使我区的服务管理功能得到进一步完善，外商投资项目的审批手续得到简化，工作效率得到提高，对我区办好现有外商投资企业和进一步积极有效地利用外资将起到重要的作用。开发区各职能部门要强化服务企业的意识，加强协调配合，使外资项目管理工作进一步规范化。

二〇〇一年一月九日

承德市高新技术产业开发区管理委员会关于调整入区企业税收优惠政策的通知

承市高区管委〔2001〕6 号

开发区各企业：

根据国务院国发〔2000〕2 号《国务院关于纠正地方自行制定税收先征后返政策的通知》精神，经认真研究，本着既保持政策的连续性，又逐步清理完善的原则，将进入开发区企业享受的税收优惠政策做如下修改：

一、凡在开发区起步及规划区外经营的区内注册企业，在尚未清理和迁入区内之前，其缴纳的房产税、车船税和城镇土地使用税不在返还之列，从 2001 年起不再返还。

二、按照高新技术企业的认定和期限的新规定，原定五年减免期的高新企业，注册时仍按原规定对待，到第三年如未被重新认定为高新技术企业，则相应取消免五优惠待遇，按一般企业对待。

三、入驻创业服务中心，经营场地未在开发区的商资物资流通企业，第一年返还已交所得税的 80%，第二年返还 50%，第三年停止返还。如果企业发展后在开发区购置土地建经营场地的，以上所扣返的 20% 和 50% 抵顶购置土地款。

四、所有进入开发区的企业一律以入驻的当年为始，不以月计。

五、税款返还的时间仍按原规定：既房产、车船、土地税完税三个月后返还，所得税年终清算返还。

六、修改后的税收优惠政策与《投资指南》中有关规定有抵触之处，以本文件为准。

二〇〇一年一月十日

承德市高新技术产业开发区《鼓励外来投资的优惠政策》

承市高区管委〔2002〕19 号

第一条 凡进入承德市高新技术产业开发区从事科研、生产和经营活动的外来企业及个人，均享受此优惠政策。

第二条 开发区建立科技进步奖励基金，对进入开发区的外来投资企业，按其对财政的贡献给予一定期限的奖励。外资企业自投产实现销售收入年度起十年内，前五年按开发区财政分享企业所得税和个人所得税的 100%、分享营业税的 50% 奖励企业；六至十年内按前五年奖励标准的 50% 奖励企业。内资企业和科研开发机构，自取得销售收入年度起七年内，前四年按开发区财政分享企业所得税的 100%、营业税的 50% 奖励企业；五年至七年内按前四年奖励标准的 50% 奖励企业。奖励基金由开发区财政局按季拨付，次年一季度付清。

第三条　进入开发区的企业从事基本建设，一律免收城市配套费、旧城改造费和人防建设费。对外来投资企业，按投资规模不同，实行不同的土地优惠价格。1. 固定资产投资 5000 万元人民币以上，1 亿元人民币以下（不含用原有资产折价部分）的项目，其土地出让价格在基准价的基础上优惠 30% ～ 50%；固定资产投资 5000 万元人民币以下（不含 5 千万元）的，按 20% ～ 30% 优惠。2. 固定资产投资在 1 亿元人民币以上，2 亿元人民币以下（不含用原有资产折价部分）的项目，其土地出让价格在基准价的基础上优惠 50% ～ 60%。3. 固定资产投资在 2 亿元人民币以上，投入产出比高，对开发区发展带动作用强的重大项目，可给予更为优惠的价格。4. 对科研院所和大中型企业在开发区设立的技术创新机构、研发机构、中试基地等，在未取得成功和收益前，土地出让价格在基准价的基础上优惠 20%，取得成功和效益后再优惠 20%。

第四条　鼓励高新技术企业与外商合资、合作，对企业利用土地使用权折价入股的，免收除证照费以外的所有费用。

第五条　外来投资者收购区内破产、停产企业，盘活存量土地的，除土地价款和证照费外，其它费用一律免收。

第六条　对开发区内中外合资、外商独资和内资高新技术企业，需要具有学士以上学位或具有中级以上专业技术职称的专业技术人员和管理人员，以及进入高新区从事科研开发、科技成果转化，具有硕士以上学位和高级技术职称的人员，由开发区劳动人事部门给予办理户口迁移入市手续，其配偶及未成年子女可随迁入户，不受指标限制。子女入学、入托与当地居民享受同等待遇。

第七条　本优惠政策自发布之日起试行。由开发区招商局负责解释。

二〇〇二年十月二十九日

中共承德高新区工委、承德高新区管委会 关于印发《承德高新技术产业开发区城乡规划委员会工作规则》的通知

承高发〔2013〕3 号

机关各局室、驻区各单位、上板城镇党委、政府、冯营子镇党委、政府：

《承德高新技术产业开发区城乡规划委员会工作规则》经 2013 年 5 月 30 号高新区工委第二次会议研究通过，现予以印发，请遵照执行。

中共承德高新区工委
承德高新区管委
2013 年 6 月 3 日

第一章　总　则

第一条　为了加快承德南部新城一体化开发建设进程，确保承德高新技术产业开发区（以下简称“高新区”）的建设依法、规范、有序实施，根据《河北省城乡规划条例》等有关法律法规，制定本规则。

第二条　高新区城乡规划委员会（以下简称“高新区规委会”）是受承德市政府委托，进行区域内城乡规划决策的议事机构。

第三条　高新区规委会的工作宗旨是：依照城乡规划有关法律法规的规定，坚持公平、公开、公正的决策原则，依法行政、规范审批、严格实施，维护公共利益，科学指导全区经济、社会和城乡建设的和谐发展。

第二章　机构的组成与设置

第四条　高新区规委会由高新区有关领导及相关职能部门主要负责人、专家、公众代表组成。高新区规委会设主任委员1名，由高新区管委会主任担任；副主任委员1～2名，由高新区管委会第一副主任和主管城乡规划的副主任担任；委员由高新区相关职能部门、所辖镇主要负责人和专家、公众代表担任。

高新区规委会下设专家咨询顾问小组，负责对规委会审议的规划方案进行专业技术审查和论证。

第五条　高新区规委会下设办公室，办公室设在高新区规划分局，负责办理规委会决定的事项，处理日常事务，行使执行、协调、组织、监督的职能。

第三章　主要职责

第六条　高新区规委会的主要职责是：

1. 审议需报请市政府、市规委会、高新区工管委会议审定（审批）的各类规划；

2. 审议区域内修建性详细规划及其调整方案；

3. 审议区域内重要地段城市设计和各类专项规划；

4. 审议区域内建设项目规划（建筑）设计方案；

5. 审议区域内市政道路、市政设施方案；

6. 审议区域内城市环境工程方案。

第七条　高新区规委会办公室的主要职责是：

1. 负责规委会会议的组织工作，包括会议记录和决议草案起草、修改以及会议档案的整理和保存工作；

2. 负责规委会各项章程、工作规则等文件的起草工作；

3. 负责组织有关部门和单位对规委会确定的重要课题进行调查研究，为领导决策提供参考建议；

4. 负责市规划行政主管部门及规委会交办的其他事项。

第四章　议事制度

第八条　高新区规委会会议根据需要不定期召开，由主任或主任委托的第一副主任主持。如遇特殊情况也可临时决定召开会议。

根据规委会会议议题，可邀请相关领导部门、有关代表列席。

第九条　高新区规委会的会议程序：

1. 由规委会办公室拟出会议议程，报主任或主任委托主持会议的第一副主任同意后提前将议程及审议项目的有关资料送达参会委员；

2. 规委会成员单位在对所议事项提出审核意见时，就涉及本部门职责范围的有关工作提出意见或建议，对规划管理中需重视的问题也可提出意见。会议在充分听取每位成员意见的基础上，由规委会主任或主任委托主持会议的第一副主任总结会议意见。重大事项可采取无记名投票方式作出表决；

3. 规委会办公室负责会议记录并起草会议纪要，报主任或主任委托主持会议的第一副主任签发，并发送给参会相关成员。

第十条　经高新区规委会审议通过的事项，由规委会办公室根据审定意见组织修改完善后按有关规定依法履行报批程序。

第五章　附则

第十一条　本规则需要修改时，须由规委会会议讨论通过，方可生效。

第十二条　本规则由高新区规委会办公室负责解释。

第十三条　本规则自发布之日起实行。

中共承德高新区工委办公室
2013年6月3日印发

中共承德高新区工委承德高新区管委会关于印发《承德（国家）高新技术产业开发区鼓励支持外来投资的若干优惠政策》的通知

承高发〔2013〕5号

机关各部门，驻区各单位，镇党委、政府：

《承德（国家）高新技术产业开发区鼓励支持外来投资的若干优惠政策》已经高新区工委第四次会议研究通过，现予以印发，请遵照执行。

中共承德高新区工委
承德高新区管委会
2013年6月20日

承德（国家）高新技术产业开发区鼓励支持外来投资的若干优惠政策

为加快承德（国家）高新技术产业开发区（以下简称承德高新区）开发建设步伐，营造政策优势，吸引外来投资，参照市委市政府促进新兴产业聚集区发展的若干优惠政策，借鉴外地经验，结合区情实际，特制定如下优惠政策。

一、适用范围

1. 对落户在承德高新区的产业项目，按照突出重点，区别对待的原则，分成三个优惠类别（项目目录附后）进行支持：

一类：高端装备制造、节能环保、新一代信息技术、生物医药、新能源、新材料（含高端钒钛新材料）等战略性新兴产业；具有自主知识产权的高新技术产业、总部经济、文化旅游、科技研发、金融服务、创意产业;高端教育、医疗、养老、健康养生产业。

二类：立足本地特色资源的农副产品加工、先进装备制造、具有自主知识产权的新药、天然药物研发生产及其他传统优势产业的升级改造。

三类：大型品牌物流、商贸服务等现代服务业以及基础设施项目。

依据国家产业政策目录及调整情况，结合承德高新区产业规划和发展要求，承德高新区定期修订发布产业优惠目录并及时对外公布。

二、适用条件

2. 项目建设主体具有较强的经济实力，在本行业具有领先或先进地位，发展潜力较大。

3. 固定资产投资（仅限土地、厂房及配套附属建筑、生产设备等，下同）一类项目在1亿元（或1500万美元）以上、二类项目在2亿元（或3000万美元）以上、三类项目在3亿元（或4000万美元）以上，且30个月内建成投产或交付使用。

4. 投资强度不低于250万元/亩，纳税额不低于30万元/亩。

5. 具有核心技术，处于产业链关键环节的配套集群项目和金融服务、文化创意、科技研发、现代物流项目可适当降低入区标准。中心城区搬迁企业迁入高新区的按对应类别标准核定。

6. 资源开发类项目、单纯住宅地产开发项目不享受本优惠政策。

三、产业促进政策

7. 财政支持政策

高新区财政设立产业扶持基金，专项用于支持入区企业的发展。

(1) 新建项目。鼓励入区项目建设多层标准化厂房，凡达到2层及以上的，按照150元/平方米给予一次性补助，最高不超过200万元；租赁多层标准化厂房5000平方米及以上的，给予30万～80万元的一次性补助。

(2) 区内原有企业增资扩能升级用于固定资

产投资的，经高新区管委会审核认定后，对一类项目按照增资额的3%、二类项目2%、三类项目1%给予一次性奖励，奖励金额最高不超过200万元。

（3）入区且经营期在10年以上的项目，企业所得税高新区财政留成部分实行先征后奖，即自获利年度起前3年全部奖励企业，4～6年减半奖励，用于支持企业发展。

（4）高新区内投资项目，行政审批环节经国家和省审批的各项行政事业性收费，按河北省财政厅、河北省物价局《关于发布2010年度行政事业性收费项目目录的通知》（冀财综〔2010〕51号文件）规定，除上缴中央和省级财政的资金外予以免收，政策实施期暂定至2018年。行政事业性收费的标准经市、区相关部门核定后，由市聚集区建设推进委员会审核把关。

8. 奖励引荐人政策

（1）境内外个人或中介组织（以下简称引荐人）引荐投资项目，如期完成投产后，按项目固定资产实际投资额，对一类项目按7%、二类项目6%、三类项目5%比例给予引荐人一次性奖励，奖励金额最高不超过300万元。

（2）对引进经营期10年以上的一类项目引荐人，除一次性奖励外再给予持续奖励，即项目建成投产后，自纳税年度起第1～5年内，每年按缴纳税收（不含企业所得税）高新区财政留成部分20%比例，第6～10年按10%比例，奖励在项目引进过程中做出突出贡献的引荐人。对引进年的税500万元以上公司总部的，按企业缴纳税收（不含企业所得税）高新区财政留成部分前3年50%，中3年40%，后3年30%给予奖励。

（3）设立特别贡献奖．对于引进世界500强企业、中国500强企业、中央直属企业（二级以上公司）、中国百强民营企业实施的特别重大产业项目，按照“一事一议”的方式予以引荐人重奖。

9. 鼓励创新政策

（1）新认定为高新技术企业的区内企业，除落实国家、省、市关于鼓励支持高新技术企业发展的相关政策，再一次性给予30万元的奖励，奖金从产业扶持资金中列支。

（2）区内企业新认定为国家级工程技术研究中心、国家级企业技术中心、国家重点实验室、工程实验室和国家科技企业孵化器的，一次性给予60万～80万元的奖励；新认定为省级的（不含科技企业孵化器），一次性给予20万～40万元的奖励，奖金从产业扶持资金中列支．

10. 土地优惠政策

（1）优先保障用地。凡进入区内的省、市重点项目，优先保障供地，年度新增建设用地指标优先满足区内项目建设。

（2）集约节约用地。凡固定资产投资5000万元以下，用地30亩以内的工业项目，凡生产无特殊要求的项目，鼓励租、购标准化厂房，原则上不单独供地。

（3）土地出让方式和综合地价按国家有关规定办理。一类项目中的工业、科研。创意产业、总部经济项目一般实行工业用地最低出让价格标准，二类项目中的工业项目在此基础上上浮10%～30%供地。出让价低于成本价的，需按成本价挂牌出让，管委会从产业扶持基金中扶持至协议地价标准。商业、物流等现代服务业项目采用招标拍卖方式供地，教育医疗科研用地可按政策划拨供地。

11. 环境容量政策

（1）优化环境容量配置。将有限的环境容量向区符合国家产业政策和环保要求的项目倾斜。市域减排腾出的环境容量指标优先支持1+3产业平台内重点项目建设。对于区内的重大建设项目，优先保证污染物排放总指标。对已没有污染物排放总量指标的重点产业项目，通过“关小上大”、区域替代、排污权交易等措施解决排放指标。

（2）简化环评审批手续。实行规划环评总体控制，简化具体项目环评内容。对区内标准化厂房、道路、供水、供电、供热、污水处理等基础设施、公用事业项目特事特办，适当简化环评审批程序。

12. 金融保障政策

鼓励支持承德市各类金融机构大力支持区内企业发展，优先发放贷款，支持项目建设；对支持额度较大的金融机构予以奖励。引导和鼓励国内外金融机构、投资公司、基金公司在高新区设立分支机构和管理公司；支持设立中小企业信用担保中心、小额贷款公司等，为中小企业提供流动资金融资担保、资信评估等服务。

13. “一事一议”政策

新上对区域经济社会发展具有重大支撑带动项目，创建高新科技产业园或世界500强企业、中央直属企业（二级以上公司），百强民营企业在区内设立具有总部性质或具有独立法人资格机构的，在财政扶持，土地供应等方面实行“一事一议”，给予更大优惠。

四、服务保障政策

14. 精简合并和规范对企业和建设项目的检查，确需实施的检查项目经管委会同意后统一安排。

15. 严禁任何单位和个人向企业摊派费用。

16. 对入区项目高新区管委会实行“站式”办公和全程领办代办服务。

17. 为投资企业中的外来工作人员提供必要的入户、子女就学以及社会保障等方面帮助，按国家和省要求时限落实养老保险无障碍转移接续。

18. 充分利用我市职业技术教育资源，按产业定位和企业建设情况提早或同步培养具有熟练技能的产业工人，做好就业配套服务。

五、申报程序

19. 确定在高新区内投资的项目，按相关规定履行备案、注册、审批，经高新区管委会批准享受本政策规定。

六、附则

20. 受奖励的引荐人包括除中共省委管理干部外的所有自然人。

21. 奖励资金从高新区财政设立的产业扶持资金和外来投资奖励资金中列支。

22. 市级财政专事企业应得扶持和奖励申请市财政兑现。

23. 市城内其他企业在高新区内投资项目适用本政策。

24. 本政策由承德高新技术产业开发区管理委员会负责解释，自下发之日起执行。

本文下发前入区建设的项目按原政策规定和期限执行。

中共承德高新区工委办公室

2013年6月20日

承德高新技术产业开发区党政综合办公室
关于印发《承德高新区区属部门设置职能配置人员聘用方案》的通知

承高党政办发〔2014〕1号

区属部门，驻区单位，托管镇党委、政府：

《承德高新区区属部门设置职能配置人员聘用方案》已经高新区工委会审议通过，现印发你们，请遵照执行。

承德高新技术产业开发区党政综合办公室

2014年1月6日

承德高新区区属部门设置
职能配置人员聘用方案

根据《承德市机构编制委员会关于组建承德高新技术产业开发区管理机构的通知》（承市机编〔2013〕27号）精神，按照推进企业化管理改革要求，结合高新区实际情况，现将区属部门设置、职能配置、岗位设置和聘用人员数量确定如下：

一、党政综合办公室

负责工、管委文字综合和调查研究工作；负责工、管委文书处理工作；负责党务政务信息工作；负责工、管委决议事项及领导批示的转办和催办落实；负责工、管委机关综合协调工作；负责应急管理工作：负责外事侨务工作和港澳台事务工作：负责指导全区电子政务管理及建设工作；负责机要、保密、文件收发、印信和档案管理工作：负责党政事务管理和接待工作；负责政府法制工作：负责组织承办人大代表建议和政协提案工作；负责工、管委值班工作。

党政综合办公室为中级管理一级机构，聘用工作人员18名，聘用部门负责人5名（1正4副，其中1名副职为兼职）。内设4个处（初级管理一级机构）：综合处（党务政务信息中心）5人，设主任1名，副主任1名；秘书处（办公自动化中心、保密办、档案室）5人，设主任1名，副主任1名；法制应急处（法制办、应急办、值班室、热线办）2人，设主任1名；行政服务处（接待办、外事办、港澳台办、节能办）3人，设主任1名。

综合处（党务政务信息中心），主要承担工、管委领导交办的文件、讲话稿的起草或修改工作；负责全区工作总结、汇报的起草；负责党务政务信息工作，围绕上级党委、政府以及工、管委总体工作部署，做好党务政务信息的编制、考核及向市两办信息的报送工作，向工委管委领导反馈各级各部门的工作动态；负责工、管委阶段性重点工作的调研谋划、综合协调和组织推动工作；负责本部门考核目标的制定；负责年鉴、史志的编制工作；负责上级党委、政府及区属各部门和托管镇的沟通协调等工作。

秘书处（办公自动化中心、保密办、档案室），负责公文处理工作，包括上下级及平级单位文件的签收、分发、传递、呈办、催办、归档等，国家、省、市、区领导同志批示件的传达及催办落实和存档；负责代工委管委会文件及党政办文件的起草、审核、印发工作；负责工、管委会议的组织工作；负责印章管理工作；负责档案管理工作；负责机要、保密工作；负责全区机关电子政务内网的建设和管理及办公自动化工作；负责全区政府信息公开的管理工作。

法制应急处（法制办、应急办、值班室、热线办），负责党委规范性文件备案工作；负责统筹、审查管委会规范性文件草案，组织起草管委会行政措施和管理办法草案工作；负责组织或参与对行政处罚、行政复议、行政赔偿等综合性法律、法规、规章实施情况的监督检查等法制工作；负责合同文本的审核工作；负责全区执法证的办理工作；负责全区应急管理工作，向工、管委领导同志报告重要情况、协助领导组织处理重要突发事件、重大灾情和重大事故等工作；负责值班工作；承办人大代表、政协委员提案工作；负责群众服务热线电话的管理工作。

行政服务处（接待办、外事办、港澳台办、节能办），负责机关所有行政事务管理工作，包括车辆使用管理、办公用品采购、办公用房管理等；承办全区性的对内、对外接待工作；负责外事侨务工作和港澳台事务工作；负责工、管委重要会议和重要活动的安排和组织工作；负责公共机构节能工作；负责本部门公务支出管理工作。

二、党群工作部

负责全区基层党组织建设及管理工作；指导工会、共青团、妇联等群团组织开展工作；根据干部管理权限，负责干部管理工作；负责机构编制管理工作；负责全区宣传和精神文明工作；负责全区老干部管理工作；负责全区文化产业的规划建设工作。

党群工作部为中级管理一级机构，聘用工作人员23名，聘用部门负责人4名（1正3副）。内设5个处（初级管理一级机构）：综合处（人大、政协联络办）3人，设主任1名；干部处（

编制管理办公室（办公室主任由党群工作部部长兼任）、人才工作处）3人，设主任1名；基层组织处（企业党工委）5人，设主任（书记）1名，副主任1名；宣传处（外宣处、新闻办、文明办、文产办）3人，设主任1名；传媒网络信息中心（互联网信息管理办公室、党员干部现代远程教育管理中心）5人，设主任1名，副主任1名。

综合处（人大、政协联络办），负责部门综合材料的起草与报送工作；负责部门文号的管理、文件的收发、呈阅、存档及管理工作；负责部门的印章管理、报刊杂志的收发、会议会务及各种接待工作；负责部门的财务管理工作；负责承办人大代表、政协委员选举、日常联络工作。

干部处（编制管理办公室、人才工作处），按照干部管理权限，负责机关及事业单位科级干部的选拔、任用、管理和培训等工作；配合市委组织部做好市管干部管理的相关工作；负责人才工作；负责全区行政管理体制和机构改革工作； 负责管理和指导全区事业单位机构编制工作；按照管理权限，负责审核、审批部门内设机构设置、职责配置、人员编制、领导职数等事项；负责全区机构编制统计、管理、监督检查等工作；负责全区老干部管理工作。

基层组织处（企业党工委），负责研究制定全区基层党组织的建设规划和年度计划。做好全区先进基层党组织、优秀党员和优秀党务工作者的评比表彰；负责基层党组织的成立、撤销及换届选举工作；负责做好党员的教育、管理、发展以及组织关系的接转、党费的收缴、使用、管理和党员统计工作；负责大学生村官管理工作。

宣传处（外宣处、新闻办、文明办、文产办），负责全区对外宣传工作；负责全区新闻、信息宣传管理工作；负责全区精神文明建设、全区文明城市创建以及各类群众性精神文明创建活动等工作；负责部署、指导全区思想政治理论学习工作；负责文化产业工作。

传媒网络信息中心（互联网信息管理办公室、党员干部现代远程教育管理中心），负责互联网监管工作；负责对区内各网络媒体的管理工作；落实互联网信息传播法制建设；负责全区门户网站管理、机关公务外网管理和维护工作，指导全区计算机和信息网络安全保密工作；负责区内新闻采编制作工作；负责全区重大活动、重大事项、领导活动、全区动态等信息采集、新闻采访和视频制作工作；负责党员干部远程教育工作，指导、规划全区党员电教和现代远程教育工作，对全区远程教育站点的建设、维护工作；负责公益类广告宣传平台资源整合工作。

总工会（机关工委、团工委、妇联、工商联、统战部）【挂靠党群工作部】

负责组织指导全区基层工会履行工会维护、建设、参与、教育等社会职能，开展民主监督、民主管理和职工生活救助工作，参与劳动关系协调和劳动争议调解，组织职工开展劳动竞赛、技术革新活动，组织劳动模范的评选、推荐和管理工作，指导全区职工开展健康的文化教育体育活动，参与职工重大伤亡事故的调查处理等工作；负责机关工委工作；负责全区的共青团、妇女儿童工作；负责全区的统一战线、工商联工作。

总工会为中级管理二级机构，聘用工作人员5名，聘用部门负责人3名（1正2副），其中主席由工委班子副职兼任，1名副主席兼任机关工委书记，另1名副主席兼任职工服务中心主任。职工服务中心为初级管理二级机构，设副主任1名（由团工委书记兼任）。

职工服务中心，负责职工的生活救助服务；负责职工的医疗救助服务；负责职工的助学育才服务；负责培训就业服务；负责法律维权服务，运用职工服务中心法律援助窗口，为劳动权益受到侵害的困难职工和农民工提供法律咨询、参与调解仲裁等进行法律援助。

三、法治维稳部

负责组织、协调、维护社会稳定工作；组织、协调社会管理综合治理、防范和处理邪教工作，推动各项措施的落实；检查政法各部门执行法律、法规和党的方针、政策情况；指导全区政法队伍建设和政法各部门领导班子建设的各项措施的落实，协助上级政法部门和党群工作对政法部门干部的考核工作。

法治维稳部为中级管理一级机构，聘用工作人员14名，聘用部门负责人6名，部长由工、管委领导兼任，副部长5名中3名为兼职。内设4个机构（初级管理一级机构）：综治处（护路办）3人，设主任1名；信访办4人，设主任1名；司法办3人，设主任1名；法治处（防范办）2人，设主任1名。

综治处（护路办），负责全区平安创建工作；负责基层综治队伍建设工作；负责矛盾纠纷排查调处工作；负责内部安保工作；负责技防设施建设工作；负责全区铁路护路工作；负责综治日常宣传工作；负责非公企业综治工作；负责重点整治（校园周边、流动人口）工作；负责社会管理创新工作。

信访办，负责受理、交办、转送信访人提出的信访事项；承办上级政府和工、管委交由处理的信访事项；协调处理重要信访事项；督促检查信访事项的处理；研究、分析信访情况，开展调查研究，及时向工、管委提出完善政策和改进工作的建议；对工、管委其他工作部门和下级人民政府信访工作机构的信访工作进行指导。

司法办，负责指导管理人民调解工作，参与调解疑难、复杂民间纠纷；承担社区矫正日常工作，组织开展对社区服刑人员的管理、教育和帮助；指导管理基层法律服务工作；协调有关部门和单位开展对刑释解教人员的安置帮教工作；组织开展法制宣传教育工作；组织开展基层依法治理工作，为镇人民政府（街道办事处）依法行政、依法管理提供法律意见和建议；协助基层政府处理社会矛盾纠纷；参与社会管理综合治理工作；完成上级司法行政机关交办的维护社会稳定的有关工作。

法治处（防范办），负责组织、协调、指导维护社会稳定工作；检查政法各部门执行法律、法规和党的方针、政策的情况；指导和协调政法各部门在依法相互制约的同时密切配合，督促、推动大案要案的查处工作，研究和讨论有争议的重大疑难案件；督促检查各级有关部门做好防范和处理邪教问题；清理整顿各类邪教组织；严密防范与打击“法轮功”等邪教组织的违法犯罪活动。

四、经济发展部

负责全区经济发展和改革管理工作；负责全区工业和信息化管理工作；负责全区统计工作；协调全区科技、地震、安全生产监督管理工作。

经济发展部为中级管理一级机构，聘用工作人员25名，聘用部门负责人4名（1正3副）。内设4个处（初级管理一级机构）：综合处3人，设主任1名；发改处（项目建设办公室）8人，设主任1名（由1名副部长兼任），副主任1名；工信处4人，设主任1名；统计处（普查中心）7人，设主任1名，副主任1名。

综合处，负责组织协调部门日常工作。负责各类文件的管理工作；起草部门文字材料工作；负责组织部门职工学习和各种会议，准备学习材料，做好会议记录和考勤工作；负责部门印鉴使用、档案整理等工作。

发改处（项目建设办公室），负责组织编制全区国民经济和社会发展总体规划；负责编制年度经济和社会发展计划，并协调落实年度相关经济指标；研究提出全社会固定资产投资总规模；负责全区固定资产投资管理，指导协调招标投标工作；负责制定产业项目准入目录，推进产业结构战略性调整和升级；负责社会事业及国防建设与国民经济发展的衔接平衡；负责资源节约综合利用规划工作；负责对经营性收费和事业性收费标准进行监管并做好年检年审工作；负责产业类项目谋划工作；负责进区项目的推进、协调和服务工作；协调和解决进区项目在建过程中遇到的相关问题；受理进区企业的投诉；负责重点项目日常管理工作。

工信处，负责企业技术改造投资管理，编制并组织实施技术改造投资中长期规划和年度计划；负责推动中小企业发展工作；负责民营经济发展管理服务工作；负责工业经济运行的监测、预测和分析。

统计处（普查中心），负责组织、协调、管理全区统计相关工作；定期向社会公布全区国民经济和社会发展情况的统计公报；负责大型普查的宣传发动和组织管理工作；负责制定、实施普查方案；负责对普查资料的发布和开发利用工作；负责规下工业调查、城镇化率、人口变动和劳动力抽样调查等工作。

安全监管部（挂靠经济发展部）

负责依法对全区安全生产实行监督、检查；指导、协调和监督行业、部门承担的专项安全生产监督管理；组织、协调、参与生产性事故、重特大安全事故的调查和处理，依法承办安全生产事故的审查报批结案工作。

安全监管部为中级管理二级机构，聘用工作人员14名，聘用部门负责人3名（1正2副）。其内设4个科（初级管理二级机构）：综合科（应急办、政策宣教办）2人，设科长（主任）1名；工矿与职业健康监管科（职业安全管理科）3人，设科长1名；危险化学品安全监督管理科2人，设科长1名；安全生产执法监察大队4人，设大队长1名。

综合科（应急办、政策宣教办），负责拟定和执行部门各项工作制度，承担信息、档案、行政事务方面的工作；负责部门财务管理工作；负责安全生产政策法规宣传，制定宣传教育和培训规划；组织安全生产应急救援预案的编制和安全生产应急救援体系建设；组织指挥安全生产应急救援演习。

工矿与职业健康监管科（职业安全管理科），依法监督检查非煤矿山、机械、轻工等行业的生产经营单位贯彻执行安全生产法律、法规情况；负责用人单位职业卫生监督检查工作，依法监督用人单位贯彻执行国家有关职业病防治法律法规和标准情况。

危险化学品安全监督管理科，综合监督管理危险化学品安全生产工作；负责烟花爆竹生产经营单位的安全生产监督管理；组织相关的建设项目安全设施的设计审查和竣工验收；指导和监督相关的安全评估、评价工作。

安全生产执法监察大队，负责监督检查区域内企业执行国家有关安全生产法律、法规及有关规定的情况；负责对本区重大危险源单位实行重点监察，落实安全防范措施；负责对各类企业开展安全专项整治工作；负责监督检查企业开展安全生产宣传教育和安全生产技术培训工作；配合参加企业新建、改建、扩建工程安全生产的设计审查和竣工验收，对工伤事故进行调查处理；负责督促企业制订和完善安全应急预案，指导企业加强演练。

科技创新部（挂靠经济发展部）

负责研究制定全区科技发展规划和年度计划工作；负责推动科技政策体系、孵化创新体系和企业研发机构的建设；负责企业科技计划项目及中小企业技术创新基金的组织申报及管理工作；负责知识产权和技术市场工作，并协调全区科技成果和科技奖励工作；负责高新技术企业的认定工作；组织、指导全区技术交流与合作；负责市校合作工作；负责地震知识宣传工作，管理建设项目地震设防工作；负责入孵企业的创业服务和人才培训工作；负责开展科技成果引进、吸收、转化和产业化工作。

科技创新部为中级管理二级机构，聘用工作人员9名，聘用部门负责人3名（1正2副，其中1名副职兼任创业服务中心主任）。内设3个科（初级管理二级机构）：科技管理科2人，设科长1名；产业发展科（生产力促进中心）2人，设科长（主任）1名；创业服务中心（科技孵化中心）3 人，设主任 1 名，副主任 1 名。

科技管理科，负责部内日常管理工作；负责研究制定全区的科技发展规划和年度计划工作；负责区内企业科技计划项目及中小企业技术创新基金的组织申报及管理工作；组织、指导全区经济、技术交流与合作；负责市校合作工作；负责地震知识宣传工作，管理建设项目地震设防工作。

产业发展科（生产力促进中心），负责推动全区科技政策体系、企业研发机构的建设；负责全区知识产权和技术市场工作，并协调科技成果和科技奖励工作；负责区内高新技术企业的认定工作。

创业服务中心（科技孵化中心），负责科技型企业和科研机构的孵化工作；负责组织入孵企业申报各类科技项目、科技基金、贷款担保基金、高新技术产品和高新技术企业等；负责帮助入孵企业申报专利、商标、著作权等；负责入孵企业的知识产权保护、无形资产评估；负责入孵企业的创业服务和人才培训工作；负责开展科技成果引进、吸收、转化和产业化工作。

五、住房建设部

负责宣传、贯彻落实国家、省、市有关城市建设等方面的方针、政策，并组织落实过程中的各项监督与管理工作；负责制定年度城建计划，并组织实施；负责全区建筑市场管理、稽查、施工质量安全管理，各类建设项目招投标的管理工作和进区企业开工前的建设审批及管理工作；负责全区镇、村建设管理工作；负责住房保障等方面工作；负责全区基础设施建设、市政设施维护及公用事业管理工作；负责协调全区城市管理工作。

住房建设部为中级管理一级机构，聘用工作人员 24 名，聘用部门负责人 4 名（1 正 3 副）。内设 7 个处（初级管理一级机构）：综合处 3 人，设主任 1 名；建筑市场监管稽查处 5 人，设主任 1 名；工程技术处 3 人，设主任 1 名；建筑工程交易中心 2 人，设主任 1 名；市政工程管理处 3 人，设主任 1 名；园林绿化处 3 人，设主任 1 名；交通运输管理办公室 2 人，设主任 1 名（由 1 名副部长兼任）。

综合处，负责建设项目行政审批服务，招投标管理及合同跟踪管理工作，负责部门各项日常事务工作，负责区内保障性住房建设管理工作及工、管委上级领导交办的其他工作。

建筑市场监管稽查处，负责指导和管理建筑市场，规范建筑市场各方主体行为；负责区内各类建筑业企业资质审批及区内建设统计等相关工作；负责区内建筑市场稽查工作。

工程技术处，负责建筑工程施工图审查、建筑节能审查，建筑工程造价审核等相关工作；负责区内基础设施项目编制、基础设施建设管理工作。

建筑工程交易中心，负责工程建设信息的收集与发布，为招投标活动提供相应场所及提供政策法规及相关的咨询服务。

市政工程管理处，负责市政污水、雨水排放设施维护管理；道路与照明设施维护管理；创业中心综合楼及入驻企业的冬季供热和设施维护管理。

园林绿化处，负责全区绿化规划管理工作；负责区内绿地、公园的管理工作；负责园林绿化工程建设管理监督工作。

交通运输管理办公室，负责全区交通运输管理工作；业务上接受市交通部门指导，争取上级部门的地方公路建设扶持资金；负责编制地方道路年度建设计划；负责指导镇、村做好地方公路建设养护管理工作。

城市管理部（挂靠住房建设部）

负责贯彻国家、省、市关于城市管理工作的法律、法规和相关政策，相对集中行使规划管理、市容环境卫生管理、市政管理、工商行政管理、公安交通管理等相关法规规定的全部或部分行政处罚权；负责环境卫生的清扫、保洁、监管。

城市管理部为中级管理二级机构，聘用工

作人员18名，聘用部门负责人3名（1正2副）。其内设4个科（初级管理二级机构）：综合科（法制督查科）2人，设科长1名；城市管理科（数字城管指挥中心）4人，设科长（主任）1名；城管综合执法大队5人，设大队长1名；环境卫生管理所4人，设所长1名。

综合科（法制督查科），负责部门的政务、文秘、信访、会议、后勤、宣传、办公设施、学习、协管人员劳资、举报中心、执法车辆管理等工作；负责部门法制工作规划、计划、行政复议、行政诉讼案件处置；执法文书和执法人员证件申领核发管理；执法案件审批、管理、立卷、归档；负责对部门执法队伍、队容风纪、行风建设等督查；负责查处部门执法中违纪违规的情况。

城市管理科（数字城管指挥中心），负责规章制度及城管工作的规划、计划；开展各类创建活动、负责门前五包责任制的落实；负责城市广告、亮化、城市道路挖掘施工、占道、摊点设置、临时物料堆放、城市停车管理等工作；负责数字城管系统的运行、管理和维护工作；负责涉及城市管理案件的派遣、督办和结案工作。

城管综合执法大队，分设三个中队（初级管理三级机构）：城区中队、冯营子中队、上板城中队。分别负责主城区、冯营子镇、上板城镇三个区域的城市管理日常巡查和执法工作。

环境卫生管理所，负责辖区内路段的清扫保洁、垃圾清运工作：负责组织协调有关部门开展城市环境卫生专项整治活动：负责组织协调和检查辖区内企事业单位开展卫生创建和专项考评工作：负责除害防病、健康教育宣传和应急处理工作。

土地房屋征收管理办公室（挂靠住房建设部）

负责贯彻落实上级有关房屋征收的各项政策；负责区内房屋、土地征收工作相关政策的制定并组织实施。

房屋征收管理办公室为参照中级管理二级机构，聘用工作人员9名，聘用部门负责人3名（1正2副）。机构详细职责及内设机构设置情况另行制发。

六、资金财务部

贯彻执行国家财政、税收的方针、政策；负责编制财政收支预算并组织实施；负责编制财政决算；负责组织制定国库管理制度、国库集中收付制度并组织实施；负责制定行政事业单位国有资产管理规章制度，并负责监督管理；会同有关部门管理财政社会保障和就业及医疗卫生支出；负责管理政府的债权、债务；负责管理会计工作，监督和规范会计行为；负责管理机关财务及政府采购工作；负责政府非税收入和政府性基金管理；监督检查财税法规、政策的执行情况。

资金财务部为中级管理一级机构，聘用工作人员19名，聘用部门负责人4名（1正3副）。内设5个处（初级管理一级机构）：监督稽查处（非税收入管理处）2人，设主任1名；综合处2人，设主任1名；经社保障处4人，设主任1名；预算国库处3人，设主任1名；集中支付中心（中介机构聘管办）4人，设主任1名。

综合处，负责综合协调、处理部门日常政务工作；负责全区政府采购的管理；全区行政事业单位小汽车编制的管理。

监督稽查处（非税收入管理处），组织对本级财政收支、财政预算执行情况、专项资金使用情况、政府债务状况开展财政监督检查及调查分析；负责监督检查财政部门内各单位财税法律、法规、政策、制度的执行情况；负责会计管理工作；负责全区综合治税和督导检查工作；负责财政项目评审；对区内企业财务进行监督管理及落实企业优惠政策；负责区内单位纳入预算管理的行政事业性收费、罚没收入、预算外资金收入按期足额缴入国库和财政专户；负责全区各种财政票据的发放、审验、核销管理工作及区内单位财政票据的管理及使用情况的指导工作；负责全区资产的处置、出租、出借、对外投资、担保等事项的管理；负责国有土地使用权出让收入的征收、缴库、使用、监督管理。

经社保障处，负责全区教育、科技、文化、卫生有关专项资金的管理；负责全区农村公益事业和农口专项资金的管理；负责全区经济建设领域专项资金的管理；负责全区社会保障专项资金（基金）的审核与发放；负责全区住房保障资金的筹集、分配、监督检查，住房公积金和其他住房资金的财政监督。

预算国库处，编制年度区级政府综合预算、年度决算，财政总指标的管理及部门（单位）指标的追加追减；负责区级财政预算执行工作并承担预算内资金和各种财政性资金的调度、审核、拨付、核算与账户管理；负责争取融资项目，保证征地和区内基础设施建设的资金需要。

集中支付中心（中介机构聘管办），负责对纳入“中心”的区内各预算单位办理财政性资金收付业务和会计核算业务；负责对原始单据的金额、真伪进行审核；负责编报会计报表，实行会计监督和财务管理;负责统一集中使用预算资金，提高资金使用效率，保障资金安全；负责提供真实、完整的会计资料，管理会计档案；负责中介机构聘用库的建立和日常管理；负责制定各类聘用机构统一合同书；负责对中介机构履职履约情况进行评价。

金融服务办公室（挂靠资金财务部）

负责贯彻执行国家金融工作方针政策和法律法规，研究拟订全区金融产业发展中长期规划和年度计划，协调金融业与全区经济社会发展的衔接；负责与区外金融驻区机构的联系，协调解决金融运行中涉及地方政府配合的相关事宜；配合中央、省、市监管机构依法加强金融监管，整顿和规范金融市场秩序；负责协调非法集资、非法证券、非法保险等案件的查处、善后处置和维护金融稳定；负责拟定加强地方金融机构建设的指导意见，负责区属金融机构的业务指导、考核；协助有关部门搞好地方金融机构党的建设和思想政治工作；协调引进金融机构，统筹协调全区金融功能区规划、建设和发展；负责培育推荐企业上市融资，配合有关部门指导上市公司建立和完善现代制度，负责处置上市公司风险，协调有关部门依法对上市公司实施破产、重组、托管；牵头组织相关企业发行债券，指导协调产权交易等有序发展；负责组织实施投融资工作，承担管委会下达的投融资任务。

金融服务办公室为中级管理二级机构，聘用工作人员3人，聘用部门负责人1名（由资金财务部副部长兼任），副主任1名。

七、人力资源部

负责宣传、贯彻、执行国家人力资源和社会保障部门有关政策、法律、法规；负责全区企业劳动用工管理和劳动合同签订备案、劳动行政监察、劳动争议调解、仲裁工作；负责全区人才与劳动力市场建设与管理及人事档案管理工作；负责公务员管理工作；负责机关、事业单位工作人员日常管理工作；负责驻区企事业单位的专业技术职称申报、初审及技术人员的管理工作；负责社会保障事务站的管理和社会保险基金的征缴及管理工作。

人力资源部为中级管理一级机构，聘用工作人员27名，聘用部门负责人4名（1正3副）。内设6个处（初级管理一级机构）：综合处2人，设主任1名；人事处4人，设主任1名；社会保险办事处（医保中心）4人，设主任1名；就业服务处（人才交流服务中心）3人，设主任1名；城乡居民社会养老保险中心5人，设主任1名；劳动保障监察大队（劳动人事争议仲裁处）5人，设大队长（主任）1名，副大队长（副主任）1名。

综合处，负责拟订部门工作计划、管理制度；负责综合文稿起草、会议组织、公文审核、文电处理、机要档案等秘书事务；负责部门新闻宣传及政务信息工作；负责对工作目标任务的制定、检查、督导、考核和督查、督办工作。

人事处，负责全区企事业单位专业技术人员职称和机关事业单位工人技术等级管理工作；

负责落实国家、省、市军转安置政策；负责公务员及事业单位工作人员管理，机关事业单位工作人员人事管理、工资福利、学习培训、年度考核工作。

社会保险办事处（医保中心），负责督促区内企业参加社会保险的登记、申报工作；负责区内失业人员的管理和失业保险的参保登记、变更登记、注销登记、失业保险费申报审核、失业人员待遇发放工作；负责失业保险的稽核工作；负责区内城镇居民医疗保险参保人员的信息录入、管理，住院人员手工报销的初审及待遇核销等工作。

就业服务处（人才交流服务中心），负责开展就业登记、失业登记、就业困难对象认定、职业指导、职业技能培训、职业介绍、劳务派遣、人才派遣等服务；负责劳动统计调查和就业服务政策的宣传和监督实施；负责全区企事业单位人才引进（毕业生就业）、人才交流、人事代理工作；负责镇（社区）劳动保障事务站管理；负责就业资金管理和使用；负责公益性岗位和大学生见习岗位的开发和管理。

城乡居民社会养老保险中心，负责新型农村社会养老保险、城镇居民社会养老保险和失地农民养老保险的参保登记、保险费收缴、基金划拨、基金管理、个人账户建立与管理、待遇核定与支付、保险关系转移接续、档案管理、统计管理、受理咨询、查询和举报、组织待遇领取资格认证及所涉及险种的稽核等工作；对镇事务所的业务经办情况进行指导和监督考核。

劳动保障监察大队（劳动人事争议仲裁处），负责对辖区用人单位贯彻执行劳动法律、法规、规章情况进行监督检查工作并开展劳动保障法规政策的宣传工作；组织开展对职工合法权益重大问题的监督和调查研究；负责全区劳动监察工作：负责劳动人事争议调解仲裁、劳动人事争议案件的审理与处理等劳动人事仲裁工作；负责农民工工资的监管和拖欠农民工工资问题的查处工作。

八、招商促进部

贯彻落实国家、省、市有关发展内外贸易、国际经济合作、扩大开放和招商引资的发展战略、方针、政策；拟订全区相应的发展规划、规定和措施；拟订并实施全区外商投资政策，负责全区外商投资管理工作；依法核准外商投资项目的合同章程及法律规定的重大变更事项；负责全区招商引资、投资促进及外商投资企业上报审批工作；负责全区外商投诉处理工作；负责全区对外经济合作工作；负责全区外派劳务企业和项目的申报；负责指导、协调全区进出口工作；贯彻执行国家对外技术贸易、进出口管制以及相关外贸政策；负责全区国内经济技术合作政策制定、活动组织和项目管理工作；负责国内外贸易、外经贸活动的宣传、信息咨询工作；负责全区招商引资优惠政策、奖励政策的拟定并组织实施。

招商促进部为中级管理一级机构，聘用工作人员21名，聘用部门负责人5名（1正4副，其中1名副职兼任北京招商中心主任）。内设4个处（初级管理一级机构）：招商一处5人，设主任1名；招商二处5人，设主任1名；商务旅游综合处（贸促会）5人，设主任1名；北京招商中心2人，设主任1名。

招商一处，负责现代服务业招商工作，制定现代服务业招商计划，确定招商重点领域，招商客户群筛选：谋划现代服务业招商项目课题，协助项目办编制现代服务业招商项目资料；按部内分工联系管理招商中介机构，采取多种方式积极做好招商推介工作；做好来区考察企业的接待洽谈工作。

招商二处，负责先进制造业和高新技术产业招商工作，制定先进制造业和高新技术产业招商计划，确定招商重点领域，筛选招商客户群；谋划先进制造业和高新技术产业招商项目课题，协助项目办编制相关招商项目资料；按部内分工联系管理招商中介机构，采取多种方式开展招商推介；做好来区考察企业的接待洽谈工作。

商务旅游综合处（贸促会），负责商务管理、贸易促进、开放工作任务分解、督导考核、综合宣传、组织重大招商活动、机关日常事务等工作；负责制定全区旅游发展规划并组织实施，负责旅游行业管理。

北京招商中心，负责与北京的国内外公司、商社和投资机构的联系工作；负责联系国家有关部门，掌握国家政策动态，争取招商引资项目、资金支持；组织安排全区在北京举办专业招商活动；按分工管理和联系招商中介机构。

九、社会事务部

负责托管区域内教育、卫生、体育、社会保障、民政事务、民族宗教、人口和计划生育等工作；贯彻执行上级相关工作的方针、政策和法律法规，制定各项发展规划并协调组织落实；拟定基层工作的规定及管理办法，并监督落实。

社会事务部为中级管理一级机构，聘用工作人员34名，聘用部门负责人4名（1正3副，3名副职分别兼任社会事务处、教育文体处、卫生计生管理处主任）。内设4个处（初级管理一级机构）：综合处2人，设主任1名；社会事务处（民政处、民宗处、城乡低保核查中心、社区管理中心、残联）6人，设主任（主席）1名，副主任（副主席）1名；教育文体处11人，设主任1名，副主任1名，其中下设教研室（初级管理二级机构），工作人员5人；卫生计生管理处（计划生育协会、新型农村合作医疗管理中心、卫生疾控中心）14人，设主任1名，副主任2名。

综合处，负责部门综合协调工作；负责文件收发与起草工作；负责档案管理工作；负责部门经费及各类专项资金等财务管理等工作。

社会事务处（民政处、民宗处、城乡低保核查中心、社区管理中心、残联），负责社会救助、救灾救济、优抚、基层政权、区划地名、民间组织、协会等管理工作；负责全区城镇低保核查、认定、管理等相关工作；负责民族和宗教管理工作；负责残疾人管理工作；负责辖区内社区管理工作。

教育文体处，负责统筹管理区内义务教育、学前教育、职业教育、成人教育和少数民族教育；研究拟定全区教育工作规划，指导并组织实施；管理机关、学校教育事业费和专项经费；负责区内中小学、幼儿园教职工队伍管理和考核；负责教师培训、教师资格认定和教师专业技术职务评聘工作；负责社会力量办学机构的审批与管理工作；负责教育系统党风廉政建设和纪检监察工作；负责托管区域内文广新、文物和体育工作；负责全区中小学教学研究工作。

卫生计生管理处（计划生育协会、新型农村合作医疗管理中心、卫生疾控中心），负责贯彻执行各项卫生、计生工作的法律、法规和方针政策；负责人口计划生育管理、行政执法和计生协会工作；负责组织实施计划生育目标管理责任制的考核；协同有关部门对流动人口进行综合治理；推动实施计划生育生殖健康促进计划；负责计划生育宣传、健康教育、健康促进和信息化建设等工作；负责贯彻落实新型农村合作医疗相关政策法规；负责新型农村合作医疗管理相关工作；负责开展全民健康教育；实施对人群危害严重疾病的防治规划和计划免疫工作；组织对传染病、地方病和常见病、多发病的防治；依法监督管理传染病防治和公共场所及医疗机构的日常监管；加强对职业、环境、放射、学校卫生工作的监察。

农林水务部（农委、农经办、扶贫办）（挂靠社会事务部）

负责托管区域内农牧、林业、水务、扶贫、农村经济、农村政策研究、农业产业化等工作。

农林水务部为中级管理二级机构，聘用工作人员15名，聘用部门负责人3名（1正2副）。其内设4个科（初级管理二级机构）：综合科3人，设科长1名；农牧农工科4人，设科长1名；林水科4人，设科长1名；动物检疫所2人，设所长1名（由农牧农工科科长兼任）。

综合科，负责部门综合协调工作；负责文件收发与起草工作；负责档案管理工作；负责农村集体资金资产资源和财务管理工作；负责农民负担监督管理工作；负责农村经济收益分配统计工作；负责农村土地承包管理及农村承包合同纠纷的调解、仲裁工作。

农牧农工科，负责农牧业各类产品基地、加工开发等项目的申报工作；负责全区种子监督管理、兽医医政、兽药药政管理、动植物检疫、畜禽防疫、农机安全管理、农药兽药市场管理、绿色食品管理工作；负责承担农业产业化发展、农委、农经、扶贫等工作。

林水科，负责有关林业方针、政策、法律、法规的组织实施和监督检查工作；负责审核、申报或审批林业产业建设项目监督实施工作；组织指导全区封山育林、退耕还林、防治荒漠化和防沙治沙工作；负责林业执法、森林防火工作；负责全区水资源、水利基础设施建设工作；负责水土保持生态治理、农村人畜饮水和防汛抗旱工作；组织较大建设项目的水资源和防洪论证工作；组织、指导水政监察和水行政执法；负责全区水利基建项目的编制、申报。

动物检疫所，负责辖区内动物防疫检测、质量监管及执法工作；负责辖区内兽医、防疫员培训、考核、对辖区动物饲养、屠宰、交易及动物产品加工场（点）进行动物防疫条件审核、发证管理工作。

十、纪检监察部

纪检监察部为中级管理一级机构，聘用工作人员 11 名，聘用部门负责人 3 名（1 正 2 副，其中 1 名副职为兼职）。内设 3 个机构（初级管理一级机构）：综合处 3 人，设主任 1 名；案件监察室（信访室）3 人，设主任 1 名；监督检查室（党风政风室）3 人，设主任 1 名。

综合处，负责综合协调等项工作，履行部门文秘、机关事务、干部及干部监督、研究政策法规、案件审理、宣教、财务及档案管理等职能。

案件监察室（信访室），负责履行信访、案件检查等职能。

监督检查室（党风政风室），负责履行执法监察、监察综合、效能建设、巡察、监督、党风、纠风、预防腐败等职能。

政务服务中心（挂靠纪检监察部）

负责对窗口单位行政审批行为的监督管理和协调服务，处理和裁决窗口单位在办理审批、提供服务及其他相关事项中的意见分歧；负责各窗口及其工作人员的培训、管理和考核；负责受理和处理公民、法人和其他组织对审批窗口单位及其工作人员的举报投诉，并提出处理建议；负责督促检查进驻单位的行政审批制度改革情况。

政务服务中心为中级管理二级机构，聘用工作人员 3 名，聘用部门负责人 1 名，1 正（主任兼任纪检监察部副部长）。

十一、督查考核部

督查考核部为督查考核委员会（议事协调机构）的办事机构。

负责对上级党委、政府制定的方针、政策和重要工作部署以及工、管委重要会议决议、决定和重大决策、重要工作部署以及阶段性中心工作在各部门的贯彻落实情况的督促检查；负责对全区重点、难点和群众反映的热点问题的解决及落实情况的督促检查；负责对上级党委、政府领导重要批示以及工、管委领导批办、交办事项落实情况的督促检查工作；负责各部门和托管镇年度目标完成情况考核。

督查考核部为中级管理二级机构，聘用工作人员 7 名，聘用部门负责人 3 名（1 正 2 副）。其内设 2 个科（初级管理二级机构）：督查科 2 人，设科长 1 名；考核科 2 人，设科长 1 名。

督查科，负责工、管委重大决策、部署和全区重点工作及重要会议、文件的贯彻执行情况的督查与反馈工作；负责上级党委、政府和工、管委领导交办事项的督办落实及反馈工作；负责综合协调，信息传递，文件收发、呈阅、文号的管理，会议会务，接待，报账和档案资料的管理等工作。

考核科，负责全区各部门、托管镇、重点企业的年度目标制定、分解、考核工作；负责区内各部门及托管镇领导班子和领导干部的政绩考核和统计工作；负责围绕全区中心工作和重点工作搞好调查研究和有关情况的反馈；负责制定年度内信息调研任务计划和奖励办法；负责各科室工作人员拟上报信息调研的核稿工作。

十二、土地储备中心（挂靠高新区国土分局）

负责编制全区年度土地储备计划并组织实施，对全区存量土地适时进行收购、收回，纳入储备土地范围；负责筹集土地收储和配套基础设施建设资金；负责储备土地前期开发整理，并对前期开发整理工程实施监督管理、工程验收；负责储备土地、临时用地的保护、使用管理工作；负责储备土地出让前的成本核算等工作。

土地储备中心参照中级管理二级机构，聘用工作人员7名，聘用部门负责人2名（1正1副）。内设科室2个：综合科2人，设科长1名；财务管理科3人，设科长1名。

综合科，具体负责政务和文秘工作；负责后勤服务；负责中心法律事务处理；负责中心信息化建设；土地收购储备有关政策研究；负责土地储备开发项目验收；负责土地储备库建立、入库验收、入库土地期间管理、出库土地交接及后续协调等工作；负责国有土地使用权收购储备工作。

财务管理科，负责土地储备开发财务管理相关政策研究；负责土地储备开发筹融资工作；负责投资土地储备开发项目资金管理；负责中心经费管理；负责中心固定资产账务管理；承办领导交办的其他工作。

承德高新技术产业开发区党政综合办公室关于印发《承德高新技术产业开发区保障性住房统筹建设并轨运行实施细则（试行）》的通知

承高党政办发〔2014〕2号

区直各部门、托管镇：

《承德高新技术产业开发区保障性住房统筹建设并轨运行实施细则（试行）》已经工委会研究通过，现印发给你们，请认真贯彻落实。

承德高新技术产业开发区党政综合办公室

2014年1月10日

承德高新技术产业开发区保障性住房统筹建设并轨运行实施细则（试　行）

第一章　总　则

第一条　为规范和加强本区保障性住房管理，根据国务院办公厅《关于保障性安居工程建设和管理的指导意见》（国办发〔2011〕45号）、河北省人民政府《河北省城镇住房保障办法》（省政府令〔2011〕第6号）、河北省人民政府《关于加强保障性安居工程建设和管理的意见》（冀政〔2012〕70号）和河北省住房和城乡建设厅、河北省发展和改革委员会、河北省财政厅、河北省国土资源厅《关于推进保障性住房统筹建设并轨运行的实施意见》（冀建保〔2013〕5号）文件精神及有关政策，结合本区实际，制定本细则。

第二条　本细则适用于本区保障性住房的建设、分配、使用和监督管理工作。

第三条　保障性住房建设坚持政府主导、政策扶持，充分发挥市场机制作用，鼓励社会广泛参与，按照统筹建设、租补分离、梯度保障、保租控售、统一管理的原则，将现行的廉租住房、公共租赁住房、经济适用住房和限价商品住房统筹建设，并轨运行。并轨后，上述四类保障性住房统称为保障性住房。

第四条 区住建局是全区保障性住房建设和管理工作的主管部门，负责保障性住房政策制定、业务培训、保障性住房项目建设、筹集调配、分配和运营管理等工作，区住房保障办公室负责相关工作的具体落实。

区社会事务局民政部门是全区申请住房保障家庭收入及资产认定工作的主管部门，按照《城市低收入家庭认定办法》（民发〔2008〕156号）要求，负责对住房保障申请人和住房保障对象的家庭收入、资产情况进行审查认定，并向区住房保障主管部门提交认定文件。同时，在住房保障家庭年审时，负责对享受住房保障家庭的收入、资产情况进行审核，并向区住房保障主管部门提交认定文件。

区财政局是全区住房保障资金的筹集、管理部门，按照资金管理有关规定，负责本辖区保障性住房项目建设资金、住房租赁补贴资金的筹集以及保障性住房收益的使用、监管工作。

经科局、国土分局、规划分局、房产管理处、人社局、地税局、公安分局等部门要在各自职责范围内共同做好住房保障的相关工作。

第二章 规划与建设

第五条 保障性住房可以通过新建、改建、购买、长期租赁等多种方式筹集，符合相关标准的职工公寓、人才公寓及乡镇教师、医务工作者等基层工作人员周转用房等房源纳入保障性住房管理。

第六条 区国土资源部门应会同区住房保障主管部门商定保障性住房建设用地年度供应计划，单独列出保障性住房项目建设用地指标，优先供应。列入保障性住房建设用地储备的土地，非经法定程序不得改变用途。以划拨方式取得的土地，任何部门不得批准改变用途，提出改变土地用途的即收回土地使用权。

第七条 集中建设的保障性住房项目应符合城乡规划、土地利用规划要求，充分考虑居民就业和生活需求，统筹规划，合理布局，将项目优先安排在交通便利、生活方便、公共基础配套设施相对完善的区域。小区内公共基础配套设施及配建的商业和综合服务设施应与住宅同步规划、同步建设、同步交付使用。集中新建的保障性住房小区按不低于小区总建筑面积10%的比例配建商业和综合服务设施。

第八条 凡新招、拍、挂出让的国有住宅建设用地，须按照项目住宅总建筑面积10%以上的比例配建保障性住房。配建的保障性住房，其中总建筑面积的50%房屋产权无偿归管委会所有，另外50%的房屋产权归取得土地使用权的开发建设单位所有。取得土地使用权的开发建设单位所有的保障性住房，经行政主管部门批准后方可将住房出租或出售。

第九条 城中村改造项目按照扣除回迁安置住房以外住宅总建筑面积的5%以上的比例配建保障性住房，所配建的房屋产权全部归管委会所有。

第十条 国有住宅建设用地招、拍、挂前，区国土部门须向市住房保障主管部门征求配建保障性住房的土地出让条件，并将其在土地出让公告中给予明确。取得《国有建设用地使用权拍卖、挂牌出让成交确认书》的开发企业，要在取得《国有建设用地使用权拍卖、挂牌出让成交确认书》7个工作日内，与市住房保障主管部门签订《配建保障住房协议书》。取得土地使用权的开发建设单位在办理建设工程规划许可手续前，须向市住房保障主管部门报送配建保障性住房实施方案，市住房保障主管部门应在7个工作日内提出配建方案审查意见。区国土部门将市住建局出具的配建方案抄送区住房保障主管部门。

第十一条 未签订《配建保障住房协议书》

的，区国土部门不得签订土地出让合同。市住房保障主管部门未出具配建保障性住房审查意见的,区规划部门不得办理建设工程规划许可手续。建设单位未按照规定配建保障性住房的、或配建保障性住房开发进度低于其他类型住房开发进度的、或未足额缴纳不配建保障性住房异地建设资金的，区住房保障主管部门可要求其商品房项目停工，同时通报市住建局有关部门不予办理《商品房预售许可证》。建设单位未按《保障性住房配建协议书》规定交付保障性住房的或擅自销售配建保障性住房的，由区住建局依法进行处罚，同时通报相关部门不予办理项目竣工验收备案。

第十二条　凡新招、拍、挂出让住宅建设用地经管委会按照有关程序批准不配建保障性住房的，由取得土地使用权的开发企业向管委会缴纳保障性住房异地建设资金。所缴纳的异地建设资金按照同项目普通商品住房平均销售价格乘以应配建的保障性住房总建筑面积计算。收取异地建设资金后，管委会应及时谋划保障性住房异地建设项目，原则上在开发企业取得土地使用权一年内开工建设，异地建设项目建筑面积不少于应配建保障性住房建筑面积。

第十三条　配建的保障性住房应符合以下建设要求：

（一）配建的保障性住房由开发建设单位组织实施建设。

（二）配建的保障性住房应与本小区住房实行统一规划、优先建设、统一管理。配建的保障性住房建筑设计、室内环境、室内装修、建筑设备、给水排水、燃气、供热、强电弱电、节能等符合国家有关规范和《河北省保障性住房设计导则》《河北省保障性住房室内装修技术导则》要求，实体工程质量符合国家验收规范和《河北省保障性住房工程实体质量验收导则》要求。小区内的公共配套设施共享。

（三）开发建设单位应将配建的保障性住房与本小区住房同时交付使用。分期建设的项目，应在首期交付配建的保障性住房。竣工交付的保障性住房总建筑面积应不少于《保障性住房配建协议书》中明确的配建保障性住房总建筑面积。

第十四条　集中建设和配建的保障性住房单套建筑面积以60平方米以下为主，严格控制在90平方米以内，60～90平方米的套型住房要控制在总量的30%以内。以集体宿舍形式建设的保障性住房，应执行国家宿舍建筑设计规范。

第十五条　高新区城镇住房保障资金的来源主要包括：

（一）中央和省住房保障补助资金；

（二）按照土地出让总收入的5%提取住房保障资金；

（三）住房公积金增值收益扣除管理费和风险准备金后的资金；

（四）出租、出售保障性住房所得的管委会收益；

（五）通过各种方式的融资；

（六）社会捐赠的资金；

（七）区财政预算安排的资金；

（八）通过其他途径、方式筹集的资金。

第十六条　高新区城镇住房保障资金实行专项管理，分账核算、专款专用、收支两条线，不得挤占挪用。保障性住房项目按照国家现行政策分类上报申请各类补助资金，并严格依照有关规定和项目批复内容组织建设。区财政局按照相关文件规定可将住房保障资金按项目打捆统筹使用。

第十七条　保障性住房按照有关规定执行现行建设、买卖、经营等环节税收优惠政策，建设项目免收城市基础设施配套费等各种行政事业性收费和政府性基金。

第三章　申请与准入

第十八条　住房保障主要面向城镇低收入住房困难家庭及新就业职工、外来务工人员供应。符合条件的乡镇教师、医务工作者、引进人才等群体逐步纳入住房保障范围。

第十九条　住房保障申请条件：

（一）城镇低收入住房困难家庭以家庭为单位申请保障性住房，申请人与共同申请人之间应具有法定的赡养、抚养或者抚养关系。同时应当具备下列条件：

1. 具有本区城镇常住户口且实际居住；

2. 家庭年人均可支配收入在全区上年度家庭年人均可支配收入标准以下（收入标准每年向社会公布一次）；

3. 家庭人均住房建筑面积15平方米以下，且家庭总建筑面积在50平方米以下；

4. 申请人与共同申请人未享受住房保障；

5. 申请人及共同申请人均出具同意审核机关核实申报信息并进行公示的承诺；

6. 管委会规定的其他条件。

（二）新就业职工申请保障性住房，应当同时具备下列条件：

1. 具有本区城镇常住户口且实际居住；

2. 申请时工作未满5年；

3. 在本市无任何形式的住宅建设用地和自有住房，且未享受任何形式的住房保障；

4. 在申请之日前已与本地用人单位签订1年及以上期限劳动（聘用）合同且自劳动合同履行时开始缴纳社会保险；

5. 家庭年人均可支配收入在上年度家庭年人均可支配收入标准（收入标准每年向社会公布一次）1.2倍以下；

6. 管委会规定的其他条件。

（三）外来务工人员申请保障性住房，应当同时具备下列条件：

1. 在本区劳动关系稳定，在申请之日前已在本地用人单位连续工作2年，并与本地用人单位签订2年及以上期限劳动（聘用）合同，且连续缴纳社会保险2年以上；

2. 年人均可支配收入在上年度家庭人均年可支配收入标准（收入标准每年向社会公布一次）1.2倍以下；

3. 在工作地无任何形式的住宅建设用地和自有住房，且未享受任何形式的住房保障；

4. 管委会规定的其他条件。

第二十条　申请住房保障时应提供以下材料：

（一）申请书：申请人应如实说明家庭户籍、人口情况，主要家庭成员职业、收入以及家庭年人均可支配收入情况，现住房情况，所提供材料真实性的承诺，同意审核机关对申报信息调查核实的授权等；

（二）身份类证明：申请人和共同申请人身份证、户口簿；

（三）资产类证明：申请人和共同申请人收入情况证明；家庭资产情况证明；住房状况证明（拥有私有住房的，需提供所拥有房屋的《房屋所有权证》）；租住公有住房的，需提供所租房屋的租赁证或租赁协议；租住（含借住）个人住房的，需提供所住房屋的房屋所有权证及租赁（或借住）协议和房东身份证）；

（四）婚姻状况证明：已婚的须提供结婚证，未婚的须提供未婚证明；离异的须提供离婚证及离婚协议或法院判决书。证件丢失的，提供发证机关出具的证明；

（五）新就业职工和外来务工人员除上述材料外，同时提交劳动（聘用）合同、缴纳社会保险证明、用人单位法人营业执照、组织机构代码证、法定代表人身份证明。属人才引进的，需提供相关证明；

（六）孤、老、病、残等特殊家庭提供相关材料及证明；

（七）其他需要补充的证明材料。

以上证明材料均需提供原件。

第二十一条　住房保障申请审核程序如下：

（一）登记。申请住房保障的家庭以家庭为单位携带上述第二十条规定的相关材料原件向区住房保障主管部门提出申请，住房保障主管部门进行申请材料的完整性审核，资料完整的，在现场留取扫描件后填写住房保障资格申请表、志愿表、申请家庭状况承诺及家庭资产查询委托书，确认无误后，申请人现场确认并签字。

与申请人共同居住的有法定抚养与被抚养关系的亲属可作为共同申请人参与申请，申请家庭所有成员共同分摊住房面积，同时分摊收入。夫妻双方不在同一户籍的，只能由一方作为申请人提出申请，户口不在本地的，另一方户籍所在地住房保障机构负责协助调查相关情况，并提供证明。离异家庭的未成年子女只能作为法定抚养方的家庭成员参与申请。

（二）审核。区住房保障主管部门受理申请后，7 个工作日内以工作联系单的形式将申请家庭资料转交区社会事务局民政部门进行申请家庭的收入和家庭资产情况认定。区社会事务局民政部门在 20 个工作日内，组织托管镇政府、社区居委会等单位采取查档取证、入户调查、邻里访问等方式，并与公安、工商、地税、房产管理等部门联审联查，对申请人的家庭人口、户籍、车辆、收入、存款、有价证券、住房等有关情况进行认定，并向住房保障主管部门出具申请家庭的收入、资产认定文件。区住房保障主管部门根据区社会事务局民政部门出具的申请家庭收入、资产认定文件并依据年度公布的人均可支配收入标准，确定申请家庭是否符合申请条件。

申请人及共同申请人以及被调查单位应当予以配合，如实提供有关情况。对拒不配合调查、申请材料不真实的，区住房保障主管部门应当书面告知申请人不予保障。

（三）公示。区住房保障主管部门自收到区社会事务局民政部门认定证明之日起 15 个工作日内，将申请家庭认定情况进行公示，公示时间不少于 10 日。公示期间，如有举报申请人所申报情况不实的，区住房保障主管部门须将举报情况反馈区社会事务局民政部门，由区社会事务局民政部门对举报人举报的情况进行核实。不符合条件的家庭，如能提供补充证明，证明符合条件的，住房保障主管部门将补充材料移交区社会事务局民政部门复审，待区社会事务局民政部门复审后向区住房保障主管部门出具复审意见，将复审结果再进行公示。

（四）保障。公示期满，对公示无异议或者虽有异议但经核实符合条件的，纳入住房保障范围。对不符合条件家庭，区住房保障主管部门书面告知申请人。被告知人如有异议，可以自收到书面告知之日起 7 日内，向区住房保障主管部门申请复核。区住房保障主管部门会同区社会事务局民政部门在收到复核申请之日起 15 个工作日内完成复核，并将复核结果书面告知申请人。

企事业单位自建或购买的用于解决本单位职工住房需求的保障性住房的出租条件由产权单位拟定并自行组织租赁事宜。房源信息、承租人信息应及时报区住房保障主管部门备案并录入数字住房保障信息系统。

第四章　实物配租与租赁补贴

第二十二条　管委会通过集中建设、购买、配建、委托代建的保障性住房，由管委会指定职能部门管理房屋资产，办理国有产权登记，并进行实物分配。

第二十三条　区住房保障主管部门根据现有保障性住房房源情况及住房保障申请人意愿进行实物配租。对符合住房保障条件但未进行实物配租的城镇低收入家庭，采取发放住房租赁补贴的方式实施保障。

第二十四条　保障性住房户型及面积分配应与保障对象的家庭人口规模、家庭结构等相适应。原则上按人均住房建筑面积 15 平方米以内标准确定。以家庭为单位分配的，原则上 2 人（含）以下户安排 40 ～ 50 平方米，3 人（含）以上户安排 60 ～ 90 平方米以内。

第二十五条　符合下列条件的家庭，同等条件下优先安置保障性住房：

（一）申请家庭中有六十周岁以上老人的；

（二）申请家庭成员是军烈属、优抚对象或

转退军人的；

（三）申请家庭成员有获得市级以上（含）劳动模范、英雄模范称号的；

（四）申请家庭成员患有重大疾病丧失劳动能力、没有生活来源的或家庭成员中有残疾的；

（五）其他因自然灾害、突发事故急需救助的。

第二十六条　管委会持有的保障性住房，由区保障性住房主管部门与取得承租资格的家庭签订《高新区保障性住房租赁合同》，保障性住房租赁合同期限最长不超过 5 年。合同中应当明确下列内容：

（一）房屋的位置、朝向、面积、结构、附属设施和设备状况；

（二）租金标准及支付方式；

（三）物业管理费、水电费、电梯费等费用的支付方式；

（四）房屋用途和使用要求；

（五）租赁期限；

（六）房屋维修责任；

（七）停止实物配租的情况；

（八）违约责任及争议解决办法；

（九）其他约定。

开发企业持有的保障性住房，由开发单位与承租人签订住房租赁合同。合同签订后，出租人应当在 30 日内将合同报区住房保障主管部门备案。

第二十七条　保障性住房的租金参照同区域、同品质商品住房平均市场租金标准，由区经科局（物价部门）会同住房保障主管部门、财政部门确定，报管委会批准后执行，并实行动态调整，每年向社会公布一次。

第二十八条　签订保障性住房租赁合同时，承租人须一次性交纳租赁保证金 8000 元或提交第三方担保，以保证租赁合同的正常履行。租赁合同期满或终止，承租人无违约责任的，全额退还保证金；承租人存在违约情况或损坏住房内设施设备的，住房保障主管部门从保证金中抵扣承租人应承担的相关费用，不足部分向承租人进行追缴。

第二十九条　保障对象不接受分配的住房、不签订配租合同、不按规定时间办理入住手续的，视为自动放弃保障性住房分配入住资格。

第三十条　管委会持有产权的保障性住房，实行租补分离、梯度保障的政策。按照先交后补的方式，承租人向保障性住房所有权人交纳租金后，在规定的保障面积内，住房保障主管部门分档次对不同困难程度的承租人发放租金补贴。

（一）补贴计算公式：家庭月租金补贴金额＝（保障人口 × 人均住房保障面积标准－家庭原有住房建筑面积）× 所承租保障性住房市场租金标准 × 补贴系数。

（二）补贴标准

补贴共分为四档，分别是：

一档：年人均可支配收入在上一年度年人均可支配收入 0.5 倍（含 0.5 倍）以下的家庭，补贴系数为 0.9；

二档：年人均可支配收入在上一年度年人均可支配收入 0.5 ～ 0.8 倍（含 0.8 倍）以下的家庭，补贴系数为 0.7；

三档：年人均可支配收入在上一年度年人均可支配收入 0.8 ～ 1 倍（含 1 倍）以下的家庭，补贴系数为 0.5；

四档：年人均可支配收入在上一年度年人均可支配收入 1 倍～ 1.2 倍（含 1.2 倍）以下的家庭，补贴系数为 0.2；

人均住房保障面积标准 15 平方米 / 人 • 月，家庭月保障面积最大为 50 平方米，单人户月保障面积为 30 平方米。超出住房保障面积标准的部分，不给予补贴。

单位自行建设或向开发企业购买的面向本单位符合住房保障条件职工的保障性住房，租金标准由房屋产权单位自行确定，同时报区住房保障主管部门备案，区住房保障主管部门对承租单位自有产权保障性住房家庭不发放租金补贴。

第三十一条 保障性住房承租资格实行年审制度。承租保障性住房家庭应在每年年底向区住房保障主管部门填报《保障性住房年审表》，区住房保障主管部门将有关情况转交区社会事务局民政部门，由区社会事务局民政部门对保障家庭的收入、住房、家庭资产等情况进行复核。区住房保障主管部门对通过年审家庭情况无变化的，继续进行保障，对年审发现家庭情况发生变化的，调整相应保障档次或作出退出处理。

第三十二条 已纳入住房保障的家庭情况发生变化的，应及时向住房保障主管部门进行申报，住房保障主管部门经过复核后作出相应调整，并重新签订住房保障协议。

第三十三条 保障性住房承租人在租赁期间内死亡，其共同申请人符合住房保障条件的，可继续承租该保障性住房，同时变更租赁合同，租赁期限按原有合同的剩余时间计算；其共同申请人不符合住房保障条件的，限期搬出。

第三十四条 承租人不得擅自对住房进行二次装修、改变原有使用功能和内部结构。承租人可根据生活需要添加生活设施，自行添加的生活设施在退租时不予补偿。因使用不当造成房屋或附属设施损坏的，应负责维修或赔偿。

第五章 住房出售

第三十五条 在区内保障性住房房源供应量充足的前提下，为缓解建设资金筹措压力，确保保障性住房建设良性循环、可持续发展，可将一定比例的保障性住房向具有本区城镇户籍的承租人出售。

第三十六条 由区住房保障主管部门确定年度保障房销售计划，经管委会同意，报上级住房保障主管部门审核批准后实施。原则上管委会持有房屋产权的出售比例不得超过其数量的三分之一（包括增量和存量）。纳入保障性住房管理的职工公寓、人才公寓及托管镇教师、医务工作者等基层工作人员周转用房以及单位自行建设面向本单位人员出租的保障性住房等房源不得出售。

第三十七条 保障性住房出售价格分为两种，一种按市场价格的80%进行销售，房屋售出后，保障性住房性质不变，购买此类保障性住房的家庭可办理房屋所有权证，在进行房屋所有权登记时，注记“保障性住房”，拥有房屋的有限产权。另一种是按市场价进行销售，房屋售出后，购房家庭拥有完全产权，该套住房及购房人均退出城镇住房保障序列。售出房屋所占土地属于划拨方式取得的，应补办土地出让手续，补交土地出让金。土地出让金按房屋所在地段的土地市场平均价的一定比例缴纳，具体缴纳金额由区国土部门确定。

第三十八条 保障性住房销售价格由区经科局（物价部门）会同区住房保障主管部门、财政部门参照同地段、同品质房屋的市场价格确定，经管委会批准后执行。保障性住房出售环节涉及到各种税费，按市场价出售的，要按照规定全额缴纳，按市场价80%部分销售的，按照保障性住房税费优惠政策执行。购房人购买房屋时应按照有关规定缴纳住宅专项维修资金。

第三十九条 在年度销售计划内，具有本区城镇户口的承租保障性住房家庭可以按照自愿的原则，向区住房保障主管部门提出购房申请，自愿选择房屋出售价格种类。购买人付清全款后可办理房屋所有权证。

第四十条 保障性住房出售程序：

（一）申请：符合购买保障性住房条件的配租家庭，由配租时的申请人，携带本人身份证明和租赁合同到区住房保障主管部门书面申请，填写《保障性住房购买申请审批表》。

（二）审核：区住房保障主管部门根据年度保障性住房出售计划，确定该住房是否在出售计划内，同时核定销售价格。

（三）审批：区住房保障主管部门对通过审核的家庭发放《保障性住房准购证》，载明销售房源信息。

（四）购买：购买申请人，凭《保障性住房准购证》签订《保障性住房购买协议》，缴纳购房款及办理相关手续。

第四十一条 如购买保障性住房申请人多于年度可销售保障性住房计划数，按申请先后顺序、摇号等方式确定可购买保障性住房家庭，其余申请家庭轮候。

第四十二条 《保障性住房购买协议》应载明销售价格、购买方式、转让（交易）限制条件以及双方权利和义务等内容。

第四十三条 在购房人付清全款前，居住期间按其付款占总房款的比例免收相应部分租金，同时，减发其付款占总房款比例折算面积的租金补贴。

第四十四条 按出售价格80%购买保障性住房的，购买人在实际居住满5年且取得房屋所有产权后，可以申请上市交易，上市交易时由申请人和区住房保障主管部门共同确定房屋评估中介机构，对上市房屋进行价格评估，并按照评估价格计算上市交易收益，房屋上市交易实现的收益部分由申请人和管委会按照4：6比例分配。住房交易时，交易款项先汇入住房保障主管部门专户，区住房保障主管部门扣除应提取的收益后，将其余款项支付原产权人。

第四十五条 已付部分购房款项，在取得完全产权前，因不再符合保障条件或被取消保障资格，可按市场价申请购买其所承租的保障性住房。承租人不继续购买的，扣除市场租金后，退还其预付房款本金余额，由区保障性住房主管部门收回住房。

第四十六条 对未取得全部产权的购房人的住房情况实行复核制度。

第六章 物业管理

第四十七条 保障性住房项目实行社会化物业管理，物业服务收费实行政府指导价。

第四十八条 集中新建的保障性住房小区应聘请有资质的、优秀的物业公司负责物业管理。配建的保障性住房项目，其物业服务纳入所在投资人建设的商品房项目统一管理。

第四十九条 物业经营管理单位应当完善保障性住房的服务设施，提供安全、卫生、方便、舒适的居住环境。承租人应按合同约定，按时缴纳租金和水、电、气、物业管理费等相关费用，无故拒不缴纳以及不当使用保障性住房的，承租人应当承担相应的违约责任。物业经营管理单位应当定期向区住房保障主管部门汇报保障性住房实际使用情况。

第七章 退出

第五十条 被保障家庭因收入、人口等条件发生变化，或通过购置、继承、受赠等方式取得其他住房，不再符合保障条件的，申请人应当主动向区住房保障主管部门申报，区住房保障主管部门取消其住房保障资格，并要求其退回保障性住房，享受租金补贴的，应停止发放补贴。

第五十一条 享受住房保障的家庭有下列行为之一的，区住房保障主管部门应取消其住房保障资格，并责令限期退出保障性住房，解除保障性住房租赁合同，其行为记入保障性住房管理档案：

（一）采取虚报、瞒报家庭收入、人口、住房情况及伪造、提供虚假证明材料等方式骗取住房保障资格、取得保障性住房的；

（二）无正当理由连续6个月以上未在所承租的住房居住的；

（三）无正当理由累计6个月以上未交纳租金及相关费用的；

（四）转租、出借或者擅自调换所承租的保障性住房的；

（五）改变所承租的保障性住房用途从事经营性活动的；

（六）改变住房结构或者擅自装修所承租的保障性住房，拒不恢复原状的；

（七）在保障性住房中从事违法活动的；

（八）法律法规、规章规定和租赁合同约定的其他情形。

第五十二条 区住房保障主管部门作出取消租赁住房保障资格的决定后，应当在5个工作日内出具《退租通知书》告知当事人，并说明理由。区住房保障主管部门下达退出通知后，承租人应在30日内退回保障性住房。逾期不退回保障性住房的，由出租人依法向房屋所在地人民法院申请强制执行。

取消配租资格的保障家庭，原承租人也可自愿申请按市场价购买所承租房屋，产权全部归个人所有，区房产部门为其核发商品房房产证，同时该套住房退出保障房序列。

第五十三条 用购买方式取得保障性住房的家庭，在未取得全部产权前，将保障性住房出租、出借或无正当理由连续空置6个月以上的，由区住房保障主管部门按照以下规定办理：

（一）要求其退还所购买的保障性住房，依法注销其房屋产权登记；出售人退回购房价款，退回时的房屋折旧费按有关规定执行；

（二）原购买人有购买意向的，按市场价购买所承担的房屋，产权全部归个人所有，区房产部门为其核发商品房房产证，同时该套住房退出保障房序列。

第五十四条 购得保障性住房后，申请人再购买其他商品住房时，房屋权属登记部门应要求其先办理保障性住房退出或购买手续。申请人持区住房保障主管部门开具的保障性住房退出或购买证明后，权属登记部门方可给其办理其他商品住房产权登记手续。

第八章 监督管理与法律责任

第五十五条 区住房保障主管部门及其所属的业务办理机构和其他有关部门有下列行为之一的，由管委会、上级住房保障部门或监察机关依据职权责令改正，通报批评；对主管负责人和其他直接责任人依法给予处分；构成犯罪的，依法追究刑事责任：

（一）向不符合规定条件的申请人提供保障性住房、住房租赁补贴的；

（二）未按规定向符合规定条件的申请人提供保障性住房、住房租赁补贴的；

（三）擅自变更住房保障方式、住房保障面积标准、保障性住房出租出售价格、装饰装修标准或者住房租赁补贴标准的；

（四）以配建方式建设保障性住房，未将配建的建筑面积、建设标准等内容纳入国有建设用地划拨决定书或者国有建设用地使用权出让合同的；

（五）对住房保障管理中发现的违法违规行为未及时依法处理的。

第五十六条 有关单位和个人为住房保障申请人或者其家庭成员出具虚假证明材料的，由区住房保障主管部门在高新区门户网站予以通报，并对直接责任人员处三千元以上一万元以下罚款，对责任单位处三万元罚款；属于国家工作人员的，纪检监察部门依法给予纪律处分；构成犯罪的，依法追究刑事责任。

第五十七条 当事人故意隐瞒、虚报或者伪造有关信息，或者采取贿赂等不正当手段已骗取城镇住房保障的，由区住房保障部门责令退回保障性住房或者住房租赁补贴资金；对不符合条件的申请人处三万元罚款，终身不再受理其城镇住房保障申请；对符合条件的申请人，处一千元以上一万元以下罚款，并自责令退回保障性住房之日起5年内不再受理其城镇住房保障申请。

第五十八条 保障对象擅自改变住房用途和结构或者造成住房毁损的，由区住房保障部门责令限期改正，逾期不改正的，处一千元以上一万元以下罚款；造成损失的，依法承担赔偿责任。

第五十九条 开发建设单位擅自改变保障性住房用地性质、规划设计和建设标准的，由区国土、规划、住建等部门依照各自职责依法予以处罚；构成犯罪的，依法追究刑事责任。

开发建设单位未按约定配建保障性住房的，

应当依法承担违约责任，并由区住房保障部门责令改正，处一万元以上三万元以下罚款。

开发建设单位有上述不良行为的，记入企业信用档案，并向社会公布，永久禁止该单位参加区内房地产项目的开发建设。

第六十条 申请人及其家庭成员对保障性住房工作中的行政管理行为有异议或不服的，可以向有关部门投诉、申诉，或依法提请行政复议、行政诉讼。

第九章 附 则

第六十一条 本细则自发布之日起施行。

承德高新区党政办

2014年1月15日印发

承德高新技术产业开发区管理委员会
关于印发《承德高新区学校（幼儿园）2014—2020年布局规划》的通知

承高管字〔2015〕13号

区直有关部门：

《承德高新区学校（幼儿园）2014-2020年布局规划》已经高新区第6次工委会议审议通过，现印发给你们，请各有关单位认真抓好落实。

承德高新技术产业开发区管理委员会

2015年6月25日

承德高新区学校（幼儿园）
2014—2020年布局规划

为满足广大人民群众对优质教育资源的需要，促进承德高新区教育均衡、健康发展，办好人民满意的教育，推动高新区经济社会快速发展，特制定承德高新区2014—2020年学校（幼儿园）布局规划。

一、指导思想

以“三个代表”重要思想和科学发展观为指导，深入践行党的群众路线教育，认真贯彻落实《国家中长期教育改革和发展规划纲要2010—2020》精神，坚持以学生为本、就近入学、规模适当、合理配置资源、提升素质教育质量、满足人民群众日益增长的优质教育需求这一宗旨，打造精品教育，实现承德高新区教育健康、均衡、可持续发展。

二、总体目标

承德高新区学校（幼儿园）2014—2020年布局规划，坚持“统筹规划、分步实施、相对集中、因地制宜”的原则。既立足当前，又着眼长远；既考虑布点相对稳定，又兼顾规模办学，同时对交通条件较差的村，首先考虑低年级学生（幼儿）就近入学，确保义务教育阶段入学率、巩固率，力争到2020年，逐步形成布局合理、规模适当的基础教育学校（幼儿园）布局。

三、规划内容

（一）现状分析

承德高新区现托管2个镇（38个行政村，3个居委会）和11个住宅小区。2个镇有常住人口6.5万人；11个住宅小区（滦阳御园、阳光四季城、天都嘉城、文轩茗园、御龙瀚府、凤凰御景、凤凰御苑、凤凰御庭、财苑嘉地、和润新城、御龙湾）可入住30019户，全部入住后可达9.63万人口。托管区域内总人口将会达到16.13万人。

高新区托管区域内现有中小学21所，在校生6514人。其中：高中1所，在校生1458人；初中2所，九年一贯制学校2所，小学16所（上板城镇9所，冯营子镇7所），义务教育在校生

5056人，其中：初中1176人，小学3880人。现有幼儿园8所（含2所民办幼儿园），小学附设幼儿班15个，初中附设幼儿班1个，在园幼儿1227人。全区现有在职教师608人，其中：小学教师261人，初中教师181人，高中教师166人。随着高新区快速发展，人口不断聚集，现有学校已不能满足适龄人口入学需求。全区无标准化幼儿园，儿童入园困难。破解这些问题，必须调整高新区中小学、幼儿园布局，尽快付诸实施。

（二）学校建设选址要求

依据《教育部办公厅、国家发展改革委办公厅关于进一步加强中部农村初中校舍改造工程质量管理的通知》教财厅〔2008〕2号文件之规定："各级教育行政部门应组织专家对项目建设场址周边地质、交通、环境等主要条件进行科学评测。必须避开地震断裂带、低洼地、滑坡地段、泥石流地区、洪水沟口或泄洪区等自然灾害频发地段；且不宜与市场、公共娱乐场所、生产贮藏易燃易爆物品的车间库房、物理化学污染源地段以及高压架空输电线路附近等不利于学生学习、身心健康和危及学生安全的场所毗邻。因选址不当造成安全事故的，要追究相关人员责任。"

（三）标准化中小学、幼儿园建设标准：教育部《城市普通中小学校建设标准》、教育部《农村普通中小学校建设标准》。

城市初中："1218615"-12轨、36个班、1800学生（班/50）人、占地60亩、建筑面积15000平方米；或"812511"-8轨、24个班、1200学生（班/50）人、占地54亩、建筑面积11087平方米；

城市小学："4138"-4轨、1080学生（班/45人）、占地35亩、建筑面积8345平方米或"6151"-6轨、1620学生（班/45人）、占地53亩，建筑面积11387平方米；

农村小学："2524"-2轨、540学生（班/45人）、占地24亩、建筑面积4215平方米；或"4137"-4轨、1080学生（班/45人）、占地33亩、建筑面积7065平方米；

城市幼儿园："4361136"-4轨、360学生（班/30人）、占地11亩、建筑面积4842平方米。

农村幼儿园："436836"-4轨、360学生（班/30人）、占地8亩、建筑面积3600平方米。

注：按10‰的人口出生率推算，1万～2万人的社区，宜建1所标准化幼儿园；2万～4万人的社区，宜建1所标准化小学；6万～10万人的社区，宜建1所标准化初中。

（四）高新区中小学及幼儿园规划方案

编制规划做到三个"结合"。即：同城乡发展规划相结合，同标准化学校（幼儿园）建设相结合，同义务教育均衡发展相结合。

1. 高新区中小学（幼儿园）规划总体概况

承德高新区规划中小学及幼儿园45所（含5个教学点）。其中：高中1所，初中2所，九年一贯制学校1所，小学16所，小学教学点5个，幼儿园20所。此规划是在现有城市布局基础上制定的，幼儿园规划系按照学前三年行动计划要求对原有幼儿园进行改造提升。今后新增住宅小区，依据《承德市中心区居住小区配套服务设施规划建设监督验收试行办法》（承市政字〔2010〕37号），由规划部门审核，教育部门出具学校建设规模标准，房地产开发单位做好学校和幼儿园的配建工作。

（1）高中1所、初中2所：

保留学校2所：高新区第一中学和上板城初级中学。

新建初中1所：冯营子初级中学。

（2）九年一贯制学校1所：北京师范大学承德附属学校。

（3）小学16所校点5个：

保留小学3所、保留教学点4个：上板城第二小学、崔梨沟小学、上下栅子小学；白河南校点、南双庙校点、陈家沟校点、南北营校点。

改扩建1所：西大庙小学。

迁建7所：上板城小学、黄旗湾小学、卸甲营小学、金象希望小学、闫营子小学、漫子沟小学、秋窝小学。

配建4所:冯营子实验小学、凤凰御景小学、和润新城小学、阳光四季城小学。

新建1所：上板城第三小学。

复建校点1个：水泉沟校点。

（4）幼儿园20所（含村级幼儿园）：

保留3所：漫子沟幼儿园、上板城第二小学幼儿园、东营幼儿园。

改扩建2所：西大庙幼儿园、上板城中心幼儿园。

改建6所：西三家幼儿园、西大窑幼儿园、上台子幼儿园、卸甲营幼儿园、黄旗湾幼儿园、砖瓦窑幼儿园。

新（配）建9所：冯营子中心幼儿园、阳光四季城幼儿园2所、和润新城幼儿园、文轩茗园幼儿园、御龙瀚府幼儿园、御龙湾幼儿园、凤凰御景幼儿园、上下栅子幼儿园。

2. 学校（幼儿园）布局：分上板城区片、冯营子区片、滨河新区区片进行布局

（一）上板城区片：（上板城镇23个村和2个居委会、冯营子镇东营村、西营村）：调整后中小学（校点）、幼儿园共24所（高中1所，初中1所,小学8所,校点4个,幼儿园10所）。即：保留中学2所（上板城初级中学和高新区第一中学)、小学1所（上板城第二小学)、校点4个（白河南校点、南双庙校点、陈家沟校点、南北营校点）、幼儿园2所（上板城二小幼儿园、东营幼儿园）；新建、改扩建、迁建小学7所（新建上板城第三小学、改扩建西大庙小学、迁建上板城小学、黄旗湾小学、卸甲营小学、金象希望小学、漫子沟小学）；改（扩）建幼儿园8所（改扩建西大庙幼儿园和上板城中心幼儿园、改建西三家小学为幼儿园、改建西大窑小学为幼儿园、改建上台子小学为幼儿园、改建卸甲营小学为幼儿园、改建黄旗湾小学为幼儿园、改建漫子沟小学为幼儿园）。撤并上台子、西大窑和西三家3所小学至上板城第三小学。

（1）迁建上板城中心小学

上板城中心小学主要服务上板城村、白河南村及城南居委会，现有人口8950人，在校生461人，到2020年该区域适龄儿童将达到500人左右。规划占地24亩、教学楼建筑面积4215平方米、2轨、12个教学班、在校生540名学生的标准化小学。项目总投资1714万元，其中：土建投资1054万元，设备投资300万元，征地费用360万元。

（2）新建上板城第三小学

西三家村、西大窑村和上台子村紧密相连，3个村现有人口5314人，3所学校现有在校生348人（西三家98人，西大窑人110，上台子140人），预测到2020年3个村人口将达到10000人左右，适龄人口将达到425人左右，该校规划建成占地24亩、教学楼建筑面积4215平方米、2轨、12个教学班、在校生540名学生的标准化小学，总投资1714万元，其中：土建投资1054万元，设备投资300万元，征地费360万元。

（3）改扩建西大庙小学

西大庙小学现占地面积10亩，在校生297人，主要服务西大庙村、松树沟村、周营子村、陈家沟和秦家沟村，现有人口6056人，到2020年该区域适龄儿童将达到300人左右。规划改扩建该校为占地15.38亩，征地5.38亩，建设标准化农村完全小学，设计面积2697平方米，含征地及附属设施费用，概算投资560万元，已竣工。

（4）改扩建上板城中心幼儿园

上板城中心园位于上板城村，是在原上板城小学学前班与中心校幼儿园合并的基础上于2004年改建而成。园舍为1980年建设的两栋平房，建筑面积376.4平方米，占地面积1295.26平方米。服务总人口6554人，现有在园幼儿167人。预计到2020年该区域3～5周岁儿童

将超过300人，现有园舍已不能满足需求。待上板城中心小学迁建完成后，将该校及幼儿园进行改扩建。改扩建为占地面积8亩、建筑面积3600平方米、4轨、12个教学班、在园幼儿360名的标准化幼儿园，总投资1100万元，其中：土建投资900万元，设备投资200万元。

（5）改扩建西大庙幼儿园

西大庙幼儿园是原西大庙小学改建而成的，该园建于1997年，占地面积1660平方米，建筑面积660平方米，现有在园幼儿98人。该园服务西大庙区域4个行政村，服务人口5237人，按现有人口测算，预计到2020年该区域3～5周岁儿童将达到150人左右，本着适度超前的原则，规划将该园原址改扩建为占地面积8亩、建筑面积3600平方米、4轨、12个教学班、在园幼儿360名的标准化幼儿园，总投资1100万元，其中：土建投资900万元，设备投资200万元。

（6）迁建黄旗湾小学

黄旗湾小学现主要服务黄旗湾村，现有人口1402人，在校生77人。老爷庙片区其他6个村学生均在上板城第二小学就读，学生上学路途远，且生源不断增加，到2020年该区域适龄儿童将达到500人左右。上板城第二小学现有容量已不能满足需求。黄旗湾村地处南双庙村和老爷庙村中间，为缓解第二小学压力，确保适龄儿童就近入学，规划迁建黄旗湾小学，方便南双庙村和老爷庙村部分学生到此校就读。规划建成占地15亩、建筑面积2228平方米、6个教学班、在校生270名学生的标准化农村完全小学。项目总投资982万元，其中：土建投资557万元，设备投资200万元，征地费用225万元。

（7）迁建卸甲营小学

卸甲营小学主要服务卸甲营村、南北营村（部分）及狮子沟村（部分），服务人口约4000人，现有在校生289人，预测到2020年该区域人口将达到10000人左右，适龄儿童将达到500人左右，该校已不能满足需求。本着适度超前的原则，规划占地24亩、教学楼建筑面积4215平方米、2轨、12个教学班、在校生540名学生的标准化小学，项目总投资1714万元，其中：土建投资1054万元，设备投资300万元，征地费用360万元。

（8）迁建漫子沟小学

漫子沟小学主要服务于漫子沟村、大营庄村、南北营村、狮子沟村和天外村，现有人口4253人，在校生108人，预测到2020年该区域人口将达到8000人左右，适龄儿童将达到400人左右。该校应建成一所占地24亩、教学楼建筑面积4215平方米、2轨、12个教学班、在校生540名学生的标准化小学，总投资1714万元，其中：土建投资1054万元，设备投资300万元，征地费360万元。

（9）迁建金象希望小学

金象希望小学服务于东营村和西营村，现服务人口2871人，现有在校生114人，校舍面积507平方米。预计到2020年该校适龄人口将达到270多人，现有校舍不能满足需要。另据该区域发展规划，未来人口将达到1.5万左右，适龄人口按1%增长测算，将达到900多人。该校规划建成一所占地35亩、教学楼建筑面积8345平方米、4轨、24个教学班、在校生1080名学生的标准化小学，总投资3011万元，其中：土建投资2086万元，设备投资400万元，征地费525万元。

（10）改建幼儿园6所

上台子小学、西大窑小学、西三家、卸甲营小学、漫子沟小学和黄旗湾小学迁建（撤并）后，将原址改建为幼儿园。

（二）冯营子区片：（崔梨沟、郭营子、冯营子、雹神庙4个村）。调整后中小学幼儿园共13所（初中1所，小学5所，幼儿园7所）。即：新建初中1所（冯营子初级中学）；新建、配（复）建小学4所（新建阳光四季城小学、配（复）建冯营子实验小学、配建和润新城小学、配建凤凰御景小学）、保留小学1所（崔梨沟小学）；配（复）建幼儿园7所（配建阳光四季城幼儿园2所、配建文轩茗园幼儿园、配（复）建冯营子中心幼儿园、配建和润新城幼儿园、配建御龙瀚府幼儿园、配建凤凰御景幼儿园）；

（11）保留崔梨沟小学

该村现有人口2100人，在校生72人，学龄前儿童50人。由于该村人口居住分散，为方便适龄儿童就学，需保留该校，招收崔梨沟村适龄儿童。

（12）配（复）建冯营子实验小学

冯营子现有农业人口3520人，附近有御龙瀚府、天都嘉城、农科所家属楼、铂悦山、梨花江苑等小区，规划建设住房8340套，预计入住人口2.6万人，该区域内总计人口3万人（因御龙瀚府小区距凤凰御景小学较近，规划一半适龄儿童到凤凰御景小学就读，一半适龄儿童到冯营子小学就读）。预计未来几年适龄儿童将达到1600人左右，规划该校占地35亩，建筑总面积11387平方米，6轨，36个班，1620人的标准化完全小学。

（13）新建冯营子初级中学

该校将来接收凤凰御景小学、阳光四季城小学、冯营子实验小学、崔梨沟小学小升初适龄人口入学，预计适龄人口约1900人左右。该校规划占地35亩，建筑总面积14937平方米，12轨，36个班，1800人的标准化初级中学。

（14）配建和润新城小学

雹神庙村处有和润新城、雹神庙小区和财苑嘉地3个小区，总建筑面积约84万平方米，预计入住人口3.02万，每年新增适龄儿童300人，到2020年适龄儿童将达到1800人。小学规划占地53亩，6轨，36个班，建筑面积11387平方米，在校生1620人，总投资3247万元，其中：土建投资2847万元，设备投资400万元。

（15）配建阳光四季城小学

阳光四季城小区、滦阳御园小区规划总建筑面积74.4万平方米，预计入住人口2.35万。阳光四季城小学可辐射崔梨沟村山下的两个自然村（横水流、黄粱），预计适龄儿童将达到1200人左右，该小学规划占地32亩，建筑面积10946平方米，4轨，24个教学班，在校生1080人的标准化完全小学，项目投资3000万元。

（16）配建凤凰御景小学

该区域有御龙瀚府、文轩茗园、凤凰御景、凤凰御庭、凤凰金庭、凤凰御都和凤凰御苑7个小区，规划建设用房9095套，预计入住人口2.6万人（因该校承载能力有限，规划御龙瀚府小区一半适龄儿童到该校就读，一半适龄儿童到冯营子小学就读）。适龄人口约1600人左右；该校规划占地2.53公顷（开发商预留，与教育部门要求的学校建设标准有较大差距，用地指标不足。），该校规划建筑面积14000平方米，6轨，36个教学班，在校生1620人的标准化完全小学。

（17）配（复）建冯营子中心幼儿园

冯营子中心幼儿园位于冯营子中学院内，与冯营子中学、冯营子小学共用一个教学楼，办学环境急需改善。此项目同时属房地产开发配建项目。规划占地11亩、教学楼建筑面积4842平方米、4轨、12个教学班、在园幼儿360人的幼儿园，总投资1410万元，其中：土建投资1210万元，设备投资200万元。

（18）配建阳光四季城幼儿园2所

阳光四季城区域，规划开发商业住宅楼面积74.4万平方米，入住人口预计达到2.35万人。该区域没有规范化的幼儿园，此处由开发商投资建设幼儿园2所，各2059平方米，每所概算投资520万元。

（19）配建文轩茗园幼儿园

该小区开发建筑面积10.9万平方米，入住人口4000多人，预计适龄儿童达到120多人。现开发商已配建一所占地面积830平方米、建筑面积1204平方米的幼儿园。

（20）配建和润新城幼儿园

雹神庙区域规划总建筑面积约84万平方米，预计入住人口3.02万人，该区域没有规范化的幼儿园，规划占地面积11亩、建筑面积4842平方米、4轨、12个教学班、在园幼儿360名的标准化幼儿园。总投资1410万元，其中：土建投资1210万元，设备投资200万元。

（21）配建御龙瀚府幼儿园

该小区开发建筑面积54.9万平方米，入住人口11731人，预计适龄儿童达到350多人。此处应配建一所占地面积11亩、建筑面积4842平方米、4轨、12个教学班、在园幼儿360名的标准化幼儿园（现开发商设计配建一所占地面积1000平方米、建筑面积2900平方米的幼儿园）。

（22）配建凤凰御景幼儿园

该小区开发商已配建一所660平方米的幼儿园。

注：郭营子小学因高铁站拆迁，故将该校撤消。

（三）滨河新区区片：(砖瓦窑村、上栅子村、下栅子村、土洞子村、石门子村、水泉沟村、三道湾村、秋窝村、闫营子村)。调整后中小学幼儿园共8所（九年一贯制学校1所，小学3所，校点1个，幼儿园3所）。即：新建九年一贯制学校1所（北京师范大学承德附属学校）；保留、迁建、改扩建、复建小学4所（保留上下栅子小学、迁建闫营子小学、改扩建秋窝小学、复建水泉沟教学点）；新（配）建、改扩建幼儿园3所（上下栅子幼儿园、御龙湾幼儿园、砖瓦窑幼儿园）；撤并砖瓦窑小学和上下栅子中学。

（23）新建北京师范大学承德附属学校

该校主要服务砖瓦窑村、秋窝村、上栅子村、下栅子村、土洞子村、石门子村、水泉沟村、三道湾村及御龙湾小区，小学主要招收上述区域适龄儿童，初中接收本校适龄人口外，接收和润新城小学毕业生入学。该校占地面积136.38亩，规划建筑总面积65764平方米。其中：中学部18703平方米，小学部14760平方米；生活用房等附属设施32300平方米。设计办学规模为小学6轨36个教学班，1260名学生。中学12轨36个教学班，1440名学生，计划投资2.9亿元。

（24）保留上下栅子小学

上下栅子学校现有小学在校生263人，中学在校生56人。规划完成后，该学校目前继续保留，招收上栅子、下栅子、土洞子、石门子等四个村的小学生，中学部撤并到北京师范大学承德附属学校。

（25）迁建秋窝小学

规划占地35亩，建筑面积8345平方米，(在新城规划中，该校占地23亩，总建筑面积7700平方米，占地指标和建筑面积均不达标）。4轨，24个教学班，1080名学生的标准化小学，总投资2486万元，其中：土建投资2086万元，设备投资400万元。

（26）复建水泉沟校点

水泉沟村原有校点1个，2011年3月，并入砖瓦窑小学。目前水泉沟、三道湾两个自然村共有居民1759人，两村学生均在砖瓦窑小学就读。规划后，砖瓦窑小学将被撤并，两村学生到北师大承德附校上学距离太远，因此恢复该校点。招收两村1-3年级适龄儿童及学龄前儿童。

（27）配建御龙湾幼儿园

该小区已由开发商配建一所占地960平方米，建筑面积2488.74平方米的幼儿园。

（28）选址新建上下栅子幼儿园

上下栅子幼儿园位于上下栅子学校院内，共有3个教学班，166名幼儿。规划将该园迁址新建，建成占地面积11亩、建筑面积4842平方米、4轨、12个教学班、在园幼儿360名的标准化幼儿园。总投资1410万元，其中：土建投资1210万元，设备投资200万元。

（29）改建砖瓦窑幼儿园

待砖瓦窑小学学生全部到北师大承德附校就学后，将该校改建成占地面积8亩、建筑面积3600平方米、4轨、12个教学班、在园幼儿360

名的标准化幼儿园。

（30）迁建闫营子小学

闫营子小学主要服务闫营子村，服务人口3340人，根据该区域发展规划，到2020年人口将达到3.5万人，将有2100名适龄儿童入学，规划建设2所各占地35亩，建筑面积8345平方米，4轨制，24个教学班，在校生1080人的标准化完全小学，总投资2486万元，其中：土建投资2086万元，设备投资400万元。

考虑该区域目前发展情况，可采取分步实施的办法，同时与城市开发建设同步推进，应由开发商配建的要由规划部门督办，确保达到教育部门所确定的规模。

四、资金来源

学校建设资金来源分以下几种：

1. 属城中村改造和城市建设开发被拆除的学校由所在村和开发商出资按现有需求配建；

2. 开发住宅小区由开发商配套建设教育设施（学校、幼儿园）或缴纳教育设施建设费；

3. 城市教育费附加及区财政投入。

五、保障措施

（一）加强组织领导

将中小学（幼儿园）发展规划列入重要议事日程，成立领导小组，主管教育的副主任为组长，经发、财政、建设、国土、规划、教育等部门负责人为领导小组成员。领导小组负责研究制定高新区教育发展规划，协调解决工作中的重大问题。

（二）强化政策保障

在学校基础建设及配套设施建设过程中，有关职能部门要全力支持，特事特办，提高办事效率。在房地产开发过程中，要落实好建设教育配套设施（建校）相关政策，把是否已完成配套建设教育设施或是否缴纳教育设施建设费，作为房地产开发的前置条件，确保教育设施建设与城市建设开发同步。

（三）加强资金监管

中小学建设资金要封闭运行，加快资金运行速度，确保资金及时、足额到位。要加强对资金的审计和监督，对违规违纪行为要严肃查处，并追究有关人员的责任。

（四）合理处置学校资产

在布局调整过程中，要妥善处置好学校资产。被撤并的中小学校，可集中办规范化幼儿园、或进行置换、资金变现，所得资金全部作为教育投入。

（五）加强施工管理

学校建设中，必须严格质量管理，严把图纸设计、招投标、施工、监理、验收等各个关键环节，确保工程质量。确保新建校舍使用年限达到50年以上。加强标准化学校建设，加强学校配套设施配备，搞好校园的绿化、美化，营造优美和谐的教育教学环境。

附件：1. 承德高新区学校布局规划示意图（略）

2. 承德高新区中小学（幼儿园）布局调整规划汇总表（略）

承德高新区党政办

2015年6月25日印发

三、高新区工管委内部重要规章

承德市高新技术产业开发区管委会《关于发布承德市高新技术产业开发区管理委员会招商引资奖励办法》的通知

承市高区管委〔1996〕22号

开发区各局、室：

《承德市高新技术产业开发区管理委员会招商引资奖励办法》已经开发区工委讨论通过，并经市政府批准。现予发布。

附：《承德市高新技术产业开发区招商引资奖励办法》

承德市高新技术产业开发区管理委员会招商引资奖励办法

为推动高新技术产业开发区（以下简称开发区）的开发建设，根据国家、省、市有关规定，借鉴外地经验，结合开发区实际，决定在项目招商、土地招商、引进资金工作中，对中介人予以奖励。具体方法如下：

第一条 引入在开发区购置土地开办独资、合资、合作项目的，一次交齐土地出让金的，付给中介人土地出让金总额5%的中介费；分期交付土地出让金的，开发区亦分期按每期实收土地出让金的3.5%，向中介人支付中介费。

第二条 引入土地成片开发，即开发面积在0.5平方千米以上，使用年限在40～70年之间的开发项目。开发区除向开发商提供优惠价格的土地外，一次交齐土地出让金的，付给中介人土地出让金总额5%当中介费；分期交付土地出让金的，开发区亦分期按每期实收土地出让金4%向中介人支付中介费。

第三条 投资入股共同开发，即引入客商与开发区共同开发。待开发区收到外方应出全部资金后，按已收资金的2%～4%一次性付给中介人中介费。

第四条 协助开发区引进世行、亚行、政府间贷款或国外商业银行贷款的，由使用贷款的单位，一次性付给直接承办部门引进贷款总额0.5%～1%的工作经费，其中50%用于奖励引进中介人。

第五条 为开发区或区内企业引入捐资、赠款的，除报请市政府授予捐赠人特殊荣誉外，对促成捐赠的中介人，由接受捐赠的单位，按收到捐赠总额的5%～10%给予一次性奖励。

第六条 为开发区或区内企业争取到上级拨款的部门，可按到位款项的5—7%提取工作经费。其中50%用于奖励接承办人。

第七条 以上各类中介费和奖金，在具备本办法规定支付条件三个月之内，由受益单位一次性支付给中介人或受头者。并由受益方代缴个人所得税。

第八条 引进方与受益方要签定中介协议或奖励协议。由开发区管委会认定，并负责监督执行，调节纠纷。

第九条 本办法由开发区管理委员会研究中心负责解释。

1996年7月11日

承德市高新技术产业开发区
关于制定《开发区进区企业税收奖励办法》的报告

承市高区管委〔2002〕8号

市政府：

给予进入开发区投资建厂的各类企业一定的政策支持，是我市开发区吸引投资者的重要策略。在实行新的分税制后保持优惠政策的连续性，既可以使处于优惠期内的区内企业发挥最大的生产效能，又能够使开发区在竞争激烈的招商引资工作上具有一定的优势。因此，根据市政府《关于鼓励国内外客商投资的规定》和新税制后各方财力情况，我们以所得税收入基数和增收后的增值、营业、所得税区级分享部分建立税收奖励基金，用于奖励进入区内投资建厂并参与税收分成的各类企业，以加大招商引资的力度，推进开发区的建设和发展。现将《承德市开发区进区企业税收奖励办法》呈上，请批复。

附件：承德市高新技术产业开发区进区企业税收奖励办法

二〇〇二年四月二十四日

承德市高新技术产业开发区
进区企业税收奖励办法

为鼓励支持各类企业进入开发区投资建厂并迅速发展壮大，依据市政府《关于鼓励国内外客商投资的规定》，结合开发区财力情况制定本办法。

一、进入开发区投资建厂的中外合资企业、合作及外商投资企业，除享受国家统一优惠政策外，自投产后实现销售收入年度起10年内，开发区按其缴纳的增值税、营业税、企业所得税给予一定比例的奖励。

1.2001年底以前进区并投产的以上企业，其缴纳的所得税已认定为开发区收入基数的，五年内，在2001年基数内全部奖励给企业；超基数部分按开发区分享比例全部奖励给企业。六年至十年内，缴纳的所得税基数内和超基数部分均按以上比例的50%奖励给企业。

2.2002年以后进区建厂的以上企业，从投产后实现销售收入年度五年内，按其缴纳的增值税、营业税、企业所得税开发区分享部分全部奖励给企业；六年至十年内按50%奖励。

二、内资高新技术企业按以上办法执行。

三、内资其他生产企业自投产取得销售收入年度七年内，开发区按其缴纳的增值税、营业税、企业所得税给予一定比例的奖励。

1.2001年底以前进区并投产的以上企业，其缴纳的所得税已认定为开发区收入基数的，四年内在2001年基数内全部奖励给企业；超基数部分按开发区分享比例全部奖励给企业。

五年至七年内缴纳的所得税，按基数内和超技术分别按50%奖励给企业。

2.2002年以后进区建厂的以上企业，从投产后实现销售收入年度四年内，按其缴纳的增值税、营业税、企业所得税开发区分享部分全部奖励给企业；五年至七年内按50%奖励给企业。

3. 以上企业晋升至高新技术企业后按高新技术企业奖励政策延长其奖励年限。

四、商贸及其他企业：在区内有固定营业网点的三年内，无固定网点的二年内按上述办法执行。

五、本办法适用于在开发区参与税收分成的各类企业。其兑现优惠政策的基金由开发区财政局根据进区企业缴纳的增值税、营业税和企业所得税而建立的奖励基金中解决。

六、本办法自二〇〇二年一月一日起执行，原办法既行废止。

二〇〇二年四月

承德市高新技术产业开发区《招商引资奖励办法》

承市高区管委〔2002〕20号

第一条 为鼓励国内、外各方面力量帮助开发区多渠道招商引资，促进开发区加快建设与发展，根据国家和省、市有关政策，借鉴外地经验，结合开发区实际情况，制定本办法，

第二条 凡为开发区引进市外资金、项目和技术的国内、外合法组织及个人，均可享受本办法规定的奖励待遇。

第三条 开发区财政建立专项奖励基金，用于奖励引进资金、项目和技术的有功人员。

第四条 凡引进市外资金或项目在开发区注册登记开办新企业的，开发区根据企业规模、科技水平，按实际到位固定资产投资的2%—4%给予引荐人一次性奖励。

第五条 引进市外资金投入到开发区原有企业用于技改扩能或新上项目的，开发区按该项目投产后两年内新增税收区财政分享收入年平均值的15%给予引荐人一次性奖励。

第六条 引进市外企业兼并开发区原有企业、引进市外资金收购原有停产、破产企业并重新启动生产的，开发区按该企业重新投产后两年内新增税收区财政分享收入年平均值的20%给予引荐人一次性奖励。

第七条 从市外引进捐资、赠款、无偿投资、有偿无息和有偿有息资金用于开发区基础设施建设的，按以下办法给予奖励：

1. 引进国际援助、国内、外捐赠和上级有关部门拨款等无偿资金，开发区按到位资金的5%—10%对有功人员给予一次性奖励。

2. 引进有偿无息资金，根据使用期长短和投向，开发区按到位资金的1%—3%对有功人员给予一次性奖励。

3. 引进国内、外各种金融机构有偿有息资金，开发区根据使用期长短、利息高低等因素，按实际到位资金的0.5%—2%给予一次性奖励。

第八条 为企业引进新产品、新技术、新工艺，取得良好经济效益的，经受益单位认可，开发区按项目投产后两年内新增税收区财政分享收入年平均值的20%给予一次性奖励。

第九条 奖励认证工作由开发区招商局、经济发展局和财政局共同负责。招商局接触引荐人后，办理相应登记。引荐人引荐成功后，持本人身份证、投资人和受益单位出具的确认书，向招商局进行引荐奖励申报。经招商局初审，财政局终审确认后，填写“引荐奖励审批表”，投管委会审批开发区财政局负责兑现奖金并代扣代缴个人所得税。

第十条 本办法自发布之日起试行。

二〇〇二年十月二十九日

中共承德高新区工委承德高新区管委会
关于《承德（国家）高新技术产业开发区引荐外来投资奖励暂行办法》

承高发〔2013〕4号

机关各部门，驻区各单位，镇党委、政府：

《承德（国家）高新技术产业开发区引荐外来投资奖励暂行办法》已经高新区工委第四次会议研究通过，现予以印发，请遵照执行。

承德（国家）高新技术产业开发区引荐外来投资奖励暂行办法

第一条 奖励目的与依据

为进一步扩大对外开放，充分调动社会各界招商引资的积极性，吸引更多的客户来承德高新技术产业开发区（以下简称承德高新区）投资，促进区域经济社会发展，依据河北省人民政府《关于扩大对外开放加快开放型经济发展的意见》（冀政〔2011〕35 号）、《承德市招商引资和外经贸目标考核奖励办法》（承市政办〔2012〕11 号）及《承德市引荐外来投资奖励暂行办法》（承市政〔2008〕84 号）等文件之规定，结合承德高新区实际，制定本办法。

第二条 奖励对象

凡国内外各类组织、中介机构、各界人士（以下简称引荐人）利用各种渠道，引进承德高新区管辖区域外的资金、设备、技术用于区域产业项目、基础设施和公益项目投资或支持经济社会事业发展的，经承德高新区招商部门会同有关部门认定，按本办法予以奖励。

第三条 奖励原则

（一）受益地方政府财政奖励原则。奖励资金无需企业支付，不从引入的资金列支。

（二）按贡献奖励原则。依据引入资金性质、数额、直接或间接贡献设定奖励标准。

第四条 奖励范围

（一）产业项目投资。引入区外投资者到承德高新区范围内投资建设符合承德高新区产业规划和招商引资优惠政策中明确的产业指导目录内的投资项目（包括制造业和现代服务业项目）。

（二）引进企业或公司总部，年纳税总额在 500 万元以上的。

（三）基础设施项目和公益事业项目投资。包括道路交通、供水、供热、污水处理及垃圾无害化处理等基础设施建设和教育、卫生、文化等公益事业投资。农村水利事业投资。

（四）引进农业产业化龙头企业在承德高新区托管区域内发展种植、养殖业和农副产品加工业的投资。

（五）各级财政拨付的一般性转移支付和普惠性政策性资金以外的财政性资金。各级各类组织的无偿性捐助、无偿性扶持性资金。

（六）政府可用融资。包括商业银行贷款、地方政府债券、外国政府贷款、世行贷款、亚行贷款，以 BT、BOT 方式投入基础设施建设的融资，合作进行土地一级开发及基础设施建设的资金。

（七）符合本办法奖励范围的其他资金。

第五条 有关政策

（一）产业项目投资的奖励数额以实际完成的固定资产投资（包括土地、厂房及附属设施、生产设备）为准，可分年度认定计算。其中外来投资者以专利技术（工艺）、知名品牌等无形资产与国内企业或区内企业合作的，按合同约定金额的 50% 计算。以生产设备投资参股区内企业的，可按合同约定作价计算。

（二）基础设施投资不含国家、省、市统一安排的交通、电力、水利、供热项目在承德高新区范围内的投资。争取国家财政性资金投入基础设施和公益事业建设的按 50% 计算奖励金额。

（三）各级财政性资金不包括中央、省、市财政为保障城乡困难群众基本生活、补助新型农村合作医疗、基本公共卫生服务和城乡居民社会保险费的资金，落实退耕还林还草等生态工程，粮食、良种补贴以及此前已纳入中央财政转移支付制度的专项资金，也不包括国家、省、市财政普惠性补助补贴资金规定比例或基数内的部分。超额争取部分经考核认定可列入。

（四）政府可用融资的奖励按引进资金成本、使用期限、利率或使用费用分别确定比率。对高于本地商业银行最高贷款利息的资金不计算奖励。

（五）住宅地产开发项目和矿产资源开发项目不予奖励。

（六）引进外资一律以出资到位时点国家公

布的外汇牌价折合人民币计算。

第六条　奖励标准

（一）引进区外资金、设备、技术依据确定的奖励数额按一类项目 7%、二类项目 6%、三类项目 5% 奖励引荐人。

（二）引进基础设施和公益项目投资按实际到账资金的 5% 奖励引荐人。

（三）引进各级财政性资金、无偿捐助、无偿扶持资金按实际到账资金 5% 奖励引荐人。

（四）引进政府可用融资的，根据利率水平、使用期限和资金成本按实际到账资金的 0.5%—2% 给予奖励。

（五）引进经营期 10 年以上的一类项目，对引荐人除一次性奖励外再给予持续奖励。即项目建成投产后，自纳税年度起第 1～5 年内，每年按缴纳税收（不含企业所得税）高新区财政留成部分 20% 比例，第 6～10 年按 10% 比例给予奖励。其中，引进符合前述标准的企业总部的，按企业缴纳税收（不含企业所得税）高新区财政留成部分前 3 年 50%、中 3 年 40%、后 4 年 30% 给予奖励。

（六）设立特别贡献奖。对于引进世界 500 强企业、中国 500 强企业、中央直属企业（二级以上公司）、中国百强民营企业实施的特别重大产业项目，按照“一事一议”的方式给予引荐人重奖。

（七）除本办法规定外，引荐人同时享受河北省人民政府、承德市人民政府相关文件中规定的对引进大额国内外投资项目省、市政府给予的奖励。

第七条　奖励数额认定

承德高新区设立招商引资考核认定领导小组办公室（办公室设在高新区招商局），负责引进资金认定工作。其中，购地投资以企业实际负担的土地出让金计算，生产设备以采购合同发票为准，土建工程投资按工程承包合同价或省定标准与工程量计算，基础设施、公益事业、财政性资金、融资按到账（财政或使用单位）资金认定。

第八条　奖励资金来源

高新区管委会专门设立外来投资奖励资金，专项用于本文规定事项奖励。

第九条　奖励程序

（一）引荐人应在每年 10 月底前提出奖励申请并提供招商项目正式合同（协议）以及相关文件、证明，申请承德高新区招商部门认定。具体要求另行制定。

（二）奖励兑现。由承德高新区招商引资考核认定领导小组办公室会同有关部门核实确认，报管委会研究批准，由高新区财政局负责兑现。每年兑现一次。

第十条　对受奖人的特别规定

（一）引荐人的奖金为合法收入，各有关部门要依法给予保护。个人所得税依法缴纳。

（二）对国家公职人员职务行为的奖励，本着“鼓励为主、奖励为辅”和“物质奖励和精神奖励相结合”的原则进行。具体政策另行制定。对在招商引资中做出突出贡献的，可报请市委、市政府记二等功，并作为干部使用的重要依据。

（三）受奖引荐人为省、市管干部的，依相关规定申报审批。

中共承德高新区 工委办公室
2013 年 6 月 17 日

承德高新技术产业开发区党政综合办公室关于印发《关于组建企业化招商公司实施市场化招商的实施方案》的通知

承高党政办字〔2013〕27号

区属各部门、托管镇：

《关于组建企业化招商公司实施市场化招商的实施方案》已经第一次工管委联席会议研究通过，现印发给你们，请认真组织实施。

承德高新技术产业开发区党政综合办公室

2013年9月11日

关于组建企业化招商公司实施市场化招商的实施方案

为进一步加大招商引资力度，解决目前招商工作人员少、专业及知识结构不合理、缺乏实际工作经验、激励约束机制不健全等突出问题，根据工管委联席会议研究的意见，特制定组建企业化招商公司实施市场化招商的实施方案。

一、机构名称

承德高新技术产业开发区新鸿招商服务有限公司。

二、性质与隶属关系

公司作为管委会出资注册的企业化招商机构，法人由管委会领导或招商局领导采取兼职不兼薪的方式兼任。由招商局负责日常管理及考核。财务由高新区财政局代管。

三、机构驻地

公司在承德高新区注册，在北京设立工作机构，成熟后在天津设立分支机构。

四、运营机制

公司采取企业化管理、市场化运作的方式，人员面向社会公开招聘，薪酬双方约定，实施业绩考核，按业绩兑现奖惩。

五、主要职责

（一）依据承德高新区产业发展规划，广泛搜集国内外投资项目信息，邀请投资客商来承考察洽谈，推动项目签约落地。

（二）积极开展资金、技术和人才引进工作。

（三）立足承德高新区资源、产业基础、企业需求和开发建设需要，做好重大产业项目、企业技改扩能项目、商贸、金融、总部经济、科技研发、基础设施项目、优势资源开发项目的谋划、包装和推介工作。

（四）协助做好国家、省、市重点招商活动客户联络和邀请工作。

六、聘用人员数量、薪酬水准和素质要求

（一）招商公司首批聘用10～15人，围绕五大主导产业定向选聘人才开展产业招商。以后视工作开展情况和招商工作需要酌情增加。

（二）素质要求

1. 事业心、责任感强，热爱招商工作，有在政府部门、企业、中介机构从事招商和项目工作3年以上经历，业绩优良。

2. 有较好的组织协调、人际交往、团队合作和语言表达能力。

3. 具备与承德高新区产业规划相适应的专业背景和知识。食品医药、机械电子、装备制造、新能源、新材料、电子信息、文化旅游服务等相关专业全日制大学本科以上学历。

4. 能熟练掌握英、日、韩语一门者优先。

5. 身体健康，能胜任长期驻京、出差等工作，年龄45周岁以下。曾在国家部委、大型国企工作，有央企、国企、京企招商资源者，年龄可适当放宽。

（三）薪酬标准

聘用人员签订聘用合同，采取底薪＋绩效＋补贴＋奖励的酬薪机制。

其中：底薪6万元／年，按月平均发放；

绩效工资按不低于底薪标准确定，每半年考核发放一次；交通、通讯补贴每月1000元；奖励工资按高新区招商引资奖励政策，应得奖励的30%留给公司，70%发给个人，个人依法缴税。

七、工作目标与业绩考核

聘用人员按设定专业方向分别负责健康、智能、新能源、新材料、现代服务业招商工作。每年确定搜集投资项目信息、邀请来承考察洽商和签约落地项目目标。每半年考核一次业绩，招商局明确专人负责工作业绩登记及考核工作，按考核结果发放绩效工资。

八、人员管理

聘用人员按照《中华人民共和国劳动法》《中华人民共和国劳动合同法》《中华人民共和国社会保险法》规定，享受相应权益。

受聘人员首次签订合同为一至二年。期满后工作业绩完成设定目标的，双方协商一致可续聘，完不成目标或有其他违反合同约定事项的，可依法依约解聘。

聘用人员应参加社会保险的可在本人户籍地参保缴费，高新区按国家法律政策应负担部分据实核销。

九、其他

（一）依照本方案规定，招商局具体负责制定招商公司相关工作制度，报管委会研究批准后实施。

（二）人员招聘办法另行制定

承德高新区党政办
2013年9月11日印发

承德高新技术产业开发区党政综合办公室关于印发《承德高新技术产业开发区住房保障补贴家庭资格认定办法》的通知

承高党政办字〔2013〕48号

区直有关部门、托管镇政府：

《承德高新技术产业开发区住房保障补贴家庭资格认定办法》已经工委会研究审议，现印发给你们，请认真执行。

承德高新技术产业开发区党政综合办公室
2013年11月8日

承德高新技术产业开发区住房保障补贴家庭资格认定办法

为完善高新区住房保障制度，解决城镇低收入家庭住房困难问题，促进社会和谐发展，根据河北省人民政府《关于完善和落实城市住房保障制度切实解决低收入家庭住房问题的若干意见》（冀政〔2007〕95号）、承德市人民政府《承德市关于完善和落实城市住房保障制度切实解决低收入家庭住房问题的实施意见》（承市政〔2007〕212号）等文件精神，结合高新区实际，制定本办法。

一、申请住房保障的对象及条件

（一）住房租赁补贴保障的对象为全区范围内符合租赁补贴保障条件的城镇居民。

（二）申请住房租赁补贴的家庭应当同时具备下列条件：

1. 高新区管辖范围内的城镇常住户口且实际居住的；

2. 享受最低生活保障或家庭人均可支配收入在高新区上年度人均可支配收入0.8倍以下的家庭。2013年高新区低收入线标准为家庭年人均收入14568元（月人均收入1214元）以下（以后每年公布一次）；

3. 共同居住的家庭人均住房建筑面积在15平方米以下且家庭住房总建筑面积在50平方米以下；

4. 申请人出具同意审核机关核实申报信息的承诺。

二、住房租赁补贴发放标准

（一）住房租赁补贴标准：每人每月每平方米 6 元，按季度发放。

（二）保障面积标准：无房户人均保障面积 15 平方米，有房户人均住房建筑面积未达到 15 平方米的按差额面积补贴（即差额补贴住房建筑面积＝ 15 平方米－现有人均住房建筑面积）。

家庭保障面积最大为 50 平方米，单人户保障面积为 30 平方米。

三、资格认定程序

（一）低收入且住房困难家庭委托一名具有完全民事行为能力的成员向户口所在地的社区居委会提出申请，社区居委会初审后，对符合条件的家庭填写住房保障补贴申请表并上报到镇政府。

（二）镇政府进行复审并公示后，对符合条件的报区住房保障办公室。

（三）申请住房租赁补贴家庭的低收入家庭认证（包括收入和资产的认定）由社会事务局民政部门进行认定。

（四）区住房保障办公室针对申请人的家庭住房状况进行申报材料复核，并会同社会事务局民政部门、财政局、镇政府工作人员进行入户核实。

（五）对符合条件的低收入住房困难家庭进行公示，对公示后无异议的家庭纳入住房补贴范围，并与其签订协议、建立住房保障补贴账户、发放住房保障证。

四、相关情况说明

（一）房屋情况应包括申请人家庭所有成员曾经拥有和现在拥有的一切房产。包括：现有的私有住房，现承租的公有住房，私有无照但符合起居条件的房屋，已赠与、继承、出售或出租的私有住房，已购未入住或未办理权属登记的住房。

（二）收入状况由社会事务局民政部门按照有关规定进行核定。

（三）残疾人需持有残疾人联合会发放的残疾证明。

（四）离异的申请人如婚姻存续期间有共同房产，无论房产归属如何，视为双方各有一半房产，两年后方可申请住房补贴。

（五）共同申请人必须有法定的抚养与被抚养关系；家庭中有农业户口的，需调查其户口所在地住房情况；农业户不具备申领资格；正在服刑的人员不得申请住房保障补贴。

承德高新区党政办
2013 年 11 月 13 日印发

承德高新区工委、承德高新区管委会关于印发《承德高新区农村面貌改造提升推动行动实施方案》的通知

承高字〔2013〕4 号

区直各部门、托管镇：

《承德高新区农村面貌改造提升推动行动实施方案》已经第九次工委会议研究通过，现印发给你们，请认真学习，抓好落实。

承德高新区工委
承德高新区管委会
2013 年 11 月 18 日

承德高新技术产业开发区农村面貌改造提升推进行动实施方案

为落实习近平总书记、李克强总理关于改造农村人居环境重要批示精神，为全面贯彻落实省、市关于农村面貌改造提升的意见和要求，紧紧围绕全力建设实力、活力、魅力高新区的总体

目标，结合高新区农村环境现状，经工、管委研究，对全区38个行政托管村分期分批进行配套改造、整体提升，特制定本实施方案。

一、重要意义

在全区范围内开展农村面貌改造提升行动，是落实中央、省、市重大部署，推动农村全面小康社会建设的重大举措，是高新区实现“两个率先”发展的需要，是提升农民生活质量的需要，是加快新型城镇化建设的需要，因此，全区上下务必统一认识，坚定信心，扎实推进。

二、工作目标及原则

（一）工作目标

根据实际情况，高新区农村面貌改造提升行动分两类实施。第一类是规划区内的村庄，包括规划范围内核心区、原南部新城起步区及高新产业聚集区内的村庄，其中，上板城镇的9个村、冯营子镇的13个村，总计22个村。对这部分区域的农村，结合新城开发建设，积极推进城中村改造，加快农民变市民的进程。第二类是规划区以外的村庄，包括上板城镇的14个村、冯营子镇的2个村，总计16个村。对这部分区域的农村，重点实施“环境整治、设施配套、服务提升、生态建设、经济提速”六大工程。力争到2018年，全区所有行政村“脏、乱、差”现象得到有效整治，农民民居大部分使用清洁能源，道路硬化、污水、雨水排放系统等基础设施建设基本完成，农村教育设施、卫生设施、活动场所等公共服务设施基本齐全，打造“环境整洁、设施配套、田园风光、舒适宜居、特色鲜明”的“升级版”美丽乡村。

（二）工作原则

在总体实施过程中严格遵循以下原则：

第一，规划引领，示范带动。规划区内的农村，按照城市统一规划开展城中村改造。规划区外的农村，改造规划要充分考虑农村与城市的功能差异，突出田园特色，通过试点示范引领健康发展。

第二，政府指导，农民主体。区、镇、村三级搞好统筹规划、整合资源，强力推进、力求实效。要引导农民成为改造提升行动的主体，坚决杜绝盲目的强拆强建。

第三，因地制宜，分类指导。对规划区内需推进城中村改造的，按城市整体布局积极推进改造；对规划区外的村，不搞“一刀切”，因村制宜，本着“少花钱、多办事”的原则，重点解决垃圾处理、污水排放、厕所改造、厨房改造、饮水安全、民居改造等突出问题，重在整治改造，不搞大拆大建。

第四，标本兼治，量力而行。高新区农村改造提升行动

既注重整治脏、乱、差，又着重提升基础设施和公共服务；既大力开展集中整治，又加强建立长效机制；坚持实事求是，量力而行，注重实效，不搞形式主义、“面子”工程，严禁向农民摊派，严禁过度负债搞建设。

第五，创新驱动，市场运作。进一步解放思想，将改革创新贯穿于整个活动的全过程，着力破解瓶颈制约，推动体制机制创新，形成全社会参与、多元化支持农村面貌改造提升行动的工作格局。

第六，生态优先，绿色发展。按照建设资源节约型、环境友好型新农村的要求，将改善农村面貌与优化农村生态环境结合起来，实现人与自然相和谐。建设过程中注意采用节能、环保、低碳、新材料、新技术、新工艺，努力实现绿色发展。

在实施过程中，注重现代农业建设和发展乡村旅游相结合，实现面貌提升与产业发展互动互促；与推进农村配套改革相结合，以体制机制创新推动改造提升，与基层建设年、扶贫攻坚、加强基层组织建设等工作相结合，实现产业富民，改善群众生产生活条件，增强基层党组织的战斗力。

三、主要工作任务

这次行动是按照全面建设小康社会的指标体系，对农村进行全面系统地改造提升，主要实

施“六大工程”：

（一）实施环境整治工程

1. 积极开展环境卫生整治。全面抓“四清”治“十乱”，达到“四化”的目标。

牵头单位：托管镇，责任单位：社会事务局、城管局、环保分局

（二）实施“城中村”改造工程和民居改造工程

2. 推进城中村改造工程。划定“城中村”改造范围，规划区内近五年大部分土地将被征收的村，根据城市开发建设进程统筹安排，有计划、有步骤地推进“城中村”改造。

牵头单位：托管镇，责任单位：住建局、社会事务局、财政局、国土分局、规划分局

3. 稳步推进新民居建设。根据实际，选择上板城镇的陈家沟、南北营和冯营子镇的上栅子、崔梨沟、石门子5个村，根据各自的实际开展新民居建设，着力打造一批样板村。

牵头单位：社会事务局，责任单位：住建局、财政局、国土分局、规划分局、托管镇

4. 引导现有住宅改造提升。对近五年内开发建设涉及不到的村，积极进行风貌整治，形成具有浓郁地方特色、错落有致、布局有序的良好风貌，并与周边环境设施相协调。鼓励农民采用节水新技术、新工艺、新设备和新型墙体建材、环保装修材料、改造提升现有民居。鼓励按照村庄建设规划就地翻建住房。规划和住建部门要积极向上争取农村危房改造项目，将高新区2个托管镇困难家庭的危房进行详细摸底，列入项目支持规划，按要求完成改造任务。

牵头单位：住建局，责任单位：规划分局、国土分局、财政局、托管镇

（三）实施基础设施配套工程

5. 推进农村路、水、电、通信等基础设施建设。到2016年底，高新区全部村庄的主街道全部实现硬化。按照统筹规划、城乡一体、适度规模、联村集中供水的思路，加快农村饮水安全工程建设，确保农民喝上达标水。加快农村信息服务站点建设，加强适农信息服务开发与推广，实现信息互通，资源共享。

牵头单位：住建局，责任单位：社会事务局、经科局、财政局、托管镇

6. 推进农村污水垃圾处理设施建设。采取分散处理与集中处理相结合的方式，加强村庄生活污水和垃圾处理设施建设，到2018年，规划区内的村庄污水逐步纳入城市污水处理系统，集中统一处理；垃圾逐步纳入城区环卫系统进行统一管理。规划区外的村庄，积极推行沼气净化池系统方式，对污水进行有效处理；基本做到垃圾户收集、村集中、镇运送、区处理的城乡一体化的管理模式。

牵头单位：社会事务局，责任单位：环保分局、公管处、托管镇

7. 推进农村改善燃料结构。规划区内的村庄全部使用天然气或液化气等清洁能源；规划区外的村要积极探索使用沼气、秸秆、固化成型等新型燃料。减少污染物排放。要按区域规划和开发进程逐步改善燃料结构。

牵头单位：托管镇，责任单位：环保分局、社会事务局

8. 推进农村改厕工程。编制农村厕所改造技术规程，加快改造农村露天户外厕所，加大技术创新产品SMC高密度复合材料沼气池的示范推广，大力推广使用双瓮式、三格化粪池式、三联通沼气池式厕所，实现粪便无害化处理，到2018年基本完成厕所改造任务。

牵头单位：托管镇，责任单位：社会事务局、住建局、财政局

（四）实施公共服务提升工程

9. 加强农村教育设施建设，加强新型适用技术人才培养。积极推进高新区农村中小学布局调整，到2015年每个教学点实现信息化全覆盖；制定完善高新区农村幼儿园发展建设规划并抓好实施；结合高新区农村及农业产业发展的实际需

求，充分利用技术学院和旅游职业学院坐落在高新区的优势，采取定点培训、定向培训、专题培训等多种方式，抓好全区农村职业教学、成人教育、技能培训等方面工作。

牵头单位：社会事务局，责任单位：党群部、人社局

10. 加强农村文化设施和活动场所建设。大力推进镇综合文化站、村民中心等文化设施建设，全面实现广播电视户户通，实施文化信息资源共享、农村电影放映等文化惠民工程，丰富农民群众精神文化生活。到2018年每个行政村都有达标的文化活动场所，体育健身设施覆盖率达到80%以上。

牵头单位：党群部，责任单位：社会事务局、托管镇

11. 加强农村标准化卫生室建设。加强托管镇卫生院建设，规划区外的行政村都要建有一个60平方米以上的设置诊断室、治疗室、药房、观察室的标准化卫生室，彻底改善农村看病就医条件；规划区内的村，纳入城市卫生服务体系。全区卫生系统实行信息化管理，确保村级卫生室实现药品零差价。

牵头单位：社会事务局，责任单位：财政局、规划分局、托管镇

12. 加强农村敬老院建设。积极推进建设一个标准化的敬老养老服务中心，实现全区所有五保对象集中供养，到2018年，全区农村集中供养能力达到100%。

牵头单位：社会事务局，责任单位：财政局、住建局、规划分局、托管镇

（五）实施生态环境建设工程

13. 严格农村污染物排放标准。严格农业污染源治理，开展农业清洁示范区建设，综合利用清洁种植、清洁养殖和废弃物资源化利用等技术，实现田园清洁、水源清洁、家园清洁，全面改善农村生产环境。

牵头单位：环保分局，责任单位：经科局

14. 积极开展农村土地综合整治。大力开展农村山坡地、废弃矿窑和闲置宅基地整治，充分利用城乡建设用地增减挂钩政策，对田、水、路、林、村、矿以及滩涂荒地、未利用地实行综合治理。结合新城及高新产业聚集区的开发建设、农村坟墓的迁移，推进2个托管镇按规划建设农村公墓，移风易俗，节约用地。

牵头单位：国土分局，责任单位：社会事务局、规划分局、托管镇

15. 大力开展农村植树造林。因地制宜选择适合本地生长的树种和花草，在村庄周围建设环村林带，在房前屋后、村里村外、田间隙地、道路旁边大力开展植树造林，努力实现每个村庄村中有绿地，周边有林带，形成村在林中、人在绿中的良好环境。注重生态保护和水土流失治理，对村域范围内的沟渠、坑塘、河道等，采取水岸绿化模式实施全绿化。到2015年，全区村庄绿化率达到30%以上。

牵头单位：社会事务局，责任单位：托管镇

16. 开展农村环境连片整治示范。将全区划分五个区域进行连片整治。核心区域、新城区域、上板城高新产业聚集区及周边区域、上板城镇的西大庙区域和老爷庙区域。根据这五个区域编制路网、管网、垃圾污水网一体化建设规划，推进全区联村环境综合整治，不断扩大示范成果。到2018年，村庄生活污水处理率达到80%以上，生活垃圾定点存放清运率达到100%，无害化处理率大于80%以上。

牵头单位：社会事务局，责任单位：环保分局、住建局、公管处

（六）实施经济提速工程

17. 加速发展现代农业。规划区以外的村，以农业产业发展规划为总纲，大力发展现代农业，促进休闲农业的发展，转移农村剩余劳动力，多渠道增加农民收入，实现农村面貌改造提升与产业发展互动互促。

牵头单位：社会事务局，责任单位：经科局、

招商局、人社局、托管镇

四、实施步骤

结合高新区实际，制定全区镇村体系整体规划，本着“改造城中村、提升周边村、打造特色村”的基本思路，按照典型示范、区域推进的工作路径，分期分批改善高新区农村生产生活环境。

（一）2013年，全面启动，先行试点

在区和镇的指导下，各村要制定五年改造提升目标任务，年内所有村都要完成环境综合整治任务，全部达到“四化”标准。今年率先启动包括上栅子基层建设年村在内的5个试点村，以此为样板，带动全区农村环境面貌的提升。其余33个村，各镇要根据各村实际逐村搞好规划，为明年工作打基础。

（二）2014年，扩点扩面，重点突破

在总结巩固“四清”“四化”成果的基础上，做好2013年启动的5个示范村巩固提高和扫尾工作，按计划分期分批启动其余33个村。

（三）2015年，全面推进，巩固提升

对2014年启动的村，全面推进改造提升工作，确保2018年底完成任务，建立起长效化的农村公共设施和环境管护长效机制，大力发展现代农业，形成“一村一品”的支柱产业。

五、保障措施

（一）加强组织领导

成立由工委副书记任组长的高新区农村面貌改造提升行动领导小组。领导小组下设办公室，设立六个工作组，统筹推动全区农村面貌改造提升行动。各镇、村也要成立相应的领导机构，制定具体方案，统筹谋划、整合资源、整体推进。区级重点抓项目、抓整合、抓落实，镇、村级抓实施、抓管理、抓维护，形成上下联动，分工负责的工作机制。

（二）明确目标责任

镇、村根据全区统一部署，结合本镇、村实际，抓紧研究制定农村面貌改造提升行动实施方案，量化三年工作目标和年度推进目标，细化“六大工程”，实化推进举措，实施方案和任务目标经区领导小组审核认定，同时作为高新区工、管委的考核依据。区直各相关部门结合各自分担的任务，抓紧制定包括建设标准、完成时限、实施步骤和支持政策等内容的工作方案，明确目标、明确力量、明确责任，切实加强工作指导，推进工作落实。

（三）科学编制规划

按照省市有关要求，全区38个行政村都要编制改造提升规划。按照“基层建设年”要求，去年区已经编制村庄建设规划的8个村也将按照要求进行完善和提高。规划要对房屋、道路、上下水、垃圾处理、厨房改造、厕所改造、村民中心、村庄绿化等统筹安排，改造提升规划要求，做好土地利用、产业发展等相关规划的协调衔接。高新区规划分局是规划的承办单位，镇要成立规划领导小组办公室，主要负责组织协调，在制定和修编过程中，要让群众充分参与，既要符合省里相关部门出台的相关技术原则，又要切合当地实际和农民意愿。

（四）加大投入力度

采取积极争取上级支持资金、引导农民投入、安排区级财政资金奖补的方式，重点扶持试点村建设，加大资金支持力度。同时，实施以奖代补，对积极性高、干得好的村庄实行重点奖补。加大资金整合力度，整合涉农资源，统筹“一事一议”奖补、新民居建设、农村土地整理、农村环境连片治理、农村危房改造、贫困村扶贫等有关项目资金，集中用于农村面貌改造提升相关建设。用好用足城乡建设用地增减挂钩政策，增减挂钩指标收益的80%用于置换出建设用地的村庄改造提升。鼓励企业和社会力量资助农村改造提升行动，对工商企业捐款和投资建设农村公共设施，可按规定享受税前列支等优惠政策。充分发挥村集体和农民合作社等新型经营主体的作用，充分运用“一事一议”政策，引导农民积极投工投劳。

（五）创新体制机制

加快机制体制创新，多渠道筹集建设资金。积极联系农行、农村信用社等金融机构，积极开展农村集体建设用地使用权、土地承包经营权、农房抵押贷款试点。在条件允许的情况下，成立新农村建设投资开发公司，承担农村面貌改造提升工程的项目谋划、资金运作和项目实施。加快农村产权制度改革步伐，推动农村资源要素可抵押、可流转、可交易，增强改造提升的内在动力，研究制定农村环境建设、运行、管理长效机制。

（六）强化科技支撑

农村面貌改造提升要体现科技创新，采用先进技术成果，充分利用高等院校、科研院所、骨干企业的科研资源，推进小型民生科技攻关，开发推广节能环保的先进适用技术，提高垃圾无害化和资源化处理、农业面源污染防治、新型能源利用的水平。落实全区农村科技特派员制度，选派一批大专院校和科研院所的技术人员，结合全区农村面貌改造提升行动，深入农村开展先进适用技术推广和服务。

（七）加强帮扶帮建

结合高新区实际，对今年先期启动的五个示范试点村，明确“四个一”帮扶机制，即一名区工委领导，一个帮扶部门，一个帮扶企业，一个帮建工作队（三个人组成，即从后备干部选配一名村党支部书记，选派一名大学生村干部，安排一名科技特派员），形成持续帮扶帮建机制。采用专业建设队伍与群众相结合的办法，安排专业建设机构参与农村面貌改造提升。积极鼓励民营企业、社会组织、民间团体、爱心人士、志愿者等社会力量，开展资金、项目、人才等方面的帮建帮扶。鼓励农民外出打工人员、经商人员、在外公职人员返乡帮建。积极推进村企对接，对按第一期选择的5家有实力企业，明确帮建这5个示范村。

（八）加强教育培训

大力开展宣传教育，通过宣传册、明白纸、民约墙、现场观摩等多种形式，广泛宣传推介健康文明的生活方式，引导农民破除陋习、移风易俗、提高素质，形成讲文明、爱卫生、护环境的良好习惯和自觉行动。通过制定村民公约、签订卫生责任状等形式，落实好村民环境卫生责任义务，建立制度保障。以镇、村为主，分级、分批集中开展农村面貌改造提升行动培训。积极组织开展多种形式的学习交流和评比活动，认真学习借鉴外地先进经验。

（九）营造良好氛围

通过多种有效形式大力宣传农村面貌改造提升行动的总体要求、主要任务、保障措施和实施步骤，统一干部群众思想认识，引导工作深入开展。充分发挥广播、报刊、网络等主流媒体的作用，通过开辟专题、专栏、专访和组织各类宣传活动，总结先进典型，推广经验做法，形成全区上下关心、支持农村面貌改造提升行动的良好氛围。让广大农民群众共同参与，每年评选出一批美丽乡村，发挥示范引领作用。

（十）严格考核

加强对农村面貌改造提升工作的督导检查，实行每月一调度、每季一观摩、半年一总结、年终一考核的督导考评制度，严格工作问责制。建立农村面貌改造提升工作考核评价指标体系，纳入区督考办的重点考核项目，考核结果作为评优、奖励和选用干部的重要依据。把群众监督、媒体监督与行政监督结合起来，构建全方位、多层次的动态督导机制，采取多种方式，查找问题、督促整改，确保各项工作落实到位。

附：高新区实施农村面貌改造提升行动领导小组

附件

高新区实施农村面貌改造提升行动领导小组

组　　长：景联华　工委副书记
执行组长：王凤翔　工委委员、
　　　　　　　　　管委会副主任

副 组 长：崔利民 工委委员、管委会副主任
白晓峰 工委委员、管委会副主任
罗士学 工委委员、管委会副主任
徐立新 工委委员、纪检组组长

成 员：冯瑞树 经科局局长
董智慧 党群部部长
孙天民 住建局局长
刘 峰 财政局局长
毛曙光 高新区规划分局局长
李秀香 高新区国土分局局长
王正军 社会事务局局长
王庆东 纪检组副组长、监察室主任
朱海鹰 高新区环保分局局长
赵文华 城管局局长
李玉成 督考办主任
李 陶 人社局副局长
赵伯奇 公管处处长
高武元 冯营子镇党委书记
韩建国 上板城镇党委书记
王旭东 冯营子镇镇长
刘志勇 上板城镇镇长

一、高新区实施农村面貌改造提升行动领导小组下设办公室

办公室负责全区实施农村面貌改造提升行动的总体规划，协调相关事项，承担领导小组日常事务。主要做好会议文件、领导讲话起草及简报编发、项目协调、工作联络和检查督导等工作。

主 任：王正军 社会事务局局长

副主任：朱海鹰 高新区环保分局局长
成世前 党政办副主任
孙金红 党政办副主任
刘志华 社会事务局副局长

办公室设综合材料组、项目协调组、工作联络组、信息简报宣传组。各工作组组长由区直相关部门一名副职以上干部担任，工作人员从相关单位抽调人员组成。

（一）**综合材料组**：负责领导讲话、工作总结、汇报材料等综合文字的起草；负责了解2个托管镇、区直各部门、各驻村工作组动态信息，编发工作简报，推介好的经验做法。

组 长：成世前

成 员：付 强、金 浩

（二）**项目协调组**：负责协调区直相关部门项目和资金落实、实施方案及相关政策制定，对重点村庄实施台账管理，定期通报进展情况及实施效果。

组 长：刘志华

成 员：黄 磊、范文彬、邹海涛、张柏军

（三）**工作联络组**：负责了解掌握领导小组下设6个工作组工作推进情况、资金筹集落实情况、驻村工作队员派驻情况、试点村工作进展情况，负责文件运转、会议组织、协调其他有关事项和相关工作保障。

组 长：孙金红

成 员：李学华、邵翠丽、任国明、王 欢

二、区实施农村面貌改造提升行动领导小组下设6个工作组

（一）**规划编制组**。主要负责全区农村面貌改造提升规划的编制、审定，以及与各专项规划的协调衔接等工作。

组 长：毛曙光 高新区规划分局局长

副组长：张瑞斌 高新区规划分局副局长
韩小明 高新区国土分局综合科科长
刘凤政 高新区环保分局副局长

（二）**农村经济发展组**。主要负责深入推进新民居建设和现有住宅的节能改造、危房改造；

推进全区农村经济发展，增加农民收入。协调相关部门做好产业扶贫、林业经济建设和农业主导产业发展；协调做好产业扶贫、林业经济建设和农业主导产业发展。

组　长：王正军　社会事务局局长
副组长：温瑞东　住建局副局长
张瑞辉　社会事务局副局长
刘志华　社会事务局副局长
韩小明　高新区国土分局综合科科长
黄　磊　经科局副局长兼项目办主任

（三）生态环境建设组。主要负责农村环境综合整治和生态建设工程。组织开展“四清”“四化”，推进农村污染治理、土地整治、生态环境连片整治和生态改善技术的研发、推广和服务，大力开展植树造林，建立农村环境管护长效机制。

组　长：王正军　社会事务局局长
副组长：刘志华　社会事务局副局长
韩小明　高新区国土分局综合科科长
刘凤政　高新区环保分局副局长

（四）资金整合组。主要负责推动全区农村面貌改造提升行动专项资金安排、相关项目资金的整合和建立完善多元投入机制等工作。

组　长：刘　峰　财政局局长
副组长：丁敬卓　财政局副局长
王志宏　社会事务局副局长
温瑞东　住建局副局长
刘志华　社会事务局副局长
黄　磊　经科局副局长兼项目办主任

（五）新闻宣传组。主要负责对全区实施农村面貌改造提升行动进行宣传报道，宣传政策、推广典型、推介经验，营造良好氛围。

组　长：董智慧　党群部部长
副组长：李双锐　党群部副部长

（六）督导考核组。主要负责全区实施农村面貌改造提升行动的督导、考核、奖惩等相关工作。

组　长：李玉成　督考办主任
副组长：吴鹏东　督考办副主任
赵文起　监察室主任科员

领导小组成员因人事变动而调整的，由同等职务人员替换，不再另行发文。

承德高新区党政办
2013年11月18日印发

承德高新技术产业开发区党政综合办公室关于印发《承德高新区产业创新发展奖励办法（试行）》的通知

承高党政办发〔2014〕58号

区直各部门、驻区企业：

《承德高新区产业创新发展奖励办法（试行）》已经高新区管委会常务会议研究通过，现印发给你们，请认真遵照执行。

承德高新技术产业开发区党政综合办公室
2014年9月29日

承德高新区产业创新发展奖励办法（试行）

为充分发挥财政扶持政策的杠杆作用，促进全区产业加速集聚，上档升级，鼓励驻区企业做大规模、技改创新、创优创名，加快高新区经济发展，按照国家、省、市支持产业创新发展的有关文件精神，参照《承德市鼓励重点产业项目建设的若干规定（试行）》（以下简称“规定”），制订本办法。

一、奖励范围、奖项及标准

高新区产业创新发展奖励范围为所有在高新区登记注册并属地入统的企业。共设发展贡献奖、投入贡献奖和创新贡献奖三大奖项，每个奖项设立不同的申报条件，具体如下：

（一）发展贡献奖。申报条件如下：

1. 营业总收入。对营业总收入首次突破2000万元并入统规上企业的，给予5万元奖励；首次突破5000万元的，给予8万元奖励；首次突破1亿元的，给予10万元奖励；首次突破5亿元的，给予15万元奖励；首次突破10亿元的，给予20万元奖励；首次突破30亿元的，给予30万元奖励。

2. 开拓国际市场。对新增出口额（以海关单据为准）100万美元以上的，给予5万元奖励；500万美元以上的，给予10万元奖励。

（二）投入贡献奖。申报条件如下：

1. 技改扩能。对现有工业企业技改扩能项目，年度完成固定资产投资入统1000万元以上的，给予5万元奖励；5000万元以上的，给予10万元奖励。

2. 固定资产投资。对列入高新区新开工重点项目计划且年度完成生产性固定资产投资入统5000万元以上的，给予10万元奖励；1亿元以上的，给予20万元奖励。

3. 实际利用外资。对年实际到位外资100万美元以上且形成固定资产的，给予5万元奖励；500万美元以上的，给予10万元奖励。

（三）创新贡献奖。申报条件如下：

1. 科技创新。对新认定的国家级工程技术中心、企业技术中心、重点实验室，给予300万元奖励，省级的给予100万元奖励；对获得国家发明专利并实现产业化，且单项产品年上缴税金达到100万元以上的，给予50万元奖励；对新认定的科技小巨人企业给予50万元奖励；对被认定为国家产品标准的主要制定企业，给予50万元奖励；对新认定的高新技术企业，给予10万元奖励。

2. 创优创名。对首次获得中国驰名商标和中国名牌产品的企业，给予50万元奖励；对首次获得河北省著名商标、名牌产品的企业，给予10万元奖励；对获准以地理标志注册证明商标和集体商标的企业或组织，给予5万元奖励；对首次获得绿色食品认证的企业，给予5万元奖励。

企业可同时申报并获得多个奖项，但奖金按单个奖项最高奖励金额计算。对同一奖项满足多个申报条件的，按最高奖励金额计算。企业申报奖项与市级《规定》奖励重复的，按照市级《规定》执行，不重复奖励。

企业或企业法人有以下情况的，不得享受奖励：

1. 因违反税收法律法规受到税务机关处罚的；

2. 因严重违反行政法规，受到工商、质监等行政部门立案查处的；

3. 企业或企业法人在生产经营过程中被司法机关立案查处的；

4. 发生重特大环境污染事故、重特大安全事故以及企业发生群体性不稳定事件的。

二、评奖办法

（一）申报。符合条件的企业须在每年1月10日前向高新区相关部门自行申报。逾期未申报的，视为企业自动放弃。企业须填写上报《承德高新区产业创新发展奖励申请表》《企业法人申报材料真实性承诺书》及申报奖项所要求的相关证件（原件及复印件）资料。企业要确保申报材料真实、准确，经查实有虚报、造假等弄虚作假行为的，取消其获奖资格，已获得奖励的需全额退返。企业同时申报多个奖项的，每个奖项对应一份申报材料。

（二）审核。成立承德高新区产业创新发展奖励评审领导小组（以下简称“领导小组”），主管工业发展的副主任为组长，经发、招商、财务、科技、工商、质监、总工会等相关部门为成员单位。领导小组下设办公室在经发部。领导小组办公室负责企业申报奖项初审，领导小组负责企业申报奖项复审。申请科技创新、实际利用外资、名牌商标、名牌产品类奖项的企业，将相关申报材料分别报高新区科技部、招商部、工商局、质监筹建处，其他类奖项报高新区经发部。由上述部门把关汇总后报领导小组办公室初审。初审依据为高新区相关部门提供的统计数据和企业申请证明材料。

（三）审定。领导小组办公室将领导小组复审后符合奖励条件的企业名单提交高新区管委会常务会议审定后执行。

三、附则

1. 本办法由高新区经发部负责解释。

2. 本办法从印发之日起执行，高新区工管委原有财政扶持产业发展政策与本办法不一致的，以本办法为准。

附件：1. 承德高新区产业创新发展奖励申请表（略）

2. 企业法人申报材料真实性承诺书（略）

中共承德高新区工委
印发《关于加强基层党组织建设的实施意见》的通知

承高工字〔2015〕3号

各基层党组织：

《关于加强基层党组织建设的实施意见》已经工委会议研究同意，现印发给你们，请结合实际认真贯彻落实。

中共承德高新区工委

2015年4月7日

关于加强基层党组织建设的实施意见

为深入贯彻党的十八大、十八届三中、四中全会精神和省委八届六次全会、市委十三届五次全会精神，认真践行党的群众路线，切实发挥基层党组织的领导核心作用，增强基层党组织服务功能，夯实党的执政基础，破解高新区发展难题，根据中央和省、市委有关文件要求，结合高新区实际，现就加强基层党组织建设，提出如下实施意见。

一、指导思想

按照“四个全面”的总体要求，以“服务改革、服务发展、服务民生、服务群众、服务党员”为主题，以打造“三个平台”、建设“四支队伍”、完善“三项功能”、健全“五项机制”为主线，以分领域开展不同形式的服务行动为重要抓手，以群众欢迎、群众受益、群众满意为检验标准，全面提升基层党组织建设水平，充分发挥基层党组织战斗堡垒作用和党员先锋模范作用，为建设实力、活力、魅力高新区奠定坚实的组织基础。

二、工作目标

（一）总体目标

全区基层党组织达到“六有”目标：一是有坚强有力的领导班子，真正做到为民、务实、清廉，党组织书记党性强、能力强、改革意识强、服务意识强。二是有本领过硬的骨干队伍，基层干部带头搞好服务，党员队伍自觉奉献。三是有功能实用的服务场所，健全完善便捷服务、便利活动、便于议事的综合阵地。四是有形式多样的服务载体，不断创新贴近基层、贴近实际、贴近群众的工作抓手。五是有健全完善的制度机制，形成规范化、常态化、长效化的服务机制。六是有群众满意的服务业绩，争创群众满意的成效，群众对党组织的满意度大幅提升。

（二）年度目标

结合高新区实际，年内完成四项重点工作：以推进农民合作社等各种经济合作组织建设为重点，实现村“两委”班子三年任期承诺，带动农民致富；以落实“四议两公开”制度为重点，全力推进基层民主进程；以整顿软弱涣散党组织为重点，强化村级党组织的领导核心作用；以整顿优化发展环境为重点，将基层党组织建设成为维护社会和谐稳定的桥头堡。

三、着力打造三个平台，创新党建工作载体

（一）打造教育培训平台，全面提升基层党员干部能力素质

1. 开设多层面的“培训大讲堂”，打造党员干部学习新常态。继续巩固扩大党的群众路线教育实践活动成果，将党性教育和宗旨教育贯穿各项培训的始终，有针对性地对全区党员干部开展教育培训。每年对基层党组织书记轮训一遍，培训时间累计不少于7天。3年内对全区45岁以下普通党员轮训一遍。在机关开展政治理论和素质提升系列讲座；在征地项目村开展再就业技能培训；在未征占地开发村开展致富产业培训；在企事业单位开展“爱岗敬业、服务发展”主题教育培训，引领广大党员职工增强大局意识、发展意识、服务意识。聘请知名讲师来区授课，同时组织区内各级各行业党员干部和先进典型轮流授课，建成高新区理论宣讲骨干队伍，形成高新区教育培训品牌。

2. 开设网上党建专栏和手机短信平台，创新工作交流形式。在高新区官方网站、官方微博和微信平台开设党建专题栏目，宣传全区党建工作经验、基层党组织和共产党员的先进事迹，用身边榜样感染教育党员干部群众，弘扬正能量，传播核心价值观。畅通网上互动交流渠道，开展多种形式的民意调查问卷，及时掌握党员群众关注的难点热点问题，提交相关部门研究处理。开通手机短信息平台，将最新会议精神、工作动态、政策法规等信息通过短信息及时传达。

（二）打造创业发展平台，全面服务各行各业发展

3. 加强帮扶支部建设。按照“选派＋志愿”形式，组织农村在外创业能人、在职和离退休干部等各类人才建立帮扶支部，带动农民增收致富。积极谋划发展思路，对于未征占开发村，积极帮扶产业发展，建立专业合作社，形成龙头产业，延长农业和农产品链条；对于征地开发村，依托项目工程的建设，延伸产业链条，建设配套服务产业；积极帮助村集体组建家政服务等合作组织，最大限度的将群众组织起来，着重解决失地农民和村内闲散劳动力的就业问题，鼓励村民自主创业。深入开展“民情村解”活动，努力实现群众办事、矛盾调解、公共服务、创业致富“四不出村”，确保畅通民意有渠道，服务群众有目标，服务管理有方法，监督保障有机制。

4. 开展多种形式的主题实践活动。在社区深入开展“六个延伸”活动，通过将组织建设延伸到楼院、党员管理延伸到网格、党建活动延伸到共驻单位、认岗承诺延伸到在职党员、党代表履职延伸到居住社区、服务触角延伸到居民家庭，构建以服务为核心的区域化党建工作新格局。在企业和社会组织深入开展“五个融入”活动，通过把党的活动融入经营发展全过程、融入和谐建设各环节、融入文化建设各层次、融入联系服务职工各方面、融入履行社会责任各领域，推动非公有制经济组织和社会组织实现“党建强、发展强”目标。在机关事业单位深入开展“四个提升”活动，通过提升服务能力、提升服务标准、提升服务效能、提升服务满意度，着重解决机关干部精神状态不佳、工作热情不高、工作效率低下、工作推诿扯皮等普遍存在的问题。在各级各类学校和卫生院深入实施以“铸师魂、育师德、树师表、正师风、练师能”为主要内容的“五师”工程和“修医德、强医技、铸医魂、正医风”活动，不断提高学校和卫生院服务能力与水平。

5. 整顿软弱涣散基层党组织。每年对基层党组织建设状况进行摸底排查，按照倒排办法确定3～5个整顿对象，派驻机关干部入村帮扶。整顿软弱涣散党组织工作列为托管镇和帮扶单位年度考核专项加分项目，年底考核时将根据镇党委的落实情况和区属部门帮扶情况酌情加分，对驻村工作考核为优秀的帮扶干部在同等条件下优先提拔和使用。对整顿和整治工作不力、造成较大不良影响的，采取约谈、通报、问责等办法，进行责任追究。

（三）打造社会管理平台，全面提升居民幸福指数

6. 完善“三级平台、两个代办”。强力推进区政务服务中心规范化运行，进一步完善服务功能，实现联网办公，建立上下衔接、规范运行、协调联动的服务网络。强化托管镇便民服务功能，实现“一厅式办公、一站式服务”，确保有场所、有人员、有制度、有经费。完善村级便民服务室建设，以区、镇包村干部，村“两委”成员和大学生村官为主体，建立为民服务全程代办队伍，规范亮身份、亮流程、亮项目、亮制度“四亮”措施，为村民提供全程代办服务，力争件件有结果、事事有回音。实施村级便民服务室与大学生村官工作室联建机制，发挥大学生村官力量。

7. 增强村和社区的服务能力。以村级组织活动场所、便民服务室为依托，组建集村“两委”干部办公、村民事务代办、村务党务公开、文化娱乐活动、信息技术服务为一体的“村民服务中心”，重点按照一个场所、一个标识、一套制度、一本台帐、一台电脑、一部电话、一册民情档案、一套办事须知、一张便民服务卡“九个一”基本标准，建设村级便民服务室。开展社区“四有一创”，以社区党组织、居委会、物业公司、群众工作室和社区其他服务组织为依托，不断完善“社区服务中心”，为社区居民提供日常生活、证照办理、托老养老、济困助残、信息交流等方面的服务。新建社区要坚持高标准、严要求，确保一步到位。

8. 抓好“信访大厅及法律援助中心”建设。完善信访大厅功能设施，合理设置功能分区和办事窗口。完善领导班子成员接访制度、信访接待流程和工作应急方案，进一步健全群众诉求调处管理细则，耐心细致工作，认真热情接待，及时给予答复。镇、村要建立相应机构，做到上下联动、协调有序。继续开展积案化解行动，落实领导包案，延伸工作触角，强化工作力度，做好下基层的调处工作，严格管理、加强督办，努力实现信访工作“控增量、减存量”。

四、建设四支队伍，激发基层党组织活力

（一）着力抓好基层党组织书记队伍建设

9. 选优配强基层党组织书记。以村“两委”换届为契机，动员、支持、培养村内经济能人、致富带头人、优秀青年进入村级党组织，逐步走上党组织书记岗位。对已当选的村党组织书记实行全员培训，把课堂开到党建和产业示范基地，在实践中锻炼提升能力，真正成为农村发展的领头人，从而带动村“两委”班子提升民主管理、服务群众的能力。机关党委和企业工委充分发挥作用，抓好企业党组织书记和机关党组织书记队伍建设。

10. 建立基层党组织书记承诺问责制。各级党组织书记要围绕班子建设、发展经济、党员管理等内容制定年度目标承诺书，并进行公开，定期述职评议，发现问题及时整改。结合村干部绩效考核办法，继续完善村级党组织书记考核评价机制，加大问责力度，对工作期间无故脱岗、工作不力的，组织部门要及时约谈，并记入平时考评记录；对不作为、乱作为的，加大惩处力度；对违反组织纪律、群众意见较大、造成不良影响的，对信访事件处置不当造成恶劣影响的，一经查实将进行严肃处理；对顺利完成工作任务、表

现突出的，在选拔镇公务员和事业单位干部时，符合相关条件的予以优先考虑。

11. 健全书记履行党建工作责任述职制度。党组织书记既要向上级党组织述职、接受上级领导点评，还应向党代表会议、党员群众大会述职，接受党代表或党员群众代表测评。托管镇党委书记党建工作述职要以履行“第一责任人”职责情况为主线，突出书记的主体责任，防止书记个人述职变成集体班子述职、党建报告变成“一揽子”工作总结。镇党委要将村党组织书记述职作为党建工作的重要抓手。

12. 加大选派机关干部担任“第一书记”力度。鼓励优秀年轻干部、镇副科以上干部、退居二线的优秀老干部到基层特别是到村担任支部书记或“第一书记”，指导协助村党组织抓好班子提升，夯实基层基础。在职机关干部选派为“第一书记”的，将基层工作情况和考核情况记入个人档案，作为提拔使用的重要依据。

（二）着力抓好党员队伍建设

13. 加强党员发展和管理。严格按照党章规定的党员标准发展党员，突出先进性、保持纯洁性，推行“三推两票决三公示”制度，坚持政审、预审和审批制度，把好党员入口关。加强和改进党员队伍管理，健全党员能进能出机制，下大力度处理不合格党员，对违法违纪的党员要发现一起查处一起，绝不姑息迁就，实行“零容忍”，使党员队伍更加纯洁。

14. 严格党内组织生活。落实每年 3 月 23 日区工委领导班子集体“警醒日”、每年 7 月 1 日“党章学习日”、每月第一个星期五“党员活动日”和党员领导干部参加双重组织生活制度的相关规定，进一步提高组织生活质量。各级领导班子每年都要按照教育实践活动专题民主生活会标准和做法，组织召开 1 次高质量的民主生活会，提高解决自身问题能力，增进党的团结统一。

（三）着力抓好志愿服务队伍建设

15. 广泛开展志愿服务活动。机关事业单位和农村党组织都要成立志愿服务队，每名党员都要按照就近就便原则，在单位或住址所在城市社区或镇村注册成为志愿者，利用党员活动日、节假日、工余等时间，结合职业特点和个人专长，开展多种形式的扶贫济困活动。建立党员群众联系互助台账，将农村、社区需要帮助的党员群众录入信息库，由各党组织的志愿服务队自愿认领任务，对口开展帮扶，倡导党员“每周志愿服务 1 小时”“每年志愿服务 50 小时”，形成党员志愿服务常态机制。

16. 建立健全志愿服务制度。党员志愿者统一注册，定期开展活动，各党员志愿服务队对党员志愿者进行统一编号。党员志愿者每次服务活动后，如实登记服务内容、服务时数，并经党组织确认，作为累计服务活动时数，党员志愿者服务累计时数和服务成效将做为评选优秀共产党员的一项重要依据。定期听取群众反馈意见，不断对党员志愿者服务进行改进，打造“星级党员志愿服务队，展示党员志愿者良好形象。

（四）着力抓好典型示范队伍建设

17. 加大典型宣传培树力度。各党工委都要建立典型库，制定典型培树方案和目标，打造一支事迹突出、群众认可、示范性强、涵盖各行各业的典型示范队伍。精心培育锻造新典型。以基层党组织推荐为主，结合基层调研发现、驻村联企干部发掘等途径，精心培育一批身边的先进典型，不断锤炼，促其成熟。注重提档升级老典型。对已发掘培树的典型，要加强后续培养，使其不断焕发新的活力，更具时代魅力，发挥更大作用。将典型培树工作纳入各级党组织的工作考核和党建述职，以典型培树水平衡量党建工作成效。通过多种途径宣传引导，特别是应用好网络党建平台，加大对先进典型和示范点的宣传力度，将典型的个体优势扩展为群体优势，达到“一个典型激活一片带动一批”的效果。力争三年内在全区范围培树 3—5 个省内知名先进典型，五年内培树 1—2 个全国先进典型。

五、完善三项功能，打通联系服务群众最后一公里

（一）把基层党组织建设成党员干部和基层群众的连心桥

18. 继续推行机关干部蹲点服务制度。按照高新区《关于开展“蹲点服务”行动实施方案》要求，继续做好蹲点服务工作，实现全区行政村全覆盖、副科级以上干部全覆盖。统筹推进机关干部到企业、学校、医院等基层单位蹲点服务，特别是到成长性好的企业搞好服务。完善结对帮扶制度，各级机关和事业单位党组织至少结对帮扶一个村，选派优秀干部驻村工作。

19. 实行党组织和党员认责承诺制度。围绕推动发展、服务群众、帮办实事、转变作风等内容，进行党组织和党员认责承诺。党组织承诺事项进行公开公示，定期对照检查，确保承诺落实。在窗口单位和服务行业党组织和党员中，深入开展创建“群众满意窗口、行业服务标兵、优质服务品牌”活动，简化办事程序，提高服务质量。机关全体党员开展“一句话承诺”行动，将承诺内容与岗位职责一并公开。

20. 完善在职党员到社区报到制度。凡是居住在城市（城镇）社区的党政机关、企事业单位、人民团体的在岗职工中的党员都要主动到社区报到，带头宣传政策法规、倡导社会公德、参与环境整治、创建文明社区，普遍开展做一名志愿者、提一条合理化建议、结一个帮扶对子、参加一次社区活动、认领一个社区服务岗位等“五个一”活动。

21. 继续推行“连心卡、月月谈”制度。将托管镇、村、社区干部和便民服务中心工作人员的姓名、职务、联系方式等信息以村为单位统一印发，让群众能够随时联系到镇、村干部。工商、政法、质检、环保等执法管理部门和就业、医疗、住房等直接面对群众的窗口服务单位，要将印有服务范围、工作职责、责任人员、联系电话等内容的“连心卡”发放到服务对象，提供优质高效服务。要对“连心卡”进行动态更新，保障联系畅通。镇、村、社区干部每月要通过定期或随机等形式，主动上门倾听群众反映的问题、困难和意见、建议，为百姓提供最直接、最周到的贴心服务。

（二）把基层党组织建设成助推企业发展的信息站

22. 派驻企业党建指导员。坚持择优选择，统一选聘一批熟悉党务工作、市场经济并有热忱服务意识的同志担任非公企业党建指导员。党建指导员要发挥好“政策理论宣传员、党建活动组织员、内外关系协调员、管理发展参谋员”的作用，抓好企业党组织建设，同时深入了解企业发展存在的难题，分门别类梳理汇总上报，由包企业领导、相关部门、托管镇、企业负责人共同召开联席会议，针对梳理的问题，逐条研究解决方案，不断提升区直部门服务企业水平。

23. 畅通信息交流渠道。政府政策信息，企业发展信息及时通过网络等多种形式向企业公开，通过调查问卷、意见征集等多种形式广泛收集民意，打通相关政府服务类数据、信息中心以及运营商多方数据链，把满足企业的需求作为考虑问题的出发点，探索运用大数据技术助推企业发展。

（三）把基层党组织建设成党员干部职工的减压阀

24. 建立领导班子与党员干部谈心制度。各级党组织主要负责人与每名班子成员之间，班子成员之间，班子成员与所分管部门主要负责人之间，部门主要负责人与党员干部之间都要定期组织谈心交流。通过谈心，了解党员干部职工对所在部门和个人的意见建议、党员干部职工存在困难和利益诉求，进一步关心爱护干部，不断加强对干部的教育、监督和管理，促进领导班子和干部队伍的政治思想建设，增强领导班子的凝聚力和战斗力。

25. 严格落实党员领导干部双重组织生活制

度。各级党委班子成员严格落实双重组织生活制度，要真正放下架子，转换好身份，调整好心态，积极地、严肃地以普通党员的身份参加所在党支部和党小组的组织生活，自觉接受基层党组织和普通党员监督，找准工作中存在的问题，不断提高领导能力和决策水平，彻底打破领导干部和职工交流壁垒。

六、落实五项机制，提升党建工作水平

（一）落实党建工作责任制

按照党要管党、从严治党要求，严格落实党建工作责任制，不断提高党的建设科学化水平。各级党组织都要成立书记为组长的党建工作领导小组，不断健全党委统一领导、组织部门牵头协调、行业系统具体指导、有关方面齐抓共管的党建工作格局。明晰党建工作责任主体。进一步落实“书记抓、抓书记、一把手负总责”的工作要求。强化各级党委“抓好党建是本职、不抓党建是失职、抓不好党建是不称职”的责任意识，细化责任目标，完善责任内容，推动责任运行。健全书记抓党建工作公开承诺制度。各级党组织书记就抓党建工作的目标、任务、举措做出公开承诺，有利于增强书记“第一责任人”的担当意识，有利于促使书记“亲自部署重要工作、亲自过问重大问题、亲自协调重点环节、亲自督办重点事项”。

（二）落实经费投入机制

严格按照省、市委组织部要求落实村干部补贴和村级组织运行经费，并纳入财政预算。按照市委办《印发〈关于加强基层服务型党组织建设的实施意见〉的通知》（承办发〔2014〕20号）文件的要求，每年为每个村落实不低于2万元的村级组织运行经费。加大社区工作经费投入，确保每个社区的工作经费不低于5万元；非公有制企业按照职工工资总额的0.3%～0.5%提取党员活动经费，实行税前列支。各系统各部门给基层安排任务，坚持权随责走、费随事转。深化“一定三有”政策，坚持按上年度当地乡村劳动力平均收入水平，确定村党组织书记和村委会主任基本补贴；强化绩效考核，结合区情实际，逐渐增加绩效补贴；扩大农村干部养老保险投保覆盖面，适度提高区、镇分担比例。

（三）落实工作运行机制

村级党组织要发挥领导核心作用，村委会在村党组织的领导下依法开展工作。深化“四议两公开”工作机制，推进村级组织规范化运行。村级“三重一大”事项，必须按照“四议两公开”的程序进行决策和管理，坚持一个步骤不少，一个环节不丢。召开会议全程记录，与会人员签字确认，决定的内容公开上墙，接受各界监督。特别是重大项目建设、大额经费支出和报账等事项，必须有会议研究记录和各级签字确认，否则一律不予受理。建立镇党委书记亲自抓、村支部书记直接抓的责任体系，将“四议两公开”工作法落实情况纳入农村基层党建目标管理考核内容，作为各托管镇党委、各农村党组织评先评优的重要依据。要充分发挥村务监督委员会的作用，区、镇要加强督导检查，强化宣传引导，确保“四议两公开”工作法落到实处，基层民主建设水平不断提升。

（四）落实矛盾疏导机制

以群众利益的有效表达和回应为重点，以及时有效的预警机制和应急方案为抓手，以公开透明、公平正义、及时有效的解决方式为落脚点做好矛盾疏导化解工作。以公众需求为导向，深入推进行政决策公开，提高重大事项公众的参与度。健全民意表达和回应机制，畅通961890服务热线，确保热线接通率、回复率、问题办结率在98%以上；设立书记邮箱，积极主动回应社会关切，拓宽群众利益诉求表达渠道；加强社会预警机制和应急机制建设，有效解决突发事件。

（五）落实考核评价机制

各托管镇、村要把基层党组织建设工作整体效果、典型培树和村集体经济积累做为年度党建考核重点指标；区直各部门要把服务基层、服务群众、服务企业的举措和实效做为年度党建考

核重点指标，加大督促检查和跟踪落实力度。合理运用考核结果，树立良好用人导向，将考核结果记入机关干部个人档案，作为个人年度考核、评先评优和提拔任用的重要依据。对于党组织书记未认真履行党建工作责任，对党建工作不安排部署和检查总结，对下属党组织建设疏于指导和管理，不能严格执行党建工作的各项制度，造成不良影响或产生严重后果的，将依据党纪政纪做出严肃处理。

承德高新区党政办

2015 年 4 月 7 日印发

四、1992—2015年承德高新技术产业开发区区内工业企业一览表

1992—2015年承德高新技术产业开发区区内工业企业一览表

序号	企业名称	法定代表人/负责人	经营范围	成立日期	住所	状态
1	承德包装工贸有限公司	宫学林	书刊、商标、装璜、票证印刷，纸制品加工；广告装饰（仅限取得专项许可的分支机构经营）。	1992-07-29	承德市开发区西区	吊销未注销（2008-01-15）
2	渤海石油装备承德石油机械有限公司	庞福松	电机、电器产品；石油钻采设备及配件；电子仪器、仪表；经营本企业自产产品及技术的出口业务；经营本企业生产、科研所需的原辅材料、仪器仪表、机械设备、零配件及技术的进口业务（国家限定公司经营和禁止进出口的商品除外）；电力变压器的销售；经营进料加工和“三来一补”业务；与主营产品相关的技术咨询，技术服务。	1992-08-10	承德市开发区西区4号	
3	承德白云石油设备配套公司	金松林	研制、批发、零售代购、代销石油钻采设备、工具配件与石油设备配套电子、禁伐禁猎区设备研制、销售、交电、钢材、木材、五金、建材、家副产品销售。	1993-04-15	承德开发区承德开发区	吊销未注销（2003-09-30）
4	承德新兴综合加工厂	姜石宁	矿产品加工、阻燃塑料管、废旧塑料回收、再生塑料包装制品、橡胶制品、机械加工、汽车配件。中药材收购、五金、化工、玻璃器皿生产。	1993-05-07	承德市开发区雹神庙村居住组团5#楼	吊销未注销（2012-9-19）
5	承德市汽车配件铸造厂	杨志刚	汽车配件、铁路专用器材制造	1994-05-05	承德双桥区庄头营	吊销未注销（2010-11-19）
6	承德光大输送机有限公司	陈德啟	物流机械设备制造及工程项目、涂装成套设备制造及工程项目、电气工程及控制系统装置、逆变器、采暖散热器制造销售；输送机及配件安装调试、输送机及配件维修；输送机出口（依法须经批准的项目，经相关部门批准后方可开展经营活动）。	1994-05-10	承德市上板城电子工业园	

续表

序号	企业名称	法定代表人/负责人	经营范围	成立日期	住所	状态
7	承德特种输送机实业有限公司	王　达	特种输送机及非标机电设备的设计、安装、制造；非国控工业产品、液压胶管加工；机械设备销售；电力金具加工；游艺机和涂装设备加工、制造、安装。	1995-03-25	承德市开发区西区6号	吊销未注销（2009-09-30）
8	承德科达仪表有限公司	温学忠	研究发展、生产、经营、销售仪器仪表。	1995-06-08	承德市上板城电子工业园	
9	承德市五岳电子技术有限公司	却力挥	电子衡器和仪器仪表的研发、生产、销售、咨询、服务、设计、安装、维修;计算机及机房设备经销;钢材、建材、化工产品经销；自营进出口业务（在自营进出口企业资格证书批准范围内经营）	1996-01-11	承德市开发区东区	注销（2015-09-24）
10	承德市冯营子镇砖瓦窑砖厂	万福坤	建筑用砖、陶粒空心砌块。地板砖、涂料	1996-03-21	承德双桥区冯营子镇	注销（2010-07-09）
11	承德市新龙电子有限责任公司	白金魁	用水自动开关、寻呼式智能防盗器及其相关产品、民用应急灯、节能灯、电子镇流器、仪器仪表及相关电子产品制造、智能仪器仪表、智能仪表检测仪、输送设备及其相关产品制造、自营出口本企业自产产品进口企业需用的机器设备、技术、原辅材料（法律、法规禁止及需专项审批的除外）；建材、水暖件销售；凭资质证从事建筑工程施工、计算机信息系统集成经营；节水、给排水、水泵、阀门、泵管、管材、管件及系列产品经销；软件开发。	1996-12-27	承德市上板城镇电子工业园区承德龙志达新能源科技有限公司院内	注销（2015-03-30）

续表

序号	企业名称	法定代表人/负责人	经营范围	成立日期	住所	状态
12	霖霖集团有限责任公司	王宝林	饮料制造（限分公司经营）；花岗石制品及荒料、塑料制品、服装及其他缝纫品的制造；日用百货、日用杂品、体育用品、办公用品、工艺品销售；马口铁包装罐的制造；广告设计、代理发布；企业自产产品、生产所需要原材料及机械设备的进出口业务。	1997-02-20	承德市高新技术产业开发区 6 号	
13	承德市热河仪表有限公司	王北光	制造、加工仪器仪表及配件；维修计算机、照相器材、仪表	1997-03-28	承德市开发区西区	吊销未注销（2005-09-30）
14	承德市鑫磊宝玉石制品有限公司	从乃广	宝玉石产品及原料开发加工、首饰制造、石类古玩及珍藏品仿制、雕塑和金属工艺品制造、镀金、镀银（均不含纯金、银制品）、石材产品开发、加工、购销	1997-08-11	承德市开发区西区	吊销未注销（2003-09-30）
15	承德市开发区飞达输送机制造有限公司	王贵林	输送机、喷房、环保设备、皮带机、自动化工业控制设计、制造安装；塑料生产、销售；经销五金、建材，机械加工、维修（依法须经批准的项目，经相关部门批准后方可开展经营活动）	1997-09-08	承德市开发区东区 EGY4 号	
16	承德市容宝美容保健品厂	王淑芹	保健美容面罩	1997-09-17	承德市开发区西区	吊销未注销（2008-01-15）
17	颈复康药业集团有限公司	李沈明	颗粒剂、硬胶囊剂、片剂、合剂、口服液、酊剂、糖浆剂、软胶囊剂、丸剂（水丸、水蜜丸、蜜丸、浓缩丸）、橡胶膏剂、药用辅料、一类医疗器械、食品、保健食品生产、销售；经营本企业自产产品及相关技术的出口业务；经营本企业生产、科研所需的原辅材料、机械设备的进口业务；经营本企业的进料加工和“三来一补”业务；药物研究，新产品、新技术成果转让，技术咨询；技术服务；中药材种植、销售（国家限制经营品种除外）；日用品进口及销售；以下项目只限取得经营资格的分公司机构经营：土元养殖、销售；原料药、中药提取物生产、销售（依法须经批准的项目，经相关部门批准后方可开展经营活动）	1997-12-25	承德市高新技术产业开发区	

续表

序号	企业名称	法定代表人/负责人	经营范围	成立日期	住所	状态
18	承德市热河计控仪器有限责任公司	马保华	测量仪表、自动化控制仪表制造、经销	1998-01-05	承德开发区热河仪器厂院内	吊销未注销（2003-09-30）
19	承德市汇源塑钢装饰有限公司	高福山	塑钢窗、铝合金门窗加工、制做、金属材料、建筑材料租赁；	1998-01-08	承德开发区承德市开发区创业服务中心	吊销未注销（2003-09-30）
20	中国一拖集团承德曲轴连杆有限公司	王宝林	内燃机曲轴连杆、配件制造、销售、来料加工。	1998-04-01	承德双桥区承德市双桥区大石庙镇	吊销未注销（2013-12-05）
21	承德市中威电子有限公司	王大平	民用防盗产品、计算机及网络工程工业自动化控制系统、仪器、仪表及配件的开发、生产、销售及相关技术服务、新技术开发及转让；钢材、不锈钢经销；出口本企业产品及技术、进出口本企业生产、销售所需的技术和机械设备配套设备、零部件及原辅料；代理进出口业务（国家限制品种除外）（依法须经批准的项目，经相关部门批准后方可开展经营活动）	1998-04-16	承德市上板城卸甲营电子园	
22	河北富立玻璃器皿有限公司	李富中	生产、销售玻璃器皿及制品	1998-04-28	承德市开发区西区九号	吊销未注销（2008-01-15）
23	承德方圆印务有限公司	宫学林	书刊、商标、票证印刷，纸制品加工，包装装潢，广告装饰	1998-06-01	承德市开发区	吊销未注销（2008-01-15）
24	承德市开发区恒泰电器仪表有限公司	杜亚静	制造经销自动化仪器仪表、计算机过程控制系统、电器、仪表成套设备；管道阀门、机电产品	1998-08-12		

续表

序号	企业名称	法定代表人/负责人	经营范围	成立日期	住所	状态
25	承德热河减振器有限责任公司	马保华	汽车配件、通用零部件制造，汽车（不含小轿车）销售；机械修理及来料加工	1998-10-13	承德市开发区西区12号	吊销未注销（2008-1-15）
26	承德市开发区通宝电力电容器有限责任公司	杨宝昆	开发、生产、销售及安装、调试电力电容器和相关系列电力设备产品。	1998-11-13	承德市高新技术产业开发区	吊销未注销（2003-9-30）
27	承德伏安电工有限公司	陈　莉	开发、生产、销售电力设备、工业自动化控制设备、电工产品及相关技术服务	1998-12-04	承德市开发区创业中心	
28	承德市本特思达仪表有限公司	刘亚桅	开发、生产、销售工业自动化仪器仪表；计算机监控管理系统；环保仪器、设备；石油开采常温输送机设备；自动化石油输送工程、环保设备工程的配套与安装。	1998-12-10	承德上板城电子工业园区本特路2号	
29	承德华骏玻璃器皿有限责任公司	侯德义	生产销售玻璃器皿、其他玻璃制品及配套产品（未取得专项审批许可的项目除外）；销售生产玻璃器皿的原辅材料及配件、设备、模具及提供技术、工艺服务；出口本企业自产的各种玻璃器皿（国家组织统一联合经营的出口商品除外）；进口本企业生产、科研的所需的原辅材料、机械设备、仪器仪表、零配件及相关技术（国家实行核定公司经营的进口商品除外）*	1999-02-12	承德市开发区西区9号	
30	承德承申自动化计量仪器有限责任公司	刘金明	计量器具、电工仪器仪表、锻钎机制造、销售、维修、开发、技术服务以及计算机系统集成；出口本企业自产计量器具、电工仪器仪表及配件、技术服务；进口本企业生产科研所需原辅材料、机械设备、仪器仪表及零配件和相关技术业务。（依法须经批准的项目，经相关部门批准后方可开展经营活动）	1999-03-25	承德市高新产业技术开发区西区4号	

续表

序号	企业名称	法定代表人/负责人	经营范围	成立日期	住所	状态
31	承德市联创计控设备有限公司	吕　明	工业用计量控制设备产品制造、销售；计算机软件、仪表开发、销售；经营本企业自产产品的出口业务和本企业所需的机械设备、零配件、原辅材料的进口业务；	1999-05-28	承德开发区东区	
32	承德市普宁鹿血制品有限公司	张玉金	鹿血制品生产、销售	1999-07-06	承德市开发区创业中心	吊销未注销（2003-09-30）
33	承德电表厂	何立民	电工仪表、传感器、互感器；楼宇自动控制系统、计量设备；	1999-08-16	承德市开发区西区	
34	承德市发达石油机械配件厂	尹维民	石油钻采设备加工、钣金电气焊、橡胶制品、石油化工管道产品	1999-09-08	承德市开发区下二道河子	吊销未注销（2004-09-30）
35	承德市益友输送设备有限公司	杨立宏	物料输送系统、涂装环保设备的制造、安装，相关技术开发、咨询、转让；铸锻件、结构件制造；金属材料、建筑材料、五金产品、铁矿石、铁精粉经销。	2000-01-25	承德市开发区冯营子村	
36	承德市金建检测仪器有限公司	任雨峰	材料试验机、电子仪器仪表、计量器具的制造、销售；衡器的销售；机电设备及仪器维修和技术服务、材料测试技术服务、计量或校准用标准物质的销售；经营进出口业务（限在进出口企业资格证书批准范围内经营）	2000-02-28	承德市开发区西区 14 号	
37	承德市开发区华光仪表厂	关享民	仪表、仪器	2000-02-29	承德市开发区北光友升仪表有限公司院内	吊销未注销（2008-01-15）
38	承德市开发区奥克输送机有限公司	李良克	起重运输机械制造、安装及维修；其他机械产品的设计、制造；安装服务；机电产品进出口业务（国家限制类除外）；	2000-07-06	承德市开发区东区（铁路桥北 500 米处）	吊销未注销（2008-11-16）

续表

序号	企业名称	法定代表人/负责人	经营范围	成立日期	住所	状态
39	承德峰达硅砂有限公司	纪春艳	生产、销售石英砂系列产品；销售农用车；旅游项目开发。以下项目由取得资质的分公司经营：铸型用砂开采，普通货运，装卸服务。	2000-08-16	承德市开发区创业中心	
40	华源众生药业有限公司	谢延正	粉针剂（青霉素类）、冻干粉针剂、小容量注射剂、片剂、胶囊剂、颗粒剂、医药包装品的生产与销售，药品、保健食品的研制、技术转让、技术服务；经营本企业自产产品及技术出口业务和本企业所需的机械设备、零配件、原辅材料及技术的进口业务，但国家限定公司经营或进出口的商品及技术除外。	2000-08-21	承德市开发区	吊销未注销（2008-01-15）
41	承德市德衡自动化计量设备有限公司	耿学民	各种衡器、自动化计量设备和工企控制系统的设计、生产、安装和调试。食品加工机械设备与生产线的设计制造和安装调试。经销仪器、仪表、传感器、电源器件、计算机、打印机、复印机、办公自动化设备及消耗材料	2000-09-20	承德开发区北光友升仪表有限公司	吊销未注销（2003-09-30）
42	承德市开发区盛方电子有限公司	王昕	自动化仪器仪表、电子衡器、收发球筒、计算机工业控制系统的设计、生产销售；五金、建材经销；机械加工维修；起重机械安全保护装置	2000-12-08	承德市高新区科技大厦附楼八层（仅限办公使用）	

续表

序号	企业名称	法定代表人/负责人	经营范围	成立日期	住所	状态
43	承德市统测统配示范基地配肥站	王晓红	化肥、有机肥、农膜、农机具、不再分装的包装种子、水利管道设备销售；配方肥技术咨询、技术服务；园林绿化工程施工；农副产品加工销售（依法须经批准的项目，经相关部门批准后方可开展经营活动）	2001-02-13	承德县上板城镇	
44	燕京啤酒承德四海有限责任公司	李秉骥	灌装制造，销售啤酒、矿泉水、啤酒原料、饲料、酵母	2001-02-20	承德市开发区西区	注销（2004-10-08）
45	承德市美达金属构件厂	卢玉忠	钢、铁压延加工、金属结构制造	2001-03-01	承德市大石庙镇袁家庄	注销（2009-03-16）
46	承德市本特万达仪表有限公司	连雅平	自动化控制及检测、校验仪器、仪表；计算机监控管理系统、环保仪器设备	2001-03-05	承德市高新区上板城镇卸甲营村电子工业园区承德万达高新仪表有限公司院内	
47	承德市嘉鼎仪服饰有限公司	靳维峰	服装设计、加工、销售；服装辅料、缝纫设备经销；服装委托加工	2001-03-21	承德市开发区红楼宾馆地下室	注销（2005-11-24）

续表

序号	企业名称	法定代表人/负责人	经营范围	成立日期	住所	状态
48	承德博冠实业集团有限公司	仲会民	配电柜、自动化控制设备、电气元件的制造、加工、销售；电气工程、自动化仪表工程的设计、安装及调试；电动机设计制造及修理；真空设备、输送设备的设计、制造、安装及调试；机械加工、结构件制作、安装；电子衡器、IC 卡智能燃气表、远传抄表系统、水表、电表制造及销售；电机制造、销售、维修；计算机及耗材经销；起重、装卸、吊运及土建工程施工；压力管道、压力容器安装、修理、改造；本企业自产产品及相关技术的出口；本企业生产科研所需原辅材料、机械设备、仪器仪表、零配件及相关技术的进口；经营本企业的进料加工和“三来一补”业务；通讯产品研制与销售；办公用品、文件橱柜、更衣箱生产及销售；除尘设备、水处理设备制造、安装；机电设备运行、维护；冶金渣及其深加工产品生产、经销；冶金铸造产品经销；普通货运（道路运输经营许可证有效期至 2016 年 10 月 17 日）、搬运、装卸、仓储服务、配货服务；钒产品经销。（以下项目限分公司经营）：汽车综合性能检测。商用车辆、工程机械及零部件销售；；轮胎、电瓶、五金、灯具、机油、润滑油、齿轮油、黄油、液压油、汽车装具销售；商用车辆、工程机械产品展示服务；汽车信息咨询。（以上项目法律、法规、国务院禁止或者经前置审批的除外，依法须经后置批准的事项，经相关部门批准后方可开展经营活动）	2001-03-31	承德市开发区东区	
49	承德市高新区鸿运新材料有限公司	刘宪民	新型材料的开发、技术咨询、技术服务、生产、销售	2001-04-20	承德市开发区特种输送机厂院内	吊销未注销（2003-09-30）

续表

序号	企业名称	法定代表人/负责人	经营范围	成立日期	住所	状态
50	承德圣恒智能设备有限公司	刘建国	智能设备制造、电动车辆制造	2001-05-16	承德开发区创业中心	吊销未注销（2004-09-30）
51	承德市开发区新侨窗业有限责任公司	庞殿臣	塑钢系列门窗，中空玻璃加工、制造、销售；建筑材料经销	2001-06-04	承德市开发区广源人才服务有限公司院内	吊销未注销（2008-01-15）
52	承德市开发区富泉石油机械有限公司	张庆福	石油机械设备制造、设计、销售、检测、维修、进出口及技术服务;经销仪器、仪表、橡胶制品、金属材料（国家限制品种除外）、电缆密封脂；设备租赁（不含特种设备）（依法须经批准的项目，经相关部门批准后方可开展经营活动）	2001-08-07	承德市开发区西区14号地	
53	承德市开发区腾龙金具有限公司	高立红	生产加工金具、输送机钢结构件；销售钢材、UPVC管材、各种电线电缆	2001-08-13	承德市开发区翔龙汽车修理有限公司院内	
54	承德宏泰轻质构件有限公司	付宏东	轻质构件制造、销售、安装	2001-09-06	承德市开发区东区承德宏远建设集团有限公司院内	
55	承德辐照特种输送机有限公司	王明阳	输送机、非标机电产品的设计、制造、安装、涂装设备和游艺机的加工、制造、安装、电力金具加工	2001-09-25	承德市开发区西区六号	吊销未注销（2008-01-15）
56	承德市惠通仪表有限公司	于海生	工业自动化仪表及零配件的制造、成套、销售。	2001-11-21	承德市上板城镇电子工业园区	

续表

序号	企业名称	法定代表人/负责人	经营范围	成立日期	住所	状态
57	承德海霞电控输送设备制造有限公司	王明旭	低压电瓶、配电箱、控制箱柜、输送机设备、普通机械、定量给料机、电子皮带秤、计量称重设备制造销售，板金电气焊、普通机械加工。	2001-11-26	承德市上板城监狱院内	
58	承德华远自动化设备有限公司	柴世铎	物流输送自动化系统设备、涂装、环保设备、电气设备、钢结构及附属设备的设计、制造、维护、保养、售后服务及机电设备安装和钢结构安装。	2002-01-15	承德市高新技术产业开发区东区	
59	承德承信自动化工程有限公司	周宗军	工业自动化控制系统、计量系统、网络工程系统及成套设备、仪器仪表的设计、制造、安装、销售、进出口业务与相关的技术咨询服务。（依法须经批准的项目，经相关部门批准后方可开展经营活动）	2002-03-15	承德市高新技术产业开发区科技大厦附楼 11 层	
60	承德市五岳测控技术有限公司	却力挥	工业测控、计量、管理软件和计算机软件的开发销售；计算机及机房设备经销；信息系统集成服务；电子衡器和仪器仪表的研发、生产、销售、咨询、服务、设计、安装、维修;污水处理技术研究开发、污水处理设备制造、污水处理工程施工;钢材、建材、化工产品（不含危毒品）经销；本企业产品及生产所需的原辅材料的进出口业务；凭取得的资质等级证在许可范围和有效期内从事土石方工程设计、施工（依法须经批准的项目，经相关部门批准后方可开展经营活动）	2002-04-02	承德开发区东区	
61	承德悬挂输送机工程有限公司	王春哲	输送机、涂装设备、非标设备、电控设备的设计、制造、销售、安装、调试、维修及技术服务。	2002-04-29	承德市高新技术产业开发区上板城工业聚集区	

续表

序号	企业名称	法定代表人/负责人	经营范围	成立日期	住所	状态
62	承德市汇通房地产开发有限公司新型建材制作分公司	刘艳侠	新型建筑材料制作；门窗制作	2002-06-18	承德市大石庙镇庄头营村承德阪禾化纤仿真织物有限公司院内	注销（2014-03-13）
63	承德市开发区德达自动化工程有限责任公司	王圣德	输送机、物流配送系统、涂装设备、矿山环保设备的设计、制造、安装；机电产品经销	2002-08-01	承德市开发区创业服务中心	吊销未注销（2007-01-24）
64	承德名宇光电技术有限公司	杨淑敏	生产和销售LED照明产品、LED背光源及LED显示屏、LED驱动电源及智能控制系统、LED芯片封装及销售、LED技术开发与服务、LED产品进出口；环保配套设备、五金交电销售；合同能源管理；城市亮化工程设计。	2002-08-13	承德市开发区科技大厦9层	
65	承德市开发区诚信玻璃钢有限公司	张凤儒	玻璃钢制品、工艺品生产、销售及安装（需办理资质的项目在资质证许可范围及期限内经营）；电料、建筑材料经销；房屋租赁。	2002-08-16	承德开发区西区12号	
66	承德县恒达玻璃钢制品有限公司	丛志达	玻璃钢型材及其制品、ＧＲＣ轻体隔墙板制造、安装，玻纤纱布制造、销售	2002-08-16	承德上板城镇西营村	吊销已注销（2013-01-11）
67	承德林达仪表有限公司	马保华	经营、生产自动化仪器仪表及系统集成网络工程	2002-09-26	承德市开发区西区5号	
68	承德市承丰水泥有限责任公司	崔淑珍	水泥生产、销售。	2002-11-13	承德双桥区大石庙镇石门沟村	注销（2010-07-19）

续表

序号	企业名称	法定代表人/负责人	经营范围	成立日期	住所	状态
69	承德市开发区福音残疾人用品厂	王天祥	生产销售轮椅	2002-11-15	承德市开发区雹神庙街道京承公路西侧	吊销未注销（2003-09-30）
70	承德市开发区普特智能电子有限公司	高晓艳	设计、开发、生产工业控制系统、物流管理系统、电子衡器、仪器仪表	2002-12-18	承德市开发区创业中心328号	吊销未注销（2004-09-30）
71	承德菲时博特自动化设备有限公司	王　东	工业自动化仪表研发、制造、销售及技术服务；进口仪表仪器代理。在法律法规许可的范围内从事出口自产产品及国产仪器仪表；进口生产所需的原辅材料、机器设备经营（以上项目涉及前置审批或许可的，取得有关手续后在有效期内经营）。	2003-01-02	承德市上板城电子工业园区	
72	承德昊润曲轴制造有限公司	陈志才	经销曲轴、钢材、木材、建筑材料、五金交电、电线电缆、炼钢铁、化工材料（不含国家控制项目）；生产加工钢制品；机械制造；生产性废旧金属收购、销售。	2003-01-03	承德市开发区	
73	承德国诚电子有限公司	佟玉国	仪表制造销售，电器、自动化仪表、低压电器、机电设备、家用电器、服装服饰销售及进出口业务（国家限制产品除外）；节水给排水、水泵、阀门、泵管、管材管件及系列产品经销。	2003-01-06	承德市上板城镇卸甲营村承德龙志达新能源科技有限公司院内	
74	承德市三友植物农药有限公司	张学铭	生产、销售0.3%苦参碱水剂	2003-01-17	承德市开发区创业服务中心515室	吊销未注销（2004-09-30）

续表

序号	企业名称	法定代表人/负责人	经营范围	成立日期	住所	状态
75	河北四海生物科技有限公司	王立斌	生物技术研发、麦芽生产及附属产品加工、销售；塑料编织袋生产、加工、销售（依法须经批准的项目，经相关部门批准后方可开展经营活动）	2003-03-12	承德市开发区西区	
76	承德市开发区中天机电系统工程有限公司	钱　戈	水平连铸铸铁型材、树脂砂铸造产品的生产、加工、销售；电炉、高炉以及机电设备的修理和销售；工业自动化控制系统工程；钢铁、水泥、建材、炉料、炉渣、化工产品（不含危毒品）、五金机电设备、产品及配件、铁精粉、焦碳、萤石、纺织品、劳保用品的经销	2003-03-25	承德市开发区诚信酒店	吊销未注销（2007-01-24）
77	承德鼎信方解矿产品有限公司	刘　力	方解石矿产品的开采、加工与销售。生产销售碳酸钙超微粉。	2003-03-26	承德市开发区开发区创业中心	吊销未注销（2005-09-30）
78	承德市开发区长兴环保科技开发有限公司	李高生	农机产品的生产批发和零售；环保产品、检测仪器、输送机、真空设备、锅炉及辅机的开发、制造、经营；钢结构件及管道的制作、安装；钢材及建材的经销。	2003-04-03	承德市开发区东区（EGY4）	
79	承德白云石油装备有限公司	金松林	石油钻采设备、工具及配件、石油设备配套电子仪器仪表、机械设备、金属及非金属检测仪器的研制、销售；经销钢材、木材、建材、五金产品	2003-04-14	承德市开发区创业中心	吊销未注销（2012-11-28）
80	承德市开发区长兴输送机厂	孙占忠	输送机设备及配件生产销售	2003-05-13	承德市开发区东区	吊销未注销（2004-09-30）
81	承德实信精工仪表制造有限公司	左晓杰	精密工业计量设备＼自动化测控系统机械及电子产品、仪器仪表制造维修、五金、钢材、建材、流量计量系统销售	2003-05-26	承德市开发区创业中心	吊销未注销（2004-09-30）
82	承德华飞输送设备有限责任公司	王惠波	输送机械技术开发及制造；机械零部件加工；机电设备安装、技术服务；进出口业务（涉及制造、加工项目按环保部门批准文件范围、期限经营）	2003-06-30	承德市上板城电子工业园区	

续表

序号	企业名称	法定代表人/负责人	经营范围	成立日期	住所	状态
83	承德华通自动化工程有限公司	修德荣	通用输送设备、涂装设备、节能设备、皮带输送机、滚筒研发、生产、销售;钢结构制作安装;钢材、五金机电、建材（不含危毒品）销售；计算机、电器设备安装；交通信号灯及系统生产、销售、安装（依法须经批准的项目，经相关部门批准后方可开展经营活动）	2003-07-04	承德市开发区东区	
84	承德立飞焦化有限公司	李桐瑞	焦炭及其制品生产、加工、销售（涉及审批或许可的项目，待取得审批文件或许可证后在有效期内经营）	2003-09-04	承德县上板城镇卸甲营村	
85	上海龙达通讯设备有限公司承德分公司	谢龙英	通讯设备及相关产品设计、维修、销售；手机租赁（不含二手机）；办公用品及设备、五金、建材销售（涉及许可经营的凭许可证经营）	2003-09-19	承德市开发区创业服务中心	注销（2006-02-10）
86	承德华威涂装机电设备有限责任公司	张　勤	涂装成套设备、烘干设备、环保设备、电气控制设备、丝网印刷设备、大型钢模板的制造；机械加工；标志牌、路示牌、指示牌、矿山机械配件、标准件生产、销售；洗衣机、吊篮生产、销售。	2003-10-22	承德市开发区西区自动化计量仪器厂	
87	承德百绿沃土生物技术有限责任公司	赵文财	百绿丰农用叶面肥销售	2003-11-27	承德市大石庙镇西营村	吊销未注销（2009-12-02）
88	承德市宏利金属回收有限公司	王彦明	生产性废旧金属收购、加工、销售；废旧发电设施、变电设施和电力线路设施及其有关辅助设施收购、销售；废旧物品回收、销售；通讯电子机械设备及辅助设施收购、销售；废旧电瓶及废旧油桶、油、民用电器回收、销售（依法须经批准的项目，经相关部门批准后方可开展经营活动）	2003-12-03	承德双桥区大石庙镇闫营子村	

续表

序号	企业名称	法定代表人/负责人	经营范围	成立日期	住所	状态
89	河北四海啤酒有限公司	王世海	制造饮料〔碳酸饮料（汽水）类、瓶（桶）装饮用水类（饮用纯净水）〕（全国工业产品生产许可证有效期至 2015 年 5 月 11 日）；废旧塑料收购、加工；玻璃器具、废纸壳回收；出口本企业自产产品及技术，进口本企业所需原辅材料、仪器仪表、机械设备、零配件及技术（国家限制类除外）。	2003-12-18	承德市高新技术产业开发区	
90	承德盛金维保温材料有限公司	齐　心	保温材料、保温设备、防腐材料生产、安装、销售；热力设备、水暖器材、管道阀门、仪器仪表销售及维修；保温管道技术服务咨询；保温管道工程施工；电线电缆、建筑材料（不含危毒品）、电气设备销售（法律法规及国务院禁止或限制的项目除外，需办理审批的项目在取得审批后方可经营）	2004-01-02	承德市开发区东区 EGY4 号	
91	承德市开发区科维电子有限公司	高树红	生产、销售起重量限制器、电子衡器、仪器仪表、悬挂输送设备、工控网络系统和自动化工程、电视监控系统；计算机及配件生产、经销；机械制造，金属材料经销和加工。	2004-02-10	承德高新区阳光四季城 A5-6-104	
92	承德市开发区新鑫建材制品有限公司	孙国荣	生产、销售陶粒、轻体墙材料；加工、经销铝合金、钢材；幕墙加工、安装（需办理资质的项目，在资质许可范围内经营）	2004-03-09	承德市开发区东区 8 号	吊销未注销（2007-01-24）
93	承德苏垦银河连杆有限公司	谢　力	内燃机及汽车零部件制造、销售；机械配件、五金工具、金属材料及建筑材料销售；进出口经营业务（按进出品企业资格证书批准范围经营）	2004-03-10	河北省承德市开发区东西营工业园区	

续表

序号	企业名称	法定代表人/负责人	经营范围	成立日期	住所	状态
94	承德友联华天机械制造有限公司	张　友	输送机设备制造、设计、安装、调试；轴承生产、组装；计量系统、工业自动化系统、网络工程系统及成套设备、仪器仪表的设计、安装及相关的技术咨询服务；建筑材料、装饰材料、保温材料销售；出口本企业的产品；进口本企业生产所需的零部件。	2004-04-14	承德市上板城电子工业园区	
95	承德锤峰工具有限公司	赵秋乐	管子钳、机械电子工具制造、销售；锻、铸、机加工；房屋出租；钢材、五金建材（不含油漆）销售；悬挂输送机械制造；进口本企业生产所需设备、材料；出口本企业所生产的产品（国家限制的除外）。	2004-04-22	承德市开发东区大石庙南街	
96	承德永康威廉农产品加工有限公司	白金魁	农产品深加工（仅限筹建使用、不得经营）	2004-05-13	承德市开发区	吊销已注销（2004-09-30）
97	承德市开发区惠达输送机有限公司	任婉玲	输送机制造、安装;钢结构制造、安装;输送机配件生产、销售及出口业务；进口生产所需材料（国家限制类除外）***	2004-05-14	承德市开发区富泉石油机械有限公司院内	
98	承德市赋桦建材有限责任公司	杨卫君	生产、经销防火装饰板、轻质隔墙板、人造理石板、通风管道、排水渠道、保温土切块、玻璃钢瓦、玻璃瓦、果皮箱、工艺品雕塑、各种大棚筐架、垃圾箱；以下项目仅限取得经营资格的分支机构经营：足疗、按摩、洗浴	2004-05-19	承德市开发区诚信玻璃钢办公楼	吊销未注销（2008-11-18）
99	承德通润汽车零部件有限公司	陆建国	生产销售汽车配套千斤顶、专用千斤顶、汽车零部件及其相关延伸产品；出口本企业产品、进出口本企业生产所需机械设备、零部件、原辅材料（按进出口资格证书范围经营）	2004-05-20	承德市开发区东区	

续表

序号	企业名称	法定代表人/负责人	经营范围	成立日期	住所	状态
100	承德通达输送机械制造有限公司	韩清林	输送机制造、加工、安装；普通机械制造、加工；经销钢材、建材、五金、机电产品（不含需专项审批的项目）	2004-05-28	承德市开发区11号	
101	承德美的输送自动化有限公司	林海英	输送机设备、喷涂烘烤设备、电控设备、钢结构的制造、销售、安装、维修服务；机电安装（依法须经批准的项目，经相关部门批准后方可开展经营活动）	2004-06-10	承德高新区冯营子镇秋窝村	
102	承德利隆科贸有限公司	张大健	机械电子产品制造、销售；建材、钢材、化工产品、工艺品、日用百货、服装经销（以上项目需专项审批的在取得专项审批许可后方可经营）	2004-07-02	承德开发区创业中心	吊销未注销（2008-01-15）
103	承德市峰华仪表有限公司	于　敏	自动化仪器仪表及其软件的生产、销售（需专项审批的，未经批准不得经营）。	2004-08-06	承德高新区上板城镇卸甲营村电子工业园区承德瑞进仪表有限公司院内	
104	承德智能电气有限公司	孙志富	电气设备、电子产品制造、安装	2004-08-06	承德市开发区东区	
105	承德绍淇科技发展有限公司	陈际丽	印刷技术研究、开发；印刷及机械装备技术咨询；包装装潢（印刷经营许可证有效期至2015年3月19日）；霓虹灯户外灯箱、展板制作；设计、代理、发布国内各类广告业务；机械设备制造；太阳能光伏发电系列产品销售；农业养殖及种植技术开发；货物进出口，代理进出口。	2004-08-10	承德市开发区南区	
106	承德宇鑫包装制品有限公司	马宗全	包装装潢印刷（有效期至2006年8月18日）	2004-09-27	承德市开发区西区14号	吊销已注销（2008-01-15）

续表

序号	企业名称	法定代表人/负责人	经营范围	成立日期	住所	状态
107	河北宏大专用汽车制造有限责任公司	耿宏伟	汽车挂车、半挂车、环保设备、汽车、配件；制造；合金、汽车配件铸造；电力开关柜、物流机械加工；销售、技术服务、维修服务 ***	2004-10-20	承德开发区创业中心二楼	
108	承德市通用仪表有限公司	王学东	智能化仪器仪表、功能模块传感器生产、销售。	2005-03-09	承德市开发区上板城镇卸甲营村承德万达高新仪表有限公司院内	
109	承德凯隆食品有限责任公司凯隆定点二厂	李建国	生猪屠宰（凭资质证从事经营）	2005-03-28	承德双桥区大石庙镇庄头营村	注销（2009-07-15）
110	承德市科宇氨纶树脂化工研究所	姚广武	氨纶树脂系列产品研究、开发	2005-04-01	承德开发区创业中心	吊销未注销（2008-01-15）
111	河北全大涂装机械有限公司	许　新	涂装成套设备、输送成套设备、烘干设备、节能环保设备、自动化设备、仪器仪表、机电设备、制造、销售	2005-05-11	承德开发区东区	
112	承德市双桥通顺机械加工厂	王继辉	机械加工　　加工、制作＊＊	2005-06-01	承德开发区承德光大输送机有限公司院内	注销（2010-07-28）
113	承德市大河机械制造厂	董继双	工程机械、金属结构件知道；输送机械设备精密铸件、模壳、机械设备安装	2005-06-21	承德市开发区雹神庙街道	吊销未注销（2008-01-15）
114	承德博冠实业集团有限公司电控设备分公司	张云峰	配电柜、自动化控制设备、电气元件的制造、加工、销售；电气工程、自动化仪表工程的设计、安装及调试	2005-07-26	承德市开发区东区	注销（2012-12-03）

续表

序号	企业名称	法定代表人/负责人	经营范围	成立日期	住所	状态
115	承德恒隆装修装饰材料有限公司	闫桂全	石材加工、销售;整件橱柜加工、销售;橱具、洁具销售;建材销售（不含危险化学品）。	2005-08-19	承德双桥区大石庙师专东侧	吊销未注销（2011-11-18）
116	湖北建宁水利建设工程有限公司承德分公司	张国耀	石材加工	2005-08-25	承德市开发区雹神庙小区5号楼1单元201	吊销未注销（2007-01-24）
117	承德承钢柱宇钒钛有限公司	林亚峰	钒渣、提钒尾渣加工处理；五氧化二钒、钒铁合金等钒系列产品的生产、销售（安全生产许可证有效期至2017年11月4日）；钒尾渣弃渣及深加工产品的开发、生产和销售（涉及行政审批的项目，取得批准文件后在有效期内经营）	2005-09-27	承德市上板城卸甲营村	
118	承德润韩汽车零部件有限公司	陆建国	设计、制造及销售汽车千斤顶及其他相关汽车零部件，经营本企业自产产品及技术的出口业务和本企业所需的机械设备、零配件、原辅材料及技术的进口业务（国家限定公司经营或禁止进出口的商品及技术除外）（依法须经批准的项目，经相关部门批准后方可开展经营活动）	2005-11-01	河北省承德市开发区	
119	承德市双环轴承厂	张　友	轴承及通用零部件制造、加工；出口本企业生产的产品、进口本企业生产所需的零部件。	2005-12-13	承德市开发区上板城电子工业园区	
120	承德博冠实业集团有限公司电子分公司	卢希龙	电子衡器、IC卡智能燃气表、水表、电表制造及销售；自动化仪表工程的设计、安装及调试	2006-01-05	承德市开发区东区	注销（2012-12-03）
121	承德博冠实业集团有限公司工程分公司	王兴立	电气工程、自动化仪表工程的设计、安装及调试；电动机设计、制造及修理；机械加工、结构件制作、安装；电子衡器制造及销售、安装；起重、装卸、吊运及土建工程施工；压力管道、压力容器安装、修理、改造；除尘设备、水处理设备制造安装；机电设备运行、维护。	2006-01-06	承德市开发区东区	注销（2012-12-03）

续表

序号	企业名称	法定代表人/负责人	经营范围	成立日期	住所	状态
122	承德诺达异型钢材有限公司	于继东	异型钢材加工；输送机设备生产、安装、销售	2006-03-22	承德市开发区雹神庙	吊销未注销（2008-01-15）
123	承德保瓦电子科技有限责任公司	李　军	仪器仪表、高低压电器、悬挂输送设备、电缆桥架、节能环保产品开发、生产、销售;软件开发、设备安装调试、五金建材经销；安防设备销售、安装调试 **	2006-04-25	承德市上板城电子工业园区	
124	承德鼎实建材有限责任公司	孙国山	保温材料生产、加工、销售、安装服务；建材销售。*	2006-04-25	承德市开发区南区阳光四季城A5-3-108房	
125	承德祺源机械制造有限公司	陈际丽	机械设备制造、销售，印刷技术研究开发，印刷机械技术咨询，卫生洁具、家居产品、厨房用具、针纺织品、包装材料、建筑材料（不含危毒品）、五金交电、电子产品销售。	2006-04-27	承德市开发区南区	
126	承德罗曼机械有限公司	李德明	包装机械生产、制造、销售；矿山机械设备制造、安装；包装及矿山机械的原辅材料、备品、配件的经销。	2006-05-22	承德市开发区东区	
127	承德普惠检测设备制造有限责任公司	曹金贵	试验机、检测设备制造和销售；出口自产产品、进口生产所需求的技术设备及原辅材料（国家限制类除外）；自动检测输送设备、数控机械手、数控切割设备、在线检测设备及设计、制造、安装。	2006-05-25	承德市开发区东区联创计控设备有限公司办公楼	
128	河北北方公路工程建设集团有限公司预制构件厂	于　涛	涵管、路缘石、预制构件加工、销售；沥青销售（涉及列置许可的在取得许可证后方可经营）	2006-07-18	承德市双桥区西营村	

续表

序号	企业名称	法定代表人/负责人	经营范围	成立日期	住所	状态
129	承德松立通用机械制造有限公司	慈国良	输送设备、通用机械整机及零部件、检测仪器、自动化仪表制造、销售（法律法规规定需专项审批的项目除外）；有色金属、钢材、五金、建材（不含危险化学品）销售。	2006-07-19	承德双桥区大石庙镇	
130	承德华维输送设备有限责任公司	赵　壮	输送机械设备技术开发及制造，机械零部件加工及经营，机电设备安装、技术服务；高低压电控设备、计量设备及电子元件生产销售。	2006-08-01	承德市开发区西区14号	
131	承德阳光造漆厂	孙占民	水性涂料及配套产品生产、销售；水性涂料原材料销售；涂料粉刷 ** 内外墙腻子生产及销售 *** 保温材料销售 ***	2006-08-03	承德市上板城镇大营庄村	
132	承德市开发区盛达机械加工厂	齐振丰	机械零部件、法兰加工	2006-08-15	承德市开发区大石庙镇车子沟村	注销（2010-07-29）
133	承德金秋工贸有限公司	任运金	金属切削机床制造及安装；机械设备、建筑器材租赁。	2006-08-18	承德市开发区大石庙镇秋窝村	
134	承德市开发区奥克输送机厂	李良奥	输送机配件生产、经销	2006-08-30	承德市开发区东区	注销（2007-05-23）
135	承德松立通用机械制造有限公司检测仪器分公司	慈国良	检测仪器、自动化仪器、塑料管件制造与销售；	2007-01-04	承德市开发区西区 4 号	注销（2008-03-12）
136	承德中兴旺源铸造材料有限公司	张厚文	生产、经销铸造用石英砂产品	2007-01-24	承德市开发区庄头营百合园小区 12 栋 5 单元	注销（2009-12-05）

续表

序号	企业名称	法定代表人/负责人	经营范围	成立日期	住所	状态
137	承德天一制药有限责任公司	张秀平	在《药品生产许可证》范围内从事生产经营活动；保健品的研制、技术转让、技术服务；经营本企业自产产品及技术的出口业务和本企业所需的机械设备、零配件、原辅材料及技术的进出口业务，但国家限制经营或进口的商品及技术除外	2007-01-25	承德市开发区 10 号	吊销已注销（2011-8-12）
138	承德华实机电设备制造有限责任公司	邓志高	工业自动化系统、散料输送系统、机械停车系统的机械电控设备的设计、制造、安装及售后服务。	2007-02-07	承德市开发区东区一号	
139	承德双圣电控设备有限公司	左立彬	配电设施制作、安装、销售；钣金加工；凭取得的等级资质证从事室内外装饰装修工程设计、施工（依法须经批准的项目，经相关部门批准后方可开展经营活动）	2007-03-08	承德双桥区大石庙镇石门沟	
140	承德市德克计量仪器有限公司	史艳斌	带式定量给料机、滑槽式固体流量计、电工仪器仪表输送配料设备制造、销售、开发及技术服务。	2007-03-08	承德市开发区西区 4 号	
141	承德天顺精密机械制造有限公司	赵　奎	通用机械及配件加工、制造、销售。	2007-03-08	承德双桥区大石庙曲轴厂南侧	
142	承德广和办公配件有限公司	王智和	打印机、复印机、传真机办公设备及其零部件的设计、生产、经销以及进出口	2007-03-08	承德市开发区东区舜达工业园院内	注销（2009-11-16）
143	开发区元素沙发厂	范长虹	家具制造、销售	2007-03-14	承德市开发区大石庙镇偏岭 15 号	注销（2009-11-16）
144	承德市露露新彩印有限公司	魏继平	包装装潢（以上项目法律、法规、国务院禁止或者经前置审批的除外，依法须经后置批准的事项，经相关部门批准后方可开展经营活动）	2007-03-20	承德市上板城镇西三家村	

续表

序号	企业名称	法定代表人/负责人	经营范围	成立日期	住所	状态
145	承德市开发区元通门窗制做处	徐丽军	门窗制作；水泥零售	2007-04-30	承德市开发区大石庙街道125号	吊销未注销（2009-03-05）
146	承德海富盛自动化仪表有限公司	王德海	仪器仪表的设计、生产、制造、销售及自动化工程的设计、成套、安装、调试。	2007-05-10	承德市大学园区旅游职业学院南院	
147	承德市凯斯通机电设备制造有限公司	朱跃强	输送机械设备、非标金属结构件（压力容器除外）制造、加工；矿山机械设备、汽车配件、轴承、仪器仪表、铸造材料、五金建材（不含危险化学品）、太阳能热水器销售。	2007-05-14	承德市开发区创业服务中心537室	吊销未注销（2008-01-15）
148	承德市开发区峰硕机械厂	于学峰	小型农机具维修、安装 **	2007-05-15	承德市上板城镇白河南村	
149	承德市承中实业总公司三道湾基地	常　松	豆制品加工、销售	2007-05-30	承德市开发区冯营子镇三道湾村	注销（2009-06-10）
150	承德华明机械停车设备有限责任公司	朱先德	机械立体停车设备、输送机械、立体仓库、钢结构工程、管道工程、低压配电产品、通用机械产品的开发、设计、生产制造、安装及其改造和维修保养，装饰装修工程（需办理资质项目取得许可证后方可经营）	2007-06-06	承德市开发区东区	吊销未注销（2010-11-19）
151	承德市成明机械加工厂	赵成敏	输送机及配件制造、机械加工、电力金具	2007-06-12	承德开发区承德市开发区创业服务中心	吊销未注销（2011-01-07）
152	承德市开发区隆升电力器材有限公司	张金枝	生产销售高低压配电设备、高低压线路金具、电热膜、建筑材料、通讯器材、路灯灯具、电力器材、箱变、母线槽、电缆桥架。	2007-06-19	承德市开发区南区	

续表

序号	企业名称	法定代表人/负责人	经营范围	成立日期	住所	状态
153	承德大政自动机械有限公司	果占海	起重运输机械设计、制造、安装及维修；其他机械产品的设计、制造、安装服务；自动停车车库技术研发；机电产品进出口业务（国家限制类除外）	2007-06-21	承德市开发区东区	吊销未注销（2011-11-18）
154	承德市志和混凝土有限责任公司	修月伟	混凝土、预制件加工、制造。	2007-06-26	承德市开发区凤凰御庭 A05# 楼 2-2106	
155	承德正煌沸石矿	姚守柱	沸石开采（采矿许可证有效期至 2017 年 8 月 11 日 .）、销售；建材销售 **	2007-07-30	承德市上板城镇三道河村	
156	承德威瑞科技有限公司	王大平	计算机及网络工程，工业自动化控制系统及设备，仪器、仪表及配件的开发、生产、销售及相关技术服务，新技术开发及转让（经营范围中涉及前置审批或许可的，待取得审批或许可后在有效期内经营）	2007-10-29	承德市上板城镇电子工业园区	
157	承德瑞进仪表有限公司	王立民	一般经营项目：开发、生产、销售工业自动化仪表、仪器及其配套软件；计算机监控管理系统；环保仪器设备；石油开采常温输送设备；自动化石油输送工程，环保设备工程，环保设备工程的配套与安装（以上涉及有关许可或审批手续的待取得后在有效期内经营）。	2007-11-02	承德市高新区电子工业园区上板城镇卸甲营村	
158	承德万达高新仪表有限公司	连雅平	设计、编制计算机控制软件；研制、生产、销售自动化仪器仪表；安装、调试自动化控制系统（涉及许可或审批的待取得许可证或审批文件后方可经营）	2007-11-07	承德市高新区上板城工业区	
159	承德市开发区普惠服装加工厂	崔成志	服装加工；销售	2007-11-12	承德开发区冯营子镇郭营子村	注销（2007-12-10）
160	承德市东鑫彩钢钢结构有限公司	李华鑫	彩钢瓦、彩钢复合板、XPS 板材、C 型钢、不锈钢、钢结构、铝合金、塑钢门窗、园林环卫设施、铁艺工艺装饰制造、销售、安装，钢材、五金建材（不含木材）、保温材料销售；人力三轮车、电动三轮车生产、销售；广告牌匾、照明设备制作、销售、安装；汽车销售（依法须经批准的项目，经相关部门批准后方可开展经营活动）	2008-03-05	承德市开发区上板城镇漫子沟村	

续表

序号	企业名称	法定代表人/负责人	经营范围	成立日期	住所	状态
161	承德华申称重设备有限公司	张韵琴	电子机械设备制造、加工	2008-03-13	承德市开发区4号	
162	承德金顺电器开关有限责任公司	于沛君	高低压电器、五金建材销售；高低压开关柜、钣金制造。	2008-03-25	承德双桥区大石庙华一集团内	注销（2009-09-22）
163	承德旺盛矿业有限公司上板城分矿	赵维胜	许可经营项目：白云岩开采（采矿许可证有效期至2010.12.）。一般经营项目：白云岩销售 **	2008-04-01	承德县上板城镇老爷庙村	注销（2011-07-14）
164	承德市庄头营机械加工厂	杨士运	钣金加工、金属切削；电动工具、五金、标准件、三角带、水暖件、电料销售。	2008-04-08	承德双桥区大石庙镇庄头营村	注销（2011-08-25）
165	承德龙志达智能仪器仪表科技有限公司	白金魁	电子产品、自动化仪器仪表、智能设备、高低压配电设备、智能灌溉设备、机井灌溉控制装置、高低压灌溉成套设备、PE管、PVC管、PP-R管、燃气管、水泥管、钢铁管、球墨铸铁管、球墨铸铁井盖、井篦及系列配套产品开发、研制、生产、销售、检测、维修；中央空调设备经销、安装及维修；保温管道及连接件、水泵、阀门、泵管、节水和给排水系列产品经销；计算机网络工程、建筑智能化工程设计与施工；凭资质证从事市政工程施工、建筑工程施工、水利水电工程施工；计算机信息系统集成服务；软件开发；相关产品的技术咨询、投资咨询；企业管理咨询；计算机系统服务、会议会展服务，社会经济信息综合服务；经营本企业自产产品及技术的进出口业务和本企业所需的机械设备、零配件、原辅材料及技术的进出口业务。（但国家限制或禁止进出口商品及技术除外）（涉及审批或许可证的经营项目，待取得审批文件或许可证后在有效期内经营）***	2008-04-17	承德市上板城镇电子工业园区	

续表

序号	企业名称	法定代表人/负责人	经营范围	成立日期	住所	状态
166	承德华远自动化设备有限公司安装分公司	柴世钊	物流输送自动化系统设备、电气设备、钢结构及附属设备的安装、维护、保养及售后服务。	2008-04-23	承德市开发区东区华一集团办公楼五楼	
167	承德市光远涂装输送设备有限公司	尹　政	自动化设备、涂装设备、输送设备制造、安装、销售;钢材、建材、办公家具销售；散热器制造、销售；水暖器材销售（以上项目国家法律法规禁止的项目除外，需办理审批的项目在取得审批后方可经营）***	2008-05-16	承德市开发区闫营子村	
168	承德汉威自动化设备有限公司	高晓冰	电子称重系统，工业自动化控制系统，仪器仪表制造、销售，PT 系统超载报警控制显示仪制造、销售，机械加工；自营和代理以上产品及相关的原材料、设备、技术的进出口业务；酒、食品销售（涉及审批或许可的项目待取得审批文件或许可证后在有效期内经营）	2008-06-03	承德市上板城镇卸甲营村电子工业园区	
169	承德市科承试验机有限公司	贾春利	试验机、检测仪器生产、制造、销售；钢材、建材、太阳能产品销售。	2008-07-09	承德市上板城镇卸甲营	
170	承德市开发区仲飞电子有限公司	李文利	仪器仪表、工业自动化设备、低压配电设备、工控网络设备、机械制造；机电设备、悬挂输送设备、耐火材料、工艺电子衡器、起重量控制器、起重机监控系统、光伏发电设备研发、销售及进出口业务（依法须经批准的项目，经相关部门批准后方可开展经营活动）	2008-07-16	承德市开发区创业中心五楼	
171	承德市开发区坤鹏预制板厂	王志坤	水泥构件、地板砖、路岩砖、标砖制作、花草、树种培育及销售	2008-08-11	承德开发区冯营子镇崔梨沟村	注销（2010-07-13）
172	承德盛浩试验机有限公司	慈国良	试验机、检测仪器、自动化仪表制造。	2008-09-23	承德双桥区大石庙镇大石庙一拖集团承德曲轴连杆公司院内	吊销未注销（2010-11-19）

续表

序号	企业名称	法定代表人/负责人	经营范围	成立日期	住所	状态
173	承德博冠实业集团有限公司渣业分公司	潘春明	冶金渣及其深加工产品生产、经销；冶金铸造产品经销。	2008-10-08	承德市开发区东区	注销（2012-12-03）
174	承德泰宇热控工程技术有限公司安装分公司	李　光	电气仪表工程安装；自动化设备成套工程、热计量工程、热控产品研发、设计、咨询服务；供热节能工程改造。	2008-10-28	承德市开发区东区	注销（2010-07-01）
175	承德元一工控设备有限公司	王　强	输送设备、停车设备、机械电控设备及配套产品设计、加工、销售、安装、维修；道路牌匾、照明设备、监控设备设计、加工、销售、安装、维修；机电设备、五金建材（不含危毒化学品）、办公用品销售（依法须经批准的项目，经相关部门批准后方可开展经营活动）	2008-11-27	承德市上板城镇卸甲营村电子工业园区	
176	承德富大德机械电子有限公司	任国凤	输送机设备、环保设备制造、销售；机械设备配件、输送机配件、机械电子产品销售 **	2008-12-02	承德市上板城电子工业园区	
177	承德泽悦玻璃钢有限公司	代国伟	玻璃钢制作、安装与销售；沟槽管件、阀门管道设备、电线电缆、五金机电、木材、钢材、建筑材料（不含危毒品）、水暖器材、消防器材、仪器仪表、水泵、轴承及配件、橡胶制品、电子产品、电气设备、石材、金属材料、化工产品（不含危毒品）、空调及配件销售。	2009-01-21	承德市上板城镇大营庄村	
178	承德汇彩玻璃器皿有限公司	徐振和	许可经营项目：玻璃器皿制造。一般经营项目：玻璃器皿的喷涂、刻磨、彩绘；工艺品制作；玻璃器皿设备制造及耗材制造、销售；出口自产产品，进口生产所需技术设备原辅材料（国家限制类除外）***	2009-03-30	承德县上板城镇老爷庙村	
179	承德路迪电力设备制造有限公司	李　洪	电力金具制造、销售，输变电及控制设备制造、销售，金属切割及焊接设备制造、销售及表面处理，塑料包装箱及容器制造、销售。（以上项目法律、法规、国务院禁止或者经前置审批的除外，依法须经后置批准的事项，经相关部门批准后方可开展经营活动）	2009-05-12	承德市高新技术产业开发区上板城镇上板城村	

续表

序号	企业名称	法定代表人/负责人	经营范围	成立日期	住所	状态
180	承德市开发区春鹏丝网工艺标牌厂	潘春鹏	工艺标牌制造销售	2009-05-15	承德市开发区冯营子镇冯营子村	注销（2009-07-02）
181	承德市承中实业总公司豆制品加工厂	常　松	豆腐加工、销售（食品卫生许可证有效期至 2013 年 5 月 24 日）	2009-06-2	承德市冯营子镇大学城一中院内	注销（2012-08-27）
182	承德市文通广告有限公司	郑学武	路牌、灯箱、霓虹灯、展牌、条幅设计、策划、制作；广告设计、发布、代理；文化用品、办公用品、电脑耗材销售；礼仪服务、会议、会展服务；打字复印（印刷经营许可证有效期至 2013 年 12 月 31 日）、证件快照。	2009-06-29	承德市大学城石油学校院内	
183	承德宏远建设集团有限公司开发区幕墙门窗加工厂	付宏东	许可经营项目：金属门窗（限铝、塑）、建筑幕墙加工、制作、安装（在资质许可的范围内经营）。	2009-07-14	承德县上板城镇漫子沟村	
184	承德捷锐输送设备有限公司	谢丽娟	输送机系统工程的设计、制造、安装及售后服务。	2009-07-21	承德市开发区创业中心	注销（2010-04-20）
185	承德市开发区宏盛机械加工有限公司	闫学军	钢材加工制作、钢筋切断调直；钢材、农机器具销售。	2009-08-10	承德市开发区闫营子钢材现货市场	注销（2013-08-22）
186	承德大正筑业有限公司美的钢结构分公司	林海英	机械设备、机械式停车设备加工制造。	2009-09-29	承德市大石庙镇秋窝村原标准件厂房	注销（2011-07-21）
187	承德市龙颖科技有限公司	杨春平	汽车爆胎安全保护装置生产、制造、销售。（需专项审批的，未经批准不得经营）	2009-10-12	承德市开发区承德润韩汽车零部件有限公司院内	注销（2012-08-15）

续表

序号	企业名称	法定代表人/负责人	经营范围	成立日期	住所	状态
188	承德市天衡电子有限公司	孟祥志	生产销售电子衡器、仪器仪表组装销售，管件阀门、电线电缆、悬挂输送设备销售（法律法规禁止经营的项目除外，需办理审批的项目在取得审批后方可经营）	2009-11-05	承德市高新区科技大厦主楼九层0912室	
189	承德鑫鹏机械制造有限公司	张宏伟	机械设备制造销售；印刷技术研究开发；印刷机械技术咨询；卫生洁具、家具产品、厨房用品、针纺织品、包装材料、建筑材料（不含危毒品）、五金交电、电子产品销售（依法须经批准的项目，经相关部门批准后方可开展经营活动）	2009-11-17	承德市高新区科技大厦	
190	承德承坤印刷材料有限公司	黄瑞学	印刷版材的外包加工，印刷材料销售。	2009-11-25	承德市开发区东区承德市五岳电子技术有限公司院内	
191	承德和尔斯凯仪器仪表有限公司	孙冠琦	组装真空负压按摩仪器；机械设备及备品备件、电子产品、五金交电的销售。	2010-01-11	承德市开发区翔龙汽车修理有限公司院内	
192	承德市通远自动化有限公司	沈彦辉	输送设备、通用机械零部件、检测仪器、计量设备、自动化仪表制造、销售（法律法规规定专项审批项目除外）、维修、安装、调试，机械加工、钣金、电气焊。	2010-02-03	承德市大石庙镇曲轴厂院内	
193	承德华泽工贸有限公司	齐振丰	机械零部件、法兰加工；不锈钢管、板、棒的销售。	2010-03-12	承德市开发区创业服务中心529室	
194	承德华畅矿产品加工有限公司	李志国	许可经营项目：萤石压球加工。一般经营项目：萤石压球销售 **	2010-04-15	承德市上板城镇（上板城监狱院内）	

续表

序号	企业名称	法定代表人/负责人	经营范围	成立日期	住所	状态
195	承德市顺飞机械制造有限公司	王继辉	机械加工，仪表配件、四氟制品加工制造；仪器仪表、不锈钢材料、五金建材销售（以上项目不含危毒品）***	2010-04-19	承德市上板城镇卸甲营村承德菲时博特自动化设备有限公司车间一号房东侧	
196	承德市建业冶金机械有限公司开发区分公司	王丽君	通用机械制造、加工、安装（法律、法规规定需专项审批的项目除外），机械设备销售。	2010-06-09	承德市开发区南区	注销（2011-08-30）
197	承德艳阳矿业有限公司	赵兰艳	白云岩开采、销售（采矿许可证有效期至 2016 年 9 月 5 日）。	2010-06-18	承德市上板城镇老爷庙村	
198	承德强联输送设备有限公司	李志鹏	散料输送设备、机械电控设备设计、安装调试、组装及售后服务。	2010-08-16	承德市开发区联创计控设备有限公司院内	
199	承德市腾达金属结构制造有限公司	杜　泉	输送机钢结构件、金具、配电箱、拉线盘、卡盘生产加工，UPVC 管材、标准电力金具销售。	2010-09-14	承德市上板城电子工业园区华飞输送设备有限公司院内	
200	承德三铁能源科技有限公司	魏国宏	电气机械及器材制造、销售、研发（需办理专项审批的项目在取得审批许可后方可经营）***	2010-11-10	承德市开发区承德科技研发中心大厦	

续表

序号	企业名称	法定代表人/负责人	经营范围	成立日期	住所	状态
201	承德东兴自动化装备制造有限公司	王晓东	输送机设备、输配电及控制设备制造；通用仪器仪表制造、涂装设备、金属加工机械制造（需办理专项审批的项目在取得审批后方可经营）	2010-11-23	承德市开发区大石庙中国一拖集团承德曲轴连杆有限公司院内	
202	承德西岸龙腾镁合金有限公司	迟忠立	镁合金压铸、挤压、轧制；模具、镁基复合材料、冶炼设备制造销售（需办理审批项目的在取得审批后方可经营）***	2010-12-09	承德市开发区科技大厦	
203	承德市嘉洁能仪表有限公司	吴景丽	仪器、仪表、自动化系统、灯具、液体泵、风机的生产和销售（以上项目不含前置许可、需专项审批的未经批准不得经营）。	2010-12-13	承德市高新区科技大厦附楼九层	
204	承德市天悦胜邦木业有限公司	翟天悦	整体橱柜、板式家具制造、销售；厨具、家用电器销售***	2011-01-11	承德市开发区大石庙镇闫营子村口2号楼	注销（2012-07-06）
205	承德市承兴机电能源设备有限公司	孙占忠	输送机械、常压锅炉及热风炉、环保产品、检测仪器、真空设备、农机产品及烘干设备的开发、制造、经营，机械加工、钢结构件及管道的制作、安装，钢材、建材（不含危毒品）的经销（以上项目需办理审批的在取得审批后方可经营）***	2011-01-17	承德市上板城镇卸甲营龙志达路2号	
206	承德市建城建筑材料加工有限公司	盖建普	混凝土加工、建筑材料销售（不含危毒品）、建筑工程施工（需办理专项审批的项目在取得审批后方可经营）	2011-01-20	承德市高新区冯营子镇秋窝村村西大陡坡山下	
207	承德宝都机械制造有限公司	葛庆芬	除油烟净化类设备、厨房设备销售；汽车配件加工销售；不锈钢加工销售；石材加工销售 ***	2011-03-22	承德市开发区翔龙汽车修理有限公司院内	注销（2015-04-09）

续表

序号	企业名称	法定代表人/负责人	经营范围	成立日期	住所	状态
208	承德红松运维机电设备安装有限公司	范国亮	一般经营项目：机电设备安装、维修。（经营范围中国家有专项规定的从其规定）***	2011-03-24	承德市开发区承德红松风电办公楼605室（仅限办公）	
209	承德市天成金属回收有限公司	王淑伟	废旧物品收购，生产性废旧金属收购、销售（不含废旧电力设施）***	2011-03-29	承德市冯营子镇郭营子村	
210	承德市华康彩印有限责任公司	侯德义	其他印刷品印刷；玻璃制品、陶瓷制品、花纸销售 ***（以上项目法律、法规、国务院或经前置审批的除外，依法须经后置批准的事项，经相关部门批准后方可开展经营活动。）	2011-04-14	承德市开发区西区9号承德华富玻璃器皿有限公司院内	
211	承德奥尼自控仪表有限公司	王柏军	自控设备、仪器仪表的组装、生产、销售（需办理专项审批的项目在取得审批后方可经营）***	2011-05-05	承德市冯营子镇上栅子村	
212	承德鸿坤混凝土有限公司	赵振泉	混凝土加工及销售（需办理专项审批的在取得审批后方可经营）	2011-05-18	承德市上板城镇大营庄村	
213	承德益和检测设备制造有限公司	王　金	试验机、仪表制造、研发、销售（需办理专项审批的项目在取得审批后方可经营）***	2011-05-20	承德市冯营子镇上栅子村	
214	承德市德远机械设备制造有限公司	沈彦辉	输送设备、通用机械零部件、检测仪器、计量设备、试验机、电子设备、电气设备、自动化仪表制造、销售、维修、安装、调试；机械加工、电气焊 ***	2011-05-30	承德市大石庙承德一拖集团承德曲轴连杆公司院内	

续表

序号	企业名称	法定代表人/负责人	经营范围	成立日期	住所	状态
215	承德市继彬陶粒砖制造有限公司	秦继彬	陶粒砖制造及销售；工程设备租赁；	2011-05-31	承德开发区闫营子村	
216	承德永科保温材料制造有限公司	王臣龙	保温材料制造、销售。	2011-07-26	承德市上板城镇三道河村	
217	承德市生腾新型建材制造有限公司	王　生	水泥制品、保温材料生产、销售；仓储服务。	2011-07-26	承德市上板城镇卸甲营村	
218	承德市国伟采砂有限责任公司	韩琳琳	河道采砂（在取得《采砂许可证》后方可经营）***	2011-08-01	承德市上板城镇三道河村	
219	承德维新源智能门业有限公司	蔡和柱	防盗门、室内门生产、销售；电子产品、五金交电、矿山配件、通讯设备、化工产品（不含危毒品）、汽车配件销售；室内装饰装修 ***	2011-08-12	承德市上板城镇电子工业园区	
220	承德华普电气设备有限公司	孙丽杰	电线电缆、高低压开关柜、配电箱及变压器制造和销售，电器设备、五金交电、仪器仪表、建筑材料（不含危毒品）、化工产品（不含危毒品）、消防器材、办公用品、门、钢材、铁精粉销售；凭取得的行业许可证在其核定范围和有效期内从事普通货物道路运输	2011-12-14	承德市上板城镇卸甲营村	
221	承德宇鑫包装制品有限公司	马宗全	包装装潢（印刷经营许可证有效期至 2015 年 3 月 20 日）***	2012-01-11	承德市开发区西区 14 号	
222	承德市新龙物联设备制造有限公司	白金魁	自动化仪器仪表制造、销售，计算机系统技术服务，管材、管件经销。	2012-02-13	承德市上板城电子工业园区龙志达路	注销（2015-04-07）

续表

序号	企业名称	法定代表人/负责人	经营范围	成立日期	住所	状态
223	承德为之自动化设备有限公司	付　勇	智能仪器仪表、功能模块、传感器、通用设备、建筑材料、砂石材料生产、制造、销售;汽车配件、电动工具、润滑油、计算机、打印机、工业废渣、矿产品销售；电气机械设备及配件销售、维修。（法律法规及国务院禁止或限制的项目除外，需办理审批的项目在取得审批后方可经营）***（依法须经批准的项目，经相关部门批准后方可开展经营活动）	2012-03-07	承德市开发区科技大厦辅楼 9 楼	
224	承德市锦达自动化设备有限公司	张　杰	仪器仪表、传感器的生产、安装、销售、维修及售后服务;计算机及辅助设备、电子产品、办公用品、机电产品、建筑材料（不含危险化学品）、化工产品（不含剧毒危险化学品）、安防监控设备、通讯器材、矿山设备及配件销售;计算机系统服务;工业自动化控制系统、计算机软件、电子秤研发及销售（依法须经批准的项目，经相关部门批准后方可开展经营活动）	2012-04-20	承德市冯营子凤凰御庭 A05# 楼 1-1301（仅限办公使用）	
225	承德益百森木业有限责任公司	姜振华	木材加工、销售；自有房屋出租。	2012-04-26	承德市开发区上板城镇上板城村	
226	承德东坤自动化设备有限公司	李中坤	自动化设备研发、设计、制造、销售、安装调试、售后服务;矿山机械配件、机械加工配件、塑胶制品、五金制品销售。	2012-06-05	承德市开发区上板城电子工业园区	注销（2013-05-22）
227	承德盛世制衣有限公司上板城分公司	范宗伟	服装加工、制造	2012-09-13	承德市上板城镇上板城村	
228	河北典禾创自动化设备有限责任公司	孙国山	自动化成套控制系统、智能控制系统、配电开关控制设备、文化办公用机械、金属制卫生器具制造、销售和维修;工业软件开发；信息系统集成服务；机械清洁服务。	2012-11-30	承德市开发区南区阳光四季城 A5-3#-208 房	

续表

序号	企业名称	法定代表人/负责人	经营范围	成立日期	住所	状态
229	承德市巴富干鲜食品加工有限公司	孙振银	炒货食品及坚果制品（烘炒类）加工、销售（全国工业产品生产许可证有效期至 2016 年 2 月 3 日）。	2013-02-28	承德市上板城镇黄旗湾子村七组	注销（2015-10-26）
230	承德市永昊试验机有限公司	门璞君	试验机和机电设备的生产、研发、销售及技术咨询。	2013-03-26	承德市上板城镇卸甲营	
231	承德市广丰仪表有限公司	刘　军	仪器仪表配件生产、销售，工业自动化成套设备组装及销售，工业电气设备销售。	2013-03-26	承德市开发区创业中心五楼 502 号（仅限办公使用）	
232	承德市纵驰检测仪器有限公司	任建亮	试验机、电子仪器仪表研发、制造与销售；市场营销策划及推广服务（法律法规禁止经营的除外，需办理审批的项目在取得审批后方可经营）***	2013-04-09	承德市上板城镇卸甲营工业园区富大德机械电子有限公司院内	
233	承德华名生物胶业有限公司	姜振华	生物乳胶、碳酸钙改进剂、造纸辅料销售（法律法规禁止经营的项目除外，需办理审批的项目在取得审批后方可经营）***	2013-07-30	承德市上板城镇上板城村承德益百森木业有限公司院内	
234	承德晶工自动化设备有限公司	杨荣章	机械自动化设备研制，仪器仪表、微电子网络通信、计算机技术产品开发、制造（法律法规禁止经营的除外，需办理审批的项目在取得审批后方可经营）。	2013-09-17	承德市高新区凤凰御景小区 D06-103	

续表

序号	企业名称	法定代表人／负责人	经营范围	成立日期	住所	状态
235	承德美迪输送自动化设备有限公司	朱浩霖	各种类型输送机、喷涂烘烤设备、电控设备、钢结构的制造、销售、安装、调试、维修、技术咨询服务（法律法规限制的除外，需办理审批的项目在取得审批后方可经营）。	2013-09-17	承德高新区冯营子镇秋窝村 3 号	
236	承德摩天电子科技有限公司	张忠国	电子、机械产品研发、生产、销售、售后服务，网络技术咨询，计算机系统维护，会议服务，组织文化交流活动、旅游信息咨询、票务代理（以上项目法律法规禁止经营的项目除外，需办理审批的在取得审批后方可经营）。	2013-11-28	承德市开发区凤凰御苑 7-2-604（仅限办公使用）	
237	承德博创输送机设备制造有限公司	高尚奎	高线输送设备、输送机设备销售、设计、生产、安装（以上项目需办理专项审批的在取得审批后方可经营）***	2013-12-04	承德市开发区上板城镇卸甲营村（承德光大输送机有限公司院内）	
238	承德正兴彩钢钢结构有限公司开发区分公司	吴盈剑	彩钢瓦、钢结构、聚苯板、塑钢窗、铝合金、不锈钢、钢门窗及金属结构制造、销售、安装（以上项目法律法规禁止经营的除外，需办理审批的项目在取得审批后方可经营）	2013-12-13	承德市开发区东西营工业区 A4-10	
239	承德弘扬手工艺品制作有限公司	刘　杨	工艺品（不含文物）生产、制作、销售;广告设计、制作、代理、发布（不含固定形式印刷品广告）（以上项目需办理专项审批的在取得审批后方可经营）***	2014-01-06	承德市开发区河北旅游职业学院院内	
240	河北远盛电动汽车制造有限公司	吴甲兴	电动汽车制造、销售，电池制造、销售。	2014-01-21	承德市高新区西区承德白楼宾馆 618、617 室（仅限办公）	

续表

序号	企业名称	法定代表人/负责人	经营范围	成立日期	住所	状态
241	承德市中瑞自动化工程有限公司	高术军	工业自动化系统成套设备、仪器仪表的设计、生产和销售；软件研发、销售；信息系统集成服务；计算机辅助设备、电子产品、电子元器件销售；机械设备制造；金属材料加工、销售；本企业产品及生产所需原辅材料的进出口业务（以上经营范围不含前置许可项目，需办理审批的项目在取得有关部门许可后方可经营）	2014-02-10	承德高新区科技大厦附楼十二层	
242	承德鑫泽金属制品有限公司	赵志军	护栏、节能路灯、水暖器材、钢结构金属制品、节能建筑材料、钢木家具、仪表配件的生产、销售、安装；办公用品、日用百货、五金建材（不含危毒化学品）的销售；室内外装修设计、施工（法律法规禁止的项目除外，需办理审批的项目在取得审批后方可经营）	2014-03-05	承德高新区上板城镇卸甲营村	
243	承德天拓塑胶制造有限公司	孙海军	橡胶制品、塑料制品、聚氨酯制品及各种机械配件的制造、销售，塑胶技术的开发、咨询及服务，塑胶制品的进出口（法律法规及国务院禁止或限制的项目除外，需办理审批的项目在取得审批后方可经营）	2014-04-14	承德市上板城镇卸甲营村承德保瓦电子科技有限责任公司院内	
244	承德康隆建筑材料制造有限公司	杨文涛	保温材料制造、销售（法律法规及国务院禁止或限制的项目除外，需办理审批的项目在取得审批后方可经营）	2014-04-22	承德市高新区上板城镇三道河村	
245	安宜建设集团有限公司承德分公司	朴树春	为总公司承担业务;建筑材料、钢结构制作、加工、销售，装饰装潢服务，铝塑门窗加工、安装、销售（以上项目法律法规及国务院禁止或限制的项目除外，需办理专项审批的项目在取得审批后方可经营）	2014-04-30	河北省承德市开发区御龙瀚府7栋2单元404号(仅限办公)	
246	承德鑫天工建材制造有限公司	阮志刚	建筑材料生产和销售（依法须经批准的项目，经相关部门批准后方可开展经营活动）	2014-04-30	河北省承德市上板城镇卸甲营村电子工业园区（仅限办公）	注销（2017-03-27）

续表

序号	企业名称	法定代表人/负责人	经营范围	成立日期	住所	状态
247	承德易优电子科技有限公司	武延林	电子产品、仪器仪表、电力工具研发、组装、销售；计算机软件研发和系统服务；变压器、箱式变压器、高低压开关柜、电缆、电力金具销售（法律法规及国务院禁止或限制的项目除外，需办理审批的项目在取得审批后方可经营）	2014-06-06	承德市高新区科技大厦主楼12层1214号（仅限办公）	
248	承德朗派管业制造有限公司	刘宗跃	塑料板、管、型材制造、销售（法律法规及国务院禁止或限制的项目除外，需办理审批的项目在取得审批后方可经营）	2014-06-09	承德市高新技术开发区上板城镇卸甲营村承德华衡电子衡器有限公司院内	
249	承德宏垒建材制造有限公司	王　垒	建筑材料制造、销售，化工产品（不含危险品、毒品）、五金建材、保温材料、金属材料销售（法律法规及国务院禁止或限制的项目除外，需办理审批的项目在取得审批后方可经营）	2014-06-09	承德市开发区冯营子镇水泉沟村	
250	承德鑫顺自动化设备制造有限公司	赵立超	通用机械设备、自动化设备、悬挂输送机制造、销售；计量设备、仪器仪表销售（法律法规及国务院禁止或限制的项目除外，需办理审批的项目在取得审批后方可经营）***	2014-06-11	承德市上板城镇卸甲营村电子工业园区	
251	鹰眼电子科技有限公司	张泽宇	电子产品、安防产品的研发与生产销售及技术咨询；信息系统集成服务；电子设备安装、监控系统安装服务；自动控制设备、图像传输设备、遥感设备、通信设备（无线电发射装置，卫星地面接收设施除外）的研发、销售及服务；软件的研发和服务；摄像服务；图像设计、测绘服务；汽车车载装备设计、研发、生产及销售；摩托车车载装备设计、研发、生产及销售；出版物零售（依法须经批准的项目，经相关部门批准后方可开展经营活动）	2014-06-12	承德市开发区科技大厦附楼12层	

续表

序号	企业名称	法定代表人/负责人	经营范围	成立日期	住所	状态
252	石家庄弗斯特机电设备有限公司承德分公司	富朝阳	电子产品的研发、生产、销售及技术推广服务（法律法规及国务院禁止或限制的项目除外，需办理审批的项目在取得审批后方可经营）	2014-06-17	承德市开发区阳光四季城A-3-9#幢501室（仅限办公使用）	
253	承德市水云乡纯净水制造有限公司	昶秀玲	饮料【瓶（桶）装饮用水（饮用纯净水】（许可生产的食品品种以副页为准）（依法须经批准的项目，经相关部门批准后方可开展经营活动）	2014-06-17	承德市高新区凤凰园K座西侧	
254	承德市恒峰建材制造有限公司	张仁峰	混凝土添加剂研发、生产、销售（依法须经批准的项目，经相关部门批准后方可开展经营活动）	2014-07-17	承德市开发区上板城镇卸甲营村	
255	承德精茂电子产品有限公司	王鹏辉	电子产品、仪器仪表的研发、组装和销售；计算机设备的研发、组装和销售；办公用品销售（依法须经批准的项目，经相关部门批准后方可开展经营活动）	2014-08-11	河北省承德市开发区凤凰御庭A04幢2单元1005号（仅限办公使用）	注销（2015-06-03）
256	河北盛安消防安全技术有限公司承德分公司	吴建忠	在总公司经营范围内为总公司承揽业务；防火门、防火卷帘门、防盗门、楼宇对讲门销售（依法须经批准的项目，经相关部门批准后方可开展经营活动）	2014-08-28	承德市开发区御龙瀚府第1号楼2单元2502室（仅限办公）	
257	承德硅创仪表有限公司	高　攀	仪器、仪表及配件的研发、生产、销售及售后服务（依法须经批准的项目，经相关部门批准后方可开展经营活动）	2014-09-12	承德市开发区文轩茗园第四幢1单元1202号（仅限办公）	

续表

序号	企业名称	法定代表人/负责人	经营范围	成立日期	住所	状态
258	承德古正轩楠木家具有限公司	刘艳侠	楠木家具设计、制作、销售；红木、楠木销售（依法须经批准的项目，经相关部门批准后方可开展经营活动）	2014-10-14	承德市高新区东营村大东沟	
259	承德市亿联达纸制品有限公司	孟凡强	纸箱、纸板及纸制品生产、加工、销售（依法须经批准的项目，经相关部门批准后方可开展经营活动）	2014-10-17	承德市上板城镇西三家村（承德博琳舒适印务有限公司院内）	
260	承德县六合矿业有限责任公司	梁虹力	白云岩开采、白云岩加工；石料加工；白灰、白云灰、白云石、石料销售；混凝土加工、销售 **（依法须经批准的项目，经相关部门批准后方可开展经营活动）	2014-10-27	承德县上板城镇大槟沟村	
261	河北凯卉机械制造有限公司	张景忠	矿山机械及零部件制造、销售；钢材、建材（不含危险化学品）、金属制品、橡胶制品、塑料制品、五金产品销售；（以下项目限取得经营资格的分支机构经营：废旧物资回收）（依法须经批准的项目，经相关部门批准后方可开展经营活动）	2014-11-20	承德市开发区阳光四季城 A5-12 号楼 2 单元 1003 室（仅限办公使用）	
262	承德比亚迪汽车有限公司	王传福	汽车零部件的生产，汽车零部件加工，汽车、电动车及零部件、汽车底盘、汽车模具及附件、汽车电子装置的研发、销售及维修；本企业产品及生产所需的设备、技术及原附材料的进出口业务（国家限制经营或禁止进出口的商品和技术除外）；充电桩、盒及配套系统的研发、生产、销售及维修；充电站投资建设与维护；在取得的资质范围内从事售电服务；房屋租赁；机械设备租赁（依法须经批准的项目，经相关部门批准后方可开展经营活动）	2014-12-02	承德高新区上板城镇 E2-06-1 号地块	

续表

序号	企业名称	法定代表人/负责人	经营范围	成立日期	住所	状态
263	承德承飞输送设备制造有限公司	王惠波	环保设备、输送设备制造及安装；机电设备销售；机械设备销售及进出口业务（国家限制品除外）（依法须经批准的项目，经相关部门批准后方可开展经营活动）	2014-12-02	承德市高新技术产业开发区上板城镇电子工业园区	
264	高新区东盈铝塑门窗加工厂	付宏东	铝塑门窗制作、加工、安装 ***	2014-12-17	河北省承德市开发区上板城镇漫子沟村	注销（2015-01-12）
265	承德优特检测仪器制造有限公司	张洪坡	检测仪器设计、制造、销售（以上不含前置许可项目；依法须经批准的项目，经相关部门批准后方可开展经营活动，未经批准不得经营；法律法规及国务院限制或禁止的事项不得经营）（依法须经批准的项目，经相关部门批准后方可开展经营活动）	2015-02-13	河北省承德市高新区上板城镇卸甲营村承德万达高新仪表有限公司院内	
266	承德慧邦电子有限公司	李晓丹	仪器仪表生产、销售;水泵、阀门、管材管件、家用电器、服装服饰、劳保用品销售（以上项目法律、法规、国务院禁止或者经前置审批的除外，依法须经后置批准的事项，经相关部门批准后方可开展经营活动）	2015-04-15	承德市高新区承德RBD未来城D-1-6地块9-06号楼106铺	
267	承德市龙拓仪器仪表有限责任公司	张雪冬	仪器仪表研发、销售、安装；变压器、电力工具、建筑材料（不含易燃易爆危毒品）销售；室内外装饰装修工程安装；广告设计、制作、代理、发布；灯箱、牌匾制作安装（依法须经批准的项目，经相关部门批准后方可开展经营活动）	2015-06-10	承德市高新区南区B-1-7地块（宽城华峰房地产开发有限责任公司办公楼内）	

续表

序号	企业名称	法定代表人/负责人	经营范围	成立日期	住所	状态
268	承德承昌仪器仪表有限公司	芦秀平	仪器仪表、自动化计量称重设备加工、制造、销售，机械设备加工、制造、销售（依法须经批准的项目，经相关部门批准后方可开展经营活动）	2015-06-29	承德市高新产业技术开发区西区4号承德市自动化计量仪器厂院内	
269	承德绿建建筑节能科技有限公司	朱凤起	新型建筑结构节能产品研发、制造、销售；混凝土预制构件制造、销售及安装；金属制品（不含国家限制品种）制造、销售；建筑材料（不含危毒品）销售；装配式建筑构件制造、销售、安装；装配式检查井、箱涵制造、销售及安装（以上范围需专项审批或凭许可经营的，未经批准不得经营；法律法规及国务院限制或禁止的事项不得经营）（依法须经批准的项目，经相关部门批准后方可开展经营活动）	2015-08-13	承德市高新区阳光四季城小区A-3-9号楼104/204商铺	
270	承德市和力粉煤灰制砖有限公司	王尚武	粉煤灰砖生产与销售（依法须经批准的项目，经相关部门批准后方可开展经营活动）	2015-08-28	承德市高新区冯营子镇下栅子村9组26号（仅限办公）	
271	承德宏霞机械加工有限公司	侯利霞	机械加工及工业衡器零部件生产、销售（依法须经批准的项目，经相关部门批准后方可开展经营活动）	2015-09-02	承德市上板城高新电子园区承德科达仪表有限公司二楼	
272	承德达姆齐控制设备有限公司	陈宝芝	仪器仪表加工、销售；机电设备、消防设备、五金工具、家用电器、通讯器材（除卫星电视广播地面接收设施）、办公用品、计算机、软件及辅助设备（除计算机信息系统安全专用产品）、一般劳保用品、润滑油销售；管材管件、低压电器销售及进出口业务（国家限制产品除外）（依法须经批准的项目，经相关部门批准后方可开展经营活动）	2015-09-06	河北省承德市高新区冯营子镇阳光四季城第A-5-4幢1单元703号房(仅限办公)	

续表

序号	企业名称	法定代表人/负责人	经营范围	成立日期	住所	状态
273	承德厨无忧厨房设备科技有限公司	徐水军	厨房设备研发、生产、技术推广、技术服务；仪器仪表、家用电器维修；日用品、安防监控设备、家用电器、电子产品、厨房设备、五金交电、建筑材料销售（依法须经批准的项目，经相关部门批准后方可开展经营活动）	2015-09-23	承德市高新区科技大厦主楼四层0416室（仅取办公）	
274	承德霖诚设备维修服务有限公司	李向欢	工程机械设备维修；工程机械设备租赁；工程机械设备配件销售；金属焊接服务；汽车维修服务（依法须经批准的项目，经相关部门批准后方可开展经营活动）	2015-10-10	承德市高新区冯营子镇秋窝村西（仅限办公）	
275	宽城众成洁净能源有限公司高新区配送分公司	康洪国	在总公司经营范围内，为总公司承接业务（依法须经批准的项目，经相关部门批准后方可开展经营活动）	2015-10-12	承德市高新区上板城镇西三家村6组	
276	承德市宇超建筑材料加工有限公司	王　宇	建筑材料（不含危毒品）、玻璃钢制品、防腐材料、钣金加工、制作、安装及销售（依法须经批准的项目，经相关部门批准后方可开展经营活动）	2015-11-04	承德市高新区冯营子镇秋窝村第五组	
277	承德广裕昌工艺品制造有限公司	李佳航	工艺品、石材加工、销售；玉石雕刻、加工、销售；进出口工艺品用树脂、硅胶、人造汉白玉箱体、工艺品（依法须经批准的项目，经相关部门批准后方可开展经营活动）	2015-11-06	承德市高新区上板城镇卸甲营村电子工业园区承德汉威自动化设备有限公司院内	
278	承德中能瑞斯特电力设备科技有限公司	陈　莉	电力设备、电工产品、工业自动化控制设备开发、生产和销售；技术转让、技术咨询及服务（依法须经批准的项目，经相关部门批准后方可开展经营活动）	2015-11-19	承德市高新区科技大厦主楼7层0707室	

编后记

2015年4月，按照承德市地方志编纂委员会的统一部署和要求，经承德高新区工管委决定编纂《承德市志·承德高新技术产业开发区志（1992—2015）》，印发了《承德高新技术产业开发区志暨史展实施方案》，是年9月正式启动，2018年12月基本完成初稿，2019年2月，通过市地方志办公室初审，几易其稿，并于2022年7月经高新区志评审会评审和市地方志办公室终审并召开评审会后，终于付梓成书。

本志书的编纂经历了三个阶段。2015年6月至2016年4月为搜集资料阶段，选聘一名退休人员担任主编，负责志书的编写和总纂工作，全面系统地学习掌握志书编纂理论与写作知识，借鉴外地编纂地方志的经验，吸取精华，充实提高。起草并反复修改完成承德高新区区志篇目，并经市地方志办公室专家认定通过。2015年9月17日召开了高新区区志启动大会暨培训会，对各局室、各单位供稿人员进行地方志专业知识培训，按照志书篇目，将各章节分解落实到相关局室、单位。是年10月召开第一次承德高新区区志编纂调度会，通报工作进展情况和存在问题，并对编写志书的专业问题给予解答辅导。该阶段共搜集整理了自1992年至2015年间的档案史料近千份，150余万字，并进行归纳整理登记造册。2016年5月至2018年为初稿编写阶段。期间逐一与各局室、单位供稿人员多次材料对接、交换意见，并反馈供稿局室、单位领导确认签字，保证志稿编写质量，多次邀请市地方志办公室专家指导。至2018年12月初稿基本完成，经市地方志办公室专家初审合格。2019年至2022年6月为修改完善评审阶段，按照专家提出的意见，逐章逐节深入细致的修改，查漏补缺，数字书写和计量单位以国标为准调整更正。2022年2月，将高新区志送市地方志办公室二审，是年3月至4月底进行补充修改完善。收集整理志书所用图片等。2022年5月，将修改完善后的区志送交市地方志办公室进行三审，同时送达工管委领导和调离高新区领导、退休老干部及编委会成员审阅征求意见，多次深入企业、乡村调查核实，共收到修改意见300余条，7月，召开高新区志评审会，参会人员提出了各自的意见，特别是地方志办公室领导从高处着眼，在全书结构调整、层次调理、语言表述、文表对应、大事记选定、图片分类等方面，给予了全方位、系统的指导，提出具体修改意见，提升了志书档次。承德高新区志共12章55节262个目，计67.5万字。前置概述、大事记，后附工管委主要领导简历、各类专业技术人员名录、先进集体、先进个人、重要历史文献汇编等。彩色照片置于卷首130余幅，图、表随文插附。

在志书的编纂过程中，高新区工管委领导高度重视，提出重要指导意见，得到各局室、驻区单位、区内企事业单位的支持，市地方志办公室的领导、专家多次亲临高新区对区志的编纂进行指导并给予充分的肯定和评价，出版社的编辑为志书的最后审定付出了心血，在此一并向给予关心支持、付出辛勤汗水的领导、专家、编辑表示衷心的感谢。

志书的编纂既是一项严肃认真的政治任务，又是一项庞大复杂的文化工程，主编及各位编辑、供稿人员深知自己责任重大，在编纂过程中，殚精竭虑，未敢丝毫松懈、倦怠。但由于主编的能力和水平有限，加之资料搜集困难和人员不足，书中疏漏或不妥之处在所难免，恳请并期待着各级领导和广大读者批评指正。

叶金华